朱良志 著

八大山人研究

第二版

中华书局

图书在版编目(CIP)数据

八大山人研究:第二版/朱良志著. —北京:中华书局,2023.6
ISBN 978-7-101-15630-0

Ⅰ.八… Ⅱ.朱… Ⅲ.八大山人(1626~1706)-人物研究
Ⅳ.K825.72

中国版本图书馆 CIP 数据核字(2022)第 011716 号

书　　名	八大山人研究(第二版)	
著　　者	朱良志	
责任编辑	马　燕	
责任印制	陈丽娜	
出版发行	中华书局	
	(北京市丰台区太平桥西里 38 号　100073)	
	http://www.zhbc.com.cn	
	E-mail:zhbc@zhbc.com.cn	
印　　刷	三河市中晟雅豪印务有限公司	
版　　次	2023 年 6 月第 1 版	
	2023 年 6 月第 1 次印刷	
规　　格	开本/787×1092 毫米　1/16	
	印张 43¼　插页 2　字数 750 千字	
国际书号	ISBN 978-7-101-15630-0	
定　　价	268.00 元	

目　录

八大山人研究

图版目录

第二编

第三编

引　言

　　八大山人和石涛，终生未见一面，竟然引为好友。他们在艺术上互相影响，在思想上相互激荡。晚年的石涛，因获交八大，他那颗狂奔的心多少获得些许安宁，"书法画法前人前"（石涛评八大语）的八大，给他带来心灵震撼；窘迫中的八大，因与这位"尊者""大手笔"（八大评石涛语）的交往，使一生足不出江西的他，增加了更大的精神腾挪空间。石涛和八大，他们思想、艺术中的很多问题是相互关联的。故我在完成拙作《石涛研究》之后，就转而研读八大的作品和文献，希望从这两位天才艺术家那里得到更多的精神滋养。

　　但研读八大的难度远超我的预想，他的题画诗、跋晦涩难懂。启功先生曾说："八大题画的诗，几乎没有一首可以讲得清楚的。"八大绘画怪诞的表现形式，在中国绘画史上，几乎没有任何一位画家可与之相比。他的画虽然简洁、逼真，但要有切实的解会殊为不易，就拿他画的鸟那奇怪的眼神说，就很令人费解。八大绘画中最难把握的，当是其中的精神气质。他作品中的意义世界，如天际中闪烁明灭的孤鸿影，飘渺而无从把捉。清人何绍基说："愈简愈远，愈淡愈真。天空鐢古，雪个精神。"这是很好的概括。他的艺术眼空霹雳，无古无今，幽冷中带有神秘。面对这样的研究对象，正像走在一条迷离的山路上，云遮雾挡，时时感到不知走向何方。但那漫山的空翠，沁人心脾的清香，诱惑着你，使你无法停止前行的脚步。

　　几年八大的研读，给我留下一个抹不去的影像，就是一个生活在污泥中的人做着清洁的梦。八大很长时间里过着屈辱的生活，他在癫疾复发之后返回南昌时，戴着破帽，曳着长袍，履穿踵决，拂袖翩跹，行于南昌街头，市中人围观哗笑，没有人认识他。晚年他孑然一身，时而寄人篱下，时而潦倒于破庙败庵之中，在满目尘土的蜗居中聊以为生，常常难以为继。他在给友人的信中慨叹道："凡夫只知死之易，而未知生之难也。"

　　但就是这样的人，却始终不忘对人类生存状态的思考。他在屈辱中，呼唤人类尊严的回归；在污泥浊水中，咏叹人世中那永恒的价值。晚年的八大有斋号名

"何园""在芙山房"，他想成为一位"荷园主人"①。他要装点出满世界的荷花清香，那是他的旷世梦幻。他的画那样通灵透澈，他的书法如晋人一般清逸高旷，他的笔墨是那样的洁净幽微，这一切，都与这梦有关。

八大山人晚年杰作《安晚册》之十四为《巨石小花图》，画一巨石，石无险峭危殆之象，笔势轻柔，倒是圆劲可爱，略向右，画小花一朵，向石而倾斜，竟然有拜倒之势（图0-1）。巨石与小花，一大一小，相互呼应，趣味盎然。八大题有一诗："闻君善吹笛，已是无踪迹。乘舟上车去，一听主与客。"所画是晋人王子猷（王羲之之子）的故事。子猷有一天出远门，舟行河中，忽听人说岸边有桓伊（子野）经过，桓伊的笛声举世闻名，子猷非常想听。但子猷和桓伊并不相识，而桓的官位远在子猷之上，子猷并不在乎这一点，就命家人去请桓为之奏乐。桓伊知道子猷的美名和性情，二话没说就下了车，来到子猷身旁，为他奏了三首曲子，悠扬的笛声落在泛着涟漪的水面，几乎天地间都充满这优美的旋律。奏毕，桓伊上车去，子猷乘船行。二人自始至终，没有任何交谈。

图0-1
安晚册之十四　巨石小花图
纸本墨笔　1694年
31.8×21.9cm
京都泉屋博古馆藏

①王方宇先生曾以此命名自己研究八大山人的著作。

　　八大非常倾心于这样的心灵境界。在这里，语言遁去了，权势遁去了，利欲遁去了，一切人世的分别都遁去，惟留下两个灵魂之间的絮语。人生活在世上，拘牵太多，惟有人内在的生命冲动，才可冲破那乏味的虚与委蛇。没有这意兴，生命将失去颜色。空洞化仪式化的存在，其实是一种非存在。在王、桓二人不交一言的境界中，音乐穿越两个灵魂，意兴为之感动。八大这幅画，就如"梅花三弄"的吟唱，僵硬的石头为之柔化，那朵石头边的微花，也对着石头轻轻地舞动，似乎在低声吟哦。八大的意思是，他们的生命意兴穿透了这世界坚硬的冰层。

　　其实，八大的艺术一如桓伊的笛声，穿透时间的藩篱，穿透世界的冷漠，直入人的灵府。八大是一位王孙，一位前朝遗民，但他的真正意义远远超过一个节士。假定八大是一个整天嚷着要恢复王室正统以及锦衣玉食生活的人，这样的八大，我们又能亲近几分？八大将他的遗民情怀，化为清净精神的追求；将他的故国情思，裹进人类命运的叩问之中。他笔下的故园梦幻，如同我们的精神故土。这样的八大山人，才是我们心灵中的知己。(图0-2)

图0-2　天光云影图册之八　纸本墨笔　年代不详　25.8×34.7cm　王方宇旧藏

在中国艺术史研究领域，八大研究是门显学。尤其是近几十年来，海内外有大量的研究成果，像饶宗颐、王方宇、汪世清、叶叶、李叶霜、萧鸿鸣诸前行者，在这块领地长期耕耘，取得了丰富成果，奠定了八大研究的基础。我的学习和研读是在他们的基础上进行的。

本书分为艺术哲学、思想索解、生平历程和交游丛考四编，尝试在一些前人已有研究、但尚需推进的地方用力，提出一些浅疏的想法，力求在自己的知识范围内，为八大山人的研究做出一些努力。我自知，我的研究是不成熟的，恳请方家有以教之。我不是专门从事中国绘画研究的专家，却来这块圣地，接连对石涛和八大山人两位大师放肆地发表意见，敬请宥谅。无他，实在是因我太着迷于他们的艺术和人生。

感谢在我艰难研究过程中给予帮助的所有亲人、朋友和师长。

作者记于丁亥年荷花盛开时
丁酉年红叶中再作修改

第一编 艺术哲学

　　八大山人不是哲学家、思想家，但他的作品中包含着关于艺术和人生的深邃思考，显现出独特的生命智慧，具有很高的理论价值。

　　本编的八篇文章，以八大山人的存世书画作品为基础，结合相关论述，集中研究他的艺术哲学观念，依次讨论八个重要问题：（一）由"画者东西影"的论画纲领看他绘画意象的荒诞问题；（二）在曹洞"鸟道说"影响下的虚空学说；（三）绘画空间形式背后所体现的孤独问题；（四）禅宗"不立文字"思想影响下的心灵体验论；（五）八大的平等哲学和平宁的审美理想问题；（六）具有理论创见的"涉事"观；（七）在曹洞宗"回互"哲学影响下的生命自在呈现观；（八）八大艺术中的晋人气质。

第一章
八大山人绘画的荒诞问题

　　八大山人的绘画是晦涩难懂的，尤其是他晚年的绘画，在形式上越发趋于怪诞。在他的画中，鸟不飞，鱼却飞到了天上；小鱼大于巨石，鹧鸪大如牛；猫如虎，鸟似鱼；鸭子与山融为一体，山即鸭，鸭即山；鱼、鸟整体形象上是逼真的，眼睛却透出怪异的神情，等等。

　　八大绘画中的怪诞，是其晚年绘画的主要表现方式，怪诞是他精心营造的艺术世界，并非如有的研究所说是"在精神不可控制情况下的胡乱涂抹"。这一荒诞现象有深刻的哲学思想根源，其中佛教思想中"幻"的概念，在其中起到关键作用。

　　八大在评价石涛的"无法而法"理论时说："禅有南北宗，画者东西影。"[①] 南北宗学说在董其昌之后对艺坛有席卷之势，在崇南抑北的明末清初，石涛推崇"无法而法"的哲学，他是不南不北，没有一法可以限制他。八大对石涛此一思想深心契会。"画者东西影"——八大通过巧妙的内在语言转换，提出一个攸关其一生画学思想的纲领性学说。

　　"画者东西影"，与"禅有南北宗"相对，在石涛是无南无北，在八大可以说是不东不西。说一个物品叫"东西"，画一个形象，也可叫"东西"。绘画是造型艺术，需要表现一定的空间形态，需要呈现出"东西"。但真正有价值的画必须超越"东西"，它应该"不是东西"，从而达到"不东不西"，方为正途。他绘画的荒诞，就是在强化"不东不西"。

　　他认为，绘画呈现的"东西"，只是一个"影子"，一个内在化的"真实"世界是它的本相（八大常以"实相"言之）。正因为它只是一个"实相"世界的外在呈现，它必然是虚幻不实的，没有实体意义，它是"实相"世界透出的光。绘画无法不表现"东西"，而所表现的空间形态又是不真实的，这是否意味着要放弃绘

---

①这一说法出自八大为石涛画弟子李仍所作书翰："汉老年翁于石尊者画法所得不已多乎，索题一首呈正：禅有南北宗，画者东西影。说禅我弗解，学画那得省。至哉石尊者，笔力一以骋。密室宗少文，玄都卢十景。传闻大小李，破壁走燕郢。愿得诗无声，颇觉山为静。尊者既括目，嘉陵出俄顷。"（见北京故宫博物院藏八大、熊秉哲、李仍等书画册页，《中国古代书画图目》，编号为京1-4502）

画？当然不是。八大这样的思路，其实就是佛教所说的"开方便法门"，通过画出幻而不实的"东西"，进而让人放弃对"东西"（或佛教所谓"法"）的执着，最终达到对"实相"世界——也即他所追求的意义世界的呈现。这就是南禅"即幻即真"的思路。而他所说的"实相"世界，也并非一个绝对的真理，它就在人的真实生命对"东西"的体验中。

一、不东不西

为了贯彻他的"画为影子"说（一如倪云林所说，他画竹，不在像还是不像，别人说是芦苇、麻都可以[①]），八大有意突出他笔下物象的不东不西——荒诞的感觉。

八大的绘画大致可分为三个时期，一是自1659年（自此年，八大始有绘画作品传世，今藏于台北故宫博物院的《传綮写生册》是他最早的纪年作品）到1680年之前，这段时期八大在佛门，今所见传世作品不多，多画花卉奇石等，注意写实，没有明显追求怪诞的倾向。二是从1681年到1684年之间，此期八大使用"驴"号，处于思想的极度苦闷期，作品多表现对故国的思念（如今藏于北京故宫博物院的《古梅图》），早年重视写实的风格至此并无大的变化。自1685年开始，他正式使用"八大山人"之号，而不再用"雪个""驴"等名号，标志着他正式离开佛门，一直到1705年去世，这是其绘画发展的第三个阶段。这个时期八大绘画中的怪诞面目渐渐多了起来，尤其在1690年前后，他有大量怪诞而晦涩的作品问世。

有一种观点认为，八大绘画的怪诞形式与他的精神病史有关。美国学者高居翰（James Cahill）说："在八大最好、最有力的作品中，八大并不只是在反映仍可能困扰着他的精神失常，他同时也在利用记忆中精神错乱的状态，来创造他绘画中乖异的造型和结构。"[②]

这种说法，就像有人认为莫奈的朦胧画风不是观念变革的产物，而是由于患了严重白内障。这当然是缺乏说服力的说法。如果这样理解，那么八大晚年的大量作品，就成了一个病人的狂言乱语，这就等于否定他荒诞画风的艺术价值。

---

① 《跋画竹》："以中每爱余画竹，余之竹聊以写胸中逸气耳！岂复较其似与非、叶之繁与疏、枝之斜与直哉？或涂抹久之，它人视以为麻、为芦，仆亦不能强辨为竹，真没奈览者何！"（倪瓒《清閟阁遗稿》卷十一，明万历刻本）

② 八大山人纪念馆编《八大山人研究》，95页，江西人民出版社，1988年。

这样的解释也不符合事实。史料记载，八大生平有两次癫疾发病过程，一次是在1677到1678年间；另外一次是在1680年岁末到1681年春夏之交。而在1681年后的二十多年时间中，八大持续有作品出现，这期间他虽时露狂狷之态，史料中再没有关于他癫疾的记载。八大的怪诞画风主要形成于其晚年，此时他的身体基本恢复正常，所以从生理方面寻觅其荒诞画风形成的原因并不切当。从一些荒诞画作上的题识也可看出，八大绝非病态的胡乱涂鸦。

八大绘画的怪诞面目可分为两类，一类是具体形态上的变异。八大常常打破人们的惯常思维，致力于创造一些奇异的物象形态。他把多种物象混合形成一种新物象，但某些部分是逼真的。

如藏于上海博物馆的六开《花果册》，作于1697年，第二开画芋头（图1-1），芋头如鱼一般，鱼目隐然可见，芋头的茎如鱼尾高高翘起。同样的构图在多件作品中出现（图1-2）。芋和鱼音近，八大似乎在和人们开一个玩笑，真是说芋也可，说鱼也可，说非芋非鱼也可。通过此一视觉图像，八大似乎在告诉人们：鸿蒙开物，何须有定观！

苏州灵岩山寺藏八大《山水鱼鸟册》，其中第一开画一条鱼，这条鱼像是要飞起来。第二开画一只鸟，这只鸟就像是一条鱼，尾巴如鱼一样张开。（图1-3）

八大有《葡萄鸟图》（图1-4），今为美国私人所藏。画一鸟，鸟的尾巴却有鱼的形态。他似乎有这样的观念潜藏其中：或是鱼，或是鸟；不是鱼，不是鸟；以前

图1-1 花果册之一 芋 纸本设色 1697年
19.8×18.1cm 上海博物馆藏

图1-2 花果册之一 芋 纸本墨笔 年代不详
21.9×28.9cm 藏地不详

图 1-3
山水鱼鸟册之二　鸟
纸本墨笔　年代不详
26.5×19.5cm
苏州灵岩山寺藏

是鱼，现在是鸟；现在是鸟，又将要变成鱼。你看这世界是确定的，固定的，可它却无时无刻不在变化。

广东省博物馆藏八大作于1689年的《眠鸭图轴》（图1-5），此画怪诞至极，鸭子的身体紧紧贴在一起，状如礁石，立于沧溟之间。像是石头，又像是鸭子；礁石或为鸭所变，鸭或为礁石所变。恍恍惚惚，没有一个定在，没有一个可以确指的概念——真是一个幽眇的世界。

同样作于1689年的《鱼鸭图卷》（图1-6），是八大生平代表性作品之一。作品透着森寒的气息。鱼大于山，山岛如同一块巨石，鱼在山上飞。长卷之末画一只眠鸭，脚站在石上，如同石柱。远处的山边，也有一只眠鸭，鸭与山融为一体，绵延的山峰，似乎是鸭的翅膀。空间存在的界限漫漶了、浑浊了。重阳日乃登高日，他放旷天际，俯视苍穹，看到一个与常人不同的宇宙。

八大怪诞绘画的第二种形式是通过空间布局上的变异，建立一种罕见的物质存在关系。八大喜欢画各种类型的鸟，有家禽，有飞鸟；有大如鹰，有小如鹌鹑；

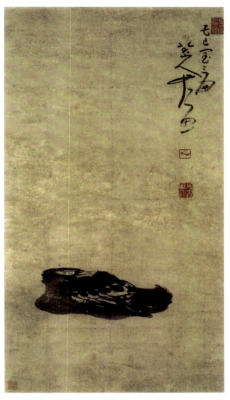

图1-4　葡萄鸟图　纸本墨笔　年代不详　尺寸不详　美国私人藏

图1-5　眠鸭图轴　纸本墨笔　1689年　91.4×50cm　广东省博物馆藏

图1-6　鱼鸭图卷　纸本墨笔　1689年　23.2×569.5cm　上海博物馆藏

有尊贵的鸟，如鹤，有卑微的鸟，如山雀。他的画中，鸟或栖于树，或傍于崖，或立于地，少见在高空飞翔的鸟。他喜欢画鱼，画过很多类型的鱼，但很少画鱼在水中游弋的常态。八大创造出一个鸟落于水、鱼飞于天的世界。

八大《竹荷鱼诗画册》（图1-7），四开，作于1689年。其中第四开为鱼，有题识云："从来换酒金鱼子，户牖平分是一端。画水可怜三五片，浔阳轧过两重山。己巳十月画并题。八大山人。""三五片"水在下，但见得数条鱼凌空而飞。诗很神秘，画也怪异。金鱼子，是一种红色的水虫，人们常捕取以喂金鱼。八大由此驰骋思绪：以红色的金鱼子换酒，与友人在芸窗内共饮，忽然感到，相对于苍莽的世界，人岂不正是形同蜉蝣的微小存在。这是一幅冥想式的画作，具有超现实的腾踔。

天津博物馆所藏《鱼鸟图》，也是八大晚年作品，画一黄口小雀立于悬崖上，而一条大鱼却从水中腾起，作横卧之状。鱼鸟对视，似在清谈一玄远的话题：天地轮转，沧海桑田，岸边奇怪的人类告诉我们的，怎能相信！

八大有《鸟石鱼图轴》，作于1694年[①]，画一只鸟栖息于山崖上，仰望飞鱼。这又是一个鸟不飞而鱼飞的世界。鱼在水中游，鸟在天上飞，我们对鱼、鸟的存在

图1-7　竹荷鱼诗画册之四　鱼　纸本墨笔间设色　1689年　20×46cm　私人收藏

---

① 班宗华《八大山人书画析义》一文曾引此画，款为"甲戌之重阳"的作品很多。台北：《故宫文物月刊》，第九卷第一期，1991年。

方式有定见，八大通过画来说明，我们还是放下定见（或庄子所说的"成心"）来对待这个世界吧。

江西修水县黄庭坚纪念馆所藏《鱼鸟图轴》（图1-8），是八大生平精心之作。画一黄口小鸟立于山上，八大以淡墨率略地砸出，画的下部几乎被一条修长的鱼所充满，鱼平卧着，睁着怪异的眼睛，小鸟低头看着鱼。

上有题识云："目尽南天日又斜，时人莫向此图夸。是鱼是雀兼鹦鸹，午饭晨钟共若耶。八大山人画并题。"若耶溪，传是西施浣纱的地方。李白《子夜吴歌·夏歌》："镜湖三百里，菡萏发荷花。五月西施采，人看隘若耶。"[①] 鹦鸹，八哥的别称。在世界的溪水中，鸟啼鱼游，群花自落，万类自由。常人的眼光中，"是鱼是雀兼鹦鸹"——这是鱼，这是雀，这是八哥，这是鹦鸹，人类通过自己的知识谱系去分别世界。常人的观念中，更有时间过程中的变化，过去与现在，历史与当下，记载着知识的获取和利欲的纵肆，八大说："午饭晨钟共若耶"——纵然有西施的美貌，转眼间也消损不见，纵然有绝世功名，而铜驼荆棘，又值几何！在八大的

<hr />

① 王琦注《李太白全集》卷六，第二册，418页，中华书局，2015年。

图1-8　鱼鸟图轴　绫本墨笔　年代不详
143×44cm　黄庭坚纪念馆藏

画中，时空存在的界限和关系都模糊了，是鱼又非鱼，似鸟又非鸟，只有一颗纵逸于当下的淡然的心。他认为，"时人莫向此图考"，人们应从框格般的思维中走出，跨进世界的河流中，"目尽南天"，这是一个不可名状、没有定式的世界。

八大荒诞的画，具有冥思般的性质，凝结着他对一切众生（也包括人）生命存在的态度。超越"人"（知识的、欲望的）的视角，这是八大这类绘画的思维支点。1685年以前，八大主要是作为花鸟画家而出现的，这之后，山水画才渐渐多了起来。他绘画的主要表现对象就是花鸟虫鱼和山水林木，一生基本没有画过人物。这样的题材选择，就与他超越人的视角的观念有关。其实，如果按照传统绘画画科的知识分析，八大都不能算是一个花鸟画家。因为他画中的花鸟世界，不是我们惯常眼光中的花鸟。同样，1690年以后，他接续董其昌，返归倪黄，进而追溯北宋大师的山水传统，山水成为他重要的表达对象之一，而他着意表现的，也不是外在的山水面目，而是他意念中的山水。他的画真可以说是花非花，鸟非鸟，山非山，水非水，是一个虚幻的物象世界。

《庄子·大宗师》中有个有趣的故事：造物如一个冶炼世界，天地就是熔炉，大冶为造物之主，他造了天地万物，也造了人。"今大冶铸金，金踊跃曰'我且必为镆铘'，大冶必以为不祥之金。今一犯人之形而曰'人耳人耳'，夫造物者必以为不祥之人"[1]。八大也是如此，在他看来，人不能将自己与万类群生分割开来，认为人总是高于万物。他要打破这一"大人主义"的观念。人的个体存在，从时间上看只是一个短暂的片刻；从知识上看，我们对世界的了解其实很少、很浅，甚至多是妄见。八大在荒诞中，要彰显"至人无己"的哲学。在他看来，我们对世界的时（变化过程）、空（存在样态）的把握，并非一个确定的事实。世界始终是不依附人的知觉感知和知识分别而存在的，人应超越以人的视角看世界的"定式"，走入世界中。八大极力创造的幽眇而荒诞的世界，其实是要彰显一种"凡常"的运作方式。人们认为"正常"的态度，往往是对世界真实相的背离。惯于表现怪诞意象的八大似乎在说：到底谁"正常"，还真难说呢！你看我的画荒诞，而荒诞不经恰恰是你。

此可见大乘佛学"无人相，无我相，无众生相，无寿者相"思想对他的影响。无人相，不要有"大人主义"的妄见；无我相，不要在自我的执着中，将自己与世界分割开来；无众生相，万类一体，了无分别；无寿者相，超越变化的表相，契合

① 王叔岷《庄子校诠》，上册，245页，中华书局，2007年。

图1-9
鱼鸟图轴
纸本墨笔　1694年
178×73cm
湖北省博物馆藏

世界的真实。八大的怪诞绘画，其实是在"四无"框架下，力图展现一个"凡常"运作的世界，这位"禅林拔萃之器"，是在以图绘造型和诗来表达他所理解的"正思维"。（图1-9）

二、不是"东西"

八大刻意创造的不东不西的荒诞意象空间，让人们超越"东西"，认识到绘画的造型世界是一个虚幻的存在：不是"东西"。

唐代百丈怀海《广录》记载：一日，怀海随马祖道一大师出行，途中见一群野鸭飞过，马祖问："是甚么？"怀海答："野鸭子。"马祖再问："甚处去也？"怀海回答说："飞过去也。"马祖拧住怀海的鼻子说："你说它飞过去了，我看它还在这里。"[1]怀海遂于言下开悟。野鸭飞过，是人感觉中的真实。禅宗强调，执着感觉的真实，为时间过程中展现的表相所粘滞，是对世界的误解。六祖慧能在广东法性寺听印宗禅师说法，此时风吹僧堂里的幡布，大家争论是幡动还是风动，慧能说："不是风动，不是幡动，仁者心动。"这个广为人知的故事，所表达的也是这一思想。八大的怪诞之作，其实是要超越视觉的真实，而导向心灵真实；打破时空关系，表现真实的生命感悟。

禅宗对表相世界的解构，是八大怪诞画风的直接来源。禅宗热衷于以现存世界的荒诞来打破人们对时空的执着。有僧问唐代池州鲁祖山教禅师："如何是孤峰孤宿底人"，这位禅师说："半夜日头明，日午打三更。"[2]一僧人问北宋兴元府青剉如观禅师："如何是青剉境？"禅师回答道："三冬华木秀，九夏雪霜飞。"[3]在这里，四季颠倒，时间乱置。北宋的佛眼清远禅师上堂讲"一叶落，天下春"[4]。我们知道"一叶落，天下秋"的古语，这里"秋"换成"春"，一字之换，换了一种思维，一种看世界的方式。禅宗要打破世界的秩序，突破表相的束缚，在狂怪中寻求真实。一桩著名的禅宗公案说："听那单手拍掌的声音"——从双手拍掌的定式中走出，谛听世界真实而微妙的声音，这就是禅的思维，也是八大怪诞绘画形式创造的思想动力。用八大佛门四世祖博山无异（1575—1630）的话说："若向者里会去，

---

① 《百丈怀海禅师广录》，《卍续藏经》第六九册。
② 《五灯会元》卷第一一，中册，670页，中华书局，1984年。
③ 《五灯会元》卷第一三，中册，845页，中华书局，1984年。
④ 《五灯会元》卷第一九，下册，1262页，中华书局，1984年。

万年一念，一念万年。生死情枯，真如体寂。二途俱泯，触处皆通。"①

　　八大怪诞的绘画通过变化无定的表相说明，我们所执着的世界，执着于对世界形式的认识，其实是一个"幻"而不真的事实。

　　在八大看来，常人着眼于差异的世界，物物有定相，这是鱼，这是鸟，这是鸭，这是石，一物有一相；物物相关联；物与物又依照一定的规则在活动，鱼儿在水中游，鸟儿在天上飞，鸭在水面浮，山在天际显。而八大却深入到"苍茫寂历"之中，打破人们的惯常思维，鸟不是鸟，鱼不是鱼，石不是石，世界上无一物有定相，定相只是我们的幻觉。

　　八大这个影子的学说，是曹洞宗的当家理论，在这方面它有两个具代表性的观点：

　　唐代禅宗大师南泉普愿（748—834）指着庭前牡丹对弟子说："时人见此一株花如梦相似。"②在南泉看来，世界中存在的"法"，都是一个"幻相"，而不是"实相"，我们执着于空间的事实，执着于由此空间所生发出的概念，都是对世界的误解。南泉这一说法，后来变成曹洞家风的典型表述。

　　曹洞宗的创始人之一洞山良价（807—869）"渠正是咱，咱非渠"的学说，是曹洞宗的思想基础。良价参老师云岩昙晟（782—841）问道："和尚去世后，要是有人问起我：和尚的真容到底怎样，我该怎么回答呢？"云岩说："你就说：就是他。"他听不懂老师的话。一日过河涉水，看到水中自己的影子，豁然开悟，作了一首偈语："切忌从他觅，迢迢与我疏。我今独自往，处处得逢渠。渠今正是我，我今不是渠。应须恁么会，方得契如如。"③良价由此领会云岩师话中的意思。影子（渠）由我（咱）照出，而我非影子。良价在"返自观照"中，发现了"真性"。

　　八大的老师是颖学弘敏，弘敏是雪关智誾（1585—1637）的弟子，雪关是博山元来的弟子，元来又是寿昌慧经（1548—1618）的弟子，明代寿昌一系实现了曹洞的中兴。在这一法脉中，寿昌、元来、雪关都将良价的得法偈作为曹洞的第一要义。元来说，此诗偈中，"渠今正是我，我今不是渠""二句最严"④。元来又将南泉"时人见此一株花，如梦境相似"作为他所奉行的重要法则⑤。

　　八大将这一宗门所得，转化成他的绘画大法。他在《十六应真颂》中所言"渠

① 《无异元来禅师广录》卷三，《卍续藏经》第七二册。
② 《五灯会元》卷三，上册，141页，中华书局，1984年。
③ 《五灯会元》卷十三，中册，779页，中华书局，1984年。
④ 《无异元来禅师广录》卷七，《卍续藏经》第七二册。
⑤ 《无异元来禅师广录》卷二，《卍续藏经》第七二册。

图1-10 　鱼鸟图卷　纸本墨笔　1693年　25.2×105.8cm　上海博物馆藏

正是咱，咱非渠"，说的就是曹洞家法。八大将宗门这样的学说化为他看世界的方式：时人看我画中一只鸟、一朵花、一块石，如梦境一般。他似乎通过自己的造型告诉人们，他画一物，则"不是一物"。他作画，是用画来说世界的法，世界是虚幻不实的，一切都渺然不可得，一切形相皆为虚相，所以，他只能说一个幻相，说一个"影子"般的世界，通过这个"影子"唤醒人们对"咱"（照出这个影子的真实世界）的注意。八大的"画为影子说"，直接影响他晚年绘画怪诞形式的处理。所谓怪诞，就是脱略常规，而常规是什么，常规难道就是世界的"定式"？八大的画与其说是追求荒诞（他并不感到自己的表现是荒诞的），倒不如说是否弃常规。

八大还融合庄子和佛教思想，提出"善化"学说，来强化他的"画者东西影"的观点。

作于1693年的《鱼鸟图卷》（图1-10），今藏上海博物馆，是一幅典型的八大式的荒诞之作。画的构图非常简单，起手处，画一条大鱼，横飞天际；画的后段画两只鸟于石岸边闭目兀立；尾部在不太引人注意的地方画一小鱼，在低空中飞翔，这就是画的全部内容。画有三段题识，其中第三段谈"善化"，他说：

东海之鱼善化，其一曰黄雀，秋月为雀，冬化入海为鱼。其一曰青鸠，夏化为鸠，余月复入海为鱼。凡化鱼之雀皆以肫，以此证知漆园吏之所谓鲲

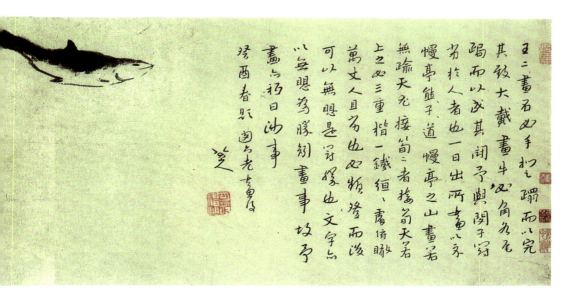

化为鹏。

　　八大其实是在画"鱼鸟互转"的故事。"善化"说的文本基础来自庄子。《庄子·逍遥游》说："北冥有鱼，其名为鲲，鲲之大，不知其几千里也。化而为鸟，其名为鹏，鹏之背，不知其几千里也。怒而飞，其翼若垂天之云。是鸟也，海运则将徙于南冥。南冥者，天池也。"八大据此说明，世界的一切都是"善化"的，画的是鸟，却又是鱼，画的是鱼，却又是鸟，在时间的流动中，一切都在变，一切存在都是不确定的。

　　《庄子》中并无"善化"概念，这一概念来自佛教。佛教将无所滞碍的境界，称为"善化天"。《华严经》卷二云："佛如幻智无所碍，于三世法悉明达。普入众生心行中，此善化天之境界。"[1] 善化天，又称"乐变化天"。唐法藏《大方广佛华严探玄记》卷二云："乐变化天，乐自变化，作诸乐具，以自娱乐也。又自化乐具，还自受用，不犯他故，名善化，亦名化乐。"

　　八大的"善化"，不是强调"善于变化"，而是强调超越变化，而达到"乐变化天"的境界。其荒诞的绘画形式，并非要表现世界"变"的事实，而在于超越变

---

[1]唐实叉难陀译八十卷本《华严经》卷二。

动不居的外在表相——"幻"的形式，而达到与世界相融相即的"善化"境界。他的绘画，以幽涩的形式告诉人们，执着于时空关系的"变"，是对世界的颠倒认识，他的画所创造的有别于现实时空的"幻化时空"，是为了搭起由"幻"到"真"的桥梁，彻悟"善于化者"的境界，将自己的生命融入世界中，在世界的河流中嬉戏。道教中也涉及这一概念。五代杜光庭解老子"万物作焉而不辞"说："圣人善化，无事无为。"① 无事无为，如万物生长，没有言说（辞），只是自在兴现而已。佛教的"善化天"，与老庄一脉所出的天机自张境界，都强调此一体验。

海外不少学者将八大的"善化"说，理解为生物进化的故事，这是西方思想解读中国艺术哲学而不相凿枘的明显的例子。美国耶鲁大学教授班宗华（Richard Barnhart）在《八大山人书画析义》一文中，将八大的"善化"思想解释为"蜕变""再生"，认为这是八大"生平的隐喻"，象征他人生的多次转折，并预示着晚年的"新生"。他认为，八大晚年越来越注重"蜕变"的思想，并且喜欢画蝉蜕，其中潜藏着他关于生活将有转机的理想②。班宗华与王方宇先生共同编写的《荷园主人：八大山人的生活与艺术（1626—1705）》一书，记载着那次耶鲁大学举办八大山人书画作品展的经历。班氏在此书的序言中，也从蜕变中寻觅八大怪诞绘画形式的根源③。班宗华将八大的"善化"理解为一个生物进化的事实。而美国学者提孟（Nadine Tymon）在《绘画与政治：朱耷鱼石图中的荒诞和政治异议》④ 一文中，也从生物蜕变的观念来谈怪诞与八大政治态度之间的关系，在立论基点上与班氏大体相似。

这样的推论不能成立。八大的"善化"说，并非展示由一物到另一物的蜕变，这种生物学的解释，与他的根本思想是冲突的。

三、"东西"是实相的影子

绘画不是表现外在的东西，而要表现内在的实在意义世界（实相）。外在的"东西"是虚幻不实的，而内在的"实相"才是真实的。外在的"东西"是一种方

---

① 《道德真经广圣义》卷七，《正统道藏》洞神部玉诀类。
② 台北：《故宫文物月刊》，第九卷第一期，1991年。
③ *Master of the Lotus Garden：The Life and Art of Bada Shanren*（*1626-1705*），by Wang Fangyu & Richard M. Barnhart.（New Haven：Yale University Press，1990）
④ *Painting and Politics：Eccentricity and Political Dissent in Zhu Da's Fish and Rock*.The Bulletin of the Cleveland Museum of Art，1989：76，No.4．

便法门，是"实相"世界照出来的影子，观影求实，即幻得真，才是正思维。

上举上海博物馆所藏《鱼鸭图卷》，可以说是一个"万籁自生听，太空恒寂寥"（韦应物）的宇宙，背负青天朝下看，在世界的一个角落，正在上演着有关永恒的故事。鸭立于山，山即是它的脚，它与山融为一体；鸭眠于岛，它与岛融为一体，绵延的山峰，似乎是鸭的翅膀。一切空间中的定相都被粉碎，鱼大于山，岛是那样的渺小，如同一丸卵石，鱼掠过大海，掠过山岛，似与水中的鸟儿作答。

八大将他的画放到宇宙——无限的时空中来审视存在的价值。他的艺术世界是高古寂寥的，以无限流转的空间事实，粉碎人们对虚幻不真的色相世界的沉溺。

现藏于北京故宫博物院的《鱼石图轴》（图1-11），也是八大后期作品。画上有书法家王澍题跋：

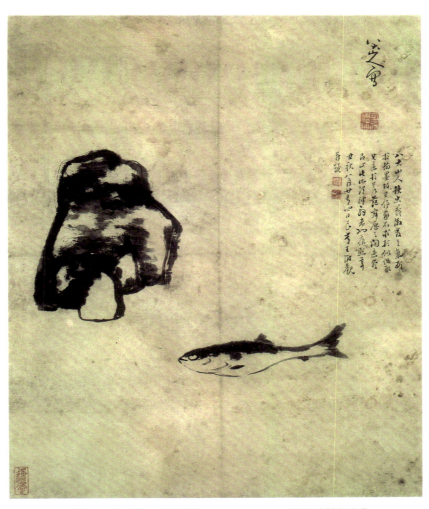

图1-11　鱼石图轴　纸本墨笔　年代不详　58.4×48.4cm　北京故宫博物院藏

八大山人挟忠义激发之气，形于翰墨，故其作画不求形似，但取其意于苍茫寂历之间，意尽即止，此所谓神解者也。康熙辛丑秋八月廿四日。良常王澍观并题。

跋作于1721年，时八大已故去。王澍（1668—1743），字若林，号虚舟，康熙五十一年（1712）进士，是当时著名书法家和书画鉴赏家，著有《虚舟题跋》。他可谓八大的知音，他所说"不求形似"，但求"神解"，允为的评。这幅《鱼石图轴》，画面仅有鱼和山，山形态古异，一团漆黑，鱼也怪不可言，睁着奇怪的眼睛。王澍所说的取意于"苍茫寂历"，就是一种"永恒感"。八大在这里引入无限时间，来破人们执着于具体时间的妄念。苍茫的山，永恒的寂寞，一条善化的鱼，从鸟儿化来，由水中腾起，在无穷变化的宇宙中存在。古怪的山峦和鱼似乎没有联系，但八大通过"神解"在它们之间建立联系，凿通了一条生命之"流"。它们都是时间性的存在，都是在世界的"流"中浮沉、流荡。八大要表现变易世界背后那不变的真实。它是一种超越时间的永恒境界，在"非历史"中，表达深邃的"历史性"。

清何绍基（1799—1873）在题《八大山人清湘子花果合册》时说：

> 画师何处堪著我，万物是薪心是火。有薪无薪火性存，隐显少多无不可。苦瓜雪个两和尚，目视天下其犹裸。偶然动笔钩物情，肖生各与还胎卵。心狂不问古河山，指喻时拈小花果。……勃勃生理等兴废，童童浮世老瘖跛。君不见，乌芋平生朴实头，石榴终有顽皮里。其中朴实外顽皮，贮入箩筐任颠簸。混元同证清净根，莲子一窠花两朵。①

"目视天下其犹裸"——以洞观之眼视之，天地万物，"裸"然自在，直露本真。何绍基所言正是这永恒的真实境界，在《鱼鸭图》《鱼鸟图》《鱼石图》等意象世界中，正看到这"裸露的真实"，一种静寂幽深的存在。八大后期作品撕破表相，已然成了他程式化的表达方式。何绍基说石涛、八大证成天下之真相，如同顽拙的石榴有质朴之心，绰约的荷花生于一颗莲子，所谓"石榴终有顽皮里""莲子一窠花两朵"，表现了世界的本原性存在，所言与八大"实相"说法正相合。

---

① 清陆心源《穰梨馆过眼录》卷三十六，款："壬寅冬日过东乡丈人平安馆，见示八大山人清湘子花果合册，奉题小诗，即希教正。年家弟何绍基草。"

　　1697年所作《河上花图》长卷（今藏天津博物馆），是八大生平重要作品。其上八大题有《河上花歌》长调，其中有云："争似画图中，实相无相一颗莲花子，吒嗟世界莲花里。"实相无相是禅宗立宗的理论基石。《五灯会元》卷一："（世尊）说法住世四十九年，后告弟子摩诃迦叶：'吾以清净法眼、涅槃妙心、实相无相、微妙正法，将付于汝，汝当护持。'"[①]"实相"作为万法之后真实不妄之体相，是万法的意义之所在。

　　大乘佛学有"其一法者，所谓无相，无相不相"的说法，一切有形世界的物质或是人大脑中的观念，都可称为法，这些法是虚幻不实的，真实的世界乃是平等一体的实相，它是非分别的。当然，这实相世界并非抽象绝对的精神本体，或者如中国传统哲学所说的"道"，而是不受人们妄念缠绕、任由世界自在显现的存在本身，是禅宗所谓"青山自青山，白云自白云""我来问道无余说，云在青天水在瓶"。（图1-12）

　　因此，八大所言"世界莲花里"，并不表明"世界就在莲花里"，或者说在一朵莲花里看出广远的世界，那是一种空间上的理解；也不表示"莲花是实相的载体"，那是现象本体二分观影响下的误诠；而是"即莲花即世界"，莲花就是一个自在圆足的意义世界，此之谓"实相"[②]。

　　对"实相"世界的关注，是八大长期浸润于佛学所造成的。他早年在佛门中，就有在绘画中追求"实相"的痕迹。如蔡受《鸥迹集》卷二一载八大于佛门时所作一画："雪师为徂徕叶子作扇画：巨月一轮，月心兰一朵，其月角作梅花。题诗云：'西江秋正月轮孤，永夜焚香太极图。梦到云深又无极，如何相伴有情夫。'"其中所画圆月等构图，就有追求"实相"之倾向。

　　哈佛大学福格美术馆藏有八大《瓜月图轴》（图1-13），作于1689年。画一大西瓜，其上又虚画一大月亮的轮廓，整个画面是一虚一实两圆相套。上有题识云："昭光饼子一面，月圆西瓜上时，个个指月饼子，驴年瓜熟为期。己巳闰之八月十五夜画所得。八大山人。"诗近打油，然意颇堪玩。月照西瓜，处处皆圆。个个指月饼子：用佛学指月意。《楞严经》卷二说："如人以手，指月示人，彼人因指，当应看月。若复观指，以为月体，此人岂惟亡失月轮，亦亡其指。"[③]以手指月，得月忘指，指为所借之媒介，月为求取之实相。舍筏登岸，得兔忘蹄，不能执着于指

①《五灯会元》卷一，上册，10页，中华书局，1984年。
②详细分析参见本书第十七章《〈河上花歌〉并八大山人的实相无相观》。
③见刘鹿鸣译注《楞严经》卷二，63页，中华书局，2012年。

此蒲筆墨近世罕見人莫
能見不意主徐青藤後
復見一絲笔生在此 耶吞走
千里谷竟骨非真无此名者
西龍者 峡 首懷把 玩 云 解為
二一坟
己巳春上 雜香此年
七十令之二

图1-12
鱼轴
纸本墨笔　年代不详
108×42.2cm
常州博物馆藏

图1-13
瓜月图轴
纸本墨笔　1689年
74×45.1cm
哈佛大学福格美术馆藏

而忘月。"驴年"，即俗语所谓猴年马月之意。八大的意思是，如果你执着于手指之指、执着于月亮的外在形态，将月亮等同于"饼子"，忘记了"一月普现一切水，一切水月一月摄"的实相世界，那么就会累年而不悟，顽然而难觉。他的画是指月之指，而非月本身；是登岸之筏，而非彼岸。

四、实相就在"东西"中

八大的"实相"世界，是意义世界，是绘画价值实现的核心，但它不是绝对真理，不是抽象概念，而就是上文所说的任由生命自在兴现本身。正因此，实相就在"东西"中，意义世界的实现就在当下直接的感悟中——绘画之所以存在的根源，就是表现这样的生命感悟。八大"画者东西影"的画学纲领，所表达的就是重视生命直接感悟的思想。他一路由荒诞走来，"捏造"出种种虚幻的存在，不是要惑乱我们的目，而是要明澈我们的心。

在"变"中寻"幻"，在"幻"中得"真"，在"真"中确立生命的意义。八大晚年的画和诗几乎都围绕一个主题：生命何以有意义？八大是一位遗民画家，因家国之变，一生漂泊。晚年定居南昌之后，他通过艺术来追寻生命的意义。八大晚年艺术的重要特征，是由对故国的思念，上升为对人类存在命运的思考。

八大晚年在对永恒的叩问中，渐渐淡化其故国情结、王孙情怀。人生而平等，人的生命是偶然的。依附于某种先行存在的事实，并努力去归复它，真实的生命价值便无由实现。在八大晚年的绘画中，故国不是他确立生活意义的标准，而人的生命存在意义，才是他关心的根本问题。

1694年，八大有著名的《安晚册》，今藏日本京都泉屋博古馆。他的"安晚"，不是安王孙之心，而是安个体之生命，画中的怪诞形式，正是为了心灵的平宁而作。我们可由这组册页来讨论他安顿生命的思想。

一切都在变化中，没有永远的拥有，人种种难以割舍的利欲，最终会像树叶在萧瑟西风中凋零，生命应是和着宇宙节奏的欢歌，而不应是贪婪的攫取。在海枯石烂、沧海桑田的永恒变易的世界中，人的生命只不过是一瞬。八大在变易的世界中感悟到，原来由显赫到落魄，也包括一种必然。天地一浮云，此身乃毫末，又何必斤斤于得失，而无心灵之安宁！

八大的意义世界，不在超验的神灵世界中（如佛），不在先验的道的世界中（如理），也不在具体的经验世界中，而在他自我证验的生命体悟中。

《安晚册》之二十二山水图上（图1-14），八大题云："蓬莱水清浅。为退翁先生写。壬午一阳之日。拾得。"这随意"拾得"的山水中，透出一股灵气。蓬莱是人们想象中的神仙世界，八大此作却要将这一片神山请到现实中来，蓬莱湾不是渺然难寻的圣水，就在我的身边，清浅如许。

"蓬莱水清浅"一语本自李白《古风五十九首》之九："庄周梦胡蝶，胡蝶为庄周。一体更变易，万事良悠悠。乃知蓬莱水，复作清浅流。青门种瓜人，旧日东陵侯。富贵故如此，营营何所求。"[1] 八大通过一座山峰、一泓清水来说明，世界的一切都在变化中，圣殿可以变为坊间的陋屋，琼阁可以变为村前的破亭，一切都如梦

① 王琦注《李太白全集》卷五，第121页，中华书局，2015年。

图1-14　安晚册之二十二　山水　纸本墨笔　1694年　31.8×21.9cm　京都泉屋博古馆藏

一样幻而不真。"一体更变易，万事良悠悠"，八大也像李白一样，在与永恒的照面中，得到心灵的释然。没有绝对的故园，故园只不过是曾经给我生命的地方；没有绝对的故国，故国只不过是曾经为我获得一定地位的组织；没有永远的王侯将相，你不见而今青门种瓜人，原是旧日东陵侯。

　　值得注意的是，八大将存在的意义最终落实为当下此在的优游。他要化蓬莱的仙水，为现世的清泉。在缅邈的宇宙中，人的存在多么渺小，人存在的意义难道就在于传之久远，或者说是永恒？什么是永恒？难道就像六朝时人那样，或求长生不老药，或勒石立碑，企图传之久远？八大以他那双法眼，寻觅世界"裸露"的真实。人生意义的落实处，即在当下，当下是上帝分给人的惟一的圣餐。八大与一些艺术家、诗人不同，他不做云中之鹤，高飞并不适合于他，而做海上之鸥；不作笼中之鸟，而做山林之鸡；不做高傲的孔雀，而做卑微之鹧鸪。八大的鸟无飞相，虽然他毕生崇拜李白，但在终极的选择上也与他不同，李白诗云："宜与海人狎，岂伊云鹤俦？"（《古风》其四十二）李白要做云中之鹤，而八大要作海上之鸥。海上之鸥，亲人也；云中之鹤，远人也。八大将成就生命的意义世界，放在当下此在生活中。他知道，一朵小花，也有存在的价值，也是自足的生命宇宙，八大艺术的高风绝尘，原就在尘寰中。

我注意到八大晚年画作中很多小东西，如小鸡、小雀、小鱼等，这别有意义。八大晚年很喜欢画小雀，体态渺小，无灿烂之羽毛，无圣木可依，多是独立悬崖暂栖身，如《巨石小鸟图轴》[①]，危石孑立，下有一朵玉簪兀自开放，上有一只小鸟嗷嗷叫。李白《空城雀》诗云："嗷嗷空城雀，身计何戚促。本与鷦鹩群，不随凤凰族。提携四黄口，饮乳未尝足。……天命有定端，守分绝所欲。"[②]《孔子家语·六本篇》载："孔子见罗雀者，所得皆黄口小雀。"八大晚年画中出现的鸟，多是这黄口小雀，一个在空城中嗷嗷叫唤的黄口小雀，在悬崖峭壁中，无以为助，似乎是那样的可怜。

其实不然！这也是八大与石涛的不同处。石涛多受楚辞之影响，有哀婉自怜的气质，而八大的画不是通过处境的渲染，尽其哀伤之怀，而是由此表现内心的平宁。最艰危处，就是最平宁处，这是八大艺术的秘密之一。

八大有诗云："到此偏怜憔悴人，缘何花下两三旬。定昆明在鱼儿放，木芍药开金马春。"[③]在《安晚册》所题此诗的作品中，八大惟画有一条小鱼。定昆明，即定昆明池，唐中宗之女安乐公主所建[④]。定昆池，唐以后几乎成为骄奢的代名词。木芍药，即牡丹，唐代开元间宫廷中多种此花，李白曾奉明皇之命，作《清平调》

---

① 《艺苑掇英》第七十五期封面图，上海人民美术出版社，2005年。
② 王琦注《李太白全集》卷五，第382页，中华书局，2015年。
③ 此诗在八大1695年前后多幅作品中出现，如《安晚册》第十三开。另外，1695年所作《杂画册》中有一幅作品也题有此诗。
④ 唐刘𫘧《隋唐嘉话》卷下载："昆明池者，汉孝武所穿，有蒲鱼利，京师赖之。中宗朝，安乐公主请焉，帝曰：前代已来，不以与人。不可。主不悦，因大役人徒，别掘一池，号曰定昆池。"又据《朝野金载》卷三载："安乐公主改为悖逆庶人，夺百姓庄园，造定昆池四十九里，直抵南山，拟昆明池。累石为山，以象华岳，引水为涧，以象天津。飞阁步檐，斜桥磴道，衣以锦绣，画以丹青，饰以金银，莹以珠玉。又为九曲流杯池，作石莲花台，泉于台中流出，穷天下之壮丽。悖逆之败，配入司农，每日士女游观，车马填噎。奉敕，辄到者官人解见任，凡人决一顿，乃止。"（《隋唐嘉话》《朝野金载》二书，见程毅中点校本，中华书局，1979年）

三章，其中有"解释春风无限恨，沉香亭北倚栏干"之语①。金马，即金马门，汉建，后用以指代皇帝宫苑②。定昆池、金马门、木芍药等，都是皇家繁华盛物。豪华无比的定昆池，士女游观，车马填噎，池鱼尽欢，宫中牡丹竞放，歌舞蹁跹，而只有斯人独憔悴，如这一条静卧的小鱼。"憔悴人"，在古诗中特指相思者，这里当是八大自指。

表面上看，诗中表达一种"自怜"的思想，众人皆有"春"，而我独无，怎不叫人黯然神伤。然而，正像袁中道所说："君不见金谷园、定昆池，当时豪华无与比，今日红尘空尔为！"③天地变化，世道如斯，定昆池早已干涸，金马门荒草萋萋，昨日宫苑里花簇簇，人稠稠，转眼间，流落红尘不知处。君不见旧时王谢堂前燕，飞入寻常百姓家。在悠悠天地之轮的滚动中，一切都归入虚茫。八大的画和诗都在展示变易，由无所不在的变易来说明不可执着，从而超越表相，领略生命的真实意义。

八大有一画，画有鹌鹑（图1-15），并题有诗道："六月鹌鹑何处家，天津桥上小儿夸。一金且作十金事，传道来春斗蔡花。"④他曾在多幅画中题写此诗。天津桥，旧时宫廷前面的一座桥梁，初建于隋⑤。天津桥记载了多少繁华旧梦，包含了多少悲欢离合。唐刘希夷《公子行》诗云："天津桥下阳春水，天津桥上繁华子。马声回合青云外，人影摇扬绿波里。绿波清迥玉为砂，青云离披锦作霞。可怜杨柳伤心树，可怜桃李断肠花。"⑥天津桥，就如同人们所说的乌衣巷，意味着繁华和衰落的更替。八大吟咏道，当繁华之世，有多少富家少年，在这里竞奢斗艳，挥金如土（一金且作十金事），享不尽的繁华事，做不完的桃花梦（传道来春斗蔡花，蔡花，同菜花。斗菜花，为古代一种游戏）。也曾有倾城倾国貌，也曾有缠绵悱恻

① 王琦注李白《清平调词》引《太真外传》云："开元中，禁中重木芍药，即今牡丹也。得数本红紫浅红通白者，上因移植于庆池东沉香亭前。会花方繁开，上乘照夜白，妃以步辇从。诏选梨园弟子中尤者，得乐一十六色。李龟年以歌擅一时之名，手捧檀版，押众乐前，将欲歌之，上曰：'赏名花，对妃子，焉用旧乐词为？'遽命龟年持金花笺，宣赐翰林学士李白，立进清平乐词三章。承旨犹若宿醒，因援笔赋之……"（王琦注《李太白全集》卷五，第363页，中华书局，2015年）《新唐书》记载李白衔命作诗时，正醉酒，卧于酒肆，召入，以水洒面，即令秉笔，顷之诗成。
② 李白《东武吟》："归来入咸阳，谈笑皆王公，一朝去金马，飘落成飞蓬。宾客日疏散，玉樽亦已空。"李白《古风》："但识金马门，谁知蓬莱山。白首死罗绮，笑歌无时闲。"（见王琦注《李太白全集》卷五，第373页，中华书局，2015年）
③ 《袁中道集》卷一，《送王生归荆州》。山西古籍出版社，2008年。
④ 上海博物馆藏八大《山水花鸟册》，八开，作于1694年，其中一开题有此诗。
⑤ 王琦注《李太白全集》注引《元和郡县志》云："天津桥在河南县北四里，隋炀帝大业元年初造此桥，以驾洛水。用大船维舟，皆以铁锁钩连之。南北夹路，对起四楼。其楼为日月表胜之象。然洛水溢，浮桥辄坏。唐贞观十四年，更令石工累方石为脚。《尔雅》曰：斗牛之间为天汉之津，故取名焉。"
⑥ 见《全唐诗》卷八二，文渊阁四库全书本。

图1-15　山水花鸟册之四　鹌鹑　纸本墨笔　1694年
37.8×31.5cm　上海博物馆藏

情。红粉知己，桥上相别多可怜；望断章台，花际徘徊足堪伤。如今一切安在哉！
天津桥无影无踪，惟留下一湾清水脉脉流。

　　与天津小儿的奢靡自夸截然相对的是，此图中两只鹌鹑（鹧鸪，八大有意混淆
二者），怡然相对，默然无语。在中国，鹧鸪本是思念物。明刘基《山鹧鸪》六首
之一云："鹧鸪元是岭南音，岭北无人识此禽。南人唱歌过岭去，北人相向泪沾襟。
山禽一处一般声，不是乡音便动情。多事江南子规鸟，天津桥上对人鸣。"[1]传鹧鸪
原在岭南，度岭入北后，人多不识其音。所以古诗中多以鹧鸪啼叫，暗喻家国之
思。八大的"六月鹌鹑何处家"，就是在写家国之恨。此中似隐括郑所南之事。《新
元史·郑所南传》云："闻北语，则掩耳而走。"陶宗仪《南村辍耕录》卷二十也说：

————————————

[1] 刘基《诚意伯文集》卷一一，四部丛刊本。

"（郑所南）誓不与朔客交往，或于朋友坐上见有语音异者，便引去。"他这只鹧鸪，只鸣南音，即使北人不识，也不改口舌。

这幅作品的主题是无家人寻觅家园，而家园难道就是故国？归去归去，难道就是要归往天津桥的奢华和梦幻之中？作品中天津小儿的浮华与两只鹌鹑的恬然形成强烈的对比。天津小儿一金且作十金事，那只是一晌贪欢！而鹌鹑（鹧鸪）这对被放大的小小鸟，却没有痛苦，只有默然。八大的选择一目了然。他将繁华和失落放到缅邈的宇宙、短暂的人生中，重新审视它的价值。生命的意义不在寻找那曾经有过的繁华，一切关于"家"的寻思，都是一场梦幻。在逝者如斯的宇宙中，生命如小舟，随波而漂流，没有绝对的港湾，没有永远的锚点。人生的意义到底在哪里，晚年八大通过他的艺术，就是要回答这个问题。

博山元来曾说："在天津桥上，看弄猢狲。"[①]八大其实正像他的这位禅门四世祖，一个被世界抛弃的人，在破败的天津桥上，看世界的闹剧，思考人生的意义。

他的荒诞之作，其实是关于生命的正剧。

---

① 《无异元来禅师广录》卷四。

第二章
八大山人的"鸟道"观

八大山人晚年绘画还有另外一副面目，就是飘渺无痕，一切都似有非有，鸟将落未落，枝似存非存，山在依稀迷离中，水在茫然无着处。这有点像倪云林。倪家山水，总是疏林特立，浅水平和，遥岑远岫，淡岚轻施，一切似乎都在不经意中。他用淡墨控笔，轻轻地敷过，飘忽而潇洒，既不凝滞，又不飞动，笔势疏松而灵秀。八大比云林更有过之，瘦硬的疏林，兀然的空亭，在云林还隐然在目，而到了八大这里，更是飘渺无着，一只远方飞来的鸟，似落非落于似有若无的枯枝之上，这就是八大绘画给我的强烈印象。

八大晚年的艺术有雁过无痕的美。前一章谈八大的荒诞时，侧重在"幻相"上讨论八大的艺术哲学，本章讨论他的艺术哲学中所潜藏的"空相"思想。"幻相"在他的绘画中留下的是荒诞，而"空相"在他的绘画中留下的是无痕，也就是禅宗推崇的雁过长空、飘渺无痕的"无住"之美，如八大所说的"天骏腾空"，这是他绘画的至微至妙之处。

八大这一艺术创造方式，与曹洞宗"鸟道"学说有密切关系。我的讨论便由这一生疏的问题谈起。

一、"鸟道说"的来源

曹洞始祖洞山良价（807—869）曾提出"鸟道"论，这是曹洞立宗的重要学说。良价将自己的学说概括为三点，即："展手而学，鸟道而学，玄路而学。""展手而学"，如人张开两手，空空如也，表现的是南禅道不在学、佛不在修的思想。"玄路而学"，重在以体证自性为本，曹洞宗说其门风"其位玄玄"，意即道不在外，而在心悟。"鸟道而学"，强调的则是空观，如鸟之行空，去留无迹，孤鸿灭没，无影无形。

鸟道，即鸟行之道。在禅宗中，它常被作为虚空的代语。如北宋善卿所编佛学词典《祖庭事苑》卷四所说："鸟道，犹虚空也。"[1] 鸟在佛经中有丰富的寓意，传说释迦牟尼由鸟变成。印度大乘佛学尝以鸟迹来比况性空，北本《涅槃经》卷二说："譬如鸟迹，空中现者，无有是处。"《维摩经·观众生品》载，维摩诘为众生说法，法如水上泡，如芭蕉坚，如电久住，也"如空中鸟迹"，尽为空相。

良价在《玄中铭》中阐述了以鸟道为空观的思想。其序言说："寄鸟道而寥空，以玄路而该括。"以鸟道释空道。《玄中铭》谓："夜明帘外，古镜徒耀。空王殿中，千光那照。澈源湛水，尚棹孤舟。古佛道场，犹乘车子。无影树下，永劫清凉。触目荒林，论年放旷。举足下足，鸟道无殊。"[2] 禅门是一空王殿，空王殿中的禅子不能离空而言道观色。禅子如一只鸟，举足下足，不沾一丝，飘渺无着。《筠州洞山悟本禅师语录》又载良价与僧徒的对话：

> 问："承和尚有言，教人行鸟道，未审如何是鸟道？"师曰："不逢一人。"僧曰："如何是行？"师曰："足下无丝去。"云："只如行鸟道，莫便是本来面目否？"师曰："阇黎因甚颠倒？"云："甚么处是学人颠倒？"师曰："若不颠倒，因甚么却认奴作郎？"云："如何是本来面目？"师曰："不行鸟道。"[3]

行鸟道，不逢一人，是说没有影迹。足下无丝，是说无所羁绊。一心不生，一念不起，洒洒落落，一切过去相、现在相、未来相的分别都除去，一切法犹如虚空而无影迹。在这段对话的第二个段落中，僧人问是否行鸟道就是得本来面目，良价又以不行鸟道作答。意思是，不能执着于鸟道，执着于鸟道，就是执着于空，这里所言正是禅宗"遣有没有，从空背空"的"有无双遣"哲学。洞宗的鸟道，也是"为止小儿啼"的黄叶，不可执着。在良价看来，有鸟道，又无鸟道。如《大般若经》所谓，我说世界，即非世界，即为世界。

八大是曹洞宗人，置身佛门三十多年，即使晚年离开佛门，思想仍在禅道之间。"行鸟道"，作为曹洞宗的立宗理论，对八大深有影响。八大花鸟画独特的造型特点、境界追求，在很大程度上受到洞宗"行鸟道"思想的影响。

八大在题《双雀图》（图2-1）的诗中说：

---

① 该书收在《卍续藏经》第一一三册。
② 《筠州洞山悟本禅师语录》，见《大正藏》第四七册。
③ 《筠州洞山悟本禅师语录》，见《大正藏》第四七册。这段对话，《五灯会元》卷一三（中华书局，中册，782页，1984年）也有记载，文字略有差异。

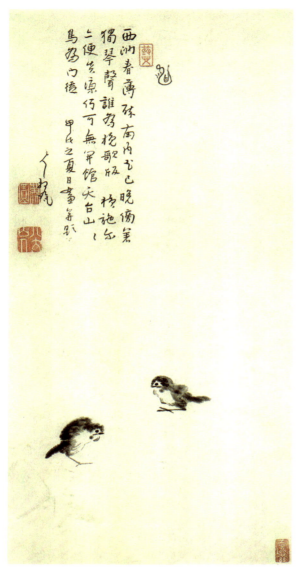

图2-1　双雀图　纸本墨笔　1694年
75.3×35.8cm　浙江省博物馆藏

西洲春薄醉，南内①花已晚。傍着独琴声，谁为挽歌版。横施尔亦便，炎凉何可无。开馆天台山，山鸟为门徒。

前两句写暮春季节，落花飘零。独琴声，即独立无待之声。傍着独琴声，即此心汇入世界的节奏中。谁为挽歌版：挽，拿着。歌版，古代歌者歌唱，常执铁板拍打以伴唱。此句意为，哪里需要人拿着歌板来伴唱。横施尔亦便：施，禅宗用为施设之意②。横施，即纵横施设，毫无计较，遇缘及施。尔亦便，随宜所便，应机而出，亦即禅宗的方便法门。炎凉何可无：遇炎则炎，遇凉则凉，禅门有"瘦竹长松滴翠香，流风疏月度炎凉。不知谁住原西寺，每日钟声送夕阳"③之说，意在随意缱绻，随心独往，自由自在，无所羁束，去领略这世界的炎凉，不是远离炎凉世态。

　　此诗的"开馆天台山，山鸟为门徒"，在八大艺术中颇具象征意义，无论他是身居丛林，还是后来出佛还俗，一生都在孤寂、清净、纯粹的"天台山"中，这

---

①南内，唐时兴庆宫在隆庆坊，原系玄宗为藩王时故宅，后为宫。因位于大明宫（东内）之南，故名南内。八大借此抒发对旧宫的眷恋之情。
②黄檗禅师《传心法要》说："应机之药，随宜所说。临时施设，各各不同。"（《大正藏》第四八册）
③这是潭州云峰志璇祖灯禅师上堂说法之诗。见《五灯会元》卷一六，下册，1079页，中华书局，1984年。

天台山，就是他的空王之殿。他是个"心灵的住持"，而鸟儿就是"门徒"。这就像那位长期幽居天台山的寒山诗中所说："杳杳寒山道，落落冷涧滨。啾啾常有鸟，寂寂更无人。"① 八大以"山鸟为门徒"，其实，他的画就是他的"山鸟"，他通过画表达的是他的"鸟道"。"山鸟"之画，为他说世界的法，说世界的空法。正像博山元来有法偈所说："净心即是西方土，水鸟时常演妙音。"② 鸟彰显出他对佛的理解。元来有诗云："清光万里画图中，触目归云鸟道通。夹岸青榕遮棹影，冲霄白鹤唳秋风。禅那竟许尘缘入，解脱还将奥义穷。赤肉团中休放过，分明认取自家公。"③ 在鸟道中，才能任出"自家"。

二、空鸟：性空的真实

行鸟道，鸟迹无形，鸟道即空道。传说六祖慧能幼年时即有向佛之心，投弘忍时，问他姓什么，他说："性空。"大乘佛学讲真空妙有的道理，认为一切法，都为空相，皆虚而不实。空不是说具体形象上空虚而难见，而是强调本原的空，即性空。佛学认为，一切法都本因缘而生，故无自性，故说是空相。佛教所谓"凡所有相，皆是虚妄"。禅宗推宗的到彼岸的大智慧（摩诃般若波罗蜜），就是性空的智慧，"能含日月星辰、大地山河、一切草木、恶人善人、恶法善法，天堂地狱，尽在空中"④。这也是洞宗鸟道论的核心内涵，八大艺术很大程度上就是在诠释这一内涵。

关于"空"，八大在早期所作《传綮写生册》上，就有如下之语：

> 西邨展玩，喷饭满案，南昌刘漪嵒闻之，且欲索予《花封三啸图》，余答以诗云：十年如水不曾疏，欲展家风事事无。惟有荒园数茎叶，拈来笑破嘴卢都⑤。

禅宗中一个宗门特点叫"家风"，八大风趣地说，他的"家风"，或者说他对佛核心精神的理解，就在一个"无"（或者"空"）字。这个"无"字，是南宗慧能禅法

---

① 《杳杳寒山道》，引见项楚校注《寒山诗注》，86页，中华书局，2000年。
② 《无异元来禅师广录》卷二〇。
③ 《和李□□居士韵》，《无异元来禅师广录》卷三四。
④ 此段文字出自《坛经》，敦煌斯坦因本。
⑤ 《传綮写生册》，作于1659年，十五开，这是其中一开的题跋，今藏台北故宫博物院。

的真意，南禅被称为"无相法门"，以无念、无相、无住为其核心思想。所谓"佛语心为宗，无门为法门"。八大抓住一个"无"字，作为把握禅宗之进阶，应该说是抓住了根本[①]。

八大的"画者东西影"也与"空"有关。他认为，一切画中之相都是幻而不实的，都是空相，是"假名"。八大画这个"相"，心念却在"空"，他画出"空"的"相"，在"空"之"相"中表现"实相"，表现有意义的世界。所以，八大作画，不离"相"，又不在"相"，"相"即非"相"，"实相"即在非"相"中。绘画要表现虚空背后的真实，并不意味着在"相"背后有一个"实相"，有一个抽象绝对精神在，其实，没有"相"之背后，更没有一个抽象绝对的精神，"实相"就在"相"中。

佛家的"无常"观对八大有深刻的影响。世无常态，世态如泡影。就画来说，作一画，非一画。南宋无准禅师《题僧画草虫》说："似则似矣，是则未是；若是伶俐衲僧，不作这般虫豸。"[②]画要写出目之所视的相，相为空，故相为梦幻空花，世界在空观之手的抚摩下，变成了非梦非真的对象。

石涛对八大这种追求，很有心会。他有《题八大水仙图诗》二首，第一首云："金枝玉叶老遗民，笔研精良迥出尘。兴到写花如戏影，眼空兜率是前身。"[③]兜率是欲界的第四天，佛教说释迦牟尼成佛以前，就在兜率天，从天降生人间成佛。未来佛弥勒，也住在兜率天，也从兜率天下降成佛。从六朝开始，我国有兜率往生的信仰。石涛的意思是说，八大是从兜率天降临的，他天生就是一个佛子。他虽然是个艺术家，但他的眼光却是佛的"空"的眼光，他看世界，看到的是一个"裸"的世界。他的画，画的不是世界外在空间形象，而是世界的"戏影"。"戏"即假名，"影"是梦幻之象。他以"戏影"来呈现世界的真实意义。《维摩诘经》说："是身如影。"八大强调："是画如影。"

曹洞宗"渠正是咱，咱非渠"的学说，是八大"画影"说的来源。良价的那首悟法偈，突出了洞宗"体用回互"的思想。所取就在真与影之间，良价见自己的影子，忽然大悟，知云岩师当时所说之真意。八大所画的世界，其实就是本来面目之

① 1992年，江西省考古研究所在罗汉岩发现了款为八大山人的题壁之语，一时引起八大研究界的关注。其语云："甲申冬佛腊之辰游仙踪，空即色，色即空，无瞻无碍□□同，浮生如暴梦，转迅即成空。有人识得真情，便是长生不老翁。八大山人题。"按康熙甲申为1704年，此中所说的色空观念与八大的思想是一致的。但这幅题壁之作，表述如此直露，不似晚年八大的口气。
② 《无准师范禅师语录》卷五，《续藏经》第六套，第五册。
③ 八大这件《水仙图》今犹存世，本为张大千所藏，录入《大风堂名迹》第二辑《清湘老人专辑》（天津美术出版社，2016年影印），后为王方字所藏。石涛题跋作于1697年春。

影子,一个彰显实相的影子。八大作画,含玩于影与真之间,犹如人照镜子,镜子里的影像,是我呢,还是非我?既是我,是我自性的显现;又非我,它只是我的自性的影。八大通过他的画,俯仰于真幻世界中,谛听世界的真实声音。

性空,是把握八大绘画的重要路径,即使他晚年离开佛门,这一思想仍是我们了解其绘画的切入点。现藏于上海博物馆的《莲房小鸟》(图2-2),是一幅太虚片云式的作品。款:"壬申之七月既望涉事,八大山人。"并有"天心鸥兹"四字花押,作于1692年。这幅作品是八大对曹洞"鸟道说"的很好注释。这里以此图为线索,来看八大"鸟道性空"的思想。

《莲房小鸟》中,一只似落非落的鸟,扑闪着欲动欲止的翅膀,睁着幽微难测的眼睛,独脚"似立"于似有若无的莲蕊之上。佛教以莲花比喻人的根性,象征实相世界,强调一切众生都有佛性。这枝莲花,无根无依,似象征根性绝对之独立;莲花若有若无,喻空幻不实;而一只闪烁的鸟,似落非落于莲蕊之上,似强调不粘不滞的无住义。当然,八大的《莲房小鸟》并非是为了表达抽象的哲理,但这种特殊的处理方式,的确有喻示空观

图2-2　莲房小鸟图　纸本墨笔　1692年
94.1×28.4cm　上海博物馆藏

之义。八大画中的莲花有特别的寓意，这位"荷园主人"眼中的荷花，不能仅看作池中之物。他有题画荷花诗道："一见莲子心，莲花有根柢。若耶擘莲蓬，画里郎君子。"[①]他从莲花中看出了"根柢"，所言即是世界的本相。

禅家对图画的基本看法是"不著看相"，一切相即非真。八大是接受这一观点的，他曾多次谈到"无香说"。美籍华人收藏家翁万戈藏八大临古帖册十四开，其中第五开为以云林体书这段话：

> 太白诗"风吹柳花满店香"，温庭筠诗"香随诗婉歌随起，影伴娇娃舞袖垂"，传奇诗"郎行久不归，柳自飘香雪"，不知柳花香在何处，而诗人言之也，李贺诗"依微香雨青氤氲"，元微之诗"雨香云淡觉渐和"，卢象诗"香气云流水"，此数者有香耶，无香耶？寄谓之无香也。于诗画亦然。[②]

"真源无味，真水无香"[③]，这是中国艺术哲学中的重要思想，八大这里显然借此来论其空观思想。香只是其表，无香始是其本；香只是幻，无香方是真；香是有情世界，无香方是实相世界。放之于大千世界亦复如是。

在良价"行鸟道"的理论中，多以飞鸟状其意。但八大很少画飞鸟图，这里含有他深长的用思。今仅见八大生平唯一的《飞鸟图》，图上题有一诗："翩翩一双鸟，折留采薪木。衔木向南飞，辛勤构巢窟。岂知巢未暖，两鸟自相啄。巢覆鸟亦倾，悲鸣向谁屋！"[④]这首诗曾被解释为表达覆巢之下无完卵的遗民悲境，疑解说有误。在这首诗中，八大认为，人类因为欲望而辛勤地劳作，无限地追求，就像一只总是在忙碌、追逐的飞鸟，有了欲望，就有求取，有求取，就会有争斗，有争斗，就永无安宁之地。所以，人类失落了自己的"屋"，是一个无"屋"者，以别人之"屋"为自己的栖息之所，成了流浪者，一个生命之途的漂泊灵魂。八大不画飞鸟，原在于飞鸟易起追逐之想，失自性之真。

八大不画飞鸟，还出于这样的用思：飞鸟腾空，无依无凭，遁迹人伦，固然可以见其空灵，但这是脱略尘世的空，不近凡尘的空，正是佛教所谓"顽空"，背

---

① 《黄竹园题画绝句》之一首。八大有九开书法册页，是为友人吴宝崖所书，王方宇旧藏。
② 此段话似为八大化用明杨慎之语，杨氏《柳花香》写道："李太白诗：风吹柳花满店香。温庭筠咏柳诗：香随静婉歌尘起，影伴娇娆舞袖垂。传奇诗：莫唱踏春阳，令人离肠结。郎行久不归，柳自飘香雪。其实柳花亦有微香，诗人之言非诬也。"（《升庵集》卷五七，文渊阁四库全书本）
③ 北宋隐者、茶学家张天骥语，引见陈继儒《岩栖幽事》（明宝颜堂秘笈本）。
④ 这首诗见载于周士心《八大山人及其艺术》（台北：艺术图书公司，1974年）和汪子豆辑《八大山人诗钞》（江西人民出版社，1986年）。

图2-3　书画册之五　荷花小鸟
纸本墨笔　1693年
24.4×23cm　上海博物馆藏

图2-4　书画册之十五　竹石
纸本墨笔　1693年
24.4×23cm　上海博物馆藏

离了不有不无的不二法门的本旨。这也是南宗禅与庄子哲学的不同之一。庄子哲学强调逍遥高蹈，遁迹于无何有之乡。在超越"有"这一点上，南禅与庄子是相通的，但南禅并没有停留在"空"上，其哲学取向的准确表述应该是"不有不无"。落于"有"，则会有粘滞；落于"无"，又会遁入空茫。所以，八大的空，不是绝对虚无的空，而是非有非无，是一种不加分别的心灵境界。(图2-3)(图2-4)

　　八大的"鸟道"不追求独鸟高飞的拔尘之韵，而就在世间，就在"有"中，不沾寸丝。他的"鸟道"不求高飞远骞的旷落，而重即物即真的体验。我们看他的"鸟道"，不在高高的天空，而在山峦上，在小石旁，在静谧的小洲，在独立的枯荷上。鸟儿似落非落，翅膀似飞未飞，不是为觅食而来，多现闲适之态，有的悠闲地栖息，有的打个小盹，有的圆睁着混沌的眼。这正是良价所说的"既行鸟道，不行鸟道"。行鸟道，以见其空；不行鸟道，以见其有。不有不无，方是其鸟道之大旨。

三、鸟路：无念的心法

　　不从人路，而行鸟道。鸟道者，不滞形迹，无念之路也。
　　空相的关键在于心灵的空，禅宗所谓"一念不生，万法无咎"。禅宗的无念与庄子是有区别的。庄子论妙悟，强调心斋坐忘，使身如槁木，心如死灰，以排斥心念为其根本特点。而禅宗强调"无念者，于念而不念"，不以排斥心念为其根本特点，"无念"的核心是以真如念为念，所谓真如念，就是本原清净心，它是人的自性。所谓"夫无心者，即真心也。真心者即无心也"①。禅宗以真如心为体，念即是真如心体之用。于念中不念，在不念中有念。无念，不是什么都不想，而是强调无所系缚，不沾不染，一切都在平常中。

八大对禅宗无念为宗的思想有很深的体会，今存其作品和文献资料中，这方面的内容很丰富。"无念"是八大重要的艺术思想，也涉及其一系列重要观念，如"天心""天闲""涉事"等。

（一）天心。八大的无念之心，是一片天光自明，一痕真心乍露。他在《题梅花》诗中写道："泉壑窅无人，水碓春空山。米熟碓不知，溪流日潺潺。"②云来鸟不知，水来草不知，风来石不知，因为人无心，世界也无心。在无心的世界中，云无心以出岫，溪流潺潺，群花自落。洞山良价有法偈云："青山白云父，白云青山儿。白云终日倚，青山总不知。"③八大在此诗中传达了和良价一样的思想。

还有几首小诗，反复出现在八大作品中，如：

> 春山无远近，远意一为林。未少云飞处，何来入世心。（《题山水册》）
> 无心随去鸟，相送野塘秋。更约芦华白，斜阳共钓舟。（《无题》）
> 侧闻双翠鸟，归飞翼已长。日日无心云，那得莲花上。（《题莲花翠鸟》）

第一首说在无念心境中，群山已无远近，远近是人的空间感，在无念的境界中，人心退去，天心涌起，山林禽鸟都是我的心。第二、三首描绘的也是与"入世心"决绝的境界，在这里，斜阳依依，轻风习习，心随飞鸟去，意共山林长，白云卷舒自如，莲花自开自合，一切自由自在。正像上引良价之诗云："白云终日倚，青山总不知"，八大这里是"白云终日倚，莲花总不知"。题诗中反映出八大的洞宗背景。如"更约芦花白"，语本洞山，有僧问洞山良价："如何是空劫已前自己？"良价曰："白马入芦华。"④秋日的芦苇，灰色的茎，白色的花，而白马落入这白色迷

① 《菩提达摩无心论》，《大正藏》第八五册，敦煌写本，藏大英博物馆，编号为S.5619。
② 《梅花图》，今藏北京故宫博物院。
③ 《筠州洞山悟本禅师语录》，《大正藏》四七册。
④ 《筠州洞山悟本禅师语录》，《大正藏》第四七册。

茫的世界，混成一体，无有分别。

在前面讨论《莲房小鸟》时，谈到"天心鸥兹"之款识①，其实八大还有"天心鸥兹"之印，表达的是"性与鸥凫合"的情志②。鸥兹，同鸥鹚，八大要做一只有"天心"的鸥鸟，与世界游戏。在中国艺术中，"忘机"是一种境界，像唐代画家、诗人张志和号称"忘机鸟"，他的"江上雪，浦边风，笑著荷衣不叹穷"，他的"乐在风波不用仙"的境界，就是无心。"谁似东坡老，白首忘机。"苏轼以"忘机"作为人生的大境界。八大一生的为人为艺，最重要的特点之一，就是葆有天真之情。有关八大的传记多有此记载。理学家梁份在《与八大山人书》中说："长儿文起来述近褆，甚悉硕果之足以见天心也。"③而八大的朋友、僧人兰谷《寄八大山人》诗中说："八大山人迥出尘，不为岩岸逐风尘。马牛有字从他唤，鸥鹭无心率我真。"④也谈到无心的问题。

（二）天闲。八大晚年还有一枚印章曰"天闲"，学界多以"夫闲"释之，意为：老夫是个闲暇人，甚至有的论者还将此章与八大的所谓"婚姻"联系起来（"夫"，被理解为丈夫）。其实，这是误释⑤。"天闲"是庄子哲学的重要境界。庄子曾举马的故事说明天人之别，野马放逸，任其驰骋，这是天；将马套上缰绳，装上衡轭，马成了一匹非自由的马，一匹任人驱使的马，这就是人。庄子的"天闲万马"，后来成为中国艺术的境界之一。董其昌论画有所谓"天闲万马，皆吾师也"⑥"天闲万马，皆吾粉本"⑦之说。八大用"天闲"来强化他的无念说。（图2-5）

（三）灌园长老。八大早年有"灌园长老"之号，此与"天闲万马""天心鸥兹"的意思相同。八大在《传綮写生册》之三题云：己亥七月，旱甚，灌园长老画一茄一菜，寄西邨居士云："半瞵茄子半瞵蔬，闲剪秋风供菦刍。试问西邨王大老，盘飧拾得此茎无。"西邨展玩，喷饭满案。

《庄子·天地》记载，子贡南游楚国，返晋，过汉阴，见一老翁浇菜园，抱着

①今之论者多识此为"忝鸥兹"，意也可通。但这个"忝"乃谦辞，是谦辞，就有高低之别、尊卑之情，虽不足，然忝列于其中，勉强与鸥鸟同列，这不符合八大所奉诸法平等之思想，不二法门是无一无分别的。故释为"忝"，与八大思想不合。另从八大书写笔势看，此亦应为"天心"二字。还有一个因素，八大的祖父贞吉晚号"了心居士"，其兄名仲韶，晚年有号云"云心头陀"，可见"天心鸥兹"之号与八大的家庭有关。
②诗人吴蔼《题八大山人飞鸣宿食芦雁图》之诗句，《阶木诗文稿》卷一，康熙四十九年学古堂刻本。
③梁份《怀葛堂文集》卷一，康熙刻本。
④溥畹《象外轩集》，康熙五十六年刊，今藏中国国家图书馆。
⑤汪世清、王方宇等都将此印释为"夫闲"。
⑥此见董其昌《容台集》别集卷四，四库禁毁丛书本。
⑦语本董其昌自题《仿小米潇湘奇境图》，《石渠宝笈》卷三五著录，文渊阁四库全书本。

图 2-5
书画册之三　双鸟
纸本墨笔　1693 年
24.4×23cm
上海博物馆藏

一个大瓮到井中灌水，吃力多而功效少。子贡说：你为什么不用水车呢，水车用力少而功效大。这老翁说了一段意味深长的话："有机械者必有机事，有机事者必有机心。机心存于胸中，则纯白不备；纯白不备，则神生不定；神生不定者，道之所不载也。吾非不知，羞而不为也。"故事的核心在反对机心，因为用机械，就是一种机事，是机事，就会有机心，有了机心，就破坏心灵的"纯白"——纯而不杂、光明澄澈的心灵。八大取"灌园"之典，所重即在破机心。机心是一种有目的的活动、知识的活动，同时也是受法度约束的活动。

（四）涉事。八大晚年作品多以"涉事"为款，并有"涉事"之印，反映出他对艺术独特的思考（后文将对此概念作专门讨论）。"涉事"，就是"平常心即道"，他并不将书画看作一种特别的行为，如今人所说"创作艺术"。他认为，这只是生活的延伸，只是来做这件事，如此而已。从中国传统艺术哲学思想的发展看，这一学说具有重要价值。

翁万戈藏八大临古帖册十四开，其中第四开为临怀素书，其云："风来疏竹，风过而竹不留声；雁过寒潭，雁去而潭不留影。故君子事来而心始见，事去而心随去。"此语颇能反映八大的思想。所谓"涉事"，就是无所"涉"，无所"事"，虽

"涉"而未"涉"，虽"事"而无"事"，如赵州的茶碗，一切平常而已。

八大晚年颇神迷于"鼓腹而歌""羲皇上人"的上古境界，没有争斗，没有追逐的欲望，质朴自然，从容恬淡，像夏日的凉风吹拂。八大有诗云："文窗九方便，凉风过时数。千金延上人（自注云：羲皇上人也），百万图老虎。"[①] 他的艺术就"延"入这"羲皇上人"的精神。所谓一阵凉风轻过，就是羲皇上人，就有方便无碍"九方便"的莫大修行。在这样的境界中，我"涉事"，随笔画一只似猫似虎的物，就能抵上无上的瑰宝。

（五）瞑鸟。八大笔下的鸟，大多是睡去的鸟，没有追逐，没有嬉戏，没有寻觅食物的急迫。这样的图像特征，在古代花鸟画史上是非常罕见的。如华盛顿弗利尔美术馆藏八大十一开《花鸟册》，其中第九开《瞑鸟图》，画睡鸟栖于枯枝之上。款"八大山人画"，有"八还"朱文印。八大有四开《花果册》（藏地不详）（图2-6），之二画瞑鸟卧于怪石之上，只以淡墨草草地点出石头的轮廓，再以笔尖略染数点，

图2-6 花果册之二 瞑鸟 纸本墨笔 年代不详 21.9×28.9cm 藏地不详

---

① 《黄竹园题画绝句》，是为友人吴宝崖所书。文窗，古人云"文窗绣户"，是对室内的雅称。九方便，佛教密教修胎藏界法时所诵之九种偈颂，有作礼、出罪、归依、施身、发菩提心、随喜、劝请、奉请法身、回向九种。八大用此指修行种种方便无碍的法门。

给人若有若无的感觉，突出无所用心的韵味。现藏于广东佛山市博物馆的《柳禽图轴》（图2-7），是八大晚年作品。画怪石旁的枯柳，柳树柔软的枝条在寒风中舞动，枯枝上二鸟独脚站立，静静栖息，微闭着眼睛，似进入梦乡。这幅作品突出的同样是悠闲、无念，世界的一切似乎都已远去，它们栖息于这世界的宁静中。

八大的《瞑鸟图》与石涛的《睡牛图》有异曲同工之妙，都是表达无念于心的思想。《睡牛图》石涛自题诗云："牛睡我不睡，我睡牛不睡。今日清吾身，如何睡牛背？牛不知我睡，我不知牛累。彼此却无心，不睡不梦寐。"[①]牛睡了，我睡了，牛不知我睡了，我也不知牛睡了，不秉一念，不存一心，一切都自由自在。《瞑鸟图》和《睡牛图》突出的就是这样的无心思想。

（六）不渗漏。在《传綮写生册》上，八大自题诗云：

> 月自不受晦，澹烟蒙亦好。俯仰瞯晴轩，篱根空皎皎。
>
> 此时世上心，所习惟枯槁。谁解惜其花，长夏愁幽讨。

即使有澹烟蒙其上，月也不失其本自的光明。而"晦"是人所造成的。人的心中有遮蔽，月则无光。世界中一切，本自皎皎，即使是野田篱落，也自有光辉。"此时世上心，所习惟枯槁"：说的是人何以造成遮蔽的根源，语本良价。良价有"三渗漏"说，即见渗漏、情渗漏和语渗漏。见渗漏说的是知识方面的障碍，语渗漏说的是字句中的障碍，而情渗漏说的是人情感取舍的障碍。良价解释情渗漏说："智常向背，见处偏枯。"[②]《人天眼目》卷三引明安云："谓情境不同，滞在取舍，前后偏枯，鉴觉不全，是识浪流转途中边岸事，直须字字中离二边，不滞情境。"这正是八大所说"此时世上心，所习唯枯槁"的语源。他指出，凡俗之见，为情欲所滞碍，一味取舍，在目的求取中失落了对真性的领悟，只能每走偏槁，造成对世界的误诠。所以，偏槁之见，乃情境所滞。八大认为，应走出情境的拘束，让世界皎皎光明地呈现。

这是八大极为重要的思想，他的画充满活泼的韵味，就与此"不有不无、不走偏锋"的中道思想有关。他反对冷湫湫地去、一条白练去、寒灰古木去之类不食人间烟火的倾向。

7.芋头禅。八大说，他在佛门过着"三两禅和煮菜根"的生活，生活平淡，但

---

① 《睡牛图》手卷，今藏上海博物馆。
② 《人天眼目》卷三，《大正藏》第四八册。

图2-7　柳禽图轴　纸本墨笔　年代不详
127×56cm　佛山市博物馆藏

平淡中自有意味。《传綮写生册》中有一幅画一芋头，上有《题画芋》诗云："洪崖老夫煨榾柮，拨尽寒灰手加额。是谁敲破雪中门，愿举蹲鸱以奉客。"藏于日本的八大《杂画册》，也有画的芋头，并有诗云："云居鬼蓣岣嵝蒉，僧寺疏山与蜀岩。却上画图人脍炙，未向江瀙说长鑱。"在《个山杂画册》中也有《题画芋》诗一首，其云："欧阜明月湖，鬼载盈仓箱。仓箱似蹲鸱，读易休为王。""芋头禅"，得无念无住的禅门宗旨[1]。

从以上例举八大无念哲学相关的内容看，八大融道禅哲学精神，以无念为法，强调以光明朗洁的心灵照耀世界，在无遮蔽状态中显现真实。他所提倡的无念思想，就是禅宗所倡导的"平常心是道"。八大深谙赵州大师"吃茶去"的哲学深意，他在《十六应真颂》中写道："咱吃盏茶，塞白时，尔在泰山庙里腿牙齿。"就是暗喻"吃茶去"的禅宗公案。马祖说，平常心就是"无造作，无是非，无取舍，无断常，无凡无圣。经云：非凡夫行，非贤圣行，是菩萨行"[2]，去除目的、欲望、造作，去除一切分别见，就连成圣成佛的欲望也去除，平常心是平等一禅心，是诸法平等的真正落实。《无门关》第十九则，记载赵州和尚一首颂："春有百花秋有月，夏有凉风冬有雪。若无闲事挂心头，便是人间好时节。"[3]平平常常做事，就是得道。八大艺术在平常心中浸染甚深，他的画题材的选择、笔墨的表现、境界的创造等方面，都贯彻了这样的平常心。没有"平常心即道"的中国哲学精神，也就不可能有八大的艺术，那种在极平常生活中所涌现的高严生命感受。

四、鸟迹：空灵的美感

洞宗的行鸟道，强调世界一切法虚幻不实，故不可执着，不可沾系，体现了南禅"无住"的哲学思想，此化为八大艺术流光逸影的风格。

从《莲房小鸟图》来看，八大画一枝莲花，却是无根的莲花，荷塘、荷花，尽皆删去，作无所依傍状，造成独立无依的状态，潜藏着无所沾系的思想。

无根，是八大花鸟画的常设。在他的画中，不仅莲无根，树无根，花木无根，甚至山也无根。他画山，山总在虚无飘渺中；他画树，往往是一枝横出，不知从何而来。一切都如云起云落，去留无痕；如"鸟迹"行空，似有还无。

① 关于以上所举这三首诗的分析，详见本书第十五章《〈个山杂画册〉试解》。
② 据《景德传灯录》卷二十八，《大正藏》第五一册。
③ 慧开《无门关》，见《大正藏》第四八册。

无根，在禅宗中象征无所羁绊、一丝不挂。禅宗的古德向无缝塔中安身立命，于无根树下啸月吟风，强调万法本无根，一落根，即被羁绊。《赵州录》记载："问：'大道无根，如何接唱？'师云：'你便接唱！'云：'无根又作么生？'师云：'既是无根，什么处系缚你！'"①无根就在于无系缚。无根和孤立是相连的，无根意在无住，惟有独立，方有无住不沾之心。八大画树画莲等等，多作无根之态，显然受到禅宗无住思想的影响。

八大的鸟道论，是一种无根之论，不沾不系之论，世界如幻影，故亦应以飘渺无痕之心去体味，不要有一丝的执着。八大的"鸟道"是幻影流动之"鸟道"。他题画说："倪迂作画，如天骏腾空，白云出岫，无半点尘俗气。"②他的画也正有此境界。

如原为王方宇所藏的《花果鸟虫册》八开之五（图2-8），影影绰绰的坡地上，画一孤鸟，鸟形如影迹，一足轻沾山石，似落非落，一足作提起之势，蓬松的羽毛微张，迷离的眼无意地闲游。整个画面给人一种镜花水月、非幻非真的感觉。

现藏于苏州灵岩山寺的八开《山水鱼鸟册》，第二开画一小鸟，极可爱，画面唯有此鸟，别无他物，小鸟尾巴高举，两翅抖动，两脚向上微提，似飞非飞，欲落未落，长喙侧面对天，小眼微张。此画也是八大不粘不滞的故态。

唐云旧藏八大十二开《书画册》，作于1705年，是八大在世最后一年的作品。之十为《双鸟图》，这幅作品空灵至极，画二鸟静栖于寂寞的江岸，一鸟独足站立，一鸟静卧。图的主体以淡墨完成，只在最后以重墨微勾数笔，鸟的轮廓影影绰绰，石的外形也影影绰绰，没有烟雨，但整个画面似都在烟雨迷离中。

八大的"鸟道"，体现出空灵的美。清初沈灏所说的"太虚片云，寒潭雁迹"③，正可用以评八大的画，这也是中国艺术崇尚的至高境界。读八大的画，如云影天光，如飞絮飘旋，如烂漫的落花随水而流，闪烁着迷离的光芒，在这里，没有粘滞，没有停留，没有执着，没有定在，如《坛经》所说："离境无生灭，如水承长流，故即名到彼岸，故名波罗蜜。"禅修炼到彼岸去，这彼岸，是一不粘不滞的空灵活泼的境界。（图2-9）（图2-10）（图2-11）

①《古尊宿语录》卷一三，上册，217页，中华书局，1994年。
②此为王方宇旧藏一幅八大《仿倪山水》册页上的题跋。此化用董其昌语，董曾说："云林画，如天骏腾空，白云出岫，无半点尘俗气。"（据清陆时化《吴越所见书画录》卷六引，乾隆怀烟阁刻本）
③明沈灏《画麈》，《中国书画全书》第四册，816页，上海书画出版社，1998年。

图2-8 花果鸟虫册之五 孤鸟
纸本墨笔 1692年
22.5×28.6cm 王方宇旧藏

图2-9 花鸟册之十二 枯木孤鸟
纸本墨笔 1699年
30.7×27.5cm 王方宇旧藏

图2-10 山水花鸟册之六 双禽
纸本墨笔 1694年
37.8×31.5cm 上海博物馆藏

图2-11 书画合装册之四 鸟石
纸本墨笔 1699年
25×20cm 上海博物馆藏

第三章
八大山人艺术的孤独精神

前二章说幻相、说空相，此章说八大艺术的孤独相。

八大的艺术有强烈的孤独感。在中国绘画史上，倪云林、石涛、八大可谓三位具有独创意义的大家，他们的共同特点，都是以精纯的技法为基础，以哲学的智慧作导引，以视觉语言表现对人生、历史乃至宇宙的思考。但三人的风味又有不同，云林的艺术妙在冷，石涛的艺术妙在狂，八大的艺术则妙在孤。

八大绘画中有一种孤危的意识、孤独的精神、孤往的情怀。八大将"孤"由个人的生存体验上升到对人类存在命运的思考。他的孤独体现的是独立不羁的透脱情怀，独立不群的生命尊严，独与宇宙相往来的超越精神。八大艺术中体现的孤独精神，是中国传统艺术最为闪光的部分之一。

八大的画，给人痛快淋漓之感。他的画，构图并不复杂，有时甚至简括到只有一只鸟、一条鱼、一片叶，但却使观者感到其中有大气局，有一种恢宏的格调，一种不为一切所左右的纵肆气质。这真是传统文人画发展至此出现的新质。

八大艺术的孤独精神，有很高的人文价值。八大不厌其烦地以图像强调，保持独立，不随波逐流，这是人生命存在基本价值的实现。八大看到，人世间缺乏理解与沟通，就像横着一道厚厚的墙壁，他的艺术昭示人们，回归真性，从真心出发，去打破壁垒，搭起人与人沟通的桥梁。看他的画，总觉得背后隐约有一个晦暗的世界在，雨打飘萍，人生无处不受摧折，但他的艺术告诉人们，只有回归自我，迥然独立，性灵中才会有天光云影，才能真正云淡风轻。（图3-1）

这里我谈三个问题。

一、孤独是自性法身

现藏于云南省博物馆的《孤鸟图轴》（图3-2），作于1692年，纵102厘米，横38厘米。此轴从画面左侧斜出一枯枝，枯枝略虬曲，在枯枝的尽头，画一袖珍小鸟，一只细细的小爪，立于枯枝最末梢。似展还收的翼，玲珑沉着的眼，格外引人

图3-1　枯木寒鸦图轴　纸本墨笔　年代不详
178.5×91.5cm　北京故宫博物院藏

图3-2　孤鸟图轴　纸本墨笔　1692年
102×38cm　云南省博物馆藏

注目。除此之外，别无他物，简易至极。在用笔上，正是吴昌硕所极赞的老辣沉雄，墨中无滞，笔下无疑。孤枝，孤鸟，可见的独目，撑持的独脚，等等。总之，画家要告诉你，这是多么孤独的世界：空空如也，孤独无依；色正空茫，幽绝冷逸。

　　这是一幅显现八大艺术哲学的标志性作品，可视为其精神气质的象征。画虽简单，其中蕴藏着八大有关孤独的智慧。要点有二：一是"巅危"意识。它使我想到佛教的"苦谛"，想到《周易》伟大的智慧：忧患意识。八大关心的不是一只偶然飞来的小鸟的命运，这是人命运的象征。曹丕诗云："人生居天壤间，忽如飞鸟栖枯枝。"[①]这幅《孤鸟图》，表达的就是这样的命运思考：从无限时空来说，人就是一只孤独的鸟儿，一只短暂栖息、瞬间消逝的鸟儿，人的生命是一个偶然的事实，人的生命过程乃是孤独者的短暂栖居。二是"巅危"中的宁定。你看那单足独立于枯枝之末的小鸟的眼睛，没有一丝恐惧和逡巡，而是平静地、悠然地享受着这短暂的栖息时光，没有角逐，没有争辩，没有盘桓，如宁定的大海不增不减。大乘佛学至高的自性般若境界，居然通过一只孤鸟可以瞥见，真是不可思议。

为了突出孤独的精神，八大常以独鸟、孤峰等为表现对象。当然，这只是表象。如禅门所谓"一双孤雁，扑地高飞；一对鸳鸯，池边独立"。孤独不是外在形式，而在其内在不依待的精神。他的一双鹌鹑，也是独立；两条游鱼，也是孤独。（图3-3）

我想联系八大相关作品，就这两点谈谈我的体会。

第一点，孤独是人存在的命运，这是贯彻八大一生的基本思想。生命就是一趟独立的旅行，无所依靠是人的本来命运，无所沾系是还归于人本然相的唯一途径。八大通过绘画中孤独意象的创造，强调人归复"本相"。

这与他的禅门思想坚持有密切关系。在八大看来，"自性"即"法身"，回归自我，迥然独立，无所束缚，不为"染缚"，不为"净缚"，透脱自在，才是本然状况，才是人生命价值的实现。只有孤独的，才是真实的。博山无异说："千人万

图3-3 双鸟图 纸本墨笔 年代不详 26×25.5cm 斯德哥尔摩远东文物博物馆藏

---

① 《大墙上蒿行》，见明张溥《汉魏六朝百三家集》卷二五《魏文帝集》，文渊阁四库全书本。

人中，不向一人，不背一人。"①不向一人，不随波逐流；不背一人，超越是非。由此才能臻于"平常心"。正因此，孤独不是对群体的逃离，而是一无依傍，禅宗将出家人称为"无依道人"，强调不沾一丝，透脱自在。妙悟之人，就像"透网之鳞"——从网中游出的一条小鱼，世俗的知识、欲望等构成密密的网，彻悟者从这网中滑出。《坛经》中说："自性常清净，日月常明，只为云覆盖，上明下暗，不能了见日月星辰。忽遇惠风吹散卷尽云雾，万象森罗，一时皆现。"②就像上面说的那只孤鸟，挣脱一切束缚，到了自在云天中，这是一只如"法身佛"的小鸟。

八大绘画中频繁出现的孤鸟、孤鸡、孤树、孤独的菡萏、孤独的小花、孤独的小舟，这些意象，都无所依待。其《题画山水》诗道："去往天下河山，仅供当时流览。世界八万四千，究竟瞻顾碍眼。"③这喧嚣的世界，如葛藤一样互相纠缠，八大认为，这样的纠缠太"碍眼"，不仅有"碍"观瞻，更"碍"于生命真性的呈露。他独钟孤独，是要斩断葛藤，撕开牵连，独与天地精神相往来。

八大一生好画孤峰，这也别有因缘。孤峰是禅宗的重要意象，独坐孤峰顶，常伴白云闲，是禅门至高境界。药山惟俨（751—834）好啸傲山林，《五灯会元》卷五记载：师一夜登山经行，忽云开见月，大啸一声，应澧阳东九十里许，居民尽谓东家，明晨迭相推问，直至药山。徒众曰："昨夜和尚山顶大啸。"其俗家弟子、儒家学者李翱有诗写他："选得幽居惬野情，终年无送亦无迎。有时直上孤峰顶，月下披云啸一声。"④有人问沩山灵祐（771—853），他的弟子德山宣鉴（782—865）哪里去了，沩山说："此子已后向孤峰顶上盘结草庵，呵佛骂祖去在！"⑤孤峰，在禅宗中，昭示的是一种生存方式，一种独立不羁的生命境界。

这也深深影响到宋元以来的中国艺术。"孤峰迥秀，不挂烟萝；片月行空，白云自在"，是禅境，也是诗境。一如枯木寒林，孤峰也是中国艺术家最喜欢表现的对象之一，静待孤峰顶上月明时，啸傲吟咏，成了艺术家的理想境界。明李日华题画诗云："江深枫叶冷，云薄晚山孤。"⑥一峰兀立于夕阳余晖之中，照出灵魂的清影。

八大的艺术醉心于这样的境界。广东省博物馆藏有八大《竹石图》（图3-4），

---

① 《博山无异禅师广录》卷五。
② 此据《坛经》敦煌斯坦因本。
③ 《八大山人诗钞》，44页，江西人民出版社，1986年。
④ 《五灯会元》卷五，上册，262页，中华书局，1984年。
⑤ 《五灯会元》卷七，中册，372页，中华书局，1984年。
⑥ 《为项于蕃画》，李日华《竹懒画媵》，《美术丛书》第二集第二辑。

墨笔，大立轴，是八大晚年的作品。充斥画面的就是一柱石笋，石笋上几只竹叶伸出，如此而已。山峰以墨笔砸出，在浓淡干湿之间，颇有质感，气氛浓重。如此画法，前所未有。又如广州市美术馆藏八大《杂画册》，其中有一开，以枯笔扫出一山峰，下窄而上宽，势危而气定，给人凛然不可犯的感觉。八大有一幅《柱石图》，款："柱石，甲戌之十月既望。为开父先生。八大山人。"作于1694年，画怪石当立，如园林之假山。

孤峰突起，独鸟兀立，吝啬到只画一朵小花，这彰显出八大特别的精神追求。人们常说八大的画有精气神，气氛浓重，通过视觉方面的突兀和越出常规，嵌入他的理性思考。他的画可谓智慧之画，他将自己对生命的理解通过视觉图像传达出来。如以上所举数例，无不有彰

图3-4　竹石图　纸本墨笔　年代不详
166×72.5cm　广东省博物馆藏

显"自性"方面的考虑。画孤峰，画那种独坐大雄峰的气势，等于画自己。这是一种精神书写。

就第二点看，八大绘画孤独的意象，不是为了孤芳自赏，更不是因孤独而自怜，他要在孤独中，追求性灵的平衡，铸造他的生命理想境界。

八大长期孑然一身，身世飘零，在其精神错乱之时，一人在街上行走，衣衫

褴褛，形同乞丐，晚年生活极为窘迫。八大艺术中的孤独，很容易使人联想到，他是不是在暗自抚慰，独饮清泪。但细品八大有关孤独的作品，不但没有这样的情绪，相反却充满着怡然、从容，甚至有幽默。不在孤独中感伤，而是吟味孤独，享受孤独，以孤独来坚定生命的信心，而不是通过孤独来强调孤立无依，进而寻求依靠。在他看来，无所凭依，方可自立；切断系缚，一真乍露；无所慰藉，乃真正的安心之方。

这种吟味孤独的思想，在《安晚册》中也有体现，这套册页的第十幅为《荷花小鸟》（图3-5），照例是以简笔画荷枝，枝上落一小鸟，小鸟一足兀立，长喙低垂，一目似闭还睁，很悠闲，很恬淡。不画鸟觅食的专注，却画独鸟的怡然。在这风平浪静的角落，在墨荷隐约的氤氲中，纷扰和喧嚣远去，欲望和追逐荡然，只有安宁和无边的寂寞。

八大以诗来吟味这孤独的意味。《题孤鸟》诗云："绿阴重重鸟间关，野鸟花香窗雨残。天遣浮云都卷尽，教人一路看青山。"[1]孤独非但没有给他带来压抑，反而

图3-5
安晚册之十　荷花小鸟
纸本墨笔　1694年
31.8×21.9cm
京都泉屋博古馆藏

八大山人研究

① 《墨笔花鸟册》，《听帆楼续刻书画记》著录，见《中国书画全书》第十一册，上海书画出版社，1998年。

使他感到闲适和从容，感到挣脱一切羁绊之后的怡然。虽然画面是孤独的鸟，枯朽的木，但八大却听到间关莺语花底发，体会到盎然春意寂里来，疏疏的小雨荡漾着香意，淡淡的微云飘着清新。他透着残窗，一路地看；他沐浴着岚烟，一路地看。寂寞的画面，枯朽的外表，黝黑的墨色，这些哪里能"掩"得了他胸中的春情、生命的惊悸。

他在《题竹石孤鸟》中写道："朝来暑气清，疏雨过檐楹。径竹倚斜处，山禽一两声。闲情聊自适，幽事与谁评。几上玲珑石，青蒲细细生。"① 此诗简直有王维的意味。王维那首著名的《书事》小诗写道："轻阴阁小雨，深院昼慵开。坐看苍苔色，欲上人衣来。"无边的苍翠袭来，亘古的宁静笼罩着时空，蒙蒙的细雨，深深的小院，苍苍的绿色，构造出一个梦幻般的迷蒙世界，一位亦惊亦哦的静处者，几乎要被这世界卷去。简单的物事，创造了一个无限回旋的世界。王维写片青苔来品尝生命，八大画只孤鸟来打听妙音。

图3-6　鹿图　纸本墨笔　年代不详
183.5×62cm　广东省博物馆藏

八大通过孤独的艺术，来寄寓他生命的理想。广东省博物馆藏八大《鹿图》②（图3-6），一只孤独的鹿，在深幽的山间，昂起头，向着椿树（春），向着阳光，寻找生命的灵源。其上题有长诗，是八大专为这幅图而作。这幅作品绝非应酬，而是赠知己之作。此图经过精心构思，乃八大生平杰作。诗句很少用典，语言清新雅

① 《墨笔花鸟册》，《听帆楼续刻书画记》著录，见《中国书画全书》第十一册，上海书画出版社，1998年。
② 《中国古代书画图目》，编号为粤1-493。

畅，有行云流水之感，其云：

> 呼马呼牛都不应，或群或友或无踪。攫身为谢中原逐，渺在商山第一峰。幕雾蒸霞紫晕香，托根高谢一镬长。灵苗不果豺狼腹，留与春麋作困粮。餐芝可饱宁餐菊，豢鹿能驯胜豢龙。泼墨聊为先取胜，仙源他日解相逢。墨沈淋漓亦快哉，图来都是小儿村。若然用里山中得，会向蒙庄枕上来。蒙茸不似春蒸菌，跳掷宁烦梦掩蕉。曾在名山深处见，南衡高岱北中条。饮露未须松作盖，临风只许鹤为群。亦知不是坳堂物，为爱清姿写赠君。

款"八大山人写并题"，有"八大山人""何园"二印。

这首诗似可看作八大生平之陈辞：他是一个孤独者，"呼马呼牛都不应，或群或友或无踪"，如他的洞宗先师所言，"千人万人中，不背一人，不向一人"。他厌倦了人世的追逐（中原逐鹿），世俗中的功名利禄、得失盈亏非其所想，所谓"托根高谢一镬长"（此用冯谖客孟尝君的典故）。他要遁然高蹈，但不是去做一个隐士，他要做觉者，一个不愿被坳堂物粘滞的独立的人。他呼唤着春天，如同饥饿者渴望食粮。春天来了，绿色披上了轻装，阳光抚慰下的世界，留与春麋，也留给他——"作困粮"。他几乎是和朋友相约，相约在"仙源"，那生命中的天国中。画与诗创造的生命境界，亮出一片生命的"清姿"。此可谓八大生平第一"快诗"，这是他胸中真正的宗教。

二、孤独与人的尊严

清张庚《国朝画征录》评清初画家马顾枯梅之作时说："古气浑穆，有八大山人风骨。"[1]"风骨"二字，可以说是八大艺术的灵魂。八大的画有一种傲岸的气度、凛然的风骨，他以花鸟虫鱼，后期又以简单的山水构图，讲人的尊严这个大问题。

禅宗说，天上天下，惟我独尊。八大说，四方四隅，惟我独大[2]。这不是什么尼采式的超人哲学，而是一种维持生命尊严的存在哲学。生命要有生命的尊严，在古希腊哲学中，亚里士多德就将其作为灵魂诸善的重要内容，没有自尊，便没有生命的价值。在中国先秦哲学中，生命尊严一直是哲学家关心的重要问题。孔子赞赏

---

① 《中国书画全书》第十册，432页，上海书画出版社，1998年。
② 此为陈鼎《八大山人传》所引八大语，虽然不一定是他所说，但与其思想是有相合之处的。

子路说："衣敝缊袍，与衣狐貉者立，而不耻者，其由也与！"[1]孔子看到的正是粗率的子路所具有的难能可贵的生命尊严感。南朝高僧竺法深有一次拜见梁简文帝，出来后，大臣刘惔奚落他道："道人何以游朱门？"竺法深回答道："君自见其朱门，贫道如游蓬户。"[2]其中所体现的也是一种尊严气象。

尊严，是人生命存在的最根本的理由。人来到这个世界，就有自己存在的价值，就"注册"了自己。尊严是人区别于他者的符信。俗语所谓"人活一张脸，树活一张皮"。人的自尊，是人对自我的信心——人必须有对自我生命的信念，才能真正地存活下去。没有这样的信念，生命就会处于望风披靡的境地，就会有"苟活"感。人无恒心，生命便无恒定。苟且的生，猥琐的生，奴隶般的生，蝇营狗苟的生，都是生，但这不是真实的生，不是"自性"的生。猥琐是对尊严的背叛；精神的自甘沉沦，是尊严的丧失；人沦为物质、理性的奴隶，是生命的坠落。

诗人叶丹是八大的朋友，他去看望八大时写过一首诗："一室窭歌处，萧萧满席尘。蓬蒿藏户暗，诗画入禅真。遗世逃名老，残山剩水身。青门旧业在，零落种瓜人。"[3]八大的处境是如此窘迫，虽然灰尘会遮蔽他晚年的小屋，却不能遮蔽其澄明的心。

读八大的作品，会为其傲岸的气度所折服，像王方宇等很多研究者都谈到过类似的体会。他的傲岸，不是傲慢；他的独立，不是自认高人一等，成为不与人交往的借口。八大认为，一个存在物，哪怕是卑微的存在，都有存在的理由。我和众生是平等的，我的生命与他人的生命，乃至一草一木，都具同等的价值。对自我生命尊严的回护，是融入万类群生的题中应有之意。

八大艺术中所表现的生命尊严思想，基于他对大乘佛学平等觉慧的理解。《大般若经》强调，一切众生都有佛性，所以诸法平等，有情世界甚至无情世界都有"自性"，都有其存在的理由，一草一木都是圆满俱足的生命。《维摩诘经·菩萨品》说："菩萨于一切众生悉皆平等。"一切众生都具足如来的智慧德相。尊卑、高下、贵贱，等等，那是人的分别之见，而生命本身是没有高下之分的。我甚至觉得，这是八大艺术的基础，也是其之所以引起那么多共鸣的根本原因。

上海博物馆藏八大《书画合装册》，十六开，作于1699年。其中第八开为《孤鸟图》（图3-7），这是八大另一种程式化的孤鸟图。整个画面就是一只孤鸟，一足

---

① 《论语·子罕》。
② 徐震堮《世说新语校笺》，60页，中华书局，1984年。
③ 《过八大山人》，见《江西诗征》卷七〇。

图3-7　书画合装册之八　孤鸟图　纸本墨笔　1699年
25×20cm　上海博物馆藏

图3-8　花鸟册之九　鸟　纸本墨笔　1699年
30.7×27.5cm　王方宇旧藏

单立，身体前倾，几乎颠而倒之，但将倒而未倒，翅膀坚韧地举，尾巴用力地伸，全身的羽毛也几乎立起，以此来保持平衡，还有那倔强的脖子，不屈的眼神……这一切都给人巅危而不倒、压抑中见宁定的强烈感觉。

八大有十二开的《花鸟册》，其中第九幅为《孤鸟图》（图3-8），与上举《孤鸟图》有异曲同工之妙。此画惟有一鸟，没有任何背景，也没有任何陪衬，鸟儿以独脚站立，黑色的身躯，头部背对画面，长喙向天，也是一种倔强的姿态。画的似乎是其曹洞宗师所说的"不背一人，不向一人"。

八大毕生喜画荷，今传世荷花作品不下百幅，其中有菡萏欲放，有小荷初举，又有枯荷池塘等姿态。他笔下的荷花，在清丽出尘外，又多了些执拗之势。北京荣宝斋藏八大《杂画册》八开，未纪年，其中第一开画一枝菡萏（图3-9），卓立于荷塘之上，如一把利斧，劈开世界。正是禅门所谓"荷叶团团团似镜，菱角尖尖尖似锥"。那曲而立的身姿，张扬着一种傲岸的气质，风骨凛然，不容干犯。八大很多画给人石破天惊的感觉，这张画尤其如此。

一般来说，茕茕孑立，形影相吊，孤独感常伴着无望，孤独往往显出生命的柔弱和无力感。八大的孤独却不同于此，他的孤独表现的是一种张力形式，传达的不是柔弱感，而是不可战胜的意志力。

图3-9　杂画册之一　蕳苫　纸本墨笔　年代不详
33.4×26.5cm　荣宝斋藏

　　为了突出孤而危的特点，八大很喜欢通过物象之间对比所形成的张力来表现。如江苏泰州博物馆所藏《秋花危石图轴》（图3-10），作于1699年。画的中部巨石当面，摇摇欲坠，八大以枯笔狂扫，将石头力压千钧的态势突出出来。而在巨石之下，以淡墨勾出一朵小花，一片微叶。巨石的张狂粗糙，小花的轻柔芊绵，构成极大的反差。花儿不因有千钧重压而颤抖、萎缩、猥琐，而是从容地、自在地、无言地绽放。危是外在的，宁定却是深层的，生命有生命的尊严，一朵小花也有存在的因缘，也是一个充满圆融的世界，外在的危是可以超越的，而生命的尊严是不可沉沦的。

　　杭州西泠印社所藏八大二十开书画册，其中第十六开为《竹石图》，上有"个相如吃"款识，其构图与《秋花危石图轴》相似，怪石压顶，将倾未倾，而在大石

之下，有一丛竹，潇洒地张开它的叶，没有一丝畏缩。

八大有《玉簪顽石图轴》，画山路上一朵白色的玉簪花，自在地开放，在它的旁边，有顽石子然而立，二者之间构成一种对比关系。所谓沧海横流，方显英雄本色。人的生命的全部过程都是在与一种不明力量角逐，就像孔子所说"君子上达，小人下达"（《论语·宪问》）。生命中总有一直将自己下拉坠落的负面力量，不上升就下沉。沦落的八大如此，而无数在不同状况下存在的生命也莫不如此。惟有通过人意志的力量才能维持平衡。八大画的就是这样的精神企望。

八大的画深深染上

图3-10　秋花危石图轴　纸本墨笔　1699年
112×56.5cm　泰州博物馆藏

佛教哲学中"香象渡河""金翅擘海"的精神气质①。八大的孤独中透出倔强，一种天子来了不低头的气度。八大的笔致常常裹着狂放，秃笔疾行，笔肚狂扫，笔根重按，快速地，奔放地，洒落着他的激情。笔墨里裹孕着力感，也暗藏着机锋。心中

① "香象渡河"，本书其他部分已经谈及。"金翅擘海"出自佛经，《大方广佛华严经》卷三六："譬如金翅鸟王，飞行虚空，安住虚空，以清净眼观察大海龙王宫殿，奋勇猛力以左右翅搏开海水，悉令两辟，知龙男女有命尽者而撮取之。"（佛驮跋陀罗译本）

无怯，笔下无疑。他常画孤零零的一条鱼，兀然地伸展着身躯，横卧于苍穹之中。最出神的是鱼的眼睛，没有沾染，没有恍惚，冷视下尘，九万里征程就在它的一瞥中。他题《鱼石图轴》说："朝发昆仑墟，暮宿孟诸野。薄言万里处，一倍图南者。"[1] 正是此意。(图3-11)

三、"雪个"的涵义

人的生命是偶然而短暂的存在，如何在偶然的过程中追求必然的意义，在脆弱和短暂中追求永恒的价值，中国艺术哲学开出的妙方是"超越"。现实中无法伸展，就在体验中超越，在体验中，可以消解有限与无限的窘境，克服当下和永恒的分离，在体验中，即小即大，即有限即无限，即当下即永恒。八大深会这种哲学的妙义。

八大的孤独是超越中的孤独，就是将一个渺小的个体、短暂的生命放到无限的世界中，来追寻生命的价值意义，这主要包括两方面内容：

第一是以小见大，我们可由八大的"雪个"之号谈起。

八大于顺治五年（1648）剃度为僧，后从法于曹洞高僧弘敏，法名传綮，字刃庵，又号"雪个"。目前所能见到他最早的作品《传綮写生册》十五开（今藏台北故宫博物院），上有"雪个"白文印，又有"雪衲""个衲""个字"[2] 等印。在中后期的作品中，"雪"字罕见，而涉及"个"的印款则很多，如在他中后期的作品中至少有四种不同形状的"个山"朱文印，又有"个山""个山人""个"等款识，并有"个相如吃"等花押。关于"雪个"之号，诸传记也有记载。邵长蘅《八大山人传》云："八大山人……初为僧，号雪个。"[3] 陈鼎《八大山人传》说："八大山人……自号为雪个。"[4] 这些记载与八大的流传画迹是相合的[5]。

不过，现今不少有关研究著作又说八大有"雪个""个山""个山人""雪個""雪箇""個山""個山人""箇山""箇山人"等名号。然而，今所见八大作品，其印章、

---

① 《鱼石图》题识语，该图今藏上海博物馆，作于1696年。
② 此朱文印，今人或释为"丁字"，如肖燕翼先生说："这丁字，与他的僧人户籍有关系。然细审此印，当为"个字""（《八大山人之名号》，载《八大山人全集》第五册附编，1055页，江西美术出版社，2000年）。
③ 邵长蘅《八大山人传》，《青门旅稿》卷五。
④ 陈鼎《八大山人传》，收在张潮《虞初新志》卷一一中，康熙刻本。
⑤ 启功先生认为：雪个，当为雪爪之误，雪爪所取为雪泥鸿爪之意。此说与八大的实际取意差距较大。

图3-11
鱼石图轴
纸本墨笔　1696年
134.8×60.5cm
上海博物馆藏

款识、花押中的"个",只作"个",从来没有"個""箇"的写法①。在《个山小像》八大题识和诸位题跋中,言及个山之"个",都作"个",而不作"個"或"箇"。八大的"个"有其特别的用意。

"箇",《说文》:"竹枚也,从竹固声。"它是数量词。而"个",是竹的象形字,它是竹的本字。《释名》云:"竹曰个。"②个就是竹,后借为表示数量的词。八大之友胡亦堂《予家在滕阁,个山除夕诗中句也,为拈韵如教》诗云:"汝是山中个,回思洞里幽。"③他说八大是"山中个"——是山中的竹子,绝不是山里的一"個"。八大有弟子名"万个",也取竹竿万个之意④。

八大"雪个"之号,颇具深意:雪,寓无限的天地;个,是一竹,一点,一粒如尘埃的微小存在。但这枝竹,却是皑皑白雪中的一枝竹,白色天地中的一点绿,茫茫世界中的一个点。一点,一尘,一竹,是渺小的,渺小到使人难以发现,但当它融入皑皑白雪、茫茫天地、莽莽宇宙之中,便拥有了大,拥有了世界。正如明张岱《湖心亭看雪》所描绘的,雪连下三日,世界一白,张岱与友人去西湖湖心亭看雪,在湖心亭中,但见得"天与云与山与水,上下一白,湖上影子,惟长堤一痕、湖心亭一点,与余舟一芥、舟中人两三粒而已"⑤。亭中的我惟是一点,这一点融入皑皑世界中,便是世界中的一个我,宇宙船中的一个我。

八大"雪个"之号中包含着生命超越的思考:相对于无限的宇宙而言,人是微小的存在;但当"小"置于"大"的世界中,置于生命的真实体验的境界中,便可提升性灵,包裹宇宙;"个"虽小,却是天地中的一"个",是一个充满圆足的生命。

---

① 饶宗颐先生说"个山"之名,来自于禅宗洞山之语。《五灯会元》卷一三:"山(指洞山良价)问师(指曹山本寂):'甚处去来?'师曰:'蹋山来。'山曰:'那箇山堪住?'师曰:'那箇山不堪住?'山曰:'恁么则国内总被阇黎占却。'师曰:'不然。'山曰:'恁么则子得箇入路。'师曰:'无路。'山曰:'若无路,争得与老僧相见?'师曰:'若有路,即与和尚隔山去也。'山乃曰:'此子已后,千人万人把不住去在。'"但此中作"箇",并不作"个"。八大下世之后,关于"个"与"箇",误解实在太多,如乾隆十六年刊《南昌县志》卷三四:"初为僧,号雪箇。"《瓯钵罗室书画过目考》卷一:"朱耷,字個山,一字个山,号雪個,一号雪个。故石城府王孙,鼎革后,自号八大山人,书画独出新奇,不拘规矩。"连石涛也曾将八大误写为"箇山僧"(如今尚存世、本为程心柏旧藏的十二开《江行舟中作》山水册中有"那能不忆箇山僧"的题诗)。

② 又如《汉书·货殖传》:"竹竿万个。"《说文义证》卷一三引鲁次公说曰:"竹生非一,故兼个,犹艸兼中,林兼木,秝兼禾也。"

③ 《梦川亭诗集》五言律,康熙刻本,今上海博物馆藏。

④ 此名疑为八大所命。郑燮《板桥集·一笔石》云:"西江万先生,名个,能作一笔石,而石之凹凸浅深曲折肥瘦,无不毕具,八大山人之高弟子也。"(清清晖书屋刻本)

⑤ 张岱《陶庵梦忆》卷三,清乾隆五十九年王文诰刻本。

正所谓一花一世界，一叶一如来[1]。

"雪个"之号与八大的曹洞法系有关。其师弘敏是雪关智訚的法嗣，雪关和尚的《雪关歌》在禅门颇负盛名。雪关曾参博山元来，元来以其不悟而禁关其六载，"忽一日作《雪关歌》。倩人写呈山，山为击节称善，令开关。说偈赠之曰：'始行大事六年雪，顿入圆明一片冰。今日幸亲无缝塔，掣开关锁万千层。'"[2]元来诗偈之意与"雪个"含义颇有相合处，"雪个"之号，也有"雪关门下一只竹"的意思。由此号所透露出的"一即一切"的思想，在八大那里根深蒂固。他有《题荷花》诗道："竹外茆斋橡下亭，半池莲叶半池菱。匡床曲几坐终日，万叠青山一老僧。"[3]他是一位老僧，但却是万叠青山中的一老僧，茫茫天地中的一老僧，是宇宙船上的一个人。他在匡床曲几中终日闲坐，心灵汇入暝色的世界，汇入无限中。

八大名号中所包含的哲学智慧，并非硬性附加上去的。对此，八大有清晰的认知。1676年，蔡受跋《个山小像》道：

樊，⊙，咦！个有个，而立于一二三四五之间也；个无个，而超于五四三二一之外也。个山，个山，形上形下，圆中一点。减余居士蔡受以供，个师已而为世人说法如是[4]。

我们不能赞同蔡受如拆字一样表达思想的方法，但其中讨论的问题是值得注意的。首字为五行之叠加，左木，右金，上火，下水，土居于中央。木为东为春，金为西为秋，火为南为夏，水为北为冬，这正合于后天八卦方位图的模式。天地定位，山泽通气，阴阳相摩相荡，五行相生相克，俨然而成流荡不已之宇宙。所以，蔡受首字的模式，乃是表现五行所反映的宇宙生命模式。为什么他题八大《个山小像》，要扯上宇宙生命模式？或许他以为，只有从宇宙的角度才能理解"雪个""个山"的真实用意——这正是八大所反复道及的思想。

蔡受将八大的"个"放到宇宙中来审视。所谓"个有个，而立于一二三四五之间也"，此句说的是"有"。从"有"的角度看，人就是个"个"，一个有限的生

[1] 在今人的研究中，或以为"个山"意即"孤山"，意思与其遗民身份有关，即覆巢之下安有完卵，只剩下一人。周士心先生更指出，雪个之名，"更有为思宗服丧之意"（见其《八大山人及其艺术》，108页，台北：艺术图书公司，1974年）。此意不确。
[2] 性统编《续灯正统》卷四〇《雪关和尚传》，《卍续藏经》第八四册。
[3] 《墨笔花鸟图》十二幅之五，潘正炜《听帆楼续刻书画记》著录，见《中国书画全书》第十一册，上海书画出版社，1998年。
[4] 此处断句，汪世清先生以为："减余居士蔡受以供个师已，而为世人说法如是。"笔者以为未核。

命实在，一个在一二三四五——具体的世界中展现的存在，由"一"到"五"，即由无到有，而归于杂多，此为表现具体存在之语。所以，蔡受这里说"个"立于一二三四五之间，意思是立于茫茫的世界之间。"个无个，而超于五四三二一之外也"，说的是"无"。从"无"的角度看，人的心灵可以超越这有限实在，而同于无限的世界。即由万物的"有"归于"无"，由"五"归于"一"，由杂多归于无的世界，所谓"超于五四三二一之外"。

在蔡受看来，个山，乃至"雪个"之号，关注的是有限和无限、现象和本体之间的关系。他说："个山，个山，形上形下，圆中一点。"[①] 由无到有的展现，是形下；由杂多的有到无的回归，则是形上。形而上者谓之道，形而下者谓之器。在道器、有无、形上形下之间，展现生命存在的意义。(图3-12)

这里的"圆中一点"来自于禅宗[②]，蔡受的思想非常重视"圆"的境界，他说："字画诗文，妙止一圆。转曲折偃仰向背潦倒横斜，自放自起，不可把捉，不可穷尽者，圆之妙也。"[③] 他重视圆融无碍、当下圆足的境界。其意思与"雪个"相似。雪是无，个是有；圆是无，一点是有[④]。"圆中"，即圆相，此指虚无空阔的世界。"圆中一点"，茫茫世界中的一点，一点是有形的，是形下；圆中是无形的，是形上。有形但为无形造，有形的世界是道的体现。蔡受说："个山，个山，形上，形下。"意味着"个山"反映了形上形下之间的关系。如何反映？揣摩蔡受的观点，他当是认为，个是山中之个，是世界之个，个是有限的，山是无限的。这正如"圆中一点"。人在世界中，就是"圆中之一点"。蔡受的观点可能并不完全符合八大个山之名的意义，因为八大强调的是一点融入世界，他否定有形上形下、现象本体之别，这是禅宗的思想。而蔡受强调的是一点体现抽象的道，其观点接近于理学的"理一万殊"说。不过，蔡受从人作为世界中独立存在的角度去解读八大"个山""雪个"之名，触及其核心内容。

蔡受曾谈到八大为朋友所作的一幅画："雪师为徂徕叶子作扇画：巨月一轮，

---

① 王方宇先生认为形上形下的意思是："形上是上一部分，是个；形下是下一部分，是山。"(见其《个山小像题跋》，台北：《故宫文物月刊》，第六卷第十期，1989年) 这样的理解不合蔡受题跋之思想。

② "圆中一点"，本是禅宗中语。《五灯会元》卷二记载："马祖令人送书到，书中作一圆相。师发缄，于圆相中著一点，却封回。"

③ 《鸥迹集》卷六《书友人茅斋橘柚册子后》二十五则。

④ 周士心先生认为："个山之字，篆文如日字，所谓圆中一点，有日乃明，旭日升山，隐喻复明之意。"(《八大山人及其艺术》，108页，台北：艺术图书公司，1974年) 这样的理解颇迂曲，也不合义理。谢稚柳先生更以"圆中一点"，比喻明代灭亡，八大山人是"硕果仅存"(《八大山人取名的含义和他的世系》，《艺苑掇英》第19期，上海人民美术出版社，1983年)。

图3-12　书画册之二十　鸟　纸本墨笔　1694年
26.5×23cm　西泠印社藏

月心兰一朵，其月角作梅花。题诗云：'西江秋正月轮孤，永夜焚香太极图。梦到
云深又无极，如何相伴有情夫。'"①八大画的是月、梅等，却从太极、无极中着意，
所循是传统画学中太极梅花的思路。宋理学家周敦颐《〈太极图说〉解》云："太
极动而生阳，动极而静；静而生阴，静极复动。一动一静，互为其根。分阴分阳，
两仪立焉。"周氏以"无极而太极"为万物之源，这个"无极而太极"，就是一圆，
即朱熹所说的"○，此所谓无极而太极者也"②。宋代以来，很多画家从无极太极的
角度来谈梅的象征意义③。在八大看来，他画的是梅花，是世界的一个点，在这点
中可见一个"圆"（太极）。八大诗云："大禅一粒粟，可吸四瀣（海）水。"一即是
一切，所谓恒河沙数，一尘观之；浩瀚大海，一沤见之。他在《河上花图》中也说：

① 蔡受《鸥迹集》卷二一。
② 《周敦颐集》，岳麓书社，2002年。
③ 元王汝玉《逃禅老人画梅诗》："老梅谁写小江南，太极心花个个香。"（见《珊瑚网》卷二七载，逃禅
老人即南宋画梅高手扬补之）明庄昶评陈献章梅画诗云："梅花句句太极图，合是濂溪自吟得。"（《庄
定山集》卷一）"太极吾焉妙，圈来亦偶夸。"（同上书卷二）

八大山人研究

"实相无相一颗莲花子",一颗莲花子就是一个世界,所谓"实相莲花里",就是这个意思。

上海博物馆所藏《乾坤一草亭图轴》,是八大晚年的作品,仿云林,画苍莽高山上,古松孑然而立,山在虚无飘渺间,在高山中,置一草亭,空空落落,无物无人,似在烟霭中飘荡。八大将一个草亭置于荒天迥地之间,就是要将人、人狭小的时空宿命,放到旷朗的宇宙中来审视。

作于康熙三十八年(1699)的《秋林亭子图》(图3-13),今藏于上海博物馆。此画以柔软细腻的笔致画出明净的秋妆,入手处陂陀间画高树数株,树下置一空亭,再往上是高山耸立,烟霭飘荡。画面给人的突出感觉是:一亭在茫然太虚之中,在高旻的秋意之中。突出的是一亭——或者说是一人——汇入宇宙的洪流中。

第二是以大观小,八大孤独中有一种"大人"精神,即所谓"独大"思想。

上文由"雪个""个山"等,谈八大由小汇入大的智慧。八大的艺术思考中,还有另外一个角度,就是放大这个"个",我是世界的一点,但不是可怜的一点,而是一个孤迥特立的点,一个独与天地精神相往来的点,一个"大"点。八大于人"小"的存在中,看出了"大"。二者说的都是超越,如果说前一点是"融入"的话,这可以说是"提升";前一点是以小融大,后一点是以大观小。

中国哲学有一种大人精神、存雄情怀,这也是禅门所推崇的"独坐大雄峰"的精神。有僧问百丈怀海,如何是奇特事,怀海回答说:"独坐大雄峰。"[1]沉默的八大,时常为这种高蹈情怀所倾倒。在《个山小像》上,八大录刘恸城给自己的赞语云:

> 个,个,无多,独大,美事抛,名理喖。白刃颜庵,红尘粉刾。清胜辋川王,韵过鉴湖贺。人在北斗藏身,手挽南箕作簸。冬离寒矣夏离炎,大莫载兮小莫破。

这段话的意思是:个山,个山,真是法门伟器,虽然是一点(无多),却是大全(独大)。他遁入空门,是个超越者。"刃庵"之号,就含有一剑倚天的意思[2]。在刘恸城看来,八大不仅是法门伟器,也是艺坛高手,所谓其画不减王维,其诗不让

① 见圆悟克勤《碧岩录》卷三所载。
② 参本书第二十章《传綮与弘敏相关问题研究》中关于八大法名的解释。

图3-13
秋林亭子图
纸本墨笔　1699年
160.6×78cm
上海博物馆藏

贺知章。"人在北斗藏身，手挽南箕作簸"，前句为禅门熟语①，后句出自《诗经·小雅·大东》："维南有箕，不可以簸扬。"北斗和南箕对举，即说明超越现象界，与天同行，在这里没有人世的争斗，没有寒暑变化的感受。乘宇宙之真气，握芙蓉之净花，超越尘世，窅然于天国飞行。

赞语最后强调：他是世界的一个点，他的生命可以齐同世界，独立不羁，荡却欲念，唾弃名理，便拥有世界。这就是刘勰城所谓"大莫载兮小莫破"。《中庸》说："君子之道费而隐……天地之大也，人犹有所憾。故君子语大，天下莫能载焉；语小，天下莫能破焉。"费言其广大，隐言其精深。拥有广大而又精深的生命，便能摆脱狭隘和局促，"上下浑然与天地同流"。

八大手录朋友的赞语，表达"独大"的精神、超越的情怀，禅门所谓"天上天下，惟我独尊"。八大终生都在实践这一精神。所谓"独大"，并非如有的论者所怀疑的：八大怎么会有"老子天下第一"的思想呢？② 八大1683年以后的作品中，开始有"鰕鲤篇轩"白文印，此印一直使用到他晚年。他用"鰕鲤篇"为自己的斋名，意取曹植《鰕鲤篇》诗，此诗云：

> 鰕鲤游潢潦，不知江海流。燕雀戏藩柴，安识鸿鹄游。世士此诚明，大德固无俦。驾言登五岳，然后小陵丘。俯观上路人，势利惟是谋。仇高念皇家，远怀柔九州。抚剑而雷音，猛气纵横浮。泛泊徒嗷嗷，谁知壮士忧。③

这首诗除了表现不落凡尘的意思之外，更表现一种"驾言登五岳，然后小陵丘"的意气，如同孔子"登泰山而小天下"的超越，突出放旷高蹈的精神。

一切宗教都有崇拜对象，都需要树立绝对的权威，惟有南禅否定一切崇尚的对象，以呵佛骂祖的绝对行为，来表达这方面的思想坚持。在这里，"廓然无圣"，没有佛祖，自心即佛，没有一个外在于我的佛的存在。这个宗教是"直指人心，见性成佛"的宗教，是提倡自性、自我、自度的宗教，佛不在西方，"自性"就是佛，佛就在心里坐。慧能说："世人终日口念般若，不识自性般若"；"知一切法，尽在

---

① 禅门有所谓"参禅学道莫茫茫，问透法身北斗藏"的说法，北斗藏身，常是法师上堂说法之话头。《五灯会元》卷一五："问：'如何是透法身句？'师（云门文偃）曰：'北斗里藏身。'"此卷又载："问：'古人道，北斗里藏身，意旨如何？'师（雪窦重显）曰：'千闻不如一见。'"
② 杨新《八大山人三题》，《文物》，1998年第1期。
③ 曹植《曹子建集》卷六，四部丛刊本。

自身中，何不从自心顿现真如本性。"①八大所奉持的"独坐大雄峰"的精神，正是禅宗的当家门风。

综言之，"雪个"和"八大"，从超越的角度言之，恰好反映了问题的两个方面。自"雪个"言之，人是雪中一竹，圆中一点，宇宙中一个空亭，世界船中一个漂泊的小我，人只有"自立"起来，"挺立"自我，才能真正克服狭隘和有限，从小中走出，汇入到茫茫原畴、浩瀚宇宙，汇入到无限的世界中。而对八大而言，四方四隅，惟我独大，没有再超过我的存在。这不是疯狂的自恋，狂妄的自尊，而是自性的彰显。每个人都有一盏生命的灯，但平时这灯光被外在的阴霾所遮蔽，光晦暗了，而当人刳尽一切红尘粉，斩却一切外在的沾系，于是，虚室生白，朝阳初启，生命沐浴在一片神圣的光芒之中。这样的自我，便是"独大"，无胜于我。这两个角度所反映的思想，是八大艺术孤独精神的思想基础。

综上所论，有两个问题值得注意：

第一，八大作为在逆境中生存的艺术家，刚成年时，明代就灭亡了，从此这位王孙便过着漂泊天涯的生活，从遁迹古佛到寄人篱下，再到晚年流落南昌街头，寄居于破庙败庵之中，一直忍受着没有"家"的痛楚。孤独，是他悲惨人生经历的鲜活体验，也是他回归生命家园的深长呼喊。八大绘画中孤独思想的呈现，与他的生活遭际密切相关。但从总体上说，八大不是通过孤独来强调自己可怜的生活遭际，那种将他的孤独限于一己感伤方面的解读，等于否定八大艺术的独特价值。八大将个人的生命体验上升到作为类存在物人的生命思考，上升为人的生命尊严、生命张力、生命价值和意义的思考。他的艺术之所以至今还能触动人的生命隐微，就说明其中包含着普遍性的价值思想。

第二，八大冷眼看世界，独立不羁，磊磊然不与世俗同列，而且天姿高朗，脱然世表，他的画也时有目空宇宙之志，充溢着强烈的超越意识。但是，我们也必须看到，八大艺术中的孤独，不是用来证明自己鹤立鸡群、高于群类的独大情怀，有人对其名号"八大山人"是"四方四隅，惟我独大"的误读②，就属于此类。其实，八大艺术中的孤独不是自大，八大不是以在孤独中突出傲慢，而是要在孤独中回归诸法平等的境界，八大所崇尚的孤独是一种撕去一切附着的孤独，是还归赤条条来去无牵挂的生命清明的孤独。

①《坛经》，敦煌斯坦因本。
②此为陈鼎《八大山人传》所引八大语。

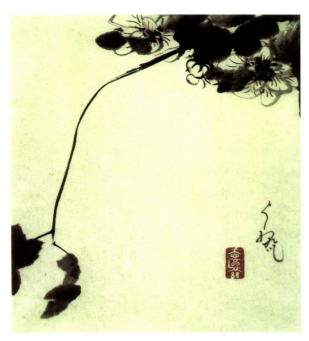

图3-14 安晚册之十六 芙蓉花 纸本墨笔 1694年
31.8×21.9cm 京都泉屋博古馆藏

图3-15 安晚册之七 鸟石图 纸本墨笔 1694年
31.8×21.9cm 京都泉屋博古馆藏

正因此，我以为八大绘画中的孤独具有极高的人文价值。他的艺术形式、笔墨技巧固然值得我们重视，但更重要的是在笔墨背后所蕴藏的深邃生命智慧。(图3-14)(图3-15)

第四章
八大山人的"不语禅"

　　本章讨论八大"不立文字"的思想。南禅以"不立文字，教外别传，直指人心，见性成佛"为"十六字心法"，"不立文字"是南禅的基本观念，它也成为八大艺术观念的重要组成部分。

　　八大的水仙之作传世有多本，从早年的丛林生活到晚年的隐居生涯，水仙一直是他喜欢画的题材。他的水仙，无论在造型、风味、笔墨等的处理上，与画史上流传的此类作品都有所不同，在清丽出尘之外，又多了一些神秘意味。旅美画家周士心先生在谈到对八大画作的印象时说："二十年前作客大风堂，得饱览八大山人名迹……尤其对那幅石涛和尚两次品题的水仙手卷，绰约简逸兼而有之，至今记忆犹如新，梦寐难忘。"[①]这幅作品今尚存世，的确有不同凡响的韵味。(图4-1)

　　从造型上看，八大水仙之作具有相对固定的形式，一般只画一枝水仙，单茎由下横空而来，姿态柔劲婉转，分而为数片花叶，常以湿墨钩出叶片的轮廓，再以干墨轻擦，以见阴阳向背之势，花叶呈盘旋之态，或短或长，微妙地展开，轻轻地托起一朵水仙花，水仙或含苞待放，或奇花初发，优柔地伸展身姿，叶与花参差呼应，如在微风中轻舞。亲切平和，花叶摩挲间，如有笑意；参差错落中，似在为人指引通向彼岸的路，具有强烈的仙人指路的意味。

　　这使我想到被称为禅门"第一口实"的佛祖拈花、迦叶微笑的故事：

　　　　世尊在灵山会上，拈花示众。是时众皆默然，唯迦叶尊者破颜微笑。世尊曰：吾有正法眼藏，涅槃妙心，实相无相，微妙法门，不立文字，教外别传，付嘱摩诃迦叶。[②]

这则故事并不见载于佛经，或疑为"捏造"，但它却在禅门具无上之位置，禅宗"十六字心法"就来自这一故事。佛祖拈花，众人皆不解其意，惟大迦叶破颜微笑，

---

①周士心《八大山人及其艺术》，86页，台北：艺术图书公司，1974年。
②《五灯会元》卷一，上册，10页，中华书局，1984年。

八大山人研究

图4-1 水仙图（石涛跋） 纸本墨笔 年代不详 尺寸不详 张大千旧藏

不是外在"理"的解说，而是内在的深深契会。惟在心会，惟在妙悟，八大一生的艺术都在践履这一最高原则。

八大的水仙画其实就是在暗喻佛祖拈花的故事。水仙的叶片微张，像手形，从叶片中伸出的花朵，如从指间溢出，而开放的花朵迎风微笑，灿烂艳灼，如同向人示意。据说在灵山法会上，有信众向佛献花，所献为金色婆罗花，八大却出人意料地以水仙代之，来说一个神奇的故事——或许可将八大称为"水仙觉者"。（图4-2）（图4-3）

图4-2 杂画册之一 水仙
纸本墨笔 1695年
32.8×32.5cm 苏州灵岩山寺藏

图4-3 安晚册之十九 水仙图
纸本墨笔 1694年
31.8×21.9cm 京都泉屋博古馆藏

水仙是不语的，花自解说，心自契会。八大的朋友胡亦堂说他："浮沉世事沧桑里，尽在枯僧不语禅。"[①]从禅门走出的八大，终身信奉这"不语禅"，不加分别，无劳知识，闭上解说的口，开启生命的门，并将其贯彻到艺术中，形成八大艺术观念中极有思致的部分。八大的水仙，正富有这象征意义。

历史上，八大常被称为"哑"人艺术家，是一位"沉默的觉者"。"哑"是一个与八大生活道路、艺术精神密切相关的问题，但凡研究八大的学者，很少不提到他的"哑"。

除了"哑"与禅门"不立语言"思想契合之外，八大作为前朝遗民，他的"哑"自然使人联想到沉默抗争的倾向，有人甚至怀疑八大是否是真哑。在清初的特殊时代里，很多人隐遁沉沦，吞声不语，那是一个寂然的时代。八大的暗哑，一般认为有国变的因素。邵长蘅说："世多知山人，然竟无知山人者。山人胸次泊浡郁结，别有不能自解者之故，如巨石窒泉，如湿絮之遏火，无可如何，乃忽狂忽暗，隐约玩世。"他认为八大之暗哑不语，有愤懑不平之气寓于其中。八大的好友裘琏（1644—1729）说："予疑其有托云然"[②]，也透露出八大不说话有遗民情感的因素。

八大性格倔强，高逸不凡，不说话还使人感到其中有拒绝尘俗的意味。1684年，八大五十八岁，在经过一场大病之后，他决定离开优游三十多年的佛门，稍稍恢复身体的正常状态后，便开始大量创作作品。其时远在扬州的陈鼎，一位历史学家，生平并未见过八大，根据八大传到扬州等地的书画作品以及传说，写下有关八大的第一篇传记《八大山人传》："左右承事者，皆语以目，合则颔之，否则摇头，对宾客寒暄以手，听人言古今事，心会处，则哑然笑……"在这篇传记的后面，扬州刻书家张潮加了一段按语："又闻其于便面上，大书一'哑'字，或其人不可与语，则举'哑'字示之。"[③]这些记载中，明显有一种暗示，八大可能并不是真正哑，愿意交谈的，就不哑；不愿交谈的，就挂出免于言的招牌。

这种种因缘奇妙地搅和到一起，使得"哑"成了八大的一个徽记——其思想的徽记，也是其艺术的徽记。（图4-4）

① 《过东湖寺同雪公》，见《梦川亭诗集》，康熙刻本。
② 《释超则诗序》，见裘琏《横山文集》之《易皆轩二集》。
③ 张潮《虞初新志》卷一一，康熙刻本。

图 4-4
书画合册之四　瓜鸟图
纸本墨笔　年代不详
24.5×22.5cm
上海博物馆藏

一、"哑"以及对"哑"的利用

"哑"以及对"哑"的利用，其实是两个不同的问题。八大是否真"哑"，这是生理问题，而他利用"哑"则是思想问题。

八大在很长时间里，的确有不良于言的疾患，史籍多有记载。

陈鼎《八大山人传》说八大父亲"亦工书画，名噪江右，然喑哑不能言"，而他在谈到八大时说："甲申国亡，父随卒。人屋承父志，亦喑哑。"这里的记载就有些含混不明。子"喑哑"，怎么是"承父志"？莫非他的哑于言也是"父志"？

虽然陈鼎的记载多属猜测，不过据一些可靠的记载，八大的父亲确有喑疾。八大祖父朱贞吉有五子，分别是谋埒、谋趆、谋㙔、谋鸂、谋卦。李维桢《弋阳王孙贞吉墓志铭》说："㙔、鸂美如冠玉，而不能言，贞吉教之作画，都有致。"① 贞吉是一位有成就的书画家，他的第三、第四子承其书画之能，但都有时不能言。其中第四子谋鸂就是八大的父亲。八大的堂叔朱谋垔（1581—1628）《画史会要》卷四中也说："谋鸂，字太冲，号鹿洞，贞吉第六子也。生有喑疾，负性绝慧，指物引

---

① 李维桢《大泌山房集》卷七七，康熙刻本。

类，教之识字，遂通文理。山水花鸟兼文沈周陆之长，而好以名走四方，求者绢素盈室，孜孜晓夜，挥洒不倦，竟以此致瘵，中年而殁。"这里也提到八大父亲有喑疾的问题[①]。因此，八大不良于言的疾患，当是由遗传而来的家族性毛病。八大的父亲才华卓绝，工诗善画，今有作品传世，因身体之故，过早离世，这对八大一生是有影响的。

八大父亲有喑疾，八大也有此病，不过时轻时重。以下四则资料也可以间接证明：

（一）八大的好友胡亦堂《梦川亭诗集》卷三五言律《腊月二十六夜偶于棋局中得雪公开口》（自注：雪公游东湖多宝诸庵后，默默不语，入署旬余，引之使言点头而已，是夜不绝发声，故有此作），共有二首，之一云："多事憎尘鞅，无言静法华。高僧能见性，开口坠天花。隐坐棋当局，藏锋印画沙。青莲谁呪得，阿堵在三车。"之二云："一子系输赢，归宗大发声。弄拳殊有会，拄杖得无生。六出嫌多见，三缄太不情。广长舌自在，道腊即年庚。"此为胡亦堂临近1679年除夕所作。八大自1679年到1680年客居于胡亦堂寓所，这段记载说明八大在1679年的大多数时间里不能说话，这次突然说话，是因观棋，可能是看到别人下了昏子，突然急得说出了话。这段珍贵的记载说明，他的哑于言，有精神性障碍失语的原因。1680年岁末回南昌之后，他的口疾并没有痊愈。

（二）《艺苑掇英》第二十三辑载八大《杂画册》，为北京收藏家周怀民所藏，十二页，册后有吴之直题跋一开，作于康熙壬午（1702）："余乡八大山人作画颇得斯旨。余与山人交几二十年，见其画甚夥，山人画凡数变，独其用墨之妙则始终一致，落笔洒然，鱼鸟空明，脱去水墨之积习。往山人尝以他故，氾滥为浮屠，逃深山中，已而出山，数年对人不作一语，意其得于静悟者深歝！……壬午春仲，南昌吴之直。"[②]

吴之直，字赤苑，是一位活跃于南昌的徽商诗人，与八大交往甚密。这里就记载八大离开佛门到南昌之后，"数年对人不作一语"。与八大相熟的友人的记载是可靠的，这说明八大不良于言的疾病在回南昌之后并没有完全好。

（三）八大的扬州友人吴蔼作有《题八大山人飞鸣宿食芦雁图》四首，其中第

---

①这里说八大之父谋鷤为贞吉第六子，则是误记。
②杨仁恺先生曾判周怀民所藏八大《花鸟册》十二开为伪作（见其《中国书画鉴定学稿》，189页，辽海出版社，2000年），我以为难遽下断言，即使此为伪本，也当为仿作真本。因为题跋者吴之直的确是八大晚年的重要友人。

三首云：

> 暂敛凌云翼，平沙度寸阴。无情事飞鹙，有口善藏音。与世忘机械，于人无害侵。幽窗相晤对，可以息劳心。[①]

吴蒻，字吉人，号阶木，歙人，康熙间诸生。他是石涛的诗弟子，晚年因生意之故，来往于南昌和扬州之间，对石涛、八大二人情况深有了解。吴蒻所题八大此作今尚存世，本为王方宇所藏，现归华盛顿弗利尔博物馆。款署"乙酉秋中写，八大山人"[②]，是八大生平最后岁月的作品。吴蒻四诗借芦雁飞鸣宿食，写八大的生平经历，表达对其深切同情之意。"无情事飞鹙，有口善藏音。与世忘机械，于人无害侵"，其实是暗指八大语言表达上有困难，有口善藏音，不能言也。

（四）大约在1688年前后，邵长蘅客居南昌，与八大相善，《八大山人传》中特别记载了一次他与八大深夜长谈的情况，说他有时"作手语势，已乃索笔书几上相酬答"[③]，显然，到这时，八大说话还是不流畅，无法进行正常的交谈。

从以上材料来看，八大的确有不良于言的生理疾患，其中与遗传有关，也有心理因素的影响。这一疾患时好时坏，对他的正常生活产生极大影响，也给他带来无穷的痛苦。在1680年前后，八大考虑离开佛门，思想性因素的影响，加重了他此一生理疾患，这种独特的生理、心理现象反映在思想上，便出现了有关其"哑"的另外一个问题，就是时常利用"哑"来表达他的思想观念，便间接对其绘画创作产生影响。

通过相关资料的梳理可看出，八大是系统地"利用"身体上的"哑"，来表达自己独特的生命追求和思想观念。按常理，一个身体有残疾的人，不会有意张扬。八大正相反，他似乎很喜欢张扬他的"哑"，这倒不是因为他为自己的生理缺陷洋洋得意，也不是狂癫者的反常举动，而在于通过对"哑于言"的强调，"利用"身体的这个缺陷，表达他的独特主张。在这方面，邵长蘅、陈鼎等所说的利用"哑"表达对清廷的抗争，这样的思想不能说没有，但随着时间的推移，尤其到他的晚年，渐渐淡化了，而更多的是利用"哑"强调"不立文字"的生命哲学思想。

由此，我们看八大有一系列张皇其"哑"疾的举动，就不难理解了。

[①]《阶木诗文稿》卷一。康熙四十九年学古堂刻本，安徽省图书馆藏。
[②] 见王方宇《荷园主人：八大山人的生活与艺术》附录C第177号第279页。
[③] 邵长蘅《八大山人传》，见《青门旅稿》卷五。

八大晚年画作中常有"个相如吃"的花押。"个"指的是八大（雪个）自己，相如指司马相如。《史记·司马相如列传》："相如口吃而善著书。"嵇康说："司马相如者，……为人口吃，善属文。"①这一花押的表面意思是，自己与司马相如一样，都有口吃的毛病。其根本意思还是表达"如来相"不立文字、非有非无的根本内涵②。

八大有一枚闲章，叫"口如扁担"，在其晚年作品中大量出现。禅宗说，不蒙你眼，你看什么；不捂你嘴，你说什么。"口如扁担"，就是闭起口来说，以不说为说。据《五灯会元》卷六记福州牛头山微禅师事："上堂：三世诸佛，用一点伎俩不得。天下老师，口似扁担，诸人作么生？大不容易，除非知有，余莫能知。"③《五灯会元》卷一六记江西洪州光寂禅师说："眼似木突，口如扁担，无问精粗。"④八大是要往口中横一根扁担，就像禅门一故事所说，有人爬上树，以口咬树枝，手和脚都离开树干，这时树下有人问："什么是佛？"你一开口，扁担就掉下来了。

图4-5 "其唼力之疾与"印

八大还有一枚"其唼力之疾与"的白文印章。唼，即口。与，语气词。大意是：我的口有说话的毛病呵。这枚印章出现在1682年后，此时正是他慢慢恢复的时期。这枚图章的内容，既是实记身体状况，又表达了自己的思想选择，即关起知识的口，与"口如扁担"等意思同。（图4-5）

八大这方面思考的痕迹非常明显，如1689年所作《十六应真颂》中的一则说："屡至千价一数，不快漆桶；维语万千佛一数，不快漆桶；以其千七百立地成佛，个相如吃，只道不快漆桶。"所谓"不快漆桶"，乃是"口如扁担""个相如吃"的另一种表述。禅宗以"不快漆桶"来表现不分别的境界，意即不计较，无知见，也就是八大所说的"懵懂汉"。

八大晚年名其斋为"寤歌草堂"，此名来自《诗经·卫风·考槃》：

考槃在涧，硕人之宽。独寐寤言，永矢弗谖。　　考槃在阿，硕人之薖。

① 嵇康《圣贤高士传》，《全三国文》卷五二，见严可均校辑《全上古三代秦汉三国六朝文》，1348页，中华书局，1981年。
② 参见本书第十九章《有关八大山人家世的相关问题》。
③ 《五灯会元》卷六，中册，327页，中华书局，1984年。
④ 《五灯会元》卷一六，下册，1053页，中华书局，1984年。

独寐寤歌，永矢弗过。　　考槃在陆，硕人之轴。独寐寤宿，永矢弗告。

考槃，筑木屋，在水边，在山坡，在野旷的平原，这是隐逸者的歌。诗写一个有崇高追求的"硕人"，有宽阔的胸襟、坚定的意念、悠闲的体验，任凭世道变幻，我自优游。此人之所以为"硕人"，就在于其独立性："独寐寤言""独寐寤歌""独寐寤宿"，独自睡去、醒来，独自歌唱。诗中反复告诫自己：永远不要忘记自己的信念，永远不要与世俗过从，永远保持沉默，不将自己的心昭示于人。八大一生似乎正是这样做的。这位沉默的天才，在心中品味着人生的冷暖。

北京嘉德拍卖行1996年秋拍会上有一件八大的册页，其中一开书苏轼《大别方丈铭》："闭目而视，目之所见，冥冥濛濛；掩耳而听，耳之所闻，隐隐隆隆。耳目虽废，见闻不断，以摇其中。孰能开目而未尝视掩，倾耳而未尝听？如穴受风，不视而见，不听而闻，根在尘空，湛然虚明。遍照十方，地狱天宫。蹈冒水火，出入金石。无往不通，我观大别，三门之外，大江方东。东西万里，千溪百谷，为江

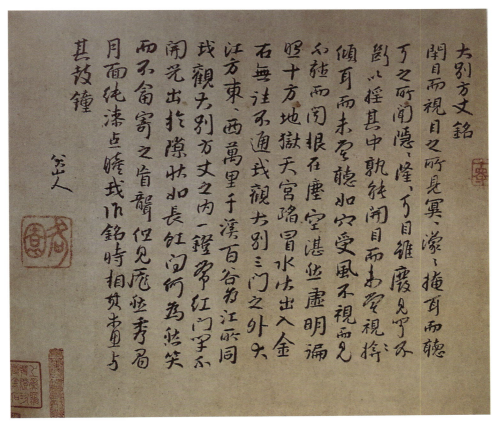

图4-6　行书大别方丈铭　嘉德1996年秋拍

所同。我观大别方丈之内，一灯常红。门闭不开，光出于隙，状如长虹。问何为然，笑而不答，寄之盲聋。但见庞然秀眉月面，纯漆点瞳。我作铭时，相其木鱼，与其鼓钟。八大山人。"这首铭语的中心意旨就是不立文字，超越知识，一味妙悟。他借苏轼之铭，道出"不语禅"的核心内容。

身体的"哑"和张皇其"哑"，当然不是同样的问题，前者是身体的缺陷；后者是通过这样的缺陷，强调一种哲学思想和艺术观念。在八大，他似乎有意将二者混在一起；对于后来研究八大的人来说，却很容易落入他设置的"有趣的圈套"。

二、一口吸尽西江水

"哑"，是八大的人生哲学，此节从"不二"的角度来谈他张皇无言之道的思想基础。

八大早年有《题画西瓜》诗道："无一无分别，无二无二号。吸尽西江来，他能为汝道。"[1]这是体现八大艺术观念的重要表白，对他一生都有影响。

"江西八大"受"江西禅法"之影响，洪州禅是南禅发展史上的里程碑，南禅发展中的马祖、怀海、道悟、南泉、希运、义玄、赵州等叱咤风云的大师几乎都是洪州禅门伟器。马祖"一口吸尽西江水"的气象、"马驹踏杀天下人"的恢宏气度，可以说是洪州禅法最突出的显现。所以，有人问赵州大师："和尚承嗣什么人？"他说："从谂。"[2]从谂，是赵州的法名。这是典型的洪州精神。

"一口吸尽西江水"，是最能概括江西禅法特点的一句话。唐代居士庞蕴，人称庞居士，初师石头希迁，曾问石头："不与万法为侣者，是什么人？"石头以手掩其口。后投马祖，初见时，又以"不与万法为侣者，是什么人"为问，马祖答道："待汝一口吸尽西江水，即向汝道。"[3]"一口吸尽西江水"意即道不可问，法不可说，说法即非法。洪州宗承南禅破边见的思想，强调无分别，非知识，不落有无二边。庞居士临终时说："但愿空诸所有，慎勿实诸所无"[4]，所强调的就是对边见的超越。这一思想可以以"不二法门"来概括。

不二法门是大乘空宗的根本思想。比较系统的表述是《维摩诘经》，此经强调，

① 此见台北故宫博物院所藏《传綮写生册》一开中的题诗，此册作于1659年，是八大存世最早的作品之一。
② 《赵州录》，《古尊宿语录》卷一四，上册，第230页，中华书局，1991年。
③ 《五灯会元》卷三，上册，186页，中华书局，1984年。
④ 《五灯会元》卷三，上册，186页，中华书局，1984年。

世间有两种"智"，即分别智和般若智，分别智是知识的，是"二"，般若智超越知识，是"一"。这"一"，在南禅看来，是摩诃般若波罗蜜——一种到彼岸的大智慧。不二法门作为不可思议、不可言说的最高境界，简单地说，就是破"二"而臻于"一"。"二"即分别，不二法门，既超越"有"的肯定，又超越"无"的否定，进入"不有不无"的哲学思维中。"不有不无"就是"一"。"一"是绝对平等的，禅门所谓平常的、平和的哲学精神，其实都是不二法门的体现。

八大的"无一无分别，无二无二号"，正是从不二法门的角度理解洪州禅法的精髓。这有两层意思。第一，无二无二号，就是不二，无分别，由"二"归于"一"。第二，"无一无分别"，归于"一"，并不是数量上归于"一"，那样还是分别，其实根本就没有"一"，"一"是无分别。这两层意思合在一起，即由"二"归于"一"，"一"而非"一"。

八大的绘画也浸润在"不二法门"的哲学中。八大有《题画木瓜》诗：

河阳座上口喃喃，何处游仙树不凡。三个木瓜是五个，教人难画木瓜岩。

诗作于八大离开佛门之后，当是赠庐山木瓜道人之作，然其基本思想还是南禅的。通过一个木瓜，发为禅的议论。河阳座上口喃喃①：本禅宗典实。据《五灯会元》记载："临济一日与河阳木塔长老同在僧堂内坐，正说师每日在街市掣风掣颠，知他是凡是圣？'师忽入来。济便问：'汝是凡是圣？'师曰：'汝且道我是凡是圣？'济便喝。师以手指曰：'河阳新妇子，木塔老婆禅。临济小厮儿，却具一只眼。'济曰：'这贼。'师云：'贼！贼！'便出去。"②普化（？—860）是义玄（？—867）的法叔，义玄所创临济禅法颇受这位法叔的影响。八大对普化也青眼有加，八大"掣风掣颠"的行为，就是受到普化的影响，八大的"掣颠"之印也本于普化。八大"河阳座上"说的就是义玄、木塔和普化的禅机。爱圣憎凡是临济禅最反对的内容，一分凡圣，就是分别见。普化诗中的"河阳新妇子，木塔老婆禅"，即批评木塔的思路落入分别见，禅门所谓"老婆心切"，絮絮叨叨地问。而"临济小厮儿，却具一只眼"，却是赞扬临济深得"一"而不"二"妙法，他俩互以"贼"相称，是对深层契合的嘉许。这就是八大所谓"口喃喃"——如木瓜一样的混沌无分别。八大诗中

---

① 木瓜岩道人为河南南阳人，故这里的"河阳"又有一语双关之意，暗指他的家乡。不过从"座上口喃喃"用语看，当是取自禅门。
② 《五灯会元》卷四，上册，223页，中华书局，1984年。

的"三个木瓜是五个",也是借疯狂语,否弃知识,表示无分别见的观点。

如果说"河阳座上口喃喃"表现的是无凡无圣的无分别见,"何处游仙树不凡"则表达无佛无众生、无生无死的思想,这也与临济有关。《临济录》云:"尔若求佛,即被佛魔摄。尔若求祖,即被祖魔缚。尔若有求皆苦,不如无事。有一般秃比丘,向学人道,佛是究竟,于三大阿僧祇劫修行果满,方始成道。道流,你若道佛是究竟缘,什么八十年后向拘尸罗城双林树间侧卧而死去,佛今何在?明知与我生死不别。"①拘尸罗,又译拘尸那。双林树,即娑罗双树林。据说佛入灭于拘尸罗的娑罗双树林下。临济这段话讽刺那些求佛求道者,在义玄看来,"诸法空相。你一念心歇得处,唤作菩提树。你一念心不能歇得处,唤作无明树"。仙树就在你的心中,即心即佛,即心即树,即悟即涅槃。日月有明晦,圣凡无二心。不分别就是妙悟。

八大山人"穿过临济",取来无分别的妙法。台北故宫博物院所藏《传綮写生册》(图4-7),第十开是墨花,八大自题一诗:

图4-7　传綮写生册之十　墨花　纸本墨笔　1659年　24.5×31.5cm　台北故宫博物院藏

---

① 《临济录》,见《大正藏》第四七册。

　　尿天尿床无所说，又向高深辟草莱。不是霜寒春梦断，几乎难辨墨中煤。

这首诗又是"穿过临济曹洞有"的体现。义玄初于黄檗希运座下，三次问法，声未歇，就被打。后黄檗让他去洪州大愚处学法，初见大愚，义玄告以三次被打事，大愚道："黄檗与么老婆心切，为汝得彻困，更来这里问有过无过？"师于言下大悟。乃曰："元来黄檗佛法无多子。"愚搊住曰："这尿床鬼子，适来道有过无过，如今却道黄檗佛法无多子。你见个什么道理？速道！速道！"① 义玄在大愚的肋下打了三拳。这是禅宗著名的公案之一。而洞宗的良价曾有"五台山上云蒸饭，佛殿阶前狗尿天"之诗②。"尿天尿床"合临济曹洞二家事而成，说明"佛法无多子"——不可言说，只可心契。佛殿阶前狗尿天，无凡无圣，无佛无众生。"尿天尿床无所说，又向高深辟草莱"二句，强调"无所说"的道理，不说不分别，任世界自在说，让草莱说着世界的高深。

　　第三句的"霜寒春梦断"，在寒冷之时，有温暖春天的梦幻，这便分出寒与冷，这便有求，有觅，于是便丧失了"平常心"，所谓你一念心疑，被地来碍；你一念心爱，被水来溺；你一念心嗔，被火来烧；你一念心喜，被风来飘。地水风火，四大不安，其心必乱。"难辨墨中煤"，《五灯会元》载，有人问永安善静禅师："如何是一色？"他回答说："易分雪里粉，难辨墨中煤。"③ 这成了禅门的偈语，曾被禅门广泛地作为上堂说法语，与"鹅王择乳"意相近。八大借墨花，说无黑无白、无凡无圣的道理。

　　禅宗是在庄子思想和大乘佛学般若学基础上形成的，所以，人们常说道禅一体、庄禅一体，庄禅在基本旨归上有相近内涵，最突出的是庄子的齐物论和禅宗的无分别论之间，有深层联系。

　　八大的朋友熊一潇有《次韵赠八大山人》诗，其中有："高士南州路，东湖烟雨邈。伊人千载后，秋水一编看。"④ 诗意味深长。为什么他说八大的人生情调和艺术精神，在千载之后，可以从《庄子》的《秋水》一篇中寻找呢？所谓"秋水精神"，就是齐同万物的无分别见⑤。秋水精神的核心是"以物为量"，从知识上分辨，

① 《五灯会元》卷十一，中册，642—643页，中华书局，1984年。
② 《五灯会元》卷十二，中册，732页，中华书局，1984年。
③ 《五灯会元》卷六，中册，343页，中华书局，1984年。
④ 见杨钟羲《雪桥诗话》三集卷一所引。
⑤ 金人马定国有《读庄子》诗云："吾读漆园书，《秋水》一篇足。安用十万言，磊落载其腹。"（《中州集》甲集一）《秋水》虽在外篇，论者认为，以此一篇可见《庄子》全书之精华。

是"以人为量"，以物为量，便解除了知识的分辨，不以大小的量上来分别，泰山不独大其大，毫毛不独小其小，进而齐同物我。

八大对庄子齐物思想多有言及。如其《无题》诗云："深树云来鸟不知，知来缘想景当时。小臣善谑宿何处，庄子图南近在兹。"①此诗出现在八大多幅画作上。云来鸟不知，鸟来树不知，无念于万物，无住于世相，但见得鸟鸣珠箔，空花自落。"庄子图南近在兹"：《逍遥游》描绘，大鹏培风而行，背负青天，图南而飞，一飞九千里，林间的斥鹦小鸟则讥笑之。若从分别见看，大鹏完全可以自己的大而远讥笑斥鹦的小而近，但正如郭象所说："小大虽殊，而放于自得之场，则物任其性，事称其能，各当其分，逍遥一也，岂容胜负于其间哉！"②八大的"近在兹"意同此，就是破分别见，去大小之辨，任自然之性，逍遥天地，俯仰自得。

八大有《无题》诗云："客问短长事，愿画凫与鹤。老夫时患胛，鹤势打得着。"③意思是，客人请他画鸟，他权衡着是画野鸭呢，还是画仙鹤呢，反复斟酌。八大说，我的肩周虽然出了点毛病，但鹤还是可以画的。当然，八大不是为其选择，他的意思是，你这样的"短长"分别是可笑的。八大借此表达对庄子思想的理解。庄子说，野鸭的腿虽短，要给它接上一段，它就会痛苦；鹤腿很长，如果切掉一节，它就会悲哀。世界万物各有其性，不必以此所长讥彼所短，长短是知识的分别，齐同万物，才是正确之道。

据有关资料显示，八大晚年对庄子思想愈加心会，八大佛门友人释机质（季彬）《怀八大山人》诗云："昔年萍聚话林丘，几度同登凝翠楼。闻道比来醒蝶梦，遥天引领忆无休。"④所谓"闻道比来醒蝶梦"，用庄子栩然化蝶的故事，来说明八大晚年思想的变化，世事洞明如梦觉。而八大诗云"会向蒙庄枕上来"⑤，也表现了对庄子思想有选择的依重。

由上分析的多首八大中前期的诗可见，洪州禅法的无分别见思想，在八大的艺术思想中烙下极深印迹，这是我们理解八大艺术的关键。

---

① 此诗《八大山人全集》《八大山人书法全集》都注说是唐诗，其实八大此绝只有一句出自钱起之诗，钱起《山中酬杨补阙见过》："日暖风恬种药时，红泉翠壁薜萝垂。幽溪鹿过苔还静，深树云来鸟不知。青琐同心多逸兴，春山载酒远相随。却惭身外牵缨冕，未胜杯前倒接罹。"（《钱考功集》卷八）故此诗当为八大所作。八大山人纪念馆藏八大行书轴书此诗，后款云："题画之一八大山人。"显然，八大以此为己作。
② 引见郭庆藩《庄子集释》卷一上，第1页，中华书局，2006年。
③ 八大山人纪念馆藏有一立轴上题有此诗，本为张大千之旧藏，《大风堂书画录》曾有著录。
④ 朱观《国朝诗正》卷六，康熙刻本。
⑤ 八大山人《鹿图》题跋，该图今藏于广东省博物馆。

三 "反知"的问题

不立文字，不执着语言，当然不是对语言文字本身的否弃，而是对知识的消解。所以，八大思想和艺术带有强烈的反对知识分析、强调妙悟智慧的倾向。其根本特点是重视当下直接的体验，以心去契会，以自己独特的生命去拥抱世界，而不是靠冷冰冰的知识分析去对待真实世界，那样是把世界推向自己的对面——自己不在世界中。八大"不语禅"中体现的"不知"，是对生命智慧的高扬，而不是所谓"反智"倾向。

博山元来曾就解悟之道谈自己的看法，他以为解悟之道有二，一是由语言文字入手，一是由彻悟入手。前者有二障，首先是文字障，坐禅读经，"于十二分教，深求谛理，生死分中，了无交涉"①，其次为理障，有时似乎是理理得通，但与彻悟了无关系。所以，他选取的悟道方式是彻悟。他认为，真正的悟道者，必须抛弃知识、权威。这一思想对八大是有影响的。联系八大作品和一些难懂甚至常常造成误解的题画诗，可以看出他在这方面有清晰的思路和始终如一的坚守。

首先，一超直入如来地，单刀直入，截断众流，一味妙悟，这是八大的基本思想。他自题《个山小像》云："没毛驴，初生兔，劈破面门，手足无措。莫是悲他世上人，到头不识来时路。今朝且喜当行，穿过葛藤露布，咄！"②这段题跋强调妙悟，那些一知半解之徒，踏入佛门，要寻找拯救众生于苦海的良方，其实自己还在迷途中。仅仅知道读经、静坐、观心看净，只知道知识的获取，理性的寻觅，还是在生死海里浮沉。禅宗的要道在于当行之妙悟，穿过葛藤，截断露布，超越知识，一悟直入如来地，而不是为其说不可言说之意。

其次，八大反知识的思想，还表现在超越权威束缚方面。大乘佛学的平等觉慧，必然造成对权威的解构。八大喜画假山，他有一幅《玲珑石图》，画面中怪石当立，森然可怖，名珑玲石，其实并不玲珑。上题一诗："击碎须弥腰，折却楞伽尾。浑无斧凿痕，不是惊神鬼。"③

此为八大早年之诗，作于进贤灯社时。须弥山是佛教传说中的神山，或称妙高山。楞伽山，也是佛教传说中的神山，传说此山光明灿烂，山中有无数花园香树，微风吹拂，枝叶摇曳，妙香远闻。对于佛教崇仰的这一彼岸世界，八大却要

① 《无异元来禅师广录》卷二三。
② 本书第十一章《八大山人的出佛还俗问题》对此有详细分析，这里简述其基本含义。
③ 此为台北故宫博物院藏《传綮写生册》第十二开的题句。

图4-8　墨花图卷（局部）　纸本墨笔　1669年　24.8×339.7cm　北京故宫博物院藏

"击碎""折却"它们①，所表达的意思，正是南禅所谓"向里向外，逢著便杀。逢佛杀佛，逢祖杀祖，逢罗汉杀罗汉，逢父母杀父母"的思想。南禅强调无凡无圣，无魔无佛，说一个"佛"字，即起分别心。博山元来说："者个臭乞儿，从来没计较。举步似安详，开口便胡道。有时一喝，大海水也着干。有时一脚，须弥山也着倒。今日写上画图，一任傍人取笑。咄！"②

"不是惊神鬼"也系禅语。临济义玄说："大德，且要平常，莫作模样。有一般不识好恶秃奴，便即见神见鬼，指东划西，好晴好雨。"③八大这里即用此意。此句与上句"浑无斧凿痕"，表达的是"平常心即道"的思想，崇尚不加分别的浑沦之境，讽刺那些动辄说佛法的人，只是故作模样、弄神弄鬼的欺人之谈。八大通过这块怪石表达的思想是：一团浑沦，不加分别，如石头一样，自然顽拙，未加雕凿。

第三，八大的反知识思想，还表现在对经典权威文本的超越。八大朋友裘琏说："吾爱芦田紫，逃禅不著经。诗名高白社，书价重黄庭。"④八大反对人成为经书的奴隶，禅门强调透脱的妙悟，而不是荒老于佛经之中。八大《翻经台》诗云：

> 白马驮经出禁林，几番劫火到于今。漫窥青豆翻经典，且咏红泉坐石阴。
> 珠藏揭开灯火朗，椎槌击罢地天深。独怜秘阁书多少，何必区区译梵音。⑤

---

① 学界有一种观点，认为八大早年入佛门，思想中就产生了对佛门的厌倦，这为他日后离开佛门埋下了伏笔。"击碎""折却"，含有诅咒佛门的意思，这是对八大思想的误解。
② 《无异元来禅师广录》卷一二。
③ 黄檗希运《临济录》，《大正藏》第四七册。
④ 裘琏《横山初集》卷一三《卧南稿》。
⑤ 此为临川唱和诗之一，见胡亦堂《临川县志》卷二八。

八大山人研究

禅门有所谓"世界如许广阔不肯出，钻他故纸，驴年去"的思想，闭门坐，苦读经，终然无悟。莫读经，莫静坐，成为南禅的重要思想坚持。临济义玄甚至说，经书都是"表显"文字，三乘十二分教"皆是拭不净故纸"，都是"戏论"，到经书中"咬粪块子"，终生无得。八大由《翻经台》诗发表了对经书的议论，在他看来，从古以来，译经多多，无数人揭开珠藏，坐破蒲团，在经书中游弋，最终不得佛法。所谓"独怜秘阁书多少，何必区区译梵音"，佛经也成多余。当然，八大不是对佛经的否弃，他本人就是一位佛家学者，对佛经有很深的造诣，这里表达的是不能死于字句之下的思想。博山元来就曾指出："船子廿余年，藏身无踪迹。一棹入华亭，两岸花狼藉。今人但逐句，熟读竟何益。水斋志于禅，苦行非所适。"[1] 诗中就唐代船子德诚禅师的水禅，谈到反对读经的思想，"一棹入华亭，两岸花狼藉"颇富象征意义。

八大的艺术推举不言之道，他的画多画平常的花鸟虫鱼，借此表达对"实相"——真实的生命境界的理解。《墨花图卷》（图4-8），今藏北京故宫博物院，是八大早期的重要作品，其中有一段画枇杷，上有题诗云：

> 抛出金弹儿，博得泥弹住。不似丛林檃，颠顶易两眸。

"金弹""泥弹"，乃禅门话头。《五灯会元》记南泉普愿（748—834）事："师问座主：'你与我讲经得么？'曰：'某甲与和尚讲经，和尚须与某甲说禅始得。'师曰：'不可将金弹子博银弹子去。'"[2] 该书卷九载郢州继彻禅师初参风穴延沼（896—973）事，

① 《无异元来禅师广录》卷一三。
② 《五灯会元》卷三，上册，142页，中华书局，1984年。

风穴问他："如何是正法眼？"他回答说："泥弹子。"[①] 风穴认为他有奇异的禀赋。该书卷十二载杭州万寿法诠禅师事，有一僧问他："如何是法？"他说："黄泥弹子。"[②] 佛不可说，不可问，闭上口，一心悟，这就是金弹子，而一说，即落为银弹子、泥弹子。"不似丛林槵"，丛林，指寺院。槵，菩提子，又称木槵子，即佛的念珠。佛门有"槵子掐一遍，得福千倍余"的说法。丛林槵，指寺院中的念佛之事。《赵州录》载："师示众云：'向南方趋丛林去，莫在者里。'僧便问：'和尚者里是甚处？'师云：'我者里是柴林。'"[③] 我这里是"柴林"，不是"丛林"，突出的是以马祖、赵州为代表的洪州禅法"平常心即道"的思想。不能从形式上去求佛，即心即佛，随处即真。颠顸，即懵懂，八大一生提倡"大是懵懂"的哲学，反对分别见。他要以浑然不分的真知，去"易两眸"——代替那种只知道瞪着双眼去分析世界的知识寻取路径，这与老子"为腹不为目"的思想正相合。《无异元来禅师广录》卷四说："长者信手拈来，世尊破颜微笑。二大老向没烟火处，斗弄天工；于热闹场中，颠顸道者。"八大正深领其祖师的嘱咐，做一个"颠顸道者"。

八大此诗借两枚橙黄的枇杷发而为禅门义理之思考，道出临济、曹洞二家禅法求透脱自在的精神实质。正像临济义玄所说："有一般学人，向五台山里求文殊，早错了也。五台山无文殊。尔欲识文殊没？只尔目前用处，始终不异，处处不疑，此个是活文殊。"[④] 五台山上无文殊，丛林中没有佛，八大所要追求的就是这个"活文殊"，到"活泼泼地"世界中去游，而不是死于句下。这样的思想，成为八大绘画的根基。

这"活泼泼地"思想，是洪州禅推重的"石头路滑"哲学。《个山小像》中八大自跋云："当生不生，是杀不杀，至今道绝韶阳，何异石头路滑。"大乘佛学强调无生法忍（不生不灭的智慧），如龙树"八不"所谓"不来亦不出，不生亦不灭"，有生灭，就会有沾系，不生不灭，不是世界凝固不动，而是念念不住，不沾不系，自在透脱。当生不生、是杀不杀，说的就是无生法忍的思想。道绝韶阳：指超越禅宗的传承谱系。慧能从弘忍得法之后，到韶州大梵寺开堂讲法。韶阳，即指慧能之法[⑤]。"道绝韶阳"，并不是说背叛六祖，而是非佛非祖。禅宗强调，若人求佛，是

① 《五灯会元》卷九，中册，555页，中华书局，1984年。
② 《五灯会元》卷一二，中册，766页，中华书局，1984年。
③ 《古尊宿语录》卷十四，上册，239页，中华书局，1991年。
④ 《古尊宿语录》卷四，上册，61页，中华书局，1991年。
⑤ 《五灯会元》卷一写慧能弟子志诚初参慧能事："至韶阳，随众参请，不言来处。时六祖告众曰：今有盗法之人，潜在此会。"（上册，57页，中华书局，1984年）

人失佛；若人求道，是人失道；若人求祖，是人失祖。一切都在当下证会中，随处立真，目前悟得，若求之于祖，则离佛远也。石头路滑，以石头希迁（700—790）为代表，指禅门的活法。八大求的是"活祖意"，而不是"死祖意"，他借石头希迁的活法，来说明当下即悟的思想。无形无相，无住无系，不生不灭，一切都是"活泼泼地"。

以上几首诗，反映出八大的基本思想倾向。八大通过画来表达与知识分析路径的分野，强调当下即成的活泼泼的创造之法，这对他的艺术有重要影响。

四、猫为何睡去，鸟为何冷视

在无言哲学的滋润之下，八大的艺术有一种渊深沉静的风格。杨翰《归石轩画谈》卷一〇录八大一幅作品，此作品今不传，杨翰叙其所见："作巨石黝然突出，轮囷满纸，上立一鸟，绝无点缀，石之古峭，鸟之萧闲，反侧观之，神味不尽，此诣为山人独绝耳。"[①]这种幽深沉静的风味，乃八大所独具。清恽南田论画，以"至静至深"为画之上上之境[②]，八大最得之。

八大的静不是气氛的宁静，而在于创造一个"万物自生听，太空恒寂寥"的艺术宇宙，是寂寞无可奈何之境界。本章前引吴之矩所说"数年对人不作一语，意其得于静悟者深欤"，正是此意。八大服膺一种沉默的哲学，绘画是其静默的体验，他创造的是静深的宇宙。由于身体的疾患，加之长期隐居偏僻之所，他所生活的世界与喧嚣的物欲世界隔开，因而得以沉浸在自己的天地里，在静默中涵泳浸渍，体味宇宙和人生。1681年前后，在深山古寺中优游三十多年的他，来到南昌，来到世俗的世界，但他的生命旨趣并没有发生变化，"静"的思想渗入他的骨髓，也留在他的画中。

八大的《鱼鸟图》，海岸幽深远阔，石兀然而立，鸟暝然而卧，鱼睁着奇异的眼睛，在世界的这个角落，风也不动，水也不流，云也不飘，鱼也不游，一切都如同静止一般，八大为我们创造了一个静默幽深的世界。这是他的不语禅的又一表现。

八大的无言哲学对他的绘画题材选择也深具影响，以下从两个引人注目的现

---

① 《中国书画全书》第十二册，165页，上海书画出版社，1998年。
② 《南田画跋》云："'十日一水，五日一石'。造化之理，至静至深，即此静深，岂潦草点墨可竟？"（恽南田《瓯香馆集》卷一四）

象来看这一问题。

一是睡图。八大晚年画过很多《猫石图》，这在他早年的作品中很少见到，1690年前后开始多了起来。京都泉屋博古馆所藏《安晚册》之九，画一只睡猫，闭眼卧地（图4-9）。自题："林公不二门，出入王与许。如公法华疏，象喻者义虎。"[①] 此诗当是他读《世说新语》组诗之一，惜今唯存几首。

湖北省文物商店藏八大《猫石图轴》，高耸的山脊顶端，有一猫儿正打着盹儿，山脚下水边，也有一只猫，闭着眼睛，两只猫都作静卧之状。此画作于1690年前后。（图4-10）（图4-11）

上海博物馆藏八大《花鸟图》四条屏，作于1692年，其中有一屏，画面向上的大部影影绰绰画起伏的山峦，在山脚下的怪石旁，卧着一只猫，作睡眠状，形态与怪石比类。

图4-9　安晚册之九　猫　纸本墨笔　1694年
31.8×21.9cm　京都泉屋博古馆藏

[①] 八大关于此诗的解说，见本书第八章《八大山人艺术中的晋人气质》。

图4-10　猫石图轴　纸本墨笔　年代不详
103×38cm　湖北省文物商店藏

图4-11　猫石葡萄图轴
纸本墨笔　年代不详
190×48.5cm　四川大学图书馆藏

图4-12　猫石图卷　纸本墨笔　1696年　34×218cm　北京故宫博物院藏

　　北京故宫博物院藏有八大《猫石图卷》（图4-12），作于1696年，画杂花野卉，点缀于全卷之中，中段画一荷塘，末段高岸，画一只睡去的猫。猫处于整个画面的突出位置，令人印象深刻。

　　在中国画的题材中，猫图比较平常，但如八大这样的处理却非常少见。他不是画人家院落中活动的猫（如南宋纨扇小品多有此类），而喜欢画山崖上的睡猫，与人们熟悉的猫的活动场所完全不同。他笔下的猫只是一味睡去，不运动，不嬉戏。（图4-13）

　　八大的睡猫，所表达的是超越知识分别的意思。这种图像处理的方式，与八大所在的曹洞宗门学说有关。洞山良价有关于"牡丹花下睡猫儿"的说法，后成为曹洞宗的著名公案。《禅宗颂古联珠通集》卷二四载良价之事："洞山果子谁无分，掇退台盘妙转机。今夜为君轻点破，牡丹花下睡猫儿。"牡丹花下睡猫儿，代表一种不立文字、无心无念的禅机，这是曹洞的当家学说。博山元来《广录》卷五说："横拈直撞，无情识，生灭场中不涉伊，识得个中何所似，牡丹花下睡猫儿。"睡猫，寓涵"无情识""生灭场中不涉伊"的思想。

　　八大有一首颇为玄奥的题睡猫诗，点明其《睡猫图》的禅家本源："水牯南泉拾到尔，猫儿身毒为何人。乌云盖雪一般重，云去雪消三十春。"[1]前两句都与南泉普愿有关。"水牯南泉拾到尔"，《五灯会元》记载："一日问泉曰：'知有底人向甚么

————————
①《八大山人的〈猫石图〉》，《文物》，1998年第4期。王方宇认为这首诗谈的是变化的意思："南泉死了变成水牯牛，猫死了变成了什么呢？"后两句"云去雪消"，王先生说应从变化的思想去判断，就是"过了三十年的僧人生活以后，终于变换摆脱了和尚的羁绊"。

八大山人研究

处去？'泉曰：山前檀越家作一头水牯牛去。"① 在南泉看来，佛与众生、与牯牛并无分别。第二句诗说南泉斩猫事，这一被禅门称为"雄关"的著名公案②，也是强调截断有无相对的分别见。"乌云盖雪一般重"：南方称白猫身上有黑斑，或者黑猫身上有白斑，叫乌云盖雪。这表达的是不分黑白、不加思量的思想。"云去雪消三十春"，暗用灵云悟桃花的典故：沩山灵祐的弟子灵云志勤向沩山问道，苦苦寻求，难得彻悟，一次他从沩山处出，突然见漫山桃花盛开，鲜艳灼目，猛然开悟，并作诗偈以记："三十年来寻剑客，几回落叶又抽枝。自从一见桃花后，直至如今更不疑。"③ 八大此句取其意，就是一旦妙悟，豁然贯通。四句诗融摄禅家公案，说非有非无的不语禅的道理，与画面中的睡猫相呼应。它可以帮助理解八大此类《睡猫图》的确切内涵。

二是冷视的眼睛。八大研究中有一个所谓"眼睛问题"，即八大画中，鸟儿那一双（或一只）眼睛，常常是冷冰冰的，给人很深的印象④。

八大离世之后，有人认为这冷冰冰的眼睛是八大愤怒情感的表达，表达对清人的藐视和憎恨，是故国情感的一种表现形式，这种观点至今存在。八大去世后不久，张庚就说"八大山人"的落款像"哭之笑之"，哭笑不得，失去了家园的遗民，

---

① 《五灯会元》卷四，上册，199页，中华书局，1984年。
② 《景德传灯录》卷八："师因东西两堂各争猫儿，师遇之，白众曰：'道得即救取猫儿，道不得即斩却也。'众无对，师便斩之。赵州自外归，师举前语示之，赵州乃脱履安头上而出。师曰：'汝适来若在，即救得猫儿也。'"（《大正藏》第五十一册）
③ 《五灯会元》卷四，上册，239页，中华书局，1984年。
④ 关于八大山人笔下鸟的眼神的分析，详见本书第十章《有关八大山人遗民情感若干问题辨析》。

图4-13
艾虎图轴
纸本墨笔 1699年
127×60.9cm
王方宇旧藏

通过落款表达痛苦和愤怒的情感①。
"哭之笑之"的发挥是没有根据的，
说八大画中的眼神是愤怒情感的表
达，同样是缺乏说服力的，因为这
与八大的思想相矛盾。(图4-14)

图4-14 "八大山人"款

八大是位"画僧"，他晚年虽离
开寺院，思想仍不离佛门。佛教有
"无喜无嗔"的无喜怒哲学，强调
"不涉情境"。曹洞宗有"三渗漏"
的说法，洞山说："若要辨验真伪，有三种渗漏：一曰见渗漏，机不离位，堕在毒
海；二曰情渗漏，滞在向背，见处偏枯；三曰语渗漏，究妙失宗，机昧终始。"② 其
中"情渗漏"，就是针对喜怒哀乐情感的束缚而提出的，主张超越情感，"不滞情
境"，一滞情境，就流转于情感取舍之途。流转于欲望之途不好，但一味向冷幽偏
枯中行也不好。前者是惑于"有"，后者是惑于"无"，洞宗的大要在无喜无怒，
不有不无，不受情感波动的"境"所支配。这和我国传统哲学中的相关思想也比较
接近，如庄子的至乐无乐的无喜怒哲学、陶渊明的"纵浪大化中，不喜亦不惧"的
思想。

八大将此哲学化为一种独特的图像语言。画中一双（或一只）不同凡俗的冷
眼，其实表达的正是无喜怒的思想内涵。枯树上小鸟之目并无恐惧之色，山林中悠
闲的鹧鸪眼中也无快乐神情。细看他的画面处理，也可以发现这一点。这些古怪的
眼神并非作愤怒之状，而是呈"不视"之态。白眼多，黑眼少，空空落落，既不欢
欣，也不愤怒。如布袋和尚那首著名诗偈所说："一钵千家饭，孤身万里游。青目
睹人少，问路白云头。"青目者，青眼有加，爱也，然而却"看人少"，不在知识，
不在俗念，超越喜怒哀乐，一任真性流淌。(图4-15)(图4-16)

---

① 张庚《国朝画征录》卷上："余每见山人书画款题'八大'二字，必联缀其画，'山人'二字亦然，类
　'哭之''笑之'，字意盖有在也。"（《中国书画全书》第十册，425页，上海书画出版社，1998年）
② 《筠州洞山悟本禅师语录》，《大正藏》第四七册。

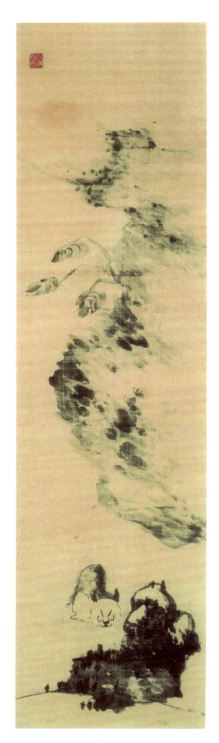

图4-15　花鸟屏之三　猫石
纸本墨笔　1692年
161.8×42.2cm　上海博物馆藏

图4-16　杨柳浴禽图
纸本墨笔　1703年
119×58.4cm　北京故宫博物院藏

第五章
八大山人的"菩萨行"

大乘佛典《维摩诘经》卷中《文殊师利问疾品第五》中，讨论了"菩萨行"的问题。所谓"菩萨行"，是一种自利利他的圆满境界，本与声闻行相对，声闻行是自我修行，"菩萨行"是妙悟所达到的至高体验境界——不二境界，它超越有无、凡圣、垢净等一切分别，所谓"菩萨不当住于调伏、不调伏心，离此二法，是菩萨行。在于生死不为污行，住于涅槃不永灭度，是菩萨行。非凡夫行，非贤圣行，是菩萨行。非垢行，非净行，是菩萨行"①。

这里从"菩萨行"的角度讨论八大的艺术，不是说他在佛教方面所达到的成就，而是说他的艺术所体现出的生命智慧——超越有形世界，达到真实自由的生命境界。八大在污泥浊水中做着荷花般清洁的梦，尤其是晚年，他更是在冷酷的世俗生活中淬炼性灵。八大晚年作品给人的突出印象是，他的花鸟虫鱼、近山远水，似乎永远是长河无波、静月永照的世界，出离人世峥嵘，淡去一切冲突，生机鼓吹，生生相戏。他的画，寄托着平和的心、悠远的意、不屈的生存意志和对人真性的呼唤。

他以艺术的方式呈现出一种"自利利他"的菩萨境界。

一、对话

八大由"不语禅"生发的"无言"思想，并非导向一种"沉默的哲学"，无言是为了心会，默然是为了更深的交流，孤独的鱼鸟世界，是要放逸性灵于空阔的世界，去回应那无所不在的性灵约会。

八大艺术中，有一种渴望交流的思想，令人印象极为深刻。这当然与他的身体情况有关。他终生有不良于言的生理疾患，有时无法用语言表达，而是用手势，或以书写来与人交流。而在明末清初那个风雨如晦的岁月，外在的环境给人，尤其

---

① 《维摩诘所说经》，又称《净名经》，此据后秦鸠摩罗什译本，《大正藏》第一四册。

对士人阶层造成了巨大的压力，真正的性灵对话成为一种奢侈。进而言之，正常人之间的交流是否就顺畅呢？八大认为，这方面的阻隔同样存在，而且非常严重，不是理解力等交流能力的问题，而是面对着大量人为设置的障碍，人与人之间无法进行正常交流。这种无所不在的阻隔不仅将人分为不同的层次，同时也给人的生存带来了绝大的困难，对人的性灵造成了严重的挤压。

其实，人类文明的发展，在一定程度上就是交流方式演进的历史。从人的生存本性来看，人在世界中，需要交流，没有交流，人类是无法生存下去的。人是群体动物，彻底的孤独意味着绝灭。为了交流，人类有了语言，又产生记录这些语言的文字，文字表达之不足，又有了各种记号。为了运载这些符号或记号或意象世界，人类发明了各种工具，由简单到复杂，由低级到高级。文明的发展在一定程度上就是为了促进交流，使其更便捷。但运载工具的便捷化、符号的多样化，并不代表人与人之间的交流变得容易，更不意味着人与人之间的理解程度加深。相反，我们在现代社会就可感受那痛彻心扉的事实：被现代文明武装到牙齿的人，却碰到了真真切切的理解和交流的问题。如同古人所言知音难觅，人的心灵犹如一个海洋，任何交流手段所能表达的都是微不足道的；人是社会化的动物，虽然同为血肉之躯，但差异巨大，随着文明的发展，差异不是在缩小，而是在扩大。地位、知识、金钱、对世界的态度、不同的生存命运等等，文明的发展反而扩大了这种差异。交流手段越来越发达，但是人们可以交流、愿意交流的东西却越来越少。更有甚者，在文明的发展中，人们的交流被目的化、仪式化、外在化。就目的化来说，当交流变成获得利益的手段时，便将交流双方异化为利用。就仪式化而言，人们越来越看重交流对象、方式，使得交流变成强制性的倾听（交流由双向变成单向，现代社会中常常没有交流，只有听命），虚与委蛇本质上并不是交流。就外在化而言，人们更喜欢外在的话语权，而淡去了内在心灵的印合。

清初画家恽南田谈到绘画的"意"时说："群必求同，同群必相叫，相叫必于荒天古木，此画中所谓意也。"[1] 这段话强调，剥去一切外在附加的东西，让裸露的生命印合，他说的是一种深层的理解和交流。艺术的主要功能是在倾诉，倾诉需要应和者。艺术不是在拍卖会上的交流，而是希冀灵魂的契合。

八大通过自己的诗与画，倡导无所滞碍的"对话"，强调人性灵的印合，追求清明透彻、鱼水空明的优游。他是中国文人画史上对"对话"问题探讨最为深入的

---

[1] 恽南田《南田画跋》，《瓯香馆集》卷四。

艺术家之一。

本书引言提到八大的《安晚册》之十四《巨石小花图》（图见引言第2页），就是画这样的"对话"。左侧画一巨大的石头，在石头下，有一朵小花与之相对，一大一小，竟成俯仰之势。石头并无压迫之势，圆润流转；而小花也没有猥琐的形态，向石而拜。二者似乎在对话。八大题诗云："闻君善吹笛，已是无踪迹。乘舟上车去，一听主与客。"所画的是被后人称为"梅花三弄"的故事。

这是一种没有交谈的"对话"，不是要语言说，而是以真性来说，这正是八大"不语禅"的核心内涵。八大非常倾心于这样渺无踪迹的心灵交谈，《巨石小花图》画的就是这性灵的对话。

据说古曲中极负盛名的《梅花三弄》，宋时就很流行。如宋僧祖可《秋屏阁》诗中就有："杨柳一番南陌上，梅花三弄远云边。"[1] 宋许景衡《敏叔见和再依韵谢之》："竹叶一樽鱼似玉，梅花三弄月如霜。"[2] 金李郸《赠羽林将军》诗云："惟有桓伊江上笛，卧吹三弄送残阳。"[3] 明代《神奇秘谱》收此曲名，解题云："晋代桓伊曾为王徽之在笛上为梅花三弄之调，后人以琴为三弄焉。"清戴长庚《律话》下卷说："梅花三弄本桓伊吹笛之调名，后人谱入琴中。"[4]

古往今来表现《梅花三弄》的艺术作品多矣，八大的诗和画，从另外一个方面展现出《梅花三弄》的精神实质，八大由此开掘出无言印合、性灵对话的内涵，可谓别具慧目。

八大无官无位，孤苦伶仃，在穷困潦倒中度过一生。与人交流的能力，因身体之故而受到极大影响；即使他后来身体恢复，但真正可与之交流的人又寥若晨星。这位孤独的人，通过绘画中的花鸟林木，去与世界对话。他的作品中没有文人画习见的雅集、会琴、品茶之类的活动描绘，却寄意于空阔的世界。在他的心目中，世界的一切似乎都有灵性，他通过描写与山水（无情的世界）、花鸟（非人的世界）等的对话，来表达世界的内在关系，他要把握大千蠢动的内在印合。

前举江西修水县黄庭坚纪念馆藏八大《鱼鸟图轴》，画一黄口小鸟立于山上，画的下部被一条修长的鱼所充满，鱼平卧着，睁着怪异的眼睛，抬头仰望，而小鸟低头看着鱼，似乎在对话。类似的构图很多。八大的画是活泼的，但不是那种外在

① 陈起《增广圣宋高僧诗选》补卷上，清钞本。
② 李庚《天台集》续集卷下，文渊阁四库全书本。
③ 元好问《唐诗鼓吹》卷四，清顺治十六年刻本。
④ 戴长庚《律话》，道光十三年刻本。

图5-1　花鸟册页之三　鱼　纸本墨笔　年代不详　　332×25.8cm　唐云旧藏

动感的活泼，而是再现世界本有的灵动，表现天机鼓吹的境界。

　　2004年嘉德冬拍有一件八大五开的《花鸟册》（图5-1），其中有一开以湿墨画一条鱼，照例翻着古怪的眼睛，茸茸的修长的身体，如在水中氤氲，极为可爱。裱边题有一诗："点笔写游鱼，活泼多生意。波清乐可知，顿起濠濮思。"[1]（唐云题）这条静默的鱼，似乎在说话，这正是八大所企望的生生宇宙。

二、家园

　　菩萨行，是无凡无圣、无佛无众生的，八大的艺术就包含这方面的深邃思考。

　　大乘佛学的智慧是一种平等觉慧，它强调诸法平等，一切众生都有佛性。《金刚经》说："是法平等，无有高下，是名阿耨多罗三藐三菩提。以无我、无人、无

_____

[1]此图见于2004年嘉德冬季拍卖会。《八大山人全集》第一册收有此作，见第182页。王方宇先生曾误此为八大之诗。

众生、无寿者，修一切善法，即得阿耨多罗三藐三菩提。"禅宗接受大乘空宗般若学的平等觉慧，所谓"平等一禅心"，以了知诸法平等为最高境界。慧能要"念念行平等真心"，以平等心为禅门的最高觉慧。禅宗的平等观不仅体现在凡圣平等，而且强调有情世界、无情世界乃至大千世界的一切都是平等的。禅宗强调，天平等，故常覆；地平等，故常载；日月平等，故四时常明；涅槃平等，故圣凡不二；人心平等，故高低无诤。这一思想是八大艺术的灵魂。

这里谈谈八大思想中极为重要的"驴"的问题，这是他的平等哲学的典型表征。

大约在1681年，八大离开佛门，回到南昌，这时的南昌经历世变，面目全非，而他当时的处境也极为艰难。邵长蘅《八大山人传》云："走还会城。独身猖佯市肆间，常戴布帽，曳长领袍，履穿踵决，拂袖翩跹行，市中小儿岁观哗笑，人莫识也。其侄某识之，留止其家。久之，疾良已。"[1]正是在此期间，八大开始用"驴"为号，本为泰山残石楼所藏的《绳金塔远眺图轴》，款"辛酉五月，驴"，款下钤"驴"朱文印，图作于1681年，这是目前所见其最早使用"驴"号的作品。藏于北京故宫博物院的《古梅图》，作于1682年，这件作品几乎可视为对"驴"号的注释，不仅有"驴屋驴书"之款，而且又另制"驴"朱文印。本为日本金冈西三旧藏的十开《杂画册》，作于1683年，有"驴"的款印，并有"驴"的花押。王方宇所藏行楷书《黄庭内景经》书册，落款开始使用"八大山人"，下钤"驴"（朱）和"可得神仙"（白）二印。1685年后，以"驴"为款的作品罕见，但与"驴"相关的印章则多有。如北京故宫博物院所藏《草书庐鸿诗书册》（1686年），其中有"驴屋驴"白文印。1690年所作《菊石图轴》（刘均量旧藏）钤有"驴"的方形朱文小印。同时，在八大研究中，人们熟知的"驴形小印"，一直用到1700年以后。（见图12-3）

我以为，在八大艺术发展中有一个"驴"期，时自1681年至1684年底。1685年后，"八大山人"成为他稳定的名号，便取代了"驴"的位置。对于"驴"，学界有种种解释，主要有三种，一是八大姓朱，"朱"音与"猪"同，与"朱耷"的"大耳"形相近，所以八大以"驴"为号。我不同意这样的观点，不仅八大是否有"朱耷"之名都很难说，而且这种观相说的解读方式，忽略了八大在那个最痛苦时期的思想背景。二是八大借"驴"号来表达对异族统治的愤懑情绪，联系与"驴"号相关的一些作品（如《古梅图》），我觉得这可能是存在的。八大以"驴"为号时，

①此传作于1689年，是邵长蘅见八大之后所作，见《青门旅稿》卷四。

正与他癫疾复发漂泊南昌的艰苦生涯有关：那时他过着连驴都不如的生活，没有一席容身之地，人的尊严几乎到了被剥尽的程度。但是，如果将"驴"号的意义只是框定在表达愤怒的意思上，我觉得是不够的。三、"驴"是佛的代词，以反讽的方式，来表明自己的佛子身份，民间会称和尚为"秃驴"。饶宗颐先生说："其实，八大后期虽然还俗，采用驴字命名，仍然是想保存'僧'号，实际上'驴'正是他还俗而不愿放弃禅门灯统的一个标记。驴屋，人屋，本是一体。为僧为人，名号虽殊，而佛情则一。"[1] 这样的判断并不符合八大当时的思想特点。

其实，要弄清"驴"号的涵义，须注意它与一个关键字"屋"连用的情况。八大以"驴"为号，是与他对"屋"的思考联系在一起的。

八大因身体原因，离开丛林之后，大概在1681年前后，他有"人屋"之号。陈鼎在《八大山人传》中说："甲申国亡，父随卒，人屋承父志，亦喑哑。"明确提到他的"人屋"之号。在1681至1684年，他多以"驴屋人屋""驴屋驴""人屋"等为款识（如上举《古梅图》上就有"驴屋驴书"的款识）。他有"驴屋人屋""人屋""驴屋驴"等多枚印章，这些印章大约从1681年开始使用，一直到1690年左右。如作于1690年的《荷塘禽鸟图卷》（今藏美国辛辛那提美术馆），是八大存世一件重要作品，其中就有"驴屋驴"的朱文方印。

八大的"驴"号以及相关名称，其实与禅宗有密切关系。《黄檗断际禅师宛陵录》说："万类之中，个个是佛。譬如一团水银，分散诸处，颗颗皆圆。若不分时，只是一块。此一即一切，一切即一。种种形貌，喻如屋舍，舍驴屋入人屋，舍人身至天身，乃至声闻、缘觉、菩萨佛屋，皆是汝取舍处。"[2] （图5-2）

禅宗以三种屋来比喻分别见的观点：一是驴屋，二是人屋，三是佛屋。一般认为，驴屋是动物所居之地，处于最低之位置。人屋是人所居住的地方，高于驴屋。佛屋是佛存在的地方，是西方的净界。然在黄檗希运看来，这都是分别见，心中有驴屋、人屋、佛屋之分，就存有分别见解，有此分别见解，则是不悟。黄檗希运认为，是是处处都是安心处，每一个"屋"都是圆满俱足的地方，不起分别见，一有分别，即起高低，有了高低尊卑，就丧失了平等觉慧。

"驴屋""人屋""佛屋"三个概念，其实正反映出八大当时生活空间变化的特征，他当时正经历着这三种"屋"的交替转化中。他由临川胡亦堂处回到南昌，并

① 饶宗颐《禅僧传綮前后期名号之解说》，《朵云》（中国绘画研究季刊），第15期，上海人民美术出版社，1987年。
② 《黄檗断际禅师宛陵录》，《古尊宿语录》卷三，上册，42页，中华书局，1994年。

图5-2 "驴屋""人屋"等款

决意离开佛门，离开耕香院，离开在其中优游、予自己生命庇护的佛门，他的心情是痛苦的。"驴屋""人屋""佛屋"三个名号，以及1684年左右确定的"八大山人"之号，都寄寓着对佛门的无限深情，反映出他身离佛门、心仍然不离佛之左右的思想脉络。

八大可能一度准备将"人屋"作为他一生之号，此号反映出他出佛还俗的重大人生抉择，他离开寺院来到南昌，来到"人境"——世俗生活的地方，给了他生命的同时，又带给他无限痛苦并让他寸断柔肠回忆的地方。八大以"佛屋""人屋"为印章，其实记录着他思想发展的痛苦历程。

八大以"驴"作为名号，并非彰显自己的"秃驴"（蔑称佛子之语）、"大耳"（猪）等特征，这种几近烂污的思路，与高风绝尘的八大完全不类。其"驴"号，是实录他当时的处境。他当时在破庙败庵之中歇息，生活的处境就是"驴屋"。他是一个流浪于会城的无"屋"者。"驴屋"打上他窘迫生活的印记。曾燠（1759—1831）编《江西诗征》卷六八："山人明宗室，弱冠为诸生，名耷，后隐姓名，自署曰'驴'，已寻遁进贤山中为僧，号雪个，更号八大山人，后复归于儒。工书喜作画，名流争礼之。"我以为，所谓为了掩盖自己的王孙身份而以"驴"称之，其实是不成立的。

这三个"屋"来自于禅宗，在三者的参差错落之中，八大置入有关人存在价值的思考。所谓"驴屋""人屋""佛屋"，在常人看来，是有分别，有阶级的。谁人不厌驴屋，谁人不慕光明之佛屋！而在禅家看来，诸法平等，大道就在平常中，没有"驴屋""人屋""佛屋"之分别，一念心清净，处处莲花开，处处都是光明的佛地。"屋"，即取舍处、安顿处，八大的取舍和安顿之处，就在不分别、不取舍处，在随意而往、不忮不求、无喜无怨的心境中。在八大看来，一个透脱自在的人，不是躲在别人屋檐下苟且栖身，而是纵意所如，无往而非家园。他的"屋"，就是无

"屋"。在俗世中，他是一个无家的人，每一天他都要考虑，黄昏后将栖息于何处，他漂泊于世界中。而在思想的天国中，光明初启，我心晏然，他找到了平衡。

八大似乎毕生都在寻找自己的"屋"，他深感"傍他家舍"的零落，他一生对独立的强调，其实就是要"到孤峰顶上"，抖落一切束缚，从"傍他家舍"的乞讨生活中走出，他的"何园""黄竹园""寤歌草堂"等，都是空间的居舍，也是他独立的精神安顿之所。他深感，世上很多人一生忙忙地"随境而转"，波波地"从他而学"，急急地在他人屋檐下求得一片安身之所，实在荒谬。

八大的画，有一个主旨，就是随处皆为"屋"，心灵的安顿就是"屋"。没有一个绝对的港湾，没有一个终极的依归。人永远在漂泊中。从外在空间来说，你不是主人，你永远不是主人，你是世界的客人，惟有心灵的宁定才会成为真正的主人。八大的印款以及诸多诗画，共同烘托出一个主题：他是生命的主宰者。

他晚年有一枚常用的印章"何园"，这位"荷园主人"[1]，一生与荷花结下情缘。晚年住所黄竹园前，有大片的荷塘，他有大量关于荷花的画作（如传世名作《河上花图》）。这枚印章作"何园"，不作"荷园"，善于拈弄文字的八大，将其特别的思考藏于其中：

图5-3　"何园"印

第一，古文字中，"荷"通"何"。所以，何园，又有"荷园"的意思。这是对他晚年所住外在环境的描绘，他的屋是狭小而紊乱的，而他却要在这混乱的世界中，做着荷花清净的梦[2]。（图5-3）

第二，何园，又有"哪里是家园"的意思，所谓"日暮乡关何处是，烟波江上使人愁"，我在这个印章中读出了他的"乡关之恋"。他是明代皇室的后裔，这里多少包含着物是人非、山河依旧、故园不在的苦涩情思。

第三，是处处都是"屋"，到处江山即是家，归复于心灵的平静，超越于外在的世界，抛弃那种高低贵贱的抉择，就有真正的家园。他的花鸟，晚年的山水画，其实就是在描绘这样的心灵家园。所以，"何园"又有"何处不是家园"的意思。

①*Master of the Lotus Garden*：*The Life and Art of Bada Shanren*（1626-1705），by Wang Fangyu & Richard M Barnhart.（New Haven：Yale University Press，1990）
②详见本书第十七章《〈河上花歌〉并八大山人的实相无相观》中关于"何园"的分析。

图5-4　山水花鸟册之三　芙蓉　纸本墨笔　1694年　37.8×31.5cm　上海博物馆藏

图5-5　莲花翠鸟图轴　纸本墨笔　年代不详　35.5×30.2cm　藏地不详

　　上海博物馆藏八大八开《山水花鸟册》(图5-4)，作于1694年，其中有一开画一枝芙蓉，伸入江面。左上有题云："写此工部'深江净绮罗'时也。八大山人。"画面极有感染力，笔墨的精微不说，那种霞光零乱、月照高梧的气象令人折服。杜甫《泛江》诗写道："方舟不用楫，极目总无波。长日容杯酒，深江净绮罗。乱离还奏乐，飘泊且听歌。故国流清渭，如今花正多。"①这首诗不啻为八大当时心境的写照，在绵绵的故国情思中，有无奈，有释然，泪水化为甘霖，雾散为一片天光，轻幽的歌由胸中飞出，他的全部意绪似乎都化为一枝带血的芙蓉，伸入历史的清流中。深江净绮罗之时，他找到了自己的家园。哪里在乎什么驴屋、人屋、佛屋之分，他用画装点出了真正属于自己的"屋"。(图5-5)

---

① 萧涤非主编《杜甫全集校注》卷一一，3092页，人民文学出版社，2014年。

三、平宁

八大的菩萨行，落实在内在心灵的平衡上，也即自性的觉悟。那深心的平宁，是他晚年艺术的最高理想境界。八大艺术风格的根本特点是"平宁"二字，既平和淡荡，又宁静幽深，是超越一切冲突的淡然本相。他的艺术给人一种天光奕奕的感觉，原因也正在于此。

八大的画有一种气定神闲的感觉，这在传统文人画中是非常独特的。他身体处于那样的情况，晚年处在那样的环境中，但却能一切处之淡然，在云淡风轻中有大力出焉，这可能就是佛教所说"香象渡河"的境界。这里所说的平宁，不是一种性灵平衡术，它没有幽暗的冲动，没有追索的欲望，是灵魂深层的赤裸的平衡。禅宗所说的"平常心即道"即是如此。

清山水画家白恩佑题八大《花卉》诗云："八大山人黄绮俦，腕力直可回万牛。自写胸中高逸趣，点缀水墨森清秋。"[1] 他在《偶得八大山人山水悬之于壁上终日相对得一百字》诗中写道："吾生本樗栎，所恃惟一真。少小读书史，念念怀先民。荏苒数十载，失足落风尘。举动多乖忤，到处遭笑嗔。幸留本来面，得还清净身。偶观山人画，奕奕如有神。乱头粗服中，风骨逾嶙峋。始悟世外心，自爱世外人。因之挂素壁，晨夕时相亲。证心契冥漠，胸满万古春。"[2] 这位诗人的朴实感受，真是说到了八大艺术的关键之处。八大的艺术就是这样，没有什么玄奥的思理，却道出了艺术的根本特性，具有深刻的安顿人心的作用，给人带来万古之"春"。

八大很多画如无标题的音乐，有时没有题诗，没有任何交代，就这样几笔，总是空阔的结构，似像非像的物，却是那样的活泼灵动，有蹈虚入无、追光蹑影之妙，似乎要将人的灵魂都卷去。八大的构图，自在如云气飘荡，任何一种传统画谱都无法囊括它。看他一幅《葡萄图》立轴（日本金冈西三旧藏），只能姑且说是葡萄图，似像非像，一枝由右侧逸出，笔势在环转，颗颗晶莹剔透的葡萄从枝叶间透出，如一双双明丽的眼，其中九曲回环，清灵透澈，让观者有一种说不出的欣喜。还有一幅《葡萄大石图》（图5-6），画葡萄与石，葡萄的根在石头旁，石为云根，葡萄的颤栗的枝，如几朵腾出的云，又像是几缕幻梦的烟，就这样飘去，飘

---

① 白恩佑《进修堂诗集》卷一一，光绪癸巳刊本。白恩佑（1812—？），字兰岩，号石仙，山西介休人，道光二十七年进士，工诗，也善书画。

② 白恩佑《进修堂诗集》卷一四。

去。还有《安晚册》之十一《葡萄图》（图5-7），葡萄叶轻轻地垂下，与"个相如吃"的花押相契合，组成一个意绪回环的空间。这样的葡萄，比之于青藤最擅长的葡萄图，可以说有过之而无不及。

读八大的作品，恍惚间觉得他并不是画者，而是一位思者，他的画作所呈现的世界，对他来说真是不重要，重要的是其中寄寓的当下的情绪，只听他以从容的笔低声吟哦。如上面所讨论的那幅题有"深江净绮罗"的芙蓉，真有一种生命的尊贵和高华。

如《安晚册》之十《荷花小鸟》，以简笔画荷枝参差水上，一枝上落有一只小鸟，小鸟以一足兀立，长喙低垂，一目似闭还睁，悠闲恬淡。八大不画鸟觅食的专注，却画独鸟的怡然。在这风平浪静的角落，在这墨荷隐约的画面中，没有声张，没有喧嚣，没有为欲望的寻觅，只有安宁与寂寞。

八大有题画跋道："静几明窗，焚香掩卷，每当会心处，欣然独笑，客来相与，脱去形迹，烹苦茗，赏文章，久之霞光零乱，月在高梧，而客在前溪，呼童闭户，收蒲团，坐片时，更觉

图5-6　葡萄大石图　纸本墨笔　年代不详
181.5×49cm　八大山人纪念馆藏

图 5-7 安晚册之十一 葡萄图 纸本墨笔 1694 年
31.8 × 21.9cm 京都泉屋博古馆藏

悠然神远。"① 霞光零乱，月在高梧，几乎成为八大艺术的一个象征。他有诗说："无
心随去鸟，相送野塘秋。更约芦华白，斜阳共钓舟。"描述的正是这平宁的境界。
（图 5-8）

　　八大作品常常喜欢展现极度的颠危、极度的压抑，但通过他神奇的手化解之，
如历激流险滩后，而达于一片水净沙平的境界。在他的绘画中，花儿对危石而微
笑，小鸟踏危石而轻吟。不是守分从命，而是超越于危困之世界，取心灵的"菩
萨行"。

―――――――――――

① 这段著名的语录，与八大的文风有差异，显然受到明屠隆的影响，屠在《与陈立甫司理》书札中谈
　其人生境界，其中有云："不巾不履，坐北窗，披凉风，焚好香，烹苦茗，忽见五色异鸟来鸣树间。
　小倦，竹床藤枕，一觉美睡，萧然无梦，即梦亦不离竹坪花坞之旁。醒而起，徐行数十步，则霞光
　零乱，月在高梧，妻孥来告，祮朝厨中无米。笑而答之：'明日之事，有明日在，且无负梧桐月色
　也。'"（《白榆集》文集卷一三，明万历刻本）

图 5-8
荷花水鸟图轴
纸本墨笔　年代不详
35.5×30.2cm
藏地不详

八大惯于通过空间布陈来制造矛盾，他生平有很多《巨石小花图》，现存世的有十几种，多作于1690年之后。他总是画一块巨大的石头，石头往往下窄上宽，摇摇欲坠，有黑云压城之势，在这将要倾倒的石头旁，或石缝间，有一两朵小花淡然开放，毫无面临危险的惊慌失措，泰山压顶，我自宁定，一朵小花是不可辱没、不可凌视的生命，它自身构成一个圆满具足的世界。如藏于上海博物馆的《癸酉书画册》（1693），其中一幅左侧画巨石向右倾斜，势若一蹲着的大力士，而地面上点缀一些落花。泰州博物馆藏有《秋花危石图轴》，作于1699年，也是一朵微花与巨石的对话。

前文讨论八大的孤独境界时，曾举云南省博物馆所藏《孤鸟图》，在枯枝的尽头有一袖珍小鸟，一只细细的小爪，立于枯枝的末梢。这是如此颠危的世界，但你看，鸟的身体保持着平衡，鸟的眼睛，格外安宁晏然，没有逡巡，没有恐惧，没有闪烁，就这样，在高天之中，抓住世界最根本的平衡点。

这平衡点在何处？其实就在体验者的心灵深处。读此画，使我想到《维摩诘经》之《弟子品第三》中关于"宴坐"的一段话："夫宴坐者，不于三界现身意，是为宴坐；不起灭定而现诸威仪，是为宴坐；不舍道法而现凡夫事，是为宴坐；心不住内，亦不在外，是为宴坐；于诸见不动，而修行三十七品，是为宴坐；不断烦恼而入涅槃，是为宴坐。若能如是坐者，佛所印可。"

我看八大，不是"愤怒的八大"（如有人评论其所画鸟的眼睛，是愤怒的眼睛），也不是时哭时笑的"疯狂的八大"（如张庚影响极大的一段话，说八大之名，是"哭之笑之"的略写，有时哭，有时笑），而是一个"平宁的八大"。如同弘一法师的"悲欣交集"，非哭非笑，悲为人类悲，欣为人类欣，悲欣交集，哭笑一体，无哭无笑，归于平常，归于冲淡。八大的艺术中荡出一片霞光，这是他至高的觉悟境界：无喜乐境界。（图5-9）（图5-10）

图5-9　荷花翠鸟图轴　纸本墨笔　年代不详　32.5×26cm　中国美术学院藏

八大山人研究

　　图 5-10　荷花翠鸟图轴　纸本墨笔　年代不详　182×98cm　上海博物馆藏

第六章
八大山人的"涉事"

2011年秋，香港何耀光至乐楼收藏明末清初遗民画家书画展在纽约大都会艺术博物馆举行，其中有一幅八大的《鱼乐图》[①]（6-1），画面下方空空荡荡，只见一条巨大的鱼横卧在画的中上部，特别显目。鱼似飞，又似卧，眼睛透出怪异的神情。一位同行看过后对我说："这可能是八大不太成功的作品，画得很死，不活。"他说的是对的，这条鱼的确画得死沉沉，僵硬地横在那里。如果仅从形式活泼的角度看，我们可轻易得出这样的结论：齐白石远在八大之上，因为齐白石的花鸟虫鱼太生动活泼了。

但这样的结论我们又不能遽然而下。因为八大并非要画一个水中活类；也不像李瑞清跋此画所说的"春来无限沧桑泪，愁向山人画里看"——从遗民情怀角度也不能尽此画之意；画面中怪鱼僵卧，显然不是"飞鱼"，大鹏南飞、鱼鸟互变的思路也与此不合。此画透出另外一些端倪：画面下部空空，尽量突出鱼的腾空感，鱼的背侧则有淡墨干擦出些许物影，那当是绵延的群山和大地。整个画面画一条怪鱼腾空于浩瀚大海和莽莽大地之上。不是飞跃和逃遁，而是对世界的超出。在我看来，这里可牵出一条八大念念在兹的"何为真实世界"的思想线索，这里也包含他所谓"实相"世界的思考。

请容我以一个重要概念"涉事"为线索来讨论这个问题。

一、"涉事"概念的提出

从现在可知八大的系年作品看，他大致在1690到1695年间大量使用"涉事"一语。其中涉及不少著名作品。

款印"庚午涉事"的主要作品今存世有：北京故宫博物院藏《松鹿图轴》，款"庚午七月涉事"；辽宁博物馆藏《莲花双鸟图轴》，款"庚午七夕涉事"；藏八大

[①] 此画在《明月清风：至乐楼藏明末清初书画选》一书中题名为《鱼乐图》，此题并不准确。Produced by the Hongkong Museum of Art，2010，p.178.

八大山人研究

图6-1　鱼乐图　纸本墨笔　年代不详　尺寸不详　香港至乐楼藏

山人纪念馆的《双鹊大石图》，款"庚秋涉事，八大山人"；也是作于此年的《蕉石图》，款"庚午九月涉事，八大山人"；本为刘靖基所藏的《快雪时晴图》，有跋云："此快雪时晴图也。古人一刻千金，求之莫得，余乃浮白呵冻，一昔成之。庚午十二月二十日，八大山人记。"有屐形、"八大山人"和"涉事"三印。

署康熙辛未（1691）年作品中涉及"涉事"概念的有：新加坡陈希文所藏《花朝涉事图轴》，款"辛花朝涉事，八大山人"；荣宝斋藏《杂画册》八开，其中一开画鱼，款"辛春涉事，八大山人"；上海博物馆藏《猫石图轴》，款"辛未之十二月既望涉事，八大山人"，并有屐形和"涉事"二印；上海博物馆所藏另一幅《湖石双鸟图轴》，款"辛未之十二月既望涉事，八大山人"，并有屐形、"八大山人""在芙"和"涉事"四印；南京博物院藏《游鱼图轴》，有题诗："三万六千顷，毕竟有鱼行。到尔一黄颊，海绵冷上笙。"款"辛重光之十二月既望画并题，八大山人"[1]，并有"涉事"等四印；广州美术学院藏《双禽图轴》，款"辛未之十二月既望涉事"；镇江博物馆藏《花果禽石图卷》，款"辛未之十二月涉事"，等等。

以"涉事"为款印的壬申（1692）年作品有：荣宝斋藏《双禽图轴》，署"壬申之二月涉事"，款"八大山人"[2]。上海博物馆藏《鱼石图》，款"壬申之花朝涉事，八大山人"；《莲房小鸟图》，也藏于上海博物馆，款"壬申之七月既望涉事，八大山人"，并有"天心鸥兹"花押；上海博物馆藏行书作品《八大人觉经》跋语，作于壬申五月之廿七日，有屐形和"涉事"二印；王方宇藏《竹石小鸟图轴》，款"壬申孟夏涉事，八大山人"；王方宇藏八开《花果鸟虫册》，似可称为"涉事花果册"，因为这套册页中不仅有"涉事"款（如第三开画莲花，有"壬申之夏五月涉事"款，第八开画菊花，有"壬申之夏涉事"款），而且有"涉事"之印，同时，还有"涉事"之书法，大书"涉事"二字，旁侧画一小小的落花；荣宝斋藏八大《行书千字帖册》，作于壬申五月既望的一个清晨，也有"涉事"印；云南省博物馆藏《孤鸟图轴》，有"壬申之十二月既望涉事"款；上海博物馆所藏八大花鸟四条屏，作于1692年，也有"涉事"款，等等。

作于癸酉年（1693）、与"涉事"有关的重要作品是上海博物馆藏《鱼鸟图轴》，其上三段题跋中，有关于"涉事"的解释，这是现存八大作品中唯一直接解释他使用这一术语的原因，其中有"文字亦以无惧为胜，矧画事！故予画亦只曰'涉事'"之语（我将在下文分析）；北京市文物公司藏有八大《孤禽图轴》，是一件生动的

---

[1] 重光，岁星纪年法，在《尔雅》与十天干的对应中，重光即辛。
[2] 此图见劳继雄编《中国古代书画鉴定实录》第一册，360页，东方出版中心，2011年。诸家鉴定为真迹。

作品，款云："癸昭阳涉事，八大山人。"①上海博物馆藏八大十六开书画册，后有总记云："涉事，共十六副，为舜老年词翁。八大山人，癸酉夏五月廿日记。"其中多件作品有"涉事"款印，等等。

但康熙甲戌年（1694）之后，八大很少使用"涉事"款印，在其系年作品中，唯见几件与涉事有关的作品，如作于康熙己卯年（1699）的《双鹰图轴》，款"己卯一阳之日写，八大山人"，有"八大山人""何园"和"涉事"三印。

在其他一些未纪年作品中，也有一些款印"涉事"的。如美国纽约大都会艺术博物馆藏八大书画册页，其中一页为书札："连日贱恙，既八还而九转之，唊瓜得苏，亦是奇事，此间百凡易为，但须调摄一二日为佳耳，山言先生所属斗方，案上见否？□老亦未见过。五日在北兰涉事一日也。质老致意。思翁画驰去是幸，七月九日复上鹿村先生。八大山人顿首。"

"山言"即宋至。宋至随巡抚江西的父亲宋荦居南昌，时在1688到1692年间，此札当作于此顷。质老，乃梁份，字质人，是八大的密友，江西理学泰斗魏禧的学生。此札致八大密友方鹿村，质人曾客居鹿村的水明楼，故有代为致意之事。札中言"五日在北兰涉事一日"，北兰，即南昌名寺北兰寺，寺住持澹雪乃八大至交，八大常于此处作书画。所谓"涉事一日"，就是为书为画一日。（图6-2）（图6-3）

八大这类作品很多，如纽约大都会艺术博物馆所藏《山房涉事图卷》（图6-4），是他生平极富魅力的作品，从落款"八大山人"的"八"的书写情况看，呈"八"形，当是1690年前后之作品②。此作款中有"山房涉事"语。另外，华盛顿弗利尔美术馆所藏八大绘画册页，多钤有"涉事"小印，这套册页也与大都会艺术博物馆藏《山房涉事图卷》为同期作品。

综上言之，现在还不能确切知道八大何时始用"涉事"款印，但时间一定在定居南昌之后，大约不会早于1690年，而1695年后便少用此名。他较多使用此名的时间在1690至1693这四年间。

从其现存作品看，他在四种情况下使用此名：一是以"涉事"为款，如"八大山人涉事""山房涉事"；二是书画作品上钤"涉事"白文小印，此印在八大印中很特别，切刀中颇见顿挫，其中"事"的下部刻得不连属，颇似"聿"字。聿者，

---

① 昭阳，岁星纪年法，昭阳即癸。"癸昭阳"这种重叠的表现法不多见，当是癸年作品。
② "八大山人"之号，大致在1684年前后开始使用，但"八大山人"落款之书写却有区别，1694年之前的，"八"写为"八"，而这之后到晚年，则写作"八"，研究界以此作为八大绘画分期的重要根据之一。

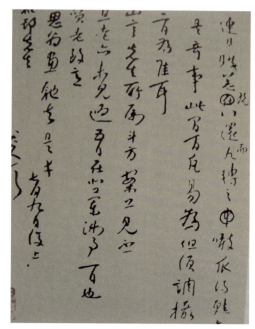

图6-2　八大山人致方鹿村手札
纳尔逊－艾金斯美术馆藏

图6-3　书画册之十六　书法　纸本墨笔　1693年
24.4×23cm　上海博物馆藏

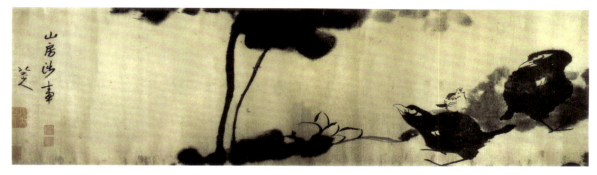

图6-4　山房涉事图卷　绢本墨笔　年代不详　27.4×197.6cm　大都会艺术博物馆藏

笔也。"涉事"者，即"涉笔"也，特指他的书画之作；三是以"涉事"二字代指作书画，如说"在北兰涉事一日"，这和他将"涉事"与"涉笔"相混的情况有关；四是以"涉事"二字为独立的作品，如王方宇所藏《落花涉事》册页。

二、"涉事"的涵义

"涉事"到底应作何解释？学界对此是有讨论的。劳继雄《中国古代书画鉴定实录》中记录了几位当代著名学者的看法：

> 启功："涉事"何意？谢稚柳：即是给你办事。徐邦达：八大就是不老实，故弄玄虚。谢稚柳：八大还算好的，石涛更是不老实。徐邦达：同意。谢稚柳：八大有学问，故弄玄虚确也有之，叫你不懂其意，不知所以然也[1]。

而我以为，"涉事"概念具有丰富的内涵，在八大艺术中占有重要位置。他在1693年所作《鱼鸟图卷》第一段自跋中直接涉及此一概念（图6-5）：

> 王二画石，必手扪之，蹋而以完其致；大戴画牛，必角如尾，踢以成其斗。予与闵子，斗劣于人者也。一日出所画，以示幔亭熊子，熊子道："幔亭之山，画若无逾天，尤接笋，笋者接笋，天若上之。必三重阶一铁絙，絙处俯瞰万丈，人且劣也；必频登而后可以无惧，是斗胜也。"文字亦以无惧为胜，矧画事！故予画亦只曰"涉事"。

这段自跋涉及一次与朋友切磋书画的活动。闵老，乃八大的好友、书画家闵应铨，字六长，善画鹅。熊子，乃诗人熊秉哲，书法精妙，也是八大的好友。此段话由画史中的典实谈起。王二，当指水墨创始人之一唐代画家王洽，因其泼墨为画，人又称王墨[2]。大戴画牛，指唐代画牛高手戴嵩，戴嵩画牛极尽斗势。八大的议论，可

① 几位鉴定家关于北京故宫博物院藏八大《芙蓉花石图轴》的对话，《中国古代书画鉴定实录》第一册，21页，东方出版中心，2010年。
② 《宣和画谱》卷一〇："王洽，不知何许人。善能泼墨成画，时人皆号为'王泼墨'。性嗜酒疏逸，多放傲于江湖间。每欲作图之时，必待沉酣之后，解衣盘礴，吟啸鼓跃。先以墨泼图幛之上，乃因似其像，或为山，或为石，或为林，或为泉者，自然天成，倏若造化。已而云霞卷舒，烟雨惨淡，不见其墨污之迹，非画史之笔墨所能到也。"（《中国书画全书》第二册，362页，上海书画出版社，2009年）

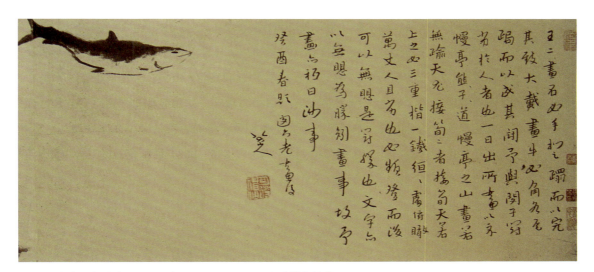

图6-5 鱼鸟图卷（前段） 1693年 25.2×105.8cm 上海博物馆藏

能与《东坡志林》所载一幅戴嵩假画有关："蜀中有杜处士，好书画，所宝以百数。有戴嵩牛一轴，尤所爱，锦囊玉轴，常以自随。一日曝书画，有一牧童见之，拊掌大笑曰：'此画斗牛也！斗牛力在角，尾搐，入两股间。今乃掉尾而斗，谬矣！'处士笑而然之。"[①] 熊子评六长画，强调心中"无惧"，在他看来，如果下笔迟疑，无"斗胜"之心，难有佳作。八大所述王洽泼墨、戴嵩画牛，都具有一种从容恣肆、解衣磅礴的精神气度，与熊秉哲的评论正相合。

但八大所理解的"斗"，不是斗狠之欲和好胜之心，而是潇洒不为物拘的心胸。他说，他与六长都是"劣于斗"之人。八大服膺平常心即道的思想，力戒"斗"的欲望。他有大量作品表现这方面的思考，如《鸡雏图》，惟画一只小鸡雏，茸茸可爱，这是一只超越"芥羽而斗"的欲望、不为人玩弄、恢复独立自由状态的鸡。这样的小鸡雏，雌柔而得神仙之境。

在《鱼鸟图卷》这段题跋中，也表现了相似的思想。八大这里既言"无斗"，又说"无惧"，似有矛盾。其实，"无斗"并不意味着懦弱，更不意味着逃遁。放弃斗狠心、求胜意，荡去由欲望、情感、知识等所引起的冲荡，便是心灵中的"大力者"，此时胸次朗然，如香象渡河，具无边力量，有金刚不坏之身。惟其"无斗"，故而"无惧"。正是上一章讨论的超越世事峥嵘，才能得到真正的平宁。

八大以此为"涉事"之解，打上了浓厚的禅宗思想的烙印。"涉事"表达的是

---

① 《东坡志林》卷九，明刻本。

禅宗的哲学精髓。这个概念得自他的曹洞家法。

"涉事"的概念，在唐代澄观（737—838，一说738—839）的著作中多有涉及。澄观《大方广佛华严经疏》卷三〇云："住禅，寂定也；由契心，性理也。禅不系心，不碍散地，即涉事也。"该书卷八二："清净心常一，如是尊妙人，则能见般若是也。念想观除，约于内智，则不受外境，见色如盲，等而言善巧者，非涉事善巧，不念不受，是入理善巧耳。"[1]唐代福州玄沙宗一（835—908）禅师论及的"涉事涉尘"，曾引起禅门的讨论。玄沙《广录》云：

> 识不能识，智不能知，动便失宗，觉即迷旨。二乘胆颤，十地魂惊。语路处绝，心行处灭。直得释迦掩室于摩竭，净名杜口于毗邪，须菩提唱无说而显道，释梵绝听而雨花，若与么现前，更疑何事没栖泊处？离去来今，限约不得，心思路绝，不因庄严，本来真净，动用语笑，随处明了，更无欠少。今时人不悟个中道理，妄自涉事涉尘，处处染著，头头系绊，纵悟则尘境纷纭，名相不实，便拟凝心敛念，摄事归空，闭目藏睛，才有念起，旋旋破除，细想才生，即便遏捺。如此见解，即是落空亡底外道，魂不散底死人。冥冥漠漠，无觉无知，塞耳偷铃，徒自欺诳。[2]

八大佛门四世祖博山说："禅玄沙云：'今时人不悟个中道理，妄自涉事涉尘，处处染著，头头系绊，纵悟则尘境纷纭，名相不实。'评：处处染著，头头系绊，只是究心不切，命根不断，不肯死去。真正参学人，如过蛊毒之乡，水也不可沾着一滴，始得个彻头。"[3]博山解读玄沙虽着语不多，却正中精髓，真正的悟禅之法，正在"涉事涉尘"中转出关捩。博山认为，玄沙此段论述绝非让人杜绝"涉事涉尘"，佛门中的"无说""绝听"之道，也不是简单的摄事归空、闭目藏睛。博山甚至认为，真正的参悟者，乃正在"涉事涉尘"之中，所谓"如过蛊毒之乡，水也不可沾着一滴，始得个彻头"，其意正在于此。

博山所辨之道理，不是"绝事绝尘"，而是于"涉事涉尘"中见真性。八大始用"涉事"概念大致在1690年前后。从其思想变化的情况看，他对"涉事"概念

---

[1]《大方广佛华严经疏》，凡六十卷，见《大正藏》第三〇册。
[2] 据《指月录》卷一九（《卍续藏经》第八三册）。
[3] 此段语出自《博山和尚参禅警语》卷下（《卍续藏经》第六三册）。八大乃明代曹洞大师博山元来一系，元来传寿昌慧经法门，有"元道宏传一"之法脉，元来是八大老师弘敏的师祖。八大佛门修行深受元来禅法影响。见本书第二十章《传綮与弘敏相关问题研究》。

的重视，显然有博山禅法影响的痕迹。八大1680年回到南昌，1684年前后开始有"八大山人"之号。"八大山人"，不是"天上天下，惟我独尊"的"八大"之"山人"，而是"八大山"中"人"——永远环绕在佛周围的弟子[1]。此号之使用，记录着他离开佛门的历程，更重要的是表达他永在佛中的心念，虽不在丛林，仍是佛中人。八大在1648年前后进入佛门，1680年告别丛林生活，1682年左右决定在南昌定居，"八大山人"之号的使用，反映出他当时思想中的挣扎，或许可以说是一种自我安慰。禅宗强调，打柴担水无非是道，禅心即平常心，禅事则平常事。不在于是否身在佛门，关键在心中的坚守。在佛门三十多年的八大，晚年离开佛门，并不表明他抛弃了佛教信仰，从"八大山人"之号、"涉事"概念乃至八大很多标记性符号的使用可以看出，他在强化自己的佛学渊源，强化他要在世俗生活中体证佛性的心念。

如这时期他开始使用"口若扁担"一印，此乃禅门语，如往口中横下一根扁担，传达的是禅门"十六字心法"中"不立文字"的意旨。"口若扁担"的意思绝非闭目塞听，如玄沙所讽刺的"摄事归空，闭目藏睛，才有念起，旋旋破除，细想才生，即便遏捺"，而是即物即真，即尘事即超越。八大使用"涉事"概念，在一定程度上，是对"口若扁担"的一种补充。"口若扁担"和"涉事"两个概念，几乎从两个侧面包含了博山元来由玄沙语中所拈提的意思：离世又不弃世，即烦恼即菩提，即垢即净。

"涉事"概念主要包含三层意思：

一是以涉事为方便。佛教中以"涉事涉尘"为方便法门，为沤和智慧——如在大海之沤中看海之性，浪花倏生倏灭，转瞬即逝，乃幻而不实之相。但佛教并不强调抛弃浪花，它推崇一种被称为"沤和般若"的智慧。菩萨为摄化众生，开种种方便法门，涉种种事相，来"示现"真实，如以浪花来示现海性。没有这种涉事涉尘的"示现"，也就没有真实。

故在佛门中，"涉事"和"沤和"同意，合言"涉事沤和"，所标示的就是这"浪花的智慧"，是一种方便善巧之"权"，佛教中所言之"权"，也即指涉事沤和的智慧。澄观在解释《华严经》的"沤和般若"时说："沤和涉事者，沤和，《俱舍》罗

---

[1] 佛教以须弥山为中心，周围有佉提罗、伊沙陀罗、游乾陀罗、苏达梨舍那、安湿缚羯拏、尼民陀罗、毗那多迦、斫迦罗等八大山环绕着它，山与山之间又各有一大海，有八大海。再外面又有四大部洲。这就是佛教所谓"四大洲及九山八海，称为一小世界"的说法。八大山人，意思是环绕在"八大山"中"人"。详见本书第十二章《关于"八大山人"名号的问题》的分析。

此云'方便善巧'，即肇公《宗本》论文，论云：'沤和般若者，大慧之称也。诸法实相谓之般若，能不形证，沤和功也；适化众生，谓之沤和；不染尘累，般若力也。然则般若之门观空，沤和之门涉有，涉有未始迷虚，故常处有而不染；不厌有而观空，故观空而不证。是为一念之力，权慧具矣。'"[1] 又说："文殊则般若观空，智首则沤和涉事。涉事不迷于理，故虽愿而无取；观空不遗于事，故虽寂而不证。"[2]

澄观的涉事沤和关乎"有"。体证诸法实相，不是逃遁"有"，而是于"有"中体"空"，于"虚"（幻）中证"实"。正如禅门《信心铭》所谓"遣有没有，从空背空"，有意在心灵中排斥有，或者有意去追求空，都是粘滞于有与无的执着，都是分别见。

八大的"涉事"取大乘佛学不有不无的沤和智慧，他晚年艺术在一定程度上就是对"浪花智慧"的演绎，他画种种物，种种相，一朵落花，一条冥然不动的鱼，都是一种"示现"，他的艺术都是开方便法门，说他对佛的体会，对人生的证验，对他身历其中的生命的体味。1690年前后，八大通过"涉事"，或者说是"涉聿"（八大有枚书此印文的印章）——他手中这支笔，于"苦难的历程"中体会智慧的微光，在污泥浊水中（他当时的生活几乎可以用"污泥浊水"来形容）出落精神的清洁，在世俗的屈辱中（"驴"号即与他当时的屈辱生活有关）证验个体生命的永恒价值。

二是涉事而无事。曹洞宗师、唐代宏智正觉《默照铭》有云："衲僧家，不可以静躁则，不可以去来求，步步不将来，心心无处所。直得正不立玄、偏不涉事、处处无渗漏、密密常现前始得。"[3] 此中所言"正不立玄、偏不涉事、处处无渗漏、密密常现前"乃曹洞家法。曹洞禅法有偏正回互之说。曹洞宗说，"有一物常在动用中"，"一"是"正"，"动用"是偏。"一"又常在"动用"中，求真为正，但并不在玄言中；涉事其实就"在动用中"，此为偏，但偏也不能为事为溺，所谓"涉事"不能有"渗漏"[4]。正偏回互，即幻即真，如良价过河观影而得真。曹洞家法中的"渠是咱，咱不是渠"正是此意。正觉此处强调，涉事涉尘，其意并不在事尘中，说"有"是为了"观空"，说"事"是为了对事的超越。

对于此一思想，八大在佛门时就有觉知。他的"画者东西影"——图像世界呈现的是"东西"，这其实是真实世界的影子。他含玩于影与真之间，他作画，就是

---

[1]《大方广佛华严经疏》卷三四，《大正藏》第三六册。
[2]《大方广佛华严经疏》卷一五。
[3] 见《宏智正觉禅师语录》卷一，《大正藏》第四八册。
[4] 曹洞禅法极重这"渗漏"之事，洞山良价有"三渗漏"之说，即见渗漏、情渗漏和语渗漏。八大为明代曹洞禅法复兴后的传人，在曹洞禅法兴盛的江西，八大思想深受此家学说影响。

涉事涉尘，是通过自己的艺术作品的"用"，和自性的"真"回互①。

他在画中即事即尘，绝不能作事尘观。一方面他深受传统画学超越形似观念的影响，又染上佛门真空幻有的哲学智慧。即如上文所引那幅《鱼鸟图卷》来说，八大于此画中解释他使用"涉事"二字的原因，表面看来，可以说没有任何关系。画的中部画一条大鱼飞在天际，画的尾部上端，画一条小鱼，一条你不注意可能会忽视的小鱼夹在两段题跋之间，再就是作为画面主体部分的兀立于山中的两只鸟。这幅画不是表达鱼鸟互转的古老传说，也不是表达如大鹏高举于天的逍遥和纵肆，而是表达他的"涉事"之心——一朵浪花的智慧。一切的事尘，一切的"有"，都是虚幻不实的，他的"涉事"，落实于放弃"斗"的欲望，其实是放弃有与无两方面的执着，排除来自情感、欲望、知识的束缚，以一颗平常心看待世界。所谓平常心，乃如马祖所说"无造作，无是非，无取舍，无断常，无凡无圣"的不有不无之心。这画面中出现的鱼鸟都是示现之方便，说法之权巧，它提供了一个放弃执着有无观念的进阶。

三是由涉事而取真。在大地上行走，脚下无尘；在大海中浮沉，其身不湿。于涉事中铸金刚不坏之真实身。"真"是八大晚年很多绘画不变的主题，那个深藏于形式背后的大智慧。在一定程度上可以说，他不是一位善画物象的画者，而是一位托钵走遍天下的乞者，在无时无空中寻"真"的永恒行路人。作为一位造型艺术家，他的笔触可谓上天入地，涉妄历尘，纵行万里云空，浩然千劫时轮，一切的事相俗尘辗转于他的笔下，变成一种说法之语，入真之门。即如他那幅由"涉事"二字和一朵落花构成的画面，在一朵落花的故事中，诉说幽淡的情怀，那种时历万变而其心如一的精神。花儿是这样绚烂，却就要零落成泥，碾为尘土，绚烂倏变为衰朽，流转的幻相中，昭示世界的真实意。

总之，八大"涉事"是从禅门"涉事而真"思想中直接转出的概念，从而成为贯穿于他晚年艺术的核心思想线索。八大不是艺术理论家，但围绕"涉事"的诸种书写，也涉及他的潜在艺术观。他晚年艺术所突出的思想是：真性是艺术的灵魂，对世界永恒价值的追求是其艺术的理想境界，涉事涉尘中深藏着他欲安顿心灵的生命智慧，生命安顿是建立在他的无念心法之上，而随意而往的心法又直接影响他艺术形式的构造。

八大使用"涉事"概念主要集中在1690—1693这四年间，但与"涉事"相关

①参见本书第七章《八大山人的"无情说法"观》。

图6-6　山水花鸟册之一　37.8×31.5cm　上海博物馆藏

的思想几乎贯彻于他一生的艺术中，尤其是晚年体现最为明显。以此概念为中心，可以获得理解八大一些重要作品的钥匙。（图6-6）

三、"涉事"与权

八大的"涉事"或者"涉聿"，是利用绘画开方便之门，来说他的法，说他生命的体悟，说他对人世冷暖的感觉，对生命真性的追求。他视自己的画，如一朵浪花，是一种权变，是达于实相世界的梯航。

八大晚年的绘画可谓随意涉事，权变多门。我这里由其作品呈现的方式，概括为三种主要方法，每一种方法由其一枚不大为人注意的小印谈起。

（一）俯拾即是

八大晚年有一枚使用较多的印章"拾得"，其后又刻"十得"印（一如他有"涉事"印，又刻有"涉聿"印，二印相近，极易混淆），与此傍行。"涉事"印之后，"拾得"一印几乎代替了它的位置。（图6-7）

图6-7　"涉事""十得""拾得"印

"拾得"含义与"涉事"相近。其一，八大使用"拾得"印，可能与他悲惨的身世有关。禅门传说，拾得与寒山为莫逆，同是唐代著名禅僧，拾得无家，被人拾取，在寺院中长大，故名"拾得"。这与八大的身世相似。邵长蘅1689年所作《八大山人传》云："独身猖佯市肆间，常戴布帽，曳长领袍，履穿踵决，拂袖翩跹行，市中小儿随观哗笑，人莫识也。其侄某识之，留止其家。久之，疾良已。"很显然，八大借这枚小印表达自己的身世命运。其二，这枚小印还暗喻八大所推崇的情怀。历史上人们将唐代天台山国清寺的丰干拾得比作弥勒佛，拾得性达观，他的《弥勒菩萨偈》流传久远："老拙穿破袄，淡饭腹中饱。补破好遮寒，万事随缘了。有人骂老拙，老拙只说好。有人打老拙，老拙自睡倒。有人唾老拙，随他自干了。我也省力气，他也无烦恼。这样波罗蜜，便是妙中宝。"[①]八大使用"拾得"印，似含有超然世表、不为物拘的情怀。其三，"拾得""十得"二印有联系。俗语中的"十得"，乃十全十美的意思，即佛教所说之圆满。八大这里暗含的意思是，拾得就是十得，就是圆满，圆满在心中，一朵卑微的小花就是一个圆满的世界。

"拾得"印的第四层意思，与"涉事"含义最接近。1695年之后，八大几乎不用"涉事"印章，而以"拾得"代之；少用"涉事"的花押，改以"拾得"作花押。其实，"涉事"就是"拾得"，它体现的是中国美学中"俯拾即是"、自然成文的思

---

① 见《寒山子诗集》二卷后附《寒山拾得问对录》，文渊阁四库全书本。

想。《诗家一指》之《二十四品·自然》云:"俯拾即是,不取诸邻。俱道适往,著手成春。如逢花开,如瞻岁新。真与不夺,强得易贫。幽人空山,过雨采蘋。薄言情悟,悠悠天钧。"拾得,就是俯拾即是,自然而然,涉事涉尘,皆为佛土。

在主题选择上,八大正是以"涉事"观念来作画。随意而往,触物即成,天下万般之事皆为我所用,是是处处都是进入真实世界的门径。他作品的主题很少有传统花鸟画的固有程式,晚年的山水画虽然说仿黄仿倪都有,但也是自己一家面目,什么雪山萧寺、秋江待渡、远浦归帆、江岸送别等等,都在他的画中失去了踪迹,他只画自己的感觉世界。

前文曾举上海博物馆所藏八大《莲房小鸟图》,作于1692年,画一只小鸟,一脚独立在一枝莲蕊之上,似落非落,睁着微茫的眼睛。上右用较大的字书款:"壬申之七月既望涉事,八大山人。"左侧以稍小之字,写有"天心鸥兹"四字花押。下钤有屐形小印。

这是一件不寻常的作品,八大虽然画过不少莲子、小鸟之类的作品,但没有像此作如此集中地表达他有关"俯拾即是、无念无相"的思想。画家创造了一个综合性的图像世界,画面中的四个部分并不互相从属,《莲房小鸟》之图、"涉事"之款、"天心鸥兹"的花押和屐形小印这四个部分均具有独立意义,同时又相互关联,构成一个相互生发的意义网络,从而表达复杂的意思。

画面的主体部分是小鸟和莲房。一朵莲蕊托出几颗饱满的莲子。莲子在八大绘画中有特别的指涉。他的著名作品《河上花图》(藏于天津博物馆)上录有《河上花歌》,中有"实相无相一颗莲花子,吁嗟世界莲花里"之语。八大有诗咏荷花道:"一见莲子心,莲花有根柢。若耶擘莲蓬,画里郎君子。"[1]他以莲子来比喻实相,敷衍其真空幻有的思想。而一脚独立的小鸟在八大绘画中也有程式化的倾向。

"天心鸥兹"花押表达的是"鸥鹭忘机"的观念,兹,即鹚。《列子·黄帝篇》:"海上之人有好鸥鸟者,每旦之海上,从鸥鸟游,鸥鸟之至者百住而不止。其父曰:'吾闻鸥鸟皆从汝游,汝取来,吾玩之。'明日之海上,鸥鸟舞而不上也。"八大要做一只有"天心"的鸥鸟,与世界游戏。这"天心",与禅宗的无念心法最是接近。八大后期所用另一印"天闲"[2],也具有天心的意思。

---

[1] 见录于《八大山人全集》(江西美术出版社,2000年)中《竹荷鱼诗画册》四开,作于1689年。

[2] 这枚印章,学界多以"夫闲"释之,意为:老夫是个闲暇人,甚至有论者还将此章与所谓八大"婚姻"联系起来("夫"被说成是丈夫)。其实,这是一个误释。董其昌曾以"天闲万马皆吾师也""天闲万马皆吾粉本"为至高绘画境界。

大约自1683年开始，一直到1705年去世，八大作品中常有一枚图画般的扁形朱文小印，其形如木屐，张潮称之为"状如屐"，又因其很像牙齿，有论者称其为"齿形印"。"屐形"是古代文人从容放达、优游山林生活的象征，八大可能对此有所取焉①。

这幅画的图像、花押和印章，几乎从不同的侧面注释着八大画中"涉事"款的内涵。莲房小鸟的空观实相之喻、"天心鸥兹"的无念观念以及屐形小印的从容旷达，均是八大"涉事"思想的题中之意。他通过这一综合性的图像世界，彰显一种涉事涉尘、俯仰自得的情怀。

（二）魔佛并行

八大有一枚冷僻的小印"蕌苴"(lǎ zhǎ)，至今并没有得解。这枚朱文小印在其晚年作品中大量出现，时间与"涉事"印大体相当。"蕌苴"本来的意思是穿戴邋遢，可能与一位四川的僧人穿戴不整有关。《朱子语类》卷第十一云："沩山作一书戒僧家整齐，有一川僧最蕌苴。"②由穿戴邋遢，进而指行走蹒跚。宋罗大经《鹤林玉露》卷一〇云："面目皱瘦，行步蕌苴。"这是禅门的熟用语，由蜀僧穿戴不整、个性较强，人称"川蕌苴"，进而演化出第三层意思，就是放诞不羁、磊落不群。如禅宗文献记载雪窦禅师："显盛年工翰墨，作为句法，追慕禅月休公。尝游庐山栖贤，时諲禅师居焉，简严少接纳，显蕌苴不合，作师子峰诗讥之。"③（图6-8）

图6-8 "蕌苴"印

八大用此为印，可谓煞费苦心。这三层意思（邋遢、行走蹒跚、磊落不群）似乎是他处境和个性的写照，八大善于自谑于此可见。他离开佛门，定居南昌时，处境艰难。邵长蘅《八大山人传》中的描写，令人读之辛酸，当时他是真正的"蕌苴"。

八大用此印证明他的心迹，虽然处在污泥浊水中，却要做清洁的梦；虽然蹒跚而行，但不能偏出走向真实的路。清净的莲花就是从污泥浊水中绽放，实相世界的清影每于天涯孤行路中瞥见，外在的艰困无法压垮他磊落不群的情怀。

八大的画有一种"魔"性。曾亲见八大作画的龙科宝在《八大山人画记》中

---

① 详见本书第十二章《关于"八大山人"名号的相关问题》的讨论。
② 《朱子语类》卷一一，第一册，187页，中华书局，1986年。
③ 《禅林僧宝传》卷一一《雪窦显禅师》。《卍续藏》一三七册。

说："又尝戏涂断枝、落英、瓜豆、莱菔、水仙、花兜之类，人多不识，竟以魔视之，山人愈快。"① 八大的画与陈洪绶倒有某些相近之处。老莲以洞心骇目，出常人之意，甚至连他的好友周亮工都担心他堕入魔道。而八大晚年的作品常给人惊悚的感觉，荒率奇幻，不可理喻，不类凡见。他从来不担心作品入魔道。因为魔佛并行正是他的权变之方之一。

南宗禅这样看待魔与佛的区别：在一般人看来，魔与佛是相对的，但禅认为，辨佛辨魔，辨凡辨圣，辨垢辨净，不是真觉悟人。义玄说："只如今有一个佛魔，同体不分，如水乳合。鹅王吃乳，如明眼道流，魔佛俱打，你若爱圣憎凡，生死海里浮沉。"② 所以禅宗说，说一个佛字都要漱漱口。这样的思想深深浸润着八大的艺术。

文人画传统中有一种倾向，很多画家不想在绘画中有一丝沾染，选材惟恐不净，出笔惟恐不雅，画面形式力求清澈明丽。如倪云林、文徵明等人的作品就是如此。八大的画在选材上明显不同。他的画在神秘中往往透出一种古怪的感觉，风格荒诞不经。单单是他很多画中鱼、鸟的眼睛就令人费解，那种漠然而奇怪的神情使人一见难忘，那是八大的标记。八大以这样的方式涉事，正如博山所说"如过蛊毒之乡，水也不可沾着一滴"，如同他的"驴"号所标示的特别意义。

（三）"无还"之道

八大晚年还有一枚朱文印章，叫"八还"，取《楞严经》八还之意。《楞严经》卷二论"八还辨见"的学说，通过八种"可还之境"的辨析，来谈"能见之性"（自性）的不可还。"八还"，即明还日轮、暗还黑月、通还户牖、壅还墙宇、缘还分别、顽虚还空、郁埻还尘、清明还霁，以"八还"概括世间一切所有之间的关系。还者，往还也，因缘也，相互对待、彼摄互生之关系也。可还之境，是生灭之境。如明还日轮，有日则明，无日则暗，明暗在变灭中，它是因缘中的显现，是虚妄的存在。《楞严经》卷二说："诸可还者，自然非汝。不汝还者，非汝而谁？"③ 人内在那个常住不坏的灵明、那个真实自在的"能见之性"是不可还的，它是非因缘的、永恒的存在。该经提出"无还"说，是要将众生从生灭轮转的漂溺中拯救出来，因

---

① 此《画记》见录于康熙五十九年（1720）所刊之《西江志》卷一七二之中。

② 《镇州临济慧照禅师语录》，《古尊宿语录》卷四，上册，60页，中华书局，1994年。

③ 《楞严经》，乃《大佛顶如来密因修证了义诸菩萨万行首楞严经》之略称，又称《大佛顶首楞严经》《大佛顶经》，凡十卷，唐代中天竺沙门般剌蜜谛译，收入《大正藏》第一九册。

为"一切众生从无始来，生死相续，皆由不知常住真心、性净明体，用诸妄想"，故陷轮转中。（图6-9）

图6-9 "八还"印

八大晚年大量作品钤有"八还"之印，他并不是要服膺佛经所反对的"八还"学说，如同他的"驴"号一样，他采用"反讽"的方式，来高扬"无还"的道理。艺术中的光明感不是在形式上弃暗取明，追求形式上的亮色，而是心灵中的清澈和平宁，是一种无明亮形式的亮色，无光明感的光明。他在一团漆黑中追求光明，在尘境的非明和根性的明澈之中寻求一种表达的张力。

四、"涉事"与形

八大合"涉事"与"涉笔"为一。书画活动是一种"事"。上海博物馆所藏的十六开书画册页，其中落款一页，书："涉事。共十六幅，为舜老年词翁。八大山人，癸酉夏五月廿日记。""涉事"二字稍大，突出其位置，无非强调他作画就是"涉事"——做这件事，平平常常，如其生活。所谓"在北兰涉事一日"，也是如此。"涉事"成了他书画活动的代语。

这不是今人所说的什么"日常生活审美化"或是"艺术的人生化"，而是反映八大对书画活动的一种态度。他的书画活动，不是创造什么艺术作品，就是随意而往的生活，是他生命的一种直接反映形式。兴致来时为书为画，这就是他的"事"。如上述这套册页中的一页，墨韵翻飞，稍淡之墨画乱乱的花丛树影，在此背景中再简单点几片竹叶，就是此画的全部。在上右方落款，将"八大山人"靠左书写，"涉事"二字单出，以浓墨写于花丛之中，真使人感到他将自己的生命兴致糅入了花丛树影之中。

在"涉事"观念直接影响下，八大绘画呈现出独特的形式感。我这里谈两个方面，一是随意为形；二是涉事而无事，也就是对事的超越。

先说随意为形。

涉事涉尘，涉书涉画，所谓"涉"者，率然而为，不拘常形常理。陈鼎《八大山人传》说："山人既嗜酒，无他好，人爱其笔墨，多置酒招之，预设墨汁数升、纸若干幅于座右。醉后见之，则欣然泼墨广幅间。或洒以敝帚，涂以败冠，盈纸肮脏，不可以目。然后捉笔渲染，或成山林，或成丘壑，花鸟竹石，无不入妙。如爱书，则攘臂搦管，狂叫大呼，洋洋洒洒，数十幅立就。醒时，欲求其片纸只字不可得，虽陈黄金百镒于前，勿顾也。其颠如此。"陈鼎写此传时，八大尚在世，两人不曾见面，陈是根据传说写就的，看来八大作画随意点染的"癫"态在当时很有名。

形式上的自由而富于创造性，是八大绘画的重要特点，如他有意模糊书画之间的界限。中国传统艺术有诗书画三绝的说法，自唐代以来渐渐形成书画并行的传统，往往一幅画成，除了落款之外，还要题识着文，题识的内容与画面相与映发，增加绘画的意义层深。一般来说，文人画中无论是山水、人物，还是花鸟，书以诗文，辅助画的表达，书法部分是绘画的补充，而不是主体。按照中国人对图的看法，所谓"图载之意有三，一曰图理，卦象是也；二曰图识，字学是也；三曰图形，绘画是也"①，虽然书法与绘画都是图，但绘画为图形（也就是今天学术界所说的图像），由汉字产生的书法是图识（即图的记号）。书画同源，但书法后来渐渐向抽象化的方向发展，而绘画基本上保持有图可像的特点。

在文人画中，绘画产生了新质，这不仅表现在绘画渐渐向抽象化的方向发展，同时，在"书画异名而同体"思想的影响下，书画的界限越来越模糊。文人画家甚至有意淡化书画之间的界限，我们在一些文人画家那里看到，绘画中的书法不再只是补充，而是成为并行互渗的形式。

如密歇根大学博物馆藏有金农的两页花卉，一幅左侧画萱草（图6-10），几片叶，一枝跃出，枝头几朵，一已发，其他含苞待发。右侧题诗云："花开笑口，北堂之上。百岁春秋，一生欢喜。从不向人愁，果然萱草可忘忧。"款"寿门"，钤有"金吉金印""吉金"二印。题诗是这幅画的有机组成部分，甚至印章的形制和颜色也是画面不可或缺的部分。萱草绰约而灵动，如累砖块的书法质实僵硬，二者一静一动，相映成趣。萱草并无特别之处，然题诗却富有人生况味，萱草以图像"说"着忘忧，书法以文字呈露一生欢喜、笑傲天宇的情怀，二者合而构成一个意念世界。在这里，与其说书法是为了补充说明此画，倒不如说画萱草是为了图写此诗。二者何为主，何为次，一时真难以辨明。另一幅画几乎以写实之法画两朵白莲（图6-11），没有荷叶，没有荷塘，就那样突兀而出。并题有两句诗："野香留客晚来立，三十六鸥世界凉。"款"曲江外史"，钤"吉金"小印。此画画的是一种感觉，以显现世界清凉、寰宇清澈的理想，两朵白莲向左倾斜，而题诗似回眸在望，二者相与对答，交流着关于世界的看法。书法在这里不只是意义的补充者，在形式上也

---

① 《历代名画记》卷一"叙画之源流"引颜光禄论"图"之语。

图6-10　金农　萱草　密歇根大学博物馆藏　　　　　图6-11　金农　素荷　密歇根大学博物馆藏

有回顾瞻望之用。

　　八大在这方面的表现则更为明显。本着"涉事"的哲学，他对绘画形式作了大胆的改造，或者说他本着"涉事涉尘、随意而往"的精神，什么书法呀，绘画呀，这样的分别在他这里都不存在，他只知道随心所发，自在流淌。

　　藏于弗利尔美术馆的分别画有落花、佛手、芙蓉、莲蓬的四开册页（图6-12），是八大生平重要作品。这套册页因其有"涉事"款题、花押和印章等，我将其称为《涉事册页》[①]。第一幅图极简单，左侧略靠边画一朵落花，右有"涉事"花押，款"八大山人"，钤屐形小印。面对这样的画，基本定性都可能成问题，我们很难说这是一幅画，还是一幅书法作品。若说是画，整个画面称之为画的就是那朵微小的落花，而作为花押的"涉事"二字则占有画面的大部分空间，它成了图像世界的主体。我们也可以说，"涉事"二字不是这幅画的花押，落花却是"涉事"二字的画押。

　　这样的形式构成别有意义，一如上海博物馆那幅解释"涉事"的《鱼鸟图》，这里是以另外一种方式表达对"涉事"的理解。此图虽未直接说"涉事"的含义，其意义隐约可感。《二十四品》中《典雅》品云："玉壶买春，赏雨茅屋。坐中佳士，左右修竹。白云初晴，幽鸟相逐。眠琴绿阴，上有飞瀑。落花无言，人淡如菊。书

————————————

①这套册页共八开，张大千旧藏，后归王方宇，王先生将此四幅赠给弗利尔美术馆。

之岁华，其曰可读。"这幅作品真正画出了"落花无言，人淡如菊"的感觉，这是八大对"涉事"二字的悟解。

画押与花押，是中国书画艺术的两个概念。二者意思大体相近，一般用为落款，有艺术家强烈的个人特点，是印章和落款之外又一重要标记。但二者也有区别，狭义的花押指以字迹为信，画押指以画为记。花押产生于六朝时期，在重视印记的宋代尤为兴盛，如宋徽宗的"天下一人"就是著名的花押。元承宋习，花押多见，故后人又称"元押"。而画押，以画来作标记，可以追溯到两周金文，宋元以来画押之风在艺术家中非常普遍。八大是一位喜欢用画押和花押的艺术家，他曾使用的画押很多，如"个相如吃""天心鸥兹"等，但他常常模糊画押与花押之间的界限，如"个相如吃"，既是一种花押，是四字连属，同时也写成图画之样。"个相如吃"的样子，像一个人的面部状况，口部有复杂的笔画，似表示人说话不利索，所表达的意思与"口如扁担"相似，也是禅家"不立文字"思想之表现。

而这幅涉事小花图中的"八大山人"的落款，也似画押，写成一个人形，人形

图6-12　涉事册四开　22.5×28.6cm　弗利尔美术馆藏

八大山人研究

正下有屐形小印，如一人着木屐踏着落花，悠然前行，这就是他的"涉事"二字所要表达的思想。

在用法上，他也有意模糊画押与花押的界限。弗利尔美术馆所藏八大丁香册页（图6-13），第一页惟画一朵丁香花，右侧有"八大山人画"的落款，并钤有"画渚"朱文印[1]。第二页以一页空间为落款，书"庚午春仿包山画法，八大山人"，旁有一个很大的像牙齿状的印信，人称"齿形印"，这是画押。这里就是以画来作书法的印信，造成一种画为书款的效果，八大于此有特别的用意。其齿形印，一如他的"口若扁担""个相如吃"之印一样，表达的是"涉事涉尘，随意自在"的思想。与画面中的一朵丁香花意相连属，小花无言，自在开放，一花就是一个圆满的世界，一个自在的乾坤。这里的丁香花与《涉事册页》的那朵落花意思是一致的。八大不是简单模仿陆治花卉的画法，而是融入自己的思考。一般风格学的研究，无法接近此画的真实意义。如将其视为一幅花卉之作，则失此画意矣[2]。

再看弗利尔美术馆所藏四开册页的第二幅佛手画。这幅画绝非蔬果的描绘那么简单。画面中央斜斜地画一佛手，左上侧落款"涉事，八大山人"，下钤有屐形小印。这幅画钤红色小印，如画一木屐于画中，非常显目。佛手、屐形小印、涉事款三者之间构成一种关系，佛手与一般的瓜果相比，并无特别。禅宗强调，打柴担水无非是道，落花随水，修竹引风，都是佛事，佛事就是任运自然，随意东西，所谓"佛法无多子"。佛手为图，"涉事"为书，屐形小印为印信，形有别，而意相通，佛手的当下呈现、"涉事"的在在即佛以及屐印的随性而往，互相映发，成就艺术家独特的思考。

在理论上，八大对书画一体的观念有自己独特的看法。元赵子昂力倡书画相通之说，其所谓"写竹还需八法通"，对后世有很大影响，文人画的"书法性"缘此而得到加强。八大深受其影响。他作于1693年的山水册页[3]，其中有一开仿吴道子山水，自跋云："昔吴道玄书学于张颠、贺老，不成，退画，法益工。可知画法兼之书法。"又一页山水仿子昂、云林二家法，有跋云："是卷盈成，四隅属之书，画一淡远者，乃倪迂仿子昂为之。子昂画山水、人物、竹石，至佳也。昔史官惊其

---

[1] 这套册页本为王方宇所藏，共四开，另外两开一画鸡，一画卧猫。

[2] 张子宁、白谦慎编《天和之寻：王方宇沈慧藏八大山人书画》以这朵丁香花为封面，很有眼光，其立意绝非在于其一朵小花的画法，而在其深深的含义。见 Joseph Chang and Qianshen Bai：*In Pursuit of Heavenly Harmony*：*Painting and Calligraphy by Bada Shanren From the Estate of Wang Fangyu and Sum Wai*.Washington：Freer Gallery of Art Smithsonian Institution，2002.

[3] 此册页见汪子豆编《八大山人书画集》，人民美术出版社，1983年。

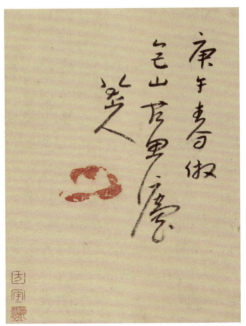

图6-13　丁香册页　26.4×14.2cm　弗利尔美术馆藏

才，以为书画家，竟莫得其文章。文章非人间世之书画也耶?"此二段书法，由吴道子、赵子昂谈书画一体，并不出子昂等所畛域。但另一页之观点，则为八大之独见。此页仿董源，画法疏淡，书画几乎各占其半。临李邕书于侧。跋中有云："画法董北苑，已更临北海一段于后，以示书法兼之画法。"世多言画法通于书法，言书法通于画法者罕见。八大此论非随意之语，其实是由其晚年绘画的妙悟中脱出。我们往往注意其绘画的"书法性"，但很少对他书法深刻的"绘画性"着目。作为一位书法家，他摄画法入书法，绘画中独特的造型方式和空间组合形式，对他的书法助益很大。

再说涉事而无事。

八大的"涉事"，虽然强调随意而往，但并非是对"事"的流连，其所重者并不在"事"本身，他说"事"画"事"，又非"事"，他"涉事"是为了从具体"事"中脱出。这样的思想对他的绘画形式构造深具影响。

如《鸡雏图》(上海博物馆藏八开山水花鸟图册之一)(图6-14)，若作鸡雏观，不得画中意。究竟而言，此画与鸡几乎没有什么关系，八大画的是禅家平常心即道的智慧，画一种"涉事"而超越"事"的内在精神。一只毛茸茸的小鸡(笔法的精湛，造型能力的超迈，乃八大当家本色)被放置在画面的正中央，画面中除了上面

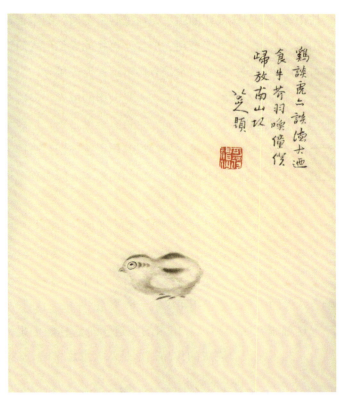

图 6-14
山水花鸟册之二　鸡雏图
37.8×31.5cm
上海博物馆藏

的题跋之外，未着一笔。没有凭依物，几乎失去了空间存在感（这其实是八大精心的构思，就是要抽去现实存在特性）。画家也没有赋予小鸡运动性，它似立非立，驻足中央，翻着混沌的眼神。此小景却大有意在。他有题跋道："鸡谈虎亦谈，德大乃食牛。芥羽唤僮仆，归放南山头。八大山人题。"并钤有"可得神仙"印。此画高扬一种"雌柔之境"：这不是一只耀武扬威的雄鸡，它解除了"芥羽而斗"的欲望，"归放南山头"，混沌地优游；它也不是一只能言善辩的鸡，那夸夸其谈的"清谈"究竟没有摆脱分别的见解；这也不是一种受人供养的鸡，为人掌中玩物，只能戕害生命。这只雌柔的鸡，如旁侧小印所云，可得神仙也。

　　八大的山水画有极高成就。中国的山水画，开拓于黄、倪，融会于香光（董其昌），大成于八大，乃至近代之黄宾虹，开辟了文人山水的一条独特途径。诸家之作，可以说是一种"逸品山水"。八大早年少有独立山水画存在，山水一般是作为背景来处理的；晚年时，山水成为其绘画主要表现形式之一。八大山水画初学董其昌，由董上窥冷元境界，尤着意于黄、倪两家，其中得之于倪最多。

　　八大的山水画，就是对"画者东西影"这一思想的实践。他的山水画，只是

131

一抹山影，不是画具体的山水，而是画"东西"的影子，尽量淡化山水影像，连绵的山川，被虚化为若隐若现之形式，再将此虚化形式简约化，惟留下几抹痕迹，约略可见山川之迹。他的山水是有影可追，无迹可寻，恐有一丝的粘滞，飘若天上的云霓，细如落花柳絮。他最喜欢天光云影的境界，多以此境画山水。他喜以渴笔为画，然干湿变化，总以淡为尚。生怕有一笔之重，打破了他的云天之梦。他的画没有类似米家山的云烟蒸腾，但细视其作，总在烟云腾挪中。尽量淡去现实感，庐山之胜，武夷之奇，都非其所求，他的山水非人间所有，都在天国中。就像《河上花图》中间一段山水，似天国的轮廓。

王方宇藏一幅八大《仿倪山水》册页（图6-15），其上有题云："倪迂作画，如天骏腾空，白云出岫，无半点尘俗气。余以暇日写此。"钤"十得"朱文印。未系年，应是其晚年之作，与《安晚册》的时代大体相当。题跋之内容，受董其昌影响。八大的山水之妙，正可以"天骏腾空，白云出岫"八字来评之。

这幅画几乎淡到没有山水的痕迹了。云林画中也无此类表现。我初视此画，以为是艺术家没有完成的作品，这是八大意念中的云林。画中似也有云林的元素，

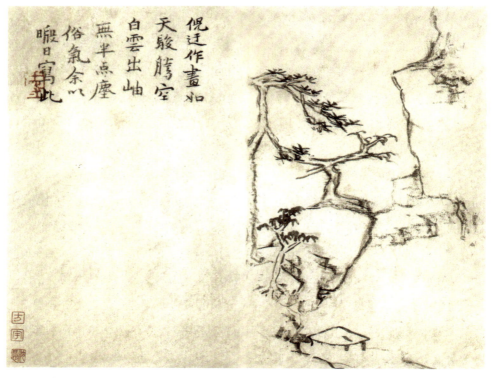

图6-15　仿倪山水册页　纸本墨笔　年代不详　25.2×32.3cm　王方宇旧藏

艺
八大山人研究

树，山，亭，还有仿佛存在的水体。但处理与云林大为不同。云林萧疏的树，到他这里惟留下山间的数枝参差；云林清晰的远山之像，在这里也被虚化为几丝轮廓，而云林的招牌亭子，在这里则被简化为数笔墨影。云林多平远之观，惜墨如金，但空间结构颇有放旷空阔之感；八大此画惟取山崖下的一个小断面，颇见局促。令人惊讶的是，此画在结构上，书法题款和山水图景几乎是对半分置，书法以淡墨仿云林体，不似八大惯用的笔法，笔势慢，用力匀，少涩动，如高僧入定，毫无做作之势。这几乎可以说是"禅化"的云林画，是"涉事"观念驱动下所创造的独特形式。

五、"涉事而真"

江西洪州禅的出现是南禅发展史的里程碑，八大的禅法源于洪州一门。洪州禅的"平常心即道""即心是佛"和"立处即真"对八大艺术具有重要影响。其"涉事"观念与洪洲禅"涉事而真"思想有明显的源流关系。

马祖曾说："非离真而有立处，立处即真，尽是自家体。若不然者，更是何人？一切法皆是佛法，诸法即是解脱。解脱者即是真如，诸法不出于真如。行住坐卧，悉是不思议用，不待时节。《经》云：'在在处处，则为有佛。'"[①]马祖的再传弟子赵州对"立处即真"思想又有新发展。《赵州真际禅师语录》有这样的对话：

> 问："佛花未发时，如何辨得真实？"师云："已发也。"
> 问："未审是真是实？"师云："真即实，实即真。"[②]

马祖"立处即真"观是"平常心即道"话题的延伸，强调的是放下念头，不是坐禅（蒲团中无禅），不是苦修（道不在修），不是读经（经中无佛），更不是远离秽浊（离染非得净），禅家之妙道在无凡无圣、无垢无净的无分别，一切烦恼皆如来所种，在在是佛，处处即真，当下即悟，更无其他，所谓"西方刹那间，目前便见"。但马祖的意思不是重视当下的"事"，反对执着的"理"，在他这里没有理事二分观，没有现象（表相）本体（真理）二分观。此即其"立处即真"之要义。

在上所举第一段对话中，赵州以"已发"回答佛花"未发"，是要破徒弟对时空的执着，"未发""已发"，是一种时间的顺序，在时间的顺序中所呈现的空间形

---

① 《马祖道一禅师广录》，《卍续藏》第一一八册。
② 《赵州真际禅师语录》，《古尊宿语录》卷一四，240页，中华书局，1994年。

态，是具体物的展开，是幻而不实的——赵州有"汝被十二时辰使，老僧使得十二时"的著名观点，其实就是对时空的超越。觉悟的花是当体即开，更无所待。这是一朵绝对的花，永恒的花。赵州的真即实、实即真，就是当下呈现。实，说其存在，但并非是具体的物的存在，而是透彻之悟中呈现的实相，此一实相方为真。实是对存在的判断，真是对意义的判断，实与真为一体，透彻的生命之存在就是意义。

八大《河上花歌》所说"实相无相一颗莲花子，吁嗟世界莲花里"，就是这个意思。"世界莲花里"，其中的"世界"即为"实相"，亦即意义。"世界莲花里"，并不表示"世界就在莲花里"，或者说在一朵莲花里看出广远的世界，那是一种空间上的理解；也不表示"莲花是实相的载体"，那是现象本体二分观影响下的误解；而是"即莲花即世界"，莲花就是一个自在圆足的意义世界。此之谓"实相"①。实相为真，八大的"涉事为真"，就是即莲花即世界，在当下此在的体悟中洞观实相。所谓"即事即真"。

八大作品中留下关于此一思想的珍贵思路。这里想通过其两幅画卷来讨论"涉事而真"的思想。一是藏于上海博物馆的《鱼鸟图卷》，一是藏于美国克利夫兰博物馆的《鱼乐图卷》。

在这幅给出"涉事"具体解释的《鱼鸟图卷》中（见图6-16），有三段题跋，右手起第一段题跋即是以上已经谈及之"无惧"和"无斗"的段落。第二段题跋写道：

> 王弇州诗："隐囊匡坐自煎茶。"南北朝沈隐侯之子曰"青箱"，以隐侯著有晋、齐、梁书，而其子亦颇博洽，故世人呼之曰"隐囊"也。杨升庵博物列引晋人一段事，以证人是物是。黄竹园品意。八大山人书附卷末。

而第三段题跋云：

> 东海之鱼善化，其一曰黄雀，秋月为雀，冬化入海为鱼，其一曰青鸠，夏化为鸠，余月复入海为鱼。凡化鱼之雀皆以肫，以此证知漆园吏之所谓鲲化为鹏。八大山人题。

这是八大精心结撰的作品。三段题跋表面看来并没有什么联系，其实藏着深刻的内

---

① 参本书第十七章《〈河上花歌〉并八大山人的实相无相观》。

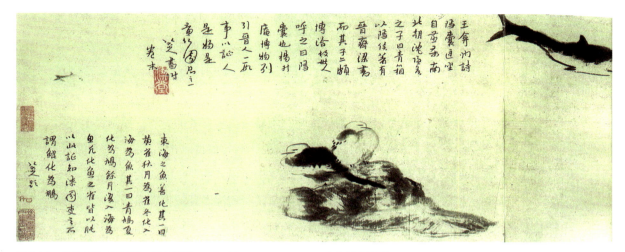

图6-16　鱼鸟图卷（局部）　纸本墨笔　1693年　25.2×105.8cm　上海博物馆藏

在关联。这幅作品是具体解释"涉事"概念的，第一段中有具体说明，但另两段题跋和画面也与这一概念有关。它触及八大对"涉事而真"观念的看法。

第二段题跋说"隐囊"之事。王世贞诗云："麈尾玄言日未斜，隐囊匡坐自煎茶。"[①] 隐囊[②]是坐几上的一种靠垫，质细软。此物在南北朝文人清谈中多用。八大引述明杨慎谈隐囊之语。清朱亦栋《群书札记》卷十三的综说论述较清晰："隐囊，《杨升庵集》：'晋以后士大夫尚清谈，喜晏佚，始作麈尾隐囊之制。'《颜氏家训》云：'梁朝全盛之时，贵游子弟驾长檐车，跟高齿屐，坐棋子方褥，凭斑丝隐囊。'王右丞诗：'不学城东游侠儿，隐囊纱帽坐弹棋。'按隐倚也，如隐几之隐，隐囊如今之靠枕。杜少陵诗'屏开金孔雀，褥隐绣芙蓉'，亦其裁也。"[③]

八大又提到南朝沈约之子沈青箱，他有"隐囊"之名。明蒋一葵《尧山堂外纪》卷十六载："约二子并能诗……约尝指其子谓陆乔曰：'此吾爱子也。自幼博洽，因以青箱名之。'未知二人孰是。"青箱，古代指收藏字画的木制箱子，后借指学问渊博。八大提到沈青箱的"隐囊"之名，即就其学问而言。

八大这段讨论"隐囊"之制的话，引出三层意思，一是说一种作为隐几凭依的

① 明王世贞《春日同尤子求、张幼于、史叔载、王复元、舍弟敬美过黄淳父，分韵得花字》，《弇州山人四部稿》卷三七，明万历刻本。
② 明高濂《遵生八笺·起居安乐笺》解释"隐囊"："榻上置二墩，以布青白斗花为之。高一尺许，内以棉花装实，缝完，旁系二带，以作提手。榻上睡起，以两肘倚墩小坐，似觉安逸，古之制也。"
③ 清朱亦栋《群书札记》（据清光绪四年武林竹简斋刻本）。《颜氏家训·勉学》云："梁朝全盛之时，贵游子弟，多无学术。至于谚云：'上车不落则著作，体中何如则秘书。'无不熏衣剃面，傅粉施朱，驾长檐车，跟高齿屐，坐棋子方褥，凭斑丝隐囊，列器玩于左右，从容出入，望若神仙。"

物品；二是说隐囊而坐逍遥物外的态度，所谓"隐囊匡坐自煎茶"；三是说学问的淹博。合而言之，其要义在：学养丰厚而处世淡定，含蓄内敛。

第三段关于鱼鸟"善化"的讨论，我们在第一章中已有涉及，其意义落脚在"凡所有相，皆为虚妄"，一切时空中的事实都处在幻化中，没有一个定在。此时是鱼，曾经是雀；变而为雀，又将化为鱼。不是说鱼鸟互变的轮转，而是说于变幻的世界中不可执着的情怀。"凡化鱼之雀皆以肫"一句值得重视。"肫"，禽类的胃。八大的意思是，决定鱼鸟互变的母机在"肫"中，以"肫"比喻人的心灵。正因人有心灵，所以易为变幻的外在表相所粘滞，所谓梦幻泡影裹挟人。而悟道之人，则可以超越这变化的幻相，悟得不来不去、不将不迎之真实，得佛学之"无生法忍"。

这三段论述，第一段说"斗"，因其"无斗"，一念心清净，所以"无惧"，处处莲花开。由此为他的绘画"涉事"概念作注脚。第二段说"隐"，以历史上文人行踪中的隐囊风习，说隐喻含讽，隐括于心中，彰显"隐囊匡坐自煎茶"的从容淡荡的态度。第三段说"化"，说心不能为幻化世相所"化"，高扬一种脱略世尘的生命观。第一段说"斗"，立意在无取；第二段说"隐"，重心在无名；第三段说"化"，又以无生为标的。不忮不求，无名无誉，不来不去，在在即佛，这正是"涉事"概念的核心意旨。

此三段话与画面图像相参，其道理似亦可读。两条鱼，一大，一小，不在水，而在天。两只"雀"兀立于山之上。雀本小，山应大，然图中却是雀大而山小。鱼本水中游，鸟应天上飞，运动（"化"）的秩序被打破。雀儿双目微闭，鱼儿懵懂而行，不闻不问，不视不听。八大的意思似乎是，天荒地老，亘古如斯，不要流连于变与不变，不要粘滞于时空秩序，一切物质化的把握世界的方式都是妄见，脱略时空，自在心游，涉事而行，方是得真之道，画面也在演绎"涉事而真"的思想。他说所证在"物是人是"的道理，就是他的生命真实观。

余说

回到本章开始所说至乐楼藏《鱼乐图》，通过本章一些简单分析，这幅作品的意义似有可解，不生动、很古怪似也有了答案。因为这样的作品不在于描绘鱼的快乐，不在借飞鱼表现纵肆逍遥的心灵，而是画一条横绝太空、超然物表的鱼，一条不来不去、不将不迎的鱼，它冥冥漠漠，无言无说，在无时无空中，说世界的存在，说生命的真实。是谓其"涉事"，是谓其"实相"。

图6-17　橅董思翁临古册两开　纸本墨笔　年代不详　31×24.6cm　王方宇旧藏

　　八大"涉事"概念中的相关思想，对于我们今天有关"艺术"的讨论或许也有启发。在八大看来，他的书画活动，不是创造什么艺术作品，就是随意而往的生活，是他生命的一种直接反映形式。兴致来时为书为画，这就是他的"事"。这样的描写，比较符合中国文人艺术所追求的境界，与今人一作书作画就以为是"艺术创作"的感觉不同，抹一些笔墨于纸上，就是进入艺术市场的"商品"。传统文人艺术家则视书画和诗歌唱和为"余事"。今天的艺术界有艺术与非艺术、艺术的终结等争论，但对于宋元以来的文人艺术而言，这都不是"艺术"，只是诗书画印活动，只是"涉事"。

　　涉事，是对艺术界限的超越，是对生命畛域的超越。（图6-17）

第七章
八大山人的“无情说法”观

　　八大一生之画，妙在花鸟。中国画分类有十三科之说，十三科又分属山水、花鸟和人物三类。八大不是人物画家，他也不像石涛那样以山水创作为主体，八大中前期罕见山水之作，那么他应该是一位花鸟画家，现今有不少美术史著作就是这样表述的。但在我看来，就像我们不能很泰然地将王维称为写景诗人一样，我们似乎也不能遽然将八大归于花鸟画家之列。这不仅因其花鸟画形式特别，更在于他所画花鸟，意不在花鸟，用他的话说，花鸟只是“影子”，世界如梦幻空花，是花鸟又非花鸟。说他不是花鸟画家，他的画有花鸟的面目；说他是花鸟画家，他用意又不在花鸟之间也。中国花鸟画有“比德”的传统，八大的花鸟画偏离了这一传统，如果我们从象征的角度看他的花鸟，将其花鸟称为“写意花鸟”，将其花鸟面目作为某种观念的象征物，其自身是一个媒介，这样的理解也不合八大花鸟画的精神。

　　八大的作品有特殊的形式、特殊的内涵，因为其中浸染着独特的哲学精神，“无情说法”观，是潜藏在八大艺术中的重要观念，这一观念直接影响其艺术形式和风格。本章便是对此问题的讨论。

一、关于“无情说法”观

　　曹洞宗的“无情说法”是很有特色的思想，它对八大的艺术哲学观念有明显影响。良价《玄中铭》说：“森罗万象，古佛家风。碧落青霄，道人活计。”[1] 此数语，可以帮助我们理解八大“即山水花鸟即佛”的思想。

　　在中国佛教哲学中，曾有关于“无情有性”的讨论。佛学将世界分为有情世界和无情世界，有情世界指有感情、有知识的人；无情世界，指除人之外的一切对象，如被视为没有情识活动的草木、土石瓦砾等，也包括禽兽。天台、华严二宗曾争论过无情世界是否有佛性的问题。天台湛然（711—782）认为，世界万物，有

① 《筠州洞山悟本禅师语录》，《大正藏》第四七册。

八大山人研究

情世界，乃至山川、草木、大地、墙壁、瓦石等无情世界都具佛性，佛性遍一切法界，当然不可分有情无情①。湛然说："一草一木，一砾一尘，各一佛性。"物物皆有佛性的观点，在湛然之前已有存在，但湛然的观点最有影响，也最清晰。这一理论遭到一些论者的反对，如华严宗的澄观（738—839）根据《大般涅槃经》"非佛性者，所谓一切墙壁瓦石无情之物，离如是等无情之物，是名佛性"的观点，认为无情世界并无佛性，但并没有从根本上动摇湛然理论的影响。

禅宗中的荷泽神会（668—760）认为无情世界是没有佛性的，他说："岂将青青翠竹，同于功德法身？岂将郁郁黄花，等般若之智？若青竹黄花同于法身般若者，如来于何经中，说与青竹黄花授菩提记？若是将青竹黄花，同于法身般若者，此即外道说也。何以故？《涅槃经》具有明文，无佛性者，所谓无情物是也。"②但他的观点并没有产生多大影响，倒是南阳慧忠（？—775）的"无情说法"论广被禅门接受。慧忠曾就"青青翠竹，尽是真如；郁郁黄花，无非般若"这一传统佛学命题，提出自己的观点。他指出，《华严经》就有佛充满于万事万物的论述，翠竹既然属于万事万物，怎能不体现佛法呢！③他还提出"无情说法"的命题。有僧问："无情既有心，还解说法也无？"他回答说："他炽然说，恒说常说，无有间歇。"禅宗强调自心即佛，心法不二，一分别，即失本心，亦即失佛。闭上分别的口，让世界自在地说，一切有情世界、无情世界都可以自在地说法，"炽然"地说，即皎皎地、澄明地说，世界从知识的迷障中显露出来。"恒说"，是永恒地超越时空限制地说；"常说"，是无有断绝地说。南阳慧忠禅法在清末的江西仍有影响。八大的老师弘敏上堂说法就曾举慧忠之事："南阳忠国师于无阴阳地上，建一座无缝塔，巧飞铃铎，妙叶烟云，八面玲珑，不事丹腹。"④

这一思想几乎全被黄檗希运继承下来。希运一番话说得很通透："心外无法，满目青山。虚空世界，皎皎地无丝发许与汝作见解。所以一切声色是佛之惠。法

---

① 湛然《金刚錍》云："故万法之称，宁隔于纤尘。真如之体，何专于彼我？是则无有无波之水，未有不湿之波。在湿讵间于混澄，为波自分于清浊。虽有清有浊，而一性无殊。纵造正造依，依理终无异辙。若许随缘不变，复云无情有无，岂非自语相违耶？"（《大正藏》第四六册）

② 《南阳和尚问答杂征义》，《神会和尚禅话录》，86—87页，中华书局，1996年。

③ 如慧忠有这样的论述：《祖堂集》卷三记载，问："古德曰：'青青翠竹，尽是真如；郁郁黄花，无非般若。'有人不许，是邪说；亦有人信，言'不可思议'。不知若为？"师（南阳慧忠）曰："此盖是普贤、文殊大人之境界，非诸凡小而能信受。皆与《大乘了义经》意合。故《华严经》云：'佛身充满于法界，普现一切群生前，随缘赴感靡不周，而恒处此菩提座。'翠竹既不出于法界，岂非法身乎？又《摩诃般若经》曰：'色无边，故般若无边。'黄花既不越于色，岂非般若乎？此深远之言，不省者难为措意。"

④ 《五灯全书》卷一一六《弘敏传》，《卍续藏经》第八二册。

不孤起，仗境方生。为物之故，有其多智。终日说，何曾说？终日闻，何曾闻？所以释迦四十九年说，未曾说着一字。"①这里有四个逻辑点：一是佛不说。佛说法四十九年没有说一字，终日说，未尝说，这意思并不是他的嘴没张过，而是说他没有以知识去说，没有落入概念。第二，世界自在说。满目青山，皎皎自在，它们终日在说，但却没有说一字，山即是山，水即是水地说，是无概念无分别地说，即"无丝发许与汝作见解"。第三，以世界之说为说，则是这段话的落脚点。就是"一切声色，是佛之惠"，佛不说，佛以世界之说为说。满目青山，都是在为佛说，所谓"溪山尽是广长舌"，天下万事万物自在兴现，是佛赐给天下的恩惠。第四，世界皎皎地说，一如慧忠所谓"炽然"地说，世界从人的知识遮蔽中解放出来。山河大地，水鸟树林，自在活泼，不受妄念支配，只是自由地自在地呈现，大千世界是沙门一只眼。

禅以不二法门为其根本宗旨，在不二法门中，没有有无、有漏无漏等分别，当然也就没有有情和无情的分别，说无情其实就是"二"，就是分别见。所谓无情说法的观点，并非是有情世界不可说，以无情代之，而是一切法界都在说，当有情世界闭上知识的口，去除情感欲望倾向性的时候，融入这世界，他便自在地说，一任自性地说，全然本心地说。

洞山良价继承慧忠们的"无情说法"观，并将其发展为曹洞宗的一个代表性观点。良价初参沩山灵祐时，即以慧忠的"无情说法"论相问，沩山和他一起温习慧忠的观点，并让他去参拜云岩昙晟。云岩为他举《弥陀经》"水鸟树林悉皆念佛念法"之说，为他解惑，他当下大会，并有一偈记其事："也大奇，也大奇，无情说法不思议。若将耳听终难会，眼处闻时方可知。"②关起耳朵，即关起见闻觉知的通道，而用眼睛"听"法。眼睛何以能听法？法即世界皎皎呈现，而非知识的分说，故可"见"之——不是看见，而是任由世界自在呈现。八大佛门四世祖无异元来《广录》卷二说："释迦大士四十九年，横说竖说，逆说顺说，谁人奈得渠何。及入涅槃时，以虚空为口，沧溟为舌，日月星辰为庄严，山河大地为听众。横说竖说，逆说顺说，要且无人得闻。博山今日在此座上，横说竖说，逆说顺说，谁人奈得博山何？"在他看来："月渚风林，流出现成公案；莺声鸟语，宣扬不二法门"③，山河大地都是他的法，都在为他说。

① 《黄檗断际禅师宛陵录》卷三,《古尊宿语录》,上册,42页,中华书局,1994年。
② 《筠州洞山悟本禅师语录》,《大正藏》第四七册。
③ 《无异元来禅师广录》卷六。

八大山人研究

八大这位"穿过曹洞临济有"的艺术家，得二家学说之启沃，二家皆主无情说法观，尤其是曹洞更以此说为立宗之本，这对他有直接影响。

一生在艺术中与花鸟虫鱼、山水林木为伴的八大，其实就是与佛教所谓"无情"世界作伴，他很少画所谓"有情世界"的人，他平生喜欢画的对象是顽石、怪松、荷花、鱼、鸟等，这些虽然都没有人的"情识"，但八大却通过它们来说出世界本来的"法"，说出自己心中的"自性"，说出这世界的"真"相。它们不以口说，却以本相说，以自性"皎皎"而不加遮蔽地说。禅宗的妙境是"见性成佛"，不是"看见"的"见"（jiàn），而是"显现"的"现"（xiàn），让自性自在呈现。顽石在说，孤鸟在水，游鱼在说，黄花在说，青莲在说，一切都自在地说。正像无异元来所说："当此时也，千山寒色，雨滴岩花，为诸昆仲敷宣第一义谛。"① 八大正是抓住了禅宗的这一思想。

八大以无情世界之花鸟草木来说法，有两点值得注意：一、八大不是爱自然，他眼中的世界并非是观照的对象，不是外在于我的自然，更不是作为物理存在的自然界，而就是自在自足的生命世界；二、八大并非将花鸟等当作表达某种概念的象征物，禅强调水鸟树林悉皆念佛念法，世界中的一切皆"皎皎"说法，这水鸟树林与佛性的关系，并非是喻义和喻体的关系。换句话说，山水林木、花鸟虫鱼等八大笔下的这些"相"，并非是一个"物"，并非是为了说"法"而借用来的媒介，如果从媒介论的角度看，这山水林木、花鸟虫鱼本身并没有完足的意义。这两层意思，反映了禅宗深刻的秘密。

八大以禅的思想重新诠释中国的花鸟、山水画传统，即从花鸟画的角度看，八大并非严格意义上的花鸟画家，他以花鸟虫鱼怪石奇松等为题材的画，甚至不能简单以花鸟画而目之。他的花鸟画具有特别的意义，他的画是花鸟虫鱼尽皆说法的画，他的画，就是他的"法门"，或者说就是他的"法窟"。

八大早年有"法堀"一印，并曾以"法堀"二字为款识，在上海博物馆藏早年所作《花卉册》十开中就有三幅钤有"法堀"朱文椭圆小印。法堀之"堀"，乃"窟"的异体字。"法窟"，意同道场，也就是禅宗所说的丛林②。但八大的"法窟"，不在道场丛林之间，而是别有用意。赵州大师说，我这里只有柴林，没有丛林，反映了禅门见性成佛的境界，不在读经、静坐，不在丛林生活中，佛就在青山自青山、白云自白云的境界中。自在显现的世界即是佛，即是真。八大在辛夷、芙蓉、兰花等

---

① 《无异元来禅师广录》卷二。
② 《五灯会元》卷十八："师自江西法窟来，必辨优劣。"（下册，1200页，中华书局，1984年）

花果画中，钤上"法堀"小印，所要表达的意思就是，我别无禅法，我的法就在世界中，在一草一木中，青青翠竹，总是法身，郁郁黄花，无非般若。大千世界就是他的如如境。

这一思想与元来《广录》卷六所载一段话意思相合："栴檀丛林，栴檀围绕。既披龙树影，不问邓林材。荆棘丛林，荆棘围绕。鸿鹄虽有志，安识海云低。荆棘丛林，栴檀围绕。客来虽不待，应物善知时。栴檀丛林，荆棘围绕。高楼声渐细，移月过沧洲。古人指出此四种丛林。敢问：诸上座毕竟在那一种丛林安身立命。博山曾一一穿过。今与大众，开几重关锁，要入之者，不可笼统，善而择之。若说栴檀丛林，穿过荆棘丛林。几点翠封阶下石，数行雁过楚天秋。若说荆棘丛林，穿过栴檀丛林。不因樵子径，怎到葛洪家。若说栴檀丛林不是荆棘丛林，荆棘丛林不是栴檀丛林。竹风与蕙兰分香，松影适云烟异色。若说栴檀丛林即是荆棘丛林，荆棘丛林即是栴檀丛林。水中择乳，须是鹅王。敢问：诸昆仲。博山今日在那一种丛林。良久云：野老不知庵外事，殷勤只向佛前灯。便下座。"这里讲丛林问题，他表达的意思是，没有丛林，只有柴林。

台北故宫博物院所藏《传綮写生册》之一《西瓜图》上有三跋（图7-1），其中第三跋为一首七绝诗：

从来瓜瓞咏绵绵，果熟香飘道自然。不似东家黄叶落，漫将心印补西天。

第一句引《诗经》语[1]，第二句"道自然"为道家熟语，二语均意在果熟香飘，自然而然，瓜瓞绵绵，原在法尔之中，是世界的自在呈现。不似东家黄叶落：本佛门之事，佛经中有黄叶止啼钱的故事，据北本《大涅槃经》卷二十记载，佛陀常常将自己应机说法比喻为手上拿着一片黄叶，哄小孩说这是黄金，其实并没有黄金，以此来说明领悟佛法不能拘泥于文字名相。《景德传灯录》卷六《江西道一禅师》（马祖）云："僧问：'和尚为什么说即心即佛？'师云：'为止小儿啼。'僧云：'啼止时如何？'师云：'非心非佛。'"八大"不似东家黄叶落"，意即有的佛门弟子，不谙佛之真知，斤斤于文字名相中，与佛法背道而驰。

"漫将心印补西天"一句有三层意：第一层意，西方就在当下。所谓"补西天"，绝非有的研究者所说女娲补天的故事，西天指佛教所言西方极乐世界。禅宗强调西

①《诗经·大雅·绵》："绵绵瓜瓞，民之初生。"

图7-1 传綮写生册之一 西瓜图 纸本墨笔 1659年 24.5×31.5cm 台北故宫博物院藏

方就在目前（此就空间言），当下即是西方（此就时间言），佛就是自然而然的兴现。汾阳善昭（947—1024）说："坐断日头天地黑，万象森罗在目前。"[1]第二层意说何以"补"之，乃在"心印"，即心即佛，以心灵的妙悟为唯一的真实。第三层意，这心如何印之，不在冥思，不在静读，一念心清净，处处莲花开，无心即为本心。心印，就是印认世界的真实相，人不"说"，让世界"皎皎"地"说法"。这三层意，要在法尔自然。此"心印"说与北宋郭若虚提出的"心印"说意思迥异，它不是树立一个主体意识，以"我心即宇宙"的意志去解释世界，而是放下心来，没有这个"主体"，没有这个"心"。

裴瑑《赠别雪公上人》二首之一云："买山何地可，杖锡有烟霞。避暑愚公谷，谈经扬子家。禅心凭落叶，世事听浮槎。莫负渊明里，还来看菊花。"[2]禅心凭落叶，世事听浮槎，正是对八大所谓柴林之禅的概括，一山一水，一花一鸟，就是八大的禅。他是"个山人"，他这个"个"只在"山"中。江西乃渊明故里，裴瑑所

---

[1]《古尊宿语录》卷一〇，上册，163页，中华书局，1994年。
[2]《横山初集》卷四《览筠稿》。

说的"莫负渊明里"，正是八大情怀。其实，陶渊明"纵浪大化中，不喜亦不惧"的精神与八大亦相合契。八大《岩石野菊图》，书明初山水画家王绂诗道："九月霜露零，秋气已云肃。草木尽凋瘁，而有篱下菊。粲粲如有情，盈盈抱幽独。我欲餐其英，采之不盈掬。呼儿具鸡黍，白酒正可漉。素心二三人，于焉叙心曲。陶然付一醉，万事亦已足。咏歌柴桑诗，千载有余馥。"[1]他借王绂诗所表达的心曲与陶一致，他要做一个"武陵人"。八大有诗说："西塞长云尽，南湖片月斜。漾舟人不见，卧入武陵花"[2]，融入世界中，哪里有无情有情之别。

八大这一思想与他的师祖雪关和尚颇有相通之处。性统《续灯正统》卷四〇载雪关和尚之语："上堂：譬如琴瑟箜篌，虽有妙音，若无妙指，终不能发。宝觉真心，各各圆满，如我按指，海印发光，汝暂举心，尘劳先起。黄面老人，五百生前，曾做乐官来，一等习气，可谓熟处难忘。山僧者里，素乏师传。指法椎钝，只有一曲没弦琴，弹得最熟。今日举似诸人也，竖拂子曰：者是妙指，唤甚么作妙音。击拂子曰：者是妙音，唤甚么作妙指。掷下拂子曰：'曲终人不见，江上数峰青。'"[3]雪关和尚以音乐作比，很生动，说什么指，说什么曲，曲终人不见，江上数峰青，便是佛是道。

二、关于"回到世界"的思想

康熙《进贤县志》卷二五载，八大在介冈灯社时，曾与老师弘敏、师弟饶宇朴一道到介冈附近的白狐峰游玩，三人并有诗作。白狐峰八景中，其中有一景为问香楼。三人均作有《问香楼》诗：

狼藉威音臭味新，临风尝惜弄花人。香严未许从缘入，到此知谁扫客尘。
（弘敏）

木樨公案一番新，有叩还须善听人。会得拈花微笑旨，武陵久已绝风尘。
（饶宇朴）

---

① 八大山人《墨笔花鸟册》十二幅之十一《岩石野菊图》题识语，《听帆楼续刻书画记》著录，见《中国书画全书》第十一册，923页，上海书画出版社，1998年。此诗见王绂《王舍人诗集》卷一，文渊阁四库全书本，诗名为《题秋菊轩》。
② 旧金山亚洲艺术博物馆藏有八大好友罗牧（饭牛）山水册，上有八大题诗两诗，这是第二首。
③ 见《卍续藏经》第八四册，《续灯正统》康熙三十一年（1691）刊行。

八大山人研究

十二风流曲曲新，闻香谁是问香人。若从此处寻花悟，缘起无端堕六尘。

（传綮）

问香楼的命名和师徒三人的诗，涉及禅宗中一个美妙的故事，这故事就发生在江西。临济传人黄龙派的祖心（1025—1100）是一位在北宋时颇有影响的禅师，黄庭坚有一次去拜见他，祖心问："只如仲尼道'二三子以为隐乎尔，无隐乎尔者'，太史居常，如何理论？"[①]黄庭坚正准备回答，祖心制止他："不是，不是。"黄庭坚不解。接着两人到山间散步，当时正好木樨（桂花）花开，清香四溢，祖心说："你闻到木樨花香吗？"黄庭坚说："我闻到了。"祖心说："吾无隐乎尔。"黄庭坚当下大悟[②]。

祖心的话意味深长。问香楼前，弘敏师徒三人在此玩味的"香"，正是人的自性问题，依照《大般若经》的观点，一切众生都有佛性，每一个人都有生命"香"味，然人之于世，一心开二门，有真谛，又有俗谛。人的真性常常处于一种被遮蔽的状态，生命的"香"味隐而不彰，心中充满晦暗的图景。而一悟之后，遮蔽顿除，人们来到一个自在呈现的境界，这里一片澄明，如同木樨花开，清香四溢。祖心不让山谷理论，山谷欲说未说，祖心就说"不是，不是"。因为这生命的香味是不可"说"的，不能有"说"的欲望，它"不是"，也不是"不是"，是与不是，就是判断了，判断就是理性，此一"说"则正是"隐"的根源。清画家戴醇士说"吾隐吾无隐，空山花自开"[③]，正得闻香故事的真意。从"隐"到"无隐"，就是从"未现"到"自现"的境界，"隐"不是他"隐"，他人"未隐乎尔"，而是自隐，自己遮蔽了生命的真性。自己何以"隐"？则在于自己的念头，因这念头，你便有了对象和主体，有了我和物的区分，有了观者和被观者，在这样的情况下，我似乎不在这世界中，而在世界的对岸，我是世界的观者。这是"二"的分别见。山谷之悟，打开了我和世界之间的屏障——我回到了世界中，我从世界的对岸回到了世界中。我就是这世界游弋的鱼，就是这山间的鸟、青藤上的瓜、绿叶上的花，我与世界融为一体。

弘敏诗中还涉及香严（？—898），香严是沩山灵祐的弟子，他从沩山学法，

---

① 《论语·述而》："子曰：'二三子以我为隐乎？吾无隐乎尔。吾无行而不与二三子者，是丘也。'"

② 《禅宗颂古联珠通集》卷三九，《卍续藏经》第六五册。

③ 见其书卷二，其下自注："花坞禅隐小册，为释曼华。"戴熙（1801—1860），字醇士，著《习苦斋画絮》十卷，据《中国书画全书》第十四册，该书据清光绪十九年刊本。

久久不悟。一天，他除杂草，从杂草中拣起一块瓦砾抛去，正好砸到旁边的竹子上，响起了清澈的声音，于是香严瞥然有悟，并作一颂："一击忘所知，更不假修持。动容扬古路，不堕悄然机。处处无踪迹，声色外威仪。诸方达道者，咸言上上机。"沩山听后，对仰山慧寂（840—916）说："此子彻也。"[①]上上禅机就在自在兴现的世界中。

正像八大所说，山谷、香严等并不是突然之间领略了木樨、竹韵的美，"若从此处寻花悟，缘起无端堕六尘"，他们回到世界的岸，像迷失家园的游子，刹那间回到生命的故乡，不是去"看"，而是任世界自在兴现，此时，桃花更鲜艳，溪涧更清澈，竹韵更迷人，桂花更芳香。

八大有《题画梅花》诗云："碧莲花竞雪天开，又道寒岩放早梅。大抵春回俱一致，只叫迸散白云堆。"（图7-2）此为《传綮写生册》题诗之一，也可以灵云悟桃花式的解道诗来读。碧莲花，即白莲花，莲花是佛教的圣花，莲花有红、黄、白

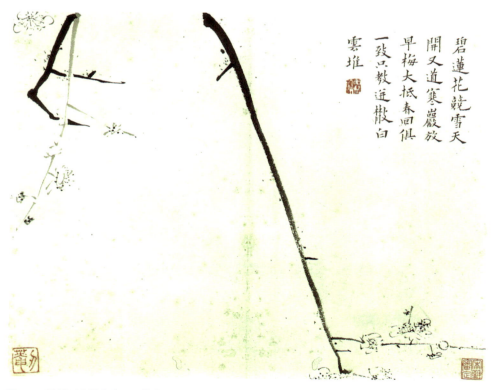

图7-2　传綮写生册之十一　梅花图　纸本墨笔　1659年　24.5×31.5cm　台北故宫博物院藏

①《五灯会元》卷九，中册，537页，中华书局，1984年。

等多种，其中以白莲最为圣洁。白莲在夏季开放，此诗又说和寒梅一样都在严寒的冬天开放，这显然是禅宗"七颠八倒"、超越时空的思维，如同我们所熟知的雪中芭蕉。第三句说，莲花、梅花开了，大抵都是因为"春回"的缘故，所以它们"一致"开放了，就如同天上的白云一簇一簇绽放。这里的"春回"显然不是指时节，而是心灵的妙悟。尽日寻春春不归，芒鞋踏遍陇头云。归来笑撚梅花嗅，春在枝头已十分。人心亮了，春意归了。回到世界的岸，一切光明。

八大于禅宗中得到的回到世界的思想，对他的艺术影响极深。八大的画和诗表达的就是他作为世界一条鱼、一只鸟的欣喜。他的艺术魅力就在于传达世界真实的秘密，那个灵光绰绰的世界。

作为一个禅家，他要追求真性；作为一个画家，他要发现世界的真意。八大不是到经书中索取，也不是去物质中索求，而是在与世界的优游契合中，发现这样的精神。弘敏《白狐岭八首》中有《空花树》诗说："梦回孤枕鹧鸪残，春雨萧萧古木寒。往事不须重按剑，乾坤请向树头看。"①"乾坤"的秘密，不在知识里求，而"向树头看"，向鲜活的世界中去。八大正是从遮蔽的世界走出，在树头、在石上、在微花丛里、在五里雾中、在林中的鸟鸣声中，感受大全世界的灵境。正如石头希迁在《参同契》序言中所说："圣人无己，靡所不己。"这就是令石头大悟的"会万物为己意"②，万物即"己"，"己"即万物。弘敏存世的文字多不见，从他的几首诗看，八大所得的宗门之风，可能正是"让世界自在兴现"的哲学。

克利夫兰艺术博物馆所藏八大《鱼乐图卷》也是一幅晦涩的作品（图7-3），但却意味深长。"鱼乐图"名并不切当，这可能与画后"大庵居士"的题诗有关，诗中有："天屋朱明室，而生大画师。庄周鱼乐意，未必是瑶池。"诗劣，意亦偏狭，无非表达朱明正统观念。八大此画并非"鱼乐"，也不是发泄遗民愤怒，而是关于"生命真实"思考的图像记录。

画也分三段③，第一段右侧以干笔焦墨画出几抹浅影，似流云，似山崖，又似想象中遥不可及的天国。在这几抹笔痕之下，以稍浓之墨点出几片似花非花的图景。有诗云："去天才尺五，只见白云行。云何画黄花，云中是金城。"由此诗知此段画"金城"之景。金城，禅门又名天府④。禅门《息心铭》云："心想若灭，生死

①康熙《进贤县志》卷二五。
②《五灯会元》卷五，上册，255页，中华书局，1984年。
③八大山人绘画的构图颇有程式化的特点，长卷构图多有三段，如《河上花图》。
④《五灯全书》卷六五载西蜀破山海明禅师语录："上堂：'问：如何是金城境？'师曰：'寨小规模大。''曰：如何是境中人？'师曰：'僧卑世界宽。'"（《卍续藏经》第八二册）

图7-3 鱼乐图卷 纸本墨笔 年代不详 29.2×157.5cm 克利夫兰艺术博物馆藏

长绝。不死不生，无相无名。一道虚寂，万物齐平。何贵何贱，何辱何荣。何胜何劣，何重何轻。澄天愧净，皎日惭明。安夫岱岭，同彼金城。敬贻贤哲，斯道利贞。"[1] 不是外在的辉煌的城池，八大画的是心中的"金城"。高高的山岭隐隐约约，云日辉映，一抹天上的山影，被染上金黄，那宛若天上的黄花（菊花）璀璨夺目。此段与禅门"青青翠竹总是法身，郁郁黄花无非般若"有关，黄花在此有特别的隐喻。

第二段画怪石当立，石的左边，画两条鱼，一大一小，似游非游，翻着古怪的眼神。上题有一诗："双井旧中河，明月时延伫。黄家双鲤鱼，为龙在何处？"双井本为地名，在江西洪州分宁县，乃黄庭坚故乡。后人又以"黄双井"称之。双井产名茶，称为鹰爪草芽，其地水甘甜，烹茶最美，故有"天下无双双井黄"（杨万里《灯下读山谷诗》）的说法。双井旧中河：双井水还是过去的水。明月时延伫：当下的明月就在井中徘徊。禅宗以"万古长空，一朝风月"为彻悟之境，此即隐括其意。黄家双鲤鱼，为龙在何处：出自猪母佛的故事。《东坡志林》卷五载："眉州青神县道侧有一小佛屋，俗谓之猪母佛，云百年前有牝猪伏于此，化为泉，有二鲤鱼在泉中，云'盖猪龙也'。蜀人谓牝猪为母，而立佛堂其上，故以名之。泉出石上，深不及二尺，大旱不竭，而二鲤莫有见者。余一日偶见之，以告妻兄王愿，愿深疑，意余之诞也。余亦不平其见疑，因与愿祷于泉上曰：'余若不诞者，鱼当复

①见《景德传灯录》卷三〇。

见。'已而二鲤复出，愿大惊，再拜谢罪而去。"

八大用此典，由黄山谷家的双井，联想到这双井中是否有双鲤鱼，如果说这鲤鱼变成了龙而飞去①，此时它到底在何处。八大由一个幽幽故井，说天地无穷的故事，说古与今的对话，说人天共在的真实。万古之前的明月，就在当下徘徊，永恒就在当下，瞬间即是超越。八大所画的这片怪石，置于长卷的中央，非常显目。这是千古不变的石，世历万变，磨砺其形，仍宛然自在。鱼在天上，还是在水中，是鱼，还是龙？八大通过恍惚的表述，流转于时光隧道中，追寻生命的真实。

第三段画高山大壑，是为此画作结。其诗云："三万六千顷，毕竟有鱼行。到此一黄颊，海绵冷上笙。"这首诗为八大钟爱，曾在多画中题写。诗写回到世界中，做一条鱼，自在而独立。三万六千顷，毕竟有鱼行：形容海洋之浩瀚，有鱼优游其间，言其无所拘束，从容自在。所谓相忘于江湖，获得自然而然的展现。黄颊，即鲦鱼的别称②，一条平凡的鱼，但却是自在的。海绵冷上笙：海绵，这里指缅邈的大海③。大意似指大海缅邈无际，游于其中，其清冷荒寒铸就心中孤迥特立的音乐。

汉乐府《饮马长城窟行》云："客从远方来，遗我双鲤鱼。呼儿烹鲤鱼，中有

---

① 疑为八大误记，将东坡记为山谷。
② 见《兼名苑》卷一七引《辅仁本草·虫鱼》。见李增杰、王甫辑注《兼名苑辑注》，中华书局，2001年。
③ 查慎行《题恬庵上人匡庐访道图二首》自注："壬申秋余游庐山，曾上五老峰观海绵，故云。"（《敬业堂诗集》卷三六）

尺素书。"①后以双鲤鱼比喻远方来信。八大剖开天地古今的双鲤鱼，传递的是"生命的秘音"，回答的是何为生命真实的问题。画卷构图简单，但却由天入地，由古及今，纵横腾踔。此画有一种幽邃而神秘的色彩，山、海、鱼、石、菊花，这些凡常之景，都不是外在的物象，而是八大用以指月之指，他要展现的是人在浩瀚宇宙中的地位，人在亘古如斯的变化中的体验，人在沧海桑田节律中的生命意义。从浩瀚的天宇，到深幽的海洋，从远古时代而来的怪石，到当下此在的黄花，从鱼龙潜跃，到月光的徘徊，真所谓"一死生为虚诞，齐彭殇为妄作，后之视今，亦犹今之视昔"，一切的分别都是没有意义的，一切的执着都是梦幻，惟有放下心来，放开一切束缚。虽是一条孤独的鱼，却可以在三万六千顷的大海中优游，井底清泉，自有明明如月在徘徊。沧海桑田，妙在当下，人的真性之光照耀，无处不是天上灿烂的街市。

三、关于八大的"回互"观

八大的艺术具有感人的魅力，其中一个重要原因就在于他的画具有天真活泼的情韵。这活泼不是表面的运动感，而是深层的玲珑剔透的生机。唐云曾题八大一幅《鱼》画说："点笔写游鱼，活泼多生意。波清乐可知，顿起濠濮思。"为其活泼的韵致所倾倒。

如八大的《荷花小鸟图轴》，画一小禽于荷叶塘中，几不可见，幽冷至极，其上有菡萏跃露水面，再其上有铺天的荷叶，高举的花朵，这是一片天机鼓吹的境界，整个画面并没有大的"动作"，鸟也不飞，叶也不抖，花不张狂舞动，画面显得宁静而幽深，在宁静幽深之中，有生命的烟雾，有一种无处不在的活泼。(图7-4)

八大的画是活的，这与曹洞宗的"回互"学说有密切关系。

八大有一画，画山上一栗，上题一诗，据板栗之状，发为人生的思考，堪为奇绝。诗云：

> 石女呼长风，木人打腰鼓。抛出栗棘蓬，是谁解吞吐。

---

① 《饮马长城窟行》，见萧统《文选》卷二七。

"石女呼长风、木人打腰鼓"二句[1]，是禅宗独特的语言表达方式，就是以七颠八倒的方式，颠覆世俗的理性逻辑。八大此语来自云岩昙晟的《宝镜三昧歌》（传）："木人方歌，石女起舞。非情识到，宁容思虑。"[2]此歌是曹洞宗的重要经典。七颠八倒，就是要破人们的"情识"。在禅宗中，这样的表述很普遍。有个弟子问汝州归省："如何是论顿不留朕迹?"他回答说："日午打三更，石人侧耳听。"[3]石人是没有耳朵的，同样三更不可

---

①此二句多被释者所误解，如《八大山人诗与画》一书释为："石女：指阴道不全、不能行人事的女子，这里指呆笨如石的人，本身重如石，难以动展，而要呼唤自由灵活、无所不入的长风，难呼唤得到；即使有长风也吹不动自己。""木人：本指木雕的偶像，这里指笨头呆脑、僵如木头的人。木人打腰鼓：木人在别人提动下表演舞蹈。"（见是书26页，华中理工大学出版社，1993年）释者认为，这两句是指有些人艺术创作的能力不够。《八大山人诗与画》一书对解读八大之诗做了重要贡献，是八大诗文研究中一本参考价值很高的著作。
②《五灯会元》卷十三，中册，785页，中华书局，1984年。
③《古尊宿语录》卷二十三，上册，436页，中华书局，1994年。

图7-4　荷花小鸟图轴　纸本墨笔　138×53cm
上海博物馆藏

能出现在日午，但在禅者的狂悟中却可以存在。无异元来《广录》卷三也说："木鸡报晓，石女怀胎。"禅者要人们换一副衷肠，来关心理性背后的活泼泼世界。八大这里通过违反常理的方式，来表现将世界从分别中解救出来的思想。诗句是由板栗形状而引发的。第三、四句形容板栗破壳而出的情状，八大并由此发问："是谁解吞吐？"他借板栗的吞吐，引出曹洞禅的重要学说："回互"说。

曹洞禅法与青原一系有密切关系，良价是云岩昙晟的法嗣，昙晟又是唐代著名禅师药山惟俨的弟子，而药山则是石头希迁（700—790）的嫡传。石头希迁禅法则是青原行思（671—740）的正传。曹洞禅法的形成深受石头的影响。石头，就是八大多次提到的那位著名禅僧。

石头路滑，是禅门形容石头禅法特点的打趣语。石头禅法圆融环转，机变无常，很难把握①。虽取法南禅正脉，但于华严、天台诸家学说颇为用心。其禅法与马祖相比，更注重思辨。正如后来药山所谓"思量的不思量的"，在思量处不思量，抛弃理性，并不等于蒙昧。这样的思想，后来受到曹洞的崇奉。据说石头因读到《肇论》"圣人会万物为己"一句，豁然大悟，因作《参同契》。"参"说的是异，指万殊法相独立存在；"同"指分殊的法相又统于一，法相虽独立，但并不孤立；"契"指一心与诸法往复回环、相契相即之关系。"参同契"哲学强调一心与法相相通，诸法虽各各异在，却相互含摄，统之有元，诸法与人一心之间相与宛转，契合如如。石头首提"回互"观，用来形容诸法之间、心法之间的关系。石头说："门门一切境，回互不回互。"②不回互，说的是法相各各独立自成，不依他而生。回互，是说诸法之间相与宛转。这一理论明显受到华严宗理事无碍、事事无碍学说的影响。石头的"参同契"哲学如同一流转不息的环，在诸法之间，在心法之间流转不息。马祖说"石头路滑"，就是指禅法的这一特点。

曹洞宗的"回互"思想来自石头禅。《宝镜三昧歌》据说为石头再传弟子云岩昙晟所作，良价将其视为秘笈，亲授曹山本寂。这首神秘的歌颂，发挥了石头的"回互"思想，提出"偏正动用"说。《宝镜三昧歌》说："有一物上挂天，下挂地，黑似漆，常在动用中。动用中收不得。"③这"一物"就是石头所说的诸法之间回互

① 据《马祖录》记载（《卍续藏经》第六九册），五台山邓隐峰禅师随马祖学禅，有事不明，想去参问石头，马祖告诉他："石头路滑！"邓隐峰却满不在乎地说："竿木随身，逢场作戏。"但到了石头那里，邓隐峰被石头弄得云里雾里，真正感到石头禅法难以理解。马祖的另一位弟子丹霞天然却比隐峰高明，他也曾从石头学法，后投马祖，初见马祖时，马祖问他："你从哪里来？""从石头那来。"马祖说："石头路滑，还跌倒了吗？"丹霞说："要是跌倒了，就不来也。"这个丹霞天然得了石头的真传。

② 《五灯会元》卷五，上册，255页，中华书局，1984年。

③ 《五灯会元》卷一三，中册，780页，中华书局，1984年。

含摄的至上之理，所谓一切中有"一"，用良价的"正偏说"表示，这个"一"就是"正"。而"一物"又常在"动用"中，"动用"就是偏。明"正"，即明一切中有一，偏而不离于"正"；明"偏"，则明一中有一切，"正"中必有"偏"，必有"动用"。"动用"是万法相含相摄之根源，是一心与万法之间回互流转之关键。《宝镜三昧歌》说："如临宝镜，形影相睹。汝不是渠，渠正是汝。"良价所彻悟的"渠今不是我，我今正是渠"来自于此。在云岩，人临宝镜对影而得偏正之妙，在良价，过水对影而悟真性之理。如人对镜，镜中之影乃在"动用中"，是为偏，而对镜之人则为正。人影回互，往复环转。一如雪关和尚所说，有僧问："如何是宝镜三昧？"他说："不照闲光影，还他旧面皮。"[1]

洞宗的"渠正是咱，咱非渠"，与八大的"画影"观有关。良价的那首悟法偈，突出了洞宗体用回互的思想。所取就在真与影之间，良价见自己的影子，忽然大悟，知云岩师当时所说之真意。我今独自往，处处得逢渠，渠今正是我，我今不是渠。我是本来面目，是体；渠是影子，是用。外在的影之用都是因我之本来面目而存在，所以"渠今正是我"；但影子并不是我，所以说"我今不是渠"。

由石头路滑中所开拓出的"参同契合、正偏回互"的思想，其核心正在石头所彻悟的"会万物为己意"，禅宗要归于这个世界，不是绝对的寂寞，不是顽然真空，空空如也，一无所有，而是生机勃郁，回环像如，流水澹然去，孤舟随意还，一切都在往复回转中。万法一流转，心法一流转，万物为己，一心为物，无物亦无己。我回到世界中，任世界之水而流。这就是八大的"吞吐"大法。石头路滑原就在"回互"中，在往复流转的妙韵中，在心灵与万法的相与吞吐中，石头禅法是"活泼泼地"，而不是"死搭搭地"，八大看到的就是石头一系灵光跃现的真意义。

石头禅是"滑"的，八大的画是"活"的，石头得禅宗之活法，八大得艺道之天机。八大的画有一种"永恒的活泼感"。"活泼泼地"为禅家之要诀，空山无人，水流花开。水也流了，花也开了。王维《敧湖》说："吹箫凌极浦，日暮送夫君。湖上一回首，山青卷白云。"[2] 皎然《舟行怀阎士和》说："二月湖南春草遍，横山渡口花如霰。相思一日在孤舟，空见归云两三片。"[3] 曹洞禅法最讲这活泼的风韵。有人问石霜庆诸禅师（807—888）："如何是佛法大意？"他回答说；"落花随水去。"

---

① 《五灯全书》卷六三《广信府瀛山雪关智闇禅师》。
② 见陈铁民《王维集校注》（一），421页，中华书局，1997年。
③ 《昼上人集》卷二，四部丛刊本。

又问这意旨到底如何，他回答说："修竹引风来。"①禅的悟境是一个生机勃勃的世界。曹洞宗推崇"孤峰迥秀，不挂烟萝，片月行空，白云自在"的境界，以"无风萝自动、不雾竹长昏"作为追求的目标，也强调此一境界。

八大的画力尽"回互"之妙，他作画，是画世界的"戏影"（石涛评八大语），是通过自己作品的"用"，和自己的自性"回互"。他作画，即在"动用中"，他含玩于影与真之间，犹如人照镜子，镜子里是我的影像，是我呢，还是非我？既是我，是我自性的显现，又非我，它只是我的自性的影。他俯仰于这真幻世界中，谛听这世界的真实声音。八大不是舍色即空，而是回互于色空之间；八大也不是将我"丢失"在万物中，而是在万物之中回互，他"丢失"的是欲望、理智的"我"，而回归于自己的"真性"，惟"真性"才能与万法相"回互"、相沟通。所以，八大的"戏影"，一为"幻"，强调其非真有；一为"逗"，"戏"着万法——世界的影子，他作画，就是和真实的世界在做一种游戏。

所以，我们看八大的画，其实就是一个"回互"之事实，一个自性的影子。世界在他的禅的眼光的过滤下，惟剩下一抹若有若无的影子。八大的艺术告诉我们，世界如同太虚中的一缕闲云。他的"鸟道"，就是在捕捉这样的影子。这样的影子，人们是无法抓住了，但可以与之缱绻，与之"回互"。

八大题介冈白狐岭之《吼烟石》诗云："茫茫声息足林烟，犹似闻经意未眠。我与涛松俱一处，不知身在白湖边。"②这首诗写得浅白，八大在茫茫林海之中，感觉到自己和这烟雾缭绕、白云蒸腾的世界融为一体，如贾岛《寻隐者不遇》诗所描绘之境界："松下问童子，言师采药去。只在此山中，云深不知处。"八大融到了这世界中，在这茫茫的"白湖"中浮荡、吞吐。他在《盘瓜图》的题画诗中写道："盘出东陵瓜，想见园中树。瓜期往复来，人情新反故。"③此诗之妙意，也在于往复优游之意韵。（图7-5）（图7-6）

①《五灯会元》卷五，上册，288页，中华书局，1984年。
②康熙《进贤县志》卷二五。
③重庆博物馆藏《盘瓜图》上所题之诗，见《中国古代书画图目》渝1-208。

图 7-5
山水册之六
纸本墨笔　年代不详
大都会艺术博物馆藏

图 7-6
山水册之七
纸本墨笔　年代不详
大都会艺术博物馆藏

第八章
八大山人艺术中的晋人气质

八大早年遭家国之变，遁迹佛门，年届不惑，又蒙身体痼疾，癫狂之态，不能自已，胸有勃郁之气，口又不能言，晚年漂泊，居无定所，食不果腹，孤苦伶仃，一生备尝人间凄凉。但八大的艺术却充满了轻松、幽默、平和、淡远，那玲珑可爱的鸡雏，鼓腹而歌的鹌鹑，自在优游的鱼，还有晚年天光云影般的山水等等，都具有感人的魅力。悲惨的遭遇在这里转为清越的激响，压抑的情怀转为高蹈的祈望。他喜欢喝酒作画，他喝着酒，渐渐进入狂态，在疯狂中作画，身世漂泊雨打浮萍都被忘记，只有率意的生命之舞。

深入了解八大的书画及诗，可发现，八大身上有一种晋人风度，他的艺术也染上了这种气质。大约自1685年开始，他的艺术渐渐走入超脱的路子，他的生命之舟开始向晋人漂去，他开始大量地研习那个遥远时代的作品，王羲之的《临河叙》，似乎成为他永远写不厌的法帖，他刻了"禊堂""晋字堂"等印章①，他的书法有浓烈的晋人气象。他又进而研读《世说新语》等著作，作《世说诗》二十首，并在画中表现魏晋风度。（图8-1）

八大身上的晋人之风②，颇像乃祖。其祖父贞吉先生才华绝世，风流倜傥，一生周游于名山大川之间，"抑时披鹤氅，戴小乌巾，曳杖徐步，望之如神仙中人"③。这就如同汉末名士郭林宗，独立高标，仙风飘举，他坐在船上远去，人在岸上远远望去，如见神仙飘然远去。又如晋人王恭，"孟昶未达时，家在京口，尝见王恭乘高舆，被鹤氅裘，于时微雪，昶于篱间窥之，叹曰：此真神仙中人"④。八大虽历尽磨难，晚年流落于荒郊野陌之间，穷困潦倒，这并没有完全淹没其超然不凡的风致。他一生中很长时间为病魔缠身，但仍不改狂狷的性格。龙科宝写他作画："山

---

① 禊堂，西晋斋堂名。陆机云："天泉池南石沟引御沟水，池西积石为禊堂。"（《晋书》卷二一所引）唐沈佺期《上巳日祓禊渭滨应制》诗："宝马香车清渭滨，红桃碧柳禊堂春。"（《全唐诗》卷九十七）
② 这里所说的"晋人之风"，即历史上所说的魏晋风度，泛指自东汉末年到刘宋时期的一种重性灵自由、好玄远的思潮。
③ 李维桢《弋阳王孙贞吉墓志铭》，见《大泌山房集》卷一三四。
④ 徐震堮《世说新语校笺》，347页，中华书局，1984年版。

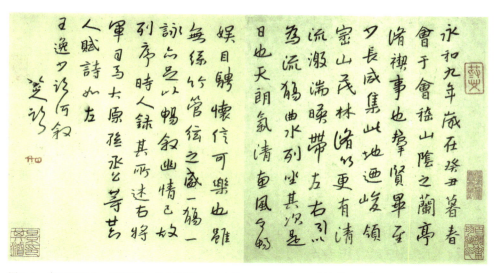

图8-1 书画册之七 临河叙 纸本墨笔 1693年 24.4×23cm 上海博物馆藏

人跃起，调墨良久，且旋且画，画及半，阁毫审视，复画，画毕痛饮笑呼，自谓其能事已尽。熊君抵掌称其果神似，旁有客乘其余兴，以笺索之，立挥为斗啄一双鸡，又渐狂矣。遂别去。"[1]邵长蘅眼中的八大也是如此："然善笑，而喜饮益甚。或缩项抚掌，笑声哑哑然。又喜为藏钩拇阵之戏，赌酒胜，则笑哑哑；数负，则拳胜者背，笑愈哑哑不可止，醉则往往唏嘘泣下。"[2]友人的描写，彰显的是八大真诚率意的性格，真如晋人所说："如野鹤之在鸡群。"

乱后的南昌，虽然文星零落，但残存之硕果，往往在乱离中，崇尚高蹈之风气，这也是逃脱现实的一种方式。徐巨源的《友评》曾风靡西江，宋荦巡抚江西，遍寻巨源遗文，并为《友评》作序。这篇六百多字的文章，反映了士人生存的一种态度。似嘲似谑，亦庄亦谐，颇尽风味。文作于1651年，在易国之乱中藏于西山的巨源回到南昌，满目凋零，人去楼空，山河破碎，文人四散奔离，所存者多落魄潦倒，处于极端之窘况中。他淡淡地勾勒其中十余人的行止，其中有王孙，有前朝遗逸，有狷介之士，他们有一个共同特点：虽有黍离之悲，但精神的光芒却没有被掩盖。如其云：

朱居六：风气奕奕，触时玲珑，棋如韩信木罂度井陉，而不作背水计画，如韦伯将悬空书榜，而了无怖色，支道林所谓"了其神骏"是也。

①龙科宝《八大山人画记》，见雍正初年刊行《西江志》所载。
②邵长蘅《八大山人传》，《青门旅稿》卷五。

刘君允：不事边幅，故自父风，尚有一种如雨湿树木，欲晴未干，时秀色皆为尘雾所散。

刘子山：行步历落，肩膊沓拖，然自有士云初年风气，昔人谓嵇绍如鸡群野鹤，乐令云："君独未见其父耳。"于子山亦云。①

这可以说是一篇《新世说》，文风全仿《世说新语》，着笔处也与刘义庆相似，全在人的风神，萧散历落成为巨源推崇的精神境界。流淌在西江中的这种独特的精神气质，对八大的确产生了影响。

八大在晚年的窘迫中，可以说渐渐走向"世说新语时代"。一方面，他觉得大厦将倾，非一维所系，虽存光复故国之愿望，却无法实现，故国只留在他的记忆中、梦幻中；另一方面，在那蝇营狗苟的世界中，洁净为人的八大几乎找不到落脚的地方，然迫于生存，又无法抽离。八大没有沉沦，现实中无法将息他的理想，就将它留在酒里梦中。他要在污秽中，追求天光云影；在压抑中，玩味飘渺清远的意韵。晋人好酒，好清谈，清通简要，论析玄理，酒使人人自远，晋人尚独立不羁之自我，"我与我周旋久，宁作我"②，这是晋人的思想特征。名士毕卓说："一手持蟹螯，一手持酒杯。拍浮酒池中，便足了一生。"③其实，八大何尝不是如此。(图8-2)

晚年的八大以书画谋生，更以书画安顿孤独寂寞的灵魂。他对刘宋宗炳的学说至为推崇，八大有诗云："向者约南登，往复宗公子。荆巫水一斛，已涉图画里。"④说的就是宗炳之事。作于1694年之后的《安晚册》，其实咏叹的就是晋人风味。这组册页引首有"安晚"两大字，其旁以小字行书："少文凡所游履，图之于室，此志也。甲戌夏至退翁先生属书。"款署八大山人，并钤有"黄竹园"和"八大山人"二白文印。安晚者，其名即来源于宗炳之说，宗炳好游览山水，晚年因病足还江陵，叹曰："噫！老病俱至，名山恐难遍游，唯当澄怀观道，卧以游之。"⑤《安晚册》作于八大晚年，晚年的八大并非身不能行，石涛说他"健步如飞"，他是借画安顿自己的心灵，他向往的并非山林之志，而是精神的超越。今《安晚册》共有二十二幅，其中所题诗有六首，多来自"世说新语时代"，可以说这是一组关于晋人风味的咏叹。(图8-3)

---

① 现藏于北京大学图书馆的徐巨源《榆溪逸稿》为康熙刻本，此本略残，《友评》全文见此。
② 徐震堮《世说新语校笺》，284页，中华书局，1984年。
③ 徐震堮《世说新语校笺》，397页，中华书局，1984年。
④ 此诗见于京都泉屋博古馆所藏《安晚册》之一开中，另见王方宇旧藏《兰亭诗画册》之一开对题中。
⑤ 《宋书》卷九三《宗炳传》，2279页，中华书局，1974年。

图8-2　花鸟册之八　野花　纸本墨笔　1699年　30.7×27.5cm　王方宇旧藏

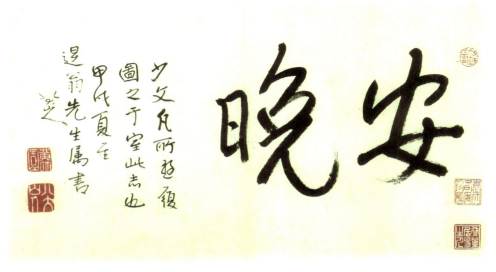

图8-3　安晚册题首　1694年　京都泉屋博古馆藏

很显然，八大晚年依归晋人，给他的艺术带来了深刻的影响。八大思想和艺术中潜藏的晋人气质，是八大研究中的重要问题之一，本章是对这一问题的初步考察。

一、心如水镜

徐巨源说八大的哥哥朱仲韶"貌悴而神愈渊"①，其实瘦高的八大也是如此。《个山小像》中八大形容憔悴，如瘦马临风，然眼无惊怖颤栗之色，神有闲静从容之风。

《安晚册》第二十页有跋语，其云：

> 甲戌夏五月六日以至既望，为退翁先生抹此十六副笥中，翊日示之，已被人窃去荷花一副，笥中之物，何处去也？比之晋人问旨于乐广水镜，广直以麈尾柄确几曰："至不？"客曰："至。""若至，那得去也！"书附高明一笑。八大山人。（图8-4）

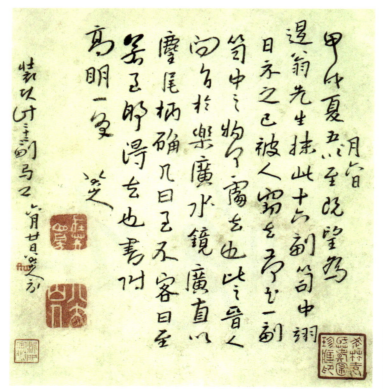

图8-4
安晚册之二十　书法页
纸本墨笔　1694年
31.8×21.9cm
京都泉屋博古馆藏

① 见徐巨源《榆溪逸稿》之《友评》。

八大山人研究

八大在尾跋中因被窃一画，开了一个玩笑，"比之晋人问旨于乐广水镜"之事，其实表达的是一种境界。乐广（? —304），字彦辅，西晋名士，与王衍齐名，性冲约，有远识，宅心事外，所以当时人说他："此人之水镜，见之莹然，若披云雾而睹青天也。"[1] 他与王衍（256—311）为友，所谓"故天下言风流者，为王、乐为称首焉"[2]，是晋人风流的代表人物。当时王澄、胡毋辅等人放达狂狷，不拘礼节，竟至裸体。乐广听到后笑道："名教内自有乐地，何必乃尔!"[3] 这并非说他对儒家名教感兴趣，而是通达清畅，不为物拘。他在河南做官时，传官舍多妖怪，前官多不敢在屋里睡觉，乐广到此却居之不疑。小小的窃画事件，八大借来乐广之事，幽上一默，无非表达对晋人风流的歆慕。（图8-5）

晋人尚心静，心静则神远；更尚心净，心净则神清。心神清远，故能高蹈乎八

图8-5　书画册之三　山水　纸本墨笔　1694年　26.5×23cm　西泠印社藏

---

① 《晋书》卷四十三《乐广传》，1243页，中华书局，1974年。
② 《晋书》卷四十三《乐广传》，1244页，中华书局，1974年。
③ 《晋书》卷四十三《乐广传》，1245页，中华书局，1974年。

荒之表，抗心乎千秋之间。晋人推崇之心境，犹如廓云雾而见青天。八大爱写《临河叙》，不特爱王羲之书法，更爱其中所彰显的清远精神。"此地乃峻岭崇山，茂林修竹；更有清流激湍，映带左右。引以为流觞曲水，列坐其次。是日也，天朗气清，惠风何畅，娱目骋怀，信可乐也。虽无丝竹管弦之盛，一觞一咏，亦足以畅叙幽情……"①。与其说八大陶醉于王的书艺中，倒不如说陶醉在这清明澄澈的境界里。他的心在这里得到洗涤。八大有诗云："好花随处发，流水趁人来。"正是此种风味。

《安晚册》之六画一条鳜鱼，眼神怪异，除了鱼，空无一物，真是鱼水空明，极清远之至（图8-6）。八大有题识云：

左右此何水，名之日曲阿。更求渊注处，料得晚霞多。八大山人画并题。

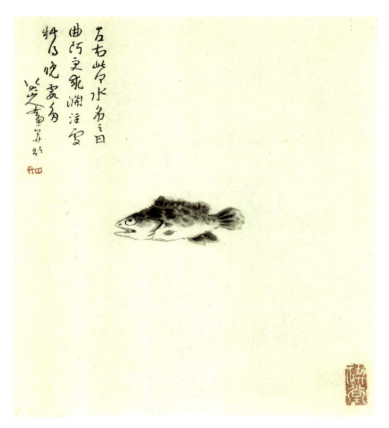

图8-6　安晚册之六　鳜鱼　　纸本墨笔　1694年
31.8×21.9cm　京都泉屋博古馆藏

①此为八大所书《临河叙》之内容，与流传之神龙本有所不同。

诗中所用典故出自《世说新语·言语》:"谢中郎经曲阿后湖,问左右:'此是何水?'答曰:曲阿湖。谢曰:'故当渊注停著,纳而不流。'"①谢安的弟弟谢万,每遭贬抑,并无沮丧,心平如水。淝水之战中,谢安围棋赌注,神情若定,他的弟弟之心胸开阔也不亚于乃兄。此则对话颇能尽谢万之境界,这正是中国古人所推崇的冰壶莹澈、水镜渊停的境界。眼前如镜子般的湖水静静地卧于群山之中,碧波潋荡,一波万顷,天光云影在其中徘徊,山林烟树在其中浮荡。八大画一条鱼,要见其"渊注处",所谓"渊注",即海涵一切,优游无限。他知道,只有在空明澄澈的心湖中,才会有无边的晚霞。一个出没于破屋烂庵、穿戴如乞丐的人,心中想的却是"天光云影",想的是摄得更多的"晚霞"。这正是八大清空幽远之不可及处。

八大的画无沉闷之气,无矫揉之态,明快是其晚年艺术突出的特点。八大晚年与方鹿村相善,他赠方鹿村的诗写道:"云光此图画,何处笔与纸。来日方山人,著书鹿村里。"②读这样的诗真有通体透灵的感觉。

八大晚年靠卖书画为生,朋友说八大的生活全赖一支笔。海外研究界不少论者从"赞助人""商业化"等角度来看待这一问题,以西方绘画史中曾出现的商业化问题来评论八大,其实并不允当。八大只将出卖书画当作维持最基本生存需要的依靠,哪里有将其作为一种"买卖"的想法。他的"河水一担直三文",就是谈这方面的想法。

1699年,八大曾为聚升作画,今藏上海博物馆。聚升是石涛的朋友,生平不详,可能由南昌回扬州,八大为其作书画十六开。其中十五开云:"也是河水一担直三文,八大山人记。"十六开云:"河水一担直三文者,汉东方生以为何廉也之说,禅家方语未载,切勿与石尊者见之。闰七月六日,八大山人顿首。"又有一幅书法作品谈到相似的问题:"方语:'河水一担直三文。'《三辅决录》:'安陵郝廉,饮马投钱。'谐声会意,所云郝者,曷也。'曷其廉'也。予所画山水图,每每得少为足,更如东方生所云'又何廉也'。"③

"河水一担直三文",一担河水值三文钱,八大说是从方言中选取,意思是很廉价。他的书画不是为了卖钱。东方生,指汉东方朔。据《汉书·东方朔传》载:东方朔为郎,"诏赐从官肉,大官丞日晏不来,朔独拔剑割肉,谓其同官曰:'伏日当早归,请受赐。'即怀肉去。……上曰:'昨赐肉,不待诏,以剑割肉而去之,

①徐震堮《世说新语校笺》,76页,中华书局,1984年。
②见王方宇旧藏《兰亭诗画册》其中一开对题。
③此为八大八开书画册一开中的题语,见《八大山人全集》著录,834页,江西美术出版社,2000年。

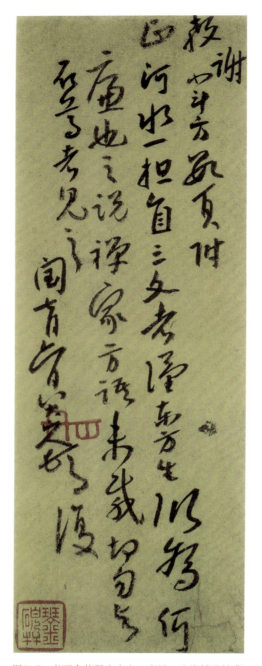

图8-7 书画合装册之十六 书法 上海博物馆藏

何也?'……朔再拜曰:'朔来！朔来！受赐不待诏，何无礼也！拔剑割肉，壹何壮也，割之不多，又何廉也！归遗细君，又何仁也！"① 由这个故事引出"何廉也"一语，为后世文人所喜用，八大引此说明他不是以书画牟利。故事中的"郝廉"，谐音为"盍（何其）廉"，为传说中汉代一位有高风亮节的文士。八大引《三辅决录》云："安陵郝廉，饮马投钱。"马喝了别人家的水，都要付钱。东汉应劭《风俗通》记载："郝廉，太原人，饥寒不受人衣食。曾过姊家饭，留五十文置席下而去。"② 吃了姐姐家的饭，也要留下钱。元代姚守中有《郝廉留钱》，专演此事。郝廉"饥寒不受人衣食"的处世准则，与八大颇相似。八大的一些朋友，如李伍渶等欲帮助他，而八大以"非其力之所自出而辞"③，就是一例。八大以书画养身，"得少为足"，而不是从中渔利。他在给鹿村的信中常常流露出"得少为足"的快乐："顷为沈年翁屏作画，当破格写此五副也，叔痤右手不倦，赏臣者多已。"④ "奉别来将一月，右手不倦，赏臣者倦矣。"⑤ 他的心晶莹剔透，如

① 《汉书》卷六五，2846页，中华书局，1962年。
② 此据《太平御览》卷五一七所引。
③ 《却助续引》，李伍渶《壑云篇文集》文集卷三。
④ 纽约大都会艺术博物馆所藏八大致方鹿村手札之语。
⑤ 北京故宫博物院所藏八大致方鹿村手札之语。

图8-8　书画册之八　书法　纸本墨笔　年代不详　25×87.5cm　藏地不详　　　　　　　　图8-9　书画合装册之十五　书法　上海博物馆藏

乐广般的水镜，真有晋人之风。(图8-7)(图8-8)(图8-9)

八大崇尚"快雪时晴"的意味，他画有《快雪时晴图》[①]，跋云："此快雪时晴图也。古人一刻千金，求之莫得，余乃浮白呵冻，一昔成之。"晋人这种明如水镜、皑如白雪的精神，就是他追求的境界。

二、放之使飞

《世说新语·言语》记载："支公好鹤，住剡东岇山。有人遗其双鹤，少时翅长欲飞。支意惜之，乃铩其翮。鹤轩翥不复能飞，乃反顾翅垂头，视之如有懊丧意。林曰：既有凌霄之姿，何肯为人作耳目近玩！养令翮成，置使飞去。"[②]

支道林（314—366）是八大最为推崇的思想家之一，上述这则关于鹤的故事，包含着重视性灵自由的思想，为后世文人所推重，成为魏晋风度的重要内容。晋人

---

① 此图为刘靖基所藏，作于1690年。
② 徐震堮《世说新语校笺》，75页，中华书局，1984年。

好玄远，其神飘逸，其处世落落而不群：其为声也，如九皋之鹤鸣；其为人也，有远骞高飞之逸趣。在晋人看来，人俯仰一世，短暂而渺小，处处受限，然人微妙的心灵可以超越身观，化为云，化为风，飘飘而仙举。晋人风尚中有一种"放之使飞"的精神，如支道林养鹤而使之能飞，是否有"昂霄之志"，成为人格养炼的关键。

八大一生困顿淹蹇，如折翅之鹤，然每有仙骞之志。1689年，他在给沈友圣所作《岁寒三友图》题识中说："真个驴乡仙鹤在，成仙跨鹤尽徘徊。"[①] 这也可以说是他性灵的写照。在污泥中，不灭云水之想；在萧艾中，不失幽兰之香。晚年的八大生活寒酸，然其清洁的精神，却如皓月当空，为识者所景仰。他的朋友甚至发出了"吾乡之八大山人，真云中之鹤也"的感叹，他被方鹿村称为"典型"——堪称人伦之雅范，良有以也[②]。

李伍淏在关于八大的《却助续引》中写道："兹者同人为之计及嗣续，将以助阮宣子者助之，山人闻之，亦且以为非其力之所自出而辞焉。"[③] 朋友们要帮助落魄的八大，为其娶妻成家，但遭到拒绝。"将以助阮宣子者助之"，阮宣子，晋诗人，性好饮，常以百钱挂杖头，遇酒店便独酣。八大愿像阮宣子那样，将几文钱挂在杖头，去寻找醉乡的自由[④]。

东汉豫章名士徐稚（97—168），字孺子，为陈蕃所重，陈做豫章太守时，不接待宾客，但特设一榻接待徐孺子，可见其贤能。名士郭林宗欲与其商量国是，徐孺子却托朋友转告他："为我谢郭林宗，大树将颠，非一绳所维，何为栖栖不遑宁处？"[⑤] 八大对这位乡贤非常钦佩。他有《无题》诗云：

昔年徐孺子，悬榻有陈蕃。因暑惟高枕，忧时且闭门。

徐稚感觉到当时大厦将倾，欲拯救而无门，只好将一腔忧时之心，化为深长的怅惋，不是高枕而无忧，而是因时而顺变。这给八大以很大的启发。"忧时且闭门"，忧患时世，不是起而拯拔，而是闭门而卧，其中传达的用思颇值玩味。面对生灵涂炭，忧时之心怎能忘；大势已去，以卵击石非俊杰。门虽设而常关，悲从中

① 此轴为泰山残石楼旧藏，《八大山人全集》著录，721页，江西美术出版社，2000年。
② 方士琯《鹿村先生诗集》（康熙刻本）七言律《羽白将返维扬同访八大山人集九韶楼话别之作》云："幸有典型今在望（自注：谓八大山人），不教寰宇似深秋。"
③ 李伍淏《龄云篇文集》卷三。
④ 参本书第二十四章《八大山人婚姻问题再研究》。
⑤ 《后汉书》卷五三《徐稚传》，1747页，中华书局，1965年。

来无已已；远翥而高飞，性灵抚慰自安宁。八大在魏晋风度中寻找自己的精神动力，以清通简要之方，治九曲回肠之怀，将自己从"不遑宁处"中解脱出来，获得性灵的平衡。晋人人物品藻中，以"自然是风尘外物"为至高人格境界，八大以此来砥砺自己。

八大喜画鸡，他笔下的鸡不同凡响，真可谓"欲得鹤飞凌霄意，却从鸡鹜群中谈"。上海博物馆藏八大《山水花鸟图册》八开，作于1694年，其中有一开为《鸡雏图》，画中惟有一只小鸡雏，茸茸可爱，迈着蹒跚的小步，眼睛旁若无人。八大有题识云："鸡谈虎亦谈，德大乃食牛。芥羽唤僮仆，归放南山头。八大山人题。"并钤有"可得神仙"印。这真是再恰当不过的印，八大通过一只小鸡，就表现出"可得神仙"的理想。(图8-10)

诗与画相得益彰，然颇难懂。前三句连用了三个典故。"鸡谈"：语本晋人故

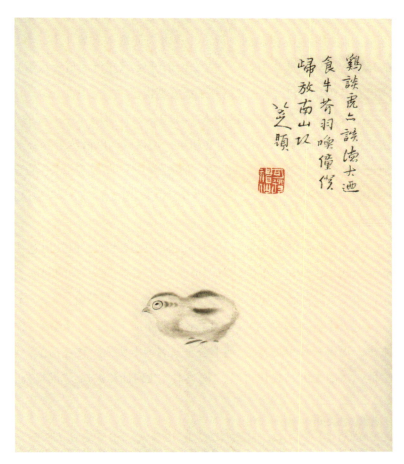

图8-10　山水花鸟册之一　鸡雏　纸本墨笔　1694年
37.8×31.5cm　上海博物馆藏

事。刘义庆《幽明录》载:"晋兖州刺史沛国宋处宗,尝买得一长鸣鸡,爱养甚至,恒笼著窗间,鸡遂作人语,与处宗谈论,极有玄智,终日不辍,处宗因此功业大进。"[1]这是一只会谈理的鸡。"虎亦谈",禅门也将善谈玄理之人称为"义虎"。"鸡谈虎亦谈",此句讽刺清谈之风,不能以知识上的追踪代替生命的体悟,在八大看来议析名理之路,一如禅门所说的葛藤下话。

"德大乃食牛":此句谈超越权威,屈服于政治权威、道德权威、文化权威等的控制,人只能匍匐在权威的阴影之下。有"食牛"的大力,并不能证明其"德"(能力)巨大,"德"之"全"在超越控制的欲望,超越竞逐的目的心理。《庄子·达生》篇说:"纪渻子为王养鸡。十日而问:'鸡已乎?'曰:'未也,方虚骄而恃气。'十日又问,曰:'未也。犹应响景。'十日又问,曰:'未也。犹疾视而盛气。'十日又问,曰:'几矣。鸡虽有鸣者,已无变矣,望之似木鸡矣,其德全矣,异鸡无敢应者,反走矣。'"这只"全德"之鸡,有吃牛之力,其他鸡都不敢轻易与之斗。

"芥羽唤僮仆":此句讽刺那些善斗之人,禅宗所谓世界峥嵘,使人永在痛苦之中。此句用古人斗鸡的典故,斗鸡者为使鸡富有战斗力,将芥子捣碎放到雄鸡的尾巴上,以增其斗力。这一方法由来已久。《左传·昭公八年》:"季、郈之鸡斗,季氏介其鸡。"晋杜预注:"捣芥子播其羽也。"[2]

八大通过此诗,谈自己的人生理想,他要超越理性追踪的道路,名理辨析无法获得对实相世界的悟得;他要超越一切权威,以诸法平等心来对待世界的一切;他更要超越为名为利争斗的欲望,他要做一只"归放南山头"的鸡,一只雌柔的鸡,一只超越了争斗,不为人玩弄,恢复独立自由状态的鸡。正像这只小鸡雏,雌柔而得神仙之境。

八大诗画的难懂由此可见一斑,他的图像生动,但其用意往往又不在图像中。我甚至认为,这只茸茸的小鸡,可以作为《老子》一书的封面。那种仅仅从虚实、留白角度来谈此画,如禅宗所云,真是"全无巴鼻"处。

八大又有《题画鸡》诗云:"不似当年河上公,何来秦地祝鸡翁。人情日去月来事,渴得云餐中鸟笼。"河上公:又名河上丈人,住在河滨,史传其有腾云驾雾之能,清净无为,观化自然。"祝鸡翁":《列仙传》曰:"祝鸡公者,洛阳人,居尸

---

① 此据《艺文类聚》卷九一所引。

② 梁简文帝《斗鸡诗》曰:"玉冠初警敌,芥羽忽猜俦。十日骄既满,九胜势恒遒。脱使田饶见,堪能说鲁侯。"(见逯钦立辑校《先秦汉魏晋南北朝诗》之《梁诗》卷二〇,1908页,中华书局,1983年)梁刘孝威《斗鸡篇》曰:"丹鸡翠翼张,妒敌得专场。翅中含芥粉,距外曜金芒。"(见逯钦立辑校《先秦汉魏晋南北朝诗》之《梁诗》卷一八,1868页,中华书局,1983年)

乡北山下，养鸡百余年，鸡皆有名字，千余头暮栖于树，昼日放散，呼名即种别而至。卖鸡及子，得千余万，辄置钱去之吴，作养鱼池。后登吴山，白鹤孔雀数百，常止其傍矣。"[1]《博物志》曰："祝鸡公养鸡法，今世人呼鸡云祝祝，起此也。"[2] 这与支道林的养鹤而使之飞去的境界如出一辙。"不似当年河上公"两句，说的就是自然无为，无所羁绊，如祝鸡翁放鸡"暮栖于树，昼日放散"，使其自由而已。"人情日去月来事"：不管世道变换、风云翻卷。"渴得云餐中鸟笼"：在鸟笼中，有云鹤之想。如陶渊明诗所云："云鹤有奇翼，八表须臾还。"

西泠印社藏八大二十开书画册，其中有一开题《山房题画诗》云："编篱著西窗，笼鸡语行役。予家卖花处，放去日已夕。"其中也透露出一只笼鸡渴望归放南山头的意思。八大十八开《兰亭诗画册》，其中一开为雪景画，对题云："大雪小雪笼中鸟，只为傍人唤雪姑。放去收来多少伴，况从姑去又从夫。雪姑鸟，一名相思鸟。附题雪景画，八大山人。"雪姑鸟，又名相思鸟，是一种依傍之鸟。元顾瑛《雪姑吟题朱泽民所画雪姑鸟》诗写道："雪姑鹦鹉洲边住，自小无心事机杼。一身悔嫁白头翁，日日孤栖不知处……姑不见韩朋树上相思雀，双宿双归双饮啄。"[3] 八大此画此诗，表白的也是归复本原、不事依傍的状态。(图8-11)

其友熊颐有《题画铭》："是彀音也，而望之若木，欲雄飞且雌伏。"后加注云："八大山人作三小鸡，伏而不鸣。"[4] 看来八大对鸡这一凡常家禽的咏叹，在当时南昌朋友中颇引注目。《世说新语·赏誉》云："张华见褚陶，语陆平原曰：'君兄弟龙跃云津，顾彦先凤鸣朝阳，谓东南之宝已尽，不意复见褚生。'陆曰：'公未睹不鸣不跃者耳！'"[5] 八大就是要做"不鸣不跃者"，龙跃云津，凤鸣朝阳，都是他人之事，他只是雌伏柔弱，优游不迫。

《安晚册》之二十一画鹌鹑两只，其上有云："竟作一日谈，胸怀若雌雄。黄金并白日，都负五坊儿。甲戌重阳。八大山人画并题。"作于1694年。(图8-12)

这幅画和题诗通过两只鹌鹑相对无语之状，隐括晋人的精神境界，颇有深义。"竟作一日谈"：此指晋人事。晋人雅尚清谈，谈必玄远，飘飘然有凌云之志。《世

---

① 据《太平广记》卷四六一所引。
② 据《艺文类聚》卷九一所引。
③ 顾瑛《玉山璞稿》，55页，中华书局，2008年。
④ 见熊颐《麦有堂诗集》二集卷五。
⑤ 徐震堮《世说新语校笺》，235页，中华书局，1984年。

图8-11
书画册之十一　山水
纸本墨笔　1694年
26.5×23cm
西泠印社藏

八大山人研究

图8-12
安晚册之二十一　鹌鹑
纸本墨笔　1694年
31.8×21.9cm
京都泉屋博古馆藏

说新语》中记载大量的竟日之谈所带来的性灵满足[1]。"胸怀若雌雄":《老子》说:
"知其雄,尚其雌。"老子推崇水的智慧,水以柔弱而胜刚强,因为"弱也者,道之
用也",雌柔静处,方得大道精髓。八大"胸怀若雌雄"即言此意。"黄金并白日"
二句:富贵非吾愿,帝乡不可期,金马的春天虽然明媚,但却是别人的,一切功
利欲望的念头都荡却,惟有心灵的深深宁静。"五坊",唐代天宝七载所设官职,派
人分管雕、鹘、鹰、鹞、狗,谓之五坊使者。后来五坊使者无恶不作,《顺宗实录》
卷二说:"贞元末,五坊小儿张捕鸟雀于闾里,皆为暴横以取钱物,至有张罗网于
门,不许人出入者,或有张井上,使不得汲水者。近之,辄曰:汝惊供奉鸟雀。痛
殴之。"[2]八大引此典强调,任凭那些跳梁小丑翻浊浪,我自葆胸中的宁静和清淡。

由此可以看出,这里画两只鹌鹑,表现晋人清谈的境界。两只鹌鹑,悠然
从容相对,在做无言之长谈。谈得云水空阔,谈得地阔天宽,谈出了平淡如水的
心,没有争斗,没有欲望,远出凡尘。晋人支道林说,下围棋是"手谈",用手来
谈,在虚灵的棋局中谈,毫无踪迹,从容淡定。八大这两只鹌鹑是不谈为谈,以眼
来谈。

三、惟在意兴

八大致方鹿村信札中,有一通云:

> 四韵遵示书之,拙作可附骥去,画十一编次,一并附去。黜陟之,乃佳
> 也。龙门一宿觉,先生便骑马到阶除,或云访戴,此假道也,是耶? 途中昨
> 得一绝:"苦雨经旬忘,邻州杖莫旋。如今石崇路,花放与苔钱。"[3] (图8-13)

这里所说的"访戴",语本晋人之故事。《世说新语·任诞》:"王子猷居山阴,
夜大雪,眠觉,开室命酌酒,四望皎然。因起彷徨,咏左思招隐诗,忽忆戴安道。
时戴在剡,即便夜乘小舟就之。经宿方至,造门不前而返。人问其故,王曰:'吾

---

① 《世说新语·赏誉》:"王敦为大将军,镇豫章,卫玠避乱,从洛投敦,相见欣然,谈话弥日。"(徐震
　堮《世说新语校笺》,247页)《世说新语·文学》:"张凭举孝廉,出都,负其才气,谓必参时彦。欲
　诣刘尹,乡里及同举者共笑之。张遂诣刘。刘洗濯料事,处之下坐,唯通寒暑,神意不接。张欲自
　发无端。顷之,长史诸贤来清言。客主有不通处,张乃遥于末坐判之,言约旨远,足畅彼我之怀,
　一坐皆惊。真长延之上坐,清言弥日,因留宿至晓。"(见徐震堮《世说新语校笺》,128页)
② 韩愈《顺宗实录》卷二,清海山仙馆丛书本。
③ 北京故宫博物院藏有八大山人致方鹿村十三通书札,此为其中之一。

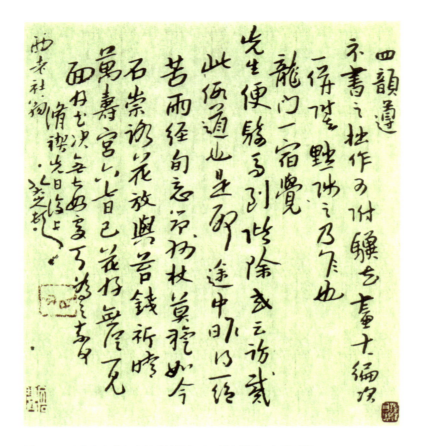

图8-13 八大山人致方鹿村手札册之三 纸本墨笔 年代不详
21.2×17.5cm 北京故宫博物院藏

本乘兴而行，兴尽而返，何必见戴！'"[1]王子猷，乃王羲之之子；戴安道，即戴逵，当时著名雕塑家。一个"兴"字，正说到晋人气象的关键处。所谓"兴"，就是人真实的生命冲动。晋人重意兴，适"兴"而往，独存真性，反对虚与委蛇。八大极重这样的生命境界。晚年的他，也可以说就重一个"兴"字。他任达率真，其艺术中也充满了这样的特性。

杨翰《归石轩画谈》一书收录八大多幅作品，卷一〇中一幅作品云："作巨石黝然突出，轮困满纸，上立一鸟，绝无点缀，石之古峭，鸟之萧闲，反侧观之，神味不尽，此诣为山人独绝耳。"[2]这不啻为一曲轻歌，的确是八大的独家秘奥。

《艺苑掇英》第七十五辑录有八大作品一幅，名为《巨石鸣鸟图》，作于康熙己卯（1699），是其晚年之作。他用浑圆的笔触画危石当立，摇摇欲坠，而微石下

①徐震堮《世说新语校笺》，408页，中华书局，1984年。
②见《中国书画全书》第十二册，165页，上海书画出版社，1998年。

八大山人研究

却有一朵小花自在开放，全然没有面临危殆的恐惧。八大也曾有作品表现过这样的境界，但在这幅作品中，又于巨石顶端，多画了一只小鸟，可爱的小鸟，大张着嘴巴，在唱歌哩。

这可能是八大发现的宇宙清音，在这深沉静寂的世界里，燕舞花飞，莺啼鸟啭，云轻轻地飘，水潺潺地流，微风届耳，虫吟沁心，声鼓并作，那是宇宙的和鸣。八大的画不在孤僻，不在幽冷，不在冷眼看人的愤怒，不在无所之之的绝望，而在表现宇宙间轻柔的声音。他或而哭，或而笑，或而狂涛大卷，或而掩卷静思，不是在思考自己当下的处境，当下的得失，而是一个生命体面对宇宙的感动。八大以他那独有的深情和爱意谱写着这世界的衷曲，他像一朵花儿轻放，像一只小鸟和鸣，像一只茸茸的鸡雏悠然地踱步，像一条快乐的鱼，在世界的海中自由地游弋。

四、重其神骏

《安晚册》之九画的是一只姑且称之为猫的动物，孤零零地俯卧在地下，眼睛似睁还闭。其上八大自题云："林公不二门，出入王与许。如公法华疏，象喻者义虎。八大山人题。"《安晚册》的题诗大都以《世说新语》立意，此图也不例外。(图8-14)

此诗取东晋哲学家、僧人支道林之事。在东晋，支道林是一位有魅力的清谈家，行为独特，学问渊博，于道佛学说都有精深研究。所谓"不二门"，即大乘空宗所推重的不二法门，它强调超越"分别智"，建立一种不加分别的"般若智"，破"二"而归"一"。八大以林公得于不二法门，其实，就大乘佛学的要旨而言，林公在不二法门方面犹隔一尘。

这位东晋名士，在当时名重声隆，时清谈名士多与之有交。如孙绰、许询、殷浩、谢安、王羲之等。八大说"出入王与许"，以王羲之、许询来指代他广交名士。林公虽其貌不扬，但才华绝世，常以哲思折人。王羲之本来是看不起他的，当时王羲之为官会稽，林公在此地，孙绰就对王羲之说："支道林可谓当世清谈的领袖，你愿意见他吗？"王羲之负不世之才，根本没将其放在眼中。后来孙绰带着林公去拜访他，当时他正和许询交谈，连一句话都没和林公说。诸人退去后，林公后行，他对王说："众人都去了，我想和您谈谈我的浅薄想法。"王羲之听他谈了一段有关《庄子·逍遥游》的看法，感觉他才藻新奇，花烂映发，叹服不已，与之把谈终日，相与甚欢①。

"如公法华疏"，可能是八大误记，林公著作很多，如《安般经注》《本起四禅序》《道行旨归》《本业经注序》等，又曾讲过《维摩诘经》《首楞严经》等，但并未有《妙法莲华经》的注疏，不知何指。此句是说林公于佛学有精深造诣，其解说佛理，妙得一家之言。义虎，乃佛教术语，指对佛的义解精当，犹如猛虎②。象喻者义虎：者义虎，这只义虎，指的就是支道林。"象喻"，既说支道林讲经的方法，又指他所创立的即色为空学说。支道林认为，色本为空，因为一切色都是因缘而生，并非自有，所以当体即空。支道林认为色不自色，强调色法没有自性，他的"色即是空"的学说主要建立在此基础上。他的这方面学说被称为即色宗。

八大这幅画及题诗，表现的就是支道林关于色相与实有之间的关系，这也是支的学说对他的启发。《世说新语》记载："谢安目支道林如九方皋之相马，略其玄黄，取其俊逸。"③ "支道林常养数匹马。或言：'道人畜马不韵。'支曰：'贫道重其神骏。'"④ 支道林在色空学说上的独特见解，使他对世界存在有自己的看法，他的"重其神骏，略其玄黄"，都是这一学说的体现。

支道林的色空论，与八大长期关注的"实相"学说有相似内涵。八大画一只似像非像的猫，表现的却是支道林这只"义虎"，他酌取支道林"重其神骏，略其玄黄"的思想，强调一切形色都非实有，艺术要超越具体的表象，仅仅停留在外在形色的艺术，不是真艺术。晋人之境，"意在玄远"，像嵇康诗中所说："目送归鸿，手挥五弦。俯仰自得，游心太玄。"⑤ 顾恺之以"手挥五弦易，目送归鸿难"为论⑥，谈艺术表现的重要道理。魏晋风度于此写下了灿烂的篇章，这正是八大晚年艺术汲取的重要滋养。

八大有《世说诗》二十首，但我们现在能见到的直接以此为名的诗只有一首，见苏州灵岩山寺所藏八大八开《山水花鸟图册》之一开，其云："使剑一以术，铸刀若为笔。钝弱楚汉水，广汉淬爽烈。何当杂涪川，元公乃刀划。明明水一划，故

① 事见《世说新语》："王逸少作会稽，初至，支道林在焉。孙兴公谓王曰：'支道林拔新领异，胸怀所及乃自佳，卿欲见不？'王本自有一往隽气，殊自轻之。后孙与支共载往王许，王都领域，不与交言。须臾支退。后正值王当行，车已在门。支语王曰：'君未可去，贫道与君小语。'因论《庄子·逍遥游》。支作数千言，才藻新奇，花烂映发。王遂披襟解带，留连不能已。"
② 《释氏要览》中说："高僧道光，在江东，研究义理，号义虎。"《五灯会元》卷一二说：北宋时，"有善《华严》者，乃贤首宗之义虎也。"（中册，768页，中华书局）
③ 徐震堮《世说新语校笺》，451页，中华书局，1984年。
④ 徐震堮《世说新语校笺》，68页，中华书局，1984年。
⑤ 《兄秀才公穆入军赠诗十九首》之一，《嵇中散集》卷一。
⑥ 徐震堮《世说新语校笺》，388页，中华书局，1984年。

此八升益。昔者阮神解（去声），暗解荀济北。雅乐既以当，推之气与力。元公本无力，铜铁断空廓。《世说》二十首之一，率录并画题求正，八大山人。"①饶宗颐先生曾指出此诗使用了两个典故，一是关于蒲元的，一是阮咸和荀勖的，合二事而言之②。然饶先生虽指出典故之由来，关于其义解尚有未尽之处，今再广其说。八大这首诗，犹如一篇诗体《庖丁解牛》，其中包含着他对艺术和人生的理解。(图8-14)

一是关于剑。《世说新语·术解》云："荀勖善解音声，时论谓之暗解，遂调律

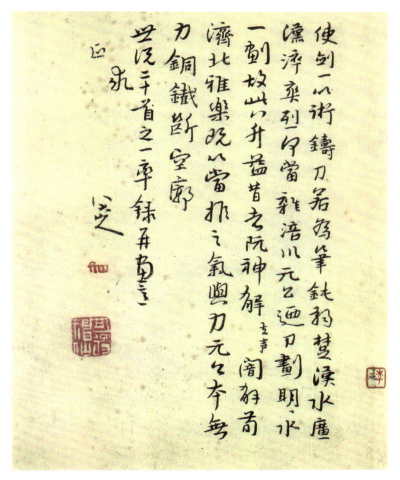

图8-14　山水鱼鸟册之八　书《世说诗》　纸本墨笔　年代不详
26.5×19.5cm　苏州灵岩山寺藏

---

① 以上涉及八大题画诗多与《世说新语》有关，但一般都是绝句，而这是长篇古诗。我以为，八大《世说诗》的其他十九篇当未发现，以上那些与《世说》相关的诗，可能并不在这组诗之列。
② 参见饶宗颐《八大山人〈世说诗〉解》，香港中文大学《中国文化研究所学报》第八卷第二期，1976年。

吕，正雅乐。每至正会，殿庭作乐，自调宫商，无不谐韵。阮咸妙赏，时谓神解。每公会作乐，而心谓之不调。既无一言直勖，意忌之，遂出阮为始平太守。后有一田父耕于野，得周时玉尺，便是天下正尺。荀试以校己所治钟鼓、金石、丝竹，皆觉短一黍，于是伏阮神识。"① 荀勖（？—289），魏末晋初人物画家，亦善解音律，被称为大荀。阮咸也是一位音乐家，尤善琵琶。一种叫"阮"的乐器，即为其创制。荀重暗解，阮重神解。荀初对阮不以为然，认为其音律有差，后知是自己的错误，心中更佩服。荀勖又好剑术，他有一把宝剑，交给母亲保存，钟会时学荀勖书法，于是给荀勖母亲写信，将剑骗出来。但他不懂荀的剑术，剑在他的手里很不听使唤。后来荀勖使计将剑要回。荀舞剑以神而不以技，以音乐通之，成一代剑人。所以八大说他"使剑一以术"，其实是无术之术，但求心会。

一是关于刀。《艺文类聚》第六〇卷载《蒲元传》："君性多奇思，于斜谷为诸葛亮铸刀三千口，刀成，自言：'汉水钝弱，不任淬用，蜀江爽烈，是谓大金之元精，天分其野'，乃命人于成都取江水。君以淬刀，言杂涪水，不可用。取水者捍言不杂。君以刀画水，言杂八升。取水者叩头云：'于涪津覆水，遂以涪水八升益之。'以竹筒内铁珠满中，举刀断之，应手虚落，因曰神刀。今屈耳环者，乃是其遗范。"又，《太平御览》卷三四五有《蒲元别传》："君性多奇思，得之天然，鼻类之事出若神，不尝见锻功，忽于斜谷为诸葛亮铸刀三千口。熔金造器，特异常法。刀成，白言汉水钝弱，不任淬用，蜀江爽烈，是谓大金之元精，天分其野，乃命人于成都取之。有一人前至，君以淬刀，言杂涪水，不可用。取水者犹捍言不杂，君以刀画水，云'杂八升，何故言不杂？'取水者方叩首伏，云实于涪津渡负倒覆水，惧怖，遂以涪水八升益之。于是咸共惊服，称为神妙。刀成，以竹筒密内铁珠满其中，举刀断之，应手灵落，若斫生刍，故称绝当世，因曰神刀。今之屈耳环者，是其遗范也。"二者所记，是从不同角度说蒲元铸刀之神奇。

使剑一以术，铸刀若为笔。剑是用心灵来舞动，刀是由精纯的心来铸成的，神的控御，心的贯通，使得剑舞飞花，游刃有余。荀勖不费气力而妙解音声，舞剑如游龙；蒲元虽然没有多大力气，但能手起刀落，削铁如泥，舞动刀就像书法家随意挥动手中的笔，空灵廓落，无影无形。八大以这两个故事来论人论艺，都在于强调其"重其神骏，略其玄黄"的思想。人生的高妙之处，在其神骏灭没处，艺术的高妙之处，也端赖斯道。

① 徐震堮《世说新语校笺》，379—380页，中华书局，1984年。

第二编　思想索解

　　八大山人研究有两大关键问题：一是他的佛教思想背景，二是他的遗民情感。这两个问题，既关系到对八大思想的定位，又是解读他大量的晦涩作品时所无法回避的。本编前四篇文章讨论这两大关键问题在不同历史时期的体现，后六篇文章则是选择八大一些重要的绘画作品及论作，对这两个问题进行纵深剖析。

第九章
八大山人遗民情感的发展过程

　　遗民情感是八大山人思想和艺术中的核心问题。八大是明朱元璋之子宁献王朱权之后，明亡后，这位故国王孙成了遗民艺术家。近六十年不灭的故国情怀，直接影响了他的艺术道路和艺术风格。可以这样说，如果没有这样特殊的身世遭遇，没有他那不忘故国的情感，也就不可能有我们今天所见到的八大山人艺术。

　　八大的遗民情感，在不同时期有不同表现。我们可以将其遗民情感发展过程大致分为四个时期：一、潜藏期（1645—1672）。明亡后，八大逃往寺院，借佛学思想来安顿战栗的灵魂。这时他主要是静处、潜藏，偶露峥嵘，但棱角不明显，显得谨慎。他的作品中故国情感的表达，相对来说也比较淡逸，此期的代表作品《传綮写生册》即是如此；二、转换期（1672—1680）。八大法门老师颖学弘敏圆寂（1672）之后，他便四方行脚。癫疾的发作，生活的无着使他产生了强烈的漂泊感，从而强化了他的遗民情感。他开始公开自己的王孙身份就是显例。三、爆发期（1681—1684）。癫疾复发后（1680年冬），他回到南昌，其后数年是其故国情感的爆发期，他这个时期的作品一改前此幽淡的格调，充满了愤懑的情绪。四、寄托期（1685—1705）。晚年的二十年中，故国情感虽然是他放不下的心结，但在表现上却转为委婉寄托，作品更注意人生感和宇宙感的表达，对人的命运的关注成为此期作品的主调。

　　对八大不同时期遗民情感倾向的把握，有利于我们更好地理解他的艺术和思想，有利于厘清此前的种种误解。

一、潜藏的早年

　　甲申之变后的1645年，南昌的故明宗室被遣散，八大"弃家"逃往西山（在南昌西郊），并于顺治戊子（1648）剃度受戒进入佛门；顺治癸巳（1653）从师于弘敏，其间在进贤介冈灯社（在南昌的东南）和奉新耕香院（在南昌的西北）学法。从1648年到1672年的二十余年时间里，八大过的是丛林生活，其足迹遍涉西山、安义、新建、奉新、进贤等地。他修行佛法，研习书画，并参加一些社集，其中包括一些诗会，或以诗会为名目的遗民团体。现在没有资料证明他在这过程中曾参加过抗清复明的具体活动，前此有研究将进贤介冈灯社当作一个反清复明的组织，这样的说法尚缺乏资料支持①。

八大进入佛门时，江西还笼罩在恐怖之中。劫后余波，震荡不已。江西诗坛领袖徐巨源隐于西山香城寺，遗老陈伯玑有《寄徐巨源寓香城》诗云："干戈满地竟何如，闲却英雄望后车。著述飘零人自重，间关俯仰计非疏。经年几宿香城寺，尽日推敲沙井庐。若问客怀与生计，惟余吟榻送居诸。"②对当时的悲惨境况作了生动描述。

八大从最初的惊恐中醒来，目睹家国之惨状，自知无力回天，于是潜隐佛门，静修禅道。北京故宫博物院藏八大《墨花图》长卷作于1666年，其上钤"耕香""雪个""白云自娱""萧疏淡远""土木形骸"等印章。上有一诗云："泃是灵苗苗有时，玉龙摇曳下天池。当年四皓餐霞未，一带云山展画眉。"诗颇能表现这时八大的心态：你是一株灵苗，任凭狂风骤雨摧折，但终会长成大树；你是一条从天池飞下的龙，潜于深渊，在静憩中颐养；你有商山四皓那样的节操，在深山里饮风餐霞，披月引风；你看那一痕远山正舒卷，又何必紧锁眉头自折磨。这是一首自我宽解的诗。这位王孙要用"土木形骸"隔绝尘世的干扰，在"枯佛巢"中淡定下来，潜心禅道，过着"白云自娱""萧疏淡远"的禅家生活，"灌园老人"式的生活给他带来了宁静③。（图9-1）

现在大致可知，在此期间，八大曾在安义参加过遗民聚集的诗社，在西山的寺院中与徐巨源等遗老有过从，在奉新的山中与隐遁的节士保持着密切的关系等。

一是安义社集。民国《安义县志》宗教志云："时茅岗处士黄上达于明壬午在三丫庵购田购屋，为叔季避乱之地。明鼎即革，遂将菟裘改建寺庙，俗曰延庆寺。时八大山人、南昌万时华、奉新彭文亮、邑诸生涂凤稷、黄之侃常集社于此。"安义原为建昌县辖，在南昌西北，毗邻奉新，是由南昌到奉新的途经之地。这则资料透露出八大国乱以后在安义活动的踪迹。他与这些前朝遗民聚集在一起，当然也有安顿乱后惊魂的用意。其中所举数人，除八大尚年轻之外，其余都是前朝遗老。万

① 李叶霜说："灯社者，光明之意也，亦兴复大明之意也。"（《关于八大山人的新论证——解开三百年来一重公案》，见王方宇编《八大山人论集》，台北：编译馆中华丛书编审委员会，1984年）
② 见欧阳桂《西山志》卷二，清乾隆三十一年梅谷山房刻本。
③ 此句双引号中的内容，是八大此时所用印章之文字。

图9-1 墨花图卷（局部） 纸本墨笔 1666年 24.8×339.7cm 北京故宫博物院藏

时华（1590—1639），字茂先，号溉堂，为明末清初南昌著名诗人，今有《溉园初集》《二集》传世。徐巨源说："茂先诗精醇雅丽，当代所推，常心折。"[①]《溉园诗集》记载了他与徐巨源、黎元宽、陈士业等当时名宿的交往，八大当时尚幼年，茂先并无与其交往的记载，却有与八大老师弘敏交往的诗。如《过学公禅室》："为访安禅处，知师静者徒。杖阴随日转，山势倩云扶。性定依群虎，机忘狎众麋。蒲团虽大地，即此是良图。"[②]这里的学公当指曾居香城寺的弘敏。涂凤稷，明诸生。黄之侃，同治《安义县志》载为明末副贡，也是前朝官员。

彭文亮则是八大的老友。据乾隆《南昌府志》卷六十四隐逸载："彭文亮，字白生，奉新人，为诸生有名，甲申闻变，弃诸生服，挈妻、子归奉新山中。学使檄试，不出。筑室山下，为人佣耕自给，间作小诗及书画，后十余年以旅死。"《个山小像》上，彭文亮题有《个翁大师像赞》，显现他对八大生平很熟悉，款"湖西彭文亮"。奉新的湖西是八大早年常去之地，上举北京故宫博物院《墨花图》长卷，便款署"画于湖西精舍"。北京故宫博物院藏八大《梅花图册》，作于1677年，共九开，之三有题识曰："如在西湖篱落间，烟重雨昏时见。"之八画梅花，有诗一首："三十年来处士家，酒旗风里一枝斜。断桥荒藓无人问，颜色如今似杏花。"我疑此画是为彭文亮作：所谓"西湖篱落间"，似为彭所居之所，"三十年来处士家"，正与彭国变后"筑室山下"时间相合。

二是与节士之过从。《个山小像》提供了八大早期交往的一些线索，除了法弟

---

① 《成之诗序》，见徐巨源《榆墩集》，此乃巨源诗文选集，由熊鹤台所选。
② 万时华《溉园诗集》卷二。

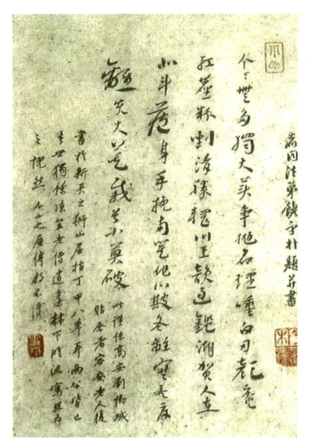

图9-2　个山小像（局部）
刘恸城跋（八大手书）　八大山人纪念馆藏

饶宇朴和彭文亮之外，还有蔡受、黄安平、容安老人和刘恸城等。八大录刘恸城赞后自题曰："此赞系高安刘恸城贻余者，容安老人复书于新吴之狮山，屈指丁甲八年耳，两公皆已去世……"容安老人生平不详，乃奉新（新吴）之狮山人。刘恸城赞语写于1667年，时八大居奉新山中。刘恸城，原名刘九嶷，字岳生，高安人，崇祯举人。明灭后，立志不与新朝同列，于顺治元年易名为"恸城"——满目疮痍的痛哭之城，并建有"洁庵"和"恸城"，以显其志。八大与这样的遗民数数往来，也可推知他当时的思想。（图9-2）

三是与隐逸文人之交往。《传綮写生册》作于1659年，画上有"灯社释传綮书"的款，当作于进贤介冈灯社。册页之二画一芋头，有诗云："洪崖老夫煨榾柮，拨尽寒灰手加额。是谁敲破雪中门，愿举蹲鸱以奉客。""洪崖老夫"，疑指徐巨源。据康熙《奉新县志》，洪崖在西山之中，香城寺就在他的旁侧。当时徐巨源就隐居于此，自号"洪崖老夫"。巨源与八大之兄朱仲韶、八大之侄朱容重以及多位王孙有交往，他还是弘敏的好友。当八大学法于弘敏之时，也当与徐巨源有交往。万时华与徐巨源为莫逆交。八大与舒性交往，可能也有巨源的因素在。舒性的父亲舒碣石是万时华等人的老师。舒性，字成之，与八大相友善。舒性曾与万茂先、徐巨源等在西山结为"社友"。八大在约作于1690年的《道院四首》中说："画负成之舒先生卅年已，兹乃茶会至，再属画。"说明在1660年左右，他在山中即与舒性有交往。（图9-3）

这个隐逸文人集团还包括八大毕生好友丁弘诲、傅修等，二人都有强烈的故国情怀。其时丁、傅二人也避难隐居于此。他们和八大年龄相仿，都曾参加耕香院的初建。丁在奉新读书期间，与八大有交往。傅修与丁弘诲一样，是八大的终身好

图9-3　传綮写生册之二　芋　纸本墨笔　1659年　24.5×31.5cm　台北故宫博物院藏

友。西江之乱后，也隐居奉新山中。万任《傅先生小传》云："戊子（1648）兵乱，家碎，几不脱于难，窜新吴，新吴闵晋公、王价子、帅周长、邓小崇辈凤负才名，咸宗焉。"[1]

八大早期避乱山中，遁入佛门，弘敏既是他佛门的老师，可能也是他的保护者。弘敏是雪关和尚的法嗣，雪关从法于博山元来，博山元来与觉浪道盛（1592—1659）同师于寿昌慧经。弘敏很受当时著名的曹洞宗宗师觉浪师祖的器重，觉浪曾多次请其出任博山能仁寺的方丈。而觉浪对八大的祖父贞吉先生非常崇拜，贞吉过世后，觉浪为之编辑文集[2]。我疑八大从弘敏出家，可能有觉浪的因素。另外，黎博庵、徐巨源等也有可能都是八大的保护者。

由这些零星的资料推测，八大早期遁入空门，虽然难忘家国之难，但禅门毕竟给他带来一定的安慰，也成为他的保护之地。其间他广泛接触前朝遗逸、山林节士，故国之情荡漾着他的心灵。他虽没有像刘恸城那样，以极端的方式自明其志，但他不与新朝同列之心是明显的。他在与当时遗民交往中为人所重，也与其志节有

---

① 见万任《静园仅稿》卷四。
② 康熙二年刊《南昌郡乘》卷三七《朱贞吉传》。

关。正如蔡受《赠雪师》所说的："人言我怪怪不足，我眼底见惟一秃。师奇奇若入水矾，才磨缸角尘不顽。"[1]在蔡受看来，八大的奇，不是行为怪诞，而是精神的奇——八大具有如矾净水一样的灵魂。

二、中岁现萌动

自1672年弘敏圆寂，到1680年底癫疾复发回到南昌，这段时间八大的遗民思想有所变化，从前期的立志潜藏到有所跃动。我将对这一时期专门讨论。

导致其思想变化的原因主要有三，一是老师的离去，他失去了保护的屏障；二是他的身体出了问题，两次癫病的发作和口不能言的暗疾，影响了他的思想；三是活动区域的变化，由新昌到临川的几次客居，对他的思想也有所冲击。

邵长蘅《八大山人传》说："不数年，竖拂称宗师。住山二十年，从学者常百余人。"康熙《进贤县志》也说八大"尤为禅林拔萃之器"。八大在佛学方面有精湛的修养，曾出任耕香院住持，但时间并不长。耕香院是奉新一个不大的寺院，建于1656年，由弘敏的朋友闵钺、王价子、傅修等倡建。八大早年在佛门的大多数时间是在这个寺院度过的。

弘敏圆寂后，八大长期行脚于外。现在可知的是，他1673到1674年至新昌，1677年前后在外漂泊，因病而"归老奉新"；1679年初又行脚到临川，并挂锡于此地的寺院，从此以后实际上就离开了耕香院。在新昌期间，其诗友裘琏曾鼓动他结茅新昌；在临川期间，县令胡亦堂一再劝他留在临川。这说明，弘敏圆寂之后，八大便不再是耕香院的住持。

此后，八大与耕香院渐行渐远，可能与禅门内部的冲突有关。1656年耕香院创立，1658年，弘敏曾应请主持头陀山的定慧寺，但时间很短，因移佛塔之争执，愤然辞归。弘敏晚年友人闵钺是一位有才华的诗人，在佛门很有影响，但性情急躁，四面树敌，曾引发多起佛门内的争端。而弘敏曾将身后事拜托闵钺，闵在《挽耕香禅师》诗中写道："深深拜倒泪纵横，岂是区区去住情。记得许多曾托事，敢辞孤掌负前盟。"自注："师平时常以身后事相托，故云。"弘敏之后，他对这个自己参与建造起来的禅院有更多的参与当有可能。从闵钺《冶庵别集》看，这里没有只言片字提到"芦田个"，如果八大嗣法弘敏，成书于1680年的《冶庵别集》没有

[1] 蔡受《鸥迹集》卷一一。

任何记载，似有些不合情理。我怀疑高傲的八大和急躁的闵钺之间可能有所争执。这可能是造成八大长期行脚在外的重要原因。

漂泊的生涯，促使了八大思想的变化。思想的变化，引发其罹患癫疾，某种程度上又加重了他思想的冲突。于是，我们看到八大在遗民情感方面出现了一些明显的变化。

（一）胡亦堂从1670年到1676年任新昌县令①，这期间，八大数至新昌，与胡的女婿裘琏结下深厚情谊。从裘琏的记载看，此期八大思想中的遗民倾向颇为浓厚。裘琏1679年所作《释超则诗序》说："往岁壬子（1672）客江右，获交芦田释雪个，归而宣城释用无游吾慈，又获问交于太仆冯先生家。两人皆博猎好古，奇傥不羁。雪兴悲禾黍，用抱痛蓼莪。皆以不得已故隐于浮屠。用工诗赋，雪善书，天下读书负节之士莫不知其人。而予一年之间幸获问交，交且极欢爱。不知两人所得于予何如也。迄五六年间，用无死于苏州，予哭之哀，又二三年，予再游临川，闻雪个病颠，归老奉新。予疑其有托而云然。"②他对八大的"兴悲禾黍"有很深印象，而他说天下负节之人，"莫不知其人"，也说明此时八大已不是一个隐藏于丛林中的僧人，他的故国情感已为人们所知。

（二）在《个山小像》中，八大首次钤上"西江弋阳王孙"印，这位"出家人"开始寻找自己的"家"了。从《个山小像》饶宇朴、彭文亮跋对其家世的揭示，也表明八大公开自己身份的意向。这是他思想的重要转变。

（三）1679年春到1680年岁末客临川期间，八大的思想经历了激烈的冲突。胡亦堂《予家在滕阁，个山除夕诗中句也，为拈韵如教》云："曾传天宝事，长忆物华楼。汝是山中个，回思洞里幽。杉松几长大，椒柏此迟留。莫道章江隔，浮杯即渡舟。"③八大原诗不见，但他的"予家在滕阁"给胡很深印象，故国、故园、王孙的身份在八大的胸中跃动。

胡亦堂修《临川县志》（康熙十九年刊）收录了八大咏临川风物的十首诗，诗乃是与诸文人的唱和之作。在这些唱和诗中，八大借抚摩临川陈迹，叹身世飘零，表露出浓厚的故国情思。

（四）在临川，八大结交了很多遗民朋友。参加临川唱和的人，多具有浓厚的故国情感。

---

① 丁弘海《宜丰游草序》："先生以庚戌冬月宦宜丰，辛壬癸甲历四年。"见其《砚北笔存》，此书不分卷。
② 见裘琏《横山文集》之《易皆轩二集》。
③ 胡亦堂《梦川亭诗集》五言律，此书为康熙刻本，上海图书馆藏有一本。

揭贞传（1632—1703），字宪武，为南明将领揭重熙之子，揭重熙曾领兵抗清，被俘后不降，从容就死。其父殉国后，揭贞传辗转流连数十地，在友人帮助下，千里至闽，搜索父亲残留文集，胡亦堂等人都曾为其整理父亲诗文集而效力。

刘命清，字穆叔，临川人，有诗才，明亡后，"屏迹林泉，自号鱼叟"，流连于诗酒之间，所作诗文多有寄托，隐然含讽。他是揭贞传父亲的至友，史传其与揭重熙有程婴之交，重熙临死时托孤于他，贞传就是在他的抚养照料下长大①。杨钟羲《雪桥诗话》云："临川刘命清穆叔，家虎溪里，以诸生丁国难，屏迹林泉，自号渔叟，尝馆于施愚山，与高阮怀、陈伯玑相倡和，其狂歌痛哭，往往见于论史中。"②

八大挚友李伍溇（1636—1712），号剩叟，意为自己是先朝的一个"剩人"。他和揭贞传形同兄弟，同为刘命清门人，亦曾服膺胡亦堂。揭贞传去世后，李伍溇《追忆揭宪武》诗云："先代岩廊尽毁伤，巍然仅有一灵光。何堪良木今摧坏，逝者如斯叹汪洋。"③其故国情感很浓郁。

董剑锷（1622—1703），字佩公，号晓山，有高节，为四明"湖上七子"之一，与其父皆有节名。全祖望《湖上社老晓山先生墓志铭》云："晓山先生，字佩公，一字孟威。鄞人，前翰林改官四川监司樾之曾孙，诸生光临之孙，高士非能先生士相之子。少而清俊，工为诗文词，非能先生自课。甲申之变，非能先生尚茂齿，愤甚，谓先生曰：'儿曹无庸读万卷书，且挽五石弓耳。'先生抱父而泣，焚其衣巾，自是父子互相镞厉为遗民。"④

张瑶芝，字次英，号蓉屿，鄞（今属宁波）人，工诗。《两浙輶轩录》卷三说他："顺治辛卯副贡，官灵宝知县，著《野眺楼集》。"张蓉屿为前朝尚书张邦奇之孙，也有浓烈的故国情感。

在临川，八大与这些怀有浓郁故国情感的文人日相往来，其思想也与他们相互激荡，致使此期八大的遗民情感渐趋强烈。诗作中亦多有身世的叹息，这和我们所见到的八大早期作品有明显差异。八大思想的这些变化，为其后遗民情感的爆发埋下了伏笔。

---

① 同治《临川县志》卷一三人物之文苑云："重熙死，命清为保全孤。"
② 杨钟羲《雪桥诗话》三集卷一。
③ 李伍溇《壑云篇文集》之《李半谷诗集》七言绝句部分。
④ 全祖望《鲒埼亭集外编》卷六。

三、愤怒的"驴期"

1680年岁末八大癫疾复发，自临川走还南昌。1681年夏始有作品出现。自此年大约到1684年，他开始使用"驴"号，有"驴屋""人屋""驴屋驴"等印章出现，1684年开始使用"八大山人"一号，"驴"号等才渐渐不再使用。我将此期称为八大遗民情感变化的"驴期"。八大的"驴"号，有禅宗的原因，但也反映他心中的不满。他称自己是一头淹蹇的驴，一个有尊严的人，为什么不爱人号爱"驴"号？显然，其中包含着无奈和哀伤！如他的侄子朱堪注在八大去世后的悼诗中所说："少为儒士，后学逃禅，哭泣无路，且哑且颠。"[①]

离开佛门，回到俗世中，命运将他从寂寥的山林抛掷到滚滚红尘中，"出家人"又回到了"家"。但这个"家"早已物不是，人更非，那个踌躇满志的青年变成一个落拓的疯子，流连在南昌破败的街道上，乞讨、露宿、招人哄笑、惹人鄙弃，受尽了饥寒和侮辱。一个亲人收留了他，慢慢地，他的癫疾才有好转。

就八大的遗民情感来说，此期时间虽不长，却很特殊。这时八大似乎变了一个人，他满腔愤怒，思想激进，语言直露，直言要横扫房尘，复原旧国，他要像元代黄一峰一样，"还写宋山河"。这种格调在前此的作品中是没有的，幽深的八大突然变得凌厉起来，其艺术风格也发生了变化。

南州的一草一木都触动着他，他的"家"的影像更清晰了，失去的故园之痛也更强烈。这期间八大有很多抚摩旧迹的作品。在这些作品中，这个"家"已经不复当年面貌，往日家中的笑语，变成断壁残垣下的哀鸣，旧日恢宏的宫殿，已经被荒草所遮蔽。此期的代表作品有《春秋海棠图》《古梅图》《瓮颂》《个山人屋花卉册》《个山癸年画册》以及《个山杂画册》等。(图9-4)

国乱后，徐巨源曾避居西山，后回南昌，他有一篇《弋阳王府记》，所写正是八大家庭经国变后破败的景象：

> 五月五日与五弟步至弋阳王故府，八门升殿，肃容而叹曰：使王有嗣传之，世世予与若其得至是耶？岂惟予与若自将军中尉莫不鞠躬超拜墀下，王尊若神。当是之时，欲一望其官门，而不可得。而今也，贩夫竖事皆得造其官，升其殿矣，又奚特余与若与！意昔王之在时，今日者方且嫔妃如云，左

---

①朱观《国朝诗正》卷四收朱堪注《拟乐府有所思·题叔父八大先生小影》。

图9-4　个山人屋花卉册　纸本墨笔　年代不详
30.3×39.3cm　普林斯顿大学美术馆藏

右于百以从，王子宫中俯龙舟，□发棹歌，觞酌蒲艾，流连为欢于斯时也。王意亦以为吾子孙世世五月五日有此乐也。既而至其后宫，仰视屋梁，宫已中断，有荷担而过者。问之曰："从此适市道甚捷。"顾谓弟曰："诗云：'踧踧周道，鞠为茂草。'伤宜白见废也，言幽王逐其子。王而无子，虽大道将为茂草焉。"王宫今且为周道矣。……乃为歌曰："五之五兮五日，泛舟流兮蛟龙集。士女兮游乐，王如在兮今日何若？国既除兮殿中摧，左右风日兮雨雪华榱。王逝殿摧兮可奈何，宫中行人兮何其多！"歌阕而去，闻者以为有楚音焉。尤宜者五日也，沉湘之人桂栋药房，亦其悲矣。[1]

　　面对这一番景况，八大如何能保持心情的平静。日日流连之所，都能勾起难以抹去的记忆，山中的淡忘在这里已不起作用，身心的摧残和家国的破碎，撞击着他的心灵，他几乎发而为愤怒了。

　　《古梅图》作于1681年岁末到1682年春，是一件激愤之作。图中画如刀剑般的梅花，就像失去故园的郑所南一样，根裸露无土，似乎一枝一节都透出愤怒之情。画中先后所作的三段题识，展现出他如海涛般汹涌的心情。第一首诗由失国后的吴镇画梅写起，写自己无边的愤怒："分付梅花吴道人，幽幽翟翟莫相亲。南山之南北山北，老得焚鱼扫房尘。"第二首云："得本还时末也非，曾无地瘦与天肥。梅花画里思思肖，和尚如何如采薇。"写自己要如郑所南那样，不为北音。第三首则是自我安慰，要躲进"墨花庄"（图画）中，擦干眼泪，抚平激荡的心[2]。而正如徐巨源诗中所说："云山本自无常主，更写云山卖与谁？"[3]八大这组诗浸满了泪水。由此组诗即可见他"驴"期愤怒的遗民情感倾向。

　　作于1682到1683年之间的《海棠春秋图轴》，有自题诗云："西浒海棠棠棣华，垂丝海棠唐若邪。若邪四海皆兄弟，琴瑟东施未有家。"诗以海棠起兴，海棠在我国又称蜀客——客居在外的蜀人，古人有所谓"蜀客离魂"之谓。这首诗写的就是失去家园游子的怅惘。作于1684年春的《个山杂画册》，其中有《海棠图》，画巨石间，一海棠花伸出。题诗云："朱弦渺难度，锦瑟落谁傍。却扫柳枝竹，成都香灜棠。"[4]"成都香灜棠"，也是一枝思念的海棠。（图9-5）

---

① 见徐巨源《榆溪逸稿》卷二。
② 详见本书第十三章《〈古梅图〉读解兼及八大山人的"驴"号》的分析。
③ 徐巨源《榆溪诗钞》卷下《罗饭牛携画至山中》。
④ 灜棠，通海棠。灜，读为"海"。

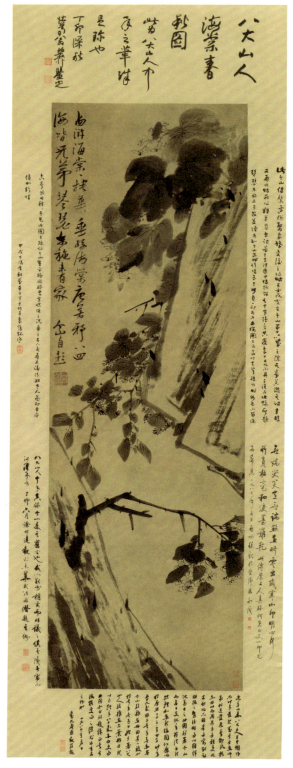

图9-5　海棠春秋图轴　纸本墨笔　年代不详
119.5×38.5cm　私人收藏

西府海棠和垂丝海棠都是海棠中的名品①，前者以种于官府而得名，后者以形态如白丝垂垂而闻世。诗由白色的海棠，想到了棠棣花（或称唐棣、常棣，即郁李花，俗称雀梅）；由开着白色小花的花树，联想到《诗经·小雅·常棣》。八大的诗其实就是围绕《常棣》而展开的。《常棣》开章云："常棣之华，鄂不韡韡。凡今之人，莫如兄弟。"以郁李花的灿烂比兄弟相处的和融。八大善用顶针，诗由西府海棠联想到棠棣花，由垂丝海棠联想到唐若邪。垂丝海棠，又称睡美人。若邪，又作若耶，绍兴有若耶溪，相传是西施浣纱的地方。所以若邪暗指西施。李白《子夜吴歌》夏歌云："镜湖三百里，菡萏发荷花。五月西施采，人看隘若邪。回舟不待月，归去越王家。"②八大由此而兴发感叹，西施真是四海皆"兄弟"，有无数的人爱慕她，为看她几乎挤得若耶水

————————

① 八大的西浒海棠，当为西府海棠，八大书作中常有此类讹误，多是有意为之。

② 王琦注《李太白全集》卷六，第二册，418页，中华书局，2015年。

八大山人研究

不通。但那东施却没有爱她的"兄弟"，没有家室里的琴瑟之好①。八大这里自比东施，写自己失却兄弟的孤独，写"无家"的痛苦。

作于1682年的《瓮颂》六首，也是此期重要作品。这组诗以酒为引子，抒发自己心灵的痛苦。如其中的《春瓮》云："若曰瓮头春，瓮头春不见。有客豫章门，佯狂语飞燕。"瓮头春，乃酒名，但瓮头春不见了，暗喻春天是别人的，我这里没有春天。自己本是豫章人，但此时却是一个"客"，漂泊者回到故园，却无立锥之地，地是别人的，我借酒浇愁，在佯狂之中反思前朝灭亡的根由②。诗充满了绝望的情绪。

普林斯顿大学美术馆所藏《个山人屋花卉册》，共十开，也是"驴"期作品，其中也注满了故国的情感。如第三开画兰花一丛，上有题诗云："写竹写兰吴仲圭，兰何佩短竹叶齐？还家宋远思童子，卫适狂歌听马蹄。"此诗极晦涩，前两句以探问吴镇为引子，写兰竹同齐。还家宋远思童子：用《诗经·卫风·河广》意："谁谓河广？一苇杭之。谁谓宋远？跂余望之。谁谓河广？曾不容刀。谁谓宋远？曾不崇朝。"此诗语极快，辞极简，写对故国的强烈思念之情。八大意思是，我就是那个在外漂泊的宋家童子，归心似箭。卓尔堪《遗民诗》载八大诗一首："郭家皴法云头小，董老麻皮树上多。想见时人解图画，一峰还写宋山河。"故国就是八大的"宋山河"。

"卫适狂歌听马蹄"，这句话我思量久矣，苦不得解。一日读八大一段题画跋，似得其解。沈阳故宫博物院藏有《八大山人、闵庄铨、李永年书画合册》，第三幅为八大书法（图9-6），所书内容为：

> 余读《礼》至石骀仲卒，无适，有庶子六人，卜所以为后者，曰：沐浴佩玉则兆。五人者皆沐浴佩玉。石祁子曰：孰有沐浴佩玉，执亲之丧者乎？不沐浴佩玉，石祁子兆。拈赠此画。八大山人。

由"拈赠此画"看，这段话本是题画语。八大所述来源于《礼记·檀弓下》："石骀仲卒，无适子，有庶子六人，卜所以为后者。曰：'沐浴佩玉则兆。'五人者

---

① 《小雅·常棣》的兄弟咏叹："妻子好合，如鼓瑟琴。兄弟既翕，和乐且湛。"
② 飞燕，指赵飞燕事。汉成帝宠赵飞燕姐妹，导致身亡国乱。后人有"汉立飞燕，成帝胤嗣泯绝"的说法。八大《个山杂画册》中有"尔玉请为图，兰芳倩谁扶。燕支一围罢，少小落瞿俞"绝句，也写赵飞燕之事，其实是在反思前朝灭亡的原因。

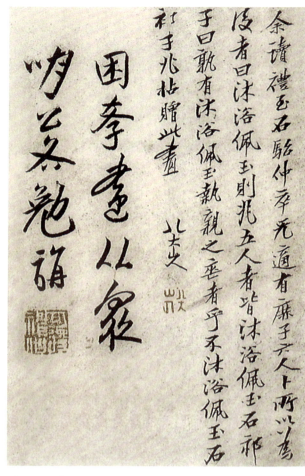

图9-6 八大山人、闵庄铨、李永年书画合册之三 沈阳故宫博物院藏

皆沐浴佩玉。石祁子曰:'孰有执亲之丧而沐浴佩玉者乎?'不沐浴佩玉,石祁子兆,卫人以龟为有知也。"八大是有感而发,他视明亡为"亲之丧",而亲丧之后,哪里有心思去沐浴佩玉,大家都改弦更张,粉饰门面,而自己就是那个不沐浴佩玉的人,只有保持内在心灵的节操。在这首诗中,八大用"宋童""卫适"两个典故,写自己不事新朝的节操。

总之,这个时期八大处于故国情感的爆发期,真正是"哭泣无路,且哑且癫",我们看到一个愤怒的八大。

四、重视寄托的晚年

今天存世的大多数八大作品是其晚年近二十年时间完成的,这个时期也是他艺术风格的成熟期。值得注意的是,此期八大思想有明显的变化,由不与新朝同列的志节,转化为对高洁灵魂的追求;由对故国的思念转为对人生命运的思考;甚至超越一己的家国之私,发而为人生意义价值的吟咏。

八大艺术的魅力,不仅是因为他的遗民情感。晚年八大作品的意义远远超过遗民画家和节士的范围。假定八大是一个整天嚷着要恢复王室正统、恢复锦衣绣食生活的人,这样的八大,我们又能亲近几分?晚年,八大将他的遗民情怀转化为清净精神的追求和对人类命运的叩问,他笔下的故园梦幻,如同我们的精神故土。这样的八大,才是我们性灵中的知己。

1685年之后,八大弃用"驴"号,屈辱的生活基本结束,他又回到诗友画侣之间。1687年,他移居到新的处所,北兰寺住持澹雪和诗人方鹿村开始在他的生活中具有越来越大的影响,他又开始过起了虽贫穷却体面的生活,虽然时有愤世的一面，但性格中和易的一面开始占上风。

1685年前后，李伍渼说："身世之故，殊难为怀。山人澹然而忘焉，略无悲愤之意。所见于歌咏者，虽极奇崛，其词率皆和平其度也。"[①]李氏是与八大相处多年的朋友，他的描述是可信的。这说明，这时的八大虽然难忘家国情怀，但已不再是情怀耿耿不能放下。其性格渐趋平和，作品的风格也趋于平淡幽深。

这个时期八大的艺术越来越重视寄托，我们所熟知的"冷峻幽深、涵蕴丰厚"的八大式的风格开始显现。对比1681年末到1682年初所作《古梅图》和1692年所作《莲房小鸟图》，差异是如此明显，似非一人所作。诗也是如此，如作于1682年的《瓮颂》和作于1697年的《河上花歌》，其差异也不可以道里计。这一思想变化，为我们带来一个"成熟的八大山人"。

八大后期的遗民情怀有几点值得注意：

（一）一直到生命的结束，八大的故国情感都没有泯灭。大约在1689年，与邵长蘅交谈的八大仍然有金刚怒目的一面。邵长蘅写道："世多知山人，然竟无知山人者。山人胸次汨浡郁结，别有不能自解者之故，如巨石窒泉，如湿絮之遏火，无可如何，乃忽狂忽喑，隐约玩世。而或者目之曰狂士，曰高人，浅之乎知山人也。哀哉，予与山人宿寺中，夜漏下，雨势益怒，檐溜潺潺，疾风撼窗扉，四面竹树怒号，如空山虎豹声，凄绝几不成寐。假令山人遇方凤、谢翱、吴思齐辈，又当相扶携恸哭至失声，愧予非其人也。"

1704年，梁份在北京拜谒明十三陵后给八大写信，称八大为仅存的"硕果"，说"想先生闻此必为开数十年未开之笑口"。作为朋友，他知道八大对故国的思念有多深。

（二）此期八大的爱国情感表达得则更加隐晦。如他晚年使用的"何园"印款，这个印款与他另外一枚印章"在芙山房"有关。"何园"，有"荷花之园"的意思，八大晚年居东湖旁，在一片荷花之中。莲花是佛家的象征物，故也与佛教有关。但此印款又有更深的内涵，"何园"不写作"荷园"，也许还包含"何人的家园"的叩问——这里是谁的家园，我的家园在哪里。所谓"风景不殊，正自有山河之异"，其故国情怀幽深沉郁。

（三）八大后期作品，由中期以来急促的感怀，转为无奈的乌衣王谢之叹。北京市文物商店藏有八大、罗牧、张超城、曹登云、黄白周等书画合册，其中中段有

---

① 李伍渼《鳌云篇文集》卷三《却助续引》。

八大题跋：

> 冰肌玉骨清无汗，水殿风来暗香满。绣帘一点月窥人，倚枕横斜云鬟乱。起来庭户悄无声，时见疏星渡河汉。屈指西风几时来，不道流年暗中换。世传此诗为花蕊夫人作，东坡尝用此作洞仙歌曲，或唯坡公托花蕊以自解耳。

苏轼《洞仙歌》有序言云："仆七岁时，见眉山老尼姓朱，忘其名，年九十余。自言：尝随其师入蜀主孟昶宫中。一日，大热，蜀主与花蕊夫人夜起，避暑摩诃池上，作一词，朱具能记之。今四十年，朱已死矣，人无知此词者，独记其首两句。暇日寻味，岂《洞仙歌令》乎？乃为足之。"其词云："冰肌玉骨，自清凉无汗。水殿风来暗香满。绣帘开、一点明月窥人，人未寝、欹枕钗横鬓乱。　起来携素手，庭户无声，时见疏星渡河汉。试问夜如何？夜已三更，金波淡，玉绳低转。但屈指、西风几时来？又不道、流年暗中偷换。"[1] 八大书写这样冷僻的典故，寄托故国之思。流年暗中转换，过去不再重来，那位朱姓老尼所记的歌词也无人得省，一切都不可挽回地逝去。今日零落种瓜人，原是青门王侯家。在八大研究中，这则资料至今无人提起。

（四）此期八大由对故国的思念转化为对人类命运的思考，由激烈的遗民情感冲荡，发而为对人存在意义的追寻。正所谓国家不幸诗家幸，八大毕生的情感折磨，为我们谱写出一曲人类命运的清歌。我们在他的单脚独立、冷眼向人的鸟中，看到对人尊严的肯认；在他独鸟栖孤枝的世界中，看到了独守清真、不慕浮华的精神；在他的莲房小鸟中，看到了对不粘不滞的智慧的宣扬；在他的一枝菡萏跃然而出中，看到清丽的灵魂。八大的诗画点点滴滴都记载着故国的思念，但又在很多地方显示出对人类命运思考的痕迹。如果八大的艺术就是为了表达对故国的思念，以他逝去的王朝为中心，那就不可能有如此的感染力。八大比郑所南、赵子固等艺术家丰富，也体现在这方面。八大虽然说"一峰还写宋山河"，但他毕生的努力根本不是为了恢复他的旧朝、他的王孙位置，更不是为了追回他的荣华富贵、他的天津桥，而是为了展现早已颓败的天津桥下的脉脉流水，那流水中含容的感伤和无奈，在感伤和无奈转出的对清洁人格的珍摄，以及对人生命运和意义的思考。

（五）八大后期作品有绵绵无尽的思念，更显沉郁顿挫之美感。如上海敬华

---

① 见《东坡词》，明刻宋名家词本。

2001年冬季拍卖会上出现一件八大《画眉图》，上题一诗："才多雅望张京兆，天上人间白玉堂。到底鸾台揽明镜，也知牛女易时装。"张京兆，即西汉张骞，曾作京兆尹，他曾衔汉武帝之命出使西域。传说他穷黄河之源，乘着木槎，到一个地方，有城郭，见一室，内有一女织布，又见一男子牵牛饮河。诗中赞张骞西去甚远，甚至快达到了天宫。"到底鸾台揽明镜"：范泰《鸾鸟诗序》云："昔罽宾王结置峻祈之山，获彩鸾鸟，欲其鸣而不能致，夫人曰：尝闻鸟儿见其类而后鸣，可悬镜而映之。王从其言，鸾睹影感契，慨然悲鸣，哀响中宵，一奋而绝。"[1]可见思念久远，至死不渝。"也知牛女易时装"：天宫虽好，天上一日，人间一年，等你下了人间，但见得改朝换代，今非昔时，连牛郎织女都换了装束。至此，全诗意思方才明白，绵长的思念和无奈笼罩全诗。(图9-7)

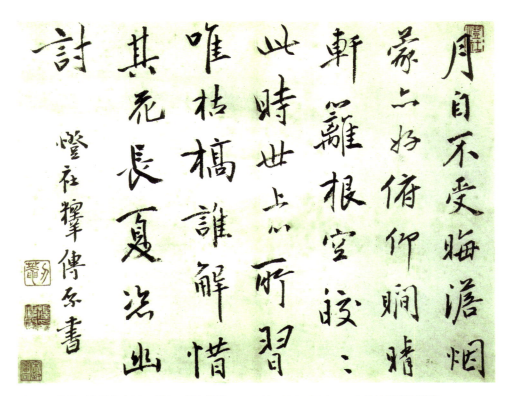

图9-7　传綮写生册之十四　书法　纸本墨笔　1659年　24.5×31.5cm　台北故宫博物院藏

①据《太平御览》卷九一六引。

第十章
有关八大山人遗民情感若干问题辨析

八大山人是一位遗民画家，他的思想和艺术风格的形成与故国情感的挣扎密不可分。他在世的时候，就是一位广为人知的节士。远在扬州的诗人、戏曲家石庞（1670—1703）曾有《寄八大山人诗三首》，其中第一首云："守节西山歌采薇，佯狂真与世相违。百年泪涕双蓬鬓，万里乾坤一布衣。豫让旧传吞炭哑，汉阴终息灌园机。囊中幸有丹青在，麦秀青青往事非。"①诗中描绘了八大的家国之痛，对其"遗老虽存已白头"的悲苦命运深表同情。

后来，随着八大的影响日渐扩大，人们一提到他，总是会将他和遗民、志节等联系起来，人们常从遗民情感方面对其名号花押、印章、斋号、诗文题跋等进行解释，八大的思想和艺术被涂上了浓重的遗民色彩。

八大《古梅图》上，有罗朝汉三字令的题记："休哭笑，孙为驴，胡忌猪，埋姓字。死生徒，鸟兽群……"②郑板桥跋八大《瓶梅图》时写道："水冷瓶寒插冻坚，懒从春色买鲜妍。八公亦是梅花骨，不爱新年爱旧年。"③道光时的王必达《题八大山人画》云："胜国有遗民，心比巢由苦。作画弗求工，超超谢规矩。烟云花鸟态，初苦无意取。奇宕不可名，天然生媚妩。"④以八大为空门画者第一。光绪年间白恩佑《偶得八大山人山水悬之壁上终日相对得一百字》，其中有云："偶观山人画，奕奕如有神。乱头粗服中，风骨逾嶙峋。始悟世外心，自爱世外人。因之挂素壁，晨夕时相亲。证心契冥漠，胸满万古春。"⑤李瑞清题今藏于香港至乐楼的《鱼乐图》说："春来无限沧桑泪，愁向山人画里看。"在很多评论者看来，节操几乎成了八大思想和艺术的全部内涵。

八大的遗民情感存在着被严重曲解和扩大化的倾向。在江西，奉行净明忠孝

---

① 三诗由杨翰《归石轩画谈》卷一〇著录（《中国书画全书》第十二册，166页，上海书画出版社，1998年），此作今仍存世，藏上海博物馆。
② 罗朝汉，不详其人。或有论者认为他是八大同时代之人，似未核。
③ 无锡博物院藏八大《瓶梅图》，上有多人题款，多为乾隆时期人。
④ 见徐世昌《晚晴簃诗汇》卷一四四。王必达，字质夫，号霞轩，广西临桂人。道光癸卯举人，历官广东惠潮嘉兵备道。有《养拙斋集》。
⑤ 白恩佑《进修堂诗集》卷一四。

道的江西著名道观青云谱甚至有意将八大与该道院创始人朱道朗混为一人，称八大为"八大仙人"，以其为反清复明的精神领袖。这种倾向发展到20世纪50年代后达到了极致。今天，我们对八大思想和艺术理解存在的平面化倾向，就与这种倾向有关。

过分强调八大的遗民情感，其实是在降低八大艺术的价值，将其丰富的艺术世界说成是简单的民族仇恨的传达物。这里拟对其中一些有代表性的观点，谈谈我的看法。

一、"哭之""笑之"

张庚《国朝画征录》卷上说："余每见山人书画，款题'八大'二字，必联缀其画；'山人'二字亦然，类'哭之''笑之'，字意盖有在也。"此说曾遭到质疑，乾隆十六年刊《南昌县志》卷三四"隐逸"列八大山人传，几乎全录邵长蘅《八大山人传》，然县志纂修者顾锡鬯加按语道："山人隐进贤灯社，有故家子示以赵子昂所书《八大觉经》，山人喜而跋之，因以为号。世乃谓八大。隐'哭笑'二字，非也。"但张庚这一说法却有广泛影响力，在今天，几乎人们一提到八大，就会想到"哭之""笑之"。

图10-1 "八大山人"款

梁章钜有诗云："笑哭无端意黯然，姓名难据外人传。谁知剩水残山感，早在天荒地老前。"在第一句下自注云："世传八大山人署款四字必联缀其画，类'笑之'或'哭之'。"[1] 清秦祖永《桐阴论画》二编上卷，也引张庚之说，以"山人"二字，类"哭之""笑之"字意。（见图10-1）

张庚由八大签名联想到"哭之""笑之"，与八大的痛苦人生遭遇有关。邵长蘅《八大山人传》载："临川令胡君亦堂闻其名，延之官舍。年余，意忽忽不自得，遂发狂疾。忽大笑，忽痛哭竟日。一夕，裂其浮屠服焚之，走还会城。"八大患有癫疾，现在确切知道他有两次发病，一次是在1678年前后，一次是1680年岁末，实际次数可能不止于此。在癫疾复发、精神处于不能控制的情况下，他常常是一会儿哭，一会儿笑。诗人龙科宝曾描绘八大作画情景："山人跃起，调墨良久，且旋且画，画及半，阁毫审视，复画，画毕痛饮笑呼，自谓其能

---

① 梁章钜《退庵诗存》卷二十三。

事已尽。"哭哭笑笑，是八大狂疾的一个症状，这与他压抑的心情有关。从1684年开始，八大始用"八大山人"之名，一直到其生命的结束。八大的确有以"八大山人"暗含身世、表达痛苦人生感受的可能。

陈鼎《留溪外传》卷九《蔡儒医传》，写一位得道高人，明末隐居深山，自号"白云樵者"，不喜与人交。所交者唯有二，一为笑和尚，一为哭道士。笑和尚"见人辄笑，人问之，辄大笑不止，尝山谷独行，则鼓掌高笑，或临池独立，每顾影自笑，捆屦之暇，或仰天长笑，或倚风豪笑，虚庭独坐，或哑然冷笑，或莞尔微笑，卒然或胡卢大笑，举止未尝辍笑，故乡村老幼皆呼曰'笑和尚'"。而哭道士"入市求食，得食必北面再拜而祭，祭必哭，人问其故，哭而不言，固问之，则放声大哭，人始多怪之，既久皆识其诚。每入市曰，哭道士来矣，争与之食，食必祭，祭必哭，哭必诵《黄庭经》以报"。陈鼎笔下的笑和尚、哭道士，显然是两位遗民。他在"外史氏"议论中说："但其所以笑之哭之者，岂有所抑郁忿懑而不得舒发其生平耶！"陈鼎这篇"哭和尚、笑道士"的描绘，几乎是为八大作传。"八大山人"之名出现时，正是八大故国情感炽热的时期，由四字连属，再联系他的身体病征，可以看出，八大确有以此为隐喻之意之可能。

然而，仅停留在由故国情感引发的哭哭笑笑的理解是不够的，这里当有更深层的原因。它可能与禅宗哲学有关。《古尊宿语录》记载马祖与其弟子怀海的对话：

> 一日随侍马祖路行次，闻野鸭声。马祖云："什么声？"师云："野鸭声。"良久马祖云："适来声向什么处去？"师云："飞过去。"马祖回头将师鼻便搊，师作痛声。马祖云："又道飞过去！"师于言下有省。却归侍者寮，哀哀大哭。同事问曰："汝忆父母耶？"师曰："无。"曰："被人骂耶？"师曰："无。"曰："哭作甚么？"师曰："我鼻孔被大师搊得痛不彻。"同事曰："有甚因缘不契？"师曰："汝问取和尚去。"同事问大师曰："海侍者有何因缘不契，在寮中哭。告和尚为某甲说。"大师曰："是伊会也，汝自问取他。"同事归寮曰："和尚道汝会也，教我自问汝。"师乃呵呵大笑。同事曰："适来哭，如今为甚却笑？"师曰："适来哭，如今笑。"同事罔然。[1]

刚才哭，现在笑，哭哭笑笑，疯疯癫癫。不是为了突出疯狂，而是为了表达南禅

① 《古尊宿语录》卷一，6—7页，中华书局，1994年。

八大山人研究

"无生顿教"的思想。南禅强调不生不灭的顿悟，悟禅就是悟不生不灭的大智慧。如看到一只飞过去的野鸭，马祖以并没有飞过去来启悟怀海，怀海突然大省，他所省悟的就是无生的智慧。如同慧能以"仁者心动"来破法性寺僧人是风动还是幡动的争论一样，其主要强调心不要为外在世界所系，透脱自在，洒洒落落。

八大的"哭之笑之"其实表达的就是一种透脱洒落的大智慧。他还有一枚"掣颠"的印章，意思也是如此。

二、法名、法号及斋号等

八大山人在佛门时法名传綮，号刃庵。有人根据同治《进贤县志》八大"法名传綮，字忍庵"（其实从八大作品款识看，只有"刃庵"，没有"忍庵"的写法）的记载，将"刃庵"解释为"忍耐"，并说其中有两层意思都与遗民情怀有关：忍耐于清廷的统治；是可忍，孰不可忍也。又有论者认为，"传綮"的"传"是传人的意思，"綮"是肯綮的意思，即筋骨。"传綮"二字意为：大明江山的连骨带筋的嫡传后人，强调的是"大明筋脉"。对八大法名作如此解释在八大研究界颇流行，但其实并不妥帖。

其实，传綮、刃庵所取乃是性空和妙悟之意。博山元来《广录》卷二云："时人见此一株花，如梦境相似，意旨如何，只向他道。老僧见此一株花，切于肯綮。"在这位曹洞大师看来，性空，是此宗的大义妙门，是它的"肯綮"——至为关键之处。而刃庵，则取妙悟之剑的意思[1]。

八大早年有"法堀"一印，上海博物馆所藏八大早年所作《花卉册》十开中就有三幅钤有"法堀"朱文椭圆形小印。八大并有以"法堀"二字为款识，故知其有"法堀"之号。有研究认为，"法堀"有潜藏于佛门之意，等待灭清复明的机会。这样的解释也颇牵强。（图10-2）

"法堀"之"堀"，乃"窟"的异体字。法窟，意同道场，也就是禅宗所说的丛林。但八大的"法窟"之意，不在道场丛林之间，而是别有用意。在禅宗中，赵州大师说，我这里只有柴林，没有丛林，反映了禅门见性成佛的思想，不在读经、静坐，就在当下直

图10-2　"法堀"印

---

[1] 关于传綮、刃庵之意，参本书第二十章《传綮与弘敏相关问题研究》。

接的体验中。八大在辛夷、芙蓉、兰花等花果画中，钤上"法堀"小印，所要表达的意思即是如此。

八大早年从弘敏于进贤介冈灯社习禅，"灯社"二字引起了研究者的注意。王方宇先生推测"灯社"二字，可能是"明遗民结社纠集遗民抗清之所"[1]。李叶霜先生也说："灯社者，光明之意也，亦兴复大明之意也。"[2]其实，禅宗将定（三昧）喻为灯，将慧喻为光，强调"一灯能除千年暗，一智能消万年愚"。修炼的智慧如灯光，灯灯相传，以至无限。所以禅门的语录叫"灯录"，禅门的承传叫"灯传"。"灯社"二字显然与此有关。由"灯"联系到明代，太迂曲，较难通。

有的联系过于迂曲。如八大在佛门时有"芸窗""书窗"（作于1660年的《蔬果册》上有此闲章）之印，有研究认为，窗户意味着"明"，这就有"复明"的意思。这样的解释也缺乏说服力。（图10-3）（图10-4）

图10-3　"芸窗"印　　图10-4　"灯社"印

三、"熟处难忘"等禅机禅语

《传綮写生册》中有一段题识："十二月，松门大雪，十指如槌，三两禅和煮菜根味颇佳，因念前事为京庵兄作数茎叶于祝釐上，可谓驴拣湿处尿，熟处难忘也。"[3]（图10-5）现在一般的解释，认为"熟处难忘"表现的是八大不忘旧朝的思想[4]。这并不确切，它其实也与禅宗有密切关系。八大师祖雪关和尚曾说："黄面老人，五百生前，曾做乐官来，一等习气，可谓熟处难忘。山僧者里，素乏师传，指法椎钝，只有一曲没弦琴，弹得最熟。"[5]"熟处难忘"，在禅宗说的是妙悟本真，如同禅门所说的"吃本分草料""到自家田地里耕种"。

八大早年存留文字中有大量类似"熟处难忘"之类的禅机禅语。有的研究认

---

① 王方宇《故宫传綮写生册与八大山人早期作品》，台北：《书画》月刊第七卷第五、六期，1970年。
② 李叶霜《关于八大山人的新论证——解开三百年来一重公案》，见王方宇编《八大山人论集》，台北：编译馆中华丛书编审委员会，1984年。
③ 祝釐：祈福的意思，又作祝厘。《史记》卷二八《封禅书》："及诸祠，各增广坛场，珪币俎豆以差加之。而祝釐者归福于朕，百姓不与焉。"
④ 如蔡星仪先生在《关于八大山人的几个问题》一文中，就说："'熟处难忘'的这个'熟处'乃昔日尊贵的家世地位。"（台北：《故宫文物月刊》，第六卷第十期，1989年）
⑤ 《续灯正统》卷四〇，《卍续藏经》第八四册。

八大山人研究

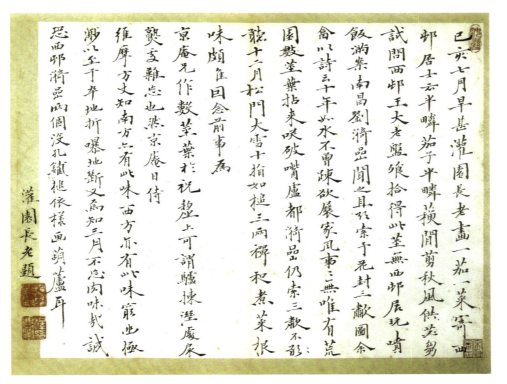

图10-5　传綮写生册之三　书法　纸本墨笔　1659年　24.5×31.5cm　台北故宫博物院藏

为，八大早期在佛门中，"借禅机、禅语、禅典来宣泄国破家亡与民族悲愤的沸腾激情"①。但从遗民情怀角度来解释，往往难中窾会。

《传綮写生册》作于1659年，时八大在进贤介冈灯社，上有多处题跋。不少研究从民族情感方面寻求解释，如八大有一首题诗说："从来瓜瓞咏绵绵，果熟香飘道自然。不似东家黄叶落，漫将心印补西天。"有的研究将"东家"解释为明王朝，由于明王朝如黄叶凋零，所以要追回大明江山。胡光华先生认为："'漫将心印补西天'并不是补佛家向往的西天净土，而是他所幻想但在现实中追回的大明江山。"②

《传綮写生册》之十二画玲珑石（图10-6），有题诗曰："击碎须弥腰，折却楞伽尾。浑无斧凿痕，不是惊神鬼。"这里的"击碎""折却"多被理解为打碎清王朝。如有论者说："如果他要将此块奇石喻作被满清占据的残山荒丘的话，那么他只有

①胡光华《八大山人》，38页，吉林美术出版社，1996年。胡光华先生的八大研究成就卓著，只是有个别观点我不能同意，为了讨论，特提出辨析，请谅。

②胡光华《八大山人》，40页，吉林美术出版社，1996年。

图10-6　传綮写生册之十二　玲珑石　纸本墨笔　1659年　24.5×31.5cm　台北故宫博物院藏

用'心印'去'补西天',当然是要将须弥腰、楞伽尾碰碎,才能如愿以偿。"[①]这样的解释难称允当。"漫将心印补西天",即南禅的核心思想:西方就在目前,当下即可妙悟。而八大要击碎佛教崇尚的最上世界——妙高山(须弥),表达的是南禅"逢佛杀佛,逢祖杀祖"的呵佛骂祖思想。南禅强调,重要的是心悟,而不是徒有其表的读经、静坐、崇拜。八大的玲珑石不是清王朝要垮的象征。

四、荒诞的数字联想

在1682年的《瓫颂》中,八大有"止八大山"白文印,这枚印章是在"八大山人"的名号还没有使用之前出现的,与"八大山人"名号有密切关系,引起研究界的注意。关于"止八大山"的意思,一般将其和八大的遗民情感联系在一起,认为"止"意为中断,即"朱权八支到此为止了",或者是"朱权之后到八大就中断了"。八大用这枚印章,反映他内心对所谓"斩先人祀"的痛苦,为自己谋妻生子作准备——有研究认为八大离开佛门就是为了娶妻生子,为前朝种下希望的种子[②]。

---

① 胡光华《八大山人》,41页,吉林美术出版社,1996年。
② 其实八大离开佛门与娶妻之事毫无关联,八大晚年并无娶妻生子之事,参见本书第二十四章《八大山人婚姻问题再研究》。

其实，"八大山"是一个与佛教有关的术语。"止八大山"，意思就是环拱在佛的周围，在八大山止泊、居住，以佛国为自己的性灵居所。"止八大山"，强调的是对佛的信仰。1684年之后，八大易名为"八大山人"，意思就是"八大山"中"人"，虽然离开了佛门，但思想仍在佛国之中①。

八大有一花押作（图10-7），清人顾文彬将其解为"三月十九日"。顾氏《过云楼书画记》云："改革之际，贤士君子，相率飞遁，往往皈心竺乾，寄迹蕊笈，以遂其志，闲或粗笔淡沈，写其伊郁悲凉之况。不得以寻常绳尺拘之也。山人此册（按指《安晚册》），合题跋二十二帧，作山水者二，……署款有类钟鼎，如　，类章草，如　者。谛视之，上是三月九日，乃思陵殉国讳日，下是'个相如吃'四字。"②这一观点被当代很多研究者接受，如周士心说："原来隐藏着三月十九日，以纪念思宗殉难的日子，同时也表示了对于清室永不屈服的精神。"③关于此花押之非，已有白谦慎之文论之甚详，基本排除"三月十九日"的可能性④，他认为是"十有三月"的意思，表示当年为闰年。（图10-8）

图10-7 "十有三月"花押

八大有"八还"印，杨新先生说："一方'八还'的印章，意思再明白不过，即第八代子孙回来了，可以延续香火不至斩先人祀了。"⑤其实，"八还"是佛教中的术语，《楞严经》有"八还辨见"说，它通过八种"可还之境"的辨析，来谈"能见之性"（自性）的不可还。

1683年，八大有"二九一十八生"之印，饶宗颐《个山癸年画册跋》："观他处习见三月十九日之花押，十九日为崇祯自缢之辰，

图10-8 "个相如吃"花押

---

①详见本书第十二章《关于"八大山人"名号的相关问题》的论述。
②顾文彬《过云楼书画记》卷五，光绪刻本。
③周士心《八大山人及其艺术》，116页，台北：艺术图书公司，1974年。
④白谦慎《八大山人　（十有三月）考释》，台北：《故宫文物月刊》，第十二卷第一期，1994年。
⑤杨新《八大山人三题》，《文物》，1998年第1期。

亦即明亡之日。如果彼恰此于十九前一夕之十八，十八与十九只差一日，十八日明尚未亡，故念念不去于怀。二九亦即是十八，彼此所以郑重而重复言之，正是祝鸡翁呼鸡朱朱之意。"①"二九一十八生"至今也不得其解，但饶先生的判断还是无法采纳的。

在八大研究中，类似这样的数字推演甚多，多是为了证明他与故国情感方面联系的附会。

五、纪年法

八大作品中有些纪年可能是当时文人之习惯，如果硬要和遗民情怀扯上联系，就显得牵强。如八大作品的落款，常用我国古代太岁纪年法，这是自战国到西汉时期曾用过的一种方法，后世文人时有用之。如藏于上海博物馆的《鱼石图》，款"柔兆秋尽"，其中"柔兆"即是太岁纪年，意同天干中的丙，此作作于丙子年（1696）。《艺苑掇英》第十七期载八大《杂画册》，其中有款云："昭阳大梁之重九日画，八大山人。"昭阳大梁即癸酉（1693）。他在1695年所作的《花石鱼鸟山水册》中的《水仙》一画有题识云："韦华先生《水仙》七言，至佳也。旃蒙大渊献之夏，八大山人记。"旃蒙大渊献，即乙亥。类似的还有几例。

有的研究认为，不用清人的正朔，而以古代的太岁纪年法，这反映了八大反清的思想。这样的结论难以成立。

一是这类落款有干支纪年和太岁纪年杂糅的情况。如藏于南京博物院的《游鱼图轴》，其上题识云："三万六千顷，毕竟有鱼行。到尔一黄颊，海绵冷上笙。辛重光之十二月既望画并题，八大山人。"（图10-9）"辛重光"之辛为干支，重光则为太岁纪年的未，合而为辛未（1691）。故那种说八大不用清人干支纪年的说法是不准确的。

其次，这样的纪年方式在当时文人中比较流行。如康熙时刊刻的《寄园七夕集》，由熊一潇等编，寄园乃是赵恒夫（吉士）之园，陈悦旦序有云："康熙强圉赤奋若之岁相月既望。"这里既用清人正朔，又用太岁纪年。魏禧《魏叔子文集》卷一一《黄母六十寿叙》："岁屠维作噩之且月，门人黄光会母夫人寿六帙。"《十百斋画集》己集载方望子书法，款："岁上章摅题格玄月。"太岁纪年法其实在当时文人

①饶宗颐《个山癸年画册跋》，《文物》，1983年第10期。

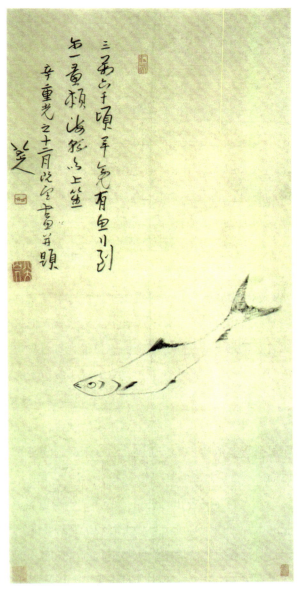

图10-9
游鱼图轴
纸本墨笔　1691年
96×46cm
南京博物院藏

中很流行。

又如李伍涟《壑云篇文集》前有"雍正昭易赤奋若修宿月之上浣娄村李廷友序"，这里既有清雍正之年号，又有太岁纪年。该书卷一〇《孝友堂记》："旃蒙作噩之冬"，也用太岁纪年法。李来泰《莲龛集》卷一一用"晨光之大渊献"来纪年，汪文柏《柯亭余习》前有朱彝尊之序，称"强围大渊献朱彝尊于江都安定书院"，如此等等。

第十一章
八大山人的出佛还俗问题

八大山人早年曾醉心于举子业，系统接受过儒家思想。国变之后，遁迹空门，浸润于佛门达三十余年之久。大约在1680年下半年，他身罹癫疾，走还会城，从此告别了丛林生活。

八大离开佛门，很长时间被解释为对佛门的怨恨，如邵长蘅《八大山人传》所说"一夕，裂其浮屠服焚之，走还会城"，被理解为与佛决绝，这又顺理成章地为八大晚年做青云谱道士说提供了证据。由儒到佛，再由佛到道，这就是我们通过有关研究所得到的八大思想发展的大致线索。但这是有问题的：八大出佛还俗是否意味着对佛态度的变化，现存的资料很难得出肯定的结论。另外，随着"八大并不是青云谱朱道朗"的水落石出，八大晚年做道士的观点便很成问题了。

出佛还俗，是八大研究中的重要问题，这不仅涉及对其思想的把握，重要的是，今天存世的八大作品主要作于其晚年，也就是他结束丛林生活之后。思想变化必然会影响他的艺术，所以，对这个问题的研究，是客观把握八大艺术不可忽视的方面。

八大晚年确曾出佛还俗，所谓"年老埋名返初服"，但这并不表明他对禅宗思想的抛弃；他告别了奉新耕香院和进贤灯社的丛林生活，主要是迫于身体情况，而不是对佛教思想的厌倦；晚年定居南昌期间，他虽然有对道教思想注意的倾向，但并没有成为道士；八大晚年思想并没有因为出佛还俗而出现截然不同的变化，还俗之后，禅宗仍然是主导其艺术活动的核心思想。终其一生，八大都可以称为"禅宗艺术家"，他在很大程度上是一位"画僧"。

一、客临川之前并未显示出厌佛的倾向

八大1648年进入佛门，1679年初到1680年岁末客临川县令胡亦堂官署，后离开佛门，1648到1679年是八大习佛阶段，他在佛门浸润长达三十余年。

八大早岁经历家国之乱，隐于浮屠。邵长蘅《八大山人传》说："弱冠遭变弃

家，遁奉新山中。薙发为僧。不数年，竖拂称宗师。住山二十年，从学者常百余人。"康熙《进贤县志》卷一七《弘敏传》说其弟子"法嗣传綮，号刃庵，能绍师法，尤为禅林拔萃之器。"他在佛门躲避灾难，也成长为一位有修养的禅僧。从不得已的进入，到最终对禅宗的服膺，成为八大早期思想的重要特征。从台北故宫博物院所藏《传綮写生册》题跋就可看出，八大有很高的禅学修养。《个山小像》自识中，更彰显出他对禅学的精深见解，与那些猎其皮毛的禅门信徒不同。作为曹洞宗传人，他能直领洞宗大义，并斟酌临济门风，进入大乘佛学奥府，参得不粘不滞、一切如如的南禅要义，尤其对博山元来的禅法领会极深。他真正可以称得上"博山有后"[1]。他也真心地优游佛门，便赖此安顿性灵。他的诗和画，甚至包括书法，都浸染上浓厚的禅宗倾向。

八大早年在佛门是以诗画形式来谈禅论佛。《传綮写生册》中的八大题识几乎成为佛门功课的艺术表达。北京故宫博物院所藏八大《花果图卷》和《花卉图卷》，有"释传綮印""刃庵"等印，是其早年作品。《花果图卷》上题有一诗云："写此青门贻，绵绵咏长发。举之须二人，食之以七月"，表现的是典型的"三两禅和煮菜根"（《传綮写生册》题识语）思想。正像他的一枚图章"佛弟子"所反映的[2]，他是入佛之人。他又有"枯佛巢""法堀"等印，皆表明其佛弟子的身份，看不出他有丝毫想隐藏佛门身份的倾向。

但近年的研究有一倾向，就是怀疑八大的佛教信仰。一是八大因国变而入禅门，不少研究强调，禅门是他迫不得已的暂栖之所，他心中缺少对佛教的信仰。如他的"法堀"一印，就被有的研究解释成"潜藏在佛门"的意思，为其最终离开佛门埋下伏笔；二是八大晚年还俗之举，也影响人们对其早年思想倾向的判断。有的研究就从其早年活动中寻找蛛丝马迹，甚至认为他根本就不能称为一个佛子；三是因"八大山人即朱道朗"谬说的影响，很长时期以来，八大被描绘为出佛入道的艺术家，他选择进入道教之门，是对佛的抛弃。主宰他一生的主要思想是道家思想，而不是佛学思想。所以，关于八大佛门之事，不少研究总是要从他厌倦佛事上求解释。虽然后来"八大山人即朱道朗"被证明为谬说——八大根本没有进入道教之门，但此一说法引起的对八大佛门生涯的误判却没有得到相应的清理。

---

[1] 饶宇朴《个山小像》跋："戊子现比丘身，癸已遂得正法于吾师耕庵老人，诸方藉藉，又以为博山有后矣。"八大是弘敏的弟子，弘敏从师于雪关，雪关是博山元来的弟子。
[2] 如重庆博物馆所藏八大《芙蓉湖石图》扇面，有"释传綮""佛弟子"等印。

这里仅就《个山小像》的理解谈一些我的看法①。在《个山小像》中，八大山人有题识四段，这四段话比较集中地谈他对禅的看法，毋宁可视作一篇展示这位"禅林拔萃之器"修养的宣示语。但在有的研究中，这四段题跋却被解释为集中反映八大厌恶禅门、怀疑佛学进而信仰破灭的思想自白，显现出他欲离开佛门的征兆。而且这样的观点成为八大研究的主流观点。(图11-1)

第一段话：

> 生在曹洞，临济有，穿过临济，曹洞有，洞曹、临济两俱非，羸羸然若丧家之狗。"还识得此人么？"罗汉道："底？"

"洞曹、临济两俱非，羸羸然若丧家之狗。"有的研究说，这是八大"看出了二家皆非安身立命之所"，透露出他对佛门的厌倦。尤其是"洞曹临济两俱非"，有解释说：八大认为他所依附的曹洞和临济二家禅法皆"非"，错误百出，不值得信奉。八大研究界最负盛名的学者、美籍华人艺术收藏家王方宇说："这段题识，表现他对佛门的态度冷漠，已经非常清楚，他从二十八岁进入禅门，到这时五十二三岁了，已经二十四五年，忽然发现'洞曹临济两俱非'，当然内心有很多矛盾。"② 黄苗子解云："八大这一段题识，说明了对当时僧徒门户之争的厌倦，他自己原是曹洞的'宗师'，可他一口认为是'两俱非'，自然是否定了整个禅门的信仰，信仰失去，当然是'羸羸然若丧家之狗'，二十多年的信仰破裂，八大的精神痛苦是可以想象的。"③ 沈桐屡说："进一步看，他也可能把'曹洞''临济'全部否定，因为他志不在出家，而在复明。"④ 这样的解释并不符合这段题识的基本思想。

"生在曹洞"，是说自己是曹洞的传人。"临济有"，是说自己又受到临济思想的影响。临济、曹洞二家作为南宗禅的法脉，各有所持，曹洞宗具有偏正回互的细密，临济禅重单刀直入的提撕。二家在总体旨归上并无大异。历史上，二家相融相即的现象很普遍。八大对临济禅法并不排斥，他于临济宗的希运、义玄的禅法多有接受，对其一念顿悟的棒喝机锋也有浓厚的兴趣，临济踢翻地轴、颠倒乾坤的气

① 《个山小像》于1954年前后在江西奉新县奉先寺发现，现藏八大山人纪念馆。《个山小像》作于1674年，为八大好友黄安平所作。其上有八大六跋，其中有四段是八大自题诗作，一段说明作小像因缘，一段录友人题作。四段诗跋大致作于1674到1678年间。
② 王方宇《个山小像题跋》，台北：《故宫文物月刊》，第六卷第十期，1989年。
③ 黄苗子《八大山人年表》(三)，台北：《故宫文物月刊》，第九卷第二期，1991年。
④ 《八大山人研究》，119页，《试释八大山人题画诗》，江西人民出版社，1986年。

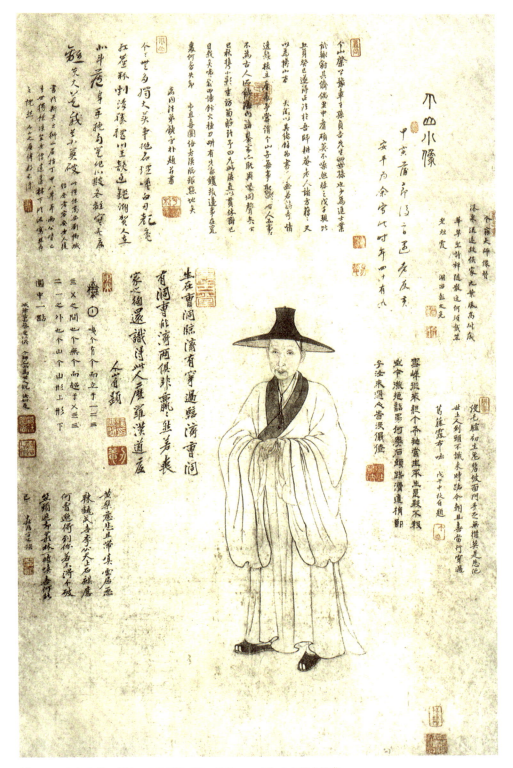

图11-1　个山小像　纸本　1674年　97×60.5cm　八大山人纪念馆藏

势，与八大要"重置乾坤"的思想多有相合。他的"掣风掣颠"的狂狷精神也来自临济。故八大说自己作为一位曹洞宗人，却在临济、曹洞二家穿越，其旨归在二家之间。

"洞曹、临济两俱非，赢赢然若丧家之狗"，"洞曹"二字并非八大的误笔，此"洞"当为动词，即洞穿、洞破，"临济"，即"临于济"的意思，"洞曹临济"暗含的意思是，洞穿二家学说之宗旨，把玩其中度到彼岸（此用临济意）的智慧，最终又悟出，我的思想依归又不在二家之中，我是无凡无圣，无佛无法，我是赢赢然无所依归的丧家之狗。八大幽默地反问道："还认得这样的人吗？"罗汉问："你到底是什么人？"南禅强调廓然无圣，无佛无祖，八大这里表达的正是这一思想。正如临济义玄所说："一等是学，直须无学。无凡无圣，无净无垢，无大无小，无漏无为。如是一心中，方便勤庄严。"[1]八大这里要说的就是超越门派的思想，无临济无曹洞。无所依归，即是所归。

由此可见，八大说自己是赢赢然无所依归的丧家之狗，是说自己透脱的妙悟，而不是否认禅门的信仰。

第二段话：

> 雪峰从来，疑个布衲，当生不生，是杀不杀，至今道绝韶阳，何异石头路滑！

王方宇说："题此跋时，大约在1677—1678年之间，此时八大山人对佛教不热心的心态，已逐渐流露出了，表现同禅宗大师各方面的冲突矛盾，宣扬佛法之道路已经断绝，这跟石头希迁讲经说道含混模棱，也没什么分别。"[2]并认为八大是感叹没有遇到合适的人，真糟糕。而"当生不生，是杀不杀"，被有的研究称为对禅宗的强烈怀疑。

其实，此段题跋的重点是说禅宗的无法而法思想，正像八大的一枚印章"法本法无法"。其中的生杀、道绝之语，都是禅门的话头，而非对佛的攻击。

"雪峰从来，疑个布衲"，引禅宗中一桩公案，突出一丝不挂的禅门意旨。唐代有位尼姑，名玄机，初见雪峰义存（822—908）大师，雪峰问："你从哪里来？"玄机回答说："从大日山来"，雪峰由玄机所说的大日山，问道，"日出了没有？"玄

---

[1]《古尊宿语录》卷三，39页，中华书局，1994年。
[2]王方宇《个山小像题跋》，台北：《故宫文物月刊》，第六卷第十期，1989年。

机说："如果日出了，就融化了雪峰。"雪峰知道，这女子道行颇深，暗含机锋。便又问其法名，女子说叫玄机，雪峰便从玄机中引出你织多少布（古代织布机，又称玄机）的问话，从而引出玄机的"寸丝不挂"的回答[①]。

"当生不生，是杀不杀"，强调的是禅宗无生法忍的思想。这和八大《十六应真颂》中的"好大哥，人死、心亡、床倒、铰休耶"意思是一致的，不来亦不出（去），不生亦不灭，一念不起，万法无牵，是禅门崇奉的重要思想，就是不粘不滞，无住于法。

"至今道绝韶阳，何异石头路滑"，强调不粘滞的禅门活法。"韶阳"，指的是六祖慧能。这里并不是说背叛六祖，而是非佛非祖。禅宗强调，若人求佛求道求祖，便是失佛失道失祖，一切都在当下证会中，随处立真，目前悟得。"石头路滑"，指以石头希迁为代表的禅门活法[②]。八大求的是"活祖意"，而不是"死祖意"，一切都在"活泼泼"的体验中。他借石头希迁的活法，来说明当下即悟的思想。

第三段话：

> 没毛驴，初生兔，矕破面门，手足无措。莫是悲他世上人，到头不识来时路。今朝且喜当行，穿过葛藤露布，咄！

有人将此解释为一首反清复明的诗。毛驴指明朝，兔子指清朝，"没毛驴，初生兔"意思就是明亡清兴。全诗的意思是：亡国了，人们惊慌失措，划破面门，表示哀痛。世人所以悲伤，因为还未认识将来要走的路。今天应高兴地行动起来，不要再纠缠不休，以紧急文书将国家安危公布于众，让四面八方都动起来[③]。这样的解释与真实内涵远甚。

但更多研究是认为此诗表达了八大早年就有对佛教厌倦的思想，他进入佛门，是不得已而为之。王方宇说："这段题识，起始是骂自己当了和尚变成驴，变成兔。

[①] 《五灯会元》卷二记载了这样一段对话："峰问：'甚处来？'曰：'大日山来。'峰曰：'日出也未？'师曰：'若出则熔却雪峰。'峰曰：'汝名甚么？'师曰：'玄机。'峰曰：'日织多少？'师曰：'寸丝不挂。'遂礼拜退，才行三五步，峰召曰：'袈裟角拖地也。'师回首。峰曰：'大好寸丝不挂。'"（上册，94页，中华书局，1984年）

[②] 八大在《画石送僧往南岳图》的题诗中云："骨耸眉尖口大生，来时马大口能滕。西江道向岳南路，滑着石头攀短藤。"在《十六应真颂》对题中赞道："大耳沙弥，叵耐石头子甚黠慧，呷之血流，合爪加额大都州。"也说到了石头。

[③] 《八大山人研究》，230页，江西人民出版社，1986年。

剃发受戒以后，手足无措，不知如何是好。"① 单国强说："表明他决意脱去袈裟，冲出荒藤野葛的丛林，到世上去走一走。"② 胡光华说："诗中八大暗自庆幸自己当初出家为僧，度过了生死难关，而人格也得到了保护……几十年过去了，八大山人终于盼到出头之时：'今朝且喜当行，穿过葛藤露布'，从此再也不需要隐迹丛林荒藤野葛之中，可以四处云游了，多么痛快。'今朝且喜当行'这句诗中，已显露出八大山人决意重返尘世脱去僧衣袈裟的意愿。"③ 这样的理解与八大的意思不合。

这段跋语前六句说落于名相的僧人，为文字所限，为知识所限，不悟本真。最后二句说妙悟才是本色当行。"没毛驴"是对道行尚浅的僧人的称呼，与沙弥意同④。初生兔：也是形容初入佛门、尚不谙佛门要义之人。像一只初生的兔子懵懵懂懂，跌入知识的罗网中，语本《诗经》⑤。"劈破面门，不知所措"，意即在佛门中，禅师教化读经、说法、静坐，弄得人难悟真法，手足无措。劈破，划破。语本义玄《临济录》："道流，莫取次被诸方老师印破面门，道我解禅解道，辩似悬河，皆是造地狱业。若是真正学道人，不求世间过，切急要求真正见解。"⑥ 前四句写初入佛门，只知道尊法读经，还不算透脱的开悟方式。

"莫是悲他世上人，到头不识来时路"，仅仅知道读经、静坐、观心看净之类的方式，说凡说圣，说佛说众生，还是在生死海里浮沉，不要为俗世人挣扎于苦海而悲悯，其实自己还在苦海中浮沉，到头来还没有真正解脱。

"今朝且喜当行"，是说终于觉悟佛的要旨，并不在对西天的崇拜，不在对佛的仰望，不在读多少经，说多少法，而在妙悟，正如严羽《沧浪诗话》所说"惟悟乃谓当行，乃谓本色"。此处的"当行"，即就悟为当行本色而言。

"穿过葛藤露布"，指超越理性知识。禅宗将人的知识活动称为"葛藤下话"，禅门认为，知识的活动，说是说非，就像葛藤纠缠，毫无意义⑦。"露布"，古代打仗胜利后，在布帛上写上胜利的文告，挂在竿头，昭告天下。禅宗说："我宗无语

---

① 王方宇《个山小像题跋》，台北：《故宫文物月刊》，第六卷第十期，1989年。
② 《八大山人花鸟画的分期与特色》，单国强《古书画史论集》，288页，紫禁城出版社，2002年。
③ 胡光华《八大山人》，36页，吉林美术出版社，1996年。
④ 《五灯会元》卷八载《清溪洪进禅师》传："师经行次，众僧随从，乃谓众曰：'古人有甚么言句，大家商量。'时有从漪上座山众拟问次，师曰：'这没毛驴！'"（中册，501页，中华书局，1984年）
⑤ 《诗经·王风·兔爰》首章云："有兔爰爰，雉离于罗。我生之初，尚无为；我生之后，逢此百罹。尚寐无吪。"
⑥ 《古尊宿语录》卷四，60页，中华书局，1994年。
⑦ 《赵州录》："如今黄口小儿，向十字街头说葛藤，博饭吃，觅礼拜，聚三五百众，云：'我是善知识，你是学人。'"（见《古尊宿语录》卷一三，213页，中华书局，1994年）

句，徒劳寻露布。"① 露布就是宣扬自己有知识。八大的"穿过葛藤露布"，就是超越知识分别的陷阱，如《人天眼目》卷六所云："若是俊流，不留朕迹。掀翻露布，截断葛藤。"

八大这一段题跋讨论的是解脱法，不在于读经，不在于静坐，而在于当下妙悟，遍大地尽为蒲团，穿过知识和理性（穿过葛藤露布）的束缚，所谓修禅者，要在净其心，方寸即成莲界。八大这里根本没有要放弃信仰佛的意思。

第四段话：

> 黄檗慈悲且带嗔，云居恶辣翻成喜。李公天上石麒麟，何曾邈得到你！
> 若不得个破笠头遮却丛林，一时嗔喜何能已。

王方宇说："这段题识，除了说到了黄檗有慈悲，有嗔怒，云居有恶辣，有欢喜，并不摒除七情，自在清净，还提到他自己戴上斗笠，目的是'遮却丛林'，不露出和尚的身份，为的是避免作和尚，作和尚也有嗔有喜，并不能得到宁静，这就显露出他对为僧失去了信心，将要发展到托故病癫、焚浮屠服、还俗娶妻。"② 这样的解说也与八大思想不合。

黄檗慈悲且带嗔：说黄檗希运事。《宛陵录》载："问：'诸佛如何行大慈悲，为众生说法？'师云：'佛慈悲者无缘，故名大慈悲。慈者不见有佛可成，悲者不见有众生可度。其所说法，无说无示；其听法者，无闻无得，譬如幻士为幻人说法。者个法，若为道我从善知识言下领得会也悟也。者个慈悲，若为汝起心动念学他，见解不是自悟本心，究竟无益。'"③ 佛家以慈悲为怀，普度众生，但希运却对弟子的"慈悲"之说表示"嗔"怒，在他这里是无慈无悲，一落慈悲，即是有凡有圣，即会动心起念，念一起，悟则无成。

云居恶辣翻成喜：说良价的弟子云居道膺（853—902）事。恶辣，禅宗有"恶辣钳锤"的说法，对不悟者突然予以手段，如棒喝机锋，置之死地而后生，如"杀人刀、活人剑"，使人突然醒悟。不经一番寒彻骨，哪得梅花扑鼻香。道膺就惯用此法。如《五灯会元》卷一三："有僧在房内念经，师隔窗问：'阇黎念者是甚么经？'

① 《五灯全书》卷二五，邵州丞熙应悦禅师语。
② 王方宇《个山小像题跋》，台北：《故宫文物月刊》，第六卷第十期，1989年。
③ 《古尊宿语录》卷三，《大正藏》第四八册。《指月录》卷十亦录有此段。中华书局1994年版《古尊宿语录》第46页，落此一段。

僧曰：'《维摩经》。'师曰：'不问《维摩经》，念者是甚么经？'其僧从此得入。"[①]道膺每每以此活人之法而为喜。

李公天上石麒麟：说的是北宋佛印了元（1032—1098）禅师事。《禅林僧宝传》卷二九《云居佛印元禅师》云："李公麟伯时为元写照，元曰：'必为我作笑状。'自为赞曰：'李公天上石麒麟，传得云居道者真。不为拈花明大事，等闲开口笑何人。泥牛漫向风前嗅，枯木无端雪里春。对现堂堂俱不识，太平时代自由身。'"李公麟（1049—1106），字伯时，号龙眠，北宋著名人物画家。石麒麟：形容珍贵无比。"李公天上石麒麟"，形容李公麟是一位作画圣手，能很好地为人写真。八大这里要说的是，纵然如李公麟那样的绘画高手，又怎能画出你心中的所悟？

若不得个破笠头遮却丛林，一时嗔喜何能已：遮却，遮挡。丛林，即寺院。这里用赵州之典故。赵州大师说："我这里没有丛林，只有柴林。"用破斗笠遮却丛林，就是不将寺院当作静坐、读经、修行之场所，道不在修，禅不在学，平常心是道。平常心，无喜无怒，故"嗔喜"全无。

这段颇为晦涩的题跋，说的是禅宗中的重要思想：超越理性，也超越情感，一落入喜怒，即起妄念，所谓"戚欣从妄起"。

在精心结撰的《个山小像》自识中，八大非但没有表现出"还俗的念头日益迫切和明朗"，相反却展示了在禅学方面的深邃修养。作为一位"佛弟子"，他能绍续前修，突破皮相之说，直入南禅壶奥。正像饶宇朴所说，他真使"圆悟老汉脚跟点地"。学界有的论者受八大出佛入道说以及遗民情感的影响，以先入的观念来解释八大的话语，得出他很早就有怨佛思想的结论，并不确当。

二、客临川期间并无离开佛门的打算

客居临川是八大出佛的关键期，其后他便由佛还俗，不是寺院的僧人，而成为南昌市井中潦倒落魄的艺术家，所以此期八大的思想变化尤其引人注意。邵长蘅《八大山人传》"裂其浮屠服焚之"一语，在不少研究中，被当作八大抱着对佛门极度愤怒而离开的重要证据。

八大1679年初来临川，1680年岁末离开，前后近两年时间。有的研究认为，八大离开奉新，就基本上在心理上离开了佛门，对佛门的厌倦此时爆发出来，最终

① 《五灯会元》卷一三，中册，796页，中华书局，1984年。

采取了离开佛门的行动，有的研究甚至认为八大来临川是为了躲避佛门。实际情况又是如何呢？

我在上海图书馆读到曾经以为失传的胡亦堂《梦川亭诗集》，再结合其他相关资料可知，客居临川期间八大的佛子身份并没有明显变化，他仍然以僧人身份参加各种活动，并挂锡于临川的寺院，是一位受人尊敬的高僧，并有重回奉新耕香院的打算，只是突然发作的病魔造成他人生道路的改变。我们可以从以下三个方面来看。

（一）僧人的角色。

八大在临川期间曾与胡亦堂等数十位友人吟咏临川风物，并留下十首珍贵的诗作，载于胡亦堂主修的《临川县志》中（1681年刊）。该志卷四"城垣"载八大《拟岘台》《金柅园》《洗墨池》《玉茗堂》四诗，著录名为"释传綮"；卷五"山川"载八大《羊角山》诗，著录名为"释传綮"；卷十"辟祀"载八大《王荆公故宅》《陆象山祠》诗，著录名为"释传綮"；卷十三"陂梁"载八大《文昌桥》《千金陂》诗，著录名为"释传綮雪个"；卷十八"寺附"载八大《翻经台》诗，著录名为"释传綮雪个"。十首诗诗人名前都有"释"字，很明显，八大在临川时的身份是一位僧人。

胡亦堂《临川县志》和《梦川亭诗集》（收胡亦堂1676到1680年诗）中涉及八大，无不冠以佛子身份，称八大为"名僧""法师""枯僧""破衲"。《闻雪公自多宝庵转而飞锡东湖，诗兴大发，入署尚未有期，俚言代柬，兼以相招》云："浮杯从北渡，挂杖又东湖。云水双鞋阔，沧桑一衲孤。"八大是一"孤衲"。《腊月二十六夜偶于棋局中得雪公开口》诗云："高僧能见性，开口坠天花。"这开口说话的八大是一位"高僧"。《过东湖寺同雪公》诗云："浮沉世事沧桑里，尽在枯僧不语禅。"八大是一位"枯僧"。《六月二十六日三集梦川亭和丁循庵韵》诗云："更有法师拟渡海，畜马放鹤正其人（适雪公并至）。君才八斗诚难得，名僧嘉客如旧识。"八大是一位"法师""名僧"。《己未中秋偕署中诸子看月饮梦川亭有赋得四首》之第二首自注云："时刘子仲佳、上人雪公并在座。"八大是一位"上人"，等等。临川友人也称八大为僧人，康熙《临川县志》卷八载有胡亦堂《中秋同诸子看月亭上》，有注云："时刘子仲佳、上人雪个在座。"并有刘仲佳的和诗一首，刘和诗云："环亭皆客也，亦并楚僧同。"以八大为"楚僧"。丁弘海《五日集梦川亭和韵》："破衲携来百尺云，点睛复有僧舔笔。"以八大为"破衲"。

胡亦堂虽然不在佛门，但对佛有浓厚兴趣。在他任职临川时，恢复修建了很多寺院，并与僧人有频繁接触，他款待八大，不是诱使他离开佛门，而是善待僧人。他的《临川县志》《梦川亭诗集》中，有大量与佛子交往的记载。临川的多宝庵、明水寺、东湖庵、水浒寺、报恩寺、北禅寺、宝应寺、翻经台等寺院，都留下他的足迹。临川郊外临汝乡的多宝庵，是比较大的寺院，庵中有胡亦堂题匾"秘密真诠"，并有他所书对联："一丝不挂看多宝，诸相能空到上方。"东湖寺又称东湖庵，寺不大，胡亦堂有匾曰"东土祇园"，并书对联："精舍卓东湖水色天光开法眼，美人归西土乌啼花落见禅心。"千金陂旁的水浒寺，也有胡亦堂的题匾"白石禅心"，并书对联："广陌屯云得籍三元成福地，飞流喷雪如从大士听潮音。"报恩寺里，胡亦堂有"九莲香界"题额。

胡亦堂还与八大"打佛家语"，如他的《腊月二十六夜偶于棋局中得雪公开口》二首之二云："一子系输赢，归宗大发生。弄拳殊有会，拄杖得无生。六出嫌多见，三缄太不情。广长舌自在，道腊即年庚。"这里的"六出""广长舌"都是佛家语。广长舌为佛三十二相之一，舌广而长，柔软红薄，能覆面至发际，所谓"舌相如是，语必真实"。"六出"，又称六尘，即六根所缘之外境。"无生"，即佛学所说的不生不灭的"无生法忍"。

（二）优游于佛门。

八大在临川时并不是一直住在胡的官署，有资料显示，他在临川时，优游于诸佛寺之间，与当地佛门结下密切关系。

从胡的诗题"闻雪公自多宝庵转而飞锡东湖"看，八大来到临川并未入住胡的官署，而且"入署尚未有期"——他已经在临川各地逗留有日，而且还要滞留一段时间。所以胡亦堂诗中说："苦恋新诗健，如来来也无。"意思是，我正等着你来吟诗唱和，你来还是不来？胡亦堂发出了急迫的邀请。

八大在多宝庵居住有日，多宝庵在临川郊外临汝乡。1679年初，八大在此寺院卓锡。1680年春，八大又挂笠于此寺。胡亦堂《梦川亭诗集》有《清明后一日怀雪公兼示工拙上人》二首，其中第二首云："金钱为戏说开元（开元间妃嫔每于春时掷金钱为戏），多宝庵中一探源。流水春风□□待，参禅正不在无言。"工拙上人为多宝庵僧人，说明此时八大也挂锡于此。八大短暂卓锡的另一个寺院是东湖寺。东湖寺，又称东湖庵，明太史汤宾尹曾寓居于此。胡亦堂有《过东湖寺同雪公》，说明八大有可能在此卓锡。除以上二寺之外，在1680年，八大有可能还曾在前坪寺卓锡。李伍渼《要结诗社小引》说："欲邀徐枚翁、车上翁、水梁语公、前坪雪公、净土松公六人，联一吟社，藉半儒半僧之侣，赓亦风亦雅之章。"① 李氏为

① 《壑云篇文集》卷三。

八大生平至友，胡亦堂门人，八大客临川时，李氏与之过从密切，这里的雪公疑指八大。前坪寺在长宁乡，距多宝庵、水浒寺不远，这个寺院在宋时就有，陆游有《前坪寺戏书触目》诗。

（三）急迫的"还山"之意。

1679年岁末，胡亦堂有《雪公赋玉茗梅花戏和兼以述怀（时雪公有还山之意）》诗："军持未可踢，见冻早如寒。赏茗花称王，题梅阁负官。空能飞锡杖，幻欲吐铜盘。安得书生遇，终无笑野干。"八大原诗不见，胡序自注云："时雪公有还山之意"，并说八大原诗中借玉茗梅花而抒怀，表达欲离临川而回到山中的意愿。诗前四句写景，后四句抒怀。所谓"空能飞锡杖，幻欲吐铜盘"，说的是佛家的云水生涯，遍天下尽是我自在处，他以此劝八大何必念念不忘他的"山中"。难得在这里遇到这么多诗朋酒侣，只是您不要笑话我们这些随意谈佛的野狐禅。野干，意同野狐禅，即对佛领会不深，这是胡的自谦。

八大欲返还"山中"，当然不是他后来发癫之后所去的"会城"，而是他所来的地方——奉新耕香院。康熙壬寅（1662）刊《奉新县志》卷一四说："耕香院在新兴乡，顺治十三年耕庵敏禅师卜基始创，面水枕山，幽砌崇丽。"正合"还山"之旨。从胡亦堂所说的不要笑话我们这些野狐禅，所指的山中当然是佛门。由此可见，八大在临川期间就有回到耕香院的打算。

1679年除夕，胡亦堂有所谓"景屏燕集"，雪公作诗多首，其中有的诗中又露出了欲返回山中的意思。胡亦堂《予家在滕阁，个山除夕诗中句也，为拈韵如教》云："曾传天宝事，长忆物华楼。汝是山中个，回思洞里幽。杉松几长大，椒柏此迟留。莫道章江隔，浮杯即渡舟。"最后两句说的是临川和奉新相距很近，一江相隔，临川在东南，奉新在西北，由临川城下抚河，过赣江，即可到奉新。"汝是山中个，回思洞里幽"，和上诗中的"还山"之意正吻合，雪公从耕香来，又要回到耕香去。诗中表达了慰留之意。雪公原诗中有"予家在滕阁"——我家在南昌，而诗的开始是"曾传天宝事，长忆物华楼"，诗中借王勃文句，暗指八大想念他的故乡。"天宝"二字一语双关，表达了"白头宫女在，闲坐说玄宗"——思念天宝往事，想念故地、故国，那里曾有八大的天宝盛事。胡亦堂这首诗透露出八大思念故国之情，但诗中也谈到他"回思洞里幽"，他要回到"山中"去，做他的"山中个"，也透露出他的"还山"之意。

胡亦堂有《和雪公咏瑞香花韵》五首，作于1680年初。第一首云："百结花差似，幽香韵自殊。开帘堆锦绣，籍地作氍毹。那管莺啼早，相随蝶梦俱。庐山分种遍，不但艳洪都。"

胡诗的大意为：此地有大好春光，所谓"庐山分种遍，不但艳洪都"——处处都有美景，处处都有值得流连的地方，何必一定要离开这里呢。这也带有规劝的意思。

胡亦堂《临川县志》卷八收其所作《者树轩同雪公雨座》，时在1680年春，此诗共两首，《县志》收一首。在《梦川亭诗集》中可见第二首："长者依依在，如逢太古时。多情花载酒，有意雨催诗。吾爱庐偕汝，汝吟松为谁？相看生趣足，不羡上林枝。"一花一世界，生生者自足，此地虽不是上林佳苑，亦有春光满园。显然有规劝欲辞行的八大之意。

八大要归奉新山中之意是如此的强烈，而胡亦堂的热情挽留，不但使学界所说的"软禁"说无法立脚，也对八大的出佛还俗问题提供了直接的证据。八大的还山，所还乃是奉新之山，归去的是佛门。八大没有要离开佛门的打算。

由八大临川思念还山之意，正可对邵传中"临川令胡亦堂闻其名，延之官舍。年余，意忽忽不自得，遂发狂疾"获得一些间接的解释。八大的"意忽忽不自得"并非是胡亦堂待之不佳，或是胡压制他，他强烈的还山之意不是来自胡的态度，而是源自他自己的思想变化。八大曾较长时间住在胡的官署，享受着优渥的生活，也与主人诗歌往来，相得甚欢。八大与胡亦堂有很深的交谊。他能在胡逝世二十年后，将其保存的《梦川亭诗集》推荐给正在编《诗正》的朱观，就可见出他们之间的感情。但既在官场，免不了与官场往来，这种官场文化的气氛，八大可能很不适应，他的"忽忽不自得"，或与此有关。

由以上三点，可以得出这样的结论：作为佛弟子的八大在临川期间并无离开佛门的打算，相反，他却屡次谢绝朋友的挽留，要回到他的山中——奉新耕香院中去，由俗世的行脚回到佛国中。(图11-2)

三、离开佛门的过程

八大急迫的还山之意，除了看出他到1680年上半年尚无出佛之心外，还可看出，虽然他频繁地离开耕香院[①]，但此时他有如此强烈的还山之意，说明耕香院仍

①1672年弘敏圆寂时，以八大之造诣，弘敏当会传法于八大。但从现在所知的资料看，似乎这样的可能性较小，否则，八大就不可能云游四方，由新昌，进而到临川，数年之中，几乎不在山中。《个山小像》饶跋中透露出的，八大自谓，以后要做齐己、贯休那样的艺僧，也意味着他当时并不得势于佛门。

可当其容身之所。

胡亦堂于1680年岁末离临川赴京履新[①]，八大癫病复发可能也在此前后。邵传说："临川令胡亦堂闻其名，延之官舍。年余，意忽忽不自得，遂发狂疾。忽大笑，忽痛哭竟日。一夕，裂其浮屠服焚之，走还会城。独身猖佯市肆间，常戴布帽，曳长领袍，履穿踵决，拂袖翩跹行，市中小儿虽观哗笑，人莫识也。其侄某识之，留止其家。久之，疾良已。"

这是目前所能见到的有关八大这段痛苦耻辱经历的最直接描绘。八大这次癫病是复发，大约有半年多的时间，八大都不能说话，或许正是此疾的征兆。这次癫疾持续时间较长，大约自1680年后半年到1681年年初。1681年夏，八大有《绳金塔远眺图轴》，该图款"辛酉五月，驴"。此时其癫疾当已缓解。

八大很长时间里有"还山之意"，为什么最终没有回奉新，而是来到南昌？他是否可能突然改变主张，开始讨厌佛门，寻找机会离开？这样的可能只能在1680年春夏之交后的一段时间，因为1680年春末，胡亦堂还在给他的诗中谈到相约佛寺中。但这样的可能性是微乎其微的。因为向佛之心几乎是八大大半生的选择，还山之意是那样的急迫，更证明他对佛门的依归，短时间内八大突

———————————

①康熙《临川县志》詹惟圣序称：胡"今且以内诏行矣"。此序作于1681年初，故知胡当在1680年底赴任。

图11-2　花鸟屏之四　大石双禽图
纸本墨笔　1692年
161.8×42.2cm　上海博物馆藏

然作出离开佛门的选择，是不可能的。成书于1680年秋冬之间的《梦川亭诗集》和《临川县志》仍然是以佛子身份称呼八大，显示出他此刻没有大的思想变化。

我以为，八大本来想急迫地回到耕香院，最终却去了南昌，其根本原因还是因为身体，这一切并非他理性选择的结果。大约在1680年秋天，八大罹患癫疾，精神错乱，不能自已。他是在癫狂的状态下"走还会城"。邵传中的"走"值得注意，他是在疯狂的状态中，跑回南昌——他的朋友并不知道，他的理性并不足以支配这次行动。所以，对于一个疯癫的人，是回到寺院，还是还俗回南昌，他根本不具备选择的能力。所以，八大出佛还俗的行动不是在临川期间。

邵传中"一夕，裂其浮屠服焚之"一语引起学界的注意，并被作为八大出佛还俗的有力证据。其实，这个反常动作是在他疯癫状态下发生的，并不能表示这是八大理性的选择，更不能证明他弃绝佛门的心态。

八人出佛还俗的决定是在病归南昌的最初几年内形成的。

八大在南昌最初经过了流落街头的漂泊期，他在疯癫的状态下来到南昌，举目无亲，邵传中的辛酸描绘可能得自于八大之口述。我们很难想象，八大亲口告诉子湘这段屈辱的生涯时，该是怎样的心情！苍天之间，他命悬一线。此时哪里有未来的打算，哪里会有出佛的念头！

其后，八大的生活经历了转机，一个侄子收留了他。但他的病并没有好转。陈鼎的一段话可能比较符合八大当时的状态："未几病颠，初则伏地呜咽，已而仰天大笑。笑已，忽然蹴踘踊跃，叫号痛哭，或鼓腹高歌，或混舞于市。一日之间，颠态百出。市人恶其扰，醉之酒，则颠止。"后来张庚由八大的签名方式，联想起"哭之笑之"，其中就有八大癫态的原因。在这样的状态下，也很难谈出佛的选择问题。张庚将八大放在《国朝画征录》的第一，就像陈鼎、邵长蘅一样，张庚也是带着"哭"的心情来写的。

多种传记都说到了八大在临川癫病之后奇异的服装。如邵传说："独身猖佯市肆间，常戴布帽，曳长领袍，履穿踵决，拂袖翩跹行。"这奇异的装束，令人酸楚。而此段经历成为八大传奇人生的重要组成部分。他在世时就有流传，其去世后更成为一些猎奇的记述所采撷的对象。如乾隆四十六年刊《广信府志》寓贤引旧志云："忽一日，着红丝帽，衣窄袤衫，饮酒食肉，辫发，去僧为俗人。"这其实是对邵传的一种发挥。八大的装束变化常常被作为其出佛还俗的证据。其实，八大由在临川的"裂其浮屠服"，到南昌初期的奇异装束，都是一种病态的表现，一个疯子，履穿踵决，破衣烂衫，不知从哪弄的衣服遮蔽躯体，哪能考虑到彰显自己的新身份!

八大此次离开临川而没有回耕香院，并不表明他决定离开佛门，只能说明他离开了寺院。初至南昌的八大并不是出佛还俗的人，他仍然是一个佛子。

第一，1681年夏八大所作《绳金塔远眺图轴》，有题诗云："梅雨打绳金，梅子落珠林。珠林受辛酸，绳金歇征鞍。萋萋望耘籽，谁家瓜田里，大禅一粒粟，可吸四瀣水。"款："辛酉五月，驴。"珠林，指珠林庵。它与绳金塔寺（旧名千佛院，又称塔下寺）都是南昌著名丛林。此诗由梅雨季节想到"梅子熟了"这个禅门著名公案。梅子熟了，即彻悟到家，由此联系到在寺院中的僧徒修炼，如同在细细辨别梅子的味道[1]。（图11-3）

作品表达了脱离佛门之后的八大对丛林生活的向往，满溢着惆怅和孤独。僧徒们在修悟，远眺寺院。疾病中的他，思念佛门友人及宁静的寺院生涯。他在1681年岁末到1682年早春所作《古梅图》第二首题识诗中有"梅

[1]《五灯会元》卷三载大梅法常禅师："'这老汉惑乱人，未有了日。任他非心非佛，我只管即心即佛。'其僧回举似马祖。祖曰：'梅子熟也。'"（上册，146页，中华书局，1984年）

图11-3　绳金塔远眺图轴　绫本墨笔　1681年　83.8×27.5cm　泰山残石楼旧藏

花画里思思肖，和尚如何如采薇"。称自己为和尚，他虽不在佛门，还是一位佛子。这也说明，到1682年前后，他仍然没有脱离佛门。

第二，他在回南昌一段时间里仍然自称"个山""个山人"。八大在佛门有号为雪个、个山、个山人，如胡亦堂诗所云"汝是山中个"。因病落魄到南昌，1681年夏恢复了创作，至1684年始有"八大山人"名号之前，这一段时间，八大的款书有"驴""人屋"等，除此之外，使用最多的则是"个山""个山人"。如今为私人收藏的《海棠春秋图轴》，款"个山自题"；藏于普林斯顿大学美术馆的《个山人屋花卉册》，约作于1683年前后，十一开中有多开款署"个山"或"个山画"；作于1684年春的《个山杂画册》，现存九幅作品，落款分别为"个山"或"个山人"。这样的款识与临川之前在奉新、进贤寺院时题款没有区别。其间，他的友人也称其为"个山"，如方鹿村《鹿村诗集》中收有《春初集隐水明楼同个山赋得人日题诗寄草堂》，此诗大约作于1681到1684年之间，他称八大为"个山"，与八大此期款署是一致的。个山是八大的法号，这也说明他在心里仍是一个出家人。

第三，八大病愈之后，恢复了创作。邵传说："数往来城外僧舍，雏僧争鬻之，索画至牵袂捉衿，山人不拒也。"此时八大并没有表现出对佛门的厌倦，更没有有意回避佛事，而是与佛门保持着密切的关系，寺院仍然是他最喜欢去的处所。至后来，他几乎成为北兰寺的僧人，更说明八大完全没有如有些研究所说的，因为厌恶佛门而出佛入俗。

八大真正决定离开佛门去过世俗的生活，大约在1683年左右。八大开始使用"八大山人"之号时，一改往日"个山""雪个""个山人"以及初至南昌的"驴"号，这当是八大由佛还俗的标志。

八大由佛还俗的思想形成经历了一定的过程，"驴"号的出现，"人屋""驴屋""驴屋驴"等名号，也昭示出他此期思想的挣扎痕迹。临济义玄有"佛屋""人屋""驴屋"的说法，一般人说凡说圣，说佛说众生，所以有佛、人、驴的差异，在差异中有等级之判定，在等级中丧失了平等一禅心的佛学本旨。八大将佛、人、驴的差异相抬出，当然受到临济的影响，但又有现实的发动因素，此时他的生活转折就是如此。他从佛屋来到俗世，落入人间的"人屋"，但没有"人屋"，最终沦落到"驴屋"。屈辱的生活，明显带有怒气的名号，都说明他思想中一些本有的观念正在发生变化。成佛之人不一定要在"佛屋"中，"人屋""驴屋"也是佛的天地，处处都是"佛屋"。这是第一层原因。

八大可以说是新时代洪州禅的传人，马祖一口吸尽西江水的精神对其有很大影响。临济和曹洞禅法中的莫读经、莫静坐、无佛无祖的思想，平常心即道的思想，佛不在丛林而在柴林的思想，到切近的生活中体证禅的精神，其实是南宗禅的鲜明指向。南禅传人包括希运、道膺等的禅法，都使他感到有所缺憾，拘束于经书的禅家修行方式，根本不合于南禅的旨归。八大离开丛林可能与此有关。这是第二层原因。

八大因癫病而返南昌，目睹"予家在滕阁"的破败，对他心灵的震动是很大的。从1682到1684年间完成的一系列作品，如《古梅图》《瓮颂》《海棠春秋图》等，都可以看出他对故国的眷恋之情。这种情感化为愤怒，在他的作品中燃烧。早年因家国覆灭而逃进佛门，如今在零落的家国前，他决定离开丛林，与这一片废墟同在。我以为，八大决定离开丛林与这种思想有关。这是第三层原因。

最后，八大决定离开丛林，与他所在的耕香院有关。1672年弘敏圆寂时，依八大之造诣，弘敏当会传法于他，但从现在所知的资料看，并非如此。否则，八大就不可能云游四方，由新昌，进而到临川，数年之中，几乎不在山中。耕香院中，有他难以栖身的因素存在。弘敏晚年友人闵钺是一位有才华的诗人，在佛门很有影响，耕香院就是在他的帮助下建立起来的。但此人性情急躁，四面树敌，曾引起多起佛门内的争端。而弘敏曾将身后事拜托闵钺，闵在《挽耕香禅师》四首之四说："深深拜倒泪纵横，岂是区区去住情。记得许多曾托事，敢辞孤掌负前盟。"自注："师平时常以身后事相托，故云。"① 弘敏之后，他对这个禅院有更多的参与当有可能。我怀疑高傲的八大和急躁的闵钺之间可能有所争执。这也许是造成八大长期行脚在外的重要原因。

关于八大还俗，历史上存在很多推测，其中有一种观点比较流行，就是八大还俗是为了"谋妻子"，为逝去的王朝留下希望的种子。陈鼎《八大山人传》中记载道："斩先人祀，非所以为人后也，子无畏乎？个山驴慨然蓄发谋妻子。"乾隆《广信府志》寓贤引旧志说："去僧为俗人。往见临川令，愿得一妻。"这样的说法是没有根据的。（图11-4）

四、仍是"八大山"中"人"

八大在南昌病愈之后，渐渐地默认了自己非僧人的身份，朋友们也渐渐认可

---

① 闵钺《冶庵别集》卷上，康熙刻本。

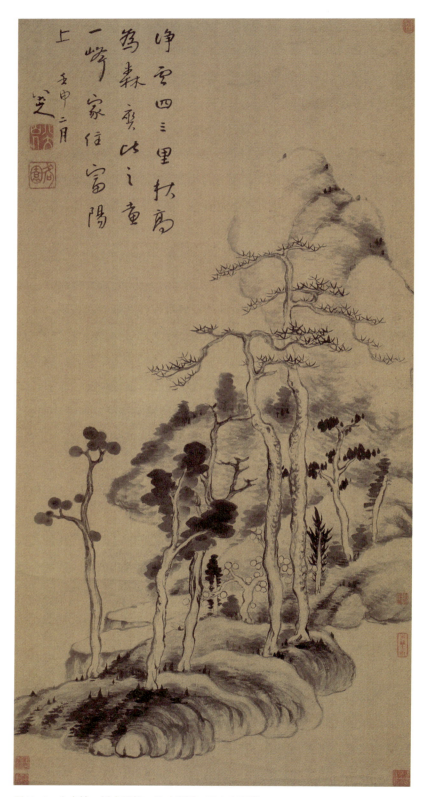

净云四三里秋高
为森爽此之童
一峰家住富阳
上壬申二月

图11-4　山水轴　纸本墨笔　尺寸不详　王方宇旧藏

他的俗世中人的身份。1687年，罗牧在诗中说他"山人旧是缁袍客"——他本来是一名僧人，但现在却不是了。八大之侄朱堪注1705年悼八大诗说"年老埋名返初服"，也点出了晚年八大离佛还俗的史实。八大的印款中"个山""雪个"不见，更难见到"释传綮""刃庵"的款识。"八大山人"成为他的新名字，一直到生命的结束。

还俗只是生活方式的变化，并不意味着八大在思想上对佛的放弃。他在离开佛门的二十年时间中，与佛门仍然保持着密切交往。南昌及其周边的寺院仍是他常光顾之所。如他在普贤寺见蔡秉公，在长寿庵见倪永清，在憩云庵参加心壁的诗会，在云卿寺见汉老年兄，在太子庵中很长时间栖居①，有相当一段时间几乎形同北兰寺的僧人。如喻成龙《月夜渡江访八大山人澹雪和尚于北兰寺分韵》《予赴东鲁已挂席章门八大山人澹雪和尚复买小艇送至樵舍同留宿舟中……》、彭廷训《中秋舟泊章门吴镜秋、赤苑招饮楝花坪呈八大山人、澹雪长老》以及方鹿村的大量有关八大与澹雪的诗，都可以发现二人不仅关系密切，而且八大有可能很长时间就住在北兰寺中，喻成龙月夜访北兰见二公，就说明了这一点。离开佛门的八大没有表现出对佛门的厌恶心情，直至1705年，他在给庐山开先寺心壁和尚所作《洗钵图》题跋中，还写"笑倒庐山禅弟兄"——以禅弟兄来形容佛门好友。他与澹雪之间谈禅论道，像二人"道径山竹子"似平常家事②，一如他在禅门时的佛课。

八大离开佛门后，由于长期浸染于内典，佛学仍然在他的思想中占主导地位，主宰其艺术的，仍然是禅宗思想。像上海博物馆所藏的《莲房小鸟图》（1689），有"天心鸥兹"的花押，有"涉事"的落款，如果不了解八大的禅学背景，便很难读懂这幅图。又如作于1697年的《河上花歌》，其中"实相无相一颗莲花子"，来自大乘佛学的诸法实相学说。八大在晚年接受庄子思想，并在绘画中予表现，但他又用禅宗的观念来加以改造，突出禅的空相观念。曹洞禅法促使八大"画者东西影"的独特艺术观念的形成。禅宗"不立文字"的思想成为他一生艺术的标尺，"口如

---

① 乾隆时期诗人万廷荫，字汉吉，号荻乡，南昌人。乾隆三十五年举人，官安福教谕，著有《是陶轩诗稿》。他有《过太子庵》诗，自注云："八大山人晚年流寓于此。"诗云："湖光十里长芙蕖，一片清风似雨余。绿竹可怜高士宅，青山难得好僧居。阮公歌哭来歧路，张俭飘零到草庐。风景何堪人去后，灞桥容我再骑驴。"（《江西诗征》卷八二，清嘉庆九年赏雨茅屋刻本）由此可知，晚年八大还曾在太子庵中居住。

② 八大在作于1686年的《题芝兰清供图》中，有"丙寅雪在上元，同羽昭先生、舫居方丈澹和上，道径山竹子，为画兼正"之题识。道径山竹子，乃圆悟克勤之事，北宋临济宗杨岐派僧人克勤说法，以竹篦子来验证弟子悟与不悟。径山在浙江余杭境，在天目山之东北峰，因有小径通天目而得名。中有著名寺院径山寺，克勤曾住此寺。

扁担"是他的艺术哲学,让世界自在"言说"成为他的创造方式,禅宗"独坐大雄峰"的思想直接影响他艺术中的孤独呈现方式,人的尊严成了他笔下一花一鸟所要展示的核心思想。凡此等等,八大晚年虽然不在丛林,但思想中仍然葆有对禅的坚守;虽然他不是在寺院中接引学人,却在艺术中诠释禅的精髓。他对饶宇朴说,从此以后,可以齐己之类的艺僧视之。离开佛门的八大仍可当艺僧之评。没有禅,就没有八大的艺术,他在禅门时如此,离开禅门之后也是如此。

石涛在求八大为其画《大涤草堂图》时说:"莫书和尚,济有冠有发之人。"而他称八大则是"雪翁先生",以其佛门之名称之,八大并无反对之意。这里面包含两人在对待佛教态度方面的微妙差异。八大与石涛不同,石涛是带着愤怒和绝望离开佛门的,八大是带着万般不得已的心情,与他心心念念要归去的山中诀别。这也是造成后来八大身不在佛门、心不离佛门的主要原因。

正因此,我们看八大离开佛门之后还有《十六应真颂》(1689)这样的作品出现,就不显得突兀了。当这部作品在北京瀚海1995年冬季拍卖会出现之时,不少论者持怀疑态度,因为在"憎恨"佛学的八大和这位歌颂罗汉的作者之间很难找到共同点。其实,厌倦进而抛弃佛学是后来研究者给八大贴上的标签,八大不是佛门中人,但心还在佛的世界中。《十六应真颂》不仅表现出八大没有忘记佛学,同时也显示他在离开佛门之后,在佛学方面仍然没有停止精进之心,他的禅学修养甚至表现得比之前更加精湛而圆融。

在这篇重要的文献中,八大以自己对佛学的理解,来写《十六应真颂》,各条颂语中,既有佛经之内容,又大量地征引中国佛学的思想,尤其是禅宗的思想,对慧能以下的临济、曹洞二家禅法取资尤多。其中有大量的禅家话头,如"道着头角生,不道着头角生""昨日有人从天台来,却往南岳去""棒头出孝子,豢养忤逆儿""既猴白,弄猴黑""不快漆桶"等等。这篇文字的思想旨趣也在禅宗中。禅宗的不有不无、无生无死、无凡无圣、魔佛同一、不立文字、廓然无圣等思想,成为这篇文字的主轴。与其说八大是以禅宗的思想来丰富罗汉思想,倒不如说他借罗汉思想来说他的南禅学说。他将南禅思想与佛经中的罗汉思想结合起来,形成他对阿罗汉、对禅宗的独特理解。其间多有发明,甚至杂入了他对人生的体会,如第二则:"春秋、欧阳,始终何如;对头两个,张耳、陈余。询:父亲做不?不。做儿子前驱。渠正是咱,咱非渠。"一切人间的争执是没有意义的,一切分别都是对真性的破坏,八大是"劣于斗者",他要护持清明澄澈的真性,这才是他追求的价值世界。

这篇文献涉及印度佛学、中国禅宗等很多问题，反映出八大这位"禅林拔萃之器"在佛学方面精深的造诣，他绝不是那种生吞活剥经典的庸才，其思想颇富创造性和穿透力。这也从另外的角度说明，八大离开佛门，不是对佛学的厌倦；在离开佛门近十年的时间中，八大还保持着佛学的修养和对佛学的热情，佛学尤其是禅宗思想仍然在八大晚年思想中占主导地位。

他离开佛门，心中仍存在着强烈的眷恋佛门的思想。从1682年的"止八大山"，到1683年之后一直使用的"八大山人"之号中就可看出，他的心在"须弥山"下，在佛的周围。"八大山人"一号将他对佛的信仰之心藏得更深，没有丝毫动摇。下一章将接着讨论这一问题。

第十二章
关于"八大山人"名号的相关问题

八大山人一生名号很多，其中有几个是主要的。他在佛门时，法名"传綮"，号"刃庵"，别号"雪个""个山"；1681 到 1684 年间，他有"驴""人屋""驴屋"等号；1684 年后，"八大山人"成为他最主要的名号，一直到他离开这个世界。

王方宇先生在《八大山人论集》的序言中说："八大山人本身就是一个谜，用有根据但不常用的古人草法，写平常人难认的草字，用僻典以及省略词字的句法作隐晦的诗，创造有寓意而不显明的花押花字，用古篆刻既难懂又难认的图章，名号很多，倒是一般书画家常有如此，但是最为人所知的八大山人是甚么来源，是甚么意思，也颇费后人猜想。"①

正因"八大山人"含义的费解，前人多有涉及。概括起来有三种看法：（一）"八大山人"的意思取自佛经《八大人觉经》，传八大常常持此经而诵读，故以此为号。（二）"八大山人"之号表现其"独大"的追求。如陈鼎《八大山人传》说："号八大山人，其言曰：八大者，四方四隅，皆我为大，而无大于我者。"（三）"八大山人"之号源于他对一本法帖的喜好。乾隆十六年刊《南昌县志》卷三四"隐逸"列《八大山人传》，几乎全录邵长蘅《八大山人传》，然《县志》纂修者顾锡鬯加按语道："山人隐进贤灯社，有故家子示以赵子昂所书《八大人觉经》，山人喜而跋之，因以为号。世乃谓八大。隐'哭笑'二字，非也。"这些解说，在多大程度上符合八大的原意，至今还有不少争议。

"八大山人"之号的解释，在八大研究中占有重要位置，牵涉到的问题很多。如有人认为八大将落款的"八大山人"写成"哭之笑之"，这便和他的故国情怀联系到一起；如有人认为八大落款"八"的写法，存在着由"ﾊﾟ"到"八"两个阶段，这便与八大晚年艺术发展道路联系起来；如说"八大山人"之号来自于八大喜欢的《八大人觉经》，这便和其晚年思想情况联系到一起，因为他确定使用"八大山人"之号时，是在告别佛门之时。他为什么在离开佛门后，还使用一个强化与佛门关系

① 王方宇编《八大山人论集》，台北：编译馆中华丛书编审委员会，1984 年。

的名号呢？"八大山人"名号的研究还存在着不少疑点，本章拟对这一问题作进一步讨论。

一、"止八大山"

从现知八大的作品看，1682 年，他作有《瓮颂》六首，并有此诗的书法作品。真迹已不存，唯有拓本。在这件书法拓本中，有一枚"止八大山"朱文印章，刻在"瓮颂"两字之下。这枚印章的发现非常重要，与"八大山人"之号有直接关系，它的出现在"八大山人"之前，是一件隐藏着"八大山人"之号意义的重要资料（图 12-1）。

图 12-1 "止八大山"印

关于"止八大山"的意思，一般将它和八大的遗民情感联系在一起，认为此印的主要意思是："止"意为中断，八大似在向人们痛苦地说"朱权八支到此为止了"，或者是"朱权之后到八大就中断了"。八大用这枚印章，反映他内心对所谓"斩先人祀"的痛苦，为自己谋妻生子作准备。随着《梦川亭诗集》并相关资料的发现，有些问题已经明晰。八大归南昌之后，并无陈鼎所说的谋妻生子之事，他对于朋友"助其嗣续"的做法是反对的，所以"八代终止说"是难以成立的。何况八大所用的是"止八大山"，那么"山"又当何解呢？

近来的一些研究，忽视了一个简单的事实，即："八大山"是一个与佛教有关的专门术语。据《长阿含经》等载，佛教以须弥山为中心，周围有佉提罗迦、伊沙陀罗、游乾陀、苏达梨舍那、安湿缚羯拏、尼民陀罗、毗那多迦、斫迦罗等八大山，山与山之间又各有一大海，有八大海，再外面又有四大部洲。这就是佛教所谓"四大洲及九山八海，称为一小世界"的说法。世界圆环如轮，形成"须弥世界"。它反映了佛教对世界存在方式的看法[①]。须弥山是佛教中的圣山，是西方极乐世界的顶峰，又称妙高山。妙高山顶据说有三十三天宫，帝释天就居住在那里，而八大山就是环绕妙高的存在。

由此我们来看"止八大山"的含义。"止八大山"的"止"，在汉语中，有终止、中断的意思，又有止泊、停留、栖息、居住之义。如大学之道"止于至善"，"止"

---

① 参见《长阿含经》卷一八（《大正藏》第一册）。另外，《阿毗达摩俱舍释论》卷八也说："八大山中央有须弥娄山。所余山绕须弥娄住。"（《大正藏》第二九册）须弥娄山，即须弥山。

意为处于。《徐霞客游记·游黄山记》:"止文殊院。"意为居住。八大的"止八大山"用的是后一层意思。

故此,"止八大山",意思就是环拱在佛的周围,在八大山止泊、居住,以佛国为自己的性灵居所。"止八大山",强调的是对佛的信仰,其意思就如八大早年所用的一枚"佛弟子"的印章一样。

在前一章《八大山人的出佛还俗问题》中,我们考察了八大离开佛门的过程,大量资料证明,八大不是抱着对佛门厌倦的心情离开的,而主要是身体等外部原因所造成的,离开佛门并不表明信仰的改变。晚年八大仍然是佛的信奉者,佛家思想仍在其思想中占主导地位。他的"止八大山"以及后来在此基础上产生的"八大山人"之号,其实表达的核心思想,就是对佛坚定的信仰。晚年的八大是一位在家的佛弟子。

对八大来说,1682年前后,是一段特别的时期。屈辱的生活,使他被迫离开佛门,在精神上极为痛苦的时候,佛是他最重要的精神依靠。1681年夏所作《绳金塔远眺图轴》中,洋溢着浓厚的向往佛门的心情,他渴望"大禅一粒粟"给自己突遭打击的心灵以安慰。"止八大山"就是在这样的背景下出现的,这既表明了他对佛的信心,又是对自己的安慰:虽然脱离了佛门,我的心仍然在八大山中、在佛的周围,佛并没有抛弃我。

禅宗强调,当下即可妙悟,西方就在目前,没有高高在上的须弥山,一念心清净,无处不是妙高顶。"止八大山"的核心精神在于平常中成佛成道。八大有诗道:"击碎须弥腰,折却楞伽尾。"他要止于心灵中的"八大山",而不是佛的天国。如博山元来所说:"布菡萏于淤泥,植菩提于粪壤。"[1]无明是慧,烦恼是佛。八大禅门五世祖无明慧经,其法名之取义,就在无明智慧中。曹洞禅法再复杂,其实就是一念心法:你一念心上清净光,是你屋里法身佛。你一念心上无分别光,是你屋里报身佛。你一念心上无差别光,是你屋里化身佛。《坛经》有"人我是须弥,邪心是大海"的说法。佛教强调无人我,一有人我,即起分别。说凡说圣,说人说我,便不得佛。心念中不起人我,就在人我中,成就佛。所谓即魔即佛,即凡即圣。我们可以将"止八大山"和同期出现的"驴屋""人屋"等印章联系来看,从具体的存在上说,眼下的他其实就在"驴屋""人屋"(人屋,有人我之分的居所之意,在禅宗中是负面语)中,但他心中有金色的光芒,有如来清净心,他的"驴屋""人

---

[1]《无异元来禅师广录》卷五。

屋"就是"佛屋",就是"八大山",就是高高的须弥。

"止八大山"可以说是"八大山人"之号的先声,八大最终以"八大山人"为号,反映了他对佛的信心,也折射出他对人生价值意义的追求。八大山人,是一位"八大山"中"人",即一位佛弟子。

二、《八大人觉经》

"八大山人"之号,曾引起当时人的热议。1683年左右,远在扬州的陈鼎就引述八大的话说,这个号表达了"四方四隅,惟我独大"的思想。而在江西,也有很多议论,其中比较流行的说法,是将它和佛经《八大人觉经》联系起来。龙科宝《八大山人画记》说:"山人初为高僧,尝持《八大人圆觉经》,遂自号曰八大。"龙科宝虽见过八大,但并不表明他这种说法是八大亲口说的,因为他与八大并不熟,能请八大作画,那是进士熊国定绍介之功。他关于此号的解释,也可能来自时人的传说。刊于1720年的《西江志》卷一〇六说:"八大山人,名耷,初为高僧,往来南昌,常持《八大圆觉经》,遂自号八大。"① 以非常肯定的口气,确定八大此号的涵义。张庚《国朝画征录》中的"或曰山人固高僧,尝持《八大人觉经》,因以为号",其实来自龙科宝的《八大山人画记》。

"八大山人"之号来自《八大人觉经》,这是最有影响力的说法,至今几乎被当作"八大山人"名号确定的解释,为人们普遍接受。这一说法表面看有道理,但深究其里,又见其不然。

1.八大自己曾公开否认"八大山人"名号来自《八大人觉经》。上海博物馆藏八大《八大人觉经》跋语,其实就是对此问题的回应:

> 经者,径也,何处现此《八大人觉经》?山人陶八八遇之已。壬申五月之廿七日,八大山人题。(12-2)

此作作于1692年。八大此跋颇令人费解,尤其是"山人陶八八遇之已"一句,争议很多。多有论者以为,此句应断为"山人陶八,八遇之已"。这便产生了八大有"陶八"之别名的问题。一些中国画史研究的著名学者(如王方宇、郭若愚、谢

---

① 佛经中有《八大人觉经》《圆觉经》,并无《八大人圆觉经》《八大圆觉经》,龙科宝《八大山人画记》和欧阳桂《西江志》所记有误。

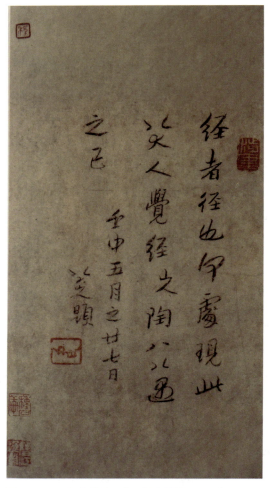

图12-2 《八大人觉经》跋 纸本墨笔 1692年
30.5×16cm 上海博物馆藏

稚柳等）便据陶朱公之意，以陶八为朱八，意思是，山人是朱家的老八，联系《个山小像》中彭文亮的题跋"九叶风高耐岁华"，意指朱家有九个儿子，他排行老八。"八遇之已"，乃是八大使用此号至1692年已经八年了。有的研究认为，八大对八这个数字特别喜欢，"陶八"的"陶"意为喜欢，"陶八"，就是喜欢八。八大名"八大山人"，是因为这个数字的关系①。杨新先生说："八大山人的'八'字，即表示他是宁王朱权后第八代子孙，至于'大'字，或可与他小名'牟'有关，大、牟同音，取其一半，即便是'八大'，意思是说，'我就是第八代子孙牟'。现在归宗了。……连带一方'八还'的印章，意思再明白不过，即第八代子孙回来了，可以延续香火不至'斩先人祀'了。"② 这样的解说不合八大原意。因为，很明显，它与第一句缺少关联："经者，径也，何处现此《八大人觉经》？"八大是在讨论"经者，径也"时提出"山人陶八八遇之已"这个问题的。

八大这里采用的是汉语音训的方法：经书，是为人指向光明途径的，而《八大人觉经》指出的途径在何"处"呢？意思是，我八大是从什么地方领会《八大人觉经》的内涵呢？

他的回答是，我不是通过读经得到的，而是在一己的妙悟中得到的。道教著

① 如班宗华《八大山人书画析义》，台北：《故宫文物月刊》，第九卷第一期，1991年。王方宇也持类似的观点。
② 《八大山人三题》，《文物》，1998年第1期。

作《历世真仙体道通鉴》卷三二记载了一则关于颜真卿显灵的故事：

> 建中四年，德宗命真卿问罪李希烈，内外知公不还，亲族饯于长乐坡。公醉，跳踯前楹曰：吾早遇道士云："陶八八授刀圭、碧霞丹，至今不衰。"又曰："七十有厄即吉，他日待我于罗浮山，得非今日之厄乎？"公至大梁，希烈命缢杀之，瘗于城南。希烈败，家人启柩，见状貌如生，遍身金色，爪甲出手背，须发长数尺。归葬偃师北山。后有商人至罗浮山，有二道士树下围棋。一曰："何人至此？"对曰："小客洛阳人。"道士笑曰："幸寄一书达吾家。"遣童子取纸笔作书，至北山颜家，子孙得书大惊，曰："先太师亲翰也。"发冢开棺，已空矣。径往罗浮求之，竟无踪迹。[1]

颜真卿抱不世之才，书臻神功，故有"陶八八授刀圭、碧霞丹"之神说，这刀圭、碧霞丹使他不朽。八大通过这个典故要说的是，我的"白刃"（八大早年在佛门有"刃庵"之号）是"陶八八"所授也，也是神功。八大这里所说的陶八八，意思就是独自的妙悟。八大说的是传说中的神人陶八八，而不是八次遇到陶八[2]，更不是谢稚柳先生所说的八大"借用颜鲁公遇到的道士陶八这个典故，以说明自己是道士"，从而与八大即道士朱道朗的说法联系起来[3]。八大说到陶八八之事，疑与米芾书迹有关，据杨宾《大瓢偶笔》卷五载"己丑夏，曾于缪文子南有堂，见海岳书陶八八事真迹卷，沉着痛快，几令颜太师退避三舍"。不知八大是否见过这件书迹。而米芾的《宝晋山林集》中记《颜鲁公碑》，谈及鲁公遇陶八八之事[4]。

八大这段议论，当是有感而发。为什么由《八大人觉经》联系到自己，似是针对传说中他特别喜欢此经、他的名号就来自于此经的流行说法而发的。如果没有这样的背景，八大的说法就显得突兀了。八大认为，这是误解。并不是他反对这部经典，这里关乎他对经典的一贯态度。"经者，径也"，经书不是供你读的，钻他故纸，驴年去。在南宗禅看来，一切经书都是戏论，"经诵三千部，曹溪一句无"，莫读经，莫静坐，一味妙悟，是南禅度人之金针。八大在《翻经台》诗以及相关文

---

① 元赵道一《历世真仙体道通鉴》卷三二，明正统道藏本。

② "山人陶八八遇之已"一句，今人多将其断为"山人陶八，八遇之已"，如饶宗颐《禅僧传繁前后期名号之解说》（《朵云》第15期，1987年）；谢稚柳《八大山人取名的含义和他的世系》（《艺苑掇英》第19期，1983年）；肖燕翼《八大山人之名号》（《八大山人全集》第五册附编，1057页，江西美术出版社，2000年）。

③ 谢稚柳《八大山人取名的含义和他的世系》，《艺苑掇英》第19期，上海人民美术出版社，1983年。

④ 另外，米芾有《鲁公仙迹记》谈到陶八八之事，附在《颜鲁公文集》卷一七《外集》中。

献中，都提及这一看法。他要"穿过葛藤露布"①。如果说八大是爱一部经典，甚至以此为终身之名号，这和他毕生所信奉的思想形成尖锐的矛盾。以《八大人觉经》为"八大山人"名号之来源，是对八大真实用意的极大误解。其中所形成的与八大信奉的禅宗思想的抵牾非常明显。八大这段议论，其实就是回答人们的这种误解。"何处现此《八大人觉经》"，他以一个关于颜真卿的道教传说，来破这个问题。

2. 在南禅宗师慧能看来，一切经书及文字，小乘大乘，十二部经，都因人而置，佛在心悟，而不在读经，一念不悟，佛即众生；一念若悟，众生即佛。一切万法，都在人一心之中，所以必须从人的心悟做起。临济、曹洞二家均以此为根本旨要。临济义玄说："只如十二分教，皆是表显之说。学者不会，便向表显名句上生解，皆是依倚，落在因果，未免三界生死。你若欲得生死去住，脱著自由，即今识取听法底人。无形无相，无根无本，无住处，活泼泼地，应是万种施设，用处只是无处。"②

说到经典，南禅推崇《金刚经》，这部经典凝聚了《大般若经》的精髓。南禅并不是为人选经，而是强调，《金刚经》的根本精神就是让你放弃读经的方式，不是读经，而是心悟。正因此，我对终生信奉南禅的八大为何选择一部《八大人觉经》产生了怀疑。因为在南宗禅的历史上，从来没有哪位宗师会推荐弟子终生奉守这部经典。

《八大人觉经》在东汉时传入中国，由安世高翻译（一度未载入译经目录，被列入失译之作），是最早进入中土的佛经之一。一般认为此经是小乘经典，唐代道宣等则认为，此经当归于大乘。这部经典中的"大人"，指的是菩萨、声闻、缘觉等具有大力量的证悟者，此经就是说八种"大人"证悟和修行的方法，八觉即：觉无常、觉多欲苦、觉知厌足、觉知懈怠、觉知愚痴、觉知贫苦、觉知五欲过、觉生死炽然。此经的操作性较强，如觉多欲苦，就是证悟出欲望给人带来的烦恼，可以有所求，但不求多欲，少欲还是被允许的；又如觉知厌足，修道之人，衣服但求蔽体，食物但求保命，不要追求过分的享受。另外，《中阿含经》卷十八有《八念经》，列出"八大人觉"，即觉悟出少欲、知足、远离、精进、正念、正定、正慧、不戏论等八个方面，这和《八大人觉经》所列名目稍异，基本精神还是相合的。

---

① 八大《翻经台》诗云："白马驮经出禁林，几番劫火到于今。漫窥青豆翻经典，且咏红泉坐石阴。珠藏揭开灯火朗，椎槌击罢地天深。独怜秘阁书多少，何必区区译梵音。""独怜秘阁书多少，何必区区译梵音"，佛经也成了一种多余。
② 《古尊宿语录》卷四，61页，中华书局，1994年。

《八大人觉经》的内容以及《中阿含》中所说的八大人觉，包含了小乘佛学中的不少内容，《中阿含》的内容类似于八正道（正见、正思维、正语、正业、正命、正精进、正念、正定），它更多地表现为一种实践原则，是佛教中的实践法门。"八大人觉"所体现出的思想，不仅与八大在佛门时的思想有差异，更与他刚刚离开佛门时的状况相冲突。八大反对读经、静坐、依附于丛林的佛门修行方式，他信仰自心清净式的修行，重视云行天下得大自在式的妙悟。他在佛门时就对这样的实践法门不感兴趣，况且他离开佛门后，"八大人觉"中的实践法门，更是无从谈起。

正是据于此，我认为，《八大人觉经》的思想不符合八大长期崇奉的思想，他不可能将一部与其思想有冲突的经典作为晚年唯一名号的来源。八大说："经者，径也，何处现此《八大人觉经》。"就是对那些将《八大人觉经》与他名号联系起来的说法的一种委婉否定。

至于方志中所说八大喜欢赵子昂的《八大人觉经》书法，以为自己之号。此经的确多有名家书迹流传。元僧雪庵大师也曾有《八大人觉经》，曾有擘窠大书刻本，流传甚广，达观真可、憨山德清等曾为之作跋[1]。八大当有可能见过赵子昂或者雪庵所书此经的书帖，也有可能喜欢这些法帖。但"八大山人"之号不可能来源于此。"八大山人"是他晚年唯一的号，他喜欢一部字帖不足以使其倾心到如此地步。更何况，赵子昂作为一位在节气方面有污点的文人，受到八大同时代很多遗民的排斥（如李伍渶在《八大山人像赞》中说："欲求其似，缅怀子固。松雪尚溯，他曷充数。"）八大虽然对其艺术有较高评价[2]，但不大可能以一位在气节方面有问题的人作为毕生效法对象。八大十分推崇郑思肖，《新元史》说："赵孟頫才名冠世，思肖恶其仕元，与之绝。"[3] 思肖与子昂绝交，八大何以如此亲近子昂？

"八大山人"之号是在"止八大山"的基础上形成的，表达的是对佛教的信仰之情。如果进一步追踪其意，《大般若经》中的"八大自在我"的思想倒有可能是八大取资的对象之一。"八大自在我"是八大自在圆融的境界。据北本《大般若经》，佛教涅槃有常、乐、我、净四德，在这四德中，"我"有八种大自在：一、能示一身为多身；二、示一尘身满大千界；三、大身轻举远到；四、现无量类常居；五、诸根互用；六、得一切法无得想；七、说一偈义，经无量劫；八、身遍诸处，犹如

---

[1]《憨山老人梦游集》卷三一，《八大人觉经》跋。

[2] 如他在一则题所仿倪迂山水中说："子昂画山水、人物、竹石，至佳也。昔史官惊其才，以为书画家。竟莫得其文章。文章非人间世之书画也耶？"（见汪子豆编《八大山人书画集》第二集，人民美术出版社，1983年）

[3]《新元史》卷二四一《郑思肖传》。

虚空。这八种境界也是禅家追求的最高境界。八大在佛门之时，就表现出对此境界的服膺之情。

正因此，我以为，"八大山人"此号说明，他是一位"八大山"中的"人"，即是一位佛弟子；又是一位"八大""山人"，即说他是具有"八大自在"的"山人"。"山人"是中国古代文人对隐士等的称呼①。虽然他是一位"山人"，但仍然有"廓然无圣"的精神，有"天上天下，惟我独尊"的精神，一心可以通世界，一尘可以满大千，身历世界，虚空而行，风行自在，无有阻滞。在这个意义上说，"八大山人"之号，如同佛教历史上的布袋和尚一样，所彰显的是一种大自在的精神。

联系他一枚"不买山"的印章看，八大并不像那些隐居山林之中的文士（如同时代的苏州诗人俞无殊，隐居于邓尉山中，自号鹿床山人），他是无山而隐②，无片瓦可居，云水即是生涯，随处即为山林，是一位在世界中风行的山人。

也正是在这个意义上，陈鼎所说的"号八大山人。其言曰：八大者，四方四隅，皆我为大，而无大于我也"虽然可能是道听途说，但与"八大山人"之意确有某些相合之处。

三、驴形小印

大约在1683年开始，一直到1705年去世，八大作品中常有一枚图画般的扁形朱文小印，其形状如木屐，所以，张潮称之为"状如屐"，今之论者一般称之为"屐形印"。又因其很像牙齿，所以，有的论者又称其为"齿形印"。（图12-3）

这一小印有多种形式，可分为两类，一类有边框，一类无边框。无边框的种类较多，看来八大对这种印章情有独钟，屡变其形而不弃，晚年的大部分作品都钤有这枚小印。这枚如画的小印到底有什么样的含义，今之论者主要以下几种看法：

图12-3　驴形小印

---

① 王勃《赠李十四》诗云："野客思茅宇，山人爱竹林。"（《王子安集》卷三，四部丛刊本）如罗牧，就自号饭牛山人。
② 《世说新语·排调》："支道林因人就深公买印山，深公答曰：未闻巢、由买山而隐。"

一、谢稚柳认为应释为"山人口如扁担"。他认为，这枚小印包含"山"和"人"两个字，中间有一根扁担横着，扁担是微微上翘的形状，正表现"口在哭笑的时候所显示的形象"①。张大千将此释为"一山人"，叶叶释为"一仙"。二、王方宇认为，这个印就是"八大山人"四字②。三、还有的论者认为，此印表现八大年龄渐老、牙齿脱落之状况。八大用这方印章告诉世人，他就剩几颗牙齿了。

以上诸先生的解释对我很有启发，这里谈谈自己的看法。我以为此印有多种象征意义，一表示八大"驴"的身份；二传达他优游山林的自由精神，道出他的"山人"本色；三与"口如扁担"的不立文字思想有关。

（一）此印的确有屐形之状，称之为"屐形小印"也无不可。这与他的"涉事"观念有关。魏晋文人有"跟高齿屐"的习惯。《颜氏家训·勉学》云："梁朝全盛之时，贵游子弟……无不熏衣剃面，傅粉施朱，驾长檐车，跟高齿屐，坐棋子方褥，凭斑丝隐囊，列器玩于左右，从容出入，望若神仙。"卢文弨注云："自晋以来，士大夫多喜着屐，虽无雨亦着之。下有齿。谢安因喜，过户限，不觉屐折齿，是在家亦着也。"诗人谢灵运也善着屐，李白诗中就有"脚着谢公屐"之语。八大深受晋人之风影响，六朝士大夫的从容潇洒、沉着痛快的人生格调，常常成为他咏叹的主题③。他取屐形小印，正应有此一情怀。《诗家一指》之《二十四品·清奇》一品云："娟娟群松，下有漪流。晴雪满汀，隔溪渔舟。可人如玉，步屧寻幽。载瞻载止，空碧悠悠。神出古异，淡不可收。如月之曙，如气之秋。"其中"步屧寻幽"，就是着木屐而悠然前往，以形容文人高逸之生活。八大取其意也。

（二）八大这枚小印，又像驴形，八大用以为驴的代符。从形状上看，无论是有边框的，还是无边框的，都呈扁长之形，中间一根长线连着前后两个部分，有以下主要特征：第一，前面部分总比后面部分高，前面部分在线之上突起，后面部分在线之下平列，形成前高后低的状态；第二，前面部分作昂起之状，后面部分有向后绵延之势；第三，前面部分有两竖，后面部分有三竖。综合起来看，虽然八大晚年多次换刻此印，但这几个特征始终不曾变化，从来没有出现过前后颠倒及上下易形的情况。这正像驴的形状，前面是驴的头部，后面是驴身体的轮廓。

在1681年到1684年间，八大多以"驴"为印款，有"驴""驴屋"和"驴屋驴"等号，1684年以后则很少见到这样的印款，只偶尔提及。如八大在给方鹿村的信

---

① 《八大山人ｆｔ印》，台北：《故宫文物月刊》，第八卷第十二期，1991年。
② 《八大山人的屐形印》，《故宫博物院院刊》第2期，紫禁城出版社，1996年。
③ 八大曾作有与《世说新语》有关的诗二十多首，今大都遗佚。

中还说："牛未没耳，驴若向北"（作于1690年前后），以牛称罗牧，以驴自称。由这"驴形小印"可以看出，八大没有放弃他的驴号，而是以另一种形式潜在地表现出来。

（三）这类小印的确又有齿形之像，是人口形率略的表现。小印像人的口形，而中间有一根长线相连，谢稚柳先生关于"口如扁担"的联系是有道理的。不过这根扁担并非如谢稚柳先生所说，后面微微翘起，以表示"哭之笑之"之状，因为，在八大此类印中，有些形状并无后部翘起之状，而"口如扁担"也并非表达"哭之笑之"的意思。

八大晚年离开佛门，仍然奉行佛家哲学以及禅宗的不立文字、排除知识、强调心灵妙悟的思想。这枚小印，一如"口如扁担"的印章一样，就是往口中横下一根扁担，以默然妙悟的方式领略世界的妙韵。

（四）这类小印，确如谢稚柳先生所说，前面像"人"，后面像"山"，一根线连起，合而为"山人"二字。

八大生平使用的很多符号，都是一符而多义，一柄而多边，一形而多像，多种意思包括在一个符号之中，意义之间往往也有关联，从而生发出特有的意义。这个独特的符号可能亦是如此。

第十三章
《古梅图》读解兼及八大山人的"驴"号

现藏于北京故宫博物院的《古梅图》，大致作于1681年（康熙辛酉）岁末，1682年（康熙壬戌）岁初又题（其中有"壬小春又题"），其上有三跋。它是八大生平最重要的作品之一，也是所谓"驴屋驴"阶段的代表作品。它与《瓮颂》等一起，反映了八大归南昌初期的思想变化情况，尤其是作品中对故国观念大胆直露的表白，更是把握八大思想发展过程不可多得的资料。在八大存世作品中，像这样一画完成后，一题再题又题，仅此一件，足见他对此作品的重视。三段题跋大致作于1681年岁末到1682年的数月时间里，其间反映出八大思想明显的变化。（图13-1）

当今学界对这幅作品图与题跋的解释，存在着相当大的歧见。如王方宇先生认为，这幅图及其题跋除了反映八大的故国情怀外，更重要的则是表现出他"建立婚姻之后的快乐"，是一幅"夸婿之作"[1]。肖燕翼先生说：八大画梅花，有"梅开二度"的意思，年近六十的八大是在庆祝自己娶了第二个妻子[2]。这一说法广有影响，但我在反复体味中，却发现这样的理解其实并不符合八大思想的真实情况，这里谈一些我的粗浅理解。

八大生平多画梅花，在其传世作品中，梅花占了不小的分量。北京故宫博物院的这幅《古梅图》却与其他同类作品不同。八大一般画一枝梅花侧出，而这幅却画出整株梅花，这是一株"古梅"，从根部、躯干到横出的梅枝、梅花，都细细地画出，根部裸露，粗大的根系紧紧抓住地面，顽强地生存。躯干饱经风霜，作裂开状，残存的干如根根利剑待发。而梅枝恣肆横溢，似有无穷力量。这是一株"愤怒的梅花"，根本没有"梅开二度"的缠绵悱恻。

八大先后有三段题跋，其一云："分付梅花吴道人，幽幽翟翟莫相亲。南山之南北山北，老得焚鱼扫□尘。驴屋驴书。"其二云："得本还时末也非，曾无地瘦与天肥。梅花画里思思肖，和尚如何如采薇。壬小春又题。"第三跋云："前二未称走笔之妙，再为《易马吟》：夫婿殊如昨，何为不笛床？如花语剑器，爱马作商量。

---

① 王方宇《八大山人的生平》，《八大山人法书集》序言，文物出版社，1997年。
② 《八大山人之名号》，见《八大山人全集》第五卷附编，1056页，江西美术出版社，2000年。

图 13-1　古梅图　纸本墨笔　1682 年　96×55cm　北京故宫博物院藏

苦泪交千点，青春事适王。曾云午桥外，更买墨花庄。夫婿殊驴。"

以下分别就三段题跋中相关问题，提出讨论。

一、第一段题跋

第一段题跋中的"老得焚鱼扫□尘"，在"扫"与"尘"中，有一字被涂去。《艺苑掇英》第十九期释此字为"虏"，从诗的前后意思看，我以为是恰当的。

第一段题跋由元四家吴镇说起。"分付"，同"吩咐"。梅花吴道人：吴镇（1280—1354）号梅花道人。幽幽翟翟：形容山林映衬、竹韵清幽之境。幽幽：《诗经·小雅·斯干》："秩秩斯干，幽幽南山。如竹苞矣，如松茂矣。"翟翟：晋傅咸《相风赋》："籛籛竹竿，在武之庭。厥用自然，既修且贞。"[①]莫相亲：意思是不要太陶醉在绿竹清幽的境界中。

南山之南北山北：在南山之南，在北山之北，形容世界的广袤无边。此为古代典籍中常用语。陆游《放歌行》："稽山一老贫无食，衣破履穿面黧黑。谁知快意举世无，南山之南北山北。"[②]杨万里《题画》："功盖天下只戏剧，笑随赤松蜡双屐，飘然南山之南北山北。君不见岳飞功成不抽身，却道秦家丞相嗔。"[③]（图13-2）

老得焚鱼扫虏尘：据《书·泰誓》载，相传周武王伐纣，渡河，有白鱼跃入舟中，武王烧鱼以祭。后借指开国君主受命之符应。据汉荀悦《汉纪》卷五："夫帝王之作。必有神人之助，非德无以建业，非命无以定众，或以文昭，或以武兴，或以圣立，或以人崇。焚鱼、斩蛇，异功同符，岂非精灵之感哉。"[④]焚鱼，指武王事。斩蛇，指刘邦事。都是符应之说。

联系全诗看，诗由梅花道人好竹写起，化作与梅花道人的对话："梅道人，我要对你说，你不要太留恋于竹韵清幽的生活。"后人整理的《梅花道人遗墨》中，有大量题画竹的诗，如："我爱晚风清，漪漪动庭竹。惨淡暮云多，萧森分野绿"；"我爱晚风清，新篁动清节。……相对两忘言，只可自怡悦"[⑤]，等等。吴镇还在《梅花庵记》中说："当元末腥秽，中华贤者先几远志，非独远避兵革、且欲引而逃于弓旌征辟之外，倪云镇隐梁溪，杨廉夫隐干将，陶南村隐泗泾，张伯雨隐句曲，黄

---

① 《全晋文》卷五一，严可均辑《全上古三代秦汉三国六朝文》，1752页，中华书局，1991年。
② 陆游《剑南诗稿》卷二八，文渊阁四库全书本。
③ 杨万里《诚斋集》卷一，四部丛刊本。
④ 荀悦《汉纪》，据四部丛刊本。
⑤ 吴镇《梅花道人遗墨》，据文渊阁四库全书本。

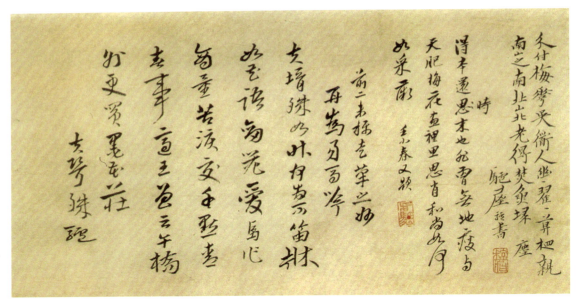

图13-2 《古梅图》题跋　纸本墨笔　1682年　96×55cm　北京故宫博物院藏

子久隐琴川，金粟道人顾仲瑛隐于醉，李先生隐于乡。生则渔钓咏歌以为乐，垂殁则自为墓，以附于古之达生知命者，如仲圭先生，盖其一也。"[①] 隐逸是梅道人晚年生活的写照，在元人统治之后，他选择了远离腥秽的道路，他有诗云："孤舟小，去无涯，那个汀洲不是家？"

明亡后，八大的选择其实和梅道人是一样的，他借与梅道人的对话，诉说心中久已压抑的声音：怎么能这样隐遁下去，怎么能这样沉沦，面对南山之南北山北，面对广袤河山都为清人掠去，我无法放下这颗怀念故国的心。即使江山久失去，即使我年已老，时已过，但复国的愿望永不会泯灭，假若天赐时运，一定会使乾坤清畅，虏尘尽荡。

第一段题跋中多愤怒和壮志。

二、第二段题跋

第二段题跋款"壬小春又题"，即壬戌年的早春，时间在1682年。由此推算，《古梅图》和第一段题跋当作于此之前，在1682年春节后，或1681年岁末。

①吴镇《梅花道人遗墨》，据文渊阁四库全书本。

此诗由南宋末年节士郑思肖说起。郑为宋太学上舍，耿介有高节，本名不叫思肖，国变后始改，寓意"思赵"。又号所南，意思是不忘故国。《新元史》卷二四一《郑所南传》说："不娶，岁时伏腊，辄野哭南向而拜。闻北语，则掩耳而走。人亦知其孤僻，不以为异也。坐卧不北向，扁其室曰：'本穴世界'。以'本'字之'十'置下文，则大宋也。工画墨兰，宋亡后，画兰根，不著土，或问之，曰：'地为番人夺去矣。'赵孟頫才名冠世，思肖恶其仕元，与之绝。孟頫数往候之，终不得见，叹息而去。"

得本还时末也非：由郑所南的匾额"本穴世界"写起，隐括故国之义，意不忘本。八大联系自己身世漂泊，如今回到南昌，他的大"本"，如同朱元璋的"大本堂"。但眼前的故国，"本"虽在，"末"已非。意思是，故土虽在，但江山易主；家园故址尚在，却是满目疮痍。抚今追昔，叹恍之情，不禁依依。

曾无地瘦与天肥：曾无，难道没有。地瘦天肥，形容天地广阔，山河缅邈。全句的意思为，天地广阔，然而天地已经是别人的，没有我立锥之所。这句诗由郑思肖画兰无根说起，根被番人掳去，以应和画中梅花根无土而裸露的立意。数年前，八大在临川时，胡亦堂有《予家在滕阁个山除夕诗中句也为拈韵如数》诗云："曾传天宝事，长忆物华楼。"明亡后，八大的故国之念不绝于心，曾在山中躲避，一旦造临故土，物是人非，对他产生巨大的情感冲击。他虽像元四家之一的黄一峰"还写宋山河"，但山河依旧，江山易主，更有苍生涂炭，万类凋零，激越的情感冲开长期封闭的心扉，发而为带血的质问。

梅花画里思思肖：我在梅花画里表达对所南的景仰。此由所南画兰着笔。元陶宗仪《南村辍耕录》卷二〇"狷洁"一条议郑所南："工画墨兰，不妄与人，邑宰求之不得。闻先生有田三十亩，因胁以赋役取。先生怒曰：'头可砟，兰不可画。'尝自写一卷，长丈余，高可五寸许，天真烂熳，超出物表。题云：'纯是君子，绝无小人。深山之中，以天为春。'"兰是郑所南的生命，是他坚贞节操的体现，清幽的香气如同他永远不屈的灵魂。八大这句的意思是，我虽然画的是梅花，但与所南有一样的心衷，一样的坚贞，我在梅花画中"思思肖"，也像思肖那样"思"故国。

和尚如何如采薇：商代末年伯夷、叔齐不食周粟，遁迹首阳山上，"采薇"而食，最后饿死。八大向两位节士遥致钦慕之情，并要做这样的节士。此句意思是，虽然他是一个"和尚"，但也不妨学两位隐逸高士的行为。

值得注意的是，八大这里称自己为"和尚"，这是此期作品中罕有的自白。前此我们多注意八大由临川回南昌"裂其浮屠服"之记载，以为八大是怀着愤懑的心情离开佛门，是与佛门决裂。实际情况并非如此，他离开佛门，主要是因其身体等原因，是一种不得已的选择，至少在归南昌之初年，他的心中仍然是一个"和尚"。

三、第三段题跋

第三段题跋作于1682年初春之后，虽未标时间，但想离此时不远。题跋仍以行草之书写成，与前二题相比，字迹明显放大，似是有意而为，我以为是为了突出题跋在这幅作品中的重要性。（图13-3）

此段题有自作五言诗一首，前有小序。此序颇重要，揣测其语气，甚至可以看出他思想变化的痕迹。序云："前二未称走笔之妙，再为《易马吟》。"这里的"未称走笔之妙"，是说书法不理想？显然不是。意思显然是：前二诗不能完整表达我的想法，故而又题。八大似觉得前二题中，过于强调金刚怒目式的情感，思想表达过于直露。揆之于八大生平之作，也可看出，如此直露地表达反清复明倾向的诗，极为少见。这不合于八大艺术寄意遥深的常态。他又作一题，当与此有关。

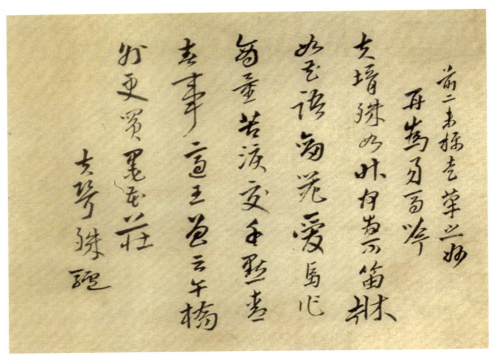

图13-3 《古梅图》第三段题跋　纸本墨笔　1682年　96×55.5cm　北京故宫博物院藏

八大山人研究

此诗反映的内容，可以视为八大这段情感的落实，是八大冷静后的选择。由语气看，此诗平和多了，意思也变得幽涩而难以把握。故当今研究界对《古梅图》的不同解读，多与对此诗的理解相关。

上二诗无名，而第三段题跋有《易马吟》之名，本古代"爱妾换马"之故事。爱妾换马，一般以为指东汉末年战将曹彰以爱妾换马事[1]，唐李亢《独异志》卷中云："后魏曹彰，性倜傥，偶逢骏马，爱之，其主所惜也。彰白：'余有美妾可换，唯君所选。'马主因指一妓，彰遂换之。"[2]爱马甚过爱美人，文人们颇着意于豪放倜傥以及与美人离去的缠绵悱恻之怀。唐张祜《爱妾换马》诗云："一面妖桃千里蹄，娇姿骏骨价应齐。乍牵玉勒辞金栈，催整花钿出绣闺。去日岂无沾袂泣，归时还有顿衔嘶。婵娟蹩躠春风里，挥手摇鞭杨柳堤。"明高启《爱妾换马曲》云："出帷掩红袂，离厩结青丝。我取蹑云足，君怜羞月姿。惟当树功业，讵必恋恩私？回首各已远，春山将暮时。"[3]多注意此意。而梁简文帝《爱妾换马》诗表达的却是女子的怨恨："功名幸多种，何事苦生离。谁言似白玉，定是愧青骊。必取匣中钏，回作饰金羁。真成恨不已，愿得路傍儿。"

南昌著名诗人周体观（1618—1680）是八大好友，他有《爱妾换马》诗四首，可能对八大有直接影响，录以备参：

> 君骑白额来，青系系门根。脱衔刷毛血，倜傥不群才。
> 贱妾在女流，恋栈如驽骀。缓急不可托，焚心成死灰。
> 谁家襜襫子，忍心弃龙媒。丈夫重割爱，宛转空余哀。
>
> 妾身从君日，已作百年身。不虞中道绝，弃作路旁人。
> 君今西入秦，且莫客平津。贱妾不足意，高堂有老亲。
> 老亲在高堂，白发常苦辛。大妇既多病，谁为煮芋羹。
>
> 结束控青系，阳阳出门去。脱身事游侠，盼睐生光耀。
> 既增剧孟重，又无贱妾虑。君行自朝朝，妾思还暮暮。
> 行逐关山月，目断陇头树。君非不念妾，万里难回顾。

---

① 但另有别解，《乐府解题》曰："《爱妾换马》，旧说淮南王所作，疑淮南王即刘安也。"（据徐陵《玉台新咏笺注》卷七引）

② 李亢《独异志》，据明稗海本。

③ 《高启集》卷二。

生离既有时，死别恨不早。以色事他人，能得几时好。

初嫁凭媒妁，恩情在中道。展转更失所，终然难自保。

良玉重璠玙，贱骨轻蓬草。向隅复吞声，泣下知多少。[1]

四首诗寓意颇丰，在这古老的故事中掺入自己的人生酸辛，将爱妾换马之事和故国情怀联系起来。自己本为前朝臣子，却成了新朝官员，故国就像自己的旧主，弃我而去，妾身从君日，已作百年身。没有料到中道而绝，我被弃如路边之人，如今"以色事他人，能得几时好"，暗自抚慰，向隅吞声，泣下涟涟。我甚至认为，此诗与八大的《易马吟》有直接联系。八大也是借此故事来写故国情思。

"夫婿殊如昨，何为不笛床？如花语剑器，爱马作商量"，八大第三首题跋的四句由换马的故事写起，古代爱妾换马诗多写换马的潇洒和爱妾的缠绵，而此诗写将爱妾换出，得到一匹马，但这位得到一匹马的"夫婿"却一点也高兴不起来。因为这位"夫婿"和以前那位风华绰约的少年完全不同，他哪里有王子猷那样的潇洒，听桓伊在胡床上吹笛子[2]。"如花语剑器"二句，撮写曹彰之事，放达的曹彰逢骏马，和马主商量，以美妾来换。爱马重于爱美色，爱剑重于爱花香。从"夫婿殊如昨"语意推测，八大写"夫婿"前后两种不同的形象。"昨"日之"夫婿"潇洒豪放，从容倜傥；今日之"夫婿"却是这样的低昂回互，只能像李白诗中的那位落拓者："徒令白日暮，高驾空踟蹰。"[3]八大以"夫婿"前后命运的不同暗喻自己的身世："昨"日的"夫婿"是国亡前风姿绰约的王孙，也有如花语剑器的潇洒，当下的"夫婿"是无家可归的落魄者，流落于街头巷尾。两位"夫婿"相比，是这样的"殊"。这落魄的丧家者，有太多的无奈，太多的惆怅，纵然有泪千行，也难尽心中的悲伤。

于是，此诗笔锋一转，写道："苦泪交千点，青春事适王。曾云午桥外，更买墨花庄。"我的青春、梦幻，都随故国而去，苦涩的泪水如雨潸潸，汇入河中的清流。午桥，洛阳皇宫外一座桥名，从这里经过的多为显贵之人，它与六朝石崇的金谷并为"午桥金谷"，它和八大诗中的"金马门""天津桥"一样，都暗喻旧都。

---

① 周体观《晴鹤堂诗钞》卷四，康熙刻本。

② "何为不笛床"，引王子猷与桓伊之事，《世说新语·任诞》："王子猷出都，尚渚下。旧闻桓子野善吹笛，而不相识。遇桓于岸上过，王在船中，客有识之者，云是桓子野。王便令人与相闻云：闻君善吹笛，试为我一奏。桓时已贵显，素闻王名，即便回下车，踞胡，为作三调。弄毕，便上车去。客主不交一言。"（徐震堮《世说新语校笺》，下册，409页，中华书局）

③ 王琦注《李太白全集》卷六《陌上桑》，第二册，390页，中华书局，2015年。

墨花庄：北宋时有僧名华光老人，为黄庭坚的好友，善画墨梅，今传有《华光梅谱》，后人以墨花主人视之。八大意为，我如今就像华光老人一样，躲进艺术之中，在墨梅花的世界中徜徉。写到这里，八大回到了梅花的主题，他画中凌厉的梅花似乎又低昂了许多，他获得了深心的短暂安宁；那颗激荡的心，也得到短暂的抚平。

潘季彤《听帆楼续刻书画记》卷下录八大《墨笔花鸟册》十二幅之九为《兰石》，八大自题云："王孙书画出天姿，㤫忆承平鬓欲丝。长借墨花寄幽兴，至今叶叶向南吹。姜渐题赵子固画，何园书。"[1]诗中借南宋末年王室画家赵子固事，来为自己的"墨花"选择开解，与《古梅图》第三首题诗的思想是一致的。

这三段题跋，反映了八大由愤怒、思念，到哀婉再到释然的心理变化过程。在这墨花世界中，浸透了他的泪，也注满了他的思。迄今为止，在八大存世作品中，鲜有这样完整而清晰的情感展露。

宋人陈与义（简斋）有《临江仙》（夜登小阁，忆洛中旧游）词："忆昔午桥桥上饮，坐中多是豪英。长沟流月去无声，杏花疏影里，吹笛到天明。　二十余年如一梦，此身虽在堪惊。闲登小阁看新晴。古今多少事，渔唱起三更。"[2]用这首词来形容八大的思考倒比较恰当，那是一种绝望的抚慰。古今多少事，渔唱起三更，满脸清泪后，一声叹惋，没入墨花世界中，这就是八大的选择。

需要说明的是，八大画的是梅花，为何题诗却突然联系到爱妾换马的故事，这可能与李白诗意有关。李白《襄阳歌》诗云："千金骏马换小妾，笑坐雕鞍歌落梅。"[3]《落梅花》为古代著名乐府古曲名。（图13-4）

四、款印的特别内涵

唐代僧人贯休《再到钟陵作》诗云："六七年来到豫章，旧游知己半凋伤。春风还有花千树，往事都如梦一场。无限丘墟侵郭路，几多台榭浸湖光。只应唯有西山色，依旧崔巍上寺墙。"[4]若用此诗描述八大回到南昌后的心情，倒也适合。

八大曾是一位骑着高头大马的风华少年，如今回到南昌，却变成一位骑着瘦

①此诗为元人钱逵《题赵子固兰蕙卷》诗，诗见清顾嗣立编《元诗选》三集卷八。又见卞永誉《式古堂书画汇考》卷四五画卷一五。鬓，又作"髯"。八大可能是误记。
②陈与义《简斋集》卷一六，清武英殿聚珍版丛书本。
③王琦注《李太白全集》卷七《襄阳歌》，第二册，439页，中华书局，2015年。
④贯休《禅月集》卷一九，四部丛刊本。

图13-4 "驴书""驴"印

驴独临寒风的瘦削老者，或者说，他的身份、处境，俨然一匹瘦驴。这幅画以及题识语，透露出八大何以用"驴"号的一些关键信息。

在这幅作品中，第一段题跋后，有"驴屋驴书"的落款；第二段题跋在"壬小春又题"后，钤有"驴"朱文印；第三段题跋后，直接款书"夫婿殊驴"。从八大题跋的过程看，这几则题跋几乎就是为他的"驴"号作注脚。第三诗的落款"夫婿殊驴"，与诗名《易马吟》相呼应。作"易马"而不作"易妾"，是因为以前曾以"妾"换马，而今却要"以马易驴"，所以，"易马吟"的意思，就是"易马为驴吟"。

大约自1681年开始，八大以"驴"为号，其款书有"驴""驴屋驴""驴屋人屋""驴汉""驴书"等，又有"驴""驴书""驴屋驴"等印章，一直使用到1684年。这之后，"驴"的款书和印章比较少见。

读《古梅图》题跋，让我们对"驴"号又有了另外一种解释。《易马吟》说的是八大人生中两个重要的过程，一是早年踌躇满志的"以妾换马"时代，一是晚年"以马换驴"的时代，此时他已经不是那个如花语剑器的风华少年，而是一头淹蹇的驴。"驴"号反映了他的生活状态。一个有尊严的人，有思想、有感情，为什么不爱人号，而爱"驴"号？其中包含了多少无奈和哀伤！

从这幅作品的题跋中也可以看出，"驴"号还包含着狷介、清净的品格追求。"夫婿殊驴"，这是一位特殊的夫婿，一位如驴一样的夫婿，不是自夸，而是自道其不为世俗所淹没的狷介情感。这条驴，是耿介的驴，高洁的驴，如同他在《瓮颂》中赞扬的孟襄阳。

北宋董逌在《广州画跋》中评论《孟浩然骑驴图》时云："孟夫子一世畸人，其不合于时宜也。当其拥褴襥，负笭箵，哆袖跨驴，冒风雪陟山阪，行襄阳道上时，其得句自宜挟冰霜霰雪，使人吟诵之，犹齿颊生寒，此非特奥室白雪有味而可

图 13-5　山水册之一　纸本墨笔　年代不详　尺寸不详
大都会艺术博物馆藏

讽也。然诗人每病畸穷不偶，盖诗非极于清苦险绝，则怨思不深……郑綮谓'诗思
在灞桥风雪中驴子上'，此处何以得之。綮殆见孟子图而强为此哉，不然，綮何以
得知此？"① 其实，八大也要在灞桥风雪中的驴背上，吟出他的人生华章。（图13-5）

---

① 董逌《广川画跋》卷一，清十万卷楼丛书本。

第十四章
《瓮颂》试解

八大《瓮颂》六首，几近于谜，至今无有解者。八大诗文含义极隐晦，云遮雾挡，索解不易。八大文字的确有求深求涩之惯习；他受江西诗派之影响，典实繁多，几乎到了无一字无来历之境地；又因身世之故，难以直言，故寄意遥深，出之以暧昧混茫之语，故后之读解者，往往未及闽奥，便迷失于字词的森林中，茫然难返。然而，八大诗文虽难解，并非不可解。故本章从八大思想发展轨迹中，试图找出读解这些晦涩文字的线索。（图14-1）

《瓮颂》六首，今仅见墨拓本，载于汪子豆《八大山人书画集》第一集，款"壬戌春正月驴书作"，作于1682年春。有"止八大山""画瓮""六六洞天""驴书"等印，是八大回南昌后大病初愈后的作品。此期八大存世作品极少，此系研究八大思想发展脉络至为珍贵的资料。从拓本的书法和颂诗的文字看，应为八大所作。

这六首颂语，写酒，写醉意，写陶然的生命沉醉。泰山残石楼所藏八大晚年所书白居易《北窗三友诗》，其云："今日北窗下，自问何所为。欣然得三友，三友者为谁？琴罢辄举酒，酒罢辄吟诗。三友递相引，循环无已时……嗜诗有渊明，嗜琴有启期，嗜酒有伯伦，三人皆我师。"[1]人们常说松竹梅岁寒三友，白居易也说三友，但不是松竹梅，而是诗琴酒。对于八大也是如此，没有酒，在一定程度上可以说就没有八大的艺术。八大是在酒中浸润他的艺术的。

晚年漫长的南昌岁月中，贫寒孤独中的八大，奉酒为知己。他此期有"画瓮"之印，将他的画与酒联系在一起。所谓"不及阮宣随处醉，兴来即解杖头钱"，他就像阮宣子那样，将酒挂在他生命的枝头。诸家传记都写道，八大作画，是要饮酒的，虽饮不多，但不可或缺。安徽博物院藏八大行书诗册，其中有一页云："人间无酒仙，兀兀三杯醉。世上没眼禅，昏昏一觉睡。虽然没变涉，其奈略相似。相似尚如此，何况真个是。余奉使闽西，见邸店书此数句，爱而诵之。故海上作《浊

八大山人研究

---

① 《北窗三友》，顾学颉校点《白居易集》卷二十九，665页，中华书局，1979年。

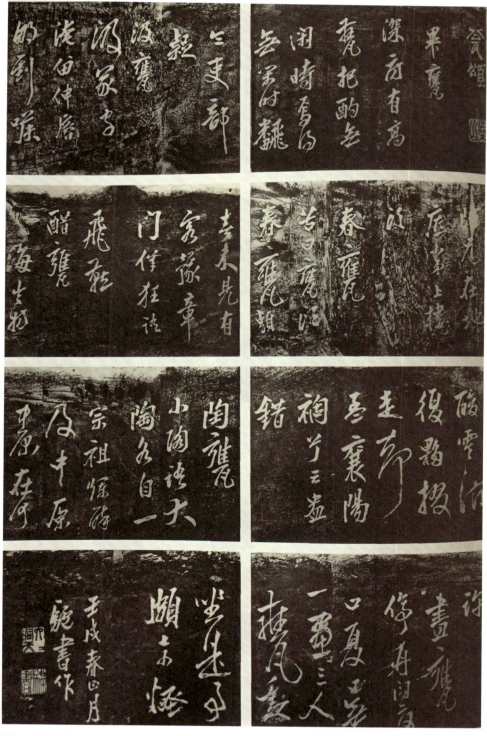

图14-1 《瓮颂》拓片

醨有妙理赋》曰：'尝因既醉之适，方识此心之正。'"①八大并不是酒鬼，而是一位醉客，醉对于他来说，是一种生命态度。没有酒，如何将息时世的黑暗；没有酒，如何能安顿庸碌的人生！《瓮颂》作于八大生命中黑暗的岁月，此时，他癫疾暂离，身体刚恢复，需要从酒中寻求力量，寻求性灵的平衡。同为"驴"期的作品《行书刘伶酒德颂》长卷（今藏上海博物馆），也浸染上了酒味。这篇《瓮颂》临仿《酒德颂》，其中又有他独特的人生体会。

一、毕瓮

深房有高瓮，把酌无闲时。焉得无闲时，翻令吏部疑。

此用晋元帝时吏部郎毕卓之事。《晋书》卷四九云："毕卓字茂世，新蔡鲖阳人也。父谌，中书郎。卓少希放达，为胡毋辅之所知。太兴末，为吏部郎，常饮酒废职。比舍郎酿熟，卓因醉夜至其瓮间盗饮之，为掌酒者所缚，明旦视之，乃毕吏部也，遽释其缚。卓遂引主人宴于瓮侧，致醉而去。卓尝谓人曰：'得酒满数百斛船，四时甘味置两头，右手持酒杯，左手持蟹螯，拍浮酒池中，便足了一生矣。'"②

毕卓与阮籍、陶潜、刘伶并称晋四大酒仙。前人以"毕卓生前酒一杯，曹公身后坟三尺"来形容毕卓放浪于酒的潇洒情怀③；以"生计谁相问，疏狂毕卓杯"来形容其沉着痛快的人生格调④。滑稽的是，毕卓和山涛一样，身为吏部郎，专管不法之事，却带头违法，这成为别的官员整肃他的借口之一。但古代很多诗人却认为，毕卓的境界非凡人所能理解，有"瓮间吏部宁须问"⑤之说，这正是八大"翻令吏部疑"所含之意。

当然八大这首诗并非是叙述毕卓之事，主要写自己的人生态度。利用汉语的

①《中国古代书画图目》，编号为皖1-391。惠洪《冷斋夜话》卷一《凤翔壁上题诗》云："东坡曰：予少官凤翔，行山求邸，见壁间有诗曰：'人间无漏仙，兀兀三杯醉。世上没眼禅，昏昏一觉睡。虽然没交涉，其奈略相似。相似尚如此，何况真个是。'故其海上作《浊醨有妙理赋》曰：'尝因既醉之适，方识人心之正。'然此老言人心之正，如孟子言性善，何以异哉？"
②《晋书》卷四九，1381页，中华书局，1974年。《世说新语·任诞》也录有此事："毕茂世云：一手持蟹螯，一手持酒杯，拍浮酒池中，便足了一生矣。"
③元张小山句，见元杨朝英《乐府新编阳春白雪》前集卷三所载。
④清张恩泳诗句，见徐世昌《晚晴簃诗汇》卷一百八十七所载。
⑤引自北宋李宗谔《劝石集贤饮》，见《西昆酬唱集》卷下，四部丛刊本。

一字多意及不同意义之间的内在转换，来表达丰富的含义，是八大的拿手好戏[1]。毕瓮，毕卓之酒瓮，一饮而尽，也叫毕。所以，八大这里借毕卓之任诞写自己放旷高逸的人生态度，为此组诗定下了豪迈的基调。同时，八大说"焉得无闲时，翻令吏部疑"，似乎是在影射自己放浪于酒、沉溺于狂而遭到别人怀疑甚至是陷害。

二、汲瓮

> 汲冢字淹留，伸唇那到喉？阿兄在地底，小弟上楼头。

这首颂从汲瓮写起，《庄子·天地》中说，子贡南游楚国，返回晋国，过汉阴，见到一老翁浇菜园，抱着一个大瓮到井中灌水，吃力多而功效少。子贡说：你为什么不用水车呢，水车用力少而功效大。这老翁说："有机械者必有机事，有机事者必有机心。机心存于胸中，则纯白不备；纯白不备，则神生不定；神生不定者，道之所不载也。吾非不知，羞而不为也。"

八大在佛门时有印为"灌园长老"，即由这个故事引出。

由汲瓮，写到汲冢。汲冢，晋太康元年（280）左右所发现，汲郡人偷盗魏襄王墓，得数十车竹书，内有《纪年》《易经》等重要文献。此批文献被称为"汲冢书"。伸唇那到喉：刚喝进，还没有喝下去。

汲冢字淹留，伸唇那到喉：前一句写往世的经典，沉重的历史负荷，压迫着人；后一句写不如遁入醉乡，忘却这样的纠缠。"且尽眼前一杯酒，不管身前身后事"。此联诗表达了一种沉着痛快的人生态度。意思是：多少古今兴亡事，尽付沉沉一醉中。历史的兴废，故国的往事，折磨着八大，惟有酒使他获得性灵的平衡。八大有诗云："家公记得好儿郎，何事儿郎记莫详。画与习池冠倒著，为它辛苦在人旁。"[2] 诗写高阳酒徒山简之事。据《世说新语·任诞》注引《襄阳记》云："汉侍中习郁，于岘山南，依范蠡养鱼法作鱼池，池边有高堤……是游燕名处也。山简每

---

[1] 如八大1689年为沈麟（友圣）祝寿之语："己巳十一月至日，友翁沈先生自豫将归，约八大山人浮白于洛阳，再浮白于汉阳王家。曰：'麟今年六十有八也，望七可预为寿矣。'三友，岁寒梅竹松也，黄竹八大山人至日相见，辛金从革，大官之厨□□西流，而为之画，律题其端，以为之贺，曰豫贺：由来吴楚星同异，豫日扬州可放梅。夸自文昌随北斗（文昌星六，北斗星七，比之梅放六花），屏要驸马列三台（梅竹松）。论功彩画麒麟跃（三友比之苏□一人），百两黄金鼎萧开（一再浮白，比之鼎阳七气）。真个驴乡仙鹤在，成仙跨鹤尽徘徊。"这一段联想，真可谓燕舞飞花。图本为泰山残石楼所藏。

[2] 见汪子豆辑《八大山人诗钞》，29页，江西人民出版社，1986年。

临此池，未尝不大醉而还。曰：'此是我高阳池也.'襄阳小儿歌之。"①

阿兄在地底，小弟上楼头：阿兄已不在，小弟独淹留，独自上楼头，望尽天涯路，尽是愁云。此二句似另有深义，其中可能包含着对亲人的思念。回到南昌，极尽人面桃花之叹，亲人的笑语如昨，但却永远地消失。就像他那位兄长仲韶②，如今也已人天相隔。八大这里写的是沉醉语、伤心语。

汲瓮一诗，借历史兴叹，写自己的伤心之怀。

三、春瓮

若曰瓮头春，瓮头春不见。有客豫章门，佯狂语飞燕。

春瓮，写新酒。古代北方初酿之酒，称为瓮头春。"河北称瓮头，谓初熟酒也"③。后多以瓮头春指代好酒。如朱敦儒《如梦令》："莫恨中秋无月，月又不甜不辣。幸有瓮头春，闲坐暖云香雪。"④张抡《诉衷情》："闲中一盏瓮头春。养气又颐神。莫教大段沉醉，只好带微醺。"⑤苏庠《诉衷情》（醉中赠韦道士）："岭头云，不劳耕。瓮中春色，枕上华胥，便是长生。"⑥

首二句"若曰瓮头春，瓮头春不见"，意味深长。八大多次以春色作比，写自己的理想，如"木芍药开金马春"，春色是别人的，我在酒中寻春色，但春色却不见。用语平常，其实极为伤感。我沉湎于酒中，想得到解脱，但没有真正的解脱。

有客豫章门：由李白在豫章遇险之事写起。因永王李璘之事，李白在豫章系狱。李白《豫章行》诗云："胡风吹代马，北拥鲁阳关。吴兵照海雪，西讨何时还。半渡上辽津，黄云惨无颜。老母与子别，呼天野草间。白马绕旌旗，悲鸣相追攀。白杨秋月苦，早落豫章山……"⑦明胡震亨《唐音统签》云："李白《豫章行》，盖咏永王璘事而自悼也。"

①《世说新语·任诞》说："山季伦为荆州，时出酣畅。人为之歌曰：'山公时一醉，径造高阳池，日莫倒载归，酩酊无所知。复能乘骏马，倒着白接篱，举手问葛强，何如并州儿？'高阳池在襄阳。强是其爱将，并州人也。"（徐震堮《世说新语校笺》，396页，中华书局，1984年）
②关于八大之兄朱仲韶的论述，见本书第十九章《有关八大山人家世相关问题再讨论》。
③何延之《兰亭始末记》，见《全唐文》卷三百一。
④朱敦儒《樵歌》卷下，清嘉庆宛委别藏本。
⑤唐圭璋编《全宋词》，第三册，1420页，中华书局，1965年。
⑥清沈辰垣《御选历代诗余》卷一〇，文渊阁四库全书本。
⑦王琦注《李太白全集》卷六，第二册，408页，中华书局，2015年。

佯狂语飞燕：此句也从李白事写起。李白自号佯狂人。《笑歌行》云："今日逢君君不识，岂得不如佯狂人。"飞燕，指赵飞燕事，汉成帝宠赵飞燕，导致身亡国乱。后人有"汉立飞燕，成帝胤嗣泯绝"的说法。李白为唐玄宗所作《清平调》之一云："一枝红艳露凝香，云雨巫山枉断肠。借问汉宫谁得似？可怜飞燕倚新妆。"① 其中抒发历史兴废之叹。八大《个山杂画册》中有"尔玉请为图，兰芳倩谁扶。燕支一围罢，少小落瞿俞"之句，也写赵飞燕之事，其实他是在反思前朝灭亡的原因。

此二句借李白写自己的身世遭遇。自己本是豫章人，但此时却是一个"客"，一个口不能言的豫章漂泊者。国破家亡，不知路在何方。联系前二句之寻春春不见，八大陷入深深的痛苦之中。

四、醋瓮

人海岂妨酸，零酤复夥掇。走却孟襄阳，祸兮云盉醋。

这首写醋瓮，也是写酒，酒发酵时间长了变酸，但味更醇，善饮者最好之。

《韩非子·外储说》云："宋人有酤酒者，升概甚平，遇客甚谨，为酒甚美，县帜甚高，然而不售，酒酸。怪其故，问其所知闾长者杨倩，倩曰：'汝狗猛耶？'曰：'狗猛则酒何故而不售？'曰：'人畏焉。或令孺子怀钱挈壶瓮而往酤，而狗迓而龁之，此酒所以酸而不售也。'夫国亦有狗，有道之士怀其术而欲以明万乘之主，大臣为猛狗，迎而龁之，此人主之所以蔽胁，而有道之士所以不用也。"②

此诗首二句用上典，因为卖酒人家狗凶而不敢去酤，致使酒家的酒变酸，皆因"人畏焉"。而八大要说的是，我一个高阳酒徒，哪里怕什么酸酒，所以"零酤复夥掇"——零买而桶装，尽取之来饮。"人海"二字颇有用意，人海茫茫，到处都是陷阱，到处都布满了危险。但对于一个酒醉之人来说，又有什么可畏。

《左传·隐公十一年》："虢公、晋侯朝王，王飨醴，命之宥。"杜预注云："王之飨群臣，则行飨礼。先置醴酒，示不忘古。饮宴则以币物。宥，助也，所以助欢敬之意，言备设。"古人有喝醴酒以示不忘古之意。从语气上看，八大此处似用此意。

---

① 此为《清平调》三首之二，见王琦注《李太白全集》卷五，第一册，364页，中华书局，2015年。
② 据王先慎《韩非子集解》，322页，中华书局，1998年。

三四句，用孟浩然事。孟浩然高抗有节，一时豪杰翕然慕仰，其诗风平淡自然，但时运不济，仕途多艰。《全唐诗话续编》卷上载："浩然字浩然，任节自喜，隐鹿门山。年四十，游京师，赋诗莫敢抗。张九龄、王维亟称之。维尝邀入内署，俄玄宗至，浩然匿床下，维以实对。帝喜曰：'朕闻其人，而未见也，何惧而匿？'诏浩然出，帝问其诗，浩然再拜自诵所为，至'不才明主弃'，帝曰：'卿不求仕耳，朕何尝弃卿？奈何诬我？'因放还。已而韩朝宗欲荐之，约与俱至京师，会故人至，浩然剧饮忘约。或曰：'君与韩公有期。'浩然叱曰：'业已饮，遑惜其他？'自是卒不显。"这里说了孟浩然两件仕途"祸"事，一是不会逢迎君主，二是沉溺于酒。"业已饮，遑惜其他"。八大喜欢孟浩然这种沉着痛快的精神。孟浩然有诗云："何时一尊酒，重与李膺倾"[①]，这也正是八大毕生崇尚的精神境界。孟浩然寒风中骑瘦驴而枯吟诗，成为后世文人的典范，所谓"孟襄阳，兴何狂？冻骑驴灞陵桥上"。历史上有不少画家画过孟襄阳骑驴图，如王维《孟襄阳吟诗图》，尽现骑驴而瘦骨临风之态。1681年之后相当长时间，八大有号为"驴"。八大和孟襄阳两头"驴"极为相似，都有傲骨和清思。

综言之，此诗借酸酒写人世艰险、酌酒自宽自保之意。

五、陶瓮

　　小陶语大陶，各自一宗祖。烂醉及中原，中原在何许？

陶瓮：陶制的酒瓮。此诗由一个陶制的酒瓮，引发丰富的联想。诗由陶渊明之事写起。小陶，疑为八大自指。我虽姓朱，但亦姓陶。朱与陶原为一体。春秋时的范蠡，就号陶朱公。大陶指陶渊明。

各自一宗祖：八大调侃说，我的宗祖是陶朱公，而陶渊明的祖先是陶唐氏，我俩是"各自一宗祖"。陶渊明《命子诗》："悠悠我祖，爰自陶唐。"陶唐，即尧帝，帝喾之子，初封于陶，后徙于唐，所以叫陶唐。陶唐之世，民风淳朴。历史上曾流传有《陶唐歌》（又称《击壤歌》），相传尧时，有老人击壤而作歌曰："日出而作，日入而息，凿井而饮，耕田而食，帝力于我何有哉？"它是老子所向往的至治之世，也是陶渊明心目中的乐土。陶渊明在《与子俨等疏》中说："常言五六月中，北窗

---

① 《永嘉别张子容》，《孟浩然集》卷二，四部丛刊本。

下卧，遇凉风暂至，自谓是羲皇上人。"他称自己是"陶唐"的后人，关键在一个"陶"字，陶然自乐的"陶"。他的《己酉岁九月九日》诗说："何以称我情，浊酒且自陶。千载非所知，聊以永今朝。"陶渊明期望回到陶唐氏之世，进而"陶"然自乐，关键还在一个"陶"字——陶瓮中。

小陶和大陶，虽然所出各异，但性有相通，因为都好酒，在酒中陶然自醉。陶渊明认为，悠悠无所留，酒中有深味。《五柳先生传》云："性嗜酒，而家贫不能恒得。亲旧知其如此，或置酒招之。造饮辄尽，期在必醉；既醉而退，曾不吝情去留。环堵萧然，不蔽风日。短褐穿结，箪瓢屡空。晏如也。……酬觞赋诗，以乐其志，无怀氏之民欤？葛天氏之民欤？"

"烂醉及中原"二句由陶渊明抒写自己的感慨。陶渊明《饮酒》二十首序云："余闲居寡欢，兼比夜已长，偶有名酒，无夕不饮，顾影独尽，忽焉复醉。既醉之后，辄题数句自娱，纸墨遂多。"《饮酒》诗中有一首云："有客常同止，趣舍邈异境。一士长独醉，一夫终年醒。醒醉还相笑，发言各不领。规规一何愚，兀傲差若颖。寄言酣中客，日没烛当炳。"他就是长独醉的醉客。而八大也是，饮酒自醉，成为他回南昌后生活中最重要的安慰，酒乡是他的真故乡。及，到的意思。在烂醉中，回到了中原。这里显然用的是东晋之事。由西晋至东晋，北方领土失去。南渡之人，每每眺望北地——他们的"中原"，怅然悲不能已。《世说新语·言语》："过江诸人，每至美日，辄相邀新亭，藉卉饮宴。周侯中坐而叹曰：'风景不殊，正自有山河之异！'皆相视流泪。唯王丞相愀然变色曰：'当共戮力王室，克复神州，何至作楚囚相对？'"[1]

"中原在何许"，中原，我的故乡，它在哪里，只有在我的梦乡中，在我的醉意里。诗至此而不忍卒读。这是八大初至南昌时极端郁闷心态的表现。这在1692年以后的诗画中很少见到。

由此可见出此诗的真面目，诗由陶瓮、酒、陶渊明，写到自己陶然于酒中，在酒中是那样的快乐，但这只是一晌贪欢、一场梦幻。酒醒之后，家乡在何处？

六、画瓮

停舟问夏口，夏口无一画。三人瓮里坐，是事颇奇怪。

---

[1] 见徐震堮《世说新语笺注》上册，50页，中华书局，1984年。

此诗由一则佛教故事说起。

元至治年间圆觉《华严原人论合解》卷上云："房琯，字次律。开元中，宰桐庐。尝与道士邢和璞过夏口，入一废寺，坐古松下，和璞使人凿地，得瓮中所藏娄师德与永禅师书。笑谓琯曰：'颇忆此否？'因怅然悟前世之为永禅师也。'"① 邢和璞为唐代著名方士，唐玄宗好方术，曾屡就邢和璞问事。房琯为唐代名臣，嗜佛，所谓智永禅师为其前身，其实是为了渲染他的这一特点。邢和璞与房琯夏口发瓮之事，原出自唐人笔记《明皇杂录》。此事广为流传。

《明皇杂录》谓掘地出书，又传为掘地出画。宋惠洪《智证传》云："唐方士邢和璞，尝与房琯游，至夏口佛祠，和璞使人镢于古松之下，得大瓮。瓮中有画一轴，展视之，乃娄师德、永禅师像也。和璞谓管曰：'能忆此乎？'琯罔然不知。和璞令静默少顷，琯忽自见其身为永禅师也。沩山佑禅师住山久。自乃知前身尝为越州村寺。诵法华经僧也。"②

隆兴祖琇《隆兴编年通论》卷十七："初，道士邢和璞者尝与琯游，至夏口佛祠，和璞使人镢于古松之下，得大瓮，瓮中有画一轴，展视之。乃娄师德与永禅师像。和璞谓琯曰：能忆此乎？琯罔然不知。和璞令静默少顷，琯忽悟前身乃永禅师也。"③ 也说瓮中所出为画。

八大所谓"画瓮"之说，正来自这个传说。佛教有前世、今世、来世三世轮回之说，恍然癙前身，是中国文人颇为流行的话题。石涛曾题八大山人水仙之一曰："金枝玉叶老遗民，笔砚精良迥出尘。兴到写花如戏影，眼空兜率是前身。"④

八大诗取自这个传说，但又引申其意，表露自己的思想。此诗名为"画瓮"，而摇着小舟到夏口（传邢和璞发现大瓮之地），夏口的大瓮中并没有画，却坐着三个人，这个"奇怪"的故事，为八大引前说而改作。三个人是谁，就是前生、今生、后生，就是八大自己，相会在世界的瓮中。他的主要意思是，我前生是画人，今生是画人，来世也是画人。他不像房琯，本为俗人，发瓮得书画而知前世为佛子。而此时八大离开了佛门，画、书、诗，再加上酒，是他生命的全部寄托。《个山小像》饶宇朴题跋中，记八大对他说，从今而后，可以以"齐己贯休视之"，他要做一个

---

① 《卍续藏经》第五八册。
② 《智证传》，宋惠洪撰，门人觉慈编，原为十卷，后合为一卷。见《卍续藏经》第六三册。
③ 《卍续藏经》第七五册。
④ 此画今尚存世，本为张大千旧藏，后为王方宇所藏。

八大山人研究

艺僧。

另外，八大谈到其"八大山人"之号时，曾有"山人陶八八遇之已"之说，此语受到学界的注意。语本颜真卿故事。颜真卿抱不世之才，书臻神功，故有"道士陶八八授刀圭碧霞丹"之神说。上述故事中的邢和璞，也与颜真卿有关。据宋王仁裕《玉堂闲话》卷五记载："真卿将往蔡州，谓其子曰：'吾与元载俱服上药，彼为酒色所败，故不及吾。此去蔡州，必为逆贼所害，尔后可迎吾丧于华阴，开棺视之，必异于众。'及至开棺，果睹其异。道士邢和璞曰：'此谓形仙者也。虽藏于铁石之中，炼形数满，自当擘裂飞去矣。'其后十余年，颜氏之家自雍遣家仆，往郑州征庄租，回及洛京，此仆偶到同德寺，见鲁公衣长白衫，张盖，在佛殿上坐。"由此也可见出八大晚年对道教成仙故事的注意，并打通道佛。

结语

《瓮颂》虽短，却有重要意义，其中透露出八大此期思想中若干变化的痕迹：

第一，"八大山人"名号初露端倪。

《瓮颂》中有四枚印章，其中有三枚印章，初见于此作，由此也可见此作在八大思想与艺术发展中的重要性。"止八大山"，初见于此作品中，让心灵止息于"八大山"中，就是停留在佛的天国中。这是在离开佛门之后，表达对佛的信心。为未来确定名号"八大山人"——八大山中人，埋下了伏笔[1]。

第二，反映出他的人生选择。

此作中初次出现了"画瓮"之印（朱文），在第一首《毕瓮》之前。在1682到1684年，八大常用此印。显然，此印与这首诗所表达的思想有关。就是做一个世界瓮中的画人，做一个"艺僧"。他在《古梅图》中也表达了相同的思想，就是躲进墨花庄中，安顿自己的性灵。（图14-2）

这件作品反映出八大此期的人生抉择，他本是佛子，现在要做一个醉客，不在丛林中流连的思路是异常清晰的。不仅要做一个醉客，还要做一个画人，邢和璞瓮中发掘出的画，就是他的理想。1684年后，其实就在实践此期的誓言，他离开佛门，不再以佛子的面目出现，作画丐酒，以酒慰心，画酒一体。他痛饮的故事留在陈鼎、邵长蘅、龙科宝等的记载中，而他的画，今天正一幅幅呈现在人们的

---

[1] 参见本书第十二章《关于"八大山人"名号的相关问题》。

图 14-2
"画渚"款

眼前。

故六篇颂语，落脚却在"画瓮"一篇，并制"画瓮"印钤之，以记心迹。

另外，八大的"六六洞天"印初见于此作中。道教中神仙居住的地方叫洞天。所谓洞天福地，洞洞相通，故曰洞天。道教中有十大洞天，处大地名山之间，是上天遣群仙统治的地方。取天数，又有三十六小洞天，在诸名山之中，取地数。三十六，得六六之数，是纯阴之数。故以三十六洞天，指代大地。这透露出八大此时对道教的成仙之术颇有兴趣，也反映出他晚年能够斟酌采纳道教思想的倾向。

第三，印证了此期"愤怒的八大"的思想特点。

《瓮颂》六首借酒为名，抒发极其压抑的心情，"若曰瓮头春，瓮头春不见""烂醉及中原，中原在何许""阿兄在地底，小弟上楼头"等，明显带有家国的悲怆，这是继《古梅图》之后，又一幅体现八大愤怒情感的作品。

《瓮颂》的写作时间（壬戌春正月）与《古梅图》第三首题跋（款壬小春又题）系同时，两件作品比勘而读，可以初步确定八大此期思想中痛苦和彷徨的特点。这样的格调在其1684年以后的作品中是不多见的。1681到1684年间，是"愤怒的八大"时期，《瓮颂》就是此期的代表作之一。（图14-3）

图14-3 山水册之二 纸本墨笔 年代不详 尺寸不详 大都会艺术博物馆藏

第十五章
《个山杂画册》试解

《个山杂画册》十二开，每开纵23.8厘米，横37.8厘米，曾为新加坡私人收藏，今仅存九开。在最后一开，八大有款云："甲子春正，屏书社兄拉往东轩，为画并题正十二，个山。"画作于1684年年初，其友人屏书不详，东轩为南昌著名斋宇，《西江志》卷二一引《舆地纪胜》云："今为贡院地。"

册页中的九幅作品落款是"个山"或"个山人"，而不用"八大山人"之款，但有"八大山人"白文印章，是"八大山人""个山"之名号并用之时，符合其时八大印款的特征。这时八大离开佛门不久，定居南昌，寄人篱下，过着窘迫的生活，思想中经历着激烈的矛盾，是他的怀疑和愤怒期。《个山杂画册》的发现为我们了解八大此期思想提供了有价值的资料。现存这组册页的九首对题诗包含着丰富的内容。九开册页，诗与画行，每页画、书各占其半，构图上并无特别考虑，但诗却具有丰富的内涵。不似立就，当为八大抄录自己前此作成的诗篇。

此册页曾经饶宗颐先生介绍给读者，他在《八大山人"世说诗"解——兼记其甲子花鸟册》一文中[①]，认为这九首诗晦涩难解，他对其中的七首绝句略加解读，这是我们读到的最早对《杂画册》题诗的解释。饶先生认为："册中收藏章有'芃园鉴藏之印'。查芃园是严锜的字，他是康熙时人，籍贯福建泉州龙溪，清初航海渡，此册所以流传到星洲，不为无因。"但细审这组册页，饶先生的判断有误，册页除了有"芃园鉴藏之印"外，又在各页中分别有"芃园曹氏平生真赏"（朱文）、"芃园宝藏"（朱文）、"臣步郇印"（白文）、"曹步郇印"（朱文）、"芃园"（白文）等收藏印，并有"三槐堂""雨楼"等闲章。故知收藏者不是康熙时的严锜，而是曹步郇。步郇，字芃园，号雨楼，室名古香阁，山西阳邑（今太谷县）人。清初山西大收藏家。其鉴藏印有"阳邑曹步郇鉴定印""古香阁印""古香阁珍藏""雨楼审定"等。

饶先生对七首绝句的解释，只是交代其中个别字句的出处，在诗的大意方面

---

① 该文见香港中文大学《中国文化研究所学报》第8卷第2期，1976年12月。

并未着力。因而读其解释后，有几首诗还是读不懂。后来，朱安群、徐奔又对其中的四首予以解读①。他们的努力为理解这组难懂的诗提供了帮助。今重释此组诗，一方面考虑到已有解读还有不少未尽之意，这组诗涉及八大思想中的一些关键问题；另一方面，是诸家所释尚有一些值得商榷处。草成此文，敬请指教。

之一　海棠

此画海棠厚叶重叠，微花一朵，兀自开放。画与书的连接处钤"画渚"朱文印，此印见于1682年《瓮颂》中。上有题诗云：

朱弦渺难度，锦瑟落径傍。却扫柳枝竹，成都香澥（海）棠②。（图15-1）

款"个山"，款下有"鰕鲀篇轩"白文印。开头两句化用李商隐《无题》诗："锦瑟无端五十弦，一弦一柱思华年。庄生晓梦迷蝴蝶，望帝春心托杜鹃。沧海月明珠有泪，蓝田日暖玉生烟。此情可待成追忆，只是当时已惘然。"李商隐由锦瑟

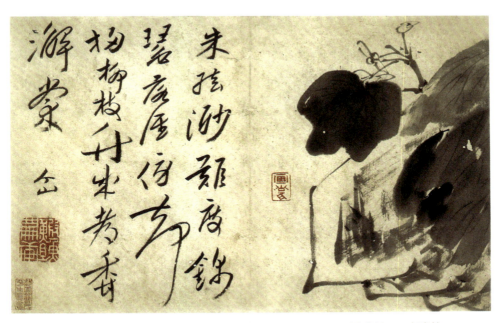

图15-1　个山杂画册之一　海棠　纸本墨笔　1684年　23.8×37.8cm　西泠印社2008年春拍

①朱安群、徐奔选注《八大山人诗与画》，56-59页，华中理工大学出版社，1993年。
②澥棠，即海棠。八大好古文奇字，常将"海"写为"澥"。

的五十根弦，联想到流逝的岁月，五十年的光阴，发出人生如梦的感叹。八大用此典别有深意。表面的意思是，音乐无法传达我心中的忧伤，连那弹奏音乐的锦瑟都不知掷于何旁。

此组册页作于甲子年的春天正月，又是一个甲子的开始，八大此诗明显带有嗟叹岁月流逝的意味[①]。李商隐由五十根琴弦想到自己的五十载光阴，八大也由李商隐的叹息想到自己的年华。1684年，八大年届五十九，即民间所谓"望六之年"，他也快到人生的一个甲子了。我甚至认为《个山杂画册》的基调就是由此诗定下的，即追忆。故国不在，亲人不存，远望处满目疮痍，近思里孑然一身，一个漂泊的无家可归的疯癫的病人，在暗自神伤。八大此组诗就笼罩在这样的氛围中。

却扫柳枝竹，成都香瀣（海）棠：此联系到画题海棠。海棠又称蜀客，隐含游子的意思。作于此前的《海棠春秋图轴》（1682—1683年间）有题诗云："西浒海棠棣华，垂丝海棠唐若邪。若邪四海皆兄弟，琴瑟东施未有家。"与此诗表达的思想是一致的，都是思念故国。这也就是八大为什么要用"成都香瀣（海）棠"这样看似突兀的句子的主要原因。香海棠，甜蜜的追忆，也是绝望的追忆。

之二　灵芝

左侧画直立的高山，在高山的屏障里，有数枝灵芝长出。左侧山体之中，钤有"人屋"朱文小印。左侧书有一诗：

> 东风不受吹，西风吹不受。父母爱儿曹，仙人汉贤右。（图15-2）

款"个山"，款下钤"八大山人"和"鰕鮋篇轩"二白文印。古人认为，灵芝为仙品，吃了可以长生不老。而八大笔下的灵芝却有特别的含义，灵芝在他这里不是长生不老的妙品，而是一株"灵苗"，一颗希望的种子。他在1666年所作《花果图卷》（藏北京故宫博物院）上题有一诗道："洵是灵苗苗有时，玉龙摇曳下天池。当年四皓餐霞未，一带云山展画眉。"八大晚年曾在《鹿图》的题诗中说："灵苗不果豺狼腹，留与春廉作困粮。"只要是灵苗，就会有苗壮的时候。这颗希望的种子给绝望中的八大以鼓舞。而八大的朋友也一直将其视为仅存之"硕果"，如梁份在

[①] 八大山人有诗云："柔兆一毛编甲子，廿年骑马薄庚寅。"（张大镛《自怡悦斋书画录》卷一五著录八大二十开书画册，《中国书画全书》第十一册，544页，上海书画出版社，1998年）甲子代指岁月。

八大山人研究

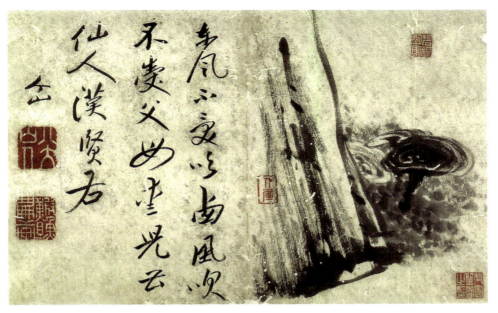

图15-2　个山杂画册之二　灵芝　纸本墨笔　1684年　23.8×37.8cm　西泠印社2008年春拍

给八大的信中说："甚悉硕果之足以见天心也。"[1]

　　这首诗写保护灵苗，保护希望。灵芝在高山大岭之中受到保护，所以"东风不受吹，西风吹不受"。《古诗十九首》有"四顾何茫茫，东风摇百草"之句，而他所画的这株灵苗不惧风刀霜剑，在众芳摇落之后，仍然能安然存活。

　　"仙人汉贤右"出自一个冷僻的典故。唐韩凝《汉齐盖庙碑》云："公之先，伯益典司三礼，尚父封公营邱，助化唐虞，扶倾周汉，爵穷五等，荣冠百工，虽繁华族，莫居其右。公讳盖，字副世，前汉平帝锡字汉贤。公生为人瑞，殁为人神，神而灵应，代崇明祀。考史册，薨位之岁阙书；征谱谍，降神之年无录：原其图籍建号，取公锡字而名汉贤神矣。"[2]齐盖，字副世，为西汉末年一位大臣，"汉贤"之号为汉平帝所赐。生而为人瑞，死而为人神，故八大这里说是"仙人"。八大用此僻典，颇有深义。平帝之后，新莽当政，但汉祚薪火未断，不出数年，汉室中兴。灵苗因而长成大树。八大用此典，表达心中的希望。

　　"父母爱儿曹"，由灵芝之"灵苗"写到自己的身世遭遇，我虽是一根独苗，但得先人的保佑，所以能存于世上；又得仙人佑助，茁壮必有可待时。

---

①梁份《与八大山人书》，《怀葛堂文集》卷一。
②《全唐文》二百〇八。

之三　八哥

此图右侧翠树披拂，枝上立一鸟，圆睁着眼睛注视。右下树根部钤"人屋"朱文长方小印，左侧题诗云：

衿翠鸟唤哥，吭圆哥唤了。八哥语三號，南飞鹧鸪少。（图15-3）

款"个山"，款下钤"其喙力之疾与"白文印。在八大存世作品中，首见此印。其意思大致是"口出毛病了"，不能说话了。其时八大正是不良于言之时，这给他带来极大的痛苦。八哥、鹦鹉、鹧鸪、鹌鹑是八大常画的题材，它们是有区别的，但八大常常有意混而谈之，以灵活表达自己的思想。

衿翠鸟唤哥：鸲鹆，俗名八哥，全体俱黑，两翼有白点。但八大诗的开始是"衿翠鸟"，即胸部有翡翠花纹的鸟（衿，本指衣领交结处，引申为胸部），又结合传说中青鸟的特点，主要强调它是神的使者。李商隐《无题》诗有"蓬山此去无多路，青鸟殷勤为探看"。《山海经·西山经》："三危之山，三青鸟居之。"青鸟是一只神鸟，为西王母取食。在此诗中，八哥唤哥，而其他八哥又以高亢圆润之声应之（养八哥者，常剪其舌端，使其呈圆形，有利于学话）。八大此诗的开头两句写鸟

图15-3　个山杂画册之三　八哥　纸本墨笔　1684年　23.8×37.8cm　西泠印社2008年春拍

八大山人研究

是虚，写思念亲友是实。诗洋溢在"哥"的呼唤中。八大在《瓮颂》中说："阿哥在地底，小弟上楼头"，哥哥朱仲韶以及其他家人都离他而去，他孤身一人在这寒冷的世界中踯躅①。

八哥语三虢：据《左传·僖公五年》记载，"晋侯围上阳，问于卜偃曰：'吾其济乎？'对曰：'克之。'公曰：'何时？'对曰：童谣曰：'丙之晨，龙尾伏辰，均服振振'"。童谣中有"鹑之贲贲，虢公其奔"的句子，后果灭虢。三虢：指西虢、东虢、北虢，此代指虢国。此与《诗经·鄘风·鹑之奔奔》有关，其诗云："鹑之奔奔，鹊之彊彊。人之无良，我以为兄！鹊之彊彊，鹑之奔奔。人之无良，我以为君！"此句既与上文呼唤哥哥的内容衔接，又写出对现在当政者的诅咒：我的父老兄弟，我的国家，我的君主都被扫荡，而当下却是无良之人"为君""为兄"，但注定是要灭亡的。

最后一句"南飞鹧鸪少"，八大又由八哥、鹌鹑跳到鹧鸪，看起来无连接处，其实，八大的跳跃有两处关联：一是在造型上，鹧鸪与鹌鹑形近；二是就其叫声而言，民间说，鹧鸪飞鸣，叫声如"行不得也，哥哥"，又和哥哥联系起来。全诗由八哥说到呼唤自己离开的哥哥，又联系到现在猖狂的"哥哥"，最后又写"行不得也，哥哥"，思念情切，但归去时难。

在八大的时代，鹧鸪是遗民们喜欢吟咏的对象。八大的老师弘敏《白狐岭八首》中《空花树》诗曰："梦回孤枕鹧鸪残，春雨萧萧古木寒。往事不须重按剑，乾坤请向树头看。"②这里的鹧鸪就写故国之思。鹧鸪可以说是思念之鸟。传鹧鸪原在岭南，度岭入北后，人多不识其音。《南越志》曰："鹧鸪虽东西回翔，然开翅之始，必先南翥。"③亦"胡马嘶北"之义也。所以古诗中多以鹧鸪啼叫，暗喻家国之思。八大有诗云"六月鹌鹑何处家，天津桥上小儿夸"。写鹧鸪，就是写家，写对家的思念。一句"南飞鹧鸪少"，透出无限的惆怅。

此诗可以说为"人屋"之印作说解，他离开佛门，来到南昌，出佛还俗，人间就是这样的惨厉之地，带给他无尽的痛楚。此画与诗，由八哥写起，写失去家人的痛苦。

---

① 参本书第十四章《〈瓮颂〉试解》。
② 康熙《进贤县志》卷二五。
③ 见《太平广记》卷四六一"吴楚鹧鸪"条所引。

之四　竹

这一页画竹，草草数笔勾勒，就是竹形。竹本直生，而此竹作折断之形，淡墨中的变化，突出斑斑痕迹。九开中，此页最见沉郁，真有九曲回肠、不堪回首之义。并书一诗：

湖天霞散鲤鱼斑，绿竹晴梢八月闲。况尔秦皇千顷烧，大头鳙死免君山。

（图15-4）

款"个山人"，款下钤"浪得名耳"白文印。这首诗是以斑点为线索来写的，因为八大要突出斑竹的内容。湖天霞散鲤鱼斑：由湖面上映照的霞光点点，写到鲤鱼的斑斑点点。绿竹晴梢八月闲：八月的绿筠青翠欲滴，竿竿凌云。他要隐写的内容是，青青的竹枝上，何以有斑斑点点。斑竹枝枝，原是万点清泪浸染而成。

况尔秦皇千顷烧：本秦始皇事。据《史记》卷六《秦始皇本纪》："始皇还，过彭城。斋戒祷祠，欲出周鼎泗水。使千人没水求之，弗得。乃西南渡淮水，之衡山、南郡。浮江，至湘山祠。逢大风，几不得渡。上问博士曰：'湘君何神？'博士对曰：'闻之，尧女，舜之妻，而葬此。'于是始皇大怒，使刑徒三千人皆伐湘山树，

图15-4　个山杂画册之四　竹　纸本墨笔　1684年　23.8×37.8cm　西泠印社2008年春拍

八大山人研究

赭其山。"[1]

大头鳙死免君山：鳙，一种像鳙鱼的淡水鱼。君山，洞庭湖山名。晋虞阐《吊贾生文》："望君山而过洞庭。"[2]秦始皇烧了湘山，群山变成了红土。连湖水烧开，鱼都烧死了。但君山得以幸免，山石不可烧；湘水得以幸免，湖面不可烧。山水犹在，有水即有鱼，有山即有竹，所以开头两句写湖边的竹林，湖中的鲤鱼。只是竹和鱼都留下了灾难的印记，斑斑陈迹，令人难忘。娥皇、女英，为尧之二女，舜死之后，娥皇、女英泪溅竹林，斑竹即记下了她们的情感。八大要渲染的意思是，经过秦始皇的火烧千顷之后，湘江斑竹的斑点又多了许多。

当然，这一切不是写秦始皇之事，而是写明清易代之交的残酷。1685年，八大曾有《林兆叔诗扇页》，书四明方庵林兆叔《甲寅仲夏豫章杂感八首》，其中有："旧游南州地，城郭倍荒凉。梦里惊风鹤，天涯度夕阳。山川照故国，烽火忆它乡。何时酬归计，飘然一苇航。"[3]八大此诗与林兆叔所表现的内容是完全一致的。

之五　兔

此幅以秃笔硬硬地勾出兔的形状。两耳高举，大眼圆睁。右下有"画渚"小印，题诗云：

> 下第有刘蕡，捉月无供奉。欲把问西飞，鹦鹉秦州陇。（图15-5）

款"个山"，款下钤"八大山人"白文印。题诗围绕兔子而展开。

下第有刘蕡：下第，指科考未中。刘蕡（？—848），字去华，幽州昌平（今属北京）人，唐代著名贤臣，曾陈治理天下之策，深为朝野所重，令狐楚、牛僧孺等均推重之，这招致了宦官的嫉恨，诬以罪，贬柳州司户参军，卒于贬任上。李商隐《赠刘司户蕡》诗云："江风扬浪动云根，重碇危樯白日昏。已断燕鸿初起势，更惊骚客后归魂。汉廷急诏谁先入，楚路高歌自欲翻。万里相逢欢复泣，凤巢西隔九重门。"[4]对其遭际表示同情。

---

① 《史记》卷六，第一册，318页，中华书局，2014年。
② 《全晋文》卷三八，见严可均辑《全上古三代秦汉三国六朝文》，1682页，中华书局，1991年。
③ 此扇面本为孙陟甫所藏，《八大山人全集》703页，江西美术出版社，2000年。
④ 刘学锴、余恕诚撰《李商隐诗歌集解》，第二册，768页，中华书局，1988年。

图15-5　个山杂画册之五　兔　纸本墨笔　1684年　23.8×37.8cm　西泠印社2008年春拍

捉月无供奉：由兔想到月，想到李白捉月。传李太白在当涂采石，因醉，泛舟于大江之中，见江上月影，俯身取之，遂溺死，故采石有捉月台。这是后世文人想象所致。

以上两句，写对时世的看法，世无良臣，奸佞当道，朝野黑暗，人心浮动，上无治国能臣，下无烂漫之人，是龌龊压抑的时代。

欲把问西飞，鹦鹉秦州陇：此由李白《鹦鹉洲》诗意而发，李白诗云："鹦鹉来过吴江水，江上洲传鹦鹉名。鹦鹉西飞陇山去，芳洲之树何青青。烟开兰叶香风暖，岸夹桃花锦浪生。迁客此时徒极目，长洲孤月向谁明。"[1] 八大这两句诗，化用李白诗意，欲问西飞的鹦鹉，而鹦鹉径向秦州的陇山飞去，惟有孤月独明，照着思乡的迁客。

全诗由兔写到孤月，写心中的落寞和惆怅。贵州省博物馆藏有《鹦鹉诗画》册页，共两页，是八大存世精品之一。第一页在似有若无的河岸旁，用淡笔勾出两只相互依偎的鹦鹉，神情可爱，有"涉事"之印。第二幅为对题，其云："大呼鹦鹉小呼哥，呼唤回头近若何。江上夜分春雨雪，陇西晴语旧山河。无双六翮联青眼，岂少群趋听玉珂。工部骂教衿短昼，金闺醉煞嘴还多。"八哥和鹦鹉为两种不同的

① 王琦注《李太白全集》，第三册，1158页，中华书局，2015年。

鸟，但都会学人语，故人们常常将它们混之。所以八大说"大呼鹦鹉小呼哥"。雪后初霁的江岸上，日光照耀，晴雪满汀，即使景色如此美丽，但两只鹦鹉还是说："这里不是我的家乡。"此诗中的"江上夜分春雨雪，陇西晴语旧山河"，与《杂画册》中"欲把问西飞，鹦鹉秦州陇"的诗意相关，都是表达对"旧山河"的思念，所谓"一峰还写宋山河"是也。

之六　鱼

此幅画一鱼，体扁而头小，很像武昌鱼。鱼之左上有"人屋"小印，向左题有一首五绝：

> 萧峰鸾尾西，土产湖东鲫。持此径寸烹，会得郎心一。（图15-6）

款"个山"，下钤"八大山人"白文印。此诗由一个美妙的传说写起。据《列仙传》记载：萧史，秦穆公时人，善吹箫，箫声优美，吸引白鹤、孔雀于庭。秦穆公有女儿，美姿容，字弄玉，听箫声，心相爱乐。于是，秦穆公以弄玉妻之。萧史教弄玉学凤鸣，居数十年，凤凰竟然受其音感召，停留在他家屋上，于是二人作凤

图15-6　个山杂画册之六　鱼　纸本墨笔　1684年　23.8×37.8cm　西泠印社2008年春拍

台，在凤台居住。居住数年，一天早晨，二人随凤凰飞去。南昌西山有萧史台，传说萧史曾在西山吹箫。那里也是八大早年避居常去的地方。八大画一条鱼，却说这鱼是一条奇怪的鱼，它的头像西山的萧峰，尾巴像凤凰的尾巴。

土产湖东鲫：他画的鱼是东湖中的土产鲫鱼。南昌东湖是晚年八大生命寄居之所。他的很多作品都与东湖有关。他是东湖畔一只天心的鸥鹭。徐巨源《东湖渔者赋》云："我观东湖，潜有多渔。人随鸥泛，宅与桴俱……若乃四野无人，千庐月白，耀乱金光，游迷咫尺，渊亭亭以漾影，波渺渺而同色。"[1] 八大就是在这样的世界中流连。

上二句由一鱼联想到两个地方，一个是西山，一个是东湖。西山有弄箫成仙之想，东湖有无心随鸟之意。西山乃过去隐藏之所，东湖为当下所居之地。八大由一鱼写自己人生的轨迹，聊以安顿。

持此径寸烹，会得郎心一：把这条小鱼烹饪，希望能使郎心欢喜。此以弄玉的口气来写。一，专一。

此诗当然不是写萧史夫妇的恩爱故事，从《个山杂画册》的整体看，八大作诗一般都有寓意，此也当有寓意。元马致远《[南吕·四块玉]凤凰坡》云："百尺台，堆黄壤，弄玉吹箫送萧郎。送萧郎共上青霄上。到如今国已亡，想当初事可伤，再几时有凤凰？"这样的心情正是八大诗中所要传达的，鸾凤已去，凤凰不来，何时能再听到那悠远的清响？

之七　芋

此幅画芋头，右侧以笔砸出两个芋头，鲜活如真。两芋头上有"天闲"白文小印。并题一五绝云：

> 欧阜明月湖，鬼载盈仓箱。仓箱似蹲鸱，读易休为王。（图15-7）

款"个山"，下钤"浪得名耳"白文印。芋头与禅结下不解之缘，禅门清苦的生活中，芋头是主要食粮。所以禅门有所谓"芋头禅"，用来强调平常心是道的思想。

---

①徐巨源《榆溪逸稿》卷一。

图15-7　个山杂画册之七　芋　纸本墨笔　1684年　23.8×37.8cm　西泠印社2008年春拍

　　欧阜明月湖：云居山，古称欧阜山，相传楚将欧岌隐此，故名。因山高藏云，故名云居。位于江西永修西南。洞山弟子道膺曾住此，以举扬洞山宗风而闻名。八大常以云居代表洞宗真传。日本金冈酉三酒藏十开《杂画册》，作于1683年，早于此册一年。有一开画芋头，并有诗云："云居鬼蕷岣嵝蕷，僧寺疏山与蜀岩。却上画图人脍炙，未向江瀌说长镵。"此诗前两句说云居寺种了大量的芋，有状如鬼，有状如佝偻。却上画图人脍炙，未向江瀌说长镵：图上画的都是人们喜欢吃的，这些禅门中人，哪里会像嚷着"长铗归来乎！食无鱼"的冯谖[①]，有太多入世的愿望。诗前两句中的"明月湖"，指云居寺前的湖，代指云居寺周边之景。

　　鬼载盈仓箱：鬼，指芋头，因其貌黑，故称鬼芋。仓箱，仓库中装粮食的容器。禅语多用。《续古尊宿语要》有云："仓箱既满，家道亦隆。"[②]

---

①《战国策》卷一一："齐人有冯谖者，贫乏不能自存，使人属孟尝君，愿寄食门下。孟尝君曰：'客何好？'曰：'客无好也。'曰：'客何能？'曰：'客无能也。'孟尝君笑而受之，曰：'诺。'左右以君贱之也，食以草具。居有顷，倚柱弹其剑，歌曰：'长铗归来乎！食无鱼！'左右以告。孟尝君曰：'食之，比门下之客。'居有顷，复弹其铗，歌曰：'长铗归来乎！出无车。'左右皆笑之，以告。孟尝君曰：'为之驾，比门下之车客。'于是，乘其车，揭其剑，过其友曰：'孟尝君客我。'后有顷，复弹其剑铗，歌曰：'长铗归来乎！无以为家。'左右皆恶之，以为贪而不知足。孟尝君问：'冯公有亲乎？'对曰：'有老母。'孟尝君使人给其食用，无使乏。于是，冯谖不复歌。"后来就是这位冯谖为孟尝君立下汗马功劳。

②见《续古尊宿语要》第六集，《卍续藏经》第六八册。

仓箱似蹲鸱：八大《传綮写生册》之二有《题画芋》诗："洪崖老夫煨榾柮，拨尽寒灰手加额。是谁敲破雪中门，愿举蹲鸱以奉客。"将芋头比作蹲鸱，古已有之。如左思《蜀都赋》："蹲鸱所伏。"上引八大诗中的"蜀岩"，便与左思《蜀都赋》有关。

读易休为王：《周易》讲亢龙有悔、贲象穷白的道理，物极必反，所谓"无往不复，天地际也"。八大此当说此理。芋头乃平常之物，寄寓着八大自勉之心，剥尽复至，否极泰来，天地中隐藏此理。

之八　花

1682年，八大作有《瓮颂》，其中《春瓮》云："若曰瓮头春，瓮头春不见。有客豫章门，佯狂语飞燕。"这幅《花》就是承《春瓮》而言之，说赵飞燕之事。宋徐天麟《西汉会要》卷二："孝成赵皇后，本长安宫人，号曰飞燕，成帝召入宫大幸，有女弟，复召入，俱为婕妤，许后废，乃立婕妤为皇后，弟为昭仪，姊弟颛宠十余年，卒皆无子。成帝崩，民间归罪赵昭仪，皇太后诏治问皇帝起居发病状，昭仪自杀，哀帝既立，尊赵皇后为皇太后，哀帝崩，王莽白太后，贬皇太后为孝成皇后，徙居北宫，后月余，废为庶人，是日自杀。"[1]

八大精心地结构这幅作品。画纤秀小花一枝，花虽好，但枝已断，属无根之花。在花的旁边，有一较大的"驴"印，与小小的花朵形成鲜明对比，带有嘲讽意味。也有五绝一首：

尔玉请为图，兰芳倩谁扶？燕支一围罢，少小落瞿俞。（图15-8）

款"个山"，下钤"八大山人"和"鰕䱉篇轩"两白文印。

尔玉请为图：尔玉，指赵飞燕，美女称玉色。李白《怨歌行》诗云："十五入汉宫，花颜笑春红。君王选玉色，侍寝金屏中。荐枕娇夕月，卷衣恋春风。宁知赵飞燕，夺宠恨无穷。"[2]请为图：化用汉毛延寿之事。《西京杂记》云："元帝后宫既多，不得常见，乃使画工图形，案图召幸之。诸宫人皆赂画工，多者十万，少者亦不减五万。独王嫱不肯，遂不得见。匈奴入朝，求美人为氏，于是上案图，以昭君行。及去，召见。貌为后宫第一。"事实上赵飞燕并未有画图博得君王宠幸之事，

① 《西汉会要》，文渊阁四库全书本。
② 王琦注《李太白全集》卷五，第一册，338页，中华书局，2015年。

图15-8　个山杂画册之八　花　纸本墨笔　1684年　23.8×37.8cm　西泠印社2008年春拍

此为八大戏写之。

兰芳倩谁扶：化用白居易《长恨歌》写杨贵妃之语："侍儿扶起娇无力，始是新承恩泽时。"兰芳：形容飞燕沐浴后的芳泽。倩：请。

燕支一围罢：燕支，同"胭脂"。指飞燕的化装。一围罢：只有一围，形容赵飞燕腰细。环肥燕瘦，传赵飞燕可以掌上跳舞，以瘦而得君王宠爱。

少小落瞿俞：瞿俞，通氍毹，本指毛织的布或地毯，这里指锦绣之衣。写赵飞燕很小就享锦衣玉食之生活。据王嘉《拾遗记》卷六载："每轻风时至，飞燕殆欲随风入水。帝以翠缨结飞燕之裙，常怨曰：'妾微贱，何复得预缨裙之游？'今太液池尚有避风台，即飞燕结裙之处。"李白有诗云："一枝红艳露凝香，云雨巫山枉断肠。借问汉宫谁得似，可怜飞燕倚新妆。"[1]

《瓮颂》之《春颂》和这首绝句，写赵飞燕以及西汉的衰败灭亡，八大所表达的意思当然不是女人即祸水，而是借赵飞燕之事，来思考故国灭亡的原因。在八大看来，明亡的原因不仅因为满人，更重要的是朝廷内部。十多年后，他在给吕文兆《女仙外史》所作题跋中，也谈到这方面的思考。

---

[1]此为《清平调》三首之二，见王琦注《李太白全集》卷五，第一册，364页，中华书局，2015年。

之九　芭蕉

以写意之笔，画芭蕉一簇。款："甲子春正，屏书社兄拉往东轩为画并题正十二，个山。"这当是十二幅的最后一幅。下有"人屋"和"天闲"两印。其诗云：

点笔虾蟆屯，荒园水闲门。蕉心鼓雷电，叶与人飞翻。（图15-9）

最后一幅画芭蕉，并有芭蕉诗，满腔愁怨，写人生如梦幻。佛教强调，一切有为法，如梦幻泡影，如露亦如电，应作如是观。芭蕉象征着空而不实。《维摩诘经》说："是身如芭蕉，中无有坚。"八大画芭蕉，其实是"芭蕉林里自观身"[①]，看着芭蕉，如同看如梦如幻的人生，看自己在这梦幻般的人生中短暂的表演。刘禹锡诗云："觉后始知身是梦，更闻寒雨滴芭蕉。"[②]真是梧桐雨，芭蕉梦，最相知。这最后一幅芭蕉画，写人生的感叹，写自己的情感波涛，为全幅作品作结。

图15-9　个山杂画册之九　芭蕉　纸本墨笔　1684年　23.8×37.8cm　西泠印社2008年春拍

① 黄庭坚《同韵和元明兄知命弟九日相忆》，见《山谷外集》诗注卷第九，刘尚荣校点《黄庭坚诗集注》第三册，1078页，中华书局，2003年。
② 《宿湆上人房》："浮生不定若蓬飘，林下真僧偶见招。觉后始知身是梦，更闻寒雨滴芭蕉。"（《全唐诗》卷四七四）

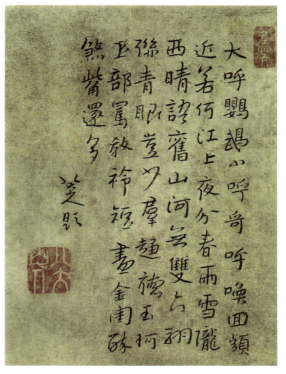

图15-10　双鹦诗画册之一　双鹦　纸本墨笔　年代不详
27.1×20cm　贵州省博物馆藏

图15-11　双鹦诗画册之二　对题　纸本墨笔　年代不详
27.1×20cm　贵州省博物馆藏

点笔虾蟆屯：虾蟆屯，地名，不详。点笔，下笔，即在芭蕉上题写[1]。由芭蕉想到点笔，古人有芭蕉题诗，芭蕉写经之书，韦应物有诗云："芭蕉叶上独题诗。"[2] 岑参诗云："题诗芭蕉滑，对酒粽花香。"[3]

荒园水闭门：古人有闭门对芭蕉之说，所谓"百鸟不来楼阁闭，只闻夜雨滴芭蕉"，为诗家一境。

蕉心鼓雷电，叶与人飞翻：这两句写难以平静的心情。正像李煜《长相思》云："秋风多，雨相和。帘外芭蕉三两窠，夜长人奈何。"[4] 雷电交加，狂风骤雨，急雨打芭蕉，电光击冷夜，风何急，雨在飘，芭蕉宽大的叶在哗哗地抖动，而诗人的心随之而翻滚。（图15-10）（图15-11）

---

① 八大《行书诗轴》云："至日章台路，点笔僵云影。人传古台上，那得风行净。"（黄仲方旧藏）
② 《闲居寄诸弟》，见《全唐诗》卷一八八。
③ 《东归留题太常徐卿草堂》，见廖立《岑嘉州诗笺注》，上册，197页，中华书局，2004年。
④ 见王仲闻校《南唐二主词笺注》，73页，中华书局，2013年。

结语

《古梅图》及三段题跋作于1681年末到1682年初，《瓮颂》作于1682年，而《个山杂画册》作于1684年岁初，这几件作品都为八大"驴期"所作，集中表达了他的故国情怀和遗民思想，清晰地展现了八大归南昌后，在数年中思想变化的痕迹，生活的漂泊，同时也是思想的漂泊。

《个山杂画册》作于甲子年的春天，由时光的流逝，写人生的怅惘；由时光流逝所裹挟的事件，写生命的追忆；由时光流转，又是一个甲子，写自己光复故国的希望。保护一株幼小的灵苗，它的苗壮必有可待时。

这幅作品写易代之变给他带来的极大心灵创伤，过去的簿册，一页一页打开，如秦始皇火烧湘山的惨痛画面，再也无法抹去，故国不存，山河涂炭，而亲人大都离世，一幅八哥之画，回响着寻觅"哥哥"的急迫呼唤，而他所得到的回答是：回不得也，哥哥。

这幅作品还包含着对故国灭亡的思考，佯狂语飞燕，小小的赵飞燕何以能带来国家的灭亡，国家的不祥之兆早已显现，朝廷的荒淫庸碌葬送了大好山河。

这幅作品是八大思想发展中的一个重要节点，是其遗民情怀的集中体现。

（图15-12）

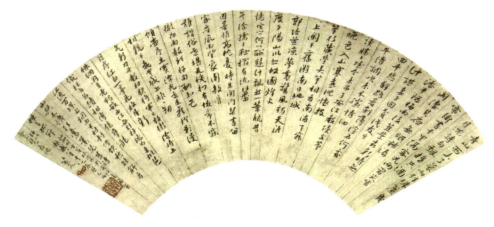

图15-12　行书林兆叔诗扇页　纸本墨笔　1685年　26×58cm　私人收藏

第十六章
八大山人《丁云鹏〈十六应真图〉颂赞》试释

　　1995年，北京瀚海冬季拍卖会上出现一册十六开的丁云鹏《十六应真图》，每幅均有八大山人行书对题，共钤八大山人印十方，分别是：屦形小印、"可得神仙"（白）、"口如扁担"（白）、"个相如吃"（白）、"八大山人"（白文横椭圆印）、"画渚"（朱）、"八大山人"（朱）、"八还"（朱）以及两个象形小印（一像牙齿，另一印不辨）。此作曾为王方宇所藏。

　　此册题跋书法，绢本，每页纵21.3厘米，横22.3厘米。其中一开题曰："大阿罗汉像赞，己巳八月廿有四日，八大山人拜题。"作于康熙己巳（1689）年八月二十四日，是八大真迹。

　　丁云鹏（1547—1628），明代人物画家。应真，即罗汉，又称阿罗汉，佛教中推崇的一种理想人格。由于他是通过修行而达到极高果位的真人，故称应真。罗汉品格清净，永入涅槃，进入澄明世界，为世人所供养。罗汉的精神在中土颇受推扬，中国古代有罗汉崇拜，在文人中也有很深影响。

　　十六罗汉像，前人多为之，自六朝张僧繇以来，画过罗汉的画家难以计数，并有一些以罗汉名世的画家，如唐代卢楞伽、贯休，二人各有传世罗汉像数十本。中国古代有十六罗汉说，又有十八罗汉说。其实，在佛经中本来只有十六罗汉，并各有其名，十八罗汉为中土特有之说，自唐代始出。唐李华《杭州余姚县龙泉寺故大律师碑》云："具见五天大德、十八罗汉，幡盖迎引，请与俱西。"[1]唐代画家张玄曾作《十八罗汉图》。传贯休作过《十六罗汉图》，也作过《十八罗汉图》。苏轼作《十八大阿罗汉颂》，每首皆标出罗汉之名，在传统的十六罗汉之外，又增庆友尊者、宾头卢尊者，分称十七罗汉、十八罗汉。这其实是不谙佛经所造成的误解。苏轼在《十八大阿罗汉颂》的跋语中说："轼家藏十六罗汉像，……今于海南得此十八罗汉像，以授子由弟。"[2]十六罗汉和十八罗汉兼有之势，始于唐代，后世相沿不绝。

---

[1]《全唐文》卷三一九。
[2]《苏文忠公全集》之《东坡后集》卷二〇，明成化刻本。

史载贯休于南昌西山云堂院画罗汉，画了十五幅后，从禅定起，又将自己加进而成十六之数。故此处十六罗汉像颇有名。至清时，仍为士大夫所仰望。朱彝尊《光孝寺观贯休画罗汉同陈恭尹赋》中，就谈到豫章西山云堂院中藏有此像①。西山为八大早年流连之所，不知他是否见过此作。

八大的十六应真颂，乃是题丁云鹏《十六罗汉图》之颂文，丁氏此图堪称名作，世所流传。清人梁章钜《浪迹续谈》卷七"十六罗汉"条云："客有以丁南羽白描罗汉索题者，并言世称十八罗汉，而此只十六，无乃缺欤？余曰：十六罗汉之名，自古所传如是。释典载佛伽梵般涅槃时，以无上法付嘱十六阿罗，故张僧繇、卢楞伽所画，皆止十六。《清波杂志》载苏扶携古画罗汉十有六，求山谷题名号，归宗一见笑曰：夜来梦十六僧来挂塔。"今人也有说八大题丁云鹏十八罗汉图，其实是误解。

罗汉颂赞之语，历代文人多有为之，有十六罗汉颂，也有十八罗汉颂。宋沙门觉范作《十八罗汉颂》，苏轼作《十八大阿罗汉颂》，每颂皆列罗汉之名，并有数语赞颂。这些罗汉赞颂，或有韵文，或以散文形式写成，如八大赞颂。在历代罗汉颂赞中，或一一列罗汉之名，或不列罗汉之名，只就罗汉之功德统而赞之，八大赞颂则属于后者。

八大在佛门时就有对阿罗汉的崇拜，如其《个山小像》自题云："生在曹洞，临济有，穿过临济，曹洞有，洞曹临济两俱非，嬴嬴然若丧家之狗。还识得此人么，罗汉道：底？"便是以罗汉的口气说自己的思想。

收藏这件作品的王方宇先生介绍说："此册前所未知，亦未见著录，但确是真迹，其中所题语言，皆不可解。"②这十六条颂赞确是八大所作，或有学者怀疑是八大录前人之作而书之，但从"八大山人拜赞""八大山人拜题"等语即可看出，应是八大自作。这部作品被学界视为"天书"，王方宇先生所说"皆不可解"并非虚语。至今八大研究中但凡涉及这部作品，除个别文章曾试图解决其中的一些问题外③，大多略而不论，使其成为八大存世文字中唯一没有被认真研究过的作品。是这篇文字缺乏价值吗？显然不是。这是一篇关于佛学的文字，作于八大离开佛门之后，它对了解八大与佛学的关系当极有帮助。

---

① 《曝书亭集》卷一六。
② 《八大山人的生平》，《八大山人法书集》序言，文物出版社，1997年。
③ 曾有吴子南先生作《漫将心印补西天——八大山人禅思维蠡测》，载《八大山人全集》（江西美术出版社，2000年）第五册，但这篇文章并未触及《十六应真颂》的实质内涵。

八大山人研究

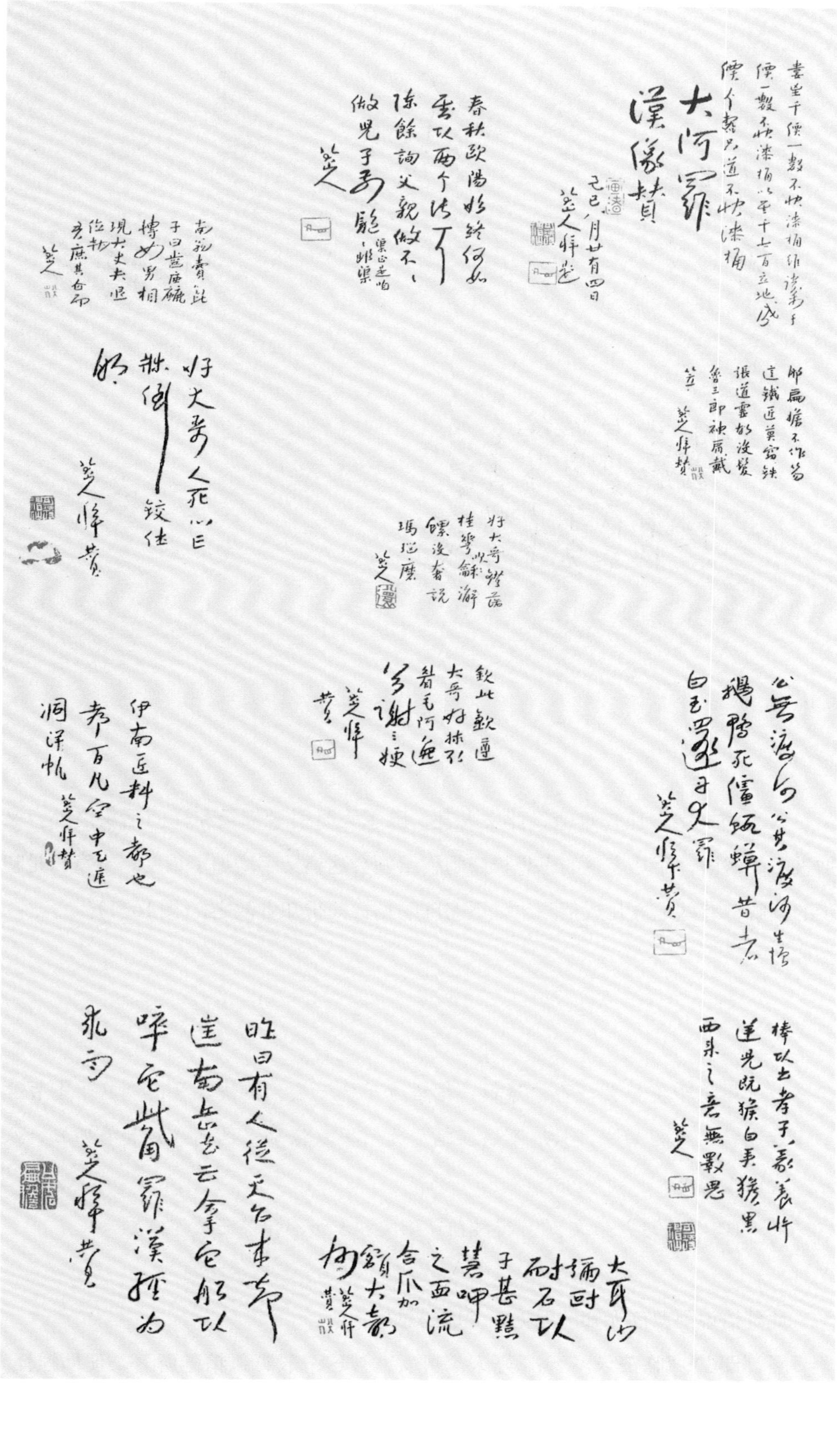

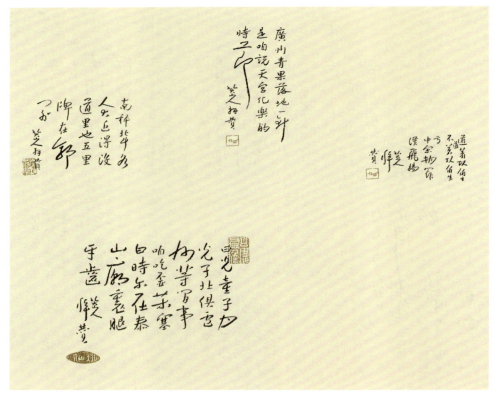

图16-1　十六应真颂　绢本墨笔　1689年　21.3×22.3cm　北京瀚海1995年冬拍

　　八大的文字多比较难懂，此文尤甚，除了大量引录佛经和禅门话头之外，又加进不少俗语，而其表现的思想极隐晦，给领会这篇文字增加了难度。本章只是初步的读解，有些地方几近猜测。以下略陈陋见，并祈知者教之。（图16-1）

　　一

　　屡至千价一数，不快漆桶；维语万千佛一数，不快漆桶；以其千七百立地成佛，个相如吃，只道不快漆桶。大阿罗汉像赞。己巳八月廿有四日，八大山人拜题。

　　（有"画渚"朱文、"可得神仙"朱文和驴形小印等三枚印章）

　　此赞语说阿罗汉无知、无见、无虑的思想。

　　屡，即驴。《临济录》云："好人家男女，被这一般野狐精魅所著，便即捏怪。

瞎屡生，索饭钱有日在。"①《赵州录》："僧问：'如何是玄中玄？'师云：'玄来多少时也？'学云：'玄来久矣！'师云：'赖遇老僧，洎合玄杀这屡生。'"②两段的"屡"，都是"驴"的代称。驴千价一数：不计较驴的价，多少都是一样，意思是没有价。一数者，无数也。乃禅宗惯用语，所谓为万物者无为，处一数者无数。驴千价一数，乃糊涂汉之代语。八大自称为驴，很长时间以其为号，这头驴，就是"糊涂驴"，一头无知见之驴，所谓"大是懵懂"。

漆桶，禅宗中用以指不悟之人。打破漆桶，就是忽然悟觉。《碧岩录》第二十二则："雪窦与岩头钦山同行，凡三到投子，九上洞山，后参德山，方打破漆桶。"③禅宗又以"不快漆桶"，来表现不分别的境界，就是不计较，无知见，也就是八大所说的"懵懂汉"。《古尊宿语录》卷三十六《投子和尚语录》："雪峰云：'须知有不在里许者？'师云：'不快漆桶。'师与雪峰游龙眠，路有两条。峰问云：'那个是龙眠路？'师以杖子指之。峰云：'东去西去？'师云：'不快漆桶。'雪峰一日哭入庵，师便起身立，峰伫思，被师推出。问：'一槌便成时如何？'师云：'不是性躁汉。'学云：'不假一槌时如何？'师云：'漆桶。'雪峰又问：'此间还有人参也无？'师将镢头抛向面前。峰云：'恁么则当处掘去也？'师云：'不快漆桶。'峰辞。"④

维语万千佛一数：维语，意为有说道，乃禅门熟语。万千佛一数：千佛万佛都是一佛，心中有佛，便没有佛的知见。元金陵清茂禅师《古林如禅师语录》卷三："只如尽乾坤大地草木丛林。尽是千佛一数。"⑤

以其千七百立地成佛：语本"放下屠刀，立地成佛"的佛教故事。《禅宗颂古联珠通集》卷二："世尊因广额屠儿日杀千羊，一日至世尊前，扬下屠刀云：'我是千佛一数。'世尊云：'如是如是。'"⑥千七百，并非实指，也是不计数、无知见之意。

个相如吃，八大晚年画中常有"个相如吃"之款。"个"指八大（雪个）自己，相如指司马相如，史载司马相如有口吃的毛病。《史记·司马相如传》："相如口吃而善著书。"嵇康《圣贤高士传》说："司马相如者，……为人口吃，善属文。"⑦"个相如吃"，就是不立文字，无知见。意同"不快漆桶"。

这首颂语三个意义单元，都在强调一个意思，超越知识见解。要做一头"瞎

---

① 《古尊宿语录》卷四，上册，59页，中华书局，1994年。
② 《古尊宿语录》卷四，上册，215页，中华书局，1994年。
③ 圆悟克勤《碧岩录》卷三，《大正藏》第四八册。
④ 《古尊宿语录》卷三六，669页，中华书局，1994年。
⑤ 《古林如禅师语录》，见《卍续藏经》第七一册。
⑥ 此见《卍续藏经》第六五册。
⑦ 《全三国文》卷五二，严可均辑《全上古三代秦汉三国六朝文》，1348页，中华书局，1991年。

驴生"，一个"懵懂汉"，无分彼此，无分精粗，闭上知识的口，开启真知的法眼，以不生不灭、不有不无的不二之心去看待世界。在禅宗看来，佛的妙处尽在不思量处，可思可说即非佛，要在去思量，离百非，一片懵懂，糊里糊涂，像驴不辨价格，不辨数量，像一个漆桶，懵懂而无知，像那个立地成佛的前屠夫，心中无佛即是佛。这正是阿罗汉的无知无见真精神。

此则跋语涉及"个相如吃"，为我们诠释"八大"这一难懂之号提供了重要资料。

二

春秋、欧阳，始终何如？对头两个，张耳、陈馀。询："父亲做不？""不！做儿子前驱。"渠正是咱，咱非渠。八大山人。

（有驴形小印）

此颂语说护持人的真性，从为法奴役的状态中走出，才是真悟。赞罗汉清澈澄明之性。

春秋、欧阳，泛指治经者。治经之学，汉代之前，已有范式。治《尚书》有欧阳，治《春秋》有公羊，治《易》有施、孟。《汉书》卷八十八儒林传："欧阳生字和伯，千乘人也。事伏生，授倪宽。……宽授欧阳生子，世世相传，至曾孙高子阳，后为博士。……由是《尚书》世有欧阳氏学。"[①] 始终何如：指治经者辗转义理，流连字句，为经而活，成了雕章琢句人，白首穷经，终成蠹虫。我注六经，真我为经所递夺。

张耳、陈馀：汉代两员大将，勇猛非常，然为别人所用，终失性命。二人都是大梁人，《汉书》卷三十二《张耳陈馀传》班固赞语云："张耳、陈馀，世所称贤，其宾客厮役皆天下俊杰，所居国无不取卿相者，然耳、馀始居约时，相然信死，岂顾问哉！及据国争权，卒相灭亡，何向者慕用之诚，后相背之戾也！势利之交，古人羞之，盖谓是矣。"[②] 八大举二人本为刎颈，后为对头，终相残杀，以言世道凶残，为利欲驱动，人的真性则无。

"询：父亲做不？不！做儿子前驱"，不做父亲，愿做儿子。俗世中人多有如

① 《汉书》卷八十八，第一一册，3603—3604页，中华书局，1960年。
② 《汉书》卷三十二，第七册，1843页，中华书局，1960年。

此，为法度所奴役，是做定了儿子、做惯了儿子甚至孙子的人，失落真性。

"渠正是咱，咱非渠"，八大以小字书上，当为后加，然具深义，也是此颂赞的意义落实处，此乃曹洞禅的核心思想。渠，他。咱，指我。洞山良价参老师云岩昙晟，问老师道："和尚去世后，要是有人问起我：和尚的真容到底怎样，我该怎么回答呢?"云岩说："你就说：就是他。"云岩的话他听不懂。一日过河涉水，看到水中自己的影子，豁然开悟。作偈曰："切忌从他觅，迢迢与我疏。我今独自往，处处得逢渠。渠今正是我，我今不是渠。应须恁么会，方得契如如。"[1] 领会云岩师所说之真意：影子由我而照，而我非影子。良价在"返自观照"中，发现了自己的真性。

此颂反映的是禅宗护持真性的思想。禅宗以廓然无圣为宗旨，真性不为知识所羁绊。临济义玄说："你只有一个父母，更求何物，你自返照看。"[2] 自己就是自己的父母。又说："你欲得如法见解，但莫受人惑，向里向外，逢着便杀，逢佛杀佛，逢祖杀祖，逢罗汉杀罗汉，逢父母杀父母，逢亲眷杀亲眷，始得解脱，不与物拘，透脱自在。"[3] 呵佛骂祖是禅宗的重要特色。赵州说："佛之一字，吾不喜闻。"洪州禅甚至强调："不求佛，不求知解……亦不畏地狱缚，不爱天堂乐，一切法不拘，始名为解脱无碍，即身心及一切皆名解脱。"[4] 因为在禅宗看来，若人求佛，就是失佛；若人求道，是人失道；若人求祖，是人失祖。自己的父母就在一心之中。

我，就是我的父母，我的父母不是别人。这个"父母"——真实的我，每每会被忘记，我们被别的父母——一切束缚我的规则、指使我的一切外在力量——所束缚。人们常常以为在重重魔障束缚下的自我就是自我，其实，那不过是幻而不真的影子，是"渠"而不是"咱"。在这影子中生活，那是虚假的存在。

三

> 南翁卖篦子，曰：齿粗转女男，相现大丈夫，退位朝君，庶其企而。八大山人。

(有"八大山人"朱文小印)

---

[1] 《五灯会元》卷一三，中册，779页，中华书局，1984年。
[2] 《古尊宿语录》卷四，上册，58页，中华书局，1994年。
[3] 《古尊宿语录》卷四，上册，65页，中华书局，1994年。
[4] 百丈怀海语，《景德传灯录》卷六。

此赞语从临济禅法说起，赞颂阿罗汉的无分别见。此与第一颂意颇相近，可以视为前一颂语的延续。

南翁卖筐子：语本五代临济传人首山省念（926—993）的"竹筐子话"。宋李遵勖编《天圣广灯录》卷一六"汝州叶县广教院赐紫归省禅师"条云："后游南方，参见汝州省念禅师。师见来，竖起竹筐子云：'不得唤作竹筐子，唤作竹筐子即触，不唤作竹筐子即背，唤作什么?'师近前，掣得掷向阶下云：'在什么处?'念云：'瞎。'师言下大悟。"①宋大慧宗杲（1089—1163）将其概括为"竹筐子话"，成为禅门公案。禅宗以不立文字为宗门要义，说似一物即不中，名言为粗，所以唤则为"触"，不唤则为"背"，总之有"唤"的欲望，就离佛遥远。佛在什么处，在"瞎"中。

齿粗：此从筐子齿粗细谈起，筐子的齿是粗是细，如果落于此中，说粗说细，就不是佛了。正像临济宗人普化所说的"佛法说什么粗细"。说粗细，就是有"唤"的欲望。转女男：乃由佛经故事转出。《大宝积经》卷一百云："尔时大德目连谓无垢施菩萨言：'善男子，汝已久发阿耨多罗三藐三菩提心，何以不转女人身也?'无垢施菩萨答目连言：'世尊记大德，于神足人中最为第一，何为不转男子身也?'大德目连即便默然。"②《五灯会元》卷二"舍利弗尊者"条云："舍利弗问天女曰：'何以不转女身?'女曰：'我从十二年来求女人相，了不可得，当何所转?'即时天女以神通力变舍利弗，令如天女。女自化身如舍利弗。乃问言：'何以不转女身?'舍利弗以天女像而答言：'我今不知云何转面而变为女身?'"③佛学强调，佛弟子依大涅槃而住，分男分女，说细说粗，说凡圣，说尊卑，说佛魔，都是分别知见，都是俗见。正如临济义玄所言："尔一念心上清净光，是尔屋里法身佛。尔一念心上无分别光，是尔屋里报身佛。尔一念心上无差别光，是尔屋里化身佛。"④"齿粗转女男"，要在说明转换身份、计较得失，都是"粗"的分别见。

相现大丈夫：语本义玄之语："道流，你若欲得如法，直须是大丈夫儿始得。若萎萎随随地，则不得也。……如大器者，直要不受人惑。"⑤禅宗关注人的存在之价值，苟且的生，猥琐的生，奴隶般的生，蝇营狗苟的生，这都是生，但禅宗强调的是独坐大雄峰的气势，做一个大丈夫，顶天立地，无所羁绊，不为法"惑"。"相现大丈夫"，就是真我呈露，不为法拘，做顶天立地人。

---

① 《天圣广灯录》卷一六，据《大正藏》第五一册。
② 据《大正藏》第一一册。
③ 《五灯会元》卷二，114页，中华书局，1984年。
④ 《镇州临济慧照禅师语录》，见《古尊宿语录》卷四，上册，58页，中华书局，1994年。
⑤ 《镇州临济慧照禅师语录》，见《古尊宿语录》卷四，上册，62页，中华书局，1994年。

退位朝君；禅宗熟语，清迦陵性音编《宗鉴法林》卷二二引临济语道："臣能退位，乃可朝君；子解转身，方堪就父。"① 禅门有"因退位以朝君，照空古镜台前；为转身而就父，无影树头舞凤"的说法②。退位，就是无位，佛教修行依照悟道的深浅有十信、十住、十行、十回向、十地、等觉、妙觉等阶位；退位，就是当下即悟，瞬间超升，一超直入如来地。朝君，意为朝向君，这个君，乃是自我，真我才是自己的君主。退位朝君，意思是，退出"臣"位，才能朝"君"；退出猥琐的奴役的位置，才能成为自己的真正主人。此即义玄所谓从面门中出入的"无位真人"。《临济录》说："赤肉团上有一无位真人，常从汝等诸人面门出入。"③ 无位真人是人人所具的真性、佛性。大乘佛学强调，一切众生皆有佛性，要做一个大丈夫，一个无位真人。

庶其企而：庶，语气词，大概。企而，企望，仰慕。道宣《续高僧传》卷四云："近者晋宋颜谢之文，世尚企而无比。"《大般涅槃经集解》卷一一："是故举果信而有征，将便仰慕前规，企而习之。"④ 庶其企而，是本赞颂的落脚，感叹无分别的自由透脱之见，乃是向佛者最最钦慕的境界。阿罗汉断尽三界见思之惑，以无分别清净心自在徜徉，正是这透脱境。

四

那扁担不作笏，这铁匠莫窃铁，张道灵故没发，鲁三郎神肩戴笠。八大山人拜赞。

（有"八大山人"朱文小印）

此颂要在说"口如扁担"的道理，破除分别之见，赞颂阿罗汉无学、无知见之思想。

那扁担不作笏：那扁担当为禅宗所说之"口如扁担"，八大有闲章"口如扁担"，意为不立文字，闭起口来，绝灭知见。据《五灯会元》记载，大愚的弟子文悦禅师上堂说法道："口似扁担，你等诸人作么生商量？"⑤ 江西洪州光寂禅师说：

---

① 《宗鉴法林》，见《卍续藏经》第六六册。
② 《列祖提纲录》卷三〇，《卍续藏经》第六四册。
③ 《镇州临济慧照禅师语录》，见《古尊宿语录》卷四，上册，56页，中华书局，1994年。
④ 《大正藏》第三七册。
⑤ 《五灯会元》卷一二，中册，745页，中华书局，1984年。

"眼似木突，口如扁担，无问精粗，不知咸淡。"①不作笏：禅宗有所谓"曾落石霜机外笏"的话头，源自唐代石霜楚圆禅师（807—888）与当朝相国裴休的对话。裴休嗜佛②，据《五灯会元》卷五"潭州石霜山庆诸禅师"条记载："裴相公来，师拈起裴笏问：'在天子手中为珪，在官人手中为笏，在老僧手中且道唤作甚么？'裴无对，师乃留下笏。"③所谓笏、珪，都是"假名"，都是对法的执着，都落于色相之中。石霜通过笏，应物随机，说真佛的道理。所以不可"唤"，只能"口如扁担"。

这铁匠莫窃铁：禅宗以学道之人为"铁汉"，禅门有偈道："学道须是铁汉，著手心头便判。直趣无上菩提，一切是非莫管。"④这个"铁汉"，有铁石心肠，无情无欲，禅语"无孔铁锤"亦即此意，有时指未开化之人，有时又指一团混沌，囫囵未开，如"不快漆桶"。禅门有"如何是佛，铁锤无孔"的问答，所谓"一日一夜雨霖霖，无孔铁锤洒不入"⑤。"不窃铁"，意为学道者，乃是炼心灵的金刚杵，它需要本分草料，真性功夫，哪里要什么铜铁。

张道灵，疑张道陵之误。王方宇在《八大山人的语言文字》一文中指出："八大山人常用从前没人用过或很少人用过的同音字，因为从前没人这样用，所以读起来，使人惶惑难解。他常用'已'代表'矣'，把'西冷'写成'西陵'，把'少陵'（杜甫）写成'邵陵'，在白狐峰作的诗，'不知身在白湖边'，把'狐'写成'湖'，又有一句诗是'荆巫水一斛'，他是把'湖'字写成'斛'字。这都故意使读者迷惘。"⑥道教中有张道陵七试赵升之说，不发一言，赵升皆过。最后在悬崖上有一桃树，道陵纵身跳下取桃，"陵遂自投，不得桃上，不知陵所在。四方则皆连天，下则无底，往无道路，莫不惊咄。唯升、长二人，嘿然无声。良久乃相谓曰：'师则父也。师自投于不测之谷，吾等何心自安？'乃俱自掷谷中，正堕陵前。见陵坐局脚玉床斗帐中，见升、长，笑曰：'吾知汝二人当来也'"⑦。张道灵故没发：道陵不发一言，尽授悟道之法。

鲁三郎神肩戴笠：语本唐禅僧道吾（769—835）之事。《五灯会元》卷四"襄州关南道吾和尚"条云："始经村墅，闻巫者乐神云'识神无'，忽然省悟。后参常

---

① 《五灯会元》卷一六，中华书局，下册，1053 页，中华书局，1984 年。
② 裴休与黄檗希运有交，《宛陵录》便是裴休与希运的对话记录。
③ 《五灯会元》卷五，上册，287 页，中华书局，1984 年。
④ 《五灯会元》卷一二，中册，724 页，中华书局，1984 年。
⑤ 《五灯会元》卷一八，下册，1171 页，中华书局，1984 年。
⑥ 台北：《故宫文物月刊》，第八卷第十二期，1991 年。
⑦ 见《云笈七签》卷一○九。这里的长，指王长，也是道陵弟子。东晋顾恺之作《画云台山记》，即记此事。

禅师，印其所解。复游德山之门，法味弥著。住后，凡上堂，戴莲华笠，披襕执简，击鼓吹笛，口称：'鲁三郎神识神不识神，神从空里来，却往空里去。'便下座。有时曰：'打动关南鼓，唱起德山歌。'僧问：'如何是祖师西来意？'师以简揖曰：'喏。'有时执木剑，横肩上作舞。僧问：'手中剑甚处得来？'师掷于地。僧却置师手中。师曰：'甚处得来？'僧无对。师曰：'容汝三日内。下取一转语。'其僧亦无对。师自代拈剑横肩上……"①鲁三郎神，指道吾和尚。肩戴笠，将斗笠戴在肩膀上，从道吾戴莲华笠、将木剑横在肩上舞蹈二事中转出。

举道吾事，主要在于破凡圣魔佛之见解。道吾认为，没有神与无神的区别，没有凡圣，没有魔佛。禅宗以平等不二为法，义玄云："夫出家者，须辨得平常真正见解，辨佛辨魔，辨真辨伪，辨凡辨圣。若如是辨得，名真出家。若魔佛不辨，正是出一家入一家。唤作造业众生，未得名为真出家。只如今有一个佛魔，同体不分，如水乳合，鹅王吃乳。如明眼道流，魔佛俱打。尔若爱圣憎凡，生死海里浮沉。"②有神无神之说，就是生死海中沉沦，这样的出家，不是真正的出家，而是"出一家入一家"，还不是透脱的人。

五

好大哥，灯落桂华，吹海螺。波奢说："玛瑙磨。"八大山人。

（有"八还"朱文印）

好大哥：禅门应机接变常用语。《古尊宿语录》卷二二载《黄梅东山演和尚语录》云："上堂云：门外有大路，不肯大开口，腊月三十日，胡乱外边走。好大哥！"③曹洞宗的襄州石门献蕴禅师还被人称为"大哥和尚"，《五灯会元》卷十三载："初住南岳兰若，未几迁夹山。道由潭州时，楚王马氏出城延接。便问：'如何是祖师西来大道？'师曰：'好大哥，御驾六龙千古秀，玉街排仗出金门。'王大喜……（到夹山后）师曰：'湛月迅机无可比，君今曾问几人来？'曰：'即今问和尚。'师曰：

① 《五灯会元》卷四，上册，248—249页，中华书局，1984年。
② 《镇州临济慧照禅师语录》，见《古尊宿语录》卷四，上册，59-60页，中华书局，1994年。
③ "好大哥"之语禅门多见，如《古尊宿语录》卷二九《舒州龙门佛眼和尚语录》："上堂：'褰帘乍住太干枯，月白风清入画图。人间纵有千般乐，不及今朝事事无。'乃呵呵大笑：'好大哥。'"（下册，547页）《古尊宿语录》卷三一《舒州龙门佛眼和尚小参语录》："大众，切须自尊自贵，将知尊贵边合着得个什么，无事，不须久立。师姑本是女人做，阿嫂元是大哥妻，好大哥，归堂去。"（下册，586页）

'好大哥，云绽不须藏九尾，恕君残寿速归丘。'……师应机多云'好大哥'，时称大哥和尚。"①

灯落桂华（花）：夜晚灯下桂花落，闪耀如黄金，原是空空。桂花又被称为黄金屑，所谓"一阵桂花风，满地皆金屑"②，一切都是幻影。佛经中所谓如来所说，皆为化人，如将黄叶为金，为止小儿啼。禅宗中有语云："昨夜日轮飘桂花，今朝月窟出芝草，阿呵呵，万两黄金无处讨。"③"黄金世界桂花香，风吹红叶满庭扬。手把金针须密缝，莫随幻影自生狂。"④

吹海螺：也本禅宗。元代临济宗大慧宗杲派禅僧智及《愚庵和尚语录》卷一〇云："向上一路，离言说相，离文字相……大慧老祖云：'诸方说禅，弯弯曲曲，如海螺儿相似。我这里则不然，开着口，便见心肝五脏。'"⑤吹海螺，形容为文字相所束缚，不得真实。

波奢说，王方宇并诸本作"没奢说"，误。波奢，菩萨名，世尊的弟子，又译为绳也。唐神清《北山录》卷三："波奢比丘曾生不卧，胁不着席，时人号胁尊者。"⑥又称师谟胁罗汉。玛瑙，质地坚硬，又名金刚石。八大所谓"玛瑙磨"，说的是罗汉金刚不坏之意，不生不死。

八大引波奢之说，赞阿罗汉金刚不坏之精神，和那种在文字中求（吹海螺）、在虚幻中求（灯落桂花）等俗相迥然不同。《阿毗昙毗婆沙论》中多载波奢赞颂阿罗汉之语，如卷五二："尊者波奢说曰：如是说者，不说尽智，不说无生智，亦不说无学正见，此是赞叹阿罗汉辞言。阿罗汉生已尽，梵行已立，所作已办，不受后有。"此即是八大所说之"玛瑙磨"。卷一七云："如尊者波奢所说言：涅槃在心中者，心中成就涅槃得故。"此就阿罗汉得真实而言。

六

好大哥，人死、心亡、床倒、铰休耶。八大山人拜赞。

（下钤"可得神仙"白文印，另有一印，疑即口形，与"口如扁担"意近）

---

① 《五灯会元》卷十三，840—841页，中华书局，1984年。
② 《月礀禅师语录》，卷上，《卍续藏经》第七〇册。
③ 大慧宗杲《正法眼藏》卷一，《卍续藏经》第六七册。
④ 《永觉元贤禅师广录》卷三，《卍续藏经》第七二册。
⑤ 见《卍续藏经》第七一册。
⑥ 见《大正藏》第五二册。

此条赞阿罗汉入不生不死的涅槃境界。阿罗汉，汉意译为不生，无生，永入涅槃，不再有生死果报之束缚，所谓无生无死，得无生法忍。"阿罗汉"的"阿"意为"不"，"罗汉"意为"生"，"阿罗汉"就是"不生"。阿罗汉通过修行而证得阿罗汉果，达到至高的境界，此即为涅槃。但并不等于抽离了现实界，他还是在世间存在，与普通人一样生活，只是其心如金刚不动，无住无念，不为外在诱惑所干扰，不受外在世界之熏染，永葆清净之心。

人死、心亡：非言阿罗汉死了，没有心了，阿罗汉没有死，阿罗汉仍然有心，不过那是一颗不为外在世界所染所动之心。禅宗最推阿罗汉不生不死之境。《禅宗颂古联珠通集》卷十四引鼓山珪颂云："大海波涛阔，小人方寸深。海枯终见底，人死不知心。"[1] 又唐庞蕴《庞居士诗》卷下云："教君杀贼法，不用苦多方。慧剑当心刺，心亡法亦亡。心亡极乐国，法亡即西方。贼为象马用，神自作空王。"[2] 都以人死心亡为无粘滞之境界。

床倒：本唐狂僧普化事，言推倒言说，不辨粗细。《临济录》记载希运事："师一日同普化赴施主家斋次，师问：'毛吞巨海，芥纳须弥，为是神通妙用，本体如然。'普化踏倒饭床。师云：'太粗生。'普化云：'这里是什么所在，说粗说细。'师来日，又同普化赴斋。问：'今日供养，何似昨日？'普化依前踏倒饭床。师云：'得即得，太粗生。'普化云：'瞎汉，佛法说什么粗细。'师乃吐舌。"[3]

铰休：他本或作"钵休"，误。此取唐镇州宝寿禅师与胡钉铰事。胡钉铰居士，悟性颇高。一日见宝寿，宝寿问："汝莫是胡钉铰？"他回答说："不敢。"宝寿说："还解钉得虚空否？"[4] 后来胡钉铰参赵州，《联灯会要》卷十记载："胡后见赵州，州问：'莫是胡钉铰么？'胡云：'不敢。'州云：'还钉得虚空么？'胡云：'请和尚打破将来。'州云：'且钉这一缝。'胡于下有省。"[5] 胡钉铰钉虚空为禅门话头，无非强调不落言筌，不可形迹。本来无一事，何处可钉？而赵州所说的钉一缝，使胡钉铰瞥然有省，这一缝，就是"一而不二"之一，八大所谓"无一无分别"的"一"。铰休，即不以语言去"钉"。

床倒、铰休，以禅宗习语，证阿罗汉不生之境。坐禅床、持钵盂，皆是佛事，而禅宗强调即心即佛，佛在心中，不在外求，外求者非佛。所以推倒禅床，放下铰

---

[1] 见《卍续藏经》第六五册。

[2] 《庞居士语录》，见《卍续藏经》第六九册。

[3] 《镇州临济慧照禅师语录》，见《古尊宿语录》卷四，上册，72页，中华书局，1994年。

[4] 《景德传灯录》卷十二，《镇州宝寿沼和尚》。

[5] 《联灯会要》，见《卍续藏经》第七九册。

钉，从形迹中走出。正如《维摩诘经》卷三《弟子品》所云："夫宴坐者，不于三界现身意，是为宴坐；不起灭定而现诸威仪，是为宴坐；不舍道法而现凡夫事，是为宴坐；心不住内，亦不在外，是为宴坐；于诸见不动，而修行三十七品，是为宴坐；不断烦恼而入涅槃，是为宴坐。"当阿罗汉进入不生不死之境时，八风不动，何以外求？

七

　　公无渡河，公其渡河，生憎鹅鸭，死僵虾蟆。昔者白玉还丹大罗。八大山人拜赞。

　　（有驴形小印）

　　阿罗汉有一重要意，即破烦恼。《大智度论》卷三说："阿罗名贼，汉名破。一切烦恼破，是名阿罗汉。"《大毗婆沙论》卷九十四亦云："阿罗者谓一切烦恼，汉名能害，用利慧刀，害烦恼贼，令无余，故名阿罗汉。"[①] 本颂主要是赞颂阿罗汉此功德。前四句说"贼"，说"烦恼"，最后一句说"破"。

　　汉乐府诗有《箜篌引》，其中有"公无渡河，公竟渡河。堕河而死，当奈公何"之句。崔豹《古今注》中曰："《箜篌引》，朝鲜津卒霍里子高妻丽玉所作也。子高晨起刺船，有一白首狂夫，披发提壶，乱流而渡。其妻随而止之，不及，遂堕河而死，于是援箜篌而鼓之，作'公无渡河'之曲，声甚凄怆。曲终，亦投河而死。子高还，以其声语其妻丽玉，丽玉伤之，乃引箜篌而写其声。名曰《箜篌引》。"八大以此比喻俗世中人，如在欲望瀚海中泅渡，沉溺而无救。

　　生憎，即讨厌。生憎鹅鸭，即讨厌鹅鸭[②]。俗话中有"鹤立孤松类莫齐，岂同鹅鸭狎群鸡"的说法，人们愿意做一只孤鹤，鹤立鸡群，而不愿做一只鹅鸭，那是低俗的。在八大看来，有鹅鸭仙鹤之分，就有高下之别，就失去了无一无分别之旨意，也就没有了平等之觉慧，从而会处烦恼之中而难以自拔。

　　死僵虾蟆：禅门熟语，形容不悟之心，如僵死的蛤蟆。跳出死虾蟆，将谓西

---

① 《大毗婆沙论》，二百卷，唐玄奘译；《阿毗昙毗婆沙论》，现存六十卷，北凉浮陀达摩等译，二者是同书异译，后者是节译。

② "生憎"一语，八大有用之，汪子豆辑《八大山人诗钞》录有《题画猫与兔》："身毒何来猫五白，天公玉兔上弦霄。生憎鼠大鹊鸠长，杀画山中字六朝。"

天无，为禅门话头。《五灯会元》卷十七"象田梵卿禅师"条云："师曰：堂中圣僧，却谙此事。僧问：象田有屠龙之剑，欲借一观时如何？师横按拄杖，僧便喝。师掷下拄杖，僧无语。师曰：这死虾蟆。"

公无渡河，公其渡河，生憎鹅鸭，死僵虾蟆，这四句写在烦恼中挣扎之苦。

昔者白玉还丹大罗：以潇洒语气，写阿罗汉破烦恼功德。证得阿罗汉果，乌云荡尽，烦恼去除，心灵澄明如镜，恒定常住，不为欲染，坚如金刚。白玉还丹，乃佛门喻象，《大乘本生心地观经》："见大海水变为白色，犹如珂雪，菩萨告言：'汝等当知，我今已入真珠大海，白玉真珠充满海中，珠映水色有如是相。'"[1]清代普能嵩禅师《净土诗》云："世事回头入道场，坚心念佛往西方。抬头尽是黄金殿，举眼无非白玉堂。"[2]又，佛教中有"真金须是红炉煅，白玉还他妙手磨"的说法，也是证得妙果之意。"还丹"意与"白玉"相同，得还丹一粒，点铁成金。成白玉之性，涅而不缁，不为世染，成金刚不灭之身。

阿罗汉断迷惑，破烦恼，为世间所供养，又能拯救世界，破他人之烦恼，是一叶真正能帮助人渡过滔滔河流的轻舟。八大此赞就歌颂这样的精神。

八

钦此，钦遵，大哥好，救取眉毛，阿逸多，谢三嫂。八大山人拜赞。

（有驴形小印）

钦此，皇帝诏书结末语。钦遵：臣子敬奉圣旨之语。唐百丈怀海撰《禅门清规》，为禅宗丛林制度之重要依托，宋时失传，元时重修，名《敕修百丈清规》，元正统年间礼部尚书胡濙等序言称："诸山僧人不入清规者，以法绳之，钦此，钦遵。"[3]八大山人以"钦此，钦遵"，讽刺一味谨守丛林规范，不得禅法。南宗禅强调，道不在修，佛不外求，心成则自成。

救取眉毛：眉毛，以喻妙悟本心。惜取眉毛，就是重视一念之间，一眨眉毛之时，不起心动念。禅宗熟语，宋临济宗杨岐派智愚禅师《虚堂和尚语录》卷九："开炉上堂：径山年老心孤，要说火炉头活。终不道东家勺柄长，西家勺柄短。只要每

---

① 《大乘本生心地观经》，见《大正藏》第三册。
② 此据《卍续藏经》第六二册。
③ 《敕修百丈清规》，第1页，中州古籍出版社，2011年。

日钵盂两度湿，忽然坐到更深，毛头星现，各自救取眉毛。"①禅宗以妙悟为宗，强调一超直入如来地，只在会得，会着便单刀直入，会不着只是弄光影。惜取眉毛，不起心动念。

阿逸多，佛陀弟子之一，经书中多称其为"尊者阿夷哆"，又名转轮王，又意译为无胜。《中阿含经》卷一三："世尊告曰：阿夷哆，汝于未来久远人寿八万岁时，当得作王，号名曰螺，为转轮王，聪明智慧，有四种军，整御天下，由己自在。"东汉以来，中国佛学界多将阿逸多与弥勒和尚混而为一。《维摩经》罗什注曰："弥勒，姓也，阿逸多，字也。南天竺婆罗门子。"其实别为二人。八大这里可能就是沿用旧误，以其为弥勒和尚。据说五代时布袋和尚是弥勒的应化身，常常背着一个布袋，周游天下，见物行乞。他有偈说："一钵千家饭，孤身万里游；青目睹人少，问路白云头。"所谓左一布袋，右一布袋，云行天下，得大自在。

谢三嫂：禅宗中有"谢三娘秤银"之说，不知是否为八大所本。《楚石禅师语录》卷三："浴佛上堂，清净法身，簸土扬尘，圆满报身，倚富欺贫，千百亿化身，弄假像真。三身中浴那一身？谢三娘秤银。"②《愚庵和尚语录》卷五："上堂：今朝十一月十四，打鼓升堂贺冬至，南山云起北山云，张公吃酒李公醉，若论佛法两字：谢三娘卖银。"二说由"谢三娘秤银"这一荒诞语，破修静求佛之妄举，说明佛不在求，而在心悟的道理。

此外，禅门流传，有位僧徒问五祖弘忍："什么是僧人？"五祖回答说："钓鱼船上谢三郎。"③后谢三郎成为禅门对僧人的称谓。《指月录》卷四："阿呵呵，悟不悟，令人却忆谢三郎，一丝独钓寒江雨。"《碧岩录》第二十二则："只如他怎么道，南山有一条鳖鼻蛇，且道在什么处？到这里须是向上人，方会怎么说话。古人道：钓鱼船上谢三郎，不爱南山鳖鼻蛇。"八大法门四世祖师博山无异元来《广录》卷一六云："不忘灵山亲付嘱，期君试听无生曲。无手人弹无耳听，聚合从前亲骨肉。团圞何处问他方，一片空心选佛场。打鼓却看谁作主，钓鱼原是谢三郎。"钓鱼船上谢三郎，取其随水飘荡，从容西东意。这与弥勒、布袋同一格调，笑对天下，以自由成就真心。八大所言"谢三嫂"，而不是"谢三郎"，疑有意为之，以戏谑之语，

① 《虚堂和尚语录》，见《大正藏》第四七册。
② 此据《卍续藏经》第七一册。
③ 《宗门拈古汇集》卷四三："五祖因僧问：'如何是佛？'祖曰：'露胸跣足。''如何是法？'祖曰：'大赦不原。''如何是僧？'祖曰：'钓鱼船上谢三郎。'"

出优游之意。与前文"大哥好"相呼应。若持此解，似亦可通。

此颂要在说佛在心悟，而不在修，丛林规范，只是表面文章，如弥勒那样云行自在，方是真门径。由此赞阿罗汉的功德。证得阿罗汉之果，又称为无学果位，并具有无学智慧，获得了无学的解脱。

九

　　伊南匠料之都也，都百凡，空中天庭洞洋帆。八大山人拜赞。

　　（此有一印，不明，待考）

此颂赞说即心即佛的道理，木佛不度火，泥佛不度水，真佛心头坐。赞阿罗汉不重天行而重心悟的思想。

伊南匠料之都，语本江淹《豫章》诗："伊南有材，匪桂匪椒。下贯金壤，上笼赤霄。"[1] 豫章是出产名卉佳木的地方。都百凡，意思是有很多盛产名卉佳木的地方。百凡，乃八大常用语，意为很多[2]。

《五灯会元》卷三南泉普愿禅师说："佛九十日在忉利天为母说法，时优填王思佛，请目连运神通三转，摄匠人往彼雕佛像，只雕得三十一相，为甚么梵音相雕不得？"[3] 南泉举此佛经故事说即心即佛的道理，思佛当从自心中求，而不在雕像中。正如为霖禅师《旅泊庵稿》卷四《世尊旃檀瑞像赞云》所说："自心忆佛自心现，非自非他无背面。目连摄匠上天庭，刻得十分还不见。"[4] 佛不在像中。唐代丹霞天然禅师冬天天气冷，将寺院中的木佛拿来取火，灯录中记载其事，也表现的是这样的意思。

八大说，伊南（非实指豫章，意为当下）到处都是"匠料都"，具有太多雕刻佛像的匠料，但不是给你雕刻外在佛像的，而是让你雕刻心中的佛像，当下即是，青山自青山，白云自白云。我来问道无余说，云在青天水在瓶。

空中天庭，优填王让目连摄匠人雕佛像而至天庭，其实靠佛像无法天庭见佛，

---

① 《全梁文》卷三八，见严可均辑《全上古三代秦汉三国六朝文》，3172页，中华书局，1991年。

② 八大在致鹿村书札中说："百凡庋之高阁，可得耶，翌晨石亭寺于两处答拜，然后可联袂也。""此间百凡易为，但须调摄一二日为佳耳。""先生可得暇，山人之思亦渴，倘得以暇处求见，是所愿也，百凡尧天舜日中罄之。"

③ 《五灯会元》卷三，上册，141页，中华书局，1984年。

④ 见《卍续藏经》第七二册。

当下便见，悟着皆佛，举目俱是天庭。一悟之后，忽若仰天庭而睹白日，茫茫天庭，正可扬帆而行。正像禅门有颂云："一人客路如天远，一个归心似箭轻。彼此征途虽有异，须知同日到天庭。"[①]洞洋帆，即妙悟之舟，一超直入如来地。

十

> 棒头出孝子，豢养忤逆儿；既猴白，弄猴黑；西来之意无戡思。八大山人。
> （款下有驴形小印、"可得神仙"白文二印）

此颂语重在说妙悟，佛不在说，不在言，不在思量，不可以理性把握，只能在悟取。由此赞颂阿罗汉大悟心觉的功德。此颂举禅宗中的三个话头，均在强调悟。

第一是"棒头出孝子，豢养忤逆儿"，此为禅门熟语。清康熙三年刊行的白岩净符《宗门拈古汇集》卷三十二云："天宁琦云：克宾法战不胜，兴化据令而行，称提临济宗风，揭示正法眼藏，棒头出孝子，佛法无人情。当时将谓苘长短，烧了方知地不平。"这里所说的"孝子"，不是世俗孝顺之人，而是悟法者。禅宗以棒喝机锋，指引学人。禅门又有"孝顺还生孝顺子，忤逆还生忤逆儿"的说法，禅宗以教外别传为宗旨，所以要做忤逆儿，不做孝顺子。像临济义玄所说的逢父母杀父母，即此意。指引学人，在禅门被称为"豢养忤逆儿"。此与民间棒头出孝子、宠惯出庆儿的说法不同。

第二是"既猴白，弄猴黑"，禅门话头，意为不落言筌之悟。《古尊宿语录》卷十八《云门匡真禅师广录》下云："师问乾峰，请师答话。峰云：'到老僧也未？'师云：'与么则学人在迟也。'峰云：'与么那，与么那。'师云：'将谓猴白，更有猴黑。'"《禅宗颂古联珠通集》卷二八引圆悟克勤说："将谓猴白，更有猴黑。互换投机，神出鬼没。烈焰亘天佛说法，亘天烈焰法说佛。风前剪断葛藤窠，一言勘破维摩诘。"《禅宗颂古联珠通集》卷二十五又引赵州与舒州投子山大同禅师之对话："赵州问：'大死底人，却活时如何？'师曰：'不许夜行，投明须到。'州曰：'我早猴白，伊更猴黑。'"所谓一言勘破维摩诘，既说猴白，又说猴黑，不落言筌，互换投机，只在一悟。

①释超永编《五灯全书》卷四七，《卍续藏经》第八二册。

第三是"西来之意无斁思"，西来之意，菩提达摩西来中土之意。此为禅门重要话头，禅门常以"祖师西来意"作问。斁思：寻思，思量。西来之意无斁思，意即佛是不可思量，不可拟议，可思量者非佛。汪子豆《八大山人诗钞》所收八大《题画桂花》诗也是此意："人闲桂花落，山中桂花黄。只为不还丹，云谣慎无斁。"《马祖录》说："渤潭法会禅师问祖云：'如何是西来祖师意？'祖曰：'低声近前来。'会便近前，祖打一捆云：'六耳不同谋。'"[1]《马祖录》又载，洪州水老和尚初参马祖。"问曰：'如何是西来的的意？'祖曰：'礼拜著！'师才礼拜，祖乃当胸踏倒。师大悟。起来抚掌，呵呵大笑曰：'也大奇，也大奇！百千三昧，无量妙义，只向一毫头上，识得根源去。'礼谢而退。往后，每告众曰：'自从一吃马师踏，直至如今笑不休。'"[2]马祖这一踏，使这位呵呵大笑的和尚懂得了什么叫祖师西来意。八大举此语，说明佛是个"不思量地"道理。

十一

　　大耳沙弥，叵耐石头子，甚黠慧，呷之西流，合爪加额大都洲。八大山人拜赞。

　　（款下有"八大山人"朱文小印）

本颂以唐代禅僧石头希迁为例，来谈成就罗汉位的修行。

沙弥，佛教中已受十戒还未受具足戒的出家男子叫沙弥，一般年龄在七岁至二十岁之间。这里的大耳沙弥，当指年轻时的石头和尚。称其为"大耳沙弥"，乃是赞语，佛经中有"一切罗汉，皆以天眼照见，大耳遥闻"之说，石头本有罗汉之像。石头年轻时就有出家之愿力，后赴曹溪，投慧能门下，从其受沙弥戒，为沙弥。慧能圆寂后，这位沙弥投于青原行思（？—740）门下，行思指引其去南岳师法怀让。后又归侍行思，行思传法于他。晚至衡山南寺，寺院东有一块大石，他便依石结庵而居，故时人称其为石头和尚，又称其为"石头子"。

叵耐，又作"叵奈"，无奈的意思，为禅门俗语。甚黠慧：聪颖而有悟性，此处赞石头悟性高。清人迦陵性音编《宗鉴法林》记青原和石头的对话："青原问石头子何方来。曰：'曹溪。'师曰：'将得什么来？'曰：'未到曹溪亦不失。'师曰：'若

①《江西马祖道一禅师语录》，《卍续藏经》第六九册。
②《五灯会元》卷三，上册，184页，中华书局，1984年。

怎么用去曹溪作么？'曰：'若不到曹溪，怎知不失。'"①由此可见其智慧。禅宗中有"石头路滑"之说，《五灯会元》卷三"江西马祖道一禅师"："邓隐峰辞师，师曰：'甚么处去？'曰：'石头去。'师曰：'石头路滑。'曰：'竿木随身，逢场作戏。'便去。"②石头路滑，形容石头禅法运用灵妙，圆转无碍，如环无端。

呷，饮的意思。呷之西流：西流，向西流的水，取西天意。《禅宗颂古联珠通集》卷十七："芦苇萧萧江岸秋，长天独月向西流。离钩三寸无人道，笑倚兰桡自点头。"呷之西流，即寓禅门"一口吸尽西江水"（马祖语）之意。

合爪、加额，都是礼拜之意。《五灯会元》卷十八"江州圆通道旻禅师"："生五岁，足不履，口不言。母抱游西明寺，见佛像遽履地，合爪称南无佛。"③加额：崇拜之意。八大《传綮写生册》诗中有"拨尽寒灰手加额"。大都洲，佛教的极乐世界，此指代佛。玄奘译《大般若经》卷五七〇云："佛名功德庄严，土名最极严净，劫名清净，其土丰乐人众炽盛，纯菩萨僧，无声闻众，彼土大地七宝合成，众宝庄严平坦如掌，香花软草而严饰之，无诸山陵堆阜荆棘，幢幡花盖种种庄严，有大都城名为难伏，七宝罗网弥覆其上。"合爪加额大都洲，就是对佛的礼拜。

阿罗汉果，乃小乘证得之极果，证得此果者断去一切见、思之迷惑烦恼，而达到无学、不生、无烦恼之至境。就阿罗汉所证之果看，有两种，一是阿罗汉向，主要指在修行阶段，有趋向于阿罗汉之心。一是阿罗汉果，即证得阿罗汉果位后所得之境界。八大此赞由石头和尚谈起，谈一位尚没有达到禅宗最高境界的小沙弥，但这个小沙弥有慧根，对佛又有"合爪加额大都洲"的蕲向。此赞侧重从阿罗汉向来说。

十二

　　昨日有人从天台来，却往南岳去，云：拿它船头，啐它嘴，罗汉经，为求雨。八大山人拜赞。

　　（款左有"口如扁担"白文印）

此颂重在赞罗汉点化大众、接引天下之功德。由禅宗的话头说起。禅家有转

---

① 《宗鉴法林》卷五五，《卍续藏经》第六六册。
② 《五灯会元》卷三，上册，129页，中华书局，1984年。
③ 《五灯会元》卷十八，下册，1193页，中华书局，1984年。

语之说，随机宜而自在转变词锋，禅师在接化学人时，有人执迷不悟，进退维谷，禅师突然拨转话头，转变机锋，令学人拨云见日，豁然开朗。八大此颂语说转变机锋之妙。此颂接上而言，都是就石头希迁来论说。

昨日有人从天台来，却往南岳去：禅门话头。本是云门文偃示众之语，《碧岩录》第二十四则举此云："四祖演和尚道：'莫将有事为无事，往往事从无事生。'尔若参得透去，见他怎么如寻常人说话一般，多被言语隔碍，所以不会。唯是知音方会他底。只如乾峰示众云：'举一不得举二，放过一，着落在第二。'云门出众云：'昨日有一僧，从天台来却往南岳去。'乾峰云：'典座今日不得普请。'看他两人，放则双放，收则双收。"①

石头在依行思之前，就曾得到慧能的器重，据说慧能有"子当绍吾真法"之说。行思知希迁为上乘根器，屡屡开悟，为使其领略"心空不碍白云飞"之妙处，让他到南岳向怀让求法，后在怀让的接引下，禅法大进。禅宗史上以此为"转语"之典范。大慧宗杲说："举一不得举二，放过一，着落在第二。只如镇州萝卜头，未审灵照篮中，还着得也无。若向这里下得一转语，昨日有人从天台来，却往南岳去。若下不得，雪峰道底。"②

拿他船头：即掉转船头。药山惟俨有"拨转船头，饱载风月"之说，忽地掉转船头，应机立变，当下大悟。禅门有诗云："擂鼓转船头，棹穿波里月"③。船头转，月儿明，云开雾散，乾坤阔朗。石头的"往南岳去"，也是"掉转船头"。

啐它嘴：禅门有啐啄之说，据南宋净善编《禅林宝训》的解释，就像孵小鸡，小鸡将要出壳，用嘴吮吸，在一片混莽之中，跃跃欲出。这叫"啐"。而孵化的母鸡想小鸡快出，以嘴去啄蛋壳，这就叫"啄"。这比喻很形象，未悟之人，置于混沌之中，八大山人的"啐它嘴"，形容学人等待接引开化之状。

罗汉经：《开元释教录》载《罗汉经》一卷，佛教有《折伏罗汉经》等。八大此处的"罗汉经"，当不指专门的经典，而是泛指罗汉之法，罗汉之启示。为求雨：佛教将佛法比喻法雨，如甘霖一样滋润众生心田。北本《涅槃经》卷二云："无上法雨，雨汝身田，令生法芽。"

罗汉之法，就是这样滋润心田的法雨。罗汉三意（破、供、不生）中，"供"为天人之供养。证得阿罗汉果，进入悟境之最高阶段，此时诸恶不作，众善奉行，

---

① 《碧岩录》卷三，《大正藏》第四八册。
② 《宗杲语录》，见《大正藏》第四七册。
③ 《五灯会元》卷六，中册，348页，中华书局，1984年。

堪称人伦之雅范，世流之明镜，所以当为人天所供养。其法雨甘霖，润泽四方，德被天地之间，为那些烦恼之人，不悟之人，嗷嗷待哺之人，提供永恒的指引，使他们"掉转船头"，"啐"破混沌，走向清明。阿罗汉就是指引你向南岳的人。此颂即赞罗汉这一功德。

十三

    道着头角生，不道着头角生。于中宗朝，罗汉飞扬。八大山人拜赞。

    （款下钤驴形小印）

此赞语侧重于赞颂罗汉破烦恼、拯救众生之思想。

道着头角生，不道着头角生，为禅家熟语。头角：在禅宗中指烦恼，落入知识窠臼，纠缠于是是非非中，叫"生头角"。道：说。"道着"或"不道着"，都是"道"，都是知识的活动，都有"道"的欲望，都会使知识滋蔓，烦恼顿生。《五灯会元》卷五"道吾山宗智禅师"传，"师离药山见南泉，泉问：'阇黎名甚么？'师曰：'宗智。'泉曰：'智不到处，作么生宗？'师曰：'切忌道着。'泉曰：'灼然，道着即头角生。'三日后，师与云岩在后架把针。泉见乃问：'智头陀前日道，智不到处，切忌道着，道着即头角生。合作么生行履？'师便抽身入僧堂"[1]。大慧宗杲说云："上堂：智不到处，切忌道着，道着即头角生。举起拂子云：头角生也，是驴是马。还识得么？若识得，不妨向异类中行。若识未得，永劫沉沦。"[2] 南泉乃赵州之师，为禅门义虎，上引二则南泉与宗智对话，南泉由宗智之名，谈到"智不及处"当如何，宗智便由"到"谈到"道"，提出"切忌道着"的观点。"道着"，即是"可以说"，佛是不可说的，一说即入葛藤，即落知识，一落知识，即失去本真。不存在"智到处"和"智不到处"，真正的悟者，摒弃知识，于不知处知，不道处道。

于中宗朝：或释为"亏中宗朝"，"亏"当为"于"。中宗，疑指唐中宗之时，此时正是中国禅宗发展的黄金时期，南能北秀的格局正式形成。《五灯会元》卷一载六祖事："中宗神龙元年降诏云：'朕请安、秀二师宫中供养，万机之暇，每究一乘。'二师并推让曰：'南方有能禅师，密受忍大师衣法，可就彼问。'今遣内侍薛简驰诏迎请，愿师慈念，速赴上京。祖上表辞疾，愿终林麓。"此时天下混乱，

---

[1]《五灯会元》卷五，270页，中华书局，1984年。
[2]《宗杲语录》，见《大正藏》第四七册。

八大山人研究

魔佛并行，禅宗于此大盛，教化天下，使得佛教善化翕然成风。于中宗朝，疑指此意①。

罗汉飞扬：意为在魔佛并行的时代，罗汉没有离去，没有高居于菩提之城，而在俗世中飞扬，在艰难中行进。此本佛经故事。《经律异相》卷二一载："调达与阿阇世王共议毁佛及诸弟子，王勒国人不得奉佛。时舍利弗等及波和提比丘尼等，各将弟子去到他国。唯佛与五百罗汉住崛山中。调达至王所言：'佛诸弟子今已逃散，尚有五百弟子在佛左右。愿王明日请佛入城，吾当饮五百大象，使醉，令蹋杀之，吾当作佛，教化世间。'王闻欢喜。即往请佛，佛知其谋。答言：'大善。'王退而去，还报调达。明日食时，佛与罗汉共入城门，醉象鸣鼻而前，唐突墙壁，树木折败，一城战栗。五百罗汉飞在空中，独有尊者阿难在边。醉象齐头径前趣佛，佛举五指为五师子，同声俱吼，震动天地。醉象伏地不敢举头，醉解垂泪悔过。王及臣民莫不敬肃。世尊徐前至王殿上，与诸罗汉食讫咒愿。"罗汉总是随佛在，总是在飞扬，无法被踏杀。于中宗朝，罗汉飞扬，赞禅宗之兴起，得佛之正法。

"于中宗朝，罗汉飞扬"以及南泉和宗智的对话，都隐藏着一个重要思想，就是于悟道后，要"向异类中行"，阿罗汉虽然断尽一切烦恼，进入最高证位，心灵清净空明，但并不代表他高高在上，恒在净界，远离染污之地。阿罗汉就在众生中，不离六道轮回，出入生死迷界，普度众生。阿罗汉不仅破自我之烦恼，也要解众生之烦恼。此赞颂阿罗汉破天下烦恼的思想，正是此意。

十四

广州青果，落地一针，是咱说天官化乐的时节。八大山人拜赞。

（款下钤驴形小印）

此则赞语由慧能之事，说向佛之信心，赞罗汉得众生之供养并引领众生。

青果：指尚处于初级状态的修行者。《阿毗达摩集异门足论》云："修观行者，由何方便入净解脱定？答：初修业者创修观时，取青树相，所谓青茎、青枝、青叶、青花、青果，或取青衣、青严具相，或取所余种种青相，既取如是诸青相已。"②禅宗以梅子熟了为悟禅得道，梅子尚青谓仍在修炼中。广州青果：当指慧能

---

① 中宗之说颇费解。或疑中宗指中道之宗，法相宗以其不有不空的中道教为中宗，录此备考。
② 《阿毗达摩集异门足论》卷一八，《大正藏》第二六册。

未入佛门之时。慧能年幼时于广东韶阳艰难生活，便有向佛之心。后得弘忍传法。据《坛经》（宗宝本）慧能自云："慧能幼小，父又早亡。老母孤遗，移来南海。艰辛贫乏，于市卖柴。忽有一客买柴，遂领慧能至于官店。客将柴去，慧能得钱，去向门前，忽见一客读《金刚经》，慧能一闻，心便明悟。乃问客曰：'从何处来，持此经典？'客答曰：'我于蕲州黄梅县东冯墓山，礼拜五祖弘忍和尚，见今在彼门人有千余众，我于彼听见大师劝道俗：但持《金刚经》一卷，即得见性，直了成佛。'慧能闻说，宿业有缘，便即辞亲，往黄梅冯墓山，礼拜五祖弘忍和尚。"慧能虽年少，但有向佛之心，虽处欲界中，而思定慧之事。后成大器，绍绪禅宗大业。善根深厚，一经佛法点化，即启佛慧，破灭尘缘，直登果位。

落地一针：佛教以金针投合，喻悟性之慧。落地一针，投针而落地，形容尚未进入很高的悟境。《景德传灯录》卷二："第十五祖迦那提婆者，南天竺国人也，姓毗舍罗。初求福业，兼乐辨论。后谒龙树大士，将及门，龙树知是智人，先遣侍者，以满钵水置于坐前，尊者睹之，即以一针投之而进，欣然契会，龙树即为说法。"

是咱说天宫化乐的时节：天宫化乐，指化乐天。自变化五尘，而自娱乐，故名化乐，佛教有化乐天，又作化自在天、化自乐天，为欲界六天中之第五天，在兜率天上，他化自在天下。《华严经》卷八〇说："或见如来清净月，在于梵世及魔宫。自在天宫化乐宫，示现种种诸神变。或见在于兜率宫，无量诸天共围绕。为彼说法令欢喜，悉共发心供养佛。"此句接"广州青果，落地一针"而言，虽然修行未深，但心中却有对化乐天宫的向往，有仰慕佛法之心。

此则赞语是说在阿罗汉的精神影响下，众生虽然处于欲界之中，但也不改供养佛法的决心。虽然修行未深，但佛道不远，就在心中，若能修之于正道，西方就在目前。

十五

南秤北斗各人大，近得没道里也。五里牌，在郭门外。八大山人拜赞。
（款下钤"个相如吃"白文印）

南秤北斗各人大，近得没道里也：南秤：南方的星宿。北斗：北斗星。南秤北斗，形容广远的天际。各人大，指天人大众。道里，路程。天地广远，天人众多，然而都在一心中，近得就像在眼前。如《赵州录》卷中云："问：'实际理地，不受一尘时如何？'师云：'一切总在里许。'"①又据《联灯会要》卷六记载赵州事："僧问：如何是赵州？师云：东门、西门、南门、北门。"雪窦据此有颂云："句里呈机劈面来，烁迦罗眼绝尘埃。东西南北门相对，无限轮锤砸不开。"禅门强调，西方就在目前，当下就是妙悟，"无边刹境自他不隔于毫端，十世古今始终不离于当念"，佛法无边，真如无对，就在目前。慧能说："西方刹那间，目前便见。"《个山小像》刘恸城赞语云："人在北斗藏身，手挽南箕作簸"，也是此意。禅宗所谓"面南看北斗"意也。

五里牌，在郭门外：禅门话头。《五灯会元》卷十九"虎丘元净禅师"传："若是透关底人，闻恁么道，定知五里牌在郭门外。"《禅宗颂古联珠通集》卷六引道场如之颂云："心心相照始相知，金色头陀别是非。五里牌从郭外看，当人不肯怨它谁。"五里牌，就在门外，就在近前，就在心中。五里牌，非实指。八大诗云："婆子清秋节，台湾道路赊。"所谓台北、台南，不可以道里计也，也是这个意思。不在空间中追求。

此赞颂说阿罗汉果，从其心悟，不假他法。若于外求，渺若云汉，若以心悟，目前便见。

十六

> 日光童子月光子，北俱卢州等闲事。咱吃盏茶，塞白时，尔在泰山庙里腿牙齿。八大山人拜赞。

（引首有"口如扁担"白文印，款下有"八大山人"白文扁印）

日光童子月光子：佛教中有月光童子，又作月明童子、月光菩萨，为佛陀时代王舍城长者申日之子。《佛说月明菩萨经》说："闻如是，一时佛在罗阅祇耆阇崛山中，与大比丘众千二百五十人菩萨万人俱，是时罗阅祇有大姓豪富家名申日，申日有子字栴罗法，有清洁之行，佛譬童男，故言月明。"《佛说申日经》说："佛告阿难：我涅槃千岁已后，经法且欲断绝。月光童子，当出于秦国作圣君，受我经法，兴隆道化。"月明童子，又称日明童子，《历代三宝记》载，《月明菩萨经》又称《日

① 《古尊宿语录》卷一四，上册，231页，中华书局，1994年。

明童子经》。月光童子是佛预言将在"秦国"（中土）作圣君的菩萨。此句写佛普化中土之意。

北俱卢州：佛教四大洲之一，在须弥山之北，此地人民平等安乐，寿足千年，洲形正方。佛经说，十六罗汉中的苏频陀尊者，与七百阿罗汉，分住于北俱卢洲。《俱舍论》卷五说："若诸有情应生彼处，必有欲界顺后受业，如应生彼北俱卢洲，必定应有生天之业。"

这两句意思是说，月光童子，或者是日光童子，都是清洁的菩萨圣人，而四大部洲的北俱卢州，那是佛教中的圣山，无论是圣人，还是圣域，对于一个悟者来说，都是"等闲事"，阿罗汉有平等觉慧，无凡无圣，无佛无魔，此在圆满。

咱吃盏茶：语本赵州"吃茶去"之典。赵州和尚一日静坐禅堂，有僧至，赵州问："你来过这里吗？"答曰："来过。"赵州说："吃茶去。"又有一个人来参，赵州问："你来过这里吗？"答曰："没来过。"赵州说："吃茶去。"两人走后，管理僧堂的和尚感到很纳闷，问道："为什么刚才到了让人吃茶去，没到也让人吃茶去，我真不明白。"赵州说："吃茶去。"——在赵州的茶碗里，荡漾的是平常心，平常心是道。八大这里引"吃茶去"之典，意在说明无凡无圣的道理，无凡无圣的平等觉慧，就是菩萨之真行，就是阿罗汉之道。

塞白：禅宗熟语，即以言语论道。《五灯全书》卷六十二："本拟说些法要，为甚么却将个拄杖，来塞白诸兄弟？"《永觉元贤禅师广录》："今空师特持楮来，索余一言，余复何能赠金之黄哉，然不免为塞白以归之。"[1] 塞白，又意为问难。

尔在泰山庙里腿牙齿：腿，通"退"，褪去。禅宗有"霍山庙里退牙齿"，疑即此语所本。《五灯会元》："饶州荐福悟本禅师，江州人也。自江西云门参侍妙喜，至泉南小溪，于时英俊毕集，受印可者多矣。师私谓其弃已，且欲发去。妙喜知而语之曰：'汝但专意参究，如有所得，不待开口，吾已识也。'既而有闻师入室者，故谓师曰：'本侍者参禅许多年，逐日只道得个不会。'师诟之曰：'这小鬼你未生时，我已三度霍山庙里退牙了，好教你知。'由是益锐志"[2]。"霍山庙里退牙齿"成了禅宗中的话头。"退牙齿"并非吹嘘年资之长，其意当如此颂上所钤印章"口如扁担"相通。《赵州录》云："镇府大王问：'师尊年，有几个齿在？'师云：'只有一个牙。'大王云：'争吃得物？'师云：'虽然一个，下下咬著。'"[3] 赵州的一牙，是

① 《永觉和尚广录》卷一四，《卍续藏经》第七二册。
② 《五灯会元》卷二〇，1340—1341页，中华书局，1984年。
③ 《古尊宿语录》卷一四，上册，236页，中华书局，1994年。

"一而不二"之牙，无一无分别，故能"咬"住佛法大意。雪关说："赵州齿缺不关风。"而那些一味沉浸在"塞白"——辩论说理中的庸僧，是永远得不到佛法的。

这一赞语，通过赵州大师平常心即道的思想，说阿罗汉的平等觉慧。

结语

由以上之诠释，可以得出以下结论：

一、八大的《十六应真颂》，显示出他精通佛学罗汉理论，对阿罗汉功德作了全面赞颂。其中涉及阿罗汉断灭烦恼、去除知见、进入不生不死的涅槃之境，从而受天人之供养等内容。这与一些传统的阿罗汉像颂赞有所不同，如苏轼的《十八大阿罗汉颂》主要是对图像本身的特点进行描述，而涉及阿罗汉精神方面，则多是泛泛而谈，未及核心内容。如："第一尊者，结跏正坐，蛮奴侧立。有鬼使者，稽颡于前，侍者取其书通之。颂曰：月明星稀，孰在孰亡。煌煌东方，惟有启明。咨尔上座，及阿阇黎。代佛出世，惟大弟子。第二尊者，合掌趺坐，蛮奴捧牍于前。老人发之，中有琉璃器，贮舍利十数。颂曰：佛无灭生，通塞在人。墙壁瓦砾，谁非法身。尊者敛手，不起于坐。示有敬耳，起心则那。"[1] 此与八大颂赞相比，高下立判。苏轼的诗才当然在八大之上，但就佛学修养来看，显然远逊八大。

二、八大以自己对佛学的理解，来写《十六应真颂》，颂语中既有佛经之内容，又大量征引中国佛学的思想，尤其是禅宗的思想，对慧能以下的临济、曹洞二家禅法取资尤多。禅宗的不有不无、无生无死、无凡无圣、魔佛同一、不立文字、廓然无圣等思想，成为这篇文字的主轴。与其说八大是以禅宗的思想来丰富罗汉思想，倒不如说他借罗汉思想来说他的南禅学说。他将南宗禅的思想和佛经中的罗汉思想结合起来，形成他对阿罗汉、对禅宗的独特理解，其间多有发明，甚至杂入了他对人生的体会。如第二则："春秋、欧阳，始终何如；对头两个，张耳、陈馀。询：父亲做不？不。做儿子前驱。渠正是咱，咱非渠。"一切人间的争执是没有意义的，一切分别都是对真性的破坏，八大是"劣于斗者"，他要护持清明澄澈的真性，这才是他的真性情。

三、十六篇文字涉及印度佛学、中国禅宗等大量问题，反映出八大这位"禅林拔萃之器"在佛学方面精深的造诣，他绝不是那种生吞活剥经典的庸才，其思想颇

---

① 明茅维编《苏轼文集》卷二十，孔凡礼点校，中华书局，1986年。

富创造性和穿透力。读《十六应真颂》，如看他的画，极有思想穿透力。这从另外一个角度说明，八大离开佛门，不是出于对佛学的厌倦，在离开佛门之后的将近十年中，他还保持着佛学的修养和热情，佛学尤其是禅宗思想在八大晚年思想中仍然占据主导地位。

由此可见，八大虽然离开佛门，仍然是"八大山"中"人"。（图16-2）

图16-2　鸟轴　纸本墨笔　年代不详　35×30cm　藏地不详

第十七章
《河上花歌》并八大山人的实相无相观

一、《河上花图》相关之问题

《河上花图》，今藏天津博物馆，作于康熙丁丑（1697），墨笔，纸本，纵47厘米，横1292.5厘米，这是八大山人晚年罕见的大幅作品。跋中有"蕙嵒先生嘱画此卷"语，知此作乃是赠蕙嵒之作。据画中题识，这幅画自1697年五月一直画到八月才完成，画上题有长诗。这在八大存世作品中极为罕见，八大的很多作品是即兴式的创作，而这幅作品竟然持续性地画了几个月。显然，他很重视这幅作品。（图17-1）

蕙嵒是八大的画弟子，但蕙嵒的情况到底如何，我苦寻数载，至今一无所获。吴湖帆藏石涛《清石涛清湘怀旧图卷》长跋中有"蕙嵒走入八大室"之语[1]。蕙嵒是石涛的及门画弟子。石涛有《兰花图册》（今藏北京故宫博物院），其中有一开有八大题跋："余思佩兰、蕙嵒两人，苦瓜子掣风掣颠，一至于此哉！何故荒斋人，解佩复转石。闻香到王者，乃信大手笔。家住扬州城，来往青齐道。齐云与庐岳，相见老不老。"这则跋语作于"辛巳"（1701），二人为石涛弟子。从诗中所述看，二人可能是兄弟，家住扬州，"来往青齐道"，青齐，即后一句所指之齐云山，乃徽州名山，上有齐云道观，为道教名场。由此推测，二位可能为客居扬州的徽商或其后代。"齐云与庐岳，相见老不老"传达了对二人的思念之情，二人曾在江西有日，与八大相与优游，现在齐云山和庐山两山相隔，起思念之情。蕙嵒为石涛和八大共同的弟子，八大如此倾心于这幅作品，似有与石涛交流艺道心得之可能。

八大是一位极具浪漫气质的艺术家，他有《荷花》诗写道："东畔荷花高出头，西家荷叶比轻舟。妾心如叶花如貌，怪底银河不肯流。"[2]八大善画荷花，龙科宝

---

[1] 1929年曾由上海天绘阁珂罗版影印出版，吴湖帆名之为《清石涛清湘怀旧图卷》，此为伪托，但所题之诗当为石涛所作，此作可能仿一件石涛存世的作品而成。关于蕙嵒的讨论，参见本书第三十章《石涛与八大大山人相关作品辨析》。

[2]《江西诗征》卷六。

图17-1　河上花图　纸本墨笔　1697年　47×1292.5cm　天津博物馆藏

寒煙澹墨如見其人

跋齋

《八大山人画记》中说："最佳者松、莲、石三种。有时满大幅止画一石，曾过友人书屋见之。又于北兰寺壁间见其松枝奇劲、莲叶生动，稍觉水中月影过大。且少莲而多石，石固佳也。"今见八大画莲之作多本，有立轴、横幅，也有屏风之作。他极善画墨荷叶，干笔涂抹，浓墨挥洒，均具佳致。

　　八大晚号"何园"，有数枚不同形状的"何园"之印，并多有"何园"之款。时间大约在1698年之后。王方宇等释"何园"为"荷园"，甚谛。然而他为何不径用"荷园"，而作"何园"，必有其意，这当然与八大多识古文奇字有关，"荷"本与"何"通假①。八大晚年名其斋为"在芙山房"，其诗中所云"行云阁在芙"。芙者，芙蓉也，乃荷花之别称，也与荷花有关。八大爱荷，画荷，以诗咏荷，也通过荷花思考宇宙人生。前人有诗云："看取莲花净，应知不染心"，在八大的荷画中，就能看出这样的精神。《河上花图》并诗，是他关于荷花思考的杰作。八大爱荷，可能与其佛教信仰有关。佛是坐在莲花之上的。莲花出淤泥而不染，清净微妙，佛教中并以莲花比喻一切众生皆有佛性。《文殊师利净律经·道门品》上说："人心本净，纵处秽浊则无瑕疵，犹如日明不与冥合，亦如莲花不为泥尘之所沾污。"莲花有香、净、柔软、可爱四性，与佛教所谓真如之常、乐、我、净四德相应。八大此卷通过对荷花的描写，讴歌清洁之本性、独立之人格、平等之觉慧以及对世界永恒的看法。（图17-2）

　　此卷上所题长诗《河上花歌》，是八大存世不多的长篇歌行之作。它与荷花图相辅而行，反映他暮年之后淡定的情怀和渺远的用思。其题识如下：

　　　　河上花，一千叶，六郎买醉无休歇，万转千回丁六娘，直到牵牛望河北。欲雨巫山翠盖斜，片云卷去昆明黑。馈尔明珠擎不得，涂上心头共团黑。蕙喦先生怜余老大无一遇，万一由拳拳太白。太白对予言："博望侯，天般大，叶如梭，在天外，六娘剑术行方迈，团圊八月吴兼会。河上仙人正图画，撑肠挂腹六十尺，炎凉尽作高冠戴。"余曰："匡庐山，密林迩，东晋黄冠亦朋比。算来一百八颗念头穿，大金刚，小琼玖，争似画图中，实相无相，一颗莲花子，吁嗟，世界莲花里。还丹未，乐歌行，泉飞叠叠花循循，东西南北怪底同，朝还并蒂难重陈，至今想见芝山人。"蕙喦先生嘱画此卷，自丁丑五月以至六七八月荷叶荷花落成，戏作《河上花歌》，仅二百余字呈正。八大山人。

---

① 《易·噬嗑》"何校灭耳，凶"，《经典释文》："何本作荷，是荷为何之假借。"

图17-2　书画合装卷　纸本设色　年代不详　25.5×79cm　上海博物馆藏

　　荷花有很多种称谓，如其含苞待放时称菡萏，既放后又称莲花、芙蓉等，但称其为"河上花"，史料中却未见。八大为何要以"河上花"名之，并作"河上花歌"，当与道教中的河上公有关。

　　道教中有传道宗祖河上公，据说是安期生的老师，也是一位得道的高人，曾作《老子》注，以清净无为哲学为宗。河上公独爱荷花。王昌龄有《河上老人歌》云："河上老人坐古槎，合丹只用青莲花。至今八十如四十，口道沧溟是我家。"① 河上公坐木筏优游于河上，以青莲花作为还丹之具，莲花成为引领人窅然登仙的灵花。河上公，又名河上丈人②，自匿姓名，居河之湄，史传其有腾云驾雾之能，并能洞穿时世，观化自然。李白在《赠卢征君昆弟》中写道："河上喜相得，壶中趣每同。沧州即此地，观化游无穷。"③ 金代诗人赵秉文有诗说得好："河上丈人忘姓

---

① 此诗又名《河上歌》，《全唐诗》卷一四三。

② 关于河上公的记载，初见于《史记》卷八〇："乐臣公学黄帝、老子，其本师号曰河上丈人，不知其所出。河上丈人教安期生，安期生教毛翕公，毛翕公教乐瑕公，乐瑕公教乐臣公，乐臣公教盖公。盖公教于齐高密、胶西，为曹相国师。"（中华书局，2014年，2955页）道教典籍《历世真仙体道通鉴》卷一二云："河上公，莫知其姓名也，亦号河上丈人。汉文帝时，结草为庐，于河之滨，常读老子《道德经》。文帝好老子之言，诏命诸王公大臣州牧二千石皆令诵之，有所不解者数句，时天下莫能通者。闻侍郎裴楷说河上公读《老子》，乃遣使赍所不了义问之，公曰：'道尊德贵，非可遥问也。'文帝即驾从诣之，帝曰：'普天之下莫非王土，率土之滨莫非王臣，域中四大，王居其一也。子虽有道，犹朕民也，不能自屈，何乃高乎？朕足使人富贵贫贱。'须臾，河上公即抚掌坐跃，冉冉在虚空中，如云之升，去地百余丈，而止于玄虚。良久，俯而答曰：'今上不至天，中不累人，下不居地，何民之有，陛下焉能使予富贵贫贱乎？'帝乃悟，知是神人。方下辇，稽首礼谢……河上公即授素书《老子章句》二卷，谓帝曰：熟研此，则所疑自解。予注是经以来，七千余年凡传三人，连子四矣，勿传非人。文帝跪受经，言毕失所在。一云起雾而去。"（明正统道藏本）此本葛洪《神仙传》卷三亦记载，文字略有不同。

③ 清王琦注《李太白全集》，第二册，595页，中华书局，2015年。

名，一编道德了一生。时来河上观物化，投胶欲变黄河清。"[1]河上公深察世变，能变黄河为清。

八大的《河上花歌》，由荷花联想到河上公，河上公的还丹法术就在莲花中，八大借李白之口说："河上仙人正图画"，这里的河上仙人，应指河上公，满塘的荷叶荷花就是河上仙人的"图画"。而后文所说的"还丹未，乐歌行"，也由河上公借莲花而行合丹之术说起。八大写荷花由河上公写起，不是视荷花为具体的存在物，而是将其作为"观化颐生"的工具，由荷花来写自己的超越理想，以追寻世界的意义。

二、《河上花歌》大意

这首长诗可分为三个意义单元，第一单元是前九句，写荷花盛开的状态；第二单元自"蕙㗅先生"到"炎凉尽作高冠戴"，假借李白之口，写手把芙蓉独步青天的超越情怀；第三单元是八大对"太白"的回答，重在申说"世界莲花里"的思想。全诗构思缜密，颇有思致。

（一）第一单元

河上花，一千叶：形容满塘荷花荷叶相映之情态，突出接天荷叶无穷碧的意象。

六郎买醉无休歇：形容风过荷塘，荷花荷叶像一个个醉客，率意而舞。六郎，荷花之代称。其典出自唐代，张昌宗体貌白皙亮丽，深受武则天宠幸，其序为老六，人称张六郎。《新唐书》卷一〇九云："昌宗以姿貌幸，再思每曰：'人言六郎似莲华，非也；正谓莲华似六郎耳。'其巧谀无耻类如此。"[2]再思这一句阿谀之语，遂使"六郎"成了荷花的代称[3]。

万转千回丁六娘：形容满塘清荷随风摇荡，缠绵悱恻之状。丁六娘：隋朝有民歌《十索》，与《胡笳十八拍》等同列为中国古代著名民歌，旧题为丁六娘所作，

①赵秉文《河上公庙》诗，清郭元釪辑《全金诗》卷七三。
②《新唐书》卷一〇九，第十三册，4099页，中华书局，1975年。
③宋李曾伯《水龙吟》（长沙后圃荷开之久，无人领略，赋此词，具一杯招管顺甫诸公）词云："载月同游，隔花共语，酒边清兴。问六郎、凝伫多时，公不饮、俗几甚。"（《全宋词》，第四册，2784页，中华书局，1965年）刘将孙《水调歌头》（败荷）："寂寞六郎秋扇，牵补灵均破屋，风露半襟寒。坐感青年晚，不但翠云残。"（《养吾斋集》卷七，文渊阁四库全书本）元岳瑜《水调歌头》词云："荷花六郎模样，消得一风流。"

《十索》诗今存六首①。万转千回，以丁六娘索郎之柔情蜜意、百肠纠结，写荷花荷叶的娇柔可怜，相互缠绻。八大的思路是跳跃的，他由六郎，想到六娘，这六娘绝不是六郎的夫人，而是隋代一名乐妓。

直到牵牛望河北：写荷花荷叶朝天庭、俯渌水之情态，使人有河广无边、连天荷叶之想。当本"寻源博望侯"之传说。据南朝梁宗懔《荆楚岁时记》云："汉武帝令张骞穷河源，乘槎经月而去，至一处，见城郭如官府，室内有一女织，又见一丈夫牵牛饮河，骞问云：'此是何处？'答曰：'可问严君平。'织女取搘机石与骞而还。张骞曾封博望侯。后因以指张骞乘槎至天宫事。"唐胡曾《咏史诗·黄河》云："博望沉埋不复旋，黄河依旧水茫然。沿流欲共牛郎语，只得灵槎送上天。"②八大借此传说，写一河通向天河，一花连着天花，乘着一叶木筏（灵槎）飞上天宫，俯仰如花的宇宙。八大有《赠张公画葡萄诗》云："张骞属国旋归暮，八月高歌云汉槎。"③也谈到了张骞乘木筏游天河之传说。

以下四句接写荷花荷叶的神态。欲雨巫山翠盖斜：写山雨欲来时，荷花随风披靡，有巫山云雨之势。片云卷去昆明黑：写一阵清风吹过，云开雾散，池塘中一片朗然清明。昆明，昆明池④，这里指代荷塘。馈尔明珠擎不得：写风荷轻举，珠圆玉润之态。如周邦彦《苏幕遮》词所云："叶上初阳干宿雨，水面清圆，一一风荷举。"李白《拟古十二首》之十一云："涉江弄秋水，爱此荷花鲜。攀荷弄其珠，荡漾不成圆。"⑤亦是此意。涂上心头共团黑：荷花荷叶的亮丽，只化为《河上花图》上的黑白世界，这团团黑墨，却是由我的心灵涂出。"馈尔明珠擎不得"二句，似又暗喻无住于色相的思想，有形有色的世界如梦幻泡影，是不可坚执的。

第一单元数句写荷塘的丽影，这是沉醉的荷塘，充满渴望的荷塘，也是朗然清明的世界。八大穷数月之功，为朋友呈现了一个充满无限魅力的黑白世界。

---

① 见载于《先秦汉魏晋南北朝诗》之《隋诗》卷七。之一云："裙裁孔雀罗，红绿相参对。映以蛟龙锦，分明奇可爱。粗细君自知，从郎索衣带。"之二云："为性爱风光，偏憎良夜促。曼眼腕中娇，相看无厌足。欢情不耐眠，从郎索花烛。"之三云："君言花胜人，人今去花近。寄语落花风，莫吹花落尽。欲作胜花妆，从郎索红粉。""二八好容颜，非意得相关。逢桑欲采折，寻枝倒懒攀。欲呈纤纤手，从郎索指环。"之五云："含娇不自转，送眼劳相望。无那关情伴，共入同心帐。欲防人眼多，从郎索锦障。"之六云："兰房下翠帷，莲帐舒鸳锦。欢情宜早畅，密态须同寝。欲共作缠绵，从郎索花枕。"
② 《全唐诗》卷六四七。
③ 南京博物院藏八大山人《山水花果册》对题之八。
④ 八大诗中多次出现"昆明池"，或"定昆明"，那个皇家宫苑中的池塘，常常成为他写水塘的代语。
⑤ 王琦注《李太白全集》，第四册，1283页，中华书局，2015年。

（二）第二单元

李白有诗云："西上莲花山，迢迢见明星。素手把芙蓉，虚步蹑太清。霓裳曳广带，飘拂升天行。"①元虞集《诗家一指》之《二十四品》中"高古"一品云："畸人乘真，手把芙蓉。泛彼浩劫，窅然空踪。"道教以手把芙蓉升天而登道，八大由荷花写超越情怀。以下假托与李白的对话，正是由此而写起。

这一单元写纵横高蹈之情。李白爱荷，以"青莲居士"自号，常以荷表现其放旷高蹈的精神。故八大以下数句诗借与李白对谈，写自己的思考。太白的诗是"天国之语"，主要写远、写大、写奇幻，八大的答是"人间之言"，要在写近、写小、写平常。若以禅宗的一与一切的哲学思想看，太白的诗重在"一切"，八大的答诗重在"一"。一切即一，一即一切，即小即大，即大地即天国。二者合而可见八大完整之思想。

"蕙嵒先生怜余老大无一遇，万一由拳拳太白"二句，大意是蕙嵒可怜我年纪大了孤独而无依，为我请出李白，让我与李白作千古之对话，以消寂寞之情。万一：宜作"一旦"解。由拳：八大有诗云："传闻江山李梅墅，一见人来江右时。由拳半百开元钞，索写南昌故郡词。"②这是赠予其友人李梅墅的，其中就提及由拳。由拳为古地名，秦置由拳县，属会稽郡，后撤。其地有由拳山，在浙江桐乡境。由拳虽小，却是名望之地③。自古以来以造纸名世，其纸被称为"杭由纸"，文人甚喜之④。"万一由拳拳太白"当为想象语，由拳，是纸张的代名词。八大祖父朱多炡诗云："由拳纸价贱，乡信日堪题。"⑤而后一个"拳"乃动词，即将拳拳之心昭告的意思。此句的意思疑为，一朝蕙嵒先生写信，以拳拳之意邀请李白与八大对话。八大这样的联想，应是与荷花有关，古人以"拳拳"来形容小荷拳拳包裹之状。唐代民歌《汜人歌》云："溯青山兮江之隅，拖湘波兮袅绿裾。荷拳拳兮未舒，匪同归兮将焉如。"⑥八大由荷花的拳拳之状，写到自己的拳拳之心，写到在拳拳云中

---

① 李白《古风五十九首》之十九，见王琦注《李太白全集》，第一册，136页，中华书局，2015年。

② 西泠印社藏八大二十开书画册，其中第二开对题之语。

③ 此地临近胥山，那里是范蠡的故乡。又据清朱昆田《笛渔小稿》卷二载："由拳自昔读书地，一峰老人曾作图。"（康熙刻本）黄公望曾作画，呈此地山川之景。

④ 北宋米芾《硾越竹学　书作诗寄薛绍彭刘泾》云："越筠万杵如金版，安用杭由与池茧。"（据清吴之振《宋诗钞》卷二七，文渊阁四库全书本）说越地的竹纸胜过杭郡"由拳"和池州"茧纸"等皮纸。

⑤ 据《韵府拾遗》卷七六所引，文渊阁四库全书本。

⑥《全唐诗》卷四九三。

的李白①，从而化写一场旷古的对话。

以下写与李白的对话，化用李白口气，将荷花荷塘提升至宇宙中，突出其大而广、渺而远的境界，突出云中的荷意。

"博望侯，天般大，叶如梭，在天外"四句：博望侯，本诗以上"直到牵牛望河北"已潜写张骞之事，此接言之。张骞领兵攻打匈奴，出使西域，因广知地理，被封为博望侯。博望者，望之广也。八大以下极写"望之广也"之思。天般大：亭亭荷盖，如天一般。叶如梭：荷叶就像巨大的车轮，在天上旋转。

六娘剑术行方迈：以"六娘"舞剑来写荷花随风翻舞之态。此"六娘"与前文"丁六娘"呼应，但并非实指丁六娘，史料中丁六娘并无善剑术之记载。杜甫《观公孙大娘弟子舞剑器行》诗云："昔有佳人公孙氏，一舞剑器动四方。观者如山色沮丧，天地为之久低昂"②，六娘舞剑似由此联想而来。行方迈，形容剑术如行云流水。

团圞八月吴兼会：团圞，荷叶团团之貌。吴兼，即跨吴越之地。《明遗民诗》载李恒育《渡钱塘江》诗云："一棹吴兼越，秋风江上生。江潮多少恨，常作不平鸣。"③八大这样写，与李白诗中所写吴越观荷花事有关。李白《子夜吴歌》（其二）云："镜湖三百里，菡萏发荷花。五月西施采，人看隘若耶。"④其《口号吴王美人半醉》云："风动荷花水殿香，姑苏台上宴吴王。西施醉舞娇无力，笑倚东窗白玉床。"⑤年年越溪女，相忆采芙蓉，芙蓉依旧，江山易色。八大借李白之口写荷花之灿烂，作吴越之欢会，其中包含历史兴废之叹。

河上仙人正图画：荷花荷叶，尽是河上仙人的图画，河上仙人由河上公之事引出。撑肠拄腹六十尺：以李白式的夸张，形容荷花荷叶撑天拄地，宇宙尽为荷花世界。炎凉尽作高冠戴：世界污浊，作超然之高蹈。本李白诗意。高冠戴，《离骚》有"长余佩之岌岌兮，高余冠之陆离"，后世文人以"高冠"来形容高洁的人格。李白《忆襄阳旧游赠马少府巨》诗云："昔为大堤客，曾上山公楼。开窗碧嶂满，拂镜沧江流。高冠佩雄剑，长揖韩荆州。"⑥又，《君马黄》云："君马黄，我马

① 李白《上云乐》云："金天之西，白日所没。康老胡雏，生彼月窟。巉岩容仪，戌削风骨。碧玉炅炅双目瞳，黄金拳拳两鬓红。"（见王琦注《李太白全集》，第一册，246页）"拳拳"在此形容云的形象，或许八大此语与此诗有关。

② 萧涤非等《杜甫全集校注》卷十八，第九册，5309页，人民文学出版社，2014年。

③ 卓尔堪《明遗民诗》卷十，清康熙刻本。

④ 王琦注《李太白全集》卷六，第二册，418页，中华书局，2015年。

⑤ 王琦注《李太白全集》卷二十五，第四册，1382页，中华书局，2015年。

⑥ 王琦注《李太白全集》卷十，第二册，614页，中华书局，2015年。

白，马色虽不同，人心本无隔。共作游冶盘，双行洛阳陌。长剑既照曜，高冠何赩赫。各有千金裘，俱为五侯客。猛虎落陷阱，壮夫时屈厄。相知在急难，独好亦何益。"① 诗中写道，世态炎凉，到处布满陷阱，我唯以高冠陆离处之，才能不失清净本性。

（三）第三单元

这一单元为八大作答，申说他的"世界就在莲花里"的主旨。

"匡庐山，密林迩"二句：我就住在庐山附近，庐山密密的丛林就在我身边。东晋黄冠：黄冠，谓道士。此当指东晋庐山著名道士陆修静，住庐山简寂观，号简寂先生。历史上有"虎溪三笑"之传说，虎溪在庐山东林寺前，时高僧慧远住东林寺，一日儒者陶潜、道士陆修静来访，相谈甚契，慧远送客，不知不觉间，过了虎溪，破了自己送客不过虎溪的规矩，三人相视大笑。"东晋黄冠亦朋比"意思为，东晋道士陆修静就是我的邻居。此承上节"李白"手把芙蓉的道教式的升迁而言。

算来一百八颗念头穿：念珠为佛教和道教修炼时之用具，佛教的念珠由一百零八颗串成，而道教炼丹成仙之法中，念珠也是一百零八颗，道教叫"行一百八数"。《云笈七签》卷七十三说："生成数极一百八，阴气相从自凝结。赫然紫色成还丹，服饵长生不可说。"《道枢》说："三百日下火十五两，自申至于子，炼砂成金，而纯阳气生矣。何以取火乎？以念珠一百八，凝息计数，数足方得一铢焉。"② 金刚：宝石，佛经中以金刚宝石比喻菩萨所证得之金刚三昧。琼玖：美玉。争似：哪里比得上。"实相无相"句，下节讨论。

这几句的意思说，道教中的炼丹成仙，佛教中的念经成佛，数极一百零八，哪里能比得上我画中的一颗莲花子。这颗莲花子，是"实相无相"。

吁嗟，感叹词。世界莲花里，辽阔的世界，就在我画中的莲花里。此与以上"李白"所言手把芙蓉升天的广大相对而言，世界的广大并不在天外，而就在当下，就在目前。还丹未：还丹了没有，此为设问句。道家以合九转丹与朱砂再次提炼而成的仙丹为还丹，据说服了这种丹后，可以即刻成仙。"还丹未"的问句，意思是我不必祈求成仙而高蹈。八大《题画桂花》诗也是此意："人间桂花落，山中桂花黄。只为不还丹，云谣慎无斁。"③ 八大认为，还丹成仙之举非他所取。乐歌行：唱

---

① 王琦注《李太白全集》卷六，第一册，400页，中华书局，2015年。
② 宋曾慥《道枢》卷一九，见明正统道藏本。
③ 汪子豆辑《八大山人诗钞》，江西人民出版社，1986年。

着快乐的歌。泉飞叠叠花循循：飞流激湍，溅珠滚玉，荷花灿烂，一望无际，在歌声中，我汇入了沧溟世界中。

东西南北怪底同：东西南北，世界之大，都在眼前。禅宗的天台德韶禅师说："佛法现成，一切具足。岂不见道圆同太虚，无欠无余。若如是也，且谁欠谁剩，谁是谁非，谁是会者，谁是不会者？所以道，东去亦是上座，西去亦是上座，南去亦是上座，北去亦是上座。因甚么得成东西南北？若会得，自然见闻觉知路绝，一切诸法现前。何故如此？为法身无相，触目皆形；般若无知，对缘而照。"[1]怪底，难怪，怪不得。

朝还并蒂难重陈：朝还，意为从暮到朝，自朝到暮，作时时讲。并蒂，指并蒂莲花。难重陈：很难说尽。这一句是说，从朝到暮，从春到秋，世界变化多端，都是幻象，三世古今始终不离于当下，瞬间即可妙悟，当下即可超越。芝山人：在灵芝生长的灵瑞之地修炼的高人。或指摄山，在金陵，又名芝山，山上多瑞草，可以养性摄生，所以又叫摄山[2]。

这几句话的意思是，在我的心里，不是念经成佛，不是服丹成仙，西方就在目前，当下即可成佛。在自然山水中，在当下自在的体悟中，才是灵魂的最终落实。八大长诗落脚在芝山人，所指即在当下直接的体验，这才是摄生之根本。正如禅宗所说，水鸟树林，悉皆念佛念法，一朵莲花，也是一片天国。

八大的作答是与"李白"的诗语相对而言，二者结合起来，方能体会他所要表达的思想。李白诗云："但识金马门，谁知蓬莱山。白首死罗绮，笑歌无时闲。"[3]李白是恨世间之荒秽，叹世态之炎凉，故而不慕金马，不攀权贵，选择一条远骞高飞之路，以游仙来安顿自己痛苦的心灵。在辽阔的天际中，在莽远的世界里，寻觅性灵的落脚处。这首长诗化用"李白"所言之语，都是蓬莱之想。八大不是没有作过如是之想，他长期沉浸在仙国的安宁中，也曾尝试逃避，但他最终并没有选择李白的道路。《安晚册》之二十二是一开山水，题"蓬莱水清浅"诗句，这其实就是在画他的感觉，蓬莱湾不是渺然难寻的圣水，它就在我的身边，清浅如许。八大以一朵莲花的妙韵，化解了梦断蓬莱的迷思。

---

[1]《五灯会元》卷一〇，中册，571页，中华书局，1984年。
[2]《元丰九域志》："芝山，摄山。地志云：山多草，可以摄生，故名。"中华书局，2011年。
[3]王琦注《李太白全集》卷二，第一册，151页，中华书局，2015年。

三、关于"实相无相"

《河上花歌》说:"争似画图中,实相无相一颗莲花子,吁嗟世界莲花里。"此句涉及佛教哲学中的重要问题,也是这首《河上花歌》的核心思想,故将其析出专门讨论。

实相无相是禅宗立宗理论的基石,《五灯会元》卷一:"(世尊)说法住世四十九年,后告弟子摩诃迦叶:'吾以清净法眼、涅槃妙心、实相无相、微妙正法,将付于汝,汝当护持。'"[①]六祖慧能所传禅法,就为无相戒。实相无相思想,本大乘佛学。诸法实相问题,是大乘佛学讨论的核心问题,也是大乘与小乘的主要区别之一。大乘佛学重在探求一切法(诸法)之后的真实,它称为"实相"。实相作为万法之后真实不虚之体相,是万法意义之所在。它并非如西方哲学那样,它不是一切法的本体,如讲本体,就会落入现象本体二元观。大乘佛学讲实相,又讲无相。一切诸法,本性为空,无自性,空幻而不实,所以说是"无相"。南本《大涅槃经》卷三六云:"一切诸法皆是虚假,随其灭处,是名为实,是名实相。"它与《金刚经》中所说"一切有为法,如梦幻泡影。如露亦如电,应作如是观",意思相同。实相与无相,一就其体言,一就其无自性而言。

大乘佛学讲实相一相,即是无相,亦即如如相,一切有形世界的物质或是人大脑中的观念,都可称为法,这些法都是虚幻不实的。真实的世界乃是其平等一体的实相。这实相世界并非是抽象绝对的精神本体,或者如中国传统哲学所说的"道",而是不受人们妄念缠绕,任由世界自在显现的世界本身,所谓"即如如相"。就人的意念而言,如如不迁,无念无住,是谓如如;就世界而言,如其本然而显现,不依人的妄念而显现。禅宗所说"青山自青山,白云自白云""我来问道无余说,云在青天水在瓶",就是如相。

八大的"世界莲花里","世界"即为"实相",亦即意义。"世界莲花里",并不表示"世界就在莲花里",或者说在一朵莲花里看出广远的世界,那是一个空间上的理解。也不表示"莲花是实相的载体",那是现象本体二分观影响下的误解。而是"即莲花即世界",莲花就是一个自在圆足的意义世界。此之谓"实相"。

八大说:"算来一百八颗念头穿,大金刚,小琼玖,争似画图中,实相无相一颗莲花子。"一百零八颗念珠,无数的金刚珠玉,不及一颗莲花子。一颗莲花子,

① 《五灯会元》卷一,上册,第4页,中华书局,1984年。

囊括了实相无相世界，囊括了世界的秘密。当然，八大这里并非作数量之观，金刚珠玉与莲花子，一珍贵，一平常；无数的金刚珠玉和一颗莲花子，一为多，一为寡。这谁都知道，八大说，并非就物品价值和数量而言，而是在平等一体中解除数量等的束缚，数量和物品的使用价值，那是人坚守于外在物质的衡量，而在实相世界中，无一无分别，无二无二致，世界同体，物我为一，没有万，也没有一，所以一即一切、一切即一，如禅门所强调的"月印万川"，一月普现一切水，一切水月一月摄。由此可知，一颗莲花子见实相世界，并不是以少总多，而是去除知识见解，即一即万，当下圆成。所以，就没有了"李白"所说的"在天外"，于"天外"求解脱，就是"道里计也"，禅宗视此为不悟之论。八大是从当下求解脱，在清浅的水中见蓬莱，在一片叶中见如来。

八大画荷，却题为"河上花图"，这与他"画者东西影"的思想有关。这是八大的论画纲领，此一纲领从曹洞禅法中转出。洞宗的始祖良价过河，看到自己的影子，豁然大悟，"咱是渠，渠不是咱"，便知一切外在追求的虚妄不真，而那个长期被忘记的真实自我，才是根本。八大由洞山大师见影识真，悟出了绘画也是如此，一切画中所现的"东西"，皆幻而不真，皆是实相的影子，不执着于画中的影子般的空间，才能领悟实相世界。

禅宗强调，一切有为法幻而不真，不是说世界的一切不存在，如果我们认为八大画荷花荷叶，就是告诉你，这都不是真实的，或者说不是真存在，那就完全错了。这一哲学的核心，是强调不要粘滞于世界的表相，不执着，禅宗的无住、无相、无住哲学所言即此。禅宗强调"法身无相，触目皆形"。法身，即实相，实相世界在我心中生，所谓心生则种种法生，心灭则种种法灭，万法是空虚不实的，一切坚执于知识的形式的"法"的念头，都是对实相世界的遮蔽，实相世界只在荡去遮蔽、自在如如中，触目即可会道，一心即为真实。八大由莲花联系到河上公，联系到河上公合丹之青莲花，从而观化世界，直指本真。其意思就是要超越有形，走到世界的背后，去发现真实。八大所追求的世界，不在莲花，又在莲花。不在莲花，是说不能执着莲花之表相；又在莲花，指超越一切表相之执着，超越一切"影"——不真实的虚幻，去追求那个映照这"影"的世界本身，即莲花即世界。这就是他所谓"世界莲花里"的秘密。

"一念心清净，处处莲花开"，这幅画所要表达的就是这一思想。去掉对世界的粘滞，所在皆适，处处莲花盛开。

《河上花图》成于1697年，八大离开佛门至此已经有十六年之久，但这篇作品

图 17-3
椿鹿图轴
纸本墨笔　年代不详
178×83.5cm
八大山人纪念馆藏

仍然烙上了深深的佛学思想痕迹，《河上花歌》可以说是以佛学的实相无相观为中心结撰而成的，对于李白式的游仙远逝观念，他也是以佛学的"一即一切"学说去消解的。由此也可看出，八大思想中不存在对佛学思想厌倦乃至否定的问题，晚年的他可以说是不在寺院中的佛子，没有佛子的身份，但佛家哲学思想仍然是他的主要世界观。

这篇作品还融合了道教思想，"河上花歌"之题，就暗喻着道教的河上公哲学，八大在诗中所说的"东晋黄冠亦朋比"，也反映出道教思想对他的影响。所以，这幅作品中，八大是以佛家思想为主来融合道教思想的。可以看出，他对道教思想是有选择的接受，他对李白式游仙思想的扬弃，说明他并非完全接受道教思想。至于道教的炼丹成仙之法，更是他坚决否定的。他的思想主旨是，世界莲花里，触目成形，所在皆真，就在世界之中，成就生命的意义。

有学者指出："所绘河上荷花，实为人生长河的写照。卷首展现的荷花从河上跃起，枝挺叶茂，生气蓬勃，隐喻初涉人世时的志向和热情。随即就遇上了陡壁山坡，众荷只能从夹缝中生发，虽仍显旺盛，然已弯枝低腰，仿佛步入喧嚣尘世后即遇挫折。前面又是崎岖的河床和枯木、乱石，荷花已见稀疏，并呈残败之状，犹如残喘的人生。续后的景致更是凄凉，成片荒芜土坡与巉岩巨石之处，已不见一枝荷叶，仅有星星点点的兰草竹叶杂上，象征人生已陷于绝境。卷末山石丛中急湍的高涧流瀑，比喻人间隔阂犹如高旋荷叶，炎凉高深，无法逾越。"[1] 作者认为《河上花图》表现的是人生从旺盛走向衰败的过程，其中寄寓八大的人生感叹，是一哀婉的衷曲。这样的判断与此图的具体情况不吻合，从图中的情况看，在绵延的河塘中，荷花荷叶点缀，正所谓"泉飞叠叠花循循"，在墨色的世界中展现世界的灿烂，由此化为他与李白的对话，在对话中表现自己重视当下，重视自我生命感受的观点。

（图17-3）

---

[1] 单国强《古书画史论集》，297页，紫禁城出版社，2004年。

第十八章
《女仙外史》八大山人跋文研究

　　《女仙外史》是清代康熙年间吕熊的百回历史小说，此小说的康熙刻本中，有当时很多文人士大夫的题跋，其中包括八大山人、罗饭牛。清末平步青（1832—1896）论《女仙外史》曾谈道："评语有绵津山人、八大山人、息关，皆文兆同时人。"①20世纪80年代汪叔子、王河《新发现的八大山人史料——八大山人与〈女仙外史〉》②一文，谈到八大跋语的具体情况，由是引起研究界的注意。在存世不多的八大文字中，又多了一份了解其思想的珍贵资料。

　　《女仙外史》中的八大跋文共有七条：分别在第三十三回、三十九回、四十一回、四十四回、五十三回、七十六回、八十一回，各条文字长短不一，在不多的文字中，触及不少重要的问题。另外，第二十一回罗饭牛跋转述八大之观点，故共有八条文字涉及八大。本章便是对这一文献的初步研究。

一、八大山人题跋之时间

　　《女仙外史》一百回，作者吕熊（约1640—约1721），字文兆，号逸田。江苏吴县人。工诗善文，并兼擅书法，好游历，足迹半天下。吕熊又是一位著名的学者，并不专以小说家名世，除《女仙外史》之外，尚有《前后诗集》《本草析治》等。《女仙外史》刊行后影响颇大，触犯时忌，在吕熊尚在世时，此书即被列为禁书。晚年吕熊避难而归隐吴门梅隐庵，年八十二卒。

　　《女仙外史》刊刻于康熙五十年（1711），但此书大约在前此六七年就已成书。康熙刻本前有江西南安郡守、著名书法家陈奕禧（1648—1709）的序，叙述成书过程："吾友逸田叟吕熊，字文兆，文章经济，精奥卓拔，当今奇士也。生平著述如《诗经六义辨》《明史断》《续广舆志》，发明三唐六义并诗、古文诸稿，几数百卷，而未知更有《女仙外史》。戊子余补南安守，逸田于淮南，延之修辑郡乘，舟行闲

① 《霞外攟屑》卷九《小栖霞说稗》"女仙外史"条之语，民国六年刻香雪崦丛书本。
② 《社会科学研究资料》第七期，1986年7月20日。

八大山人研究

322

暇，叟始以《外史》见示请序。"据此可知，此书康熙四十七年（1708）前已经成书。康熙刻本前还附有江西按察使刘廷玑的《在园品题》二十则、江西学使杨颙的评论七则。刘廷玑（1654—?），字玉衡，号在园，于1701到1704年间任官江西。《在园品题》道此书成书过程，其云："岁辛巳（1701）余之任江西某使，八月望夜，维舟龙游，而逸田叟从玉山来请见，杯酒道故，因问：'叟向者何为？'叟对以将作《女仙外史》……叟竣工日，当为付诸梓。壬午（1702）叟至洪都，余为适馆授餐，俾得殚精于此书，癸未（1703）冬余挂公事，削职北返，旅于清江浦。甲申（1704）秋，叟自南来，见余曰：'外史已成。'以稿本见示。"也就是说，《女仙外史》在刊刻之前，曾有稿本在友人中流传。此书的主要内容成于1702到1704年之间，吕熊构思此书时主要在江西，即他客居刘在园官署之时。

刘廷玑与吕熊有几十年的交往，对其性格为人了解颇深。他说：

> 吴人吕文兆熊，三十年旧交也。性情孤冷，举止怪僻，一夕，席间吕举一令，各诵鬼诗，如："下有百年人，长眠不觉晓"；"自怜长夜客，泉路以为家"；"寒食何人奠一卮，骷髅戴土生春草"；"自去自来人不知，归时惟对空山月"；"西山一梦何年觉，明月堂前不见人"之类。余后举明人《焰口诗》："有身无首知是谁，寒风偏射刀伤处。"吕拍案叫绝，以为驾长吉而上之。好尚如此，其人可知。先年所衍《女仙外史》百回，亦荒唐怪诞，而平生之学问心事，皆寄托于此。年近古稀，足迹半天下，卒无所遇。近以陆伯生、蔡九霞纂缉《广舆记》，止详注各府而略州县，不足备参考，乃编成《续广舆记》，颇为详明，以卷帙浩汗，尚未能付梓。[1]

据刘廷玑《葛庄编年诗》[2]，吕熊于1702来南州，与罗饭牛、倪永清、心壁上人交往甚密。康熙癸未（1703）的编年诗中有《署中独坐，喜吕文兆、罗饭牛、心壁上人过访》，其中云："对客诗评初盛晚，听僧法说去来今。此时不被官拘束，云散天空万里心。"是年，吕熊返回苏州，刘廷玑又有《送文兆归姑苏二首》诗，诗云："帝里相知久，重逢慰宿期。各言新历事，交订近成诗。寰宇人非鹿，风尘鬓易丝。山花开几日，又折绿杨枝。"其二云："蹄迹浑无定，还登兴尽程。自然成隐遁，不是傲公卿。湖海双眸阔，关心一橐轻。苏台定回首，云里豫章城。"诗中涉及吕熊

① 刘廷玑《在园杂志》卷二，康熙五十四年刻本。
② 刘廷玑《葛庄编年诗》三十六卷，补遗一卷，康熙刻本，吉林大学图书馆藏。

之性格，以及他们在"帝里相知"——京城聚会之事，今次到南州，乃是重逢。从"自然成隐遁，不是傲公卿"可以看出，吕熊与八大的性格颇相近。倪永清为松江人，吕熊为昆山人，1704年，刘廷玑也移官苏州，《葛庄编年诗》是年诗有《乔东湖、吕文兆、倪永清相会于浦上之苇庐》："章州分析绿杨枝，袁浦萍踪乍合时。解带留连羁客酒，围炉咀嚼故人诗。"几位都曾在章江相会，今又"浦上"——松江聚首，感慨良多。目前尚没有见到八大与吕熊交往的其他文献，但从两方面的情况看，八大可能与吕熊交谊不浅，一是他们在江西活动的友人圈多有交往，如与罗饭牛、心壁以及客居南昌的倪永清都是密友，吕熊当也是八大朋友圈中的重要一员。另外，《女仙外史》的八大跋文也是他们交往的直接资料。

八大和罗饭牛为《女仙外史》作跋，时当在1702到1703年之间，1703年的可能性较大。八大所见《女仙外史》当是稿本，而非刻本。

《女仙外史》各卷后几乎都有题跋，题跋者凡数十人，多为当时文坛、官场重要人物，如宋荦、王士祯、周在都、乔莱、陈奕禧及其侄求夏、洪升、汤硕人、高素臣、韩洪崖、叶芥园、周东汇、吴钝铁、刘湘洲、孟芥舟、毛闇斋、叶南田、蔡息关、王竹村、邵子薇、迟荆山、刘冰崖、孟筑岩、张北山、汪梅坡、黄叔威等，其中多为江西本地文人士大夫，如江西学使杨颙、画家罗饭牛、客居南昌的倪永清、客居南昌的徽州诗人汪静山、南昌书画家帅简斋以及八大等。

吕熊客居刘在园幕府写作《女仙外史》时，倪永清也客居于此，从八大《寻倪永清不值》诗看，他与倪有密切交往。刘在园是澹雪和心壁和尚的密友，此二人又与八大有金兰之好，罗饭牛与吕熊也有交往，二人更是刘在园的坐中常客，而汪维宁（静山）也是八大、澹雪、饭牛山人和心壁等的朋友。从《女仙外史》八大跋文看，他与吕熊当有很密切接触。故我推测，1702到1703年间，在刘在园为官江西之时，随着吕熊、倪永清投奔其幕府，以他为中心，有一个交往颇为密切的圈子。八大是其中的重要成员，《女仙外史》八大之跋文便是在这样的氛围中产生的。

吕熊晚年生活颇为寂寥，李果《在亭丛稿》卷八收《感旧诗》十八首，其中第十首为怀"吕处士逸田"之作，诗序云："名熊，昆山人，与吴乔修龄友善，颇悉明末事，于忠襄公尝称其经济才，久客督抚大吏幕，于吴门梅隐庵购得一椽以居。子孙皆物故，年八十二卒。即葬于庵旁，著有诗文稿及《女仙外史》。"李果又有诗云："老病无亲故，僧庐住廿年。门稀载酒客，囊尽鬻书钱。旧事人能说，奇文谁与传。棠梨花落处，一冢菜畦边。"这对了解吕熊生平也是有帮助的。（图18-1）

图18-1　山水通景屏　纸本墨笔　年代不详　97.6×210.4cm　南京博物院藏

二、八大跋文中的人间关怀精神

八大具有浓厚的遗民情怀，作为前代之王孙，历经磨难，亲眼看到家国的凋零，掩埋了一腔功名之心，遁入空门，以此苟活于乱世。他将种种不得已之情，托诸诗画，曲曲传递心中的痛楚。今天我们探讨八大的遗民情怀，主要通过他的诗、画以及名号等，这常常成为"索隐"的游戏，因为八大很少直接表露这方面的观点。但在八大跋文中，我们却获得了一个直接了解八大思想的机会。如八大在四十一回跋文中称"余忝先朝苗裔"，亮出自己的王孙身份，这在今所见八大存世文献中是第一次。

八大的跋文与其说是抒发对故国的思念，倒不如说是反思明代灭亡的缘由。从《女仙外史》二十一回罗饭牛题跋可以看出，八大常和友人讨论前朝故事，探讨衰败的原因，罗饭牛写道：

余友八大山人常言永乐之杀忠臣，皆有激而致之。揆其时，处其势，苟非圣贤，仪不容于不杀，但止戮其身，而罪不及于妻、子，且表其墓，而赐其谥，又可以奉厉天下。余笑应之曰：诚如斯言，逸田先生之外史可以不作。

此段跋文透露出一些重要信息：一、八大常与友人讨论前朝旧事，不是表前朝之荣光，掬同情之清泪，而是考其得失。二、对于前朝，八大并非一味回护，而是冷静解剖，对其大肆杀戮、祸及无辜的残暴大加挞伐，尤其厌恶永乐皇帝的暴戾。三、八大持儒家以仁爱治国的德政思想，他所谓"罪不及妻、子"，进而"表其墓，而赐其谥，又可以奉厉天下"云云，都是儒家的主张。饭牛山人赞成八大的仁德为政的观点。

吕熊在全书后跋中这样说：

老泉曰：赏罚者，天下之公也；是非者，一人之私也。夫子作《春秋》，有一善，则举而赏之，有一恶，则举而罚之。虽是非出于一人，而赏罚公之天下，赏罚公而是非为至当矣。……熊也何人，敢附于作史之列，故但托诸空言以为外史。夫托诸空言，虽曰赏之，亦徒赏也；曰罚之，亦徒罚也。徒赏徒罚，游戏之尔。然其事则燕王靖难、建文逊国之事，其人则皆杀身夷族、成仁取义之人，是皆实有其事，实有其人，非空言也。曷云游戏哉！第以赏罚大权畀诸赛儿一女子，奉建文之位，号忠贤者予以褒谥，奸叛者加以讨殛，是空言也，漫言之耳。夫如是，则褒不足荣，罚不足辱，爵不足以为劝，诛不足以为戒，谓之游戏，不亦宜乎！虽然，善善恶恶之公，千载以前，千载以后，无或不同其于世道人心，亦微有关系存焉者。是则此书之本也。至若杂以仙灵幻化之情，海市楼应之景，乃游戏之余波耳。

由此可见，此书之作，乃在于彰显善善恶恶之心。托诸空言，幻化为事，乃小说家语。然小说家语也不是漫无准的，总要以彰显"世道人心"为己任。故此，作者写一段前朝故事，人可能不必皆有其人，事可能不必皆有其事，然而其中定有作者之人生理想、生命感叹，有历史兴废之叹。由此而言，吕熊作文之心和八大评论之旨并无二致，都在于彰显善善恶恶之心。

罗饭牛所引述八大之观点，八大在第四十一回跋文中另有论及：

"圣公言"，即我夫子春秋之笔，假之也，假之，曷足以厌人之心哉！余忝先朝苗裔，窃尝论之：成祖于入金川之后，传闻建文帝烧官自焚，即率群臣哭，临葬以帝礼，廷议应嗣统者，稍俟诸王大臣，上表劝进，逊让者再，而后即位，差足以掩天下之目，而杜后人之口。乃遽自登基，清宫三日，血肉蹀躞于殿庭，而又遣胡濙到处搜求建文。司马之心，行路者皆知之。春秋之笔诛心，故虽假之，圣人当并不以为罪，余将问诸高皇在天之灵，为燕藩讳乎？否耶！

此段通过《女仙外史》议先朝之事，批评成祖灭惠帝，不循正道，甚至以"司马昭之心人皆知之"之语鄙夷之，用语极重。八大认为对待如此无德之人，不应为之粉饰，而应痛以贬之，方能"厌人之心"。八大怀着愤懑之心写道："余将问诸高皇在天之灵，为燕藩讳乎？否耶！"作为先朝之苗裔，议先朝之故事，有仁德之义，无讳避之心，对于《女仙外史》借"圣公"之语所表现的主张大加赞扬。《女仙外史》四十一回写道：

建文登极以来，仁风和洽，德泽汪洋；济济朝臣，皆称吉士。顾以削废诸王之故，而遽称兵犯阙；官闱之内，后妃、公主皆自焚以殉：古来失国之惨，莫甚于此。谁朝无伯父、叔父、诸昆弟哉？若云"长可以凌幼"，则是无君之国然矣。而且忠臣义士被夷灭者，至于十族、九族，稽之历代，谋反叛逆者不过三族，亦何罪而至此？中庸之主，犹能褒封胜国尽节之臣，汉高封雍齿、斩丁公，以臣节教天下，王者无私仇，何况并无私仇，徒以不附己而屠戮之，如屠犬羊，必欲教人以叛逆，诚不知当今是何心也！夫天下，高皇之天下也。燕藩可得而帝，何藩不可以为帝乎？诸忠臣义士，高皇之臣子也。忠节者可杀，何人反不可杀乎？正学先生云："燕贼反。"此即我夫子春秋之笔也，更有何说之辞！"

金川之变，充分显示出成祖的残暴，吕熊借"圣公"之口加以挞伐，痛快淋漓，甚至引高节之士方孝孺（正学）临刑前的"燕贼反"一语，痛骂成祖的残暴之举，如此大胆之描写，却获得八大的称许，由此可见他的政治倾向。方孝孺在清初遗民中是一个标志性的人物，他的节操和凛然正气成为磨难中的故国遗臣效法之榜样。顺康之际，位于金陵的方孝孺墓前，留下了无数文人士大夫的足迹，他们在这里缅怀英杰，叩问历史，为固守节操寻找力量。

八大在第四十四回的跋文中说："卫青，永乐时名将也。若使其督率倭西，亦死于神剑之下，便为恶笔，今收拾于汪洋浩渺之中，以全其英名与臣节，具见作者苦心。"强调的就是做人的节操。

八大生平对道禅哲学深有心会，但他并不愿做一个躲进深山、忘却世事的得道之人，他的思想中有强烈的入世精神，这也是八大艺术具有独特魅力的重要原因。八大艺术有强烈的人间关怀意识。正因此，他才时常愤懑，时常激昂，内在的世界在激荡，从而积聚起强烈的生命力量。读他的作品总感到一种力在鼓荡。

第三十九回八大跋文说：

> 按《明史》，女秀才原在梅驸马府中，及梅殷死而不知所往，作书者为之补出，观者欲为驸马报仇，而又救取殉难忠臣公子，是重其秀才之名，与秀才之实也。必如是，方不愧为秀才。古人有云：秀才未第时，即以天下为己任，若今人读几篇烂时文，亦称秀才，何与？

其中关于"秀才"的议论很有思致，八大认为，何谓"秀才"？"秀才"不是那种啃书本的读书人，不仅要有知识，同时还必须有担当，要有"以天下为己任"的胸怀，这样的精神正是儒家所强调的士不可以不弘毅、仁以为己任的担当意识。

晚年的八大借王朝覆灭之事来思量人道之精神，我们看到，他更多地复归于儒家仁义之主张。其实，这种观念在他的思想中一直占有重要位置，存世不少文献中透露出八大以儒家仁义为担当的思想表达。如他在佛门时，为好友裘琏《生妣刘孺人行略》所作跋文中，歌颂儒家的孝道；在为友人汪天与母亲所作颂文中说："男儿一念初与转，初为人生转何忝？翁姑在堂夫驱车，割肉还翁尝何如。吁嗟人生不丈夫，丈夫不特还肌肤。望夫之山冰玉壶，如今富贵天下先。"[1]

三、八大山人关于小说艺术的一些观点

《女仙外史》的艺术成就多为人所称道，如此书陈西村的总跋称："观外史者，犹之睹泰华崇高、河淮浩瀚也，莫能穷其峰峦峭拔与波涛之险幻，更莫测其峭拔险

---

①据汪天与《萱圃录》所录，康熙五十年（1711）刻本。

幻所以然之故。余读数次,又录一过,见其宏肆明畅如大苏,幽峭奇奥如柳州,纵横雄辩若《国策》,虚空结撰若《南华》,而其实一贯,则可悟不可诠也。噫,作者其天纵与!"

八大与吕熊的性格颇有相合之处,陈香泉说吕熊为"当今奇士也",刘在园说他"性情孤冷,举止怪僻",这与号称天下奇士狂士的八大颇相合。八大对吕熊的文学才华和为人操守也极为推重。

第五十三回八大跋文曰:

> 子昂画马,以一身而能作数十马变动之状;耐庵作文,以一心而能作百许人之语言气象。噫嘻,不亦难乎。如外史诸公子个个有一种性情,人人有一种气概,竟在纸上毫端,呼之欲出。第《水浒》诸人,出自草莽屠沽,各用方言,其声音气象,容易逼肖。若诸公子则诗礼之家,冠裳之裔,势不得不用官话而达以文辞,略觉不显。若细心求,则是龙眠之淡墨,罗汉不假颜色,而须眉面目迥乎各别者,此二回程、叶、杨、曾彬彬四公子一路同行,心事无二,尤为难以区分,乃能写出毫厘之辨、缁铢之爽,比耐庵为较胜矣。

八大称吕氏文笔在施耐庵之上,这和倪永清六十七回跋语相似,倪也说:"文笔之惊心炫目,更在《水浒》之外。"但八大之跋文更细腻,更有机理可寻。中国古代小说理论强调人物个性的呈现,金圣叹评云:"《水浒传》,写一百八个人性格,真是一百八样。"八大对小说人物性格的描写又有他自己的体会。他认为,《水浒》中的人物多是武夫,又有方言之便,因此"声音气象,容易逼肖"。而要显示出一批文人性格的差异性,就非常困难,《女仙外史》正是于此显示作者的不凡水平。作者淡淡写来,人物神情,历历在目,此即其可贵处。这是很有价值的评论。

第三十三回八大跋文又将《女仙外史》与《水浒》相比,谈其人物创造之特点:

> 写出景公子天挺英气,与火力士天赋憨性,跃跃乎呼欲出矣。但做的是博浪沙之事,如何转折,以归于卸石寨,余掩卷深思而未能得。及读到遇一女娘,奇矣;而又同入济南府,更奇矣;又与副军师同立伟功,更大奇矣。按《水浒》写豪杰之士,初必以梁山为盗薮,断乎不屑入伙,费尽多少心机,方能凑泊,终属牵强,不如此之吻合天然。

这里也为呼之欲出的人物描写而赞叹。在八大看来,《女仙外史》长于《水浒》者,在于由平凡的生活中突出人物的特点。

八大甚赞吕熊的识见,其跋文曰:

> 或云程道人卦繇多奇中,宋以后读易者一人而已,余谓更有一人,谁耶?曰作外史者。(第八十一回八大跋文)

> 老梅之不字,出于天性,奇也。与月君有主婢之分,每每犯颜触讳,二奇也。诚月君不坐济南官阙,三奇也。如此纯一之心,乃女中之龙逢比干。(第七十六回八大跋文)

八大说吕熊为宋以后读《易》者一人而已,不是说他的易学工夫深厚,而是说他能深及世相之中,揭示事物之理。(图18-2)

图18-2　书画册之五　鱼　纸本墨笔　1693年　24.4×23cm　上海博物馆藏

八大山人研究

第二编　生平历程

　　本编的七篇文章主要集中对八大山人生平中一些专门问题进行探讨，包括家世问题、佛门法系和承传问题、他在临川活动的情况以及病癫、婚姻和青云谱等问题，所选择的研究对象，都是八大研究中比较重要又争议较多的问题。我根据发现的一些新资料，提出自己的一些判断，以就教于学界。

第十九章
八大山人家世相关问题再讨论

　　有关八大山人的家世，几十年来，学界进行了热烈的讨论，家世问题是八大研究中最为深入的方面之一。像汪世清先生《八大山人的家学》长篇论文，从大量的史料中梳理出八大艺术和思想形成的家学因缘，其考证之精审，资料之丰富，令人叹为观止[①]。

　　本章就我所读资料，对几个与八大家世相关的问题作进一步讨论。

一、八大山人胞兄朱仲韶

　　先由八大一位兄长谈起。

　　饶宇朴是八大佛门兄弟，与八大情同手足。八大自1648年出家，1652年从法于弘敏，一直到17世纪末，与饶宇朴保持着近五十年的关系。八大早年所在进贤介冈灯社，就在饶宇朴的菊庄附近。饶宇朴之兄饶宇栻（型万）、饶植（林上）等都是弘敏的朋友，对八大的艺术和生活都有影响。八大随弘敏到奉新耕香院，饶宇朴也在其左右[②]。晚年八大多得这位法兄弟的帮助。八大回南昌后，生活极为窘迫，饶的侄子饶燉（字日午）、饶炳（字及申）对他都很关心。后来饶宇朴也定居南昌，对贫病交加的八大多有帮助。正是在八大这位挚友的文集中发现了八大胞兄的线索。

　　同治《进贤县志》卷一九云："饶宇朴，字蔚宗，少聪颖绝人，读书目数行下，长于诗古文词，卓然成一家言。工书法，一时名士争欲与之游。著有《菊花庄集》《蔚宗集》《凤游集》。"饶的著作今大都不传，我偶在江西省图书馆发现了饶之《菊庄集》（即《县志》所误之《菊花庄集》），这部诗集共十二卷，按年代编排。但遗憾的是，现仅存十一、十二两卷[③]。

---

① 台北：《故宫文物月刊》，第八卷第十二期，1991年。
② 主修耕香院的闵钺所载《冶庵别集》评论者中就有饶宇朴，说明饶也曾在耕香禅院逗留。
③ 汪世清在《八大山人的交游》（《八大山人全集》第五册附编1096—1119页）一文中，曾慨叹饶诗文集"今均无一传世"。这是饶的著作第一次被发现。

《菊庄集》卷十二有《题八大山人画荷》诗，诗题下自注云："仲韶晚号云心头陀。"诗云：

> 冲天荷柱忆头陀，三笔参差十指拖。令弟晚年殊泼墨，荷花荷叶法如何？

《菊庄集》乃编年诗集，饶诗作于1690年前后[1]。诗为题八大墨荷之作，但却在小注中涉及"仲韶"。这位"仲韶"当不是八大，从现存八大作品看，八大无"仲韶"之字号，晚年也没有"云心头陀"之别号。同时诗中说"令弟晚年殊泼墨"，"令弟"，显然不是指饶宇朴与八大之间法兄弟的关系，"令弟"是对他人之弟的尊称。由此看来，八大当有一位叫"仲韶"的兄长。

全诗的意思当如下：看到八大的荷花画，忆及八大那位号"云心头陀"的兄长，他也是一位画家，八大的三笔参差十指拖，就像他的兄长一样。云心头陀的弟弟晚年泼墨为画越来越奇特，我真想问：你画的荷花荷叶到底依照的是哪家法门？诗中充满了诙谐情趣。

研究界至今并未涉及八大的这位兄长。这位兄长的情况又是如何呢？

朱谋垔，字隐之，号八桂，约生于1592—1597年间，卒于1644—1649年间。居豫章，其所著《画史会要》五卷，成书于1631年，上有崇祯四年（1631）朱氏自序，今藏上海博物馆。谋垔为八大族叔。《画史会要》对宁献王一支绘画创作情况多有记载。其中卷四云："族侄统鋗，字仲韶，写花卉用墨有神，无一点尘俗气，第赋性偏僻，每以画自矜贵，为人所嫉。"这里的描绘正与饶宇朴所说相合，八大名统鍌，朱仲韶名统鋗，二人都善为花鸟。由此也可看出八大作画的家学渊源。

北京故宫博物院藏有朱仲韶《调鼎和梅图》扇面，署年"丙子"，即崇祯丙子（1636）[2]。关于他的绘画成就，徐𤊽在《留别仲韶王孙》一诗中给予较高评价。诗云："花萼楼头秀两枝，还闻仲氏更吹篪。客中对酒初欢洽，江上逢春又别离。投赠莫辜兰九畹，系愁难借柳千丝。忆君望断他乡目，但看王维画里诗。"[3]

朱谋垔提到的这位朱统鋗，我们倒不陌生，关于他还曾有过热烈的讨论。李旦先生认定八大就是青云谱的朱道朗，朱道朗有一位法弟朱道明，《净明忠孝宗谱》

---

① 从《菊庄集》反映的情况看，饶宇朴1690年之后的诗不见，他大约在这期间去世。《菊庄集》卷十二收饶1690年前后之作。
② 《中国古代书画目录》，文物出版社，1985年。
③ 徐𤊽《鳌峰集》卷二一，明天启五年南居益刻本。

载第一世有三人，第一人是八大山人朱道朗，第二人为朱道明："朱道明，字秋月，道号望云子，明宗室。"李旦认为，朱道明就是有大量画迹存世的牛石慧。他所举证据是《画史会要》中所说的"族侄统鍂，字仲韶"，他认为"鍂"的右边正是"牛石"二字[1]。由饶宇朴的记载可知，这种推测属子虚乌有。

《画史会要》（五卷）成书于1631年，仲韶此时已有画名，当已成年，而八大1626年才出生，兄弟二人年龄相差颇大。明清易代之后，仲韶是否还在世呢？

宋荦在《跋徐巨源友评》中写道："余到南州三载，求徐巨源文翰甚渴，……兹又从朱子庄得巨源《友评》一卷，手书六百八十九字。"[2]现藏于北京大学图书馆的徐巨源《榆溪逸稿》为康熙刻本，此本略残，在逸稿部分载巨源《友评》全文。徐世溥（1608—1657），字巨源，江西新建人，明诸生，入清后不仕，隐居西山香城寺，为其时江西文坛领袖之一。

徐巨源在《友评》序言中，就涉及仲韶。他说：

> 久客他山，不复聆佳人馨咳，今夏一入郭门，东西瞻盼，真如伧父至于拱揖倔强，应对疏略，其所以异于田舍翁者几希？自笑比三苏耽幸不为市儿弹击耳。昨见仲韶，握谈竟日，既暑且雨，留滞街南，自觉可贱，幸子庄寓楼可坐，时来憩语，华墨之事，无不共之，主人亦不以为厌也。因杂取诗话书品，评所遇同人，为子庄一笑。
>
> 十七日见仲韶以后，故友新交，渐遇多矣。或见其诗与文者，一并及之。[3]

徐巨源在《友评》跋语中称"辛卯秋为子庄书"，知此文作于1651年，正是南昌历乱之后，隐遁西山香城寺的巨源重回南昌，其中记载的乱后文坛状况，具有很高的史料价值。根据巨源序言，知他到南昌之时，初见之人即为仲韶，二人乱离之后相见，握谈竟日，说不尽的凄凉和感慨。而仲韶其时生活窘迫，二人竟然无处可坐，后转至朱子庄寓楼暂居，遂有《友评》之作。

《友评》论乱后诸人，首论朱仲韶：

---

① 李旦《八大山人即朱道朗》，台北：《故宫文物月刊》，第八卷第十二期，1991年。
② 宋荦《西陂类稿》卷二八。
③ 徐巨源《榆溪逸稿》卷七。

朱仲韶，本自僻奥，理性孤微。涉乱，貌瘁而神益渊，乍见如卜肆中所画鬼谷子，初似顽拙，然愈传愈怪，古意终不可磨没也。

由巨源传神笔触，可略见仲韶之形貌气度。其人孤僻幽冷，顽拙怪诞，与八大的性格相似。其形貌萧疏而性情渊涵，也与《个山小像》中的"个山"接近。明清易代之后仲韶仍在世，年龄当五十有余。《画史会要》说仲韶"赋性偏僻"，历经数十年离乱之苦，他的性格仍然没有改变。

关于朱仲韶的性格特点，"易堂九子"之一彭士望有《题朱仲韶自怡轩》诗，言及这位落拓王孙：

……吾友朱仲子，高朗负奇质。西洋来异书，聱牙颇曲诘。寓目如凤诵，心画手已悉。思悟互相长，著作遂盈帙。以此足自怡，随处皆衡泌。岂为更生经，不屑子昂笔。立雨临交衢，朔风吹瑟瑟。

彭士望（1610—1683），字躬庵。此诗题有自注云："名就锲，工画，尤精太西数学。"诗作于1653年①。由此可知仲韶在1653年前后仍在世，更知他好泰西之学，并在数学方面有很高修养。这里还透露出仲韶与八大有相同的气节，所谓"不屑子昂笔"正言此。躬庵注言仲韶有"就锲"之名，与朱谋垔所说的"统鋓"不同。我以为彭士望《耻躬堂诗钞》刻本有误，"就锲"与"统鋓"形近。

仲韶与徐㷖（1563—1639）有交谊。徐㷖，字惟起，福州人，工诗，书、画也有高致，著名藏书家，与叶向高等结"芝社"，生平多著述，与朱贞吉及其数子有交情。

二、八大是贞吉孙还是"四世孙"

《个山小像》饶宇朴跋："个山綮公，豫章王孙，贞吉先生四世孙也。"而此跋又将"四世"二字圈去。自《个山小像》公布以来，学界对这个问题争论不休。饶氏以个山为贞吉四世孙，为何又将四世划去？一种观点认为，跋文上的圈是八大自己所划，八大是贞吉之孙，而不是重孙。另一种观点认为，跋上之圈为不了解八大

---

① 诗载于《耻躬堂文钞》卷四，咸丰刻本，该卷收癸巳到乙未诗（1653—1655），此诗是该卷的第一篇。

身世的后人所为，八大乃是贞吉四世孙。叶叶先生根据李维桢《弋阳王孙贞吉先生墓志铭》指出，贞吉在世时，"五子皆封镇国中尉"，贞吉生于1541年，卒于1589年。明时受封年必在十岁以上，由此可推算出八大山人之父谋鸴大约生于1570前后。而成书于1631年的《画史会要》谓谋鸴已经去世，享及中年，也就是说在1620年之前就已经去世了。八大出生于1626年，时间完全不合。所以，贞吉实为八大的曾祖①。（图19-1）

其实，李维桢《弋阳王孙贞吉先生墓志铭》虽说"五子皆镇国中尉"，这并不表明其五子当贞吉在世时就受封，在贞吉去世后受封也有可能。学界基本上倾向于认为贞吉为八大祖父，但至今并没有寻找到有力的证据。八大这位兄长的"发现"，为我们解决这个问题提供了确实的资料。

方以智（1611—1671）《浮山文集》前编卷二载有《朱贞吉王孙绝命帖题辞》：

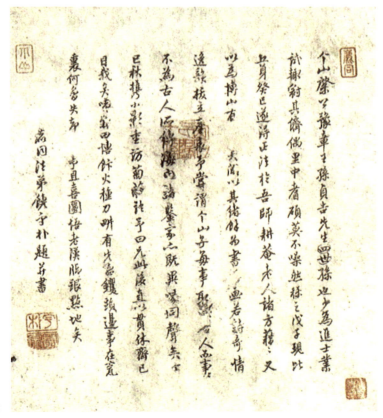

图19-1
《个山小像》饶宇朴跋

---

①叶叶《八大山人原名朱议冲的商榷》，见王方宇编《八大山人论集》，台北：编译馆中华文化编审委员会，1984年。

《绝命帖》，宗侯朱贞吉先生所书也，先生工时赋，多著作，旁及临池，莫不尽善，时争购其字千金，先生之以为传久矣于世矣。其孙仲韶又手持《绝命帖》游四方，岂惟欲以传其书法耶！手泽存焉，焉敢忘乎。余观其帖，先生易箦时，书以示子若孙者，夫人多通负材，岂无可以发愤于世，稍稍自矜，乃先生则温温仁孝言也。遗戒后人，古训是式，盖其厚与天下之传《绝命帖》者，又岂惟传其书法耶。余从眉生闻仲韶其人，又多通如其王父，余虽未尝见，然手持先人之手泽不敢忘，毋念尔祖，其有焉。有孙如此，盖以想见先生之风。

陈弘绪（1597—1665），字士业，号石庄，明清易代之交江西文坛领袖之一，其《石庄初集》卷二有《题绝命帖》云：

辛未冬，予有鸠兹之游，与友人朱仲韶方舟于石亭寺，大风浃旬，舟次闲静，仲韶为予言勾股弧矢风角舄占之术，靡靡忘倦。已复旁及书画，出一帙示予，则其王父贞吉先生《绝命帖》也。予读先生之篇什多矣，而不知其能书，今其书精妙乃尔，而且出于易箦之手泽，然则先生之所长，因不特以其篇什已也。帖中书成，语语归于仁孝，予又以知先生真有道之士，岂独其书之精妙也哉！陶渊明作《自祭文》，并子瞻称其出妙语于属纩之际，非涉死生之流者可及。以之生之仁孝较渊明之旷达，其所得又何如甚矣。予畴昔之知先生者浅也。贤者不可以一端，尽大抵如也。世之以勾股弧矢风角舄占窥仲韶者，又安足以尽仲韶。书此以发一慨。[①]

方以智的跋语未署时间，陈弘绪之跋作于崇祯辛未（1631）。《绝命帖》是贞吉生命最后时刻留下的墨迹，也是酷爱书法的他的代表作品。李维桢《弋阳王孙贞吉墓志铭》云："贞吉生平为诸体书稍近佻，独《绝命帖》殊胜，死生大矣。"[②]朱仲韶视之如命，真所谓"手持绝命帖游四方"。方以智为一代文豪，王渔洋曾称陈弘绪和徐巨源二人为"南州面目"，二人均是朱仲韶之友人，尤其陈弘绪，更是朱仲韶多年的知交，二人所言当为可信。二人都说贞吉为仲韶之"王父"（即祖父），称仲韶为"其孙仲韶"。

① 《陈士业先生集》十六卷，藏中国科学院文献中心，康熙二十六年刻本，《石庄初集》乃其中一种。
② 李维桢《大泌山房集》卷一三四。

由此可以确知，八大就是贞吉之孙，《个山小像》饶跋之"四世"当是错指，所划之圈当为八大自作。

三、八大思想艺术受祖父影响的痕迹

朱多炡（1541—1589），字贞吉，号瀑泉，曾易名为来相如，晚号了心居士。宁献王朱权七世孙，爵奉国将军。明陆应阳《广舆记》卷一二（清康熙刻本）云："朱多炡，字贞吉，宁献王孙，善诗歌，兼工绘事。尝变姓名为'来相如'，轻装出游，踪迹遍吴楚间。归而掩关却扫，以'倦游'名其诗，属高僧雪浪选定。临终命以白帻鹤氅敛，弟子私谥曰'清敏先生'。子谋垔，效其父，变姓名为来鲲，出游吴楚。"

贞吉有诗才，与胡应麟、王世贞、王稚登等江南名宿相游。论人严苛的王世贞在给贞吉的书札中甚至说："足下文采风流，照映江右，能使朱弦振响，丛桂增色。"[①] 清初朱彝尊评其诗云："贞吉与从兄多煃、用晦并有诗名，用晦与金德甫交契，王元美入之续五子之列，然其诗无足观，不若贞吉之有爽气也。"[②] 清曾燠编《江西诗征》收其诗竟达六十一首，陈田《明诗纪事》、朱彝尊《明诗综》等也多收其诗，清皇室所编《佩文斋咏物诗选》收其诗达十余首。其诗多兴到之语，如《湖口县》诗云："湖水澄清江水浑，江烟湖霭易黄昏。请看湖口江心月，一片寒光照县门。"[③]《泊长荡》云："蒹葭一望暮苍苍，长荡湖头烟水长。怪道今朝枫叶尽，夜来七十二桥霜。"[④] 极有清韵。朱贞吉满腹诗书，故其诗也善用典，如《池上纳凉履方履中二侄挟琴携酒索临襖帖醉后并示垔儿》："小阮发清兴，绿尊能为携。池头千个竹，烟月使人迷。掣罢思焦尾，书成损赫蹄。酣呼居语尔，慎勿贱家鸡。"[⑤] 其中多用典实。又如《谢张直卿以铁如意见遗》诗云："土花斑驳锦模糊，一片寒冰出锻炉。致向书中称折角，捉来石上稳跰趺。提携起舞旋长袖，慷慨酣歌缺唾壶。多谢司空饶博物，只愁无地击珊瑚。"[⑥] 此诗中也多用典故。八大诗晦涩，不似贞吉诗之流畅清新，但多用典实，确有乃祖之风。

① 《答朱贞吉》，《弇州山人四部续稿》卷一七二。
② 朱彝尊《静志居诗话》卷一。
③ 《江西诗征》卷五八。
④ 《佩文斋咏物诗选》卷一四，文渊阁四库全书本。
⑤ 《江西诗征》卷五八。
⑥ 《佩文斋咏物诗选》卷一六六。

339

朱贞吉是一位出色的画家，朱谋垔《画史会要》卷四说这位弋阳王孙"颖敏绝人，善诗歌，兼精绘事，见古名人墨迹，一再临之，如出其手。山水得二米家法，写生更妙，词人之笔，寄情点染，画家蹊径，脱略远矣"。

欧大任（1516—1596）为贞吉好友，官南京工部郎中。其《题朱贞吉瀑泉图》云："西望青天挂玉龙，风来飞洒石门松。罗浮归客将寻汝，沐发匡庐第一峰。"[1]又《题朱贞吉蝉雀画扇》云："东吴顾陆让精工，曾赐庐江小褚公。敢与滕王论蛱蝶，西山南浦柳丝风。"[2]今尚有其数件作品存世。无锡博物院藏有贞吉一帧扇面，款："丙子六月三日，友弟朱多炡为文桥兄写。"钤"贞吉"白文印。（图19-2）北京故宫博物院藏其《荷花鸳鸯图》扇面。拍卖行也偶见其作品上拍，上海崇源2013年春拍上拍一件《桃花燕子图》，设色纸本，纵155厘米，横80厘米。款识："万历壬辰春暮，朱多炡制。"钤"多炡""朱贞吉印"二印。浙江保利国拍2007年秋拍有一件《洗马图》，立轴，设色，款识："奉国将军弋阳王孙。"钤"朱多炡印""贞吉"二印。

从相关材料看，八大的学术、思想以及艺术有深厚的家学渊源，其中受到祖父朱贞吉的影响最为明显。

朱贞吉不仅工诗善画，于佛道两家哲学均有很深修养。贞吉一生好远游，晚年却隐居故里，名其居为幻景庵。欧大任为其撰《幻景庵记》，其中转述贞吉名其庵的缘由："其为言曰：不佞顾不能自致，何以能致客也？不能自好，何以能好客也？天地一舍也，千载一息也，物我一身也。侯生冯公远矣，当吾之世，安知非诸

图19-2　朱多炡　山水扇面　纸本墨笔　无锡博物院藏

①欧大任《雍馆集》，《欧虞部集》。
②欧大任《秣陵集》，《欧虞部集》。

八大山人研究

君也；枚马徐刘远矣，当吾之世，又安知非诸君也；吾固不知其往，又安知其来也；不知其致，又安知其好也；不知为我，又安知为客也；不知为实，又安知为名也；吾能为名，尸乎吾能，为谋府乎同乎无，知同乎无，欲放乎天，而不党恶所谓德，不佞休矣，愿客无以是名我。遂谢客息心，退舍构室，而居名其室曰幻景庵。盖言幻非真也，景非形也，庵，闇然不以自明也。"[1]此中将庄子的齐物和佛教的真幻观念冶为一炉，来阐述即幻即真的思想。我们在八大"画者东西影"的纲领中，分明看到朱贞吉思想影响的痕迹。

朱贞吉有"瀑泉"之号。《个山小像》中彭文亮题跋中"瀑泉流远故侯家，九叶风高耐岁华"就谈到此号。武汉市文物商店藏有《石涛八大书画合卷》[2]，是一件不大为人提及的作品，其实，这里包含八大生平思想中的重要信息。（图19-3）前段为石涛山水，后段为八大书法，二者合裱在一起。八大此段文字为：

> 南江天子障，湖蠡而西，洪江也，仍曰南州。南州水上小大鱐鳙然，未知蓬转为谁。日往亭台，语番舍，胜概各有致，而在水与在山列也。尊先生游，壮且欲图，以观道之妙，许愚先。先人《瀑泉集》，又《坚白集》，承慨亡异同矣。马尾、开先，将归庐山。弟驴屋驴书。[3]

款下钤"天闲""驴"二印。此书作于1684年前后，是八大"驴期"的作品，马尾和开先，当是庐山寺院的僧人，来南昌看望癫疾复发的八大。八大此期作品不多，像《古梅图》（北京故宫博物院）、《个山杂画册》和《瓮颂》（有拓片存世）等作品，有一个共同主题，就是对亲人、故国的思念。这则送别庐山友人的短文，也表达了这样的意思，可谓触景生情，这里便涉及其祖父瀑泉。

短文即由"瀑泉"的联想写起，也可略见贞吉"瀑泉"二字的含义，原是与庐山瀑布发端于此有关。此泉流经彭蠡，弥散于整个南州。庐山本名障山，就与天子障有关，天子障，又称天子都。东晋慧远《庐山略记》云："山在江州浔阳南，南滨官亭，北对九江，九江之南为小江，山去小江三十里余，左挟彭蠡，右傍通川，引三江之流而据其会。〈山海经〉云：庐江出三天子都入江彭泽西，一曰天子

---

①欧大任《欧虞部集》。
②《中国古代书画图目》，编号鄂3-110，文物出版社，1985年。
③此段文字晦涩难懂，目前作此断句，我仍有不安。其中"日往亭台，语番舍"，我不解其意。而"尊先生游，壮且欲图，以观道之妙，许愚先"其中"许"之一字，亦疑有未稳之处，盼知者教之。

图19-3 行书南江天子障诗卷 纸本墨笔 年代不详 25×132cm 武汉博物馆藏

障，彭泽也……西有石门，其前似双阙壁立千余仞，而瀑布流焉，其中鸟兽草木之美，灵药万物之奇，略举其异而已耳。"[1]八大前一段就是由庐山之泉源，引出"瀑泉"之意，以寄托怀念其祖先之思。而"尊先生游，壮且欲图，以观道之妙，许愚先"数句，似由宗炳的"卧游"写起，写观名山而寄澄怀观道之趣，"许愚先"三字似以谦称的口气，说在这些高人之中，也有我的祖先。朱贞吉一生好壮游，据汪世清先生考证，他在1586年曾有"匡庐、彭蠡、下雉之游"[2]。而八大的父亲朱太冲曾在庐山寺院中度过不短时间。徐熥《送太冲王孙游匡庐》云："爱向匡山结静缘，独携杖屦白云边。春香暗送王孙草，旧社闲寻惠远莲。每见奇峰皆入画，但逢名宿即参禅。九天千尺银河落，可忆君家老瀑泉。"自注："太冲尊人贞吉宗侯号瀑泉。"[3]这里特地点出"瀑泉"二字，似也在说明贞吉的"瀑泉"之号，实与庐山有关。徐熥在《别太冲》诗中说："一别关山隔万重，今宵梦断上蓝钟。他时倘寄相思笔，乞写云边五老峰。"[4]五老峰在庐山。

八大在这篇短文中说："先人《瀑泉集》，又《坚白集》，承慨亡异同矣。"《瀑泉集》当指他祖父贞吉的文集，今不见。而《坚白集》，当为他的先祖朱拱㮚（1503—1574）之文集。拱㮚字茂材，号坚白，是瑞昌王奠埑的曾孙，八大祖父贞吉的叔父。有文才，膺儒风。1989年出土的南昌《瑞昌府奉国将军坚白主人墓志铭》云："瑞昌奉国将军讳拱㮚，号坚白，高皇帝刘代孙镇国将军竹石君子也"，称其为

---

[1]据梅鼎祚《释文纪》卷八所引，文渊阁四库全书本。
[2]《八大山人的家学》，台北《故宫文物月刊》，第八卷第十二期，1991年。
[3]徐熥《鳌峰集》卷二七。
[4]徐熥《鳌峰集》卷二六。

八大山人研究

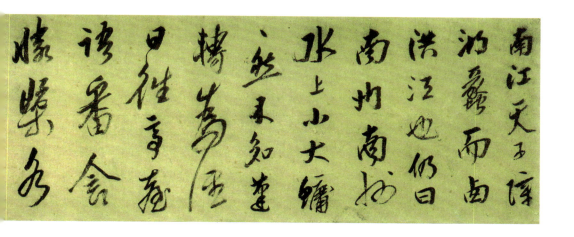

"一代大雅"①。"承慨亡异同",此句疑说他的祖先游庐山、写庐山,曾经表达过相似的感慨之情②。

前文谈到,八大有一花押名"个相如吃",表面意思是说,他和司马相如一样,有口吃的毛病,而实际却与其祖父之号有关。朱多炡一度隐其王孙身份,以"來"代"朱"(二字形近),易为"来相如"。所谓"轻装出游,变姓名为'来相如',远览山水,踪迹遍吴越之间"③,人多不知其本名,只知其名为"来相如"。如明沈长卿云:"甲申间,贤宗朱贞吉游杭,与先侍御襟江府君善,其时尚讳姓名为来相如。"④ 其长子谋㙔,八大的伯父,效父贞吉,变姓名为来鲲,字子鱼,也以"來"为姓。朱贞吉所变之"来相如"之名中的"相如",可能与司马相如并无多大关联,倒是与佛教有密切关系,贞吉是虔诚的在家佛教俗弟子,佛教中有"如来相"的说法,昙无谶所译《大般涅槃经》卷二五云:"云何菩萨知如来相?如来即是觉相、善相,常乐我净,解脱真实,示道可见,是名菩萨知如来相。"龙树《大智度论》卷五五云:"如来相,即是一切法相,一切法相即是如来相。如来相即是毕竟空相,毕竟空相即是一切法相。"贞吉之"来相如"名,当以"如来相"为寓意。如来相,即是实相,它是不分别的,所以说是"一相"。由此可见,"个相如吃",作为八大

---

① 参见任晓飞《八大山人行书〈南江天子障诗〉卷初探》,《紫禁城》2017年4月号,故宫出版社。
② 亡异同:当出自晋人"三语掾"的典故。《晋书·阮瞻传》:"(阮瞻)见司徒王戎,问曰:'圣人贵名教,庄老明自然,其旨同异?'瞻曰:'将无同。'戎咨嗟良久,即命辟之,时人谓之三语掾。"而《世说新语·文学》有不同记载:"阮宣子有令闻,太尉王夷甫见而问曰:'老、庄与圣教同异?'对曰:'将无同。'太尉善其言,辟之为掾。世谓三语掾。"一般认为,《晋书》所记比较合理。"将无同",意即大概差不多吧。将无,莫非,晋人婉转的语言表达。八大的"亡异"同"将无"。
③ 见钱谦益《列朝诗集》闰集卷五,类似的记载很多。
④ 明沈长卿《沈氏日旦》卷一一,明崇祯刻本。

一生的重要之号，表面的意思是说自己不良于言，与司马相如口吃相似，其根本意思则在表达"如来相"不立文字、非有非无的内涵。

八大有花押"天心鸥兹"，过去一般将其解释为"忝鸥兹"[①]，根据此印的书写特点和思想方面的原因，当释为"天心鸥兹"，所寓涵的是自然无为、无念无住的思想。这可能也与其祖父有关。朱贞吉号"了心居士"，表达的是依附佛门的思想。联系八大兄长仲韶之号"云心头陀"看，贞吉的"了心居士"、八大的"天心鸥兹（鹚）"，三者都有"心"字，表达了一种"无心"而应万物的思想。八大这四字花押当与其祖父和兄长之号有关。（图19-4）

图19-4 "天心鸥兹"印

八大的"屐形小印"，在其晚年大量作品中出现。从形状上看，似有驴的样子，这与此印开始于他生命的"驴期"有关。另外，又像木屐之状，故称"屐形小印"。读朱贞吉的存世诗歌，发现他推重崇尚自然、高蹈游世的"木屐精神"。其《对雨》诗云："苦雨何曾歇，愁阴暗不开。春寒缑氏岭，云暮楚王台。戏水饥鸢过，褰帏湿燕来。静看双屐齿，无事长莓苔。"其《拨闷》诗云："雨暗春城十万家，强撑篾几到栖鸦。峭风欲阁游人屐，吹尽墙头柰子花。"[②]

图19-5 "土木形骸"印

八大早年有一枚"土木形骸"小印，北京故宫博物院所藏《墨花图》长卷上就有这枚小印。恰巧其祖父诗中就有此语，《赠满公》诗云："土木形骸满月容，尽教髭鬓雪茸茸。不知夏腊今如此，清影庵前手种松。"[③]这"土木形骸满月容"正是八大此《墨花图》长卷追求的境界，它来自"心斋""坐忘"的庄子哲学，又契会于佛教哲学"于念而不念"的思想。（图19-5）

八大的家学渊源，甚至影响其绘画题材和风格的确立。如八大晚岁非常喜欢画庄子图南的故事，前文我们曾谈到他在1693年所作《鱼鸟图卷》（上海博物馆藏）；大致作于同期的《鱼鸟图轴》（黄庭坚纪念馆藏），上有题诗"目尽南天日又斜，时人莫向此图夸。是鱼是雀兼鹏鸰，午饭晨钟共若耶"；1696年所作《鱼石图》（藏上

---

① 王方宇先生将其释为"忝鸥兹"，我以为不妥。
② 上引二首诗均见《江西诗征》卷五八。
③ 《江西诗征》卷五八。

海博物馆），上有题诗"朝发昆仑墟，暮宿孟诸野。博言万里处，一倍图南者"，等等，以此表达在变化世界中看不变的真实的思想。八大伯父朱谋㙔，效父贞吉变名为"来相如"，易姓名为来鲲，字图南，号子鱼。谢兆申《朱母七十诗三首》之序称："王夫人者，予友太翀之母、贞吉宗侯之继室也。初贞吉配袁，举二子，长图南，予友今称来子鱼者。王举三子，仲产，不用耳，以目听，不以舌，以目若手言，攻画。"① 徐𤊹《图南王孙移家西山赋赠》云："从来生长在朱门，中岁移家入远村。晴放好山当屋角，暗通流水过篱根。应门但委栖松鹤，摘果频劳挂树猿。只为欲成鸿宝诀，故寻幽僻避尘喧。"② 其中就提到了朱谋㙔的姓名之事。而朱贞吉存世诗文中多谈及庄子齐物之论，八大钟情于这样的主题，有其家学影响之痕迹。

四、八大山人的父亲

八大祖父贞吉有五子，李维桢《弋阳王孙贞吉先生墓志铭》云："袁淑人早卒，所举子谋㙔、谋𧍪……（继室）王所举子谋垔、谋䲧、谋卦。垔、䲧美如冠玉而不能言，贞吉教之作画，都有致。"③

李维桢（1547—1626），字本宁，官至南京礼部尚书。李维桢与朱贞吉相善。王世贞诗中多次谈到李维桢与贞吉的交谊。《五送本宁观潮南浦》云："平原十日未从容，流水千重意万重。欲对乡人夸共载，仙舟自有郭林宗。"自注云："时贞吉在本宁舟中。"④ 欧大任的诗集中，也多述及李维桢与贞吉的交游情况，如《十日朱贞吉李本宁汪子建朱在明叶茂长汪仲淹谢少廉俞公临毛豹孙虎丘枉钱得新字》《傅吴县曾长州邀钱徐园同李本宁朱贞吉张幼于许子鸣高子高赋别得门字》⑤ 等诗中，都有言及。李维桢关于朱贞吉家庭情况的交代当为可信。

另外，谋䲧之友谢兆申为谋䲧之母作祝寿诗，有序曰："王夫人者，予友太翀之母，贞吉宗侯之继室也。初，贞吉配袁举二子，长图南，予友今称'来子鱼'者也。王举三子，太翀仲也，于子鱼则季。仲产，不用耳，以目听，不以舌，以目若手言，攻画。"⑥ 谢兆申（？—1629），字伯元，号耳伯，福建邵武人，与徐𤊹一样，

---

① 谢兆申《谢耳伯先生全集》卷七。
② 徐𤊹《鳌峰集》卷一七，明天启五年南居益刻本。
③ 李维桢《大泌山房集》卷一三四。
④ 王世贞《弇州山人四部续稿》卷二四。
⑤ 二诗均见《欧虞部集》之《诏归集》。
⑥ 《朱母七十诗三首》，《谢耳伯先生全集》卷七。此则资料据汪世清《八大山人的家学》（台北：《故宫文物月刊》第八卷第十二期，1991年）。

都是明末福建著名藏书家，并与汤显祖、朱贞吉等西江名士为文友。他所描述的情况与李维桢所言一致：朱贞吉原配袁夫人生有谋堚、谋𧀓二子，继室生谋塪、谋鸃、谋卦。谋堚为长子，其同母兄弟谋𧀓为次子，谋塪为第三子，谋鸃为第四子，谋卦为第五子。其中，第三、第四子都有口疾。

朱贞吉第三子谋塪和第四子谋鸃，都是画家，且都有口疾，八大的父亲当是这二人之一。谋塪的资料很少，谋鸃倒是明末颇有名望的画家，有关他的资料较多。

朱谋垔《画史会要》卷四云："谋鸃，字太冲，号鹿洞。贞吉第六子也。生有暗疾，负性绝慧。指物引类，教之识字，遂通文理，山水花鸟兼文、沈、周、陆之长，而好以名走四方，求者绢素盈室，孜孜晓夜挥洒不倦，竟以此致瘵，中年而殁。"此中关于第六子的说法是误说。谋鸃同母三兄弟都是画家，除谋塪外，《画史会要》卷四在谋鸃后附其弟谋卦传："弟谋卦，字象吉，花石肖鲁岐云，亦早逝。"

关于朱太冲的生平情况，其生平挚友徐𤊹曾有提及。其《题朱太冲画双鸳图》诗说："五色文禽恋匹俦，相亲相伴古塘秋。一从镜破鸾分后，愁见双双水上游。"[1] 由此诗可知，太冲工花鸟。其《访太冲王孙》七律云："王孙侠气自翩翩，宝玦珊瑚白玉鞭。五夜灯光刘向阁，半窗图画米家船。床头绿酒常留客，笔底青山不卖钱。好似滕王工蛱蝶，风流遗韵至今传。"[2] 诗中所谓"半窗图画米家船"，即言太冲的书画生涯。徐𤊹《送太冲王孙游匡庐》一诗，还对太冲思想情况有所交代，诗云："爱向匡山结静缘，独携杖屦白云边。春香暗送王孙草，旧社闲寻惠远莲。每见奇峰皆入画，但逢名宿即参禅。九天千尺银河落，可忆君家老瀑泉。"[3] 自注："太冲尊人贞吉宗侯号瀑泉。"另一五律《朱太冲携酒过玄元阁同曹及渠汝载潘致虚沈完真王敬之张穉通夜集》写道："故人暌别久，尊酒续前盟。共叹容华改，堪悲世事更。清宵孤烛话，旧雨十年情。击节高歌放，难酬白雪声。"[4] 根据徐𤊹的描绘，知太冲为人慷慨负侠气，好饮酒，工诗画，并对禅宗表现出浓厚的兴趣。这与八大的性格爱好有某种相似之处。太冲画作今尚有传世。

如台北故宫博物院藏太冲《浔阳归舟图》，款署"庚申夏五月摹马钦山笔法，谋鸃。"时在1620年。（图19-6）

八大是朱谋鸃之子的直接资料，目前只有《盱眙朱氏八支宗谱》的记载，此书

---

① 徐𤊹《鳌峰集》卷二五。
② 徐𤊹《鳌峰集》卷一七。
③ 徐𤊹《鳌峰集》卷二七。
④ 徐𤊹《鳌峰集》卷一一。

图19-6　朱太冲　浔阳归舟图　1620年　尺寸不详　台北故宫博物院藏

云："八世统鋆，谋鹝之子（多烓之孙），号彭祖，别号八大山人，封辅国中尉……"

《画史会要》的作者朱谋垔与朱谋鹝为同族兄弟，且年龄相当，二人朝夕相见。陈允衡《诗慰初集》收有南昌举人汪应娄《长安道中看月有怀图南、文之、履中、次嘉、履直、宣仲、太翀、叔虞、幼晋、隐之、嗣宗诸君》，其中隐之为朱谋垔，而太翀则是朱谋鹝。朱谋垔《画史会要》关于谋鹝的记载有误（谋鹝为贞吉第四子，他误为第六子），汪世清先生认为可能为隐之之子朱统鉌所编[①]。这里说谋鹝"挥洒不倦，竟以此致瘵，中年而殁"。《画史会要》成书于1631年。八大生于1626年，如果太冲为八大之父，太冲可能于1626到1631年间下世。那么就意味着，八大年幼时父亲就过世。八大生平存留文献罕及其父，可能与此有关。

今人判八大为太冲之子，除《盱眙朱氏八支宗谱》外，另有陈鼎《八大山人传》的辅证。陈传说："父某，亦工书画，名噪江右。然喑哑不能言。甲申国亡，父随卒。人屋承父志，亦喑哑。"传作于1683年，陈鼎毕生未晤八大，此传是根据传说写成。其中说八大之父逝于1644年之后，与《画史会要》所记不合。又说八大"喑哑"是"承父志"，也是蹈空之说。但有关他父亲的传说不大可能全是误说，父亲"工书画，名噪江右"的描写，从另外角度说明，八大之父只能是太冲。

正因此，汪世清先生推断说："朱多烓有五子，伯、仲不哑，亦不能画；叔子虽哑，幼曾习画，然未以画名；五子虽有画名，却非聋哑，且传早逝。只有季子谋鹝既哑而又以画名，与陈鼎《八大山人传》中所言'父某，亦工书画，名噪江右。然喑哑不能言'正相吻合。八大山人是朱多烓之孙，也就只能是朱谋鹝之子。"[②]这样的推断是有一定道理的。贞吉第三子谋埁有口疾，父亲教其作画，然不以画名，倒是太冲在绘画成就、性格特征、思想倾向上，与八大最是接近。

正因此，朱太冲为八大山人之父，应该没有疑问。

八大和朱仲韶都是贞吉之孙，但二人是否为同父兄弟？从饶宇朴"令弟晚年殊泼墨"的描述看，称八大为仲韶"令弟"，饶所看到的这幅墨荷之作，似有八大忆及云心头陀的题识，饶诗"冲天荷柱忆头陀"说的正是此事，故较大的可能是，二人为胞兄弟，而且八大的画风受到仲韶的影响。

然而《盱眙朱氏八支宗谱》云："谋埁次子统鎙，字仲韶，封辅国中尉。明万

① 汪世清《八大山人的家学》，台北：《故宫文物月刊》第八卷第十二期，1991年。汪先生说："朱谋垔的著作在入清以后'六遭兵火'，'已残去十之六七'。今《画史会要》五卷是由其子朱统鉌补辑而成，时在顺治戊戌（1658），卷数已减其半，内容恐亦有所增损。"

② 汪世清《八大山人的家学》，台北：《故宫文物月刊》第八卷第十二期，1991年。

八大山人研究

历廿四年丙申八月初四日辰时生。"宗谱说仲韶为朱谋㙽之子，而目前学界一般认为八大是谋䵣之子。如果这样，二人则是堂兄弟。《盱眙朱氏八支宗谱》关于八大家世的描写错误太多，于此确认八大与仲韶为堂兄弟，并不具有说服力。

从种种情况判断，仲韶与八大应为胞兄弟。云心头陀朱仲韶也善作画，可能与其父谋䵣教导有关。八大诗画中多次流露出对兄长的思念，如作于1682到1683年之间的《海棠春秋图轴》，自题诗云："西浒海棠棠棣华，垂丝海棠唐若邪。若邪四海皆兄弟，琴瑟东施未有家。"以及作于1682年的《瓮颂》云："汲冢字淹留，伸唇那到喉？阿兄在地底，小弟上楼头。"这可能与他特殊的生涯有关。由于父亲离世较早，他实际是在兄长的影响下走上绘画道路的。仲韶的性格和学养等对他有直接影响。徐巨源关于仲韶"乍见如卜肆中所画鬼谷子"的描述，与《个山小像》上的八大也有某些相似之处。

五、八大之侄朱容重

在八大研究中，朱容重是常被提起的一位艺术家。一度甚至有人认为八大与朱容重为一人。如李叶霜说："易言之，八大山人未出家为僧时名叫传綮，传綮在家时本名为朱容重。朱容重不是别人，他是明朝宁献王朱权的九世子孙，奉国中尉。"[①]这样的结论不能成立。朱议淔（1620—1697），字容重，一字子庄，宁献王九世孙，封奉国中尉，为八大山人之侄。

邵长蘅《八大山人传》曾说道："其侄某识之，留止其家。久之，疾良已。"在那凄凉的世界里，容留八大并给他莫大支持的侄儿到底是谁呢？学界几乎肯定就是朱容重。

其证据主要有三：一是张庚《国朝画征录》将八大和容重二传相合，显见二人之密切关系。二是北京故宫博物院藏八大致方鹿村书札中的证据，该札说："穷交得意处，惟是重喜重庆垂爱为愧。"这通书札请鹿村为之转送阎若璩之对联，其中"惟是重喜重庆垂爱为愧"，被认为是指八大的侄子朱容重照顾自己之事。三是北京故宫博物院所藏八大另一致鹿村信札中的证据："只手少苏，厨中便尔乏粒，知己处转掇得二金否？前着重侄奉谒，可道及此。……"这里的"重侄"，很多研究者认为，就是朱容重。甚至有的论者认为，这是一条铁证。

---

① 参见李叶霜《朱容重〈竹石海棠图〉与八大山人作品》（台北：《艺坛》月刊第四十七期，1972年）一文。

其实，这三条证据都不能证明朱容重就是曾收留八大的那位侄儿。

关于第一条证据，张庚并没有见过八大，他所写传记主要是根据龙科宝（他将龙科宝误写为隆科宝）《八大山人画记》写成，《画记》缘1720年刊行的《西江志》而得以流传。张庚根据这篇画记，并结合自己所见八大作品和相关传说纂合成文。传记取于《画记》痕迹甚明。如张庚写道："八大山人，有仙才，隐于书画，题跋多奇致，不甚解"，此来自龙记之"有仙才，隐于书画，皆生纸淡墨，题跋多奇慧，不甚可解"。张庚的"襟怀浩落，慷慨啸歌，世目为狂。及逢知己，十日五日尽其能，又何专也"，来自龙记之"人多不识，竟以魔视之，山人愈快。逢知己，十日五日尽其能，又绝无狂态"。文中还对龙科宝的两段记载有所修正。如其云："隆科宝记云：山人书画，得董华亭笔意。非是，又云：画之最佳者，松、莲、石三品。然亦不止是也。"

张庚可能根本就没有读过邵长蘅的八大传记，也不知道八大与朱容重之间的叔侄关系。甚至他连朱容重的名字都弄错了。其实这样的误解很多。如重庆博物馆藏石涛《松庵读书图》，李松庵是八大和石涛的共同朋友，曾在二位大师之间传递消息，石涛求八大为之作《大涤草堂图》，就是通过李松庵而达致的。石涛在这幅作品中有题识谓："遥知松庵读书处，放笔直探鹤高骞。予时呼起图中人，二载相思同日语。壬午二月春分前五日寄松庵年道兄博教，清湘大涤子写邗上青莲草阁。"这是石涛晚年的作品，作于1702年。其右上有跋称："往事辛酸莫再陈，雩都遁迹卧云身。机心机事知多少，惟有云山面目真。清湘老人为明宁献王后，甲申后，始变木石，遁迹雩都，以诗鸣世，后人罕有知者。题画或书大涤子，或署清湘老人，或作苦瓜和尚，其款不一。按老人父朱重容有诗书名，画誉尤著当世。寓蓼洲，出□志之于此。李廷钰题。"李廷钰（1792—1861），福建厦门人，字润堂，号鹤樵，著名将军李长庚之子，曾随林则徐守虎门。好金石书画，善收藏。李廷钰将石涛和八大、朱容重三人的身份弄混了，将石涛判为朱容重之子，可能是将石涛与作为宁献王之后的八大弄混了。

张庚《八大山人传》引时人之说云："姓朱氏，名耷，字雪个，故石城王孙也。甲申后，号八大山人。"接下来说"又宁献王九世重容，字子庄"。其实，八大是宁王一支弋阳王的后代，根本不是石城王孙，而朱容重恰恰是石城王孙，其祖父为辅国中尉谋䵺，其父亲是奉国中尉朱统𨨷，也是一位颇有成就的书画家。康熙《新昌县志》卷二八："朱统𨨷，号雪曨，明奉国中尉，美姿容，廉介自持，不轻然诺，工诗，旁及书画，皆古法，事父至孝，戎马在郊，负土成坟，不以累，诸弟晚与缁黄为方外友，有古高士风，寿七十卒。"《盱眙朱氏八支宗谱》言朱容重，名议淛，乃石城王孙。张庚对八大和朱容重之谱系张冠李戴，所以，张庚将二人合传并不能作为"容留说"之佐证。

关于第二条证据，"穷交得意处，惟是重喜重庆垂爱为愧"，有研究认为，此条说明八大有两位侄子对他很好，是他贫穷时的依靠①。但即使重喜、重庆是指八大之二侄，也并不能证明说的就是容重，因为没有任何证据说明容重曾经有重喜或重庆之名。其实，"重喜重庆"化用了古熟语"重重喜庆"，"重重"意为"最最"。宋无名氏《满庭芳》云："有重重喜庆，贺客骈阗。从此燕居笑语，称觞处，好展华筵。"明代邱濬（字琼山）有词云："九九年来，重重喜庆，赖得老天周济。况膝前、瓜瓞绵延，想到尘凡有几。"八大所谓"重喜重庆"，即"最最值得高兴的事"。八大意思是，贫贱之交，颇获我心，年来最使我感动和庆幸的，是得到鹿村的垂爱。此乃致方鹿村之札，时间大致在1690年前后②。所指对象当是方鹿村③。方鹿村对于八大来说，乃贫贱之中的至交，落魄的八大多得这位至友的帮助。美国大都会艺术博物馆所藏八大致鹿村书札中就有"卅年来恰少盐醋，承惠深谢"，可见，方鹿村是他晚年最倚重的朋友。（图19-7）

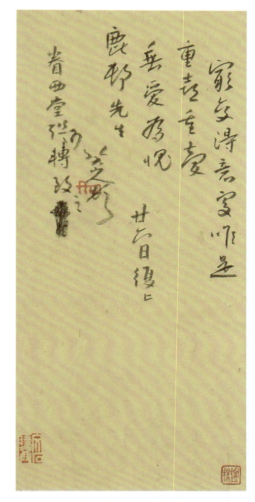

图19-7　八大山人致方鹿村手札册之九
纸本墨笔　年代不详
21.2×17.5cm　北京故宫博物院藏

①刘九庵《记八大山人书画中的几个问题》中说，从八大书札中可以看出："山人有两个侄儿，一名重喜，一名重庆。"（《艺苑掇英》1983年第19期）这种说法较流行。
②刘九庵先生认为，八大山人此札大致在1688到1694之间，见《关于八大山人的几个问题》，《艺苑掇英》1983年第19期。
③白谦慎先生以为此"穷交"乃指阎若璩，似未核。见其《八大山人为阎若璩书联小考及其他》（台北：《故宫文物月刊》，第十卷第二期，1992年）。这封书札原文为："穷交得意处，惟是重喜重庆垂爱为愧，廿六日，复鹿村先生。八大山人顿首。"而"眷西堂联可转致之"乃是附言，八大乃是对鹿村的复函，是对鹿村的致谢函。

关于第三条证据,"只手少苏,厨中便尔乏粒,知己处转掇得二金否?前着重侄奉谒,可道及此",这是现今所见八大存世文字中唯一提到其侄儿的内容,而且侄儿名为"重侄",似是八大为朱容重"容留"说最直接的证明。但仔细推敲语气,又见其不然。(图19-8)

八大这封信的内容是向方鹿村借钱,因为厨中绝粟,无以为活。前此曾"着重侄"——派遣侄儿重特地登门求助,八大不知重侄是否向鹿村说及此事,故饥饿中的八大又行致函,信中感叹"凡夫只知死之易,而未知生之难",是一通无可奈何之信。我以为,此札所说之"重侄"不可能是朱容重,而是另有其人。

其一,如果"重侄"就指容重,语气就显得不恰当,虽然容重是晚辈,究竟不同于一般的叔侄关系。从年龄上看,朱容重于1620年出生,长八大六岁,如果此书札作于1690年前后,那么此时的朱容重已经七十高龄了,而八大才六十出头,对于一位七十高龄的人,怎么可以说"着"(派遣)其传递消息,如同对待一个孩子?

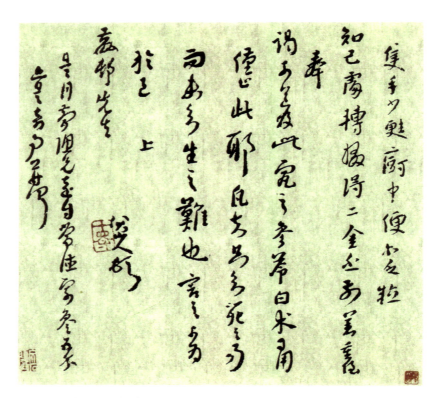

图19-8　八大山人致方鹿村手札册之十三　纸本墨笔　年代不详
21.2×17.5cm　北京故宫博物院藏

其二，从身份上看，"重侄"也不可能指容重。因为在当时的南昌，容重艺名其实高于八大，八大以其狂而著称于世，而容重则以其书、画、篆刻方面的卓越成就而享誉艺坛。《西江志》成书于朱容重逝世不久，卷七〇云："朱容重，字子庄，南昌人，明奉国中尉，入本朝不仕，能诗，工书法，间画兰竹小景。四方之士游豫章者，不得子庄笔墨者以为阙，所居蓼洲造请者无虚日。卒年七十九。著有《初吟草》，徐世溥为之序。"康熙三十年宋荦所编《榆溪诗钞》卷下载徐巨源《赠朱子庄》："朱生砺错刀，欲翻蝌蚪经。遂使春池上，蛙蝇不敢鸣。释刀复捉笔，倏忽万山青。竹雨洒苔石，霏微更窅冥。多艺谁使然，绀珠似曾缨。市人爱乐易，言笑日相并。有时啸歌发，丝竹满谷坑。谁知涤砚际，羲献又退听。"由此可见容重的影响。容重可谓故国之遗臣，当世之巨宿，为黎士弘、徐巨源、李元鼎等硕儒所推重，非一般之文士，更不是可以使唤的一般之人。

第三，如果这里的"重侄"就是朱容重，派遣他主要是为了借一些银子买粮食，以解绝粟之忧，对于有如此名望且是八大亲属的容重，为何不能自解其囊，稍解八大燃眉之急，而需辗转向一位商人借粟，这让容重的颜面往哪里放！

由此可见，八大这里所说的"着重侄"断非朱容重。收留他的那位侄儿，最大的可能是朱仲韶之子。

八大与朱容重相关的书画作品有数件。

1.藏于北京故宫博物院的《八大山人澹雪朱容重等书画合册》，共八开，其中有八大的《古木双禽图》。第二、三、四开有朱容重的对题。第二开张学曾《竹石水仙图》朱容重对题云："二月二日涉笔新，水仙竹叶两精神。正如月下乘鸾女，何处堪容食肉人。徐天池句，朱容重书。"下钤白文"容重之印"、朱文"子庄"等印。第三页汪文柏《菊花图》朱容重对题云："春深未是慕花期，闲展孤窗且自怡。唤取邻沽相托对，何须步履到东篱。朱容重题。"下钤"容重之印""子庄"等印。第四开程瑶《独步观泉图》朱容重对题云："二子避世自疏玩，不在山间便水间。多少红尘车马客，何能得似此翁闲。己巳春杪题似孝老年道翁并请正。南州朱容重。"下钤"朱容重字子庄""粗石居士"（按，粗石为朱容重之号）等印，作于1689年。

2.《十百斋书画录》亥集著录八大《松鹿图》，后又著录朱容重书法作品一件："朱明正喜日初长，介寿缤纷进鹤觞。座列篇章开玭瑠，家成孝友著缥缃。琼枝已立千秋叶，彩笔犹生五色光。举世知君多隐德，只今无事不占祥。旧作书祝，朱容重。"八大与容重作品似有联系。八大《松鹿图》可能为祝寿之作，而容重之诗也

为祝寿。(图19-9)

3.陆心源《穰梨馆过眼录》卷三十收八大画册十二页,其中第一页《水墨芙蓉双钩竹》,有朱容重跋诗:"一枝开木末,江上怨冷冷。为问春风面,醉得几时醒。"第三页有江上叟李松庵的跋诗,第四页有彭廷典的跋诗,均有"丁丑夏日"之款,故朱容重之跋可能也作于1697年,是他生命最后年月的作品。

上海博物馆藏八大1694年所作山水花卉册,八开,其中第五开画荷花,有款识云:"居敬堂对瓶花为画,八大山人。"第八开为山水,有款识云:"款甲戌闰五月之既望,雨坐居敬堂为作此图。"李叶霜认为,这里的"居敬堂"就是朱容重的斋名。其主要根据是《论语》中的一句话:"临之以庄,则敬。"[①]这说法缺少根据,几乎是猜测,故不予采纳。

八大与朱容重,都是以书画名世的王孙,在性格和艺术风格上却有很大差异,这可能是二位虽同膺盛名却并不亲密的重要原因之一。

徐巨源《榆墩集》载《朱子庄诗序》:

> ……迩来为诗者,务以僻事诡句为工,甚则剽撽字之点画异今日者,矜示奇奥。呜呼,诗言志,孔子标辞达而已,今之言诗者,果能达其志哉!余读朱子庄近诗,未尝不如脱污淖就坦途也。晋人论音,谓丝不如竹,竹不如肉者,以其渐近自然。子庄于今日殆文昌之徒云,而时鲜能悦之者。

朱容重为文为诗以平易清远为尚,不事僻事诡句,与流行于清初的江西诗风不同。如《青云谱志略》艺文所载朱容重《青云谱十二景怀古题赠诗》二首之一云:"师因爱我到楼居,携手翩然玄兴舒。传槛花香登客座,沿阶竹影画窗虚。懒于身外求丹药,惟有床头枕秘书。岂是清溪人不识,门前簇簇绕轩车。"又如《挽徐巨源先辈》:"乱后诛茅构草亭,山中闲散久穷经。文章自我开生面,寰海推君作典型。夜雨暗凄高士宅,寒云低掩少微星。清尊无复黄花约,极目何堪涕泗零。"诗风清新雅畅,颇可读。朱容重性格和易醇厚,如李元鼎《朱统鉝墓志铭》论及他时说:"为人醇谦,好古能文,尤精八法。"

徐巨源《榆溪逸稿》中有宋荦所言《友评》全文。宋荦在《西陂类稿》卷二八《跋徐巨源友评》中这样写道:"余到南州三载,求徐巨源文翰甚渴,……兹又从朱

八大山人研究

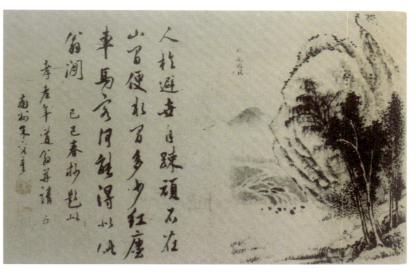

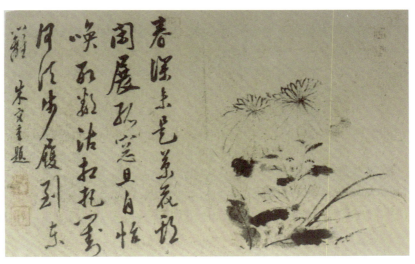

图19-9　朱容重题跋　八大山人澹雪朱容重等书画合册之三　北京故宫博物院藏

子庄得巨源《友评》一卷，手书六百八十九字。"巨源在《友评》评朱容重之艺术："子庄如山，远峙其中，树木水石，寺观桥亭，色色有之，而初不自表，见游者至，则随所欲求，一一得之。"正是在平易中见高致。

朱容重之画也是平和幽淡的风格。如现藏于台北故宫博物院的《竹石海棠图》扇面，款署："丙申夏日戏墨，粗石容重。"作于1656年，是其早期作品。另，北京故宫博物院所藏《松泉图扇》，款"戊戌秋日，门人朱容重画"。作于1658年，也是其早期作品。此二画可见朱容重和易之风格。其书法也有平和之风，楷书得欧阳率更之雅韵，行书则有右军韶秀之风致。

而八大为人为艺与朱容重不同，八大为人以狂狷为尚，为诗为文则有"双井之遗风"（山谷之风格）。朱容重性格和易，八大却"性孤介，颖异绝伦"。诗文也复如是，龙科宝说八大"题跋多奇慧，不甚可解"，邵长蘅说"予见山人题画及他题跋皆古雅，间杂以幽涩语，不尽可解"。八大诗、文、画均有使人难解处，虽有深意存焉，但常不免落于孤僻荒怪。所以，八大与朱容重为人、为诗、为艺都可以说是风格迥异，不相凿枘。八大之特点在幽涩，朱容重之特点在平易。我疑此或成为八大与朱容重交流之障碍矣。

第二十章
传綮与弘敏相关问题研究

八大山人在明清易代之交遁入佛门，长达二十多年，但他在佛门的资料留存极少，这一时期存世的书画作品和诗歌作品也较少。本章通过新发现的与八大佛门生涯相关的文献，对此期八大的生活和艺术道路作进一步研究。

一、耕香院建院之始

明亡后，八大遁迹深山，进入佛门，依弘敏而得法，弘敏（又作宏敏，1606—1672），字颖学。晚岁与八大同至奉新耕香院（又名耕香寺、耕香庵）。耕香院是一座什么样的寺院呢？

史料中最早对耕香院的记载是康熙壬寅（1662）刊行的《奉新县志》（黄虞再修、闵钺纂），该志卷一四《杂记》中云："耕香院在新兴乡，顺治十三年耕庵敏禅师卜基始创，面水枕山，幽砌崇丽。"乾隆和道光《奉新县志》都是转录康熙旧志，没有新的内容。同治《奉新县志》卷四建置志在"耕香院，在新兴乡，顺治十三年耕庵禅师卜基始创"后，又加了一句："有八大山人匾。"今天我们了解的这座寺院的情况就这么多。

近读相关史料，发现了一个线索，就是康熙《奉新县志》的编纂者闵钺，他是八大老师弘敏生平密友，闵钺存世的文字中，保存了不少与弘敏以及耕香院等相关的鲜为人知的资料。

据道光《奉新县志》卷七人物载："闵钺，字晋公，号冶庵，建康乡人，少傲岸自喜，慕陈同甫之为人，锐意欲以功名显，好《春秋左氏传》，周秦而下涉略而已。为诸生，名藉甚。顺治初以贡游太学，未几归。为文酒会于郡城，与南昌郭曰燧、新建张泰来相切磋，学益大进。乡举后公车报罢，幡然曰：'士自有千古，岂尽出科名耶？'归聚书万余卷，寝食其间近十年，谓有得。晚益翻阅内典，旁及歧黄素难阴阳术数之学，靡不殚洽。性刚急，不能容物，人亦以是忌之。居恒好与缁黄为方外游交，清言啸咏。邑宰黄虞再、何绍雅重之，每就其庐咨以政事。顺治间纂修邑乘皆出其手。"有《冶庵集》传世。

北京大学图书馆藏有康熙刻本《冶庵集》，分《文集》和《别集》两部分[①]，《文集》六卷、《别集》二卷，成书于康熙庚申（1680），《文集》前有康熙庚申作者自序，并于是年刊刻。《别集》主要记录他与佛道交往的相关事实。在其中，发现了一些极为珍贵的史料。

闵钺与弘敏之间的交谊，从弘敏圆寂后闵钺所作挽诗中即可窥见。《挽耕香禅师四首》云：

> 年来几度过耕香，寒却烧炉渴即汤。已惜时人成世谛，等闲埋没老婆汤。
> （注：予近居冶城别业，每舟行归省，必过耕香，故云）
> 不近人情铁面皮，天生懒病却难医。自从一出瀛山后，到处相招只皱眉。
> （注：师嗣法瀛山，归隐洪州三十余年，博山三请继席，辄皱眉而去）
> 三炷臂香彻骨真，千秋不冷此缘因。如今欲报浑无策，只向堂前拂尘影。
> （注：戊申予有阐提之讦，师在灯社，闻耗于佛前，烧臂香三炷以表之）
> 深深拜倒泪纵横，岂是区区去住情。记得许多曾托事，敢辞孤掌负前盟。
> （注：师平时常以身后事相托，故云）[②]

这四首诗及注文包含丰富的内容。在第四首注文中，谈到弘敏"以身后事相托"，说明二人交谊极深。诗和注中谈到，他是耕香院的常客，每回自己的住所冶城别业，舟行过此院，常在此停留。1668年他遭到佛门中人的攻击，远在进贤介冈灯社的弘敏还为其烧三炷臂香，祝其平安。《冶庵别集》还记载了一些他在耕香院中的见闻，如卷下杂著有云："余尝宿耕香，钟悬隔壁，每五更睡熟，声吼惊人，敏和上止行者勿击，余至，遂以为常。"由此也可见他与弘敏之间的情谊。

《别集》卷上《耕香庵缘序》一文中，涉及耕香院草创时的情况：

> 耕香禅师受印于瀛山雪老，匿影孤岑，遁迹城市，已二十余年，旧秋，天界浪杖人命人走千五百里，书币踵至，情词谆切，嘱禅师主博山法席。却而不就，断如也。缁俗道流咸相惊诧，意禅师胸中必有一段难测，其实已和

八大山人研究

---

①《冶庵集》收入四库禁毁书丛书集部第166册，但有遗漏，如《冶庵别集》就遗漏了岩头释宿应的序，且不甚清晰，很多内容不可读。
②见《冶庵别集》卷上，注文为闵钺自作。

盘托出，自是我辈钝置耳。

今夏一瓢一笠过新吴之挂锡旧处，吾友王子句庵暨诸优婆塞弟子谋为禅师结茅，拉余同事。乃相地于邑之芦田，坐山面水，龙沙拥护，诚一胜境，因叹此山自有天地以来，块然土阜，今遇波，斯生面始开，人知为山幸矣。余不独为山幸□□，手辟蚕丛，笔下疑有五丁。禅师昔拒浪翁之请，今受我辈之□，非有烦简难易之别，盖深为我辈特生悲悯，能不□乎。……①

这里透露出若干重要信息：

（一）耕香院于1656年创建之前，发生了一件事，即耕庵和尚拒绝了觉浪道盛让他出任博山能仁寺住持之请。觉浪道盛（1592—1659），号杖人，明末清初曹洞宗宗师，一生历住五十多寺院，是当时最有影响的曹洞宗师之一。曾就博山元来受具足戒，晚住江南天界寺（在今南京），传曹洞之法。能仁寺在江西，为曹洞著名丛林。高僧觉浪当是弘敏的法叔，这位极有声望的法叔让其出任能仁寺住持，情词极恳切，竟然被弘敏拒绝，这件事颇为当时人所不解。这从一方面说明弘敏的个性以及他在佛学方面的造诣。闵钺在诗注中说："博山三请继席，辄皱眉而去。"觉浪是在博山能仁寺数请而未果的情况下，亲自出面敦请的。

（二）在这段记载中，可知耕香院建院的一些因缘。奉新曾是弘敏挂锡之处②，弘敏在这里有很高的声望。他品性高洁，幽栖山林，不受觉浪之请，绝然隐而不出。正是在这样的背景之下，才有筹划为其建一座寺院的设想。而弘敏不受博山能仁寺之请，而甘于在新建的小院栖身，也反映出他幽冷静寂的个性。

（三）闵钺所纂《奉新县志》说耕香院"顺治十三年耕庵敏禅师卜基始创"，这其实是粗略记载，耕香院并非耕庵禅师筹划所建，而是其友人所建。这就解决了一个问题，耕庵禅师此时卓锡于进贤县介冈的灯社，为什么要另建一个寺院。此前曾有研究提出这个问题，有的研究猜测他在介冈不顺心，有的认为他可能是欣赏八大，让出位子给八大。这样的猜测都不成立。

（四）文中称："吾友王子句庵暨诸优婆塞弟子谋为禅师结茅，拉余同事。"点出策划建院的主要人员，王子即建此院的主要提倡者王维藩，字价子，号句庵，江南徽州府歙县人，诸生，时任奉新知县。工草楷，亦工诗，并喜方外之学。与八大

---

①北京大学所藏此本有漫漶不清处。

②新吴：奉新又称新吴。康熙《奉新县志》卷一《舆地》："汉高帝平定海内，以项籍起江东，恶其强盛，分徙吴之大姓置于他郡，迁吴氏、涂山氏、东冯氏于此，因号新吴。"

之友饶宇朴、傅修、丁弘海多有交往。优婆塞，即在家奉事三宝、受持五戒之男居士，参建耕香院诸子中包括张泰来、闵钺、帅承发等。

1672年，弘敏圆寂，八大是否继席为此院住持，不得而知。但这座小小的寺院还在延续着，并未因弘敏离去而香火告灭。上举闵钺《挽耕庵禅师》第一首云："年来几度过耕香，寒却烧炉渴即汤。已惜时人成世谛，等闲埋没老婆汤。"其注云："予近居冶城别业，每舟行归省，必过耕香，故云。"弘敏不在了，但闵钺还是这座寺院的常客，在这里接待他的，可能有八大。从《传綮写生册》和《个山小像》等相关资料可以见出，八大与这座寺院有着深刻的关系，如裘琏所说他是"芦田个"。他在患有癫疾时，想到的还是"归老奉新"。闵钺与八大当有交往，但《冶庵集》中无记载。

耕香院，不仅在八大1680年离开佛门之后存在着，在八大去世之后，这座寺院仍存于世。帅念祖《耕香庵夜宿》云："秋风入村落，鸡犬亦含霜。清梵花宫寂，游仙玉漏长。照入萝薜月，幽梦水云乡。拂拭观心镜，跏趺拥醉香。六根归定慧，片偈谒空王。"①念祖，字宗德，号兰皋，奉新人，为西江著名画家，以指头画名世。其祖父帅承发、父亲帅我均与八大有交。念祖为雍正癸卯（1723）进士，此诗当作于八大去世后。从诗中看，此时的耕香院仍是一片清寂的佛世界。

黎元宽（约1607—？），字左严，号博庵，江西南昌人，崇祯元年（1628）进士，在明任兵部主事、兵部郎中，明亡后居南昌蓼洲，潜心著书，于佛道两家都有很深修养。他与弘敏有交谊。《进贤堂稿》卷一六载《鼎建芦田耕香庵碑记》，全文如下：

> 耕香庵者，新吴之轩上，宰官若乡先生四部众之所以为耕庵大师一坐具地也，而亦既功德庄严矣。师有意于此乎，无意于此乎？以为无意，则师尝著耕庵录，其人与其书，而俱从其处名之。以为有意，则博山祖席，师且不居，奚沾沾于新拈之茎草！虽然孤峰顶上，诃佛骂祖，师实不为也。师以曹洞之尊宿，受心印于雪关老和尚，诚所谓不独宗眼分明，抑且师承有据者，于是博山兴再世矣。天界杖人俨然而命师主之，主之自其本事，乃杖人固以命，则众人固以请。众人固以请，则师固以辞。师岂无说而处于此？饶公型万为师著不主博山之论，甚辩。文至高。而庸讵知新吴之已得而私之也？夫新吴之以道德师者，徒不减于博山，即炉鞴之用，又岂能省于博山。师不主

---

① 帅念祖《树人堂诗》卷二，康熙刻本。

八大山人研究

博山，而安新吴，或因缘然。耳闵晋公尝喻是事，以为如囷明白，下方来能出□于定者，似为新吴谦之也。则余于师更有荐焉。古德懒残，对朝使寒，涕垂膺乃曰：无工夫为俗人，拭涕而故肯拨火分芋于李邺侯芙蓉，楷誓不受利名，宁坐刑狱以拒大观天子之诏书，而未尝不结庵湖中而自便懒残尚矣。芙蓉正曹洞家风，师其无亦预辞国师之号，若紫衣之荣实，有如泰伯之所谓三让者，而直泯其名称已。平出世间法，原与世间法相准，故凡得法者，谓之选佛及第。世岂无不及第而至贵者，凡弘法者，谓之据令当阳。世岂无不当阳而能化者，自今日而有师，则知宝王国中不乏巢许，而芦田遂若为之颖水箕山，亦愈知博山老祖不将佛法作人情之言。夐只千秋，真堪内绍。此地负阴而抱阳，泉香而林静，春来之草自青，洞上之风不坠。桂已成丛，芦无烦折，雅称其为隐居，至若不作不食，种田博饭，粳米维馨，是有事业。耕香所坊，凡劚地几顷，严佛几座，前殿一重几楹，高广几丈尺，后殿一重几楹，高广几丈尺，山门一重几楹，某屋几楹，作始于某年某月，成功于某年某月，其施者主名若财贿器，且曰吾以领众，故损己利他，仅在巾品，师不领众，其品应在上上无疑。而玉线金针，与夫实镜之三昧，终亦无所多让。后之人能踵事而光大焉，安知其不更以耕香为祖庭也！师名某，字颖学，别号耕庵，即所谓名同其处，而及门某某，题缘某人，记之者南昌旧学黎元宽，字左严，例得备书丁未朔日记。[1]

此文与闵钺《冶庵文集》诸文对参，基本可知耕香院的创建情况。黎博庵此文款丁未，在康熙六年（1667）作此碑记时，庵已成，就寺院的规制而言，虽然规模不大，但有山门，有大殿，有环诸大殿之僧房，俨然一山中寺院。八大在此度过十多年清幽的岁月。

文中所谈到的"宰官若乡先生四部众之所以为耕庵大师一坐具地也"，与闵钺所说的"吾友王子句庵暨诸优婆塞弟子谋为禅师结茅"是一致的，这座寺院的建成，得弘敏的很多朋友帮助，历时数年而成，奉新县令王维藩在其中起到了关键作用。文中谈及拒绝觉浪请其做博山能仁寺住持之事，在迂曲的表达中，歌颂弘敏幽僻清逸的德行。其中特别提到了饶宇朴的长兄饶宇栻（字型万），著文为弘敏不应能仁之请而辩。饶氏兄弟是弘敏的俗家弟子，与八大交谊深厚。(图20-1)

---

① 《进贤堂集》，康熙刻本。

图20-1　芙蓉湖石图扇面　纸本墨笔　年代不详　16.5×50.5cm　重庆博物馆藏

二、"头陀耕庵"之"头陀"意

弘敏属于曹洞宗青原下三十七世，成书于康熙三十二年（1693）的《五灯全书》卷一一六有《洪都奉新头陀颖学弘敏禅师》，这是目前见到的关于弘敏最为详细的传记。这里称弘敏为"头陀颖学"，"头陀"，研究界多将其理解为和尚。

这一误解在饶宗颐先生《禅僧传繁前后期名号之解说》文中即存在，他在引《五灯全书》弘敏传时说："洪都奉新头陀颖学弘敏禅师，宜丰陈氏子。……参博山、闿，入侍寮。……随往浙主大慈，掌记室。……复自武林还瀫山，师为第一座。闿印以偈曰……头陀开法。"[①]他将"头陀"二字理解为和尚的代名词。叶叶先生《读朱道朗跋矑仙〈筮吉肘后经〉后》一文，记载八大于顺治癸巳（1653）"往进贤介冈灯社，谒颖学弘敏头陀得法"。并说，顺治丙申（1656）"与弘敏头陀唱和的《白狐岭八景》七绝诗传世"[②]。而在《论"胡亦堂事变"及其对八大山人的影响》一文中，叶叶先生又说："康熙三十二年成书的《五灯全书》称颖学为'奉新头陀'，即指其住耕香院时期而言。"[③]胡光华先生《八大山人》一书，在一条关于饶宇朴的注中说："与八大同为耕庵头陀之弟子"[④]，也是将头陀看作和尚。佛门本将苦行僧称头

① 《朵云》（中国绘画研究季刊），上海书画出版社，1987年，第15期。
② 台北《大陆杂志》第六十五卷第五期，1982。
③ 台北《大陆杂志》第五十六卷第六期，1975。
④ 胡光华《八大山人》，吉林美术出版社，1996年，337页。

陀，后扩展为将僧人称为头陀。那么"头陀颖学"是否就是颖学和尚的意思呢？其实这是误解。

《五灯全书》颖学弘敏的传记全文如下：

> 宜丰陈氏子，生不茹荤，阅《楞严经》，遂有出尘矢志。寻头陀宗妙微薙染，参博山閤。入侍寮，看船没子踪迹处话有省，随往浙主大慈，掌记室。一日入室，閤问："三世诸佛不知有，狸奴白牯却知有，子作么生会？"师曰："某甲口门窄。"閤抚膝曰："道甚么？"师曰："昨日有人长短，和尚亏某甲，与和尚解交。"閤笑而颔之。复自武林还瀛山，师为第一座。閤印以偈曰："昔年招手不思归，父子团圞信有时。满月琅玕鳞甲异，泼天风雨湿龙衣。"是冬閤涅槃，建窣堵，工竣，归头陀开法。
>
> 时受业迁塔。上堂："就里难名，有客堪称。浪子虚中不载，无人打破圈儿，不敢吠影寻桩，只贵知恩有地。南阳忠国师于无阴阳地上，建一座无缝塔，巧飞铃铎，妙叶烟云，八面玲珑，不事丹雘。肃宗皇帝，领荷全机，无忝外护，是佛心天子。却后侍者耽源，转折伤奇，弄得七穿八穴，带累他古今多少人。薰沐归心，向胡饼里讨汁。即令汾阳有尊酒片肉遣不去，者些野鬼闲神，争似我头陀老人，示一机一境，造次之流，向死桩上、活句里描写不来，正不知缁素分明，机缘有在。而今日之主伴灵兴，若有自他方而涌现者，各各入奋迅三昧。将陈年未了公案，宎窟填坑，成就庄严，东涌西没，可称尽善尽美。虽然如此，只如我师栖迟隐密。且道：是阴阳地耶，无阴阳地耶？"卓杖曰："眼底浑无金屑累，碌砖顽石尽生光。"师生万历丙午正月二十四日，示寂康熙壬子冬十一月晦，世寿六十有六，僧腊四十有二，塔于本山（雪关閤嗣）。[①]

弘敏是雪关智閤的法嗣。这篇文字中涉及"头陀"，显然不是指僧人，而指寺院。按照《五灯全书》的体例，僧人往往一生卓锡多所寺院，而传记常以一有代表性的寺院称之，如雪关的传记称"广信府瀛山雪关智閤禅师"，博山的传记称"广信府博山无异元来禅师"，而二人生平卓锡寺院很多。也就是说，"头陀"不仅是寺院名，而且是弘敏一生所卓锡的能代表其成就的寺院。传记中没有说他是"介冈颖

---

① 此据释超永《五灯全书》卷一一六，《卍续藏经》第八二册。

学"，或者是"耕香颖学"，就是这个原因。

奉新有头陀山，位于从善乡，头陀山有定慧寺，此寺又称头陀山寺。闵钺《头陀十景》诗有小序云："司马头陀游于海大师门，语句杂见于《会元》，甚悉。兹山一并其遗迹也。后人就地结茅，规模犹小。"①头陀山之名，因唐代著名僧人怀海弟子司马头陀游此山而得名。闵钺又有《头陀山定慧禅寺碑记》云："吾邑祖刹如百丈、九仙、白水、慧安、幽谷，见诸灯史可考也，而头陀之定慧不与焉。……邑乘载司马头陀为百丈海祖扞，今窣堵而山怪逼迫，遁投中会潭，而从此山并中出，则山之得以头陀名。"②定慧寺本来较小，自博山无异卓锡奉新诸寺之后，此寺在其倡导下得到扩建。

《五灯全书》弘敏传中有"寻头陀宗妙微薙染"，此一语并未为八大研究界所注意。弘敏在参雪关之前，曾受薙染于宗妙禅师。如闵钺所说："耕庵者，得法于瀛山，而受薙染之恩于妙老者也。"③其佛门生涯与宗妙有密切关系。头陀山定慧禅寺到明末清初时已凋敝，是宗妙使这座古老寺院恢复生机。闵钺《头陀十景》诗序说："后人就地结茅，规模犹小，至宗妙公始扩而大之。"宗妙乃寿昌慧经弟子，住博山能仁寺，后又来住奉新县的成觉、玉鉴等寺院，待宗妙卓锡定慧寺，此院方云龙风虎，彬彬大盛。寿昌慧经（1548—1618），法号无明，明代曹洞宗僧，是博山元来的老师。宗妙为慧经之弟子，即与元来为法兄弟，故弘敏这位剃度师应是他的祖师辈。（图20-2）

傅修《头陀寺诗》云："宿性压尘嚣，名山结良契。选胜及头陀，来值霜天霁。行行一以深，亭午转昏瞖。划然复天开，宏规敞妙制。大哉头陀师，宗风阐妙谛。至今诸比丘，能谈其秩事。为言百丈山，此山之右袂。相去百里余，师始实游憩。爱彼峰峦佳，因穷开凿势。"④其中所言"头陀师"，是弘敏的老师宗妙禅师。宗妙禅师当时在奉新颇有名气，如幽谷寺的全一禅师，便为宗妙禅师之弟子。闵钺有诗形容道："曾遭宗老藤梢毒，又见岩头梅子黄。"⑤而在《五灯全书》所录耕庵禅师开堂语中，也对宗妙禅师倍加礼颂："即令汾阳有尊酒片肉遣不去，者些野鬼闲神，争似我头陀老人，示一机一境，造次之流，向死桩上、活句里描写不来，正不知缁素分明，机缘有在。"

---

① 闵钺《冶庵别集》卷上。
② 闵钺《冶庵别集》卷上。
③ 《正伪录序》，见闵钺《冶庵别集》卷上。
④ 道光《奉新县志》卷三寺观。
⑤ 《赠全一禅师》，闵钺《冶庵别集》卷上。

图20-2 传綮写生册之十三 古松 纸本墨笔 1659年 24.5×31.5cm 台北故宫博物院藏

弘敏一生有三次较长时间在头陀山定慧寺卓锡，一是他受薙染于宗妙，从此进入佛门，他初历之寺即定慧寺；二是1637年雪关圆寂，他离开瀛山，还头陀山定慧寺，其时宗妙尚在世。这次他在定慧寺停留多长时间，无从考定；第三次是宗妙圆寂后，继席者为冲公，1658年冲公圆寂，由弘敏继席。

关于这次事件，《冶庵别集》有详细记载。《头陀十景》诗序云："今戊戌（1658）仲冬，余辈迎耕庵禅师开堂领众其中，遂成丛席。暇与禅师扶杖拾藤，啸傲诸峰之巅，相形锡名列为十景。头陀山灵宁得不以余与禅师为两座峰主乎。"闵钺还作有《贺头陀颖学禅师入方丈》诗：

古寺禅灯不计秋，如今亲见玉毫浮。道光的的辉千室，洞水滔滔浸十洲。
善走金吾都拜下，钻窗蜂子亦衣抠。从兹莫令孤高煞，不尽慈肠呕不休。[1]

① 闵钺《冶庵别集》卷上。

这里的"从兹莫令孤高煞",指的是弘敏拒绝出任能仁寺方丈之事。闵钺还作有《耕庵敏禅师像赞》,其中也叙及耕庵在头陀寺的功绩:

> 耕庵老汉,耕庵老汉,生平一具冰骨,历尽千锤百炼。芒鞋破衲,单丁法海,汪洋无畔。入雄峰,喜破瑞老之双眉;却博山,不听天界之三唤。几多头出头没,但坐石上云边。冷看末后,应期定慧,也是某等牛头生按。问法者三十痛乌藤,非种草者一挥两段。如此手眼惊人,故能续洞上之嘉猷,所以瀛山门下尊之为冠。噫,回乡曲,唱十年,余定慧堂前来有伴。[1]

这里以"瀛山门下尊之为冠"来形容弘敏的影响(瀛山即雪关和尚),所谓"应期定慧""余定慧堂前来有伴",当指在头陀山寺之功德。闵钺此像赞当作于弘敏出为头陀寺住持之时,即1658到1659年之间,"余定慧堂前来有伴"一句最是明显。"耕庵老汉",当与1656年落成的耕香庵之名有关。

据闵钺《头陀山定慧禅寺碑记》:"耕庵禅师入主法席,而塔亦告迁于寺之左畔。次年春,留之不可,拂衣而去。"也就是说,耕庵禅师主持定慧寺时间很短。他拂衣而去,与宗妙禅师佛塔之事有关,这正是《五灯全书》详加记述的"时受业迁塔"之事。定慧寺佛塔建在后堂,而宗妙入主此寺后,想改此制,因为当时"丛林中无此规制"[2],而且塔必深土,但此寺佛塔则是浮砌于墁砖之上。宗妙在圆寂之前并未完成迁塔之事,而他在南昌圆寂后,弟子迎葬于后院。故耕庵禅师入主此寺后,在闵钺等人推动下,便开始将佛塔迁至寺之左侧。这件事受到一些人的攻击。闵钺作《正伪录序》,力为之辩。而耕庵禅师也在非难中离开这个是非之地。

丁弘诲《头陀寺募修塔院疏》叙及此事:"某大师司静头陀,久历年所,头陀为新吴幽栖之地,予向年鼓箧其地……今大造诸弟子各率资造塔。"[3]这里所记就是迁塔之事,其时寺院住持为弘敏。而景吕时流连其间,由此可见,八大的终生好友丁弘诲早年便与八大的法师弘敏有交往,而八大与之交,当也不迟于此时。

---

① 闵钺《冶庵别集》卷上。
② 《正伪录序》,见闵钺《冶庵别集》卷上。
③ 丁弘诲《砚北笔存》,此书不分卷。

三、传綮之法系

八大在佛门时，名传綮，号刃庵，嗣法于弘敏。然其法系如何，至今并不为人所知。偶读清守一空成编《宗教律诸家演派》①一书，对了解八大法脉颇有助益。此书一卷，以偈颂形式，叙说诸宗（主要有九宗：临济、沩仰、曹洞、云门、法眼、圣寿、天台、华严、南山律）流传之统绪，时间自唐延续到清。其记述各宗之偈颂，既叙述该宗宗门旨要，又略述其传承谱系。如《临济源流诀》云："南岳怀让道一海，运玄奖颛沼不住。念昭圆会端演勤，隆华杰于先范具。"并作解释云："自六祖法传南岳让，南岳传马祖一，马祖传百丈海，百丈传黄檗运，黄檗运传临济义玄禅师。后人立为临济宗。"此偈说明临济宗门主旨、传承谱系，涉及怀让、道一、怀海、希运和义玄五人。

该书在叙述洞宗法要时，谈到博山元来之法系，其云：

> 寿昌下旁出博山无异元来禅师，另演二十字为大蚊元来派：元道宏传一，心光普照通，祖师隆法眼，永传寿昌宗。

这二十字列出了博山元来一脉传法宗要，兼及曹洞的传承。此偈说元来所传寿昌慧经法门，如第一句话"元道宏传一"，就涉及此宗系的五代传承：元、道、宏、传、一。元来的下代为道，如觉浪道盛就是他的弟子。另外，元来法嗣道密和道严，都是道字辈。八大老师弘敏是元来法孙②，是宏字辈。弘敏传给传綮，传綮之下当为一字辈。此道出八大传綮法名之由来。

八大法名"传綮"，法号"刃庵"，今人多从道家哲学中取义，认为是取庖丁解牛中的游刃有余意。这颇令人生疑，为什么一个佛家弟子要以庄子哲学来取义呢？其实这是误解。无异元来《广录》卷二云："时人见此一株花，如梦境相似，意旨如何？只向他道。老僧见此一株花，切于肯綮。"在这位曹洞大师看来，性空，是此宗的大义妙门，是它的肯綮。八大的"传綮"，其实就是传性空之意。

而"刃庵"，则取妙悟之剑之意。博山元来云"须顿弃言诠，握太阿锋""若向文殊握剑处会去"，禅宗古德有云："两头共截断，一剑倚天寒"，截断世间"有为"

---

① 《卍续藏经》第一五〇册，此书又称《宗教律诸宗演派》。
② 雪关另一弟子宗头陀（号半俗子），法名宏恩元锡，号祖县，为瑞昌镇国华公第四子，"礼博山异和尚，退依雪关閤。"（同治《广信府志》卷一〇）这位禅师也是宏字辈，与弘敏同辈。

法，超越知识，去除辩解的努力，从而进入绝对、不二境界中。这是一把智慧魔剑。灵云悟桃花有偈云："三十年来寻剑客，几回落叶又抽枝。"悟禅者，就是寻剑人①。《个山小像》中八大所录友人刘恸城赞词云："白刃颜庵，红尘粉剉。"以"白刃"言其庵名，取的是一把白刃、一把利剑的意思。八大要以这把慧剑，"剉"去红尘腻粉，斩却一切牵挂。刃，是一把妙悟之剑。

由此可见，传綮和刃庵，所取乃是性空和妙悟之意。

江西是曹洞禅的发源地，良价开法于洞山，地在宜丰，也就是八大曾经挂笠的新昌。本寂又在曹山弘法，其地在宜黄。明代曹洞中兴，寿昌慧经（1545—1618）弘法于新城之寿昌寺，在今江西黎川县。无异元来（1575—1630）开法于博山能仁寺，其地在信州，今属上饶。八大依曹洞，当然与这一禅门传统有关。元来又称大舣（又作"大蚁"），字无异。世称博山禅师，是洞宗在江西之巨哲，他从1602年始住信州博山能仁寺，在此寺大倡宗风，四方向佛之人云集于此，遂使这座本已毁败的寺院大兴，成为洞宗有名的丛林。元来圆寂后，"大弟子智誾，饫餐法乳，堪称入室，成正德业"②。雪关和尚也是禅门义虎，对曹洞学说多有阐扬，其《雪关歌》极负盛名。弘敏是其嫡传弟子，得曹洞家法。今有研究指弘敏是无异和雪关的传人，此说不确。元来在世时，弘敏曾及见，但他并非元来传人，而是元来法孙。而传綮是元来第四代传人。饶宇朴《个山小像》跋所谓"诸方籍籍，以为博山有后矣"，正就此而言。

博山一系思想对八大影响很大，也影响了他的艺术。饶宇朴的"博山有后矣"，是说八大直承元来之禅法。元来是明代曹洞中兴的关键人物，在禅学思想方面贡献很大，其《广录》三十五卷，反映出这位曹洞宗师极高的禅学修养。八大禅学方面的主要观点几乎都可追溯到元来。从思想上看，无异元来是对八大影响最深的人物。八大晚年仍与博山能仁寺有密切交往。1690年，已经离开佛门的八大有《墨梅图》，今为美国私人收藏，款曰："寄上博山方丈老人，庚十一月画于在芙山房，八大山人。"（图20-3）这说明到此时，他仍与博山法嗣保持着联系。

饶宗颐先生在《禅僧传綮前后期名号之解说》一文中，曾有这样的描述："《正源略集》云：'寿昌经禅师法嗣四人，首为信州瀛山雪关誾。'是雪关誾与博山元

---

① 《维摩诘经》中有这样的话："以智慧剑，破烦恼贼。"永嘉《证道歌》中说："大丈夫，秉慧剑，般若锋兮金刚焰，非但空摧外道心，早曾落却天魔胆。"（《景德传灯录》卷三〇）
② 《无异元来禅师广录》卷三五《博山和尚传》，《卍续藏经》第七二册。

来同辈，故弘敏同参二人。"①这样一来，弘敏嗣法师便由一人变成两人，博山无异元来便成了弘敏老师，传綮便成了博山元来的法孙。

这有两点疑问，一、史书上没有关于弘敏参元来无异的记载。《五灯全书》弘敏传，只写道"参博山闇"。博山闇，即雪关和尚。雪关在元来圆寂后，主持此寺，故称"博山闇"。二、元来《广录》卷三十五《博山和尚传》是我们了解元来无异的直接资料，此传记说在其圆寂后："大弟子智闇，饫餐法乳，堪称入室，成正德业。"明确说雪关是他的弟子，并非他的法兄弟。

莫非是饶先生的记载有误？查《正源略集》卷三：寿昌经禅师法嗣四人，分别是：信州博山无异元来禅师、建州建阳东苑晦台镜禅师、建昌府寿昌闐然谧禅师、鼓山永觉贤禅师。也是在同卷，列博山元来禅师法嗣四人，分别是：信州瀛山雪关闇禅师、郁州嵩乳道密禅师、福州长庆宗宝独禅师、江宁独峰竹山道严禅。可以明确看出，雪关是无异元来的弟子。饶先生引述有误。

饶先生的结论影响广泛，现今不少有关八大传记资料都将弘敏列为元来和雪关二人法嗣，关于弘敏参元来之说也成定论，于是八大便成了博山元来的法孙。这样的讹误是需要更正的。

---

① 《朵云》（中国绘画研究季刊）第15期，1987年。《八大山人全集》第五册也收录此文。

图20-3　墨梅图轴　纸本墨笔　1690年
125.7×34cm　私人收藏

四、八大嗣法弘敏当在奉新一带

根据饶宇朴《个山小像》题跋："戊子（1648）现比丘身，癸巳（1653）遂得正法于吾师耕庵老人。"

不少研究认为，八大1648年在进贤介冈灯社正式剃度为僧，如上引叶叶先生所说："往进贤介冈灯社，谒颖学弘敏头陀得法。"其证据就是饶宇朴此跋语。但饶宇朴跋并未说八大在介冈灯社受剃度，此推测并不稳妥。

弘敏1656年入主新建耕香院，依闵钺《耕香缘序》所说："今夏（按指1656年夏），一瓢一笠过新吴之挂锡旧处。"[1]可知，此前弘敏曾卓锡于奉新的寺院。1656年，闵钺说："耕香禅师受印于瀛山雪老，匿影孤岑，遁迹城市，已二十余年。"1672年，闵钺在挽诗中注曰："师嗣法瀛山，归隐洪州三十余年。"知弘敏在离开雪关后，过着隐居生活，他在很多寺院流连，活动地域以奉新为主。在聂当世纂修康熙《进贤县志》卷一《山川》中，《白狐岭》下有注云："芦田释弘敏标示八景有诗"，选其诗四首，该《县志》不言"灯社弘敏"，而言"芦田释弘敏"，由此也可见弘敏主要活动地域并不在进贤。介冈灯社，只是其隐居的一个场所而已。

现有大量资料证明，八大早年曾隐居于新建西山。作于1659年的《传綮写生册》中有一幅画芋头，八大题诗云："洪崖老夫煨榾柮，拨尽寒灰手加额。是谁敲破雪中门，愿举蹲鸱以奉客。"洪崖在新建西山，这也证明八大早年的确曾于西山隐居。《个山杂画册》有题画诗云："萧峰鸾尾西，土产湖东鲫。持此径寸烹，会得郎心一。"这里的"萧峰"就在新建西山，传为萧史吹箫处。饶宇朴有《题八大山人画》："依稀枯木与寒岩，三十年前露一斑。石骨松心君见否，郎当笑倒厌原山。"[2]诗作于1689年前后，此诗回忆三十年前往事，当时他们正在佛门，辗转于进贤和奉新之间。诗中所言厌原山，乃洪崖之别名，又称散原山、伏龙山。即此也可证八大早年曾在西山活动。（图20-4）

弘敏可能较长时间卓锡于西山香城寺。香城寺为西山第一名刹，寺中还有罗饭牛画壁。闵钺《冶庵别集》卷下有《豫章西山香城寺题词八则》，由香城寺的山川形势、道脉、沿革、建置等方面谈这座寺院，他对此寺院非常熟悉，可能也与弘敏有关。万时华《溉园诗集》卷二《过学公禅室》："为访安禅处，知师静者徒。杖

---

① 《个山小像》中八大自题云："此赞系高安刘恸城贻予者，容安老人复书于新吴之狮山。"狮山在奉新，许一元有《狮山记》，收在康熙《奉新县志》卷一〇。
② 《菊庄集》卷一二。

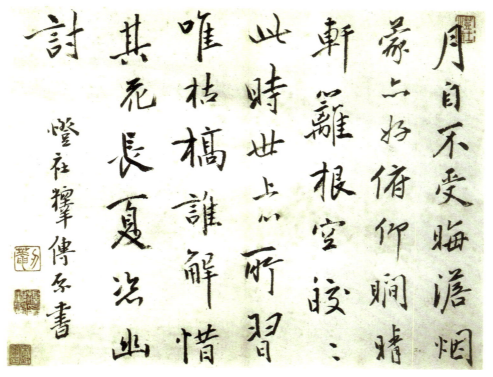

图20-4　传綮写生册之十四　书法　纸本墨笔　1659年　24.5×31.5cm　台北故宫博物院藏

阴随日转，山势倩云扶。性定依群虎，机忘狎众麚。蒲团虽大地，即此是良图。"
徐巨源有《留别香城哲公、学公二上人》诗云："狂生可是老僧身，阑入千峰作主
人。趁暝屡挽灯后饮，偷酤浪度佛前春。山花开尽轻归路，田谷成时再卜邻。借问
莫嫌烦数否，沽师微笑受师嗔。"《榆溪逸稿》中载两首关于学公之诗，《诣香城精舍
学公赴他山回》云："桥西濯足桥东饭，襪被敲门树有鸦。松下不须问童子，径声
遥送隔天花。"《留别学公》云："杜鹃花里布施来，带嗽敲门带笑开。薪水远劳晨侣
出，旃檀带趁晚参陪。……"万时华、徐巨源所言之学公，即颖学弘敏。这与闵钺
所说的弘敏"匿影孤岑，遁迹城市，已二十余年"也相合。

八大在国变之后，曾遁迹奉新山中。邵长蘅《八大山人传》云："八大山人者，
故前朝宗室，为诸生，世居南昌。弱冠遭变弃家，遁奉新山中。薙发为僧，不数
年，竖拂称宗师。住山二十年，从学者常百余人。"道光《奉新县志》卷九寓贤也
说："八大山人，明宗室子，为诸生。国初弃家遁奉新山中，薙发为僧，居耕香庵
不数年，竖拂称宗师，住山二十年。"指八大隐藏之所为奉新。但乾隆十六年刊《南
昌县志》、乾隆五十九年刊《南昌府志》都说"八大山人，明诸生，遭变弃家，遁

进贤山中"，邵长蘅曾亲耳聆听八大言及早年事，我以为邵传的记载是可信的。

故由多种资料推测，八大"正法于"弘敏，并不在进贤，而在奉新或新建。

对饶宇朴"戊子现比丘身，癸巳遂得正法于吾师耕庵老人"之跋语，有研究者提出疑问，为什么1648年剃度为僧，到1653年方"得正法"？于是便有种种推测。有的研究认为，八大进入佛门之后，五年之后方师从弘敏，乃是他从佛之心并不坚定使然，甲申初变的岁月，南方（包括江西）出现了大量反对清廷的军事活动，八大是在静观时变。有的研究认为，在《传綮写生册》上，有"丁字"（按：其实当为"个字"）、"钝汉""灌园长老"等印款，说明八大此时的身份还不是正式僧人，这与当时清朝控制僧徒的政策有关[1]。这些推测是没有根据的。

在佛教中，出家人先要剃度受戒，有师相从，这被称为薙染师，也就是第一个将其引入佛门的人，成为沙弥。然后修法精进，择师学法，称为嗣法师。如弘敏就先受剃度于宗妙，后又参雪关智𫇴等，嗣法于雪关。闵钺说："耕庵者，得法于瀛山，而受薙染之恩于妙老者也。"八大祖师博山元来"遂礼五台静庵通和尚剃发，先修空观五年，次参寿昌于峨峰"[2]。八大"戊子现比丘身"，指的就是他在1648年剃度受沙弥戒为僧，此时剃度师不是弘敏。经过五年修炼后，才正式师法于弘敏。

由此可知八大出家的大致过程。明亡后，八大遁迹于新建之西山，当时这里是很多遗民躲避的地方，不久在西山剃度出家，后依曹洞大师弘敏学法，于1653年在新建或奉新的寺院正式成为弘敏弟子，赐法名传綮，得号刃庵。其间弘敏曾因友人饶宇栻、饶宇朴之介绍，到进贤介冈灯社，在靠近饶宇朴菊庄的地方修法，饶宇朴也是弘敏的俗家弟子。

道力深厚、在当时文坛极有声名的弘敏之所以收八大为徒，可能与其家世有关。这倒不是因为他是王孙，而是八大祖父贞吉与曹洞的关系。李维桢《弋阳王贞吉墓志铭》说他晚年礼佛，自号为"了心居士"。康熙二年刊《南昌郡乘》卷三七《朱贞吉传》说他"以'倦游'名其诗，僧雪浪为之选定"。这位雪浪，正是对弘敏极为器重的曹洞高僧。

五、有关灯社和耕香院相关问题辨析

八大在佛门三十余年时光，主要是在进贤介冈灯社和奉新耕香院活动。他的

---

[1] 肖燕翼《八大山人之名号》，见《八大山人全集》第五册附编，1054—1055页。
[2] 《五灯会元续略》卷一，广信府博山无异元来禅师。

传世作品也可证明这一点。这两个寺院，相距较远，有几百里路程。灯社所在的进贤钦风乡在南昌东南，而耕香院所在的奉新新兴乡在南昌西北。八大山人如何辗转于这两个寺院，他在这两个寺院中到底充当何种角色，目前还缺少确切史料证明。

学界曾流行这样的观点，弘敏创立耕香院，自为主持，将灯社住持让给勇猛精进的传綮，如刘九庵先生说："顺治十三年（1656），三十一岁，颖学弘敏另建耕香院于奉新县新兴乡的芦田，住隐其间，原来他主持的进贤县钦风乡介冈的灯社，便交由弟子刃庵继席嗣法。"[①]这一观点乍看有道理，但深究，又觉其不然。

在闵钺《挽耕庵禅师》四首之一云："三炷臂香彻骨真，千秋不冷此缘因。如今欲报浑无策，只向堂前拂尘影。"自注："戊申予有阐提之讦，师在灯社，闻耗于佛前，烧臂香三炷以表之。"时在1668年，这里所言"灯社"，即进贤介冈之灯社，而不是奉新之耕香院。可见，弘敏在入主耕香院之后，并没有完全离开介冈灯社。

另外，1656年王句庵、闵钺等商议筹建耕香院，但寺院规模不小，定然需要一定时间。1658到1659年间，头陀山定慧寺冲公圆寂，弘敏继承法席，主持此禅院，当时还有隆重的仪式。据康熙元年（1662）修《奉新县志》堪舆图，耕香院所在新兴乡，在县治西二十五里，而头陀寺也在县治西侧，离耕香院不远。他虽然主持定慧寺，但由于路途不远，也方便耕香院的营建。

1659年，弘敏离开头陀寺，主要隐居于耕香院，此时规模不大的耕香院初步建成。1672年，弘敏圆寂，闵钺在四首挽诗之第一首中说："年来几度过耕香，寒却烧炉渴即汤。"其诗名也叫《挽耕香禅师》，而不是"灯社禅师"。1662年，闵钺所纂《奉新县志》，将耕香院列在"寺观"中，并指出耕庵所创。至此时，耕香院应该营建完工。而1668年，闵钺又记载弘敏在灯社为之祈祷。说明他也曾到过进贤。所以，耕香院创立，弘敏为住持、灯社交给传綮的说法不成立。

自1656年耕香院始创，到1672年弘敏圆寂，这期间，作为弘敏大弟子（这一说法当没有问题，康熙《进贤县志》卷十七明确说："法嗣传綮，号刃庵，能绍师法，尤为禅林拔萃之器。"）的传綮又担当什么角色呢？作于1659年的《传綮写生册》既有"灯社"之款、"灯社"之印章，又有"耕香"之印，说明此时八大与这两个寺院都有关系。北京故宫博物院所藏八大作于1666年的《墨花图》长卷，共三段，在第一段"蕉阴有鹿浮新梦，山静何人读异书"后，有"白云自娱""耕香"二印。王方宇所藏《个山传綮题画诗轴》，作于1671年，也有"耕香"之印。可见，

---

① 《记八大山人书画中的几个问题》，《艺苑掇英》第十九期，上海人民美术出版社，1983年。

弘敏尚在世时，传綮协助弘敏寺院内事务，但要说他在这期间"竖佛称宗师"，目前还没有直接证据。

《个山小像》中，也有多处钤有"耕香"印，并有一枚"灯社綮衲"白文印，此印前此未见。八大是"灯社綮"，又是"芦田个"。但在弘敏之后，传綮的活动主要在耕香院，北京故宫博物院所藏八大《梅花图册》九开，其上多有"耕香"之印，该册页作于1677年。这由他与裘琏的交往中即可看出。至迟在1672年左右，裘琏便与传綮有交，他在《释超则诗序》中说："往岁壬子客江右，获交芦田释雪个。"① 壬子，是1672年。在1676年所作《寄个山綮公二首兼索画》中说："吾爱芦田綮，逃禅不著经。"② 而在1679年春，裘琏得知八大患癫疾后，并说他"归老奉新"。而1677年，八大带着《个山小像》"重访菊庄"，此时已经是"访"。凡此，都说明弘敏圆寂后，八大的佛门活动主要在耕香院。

关于八大"竖佛称宗师"比较大的可能，当在弘敏在世时，最有可能的地点是在进贤灯社。表面看来，弘敏1672年圆寂后，传綮嗣法为当然。但我们在他与裘琏的交往中，发现他在1672年后实际上与耕香院保持若即若离的关系。1672年他曾来到新昌，此时胡亦堂在此做县令，胡亦堂女婿裘琏多次驻留此地。裘琏作于1672年的《同诸子过雪公兰若》"兰若千峰外，寻幽此数过。溪石咽石细，树色抱云多"之句③，可见八大此时是在新昌的某个寺院。1672年夏秋之际，裘琏有《赠别雪公上人》二首，其一云："买山何地可，杖锡有烟霞。避暑愚公谷，谈经杨子家。禅心凭落叶，世事听浮槎。莫负渊明里，还来看菊花。"④ 渊明里，所指为新昌。

1673年春夏之时，裘琏又有《留雪公结庐新昌》和《坐雨同个山》等诗，涉及地点都在新昌。《留雪公结庐新昌》诗云："莫问龙溪水，何如濯锦湖。人因陶令在，宅似子真无。山意幽寻杖，云心静心盂。买金开精舍，到处谷名愚。"⑤ 裘琏欲挽留八大长期留在新昌的寺院。《坐雨同个山》诗云："不断黄梅雨，长看白泽湖。盐溪山色好，比得富春天。"⑥ 诗中所言盐溪，即新昌的若耶溪。乾隆《新昌县志》说："盐溪，县西太和门外，一若若耶溪，水从藤江来，至凌江口入蜀江。"据《五

---

① 《横山文集》之《易皆轩二集》。
② 《横山初集》卷十三《卧南稿》。
③ 《横山初集》卷四，按其编年，当作于壬子（1672）。
④ 《横山初集》卷四，按其编年，当作于癸亥（1671）。
⑤ 《横山初集》卷四。
⑥ 《横山初集》卷五。

图20-5　山水花鸟册之五　山水　纸本墨笔　1694年
37.8×31.5cm　上海博物馆藏

灯全书》弘敏传，弘敏于"康熙壬子冬十一月晦"圆寂。也就是说，八大云游新昌期间，正是弘敏圆寂前后。他离开耕香院约两到三年，而且在老师圆寂后，他仍未归耕香院，这间接证明，八大可能并没有继席弘敏。(图20-5)

第二十一章
《梦川亭诗集》所见八大山人相关问题再研究

　　汪世清先生在《八大山人的交游》一文曾提到胡亦堂《梦川亭诗集》，这部诗集曾为八大山人收藏，胡亦堂去世近二十年后，八大曾将此诗集推荐给客游西江的扬州学者朱观，当时朱观正在编辑一本当世诗人的诗集《诗正》。据朱观说，这部诗集不仅有很高艺术水准，其中"与雪公唱和尤多"，他便选择其中与雪公相关的数首诗入其《诗正》。《梦川亭诗集》中一定包含着与八大生平相关的不少珍贵资料，三百多年来，这部文献几乎失传，以至汪先生感叹："与雪公唱和尤多的《梦川亭集》的散佚，以致再也无从读到，真是千古憾事。"①

　　距八大出示此诗集整整三百年后的2003年，八大山人研究界著名学者萧鸿鸣发表了《孤本〈梦川亭诗集〉与八大山人临川行踪考》②，第一次向世人披露了这部久已响沉音绝的诗集。据作者说："笔者有幸发现了弥足珍贵的孤本《梦川亭诗集》并获收藏"，作者认为："《梦川亭诗集》的发现和八大山人在临川的行踪考证，填补了三百年来八大山人在临川行踪的空白，使后人对八大山人在临川'年余'时间里的行踪、情绪、交往，以及还俗的根本原因，有了比较清晰和相当明确的了解，为八大山人与胡亦堂的相交关系，找到了最有说服力的证据。"这部诗集的发现，应该是八大研究史上的重大事件之一。萧先生在文章中论及这部诗集中的不少珍贵资料，对八大研究的推进深有助益。

　　2006年春，我到上海图书馆读书，却在偶然间发现这部诗集，欣喜之情难以言传。我以颤抖的手打开这部略显破碎的诗集，正是世所罕见的《梦川亭诗集》。细细阅读之后，对八大此顷生平思想中相关问题又有新的领会。现将一些零星想法胪列于后，以就教于学界。

---

① 《八大山人全集》第五卷，1097—1119页，江西美术出版社，2000年。
② 《江西社会科学》，2003年第2期。

一、关于《诗集》的编纂

《梦川亭诗集》初成于康熙戊午（1678）年夏，诗集前有临川乡贤、文坛巨宿李来泰（字仲章，号石台，1624—1682）和临川教谕丁弘诲（字景吕，号循庵，南昌人，生卒年不详）二序，胡亦堂并有自序。

李来泰序款署"康熙戊午夏五治年弟李来泰顿首"，丁弘诲序款署"康熙戊午季夏之望邻治年同学小弟丁弘诲顿首拜题"，胡之自序署"戊午季夏甬东胡亦堂自识"，可见此诗集于康熙戊午夏已成书。丁序云："二斋胡使君治临之明年，政成人和，百废具举，觞予绍香庭，手授《梦川亭诗集》一编，予受而卒业焉，不能不发天人之叹也。"此更明言在1678年夏此诗集已经成书。

但从目前所见上海图书馆所藏诗集情况看，时间超出这个下限。此版本《梦川亭诗集》基本依时间顺序排列①，最早的作品作于丁巳（1677）年春节后，如卷四七言律诗首篇为《丁巳王正二日立春》，卷三五言律诗首篇为《人日喜林木文过》②，丁巳春节是诗集的上限，而下限并非到戊午（1678）夏，而止于庚申年（1680）春夏之交，如卷四七言律诗有《赋得榆火报清明》诗，这是庚申年的清明，卷五七言绝句有《清明后一日怀雪公兼示工拙上人》。诗集中未见1680年仲夏后的诗。从这个截止时间看，其时胡亦堂仍在临川任上，胡亦堂于1677年二月来临川履新③，到1680年底去京城任职④，前后大约有四年时间，这个诗集主要收录他在临川期间的诗作⑤。

故我以为，《梦川亭诗集》初成于1678年夏，两年之后，又增入临川期间所作诗，袭为一集，为《梦川亭诗集》新编。上海所藏刻本，大致刻于1680年或稍后。

编选者最有可能是胡亦堂本人。胡亦堂在为官临川期间，公务之暇，不废吟咏，并整理临川当地文献。其《临川文献》一编、二编，皆成书于此期。也正是在1680年岁末，他的另一部作品《临川县志》成书，胡自序落款为"康熙庚申岁嘉

---

① 《诗集》（五卷），每卷均按时间排列，偶有错检，如卷四《七言律诗》有《己未元旦》，乃1679年之作，接后第五首又有《戊午临川九日游次即园韵》，这又是1678年重阳日的作品。

② 据林之枚《泷江集》，该诗作于丁巳。其时胡亦堂在南昌养病，林之枚与他在南昌有数次相会。八大题夏雯《看竹图》也在此顷。

③ 胡亦堂《梦川亭落成记》："疏上得请，竟补临川，十六年二月朔发会城。"《梦川亭诗集》中有《王正月八日补临川谕旨》，作于1677年初的南昌，

④ 康熙《临川县志》詹惟圣序称：胡亦堂"今且以内诏行矣"。至次年初至京城领命。初官主事，终户部郎中职。

⑤ 其中包括很少的新昌辞任后滞留南昌养病之时的诗，主要在1677年年初，像上举《人日喜林木文过》就作于南昌。

平月慈溪胡亦堂二斋父题于临川之梦川亭",时在《梦川亭诗集》新稿成书稍后。《临川县志》中收录大量与临川风物相关的诗歌,其中胡亦堂与当地官员、临川文人以及雪公等唱和之作,见录于《县志》中,而《梦川亭诗集》却未收录。《诗集》卷二七言古中有《拟岘台》《千金陂》《洗墨池》《羊角石歌》《王右军宅》等,作于1677到1678年间,是古体诗,并非与雪公等人十首唱和的七律诗。《梦川亭诗集》为什么未收录在临川期间(1679年)所作著名诗作,可能正与胡亦堂亲手编成二书有关,二书所录有所侧重。

《梦川亭诗集》初成之时,并没有梦川亭。胡亦堂是在康熙十六年(1677)二月来临川,他在《梦川亭落成记》中说:"余治县至十八年始于署之后地作亭。"① 梦川亭之名来自他在南昌养病时所做一梦。当时前途渺茫,病情缠身,一夜有梦,梦中有"梦涉大川"之意,后果然朝廷有命,任其为临川县令。从南昌到临川要过赣江,故有涉川之象。丁序云:"兹亭命名早兆于梦,李石台复授因想之说,谓先生不薄吾临。"《梦川亭诗集》与这个"涉大川"有关,主要收录"涉大川"来临川的作品。"梦川亭"先有其名,后有其亭,这与胡亦堂十分珍视此梦有关。

上海图书馆所藏《梦川亭诗集》为残本,刻本未标刊刻时间,前三序完整,后接之以五言古、七言古、五言律诗、七言律诗、七言绝句,共五部分,到七言绝句后残。依据诗体来编辑的方式,在古代诗文集中颇为流行,这其实是另外一种分卷的形式。一般诗集中尚有排律、五言绝句等,但此诗集中无,说明胡亦堂诗集中未编入此两部分。按照《梦川亭诗集》的体例,如果其中有五言绝句,依五言在前,七言在后之例,当编在七言绝句之前。故我以为,此诗集残,后面所失内容不多(或许就缺少最后一页),七言绝句当是其终卷。

我们今天所见此《梦川亭诗集》是否就是八大示之于朱观的诗集呢?《国朝诗正》卷八自识云:"八大山人当披缁时,与为契合,故集中所载雪公唱和尤多,癸未夏,山人出其《梦川亭诗集》见示,予爱而读之,足征仕学,兼优因选,录数首以见一斑。"朱观共选了五首,分别是《中秋同诸子看月亭上》(即《梦川亭诗集》中的《己未中秋偕署中诸子看月饮梦川亭有赋得四首》的第二首)、《者树轩同雪公雨座》《过东湖寺同雪公》《题雪公所画鸡蟹纸灯》《闻雪公自多宝庵转而飞锡东湖,诗兴大发,入署尚未有期,俚言代柬,兼以相招》。依朱观所言,这五首诗皆见之于《梦川亭诗集》,但在今本《梦川亭诗集》中,只见到其中四首,其中《过东湖

---

① 另外,胡亦堂撰《临川县志》卷八:"梦川亭一座,十八年四月知县胡亦堂新建。"梦川亭成于"康熙十八年四月八日"。同卷并有裴琏《闻外舅梦川亭落成赋寄》等。

寺同雪公》却未见，倒是在胡撰《临川县志》中有录。八大出示《梦川亭诗集》给朱观看之时是1703年，此时胡亦堂已谢世二十年。故我以为，八大所持《梦川亭诗集》与今上海图书馆所藏非同一本子。

二、《诗集》涉及八大之诗作

《梦川亭诗集》所收录与八大相关的诗篇，按时间顺序排列大致如下：

1.《闻雪公自多宝庵转而飞锡东湖，诗兴大发，入署尚未有期，俚言代束，兼以相招》："浮杯从北渡，拄杖又东湖。云水双鞋阔，沧桑一衲孤。绿池龙问字，绀宇鹭飞图。苦恋新诗健，如来来也无。"（卷三五言律）此诗前二首注明时间为"五月晦夜观荷"，后一首诗为《己未七夕作》，故此诗作于1679年五月至七月间。此诗收入朱观《诗正》。

2. 卷二七言古《六月二十六日三集梦川亭次丁循庵原韵》①："太常沉醉希醒日，世无弟子谁入室？酒樽偶设亦寻常，却引新诗高累帙。山川灵奇发歌咏，移泉注谷杯中并。柏竹芬香入宾筵，桃李惊花从觞政（自注：时欧阳二门人在座）。亲君爱君每忘参，一追义山与庭筠。更有法师拟渡海，畜马放鹤正其人（适雪公并至）。君才八斗诚难得，名僧嘉客如旧识。秋光冉冉已相逼，再过青天当有色。"此诗作于1679年夏，梦川亭于是年4月18日落成，此为第三次集饮所作诗。

3. 卷三五言律有《己未中秋偕署中诸子看月饮梦川亭有赋得四首》，其中第二首自注云："时刘子仲佳、上人雪公并在座。"胡撰《临川县志》卷八收其中的第二首，即有"雪个在座"的这首。

4.《雪公赋玉茗梅花戏和兼以述怀（时雪公有还山之意）》："军持未可踢，见冻早如寒。赏茗花称玉，题梅阁负官。空能飞锡杖，幻欲吐铜盘。安得书生遇，终无笑野干。"（卷三五言律）此诗前一首是《己未十月旴江即事》，后一首为《己未冬杪雪凡六见有赋》，故知此诗作于1679年仲冬之季。

5. 卷三五言律《腊月二十六夜偶于棋局中得雪公开口》（自注：雪公游东湖多宝诸庵后，默默不语，入署旬余，引之使言点头而已，是夜不绝发声，故有此作），共有二首，之一云："多事憎尘鞅，无言静法华。高僧能见性，开口坠天花。隐坐棋当局，藏锋印画沙。青莲谁呪得，阿堵在三车。"之二云："一子系输赢，归

---

① 为了叙述方便，我依《梦川亭诗集》排列顺序，加上卷号。

宗大发声。弄拳殊有会，拄杖得无生。六出嫌多见。三缄太不情。广长舌自在，道腊即年庚。"此为临近1679年除夕所作。

6.卷三五言律《腊月二十七日喜张叔昌至》："腊后今朝到，年前此夜同。巴山联客雨，汝水待春风。醉酒惭新令，能诗约远公（自注：时个山在座）。几回眠不得，咄咄又书空。"此诗标个山在座，时为1679年岁末。

7.卷三五言律《除夕景屏燕集席上次雪公韵》："除夕无愁晦，屏灯送岁还。喧闹歌且舞，图画水兼山。乱后亲朋在，春交雨雪闲。当筵唯取醉，有酒且潺潺。"

8.卷三五言律《予家在滕阁，个山除夕诗中句也，为拈韵如教》云："曾传天宝事，长忆物华楼。汝是山中个，回思洞里幽。杉松几长大，椒柏此迟留。莫道章江隔，浮杯即渡舟。"

9.卷三五言律《己未除夕与署内诸公小集》，此诗虽未点出雪公（个山）之名，但此时雪公正在公署内。以上三诗相连，都作于1679年除夕。

10.卷四七言律诗《观演昙花和雪公韵》："不垂法象到人间，那识辞荣访道还。千瘴崖州嗟莫度（李德裕贬崖州，谚云鬼门关即在此），百年茅土竟谁颁。大功已到王侯位，小歇应祛名利关。种得优昙花朵朵，曲终菩萨几呼蛮。"此诗前有《人日观剧》，此诗约作于1680年初春。

11.卷一五言古《题雪公所画鸡蟹纸灯》："羽水族各分，飞来殊情性。雪公传其神，仿佛各所命。翅鼓象司晨，行横靡直径。想当落笔时，造物皆听令。朱翁化不如，韩滉图莫虚（滉善画人物、异兽、水牛，尤妙于螃蟹）。张灯玩愈佳，居然此道圣。"此为1680春节上元到正月十五间作，因前有《庚申元旦示柏儿复示戴婿义晟》《春雨》，后诗题："庚申上元后一日作"，《题雪公所画鸡蟹纸灯》诗后有《元十六夕大雨》。

12.卷三五言律《和雪公咏瑞香花韵》五首，之一云："百结花差似，幽香韵自殊。开帘堆锦绣，籍地作氍毹。那管莺啼早，相随蝶梦俱。庐山分种遍，不但艳洪都。"之二云："烂漫能欺叶，鬖髿怪压头。凝烟魂欲返，浥露意如愁。春色宣和殿（自注：陈子高《咏瑞香》"宣和殿里春风早，红锦薰笼二月时"），繁花谢朓楼。紫萝囊恰似，对此复何求！"之三云："称奴何不可，欲聘少良媒。露甲离骚咏（自注：《楚辞》露甲即瑞香），云裳暗麝来。所难香在骨，别晕胎为胎。谁把嘉名易，教人梦里猜（自注：张瑞图改瑞香为睡香）。"之四云："大寒虽有信，结蕊已多时（《荆楚岁时记》：小寒三信：梅花、山茶、水仙。大寒三信：瑞香、兰花、山丹）。和韵三追尾，拈在四撚髭。江梅浮欲动，玉茗淡难移。最是撩人气，春来日迟迟。"

之五云："紫艳阳春发，西轩逸兴多。不才空偃蹇，怪格漫婆娑。影入帘栊绿，妆凝沙幕酡。壶中即春色，还负雪儿歌。"此诗也作于1680年春节过后。

13. 卷三五言律《赋得千叶黄杨示雪公》："此树丛中老，迷离不记年。千杖长供佛，密叶近参禅。绿舞高天外，云深矮屋边。如何又厄闰，秋恨少人传。"此诗紧接上一首，后有《梦川亭春望》，故知此诗也作于1680年年初。

14. 卷三五言律《者树轩同雪公雨座》，时在1680年春，共两首，之一云："羊角风方转，铜陵雨正寒。自怜川上宰，相向树中看。罗汉枝加湿，黄杨叶未干。只因催日驭，携酒酌江滩。"之二云："长者依依在，如逢太古时。多情花载酒，有意雨催诗。吾爱庐偕汝，汝吟松为谁？相看生趣足，不羡上林枝。"《临川县志》卷八收录了第一首，朱观《诗正》收录了第二首。此诗前四首为《梦川亭春望》，其后有《江涨》，此诗当作于1680年仲春。

15. 卷三五言律《川亭雨望和雪公》："雷雨春兼涨，如何不满盈。江湖高处是，草木一时平。欲操弦偏润，将鞭石作晴。最怜吟泽畔，忧患过吾生。"此诗后二首为《赋得榆火报清明》，知此诗所作时间当在1680年清明前数日。

16. 卷五七言绝《清明后一日怀雪公兼示工拙上人》三首，之一："三春花事雨频催，桃叶难寻渡口杯。直待昨朝风日好，驾言飞扬踏青□。"之二："金钱为戏说开元（自注：开元间妃嫔每于春时掷金钱为戏），多宝庵中一探源。流水春风□□待，参禅正不在无言。"之三："人意天时新得晴，清明物候果清明。不知何处寻芳"，其后残，《诗集》到此结束。

17. 卷三五言律《玉兰诗和雪公韵二首》，之一云："临汝春将暮，亭台玉作花。书空木笔似，素艳水仙遐。自得风前洁，无愁雨过斜。如逢修净社，此种亦名葩。"之二云："河阳疑咫尺，百开媚春光。不为无兹白，何曾独自黄。海棠争烂漫，芍药殿狂香。那禁幽兰思，徘徊玉树旁。"此诗在前一首诗后，当作于1680年暮春。（图21-1）

三、《诗集》反映八大临川活动之大略

从以上所涉诗歌写作时间看，始于1679年仲夏，终于1680年暮春，前后大约一年。结合胡亦堂《临川县志》等文献，八大在临川期间的活动踪迹便大体显露出来，一些八大研究中争论不休的问题便有了答案。《梦川亭诗集》中所透露出的八大临川期间最重要的消息，是他的"病癫"问题。胡亦堂关于八大长时间不能言语

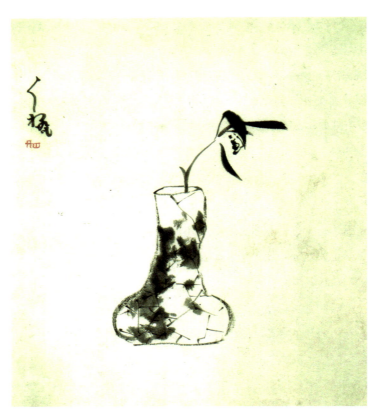

图 21-1
安晚册之二　花瓶
纸本墨笔　1694年
31.8×21.9cm
京都泉屋博古馆藏

的记载，是目前八大研究中有关他疾病问题最直接的证明①。除此之外，《梦川亭诗集》还存留了不少八大此顷活动的珍贵资料。

　　第一，学界几乎认定，八大曾两游临川而病癫，一次是1678年前后②，一次是1680年前后。前一次是因病癫而"归老奉新"，后一次则是癫疾复发"走还会城"。关于后一次情况我将在关于八大病癫专文中讨论，此辨前一次八大所谓临川之行。

　　这一说法由裘琏的一段文字引出。裘氏于康熙十八年所作《释超则诗序》云："往岁壬子（1672）客江右，获交芦田释雪个，归而宣城释用无游吾慈，又获问交于太仆冯先生家。……迄五六年间，用无死于苏州，予哭之哀。又二三年，予再游临川，闻雪个病颠，归老奉新。予疑其有托云然。"③

　　胡亦堂"涉大川"之后，裘琏有两次临川之行，一次始于1678年春。据《横

①参见本书第二十三章《八大山人的"病癫"问题》。
②汪世清先生说："八大山人第一次到临川大约是在丁巳（1677）秋冬之间，翌年便因'病颠'回奉新。"（《八大山人的交游》，见《八大山人全集》第五册，1097—1119页）
③《横山文集》之《易皆轩二集》。

山初集·溯川稿》，他是康熙戊午年春来临川，夏天经由饶州、徽州返浙江。第二次临川之行是在这年年末，《梦川亭诗集》卷三五言律诗《署中绿萼红梅竞放殷玉有诗灯下次韵》二首，此诗前三诗为《戊午七夕》，后有《迎春冯岳生参军邀饮道上有赋》诸诗，知此诗当作于1678年岁末。卷一五言古有《十二月二十二日和殷玉衙斋雨雪阴晦用"冬岭秀青松"韵》《小尽和钱、殷二子韵》，此二文都编在《己未重阳喜同门马地侯见过》之前，说明此二诗作于1678年深冬。卷二七言古《人日有感兼示殷玉、扶桑》，后文有梦川亭落成之事，知此诗当作于1679年春节后。卷三五言律诗有《留别裘殷玉》诗二首，此诗后有《寒食道中即事》，作于1679年清明之前。也就是说，这次殷玉临川之行，大约自1678年秋冬之际，到次年清明之前。裘琏在《向文河诗序》中也说："己未春，予客临川。"[①]这正是殷玉所谓"再游临川"之时。

由上节排列的八大临川之游时间顺序看，八大1679年夏来临川，而在此之前的三月殷玉离开临川，二人未能晤面。《梦川亭诗集》涉及八大临川行踪的十余首诗，都是在这之后的作品。从《梦川亭诗集》编年诗情况看，在1679年夏天之前，诗集中无一涉及雪公。殷玉与雪公交谊颇深，康熙丙辰（1676），殷玉在浙江家中有《寄个山綮公》二首，诗以"吾爱庐田綮"开首，其中有浓浓的思念之情，如果殷玉来临川，而八大这时也在此地，二人定会相见。这就是说，从1678年春到次年雪公至临川前，他根本就不在临川。再从殷玉叙述这段故事的口气看，"予再游临川，闻雪个病颠，归老奉新，予疑其有托云然"。殷玉是"闻"知，而不是亲见。他是自友人中得知八大近况的。

再者，八大与胡亦堂订交于胡氏任职新昌县令期间，1677年至临川之后，如果八大来游临川，当与胡氏有过从，《梦川亭诗集》中应有反映。然在1679年夏天之前，诗集无一及之。

由此可以断定，八大并无两次临川"病颠"之事。"从归老奉新"之语看，他这一次外出客居时间并不短，他的第一次"病颠"不在临川，比较大的可能是在南昌[②]。

临川和进贤相距甚近，八大所在的介冈与临川比邻，他与此地的李伍溁等有密切关系，临川寺院也有他的法门友人。况且他的好友丁弘海长时间在此地任官，故临川是他常来之地。但裘琏所说的这次"病颠"当不在临川。

---

① 《横山文集》之《易皆轩二集》。
② 参见本书第二十三章《八大山人的"病颠"问题》。

第二，《梦川亭诗集》记载了八大自1679年五六月间到次年春末夏初的活动情况。1680年夏初，也是这部诗集的截止时间，八大仍在临川。此三首诗中的第二首云："金钱为戏说开元（开元间妃嫔每于春时掷金钱为戏），多宝庵中一探源。流水春风□□待，参禅正不在无言。"其中涉及多宝庵，多宝庵在临川郊外临汝乡，是一个比较大的寺院。胡亦堂曾多次游此寺，1677年作有《游多宝庵次钱黎传、王扶桑绚字韵》①。此庵中胡亦堂有题匾曰"秘密真诠"，有联曰："一丝不挂看多宝，诸相能空到上方。"胡亦堂有《闻雪公自多宝庵转而飞锡东湖，诗兴大发，入署尚未有期，俚言代柬，兼以相招》，雪公未来胡亦堂官署之前，曾游多宝庵。这里所说的工拙上人是多宝庵僧人。《梦川亭诗集》卷三五言律诗有《读多宝庵工拙上人临川十咏有赋》："兰若西津近，高闲得上人。论诗能脱俗，问偈久离尘。莺语丛林老，花开曲径新。名庵多宝著，有衲未称贫。"在胡亦堂修《临川县志》所载临川唱和诗中，有与八大同列的僧人释深皋，当就是工拙，深皋是其法名，工拙是法号。由此可知，八大在1680年春夏之交并没有离开临川，而在多宝庵中。胡亦堂的三首诗描写了八大、工拙等在郊外青青世界中优游，而且有相约踏青之事。

第三，八大临川期间，除了寄居于胡亦堂官署外，还曾挂笠于当地寺院。

邵传说："临川令胡君亦堂闻其名，延之官舍。"如果这句话记载不错的话，八大此次临川之行初始可能并不是应胡之邀请而至，胡知老友在临川，故有"入署"之邀。从其活动的过程看也可证明这一点，八大初至临川，并未径入胡之官署。胡亦堂有《闻雪公自多宝庵转而飞锡东湖，诗兴大发，入署尚未有期，俚言代柬，兼以相招》，诗作于1679年五六月间，此前胡可能已知八大在临川，并有相邀之约。所以诗题有"入署尚未有期"之叹。诗中"如来来也无"等句还可揣知，胡还担心八大不来他的官署。八大此次至临川，当然有看望胡的愿望，但他还有其他目的，如拜访此地的诗侣（如丁弘诲），并到寺院看望法友。

胡氏《六月二十六日三集梦川亭次丁循庵原韵》诗中说："更有法师拟渡海，畜马放鹤正其人（适雪公并至）。君才八斗诚难得，名僧嘉客如旧识。"由"适雪公并至"一语可以看出，当时雪公并未住在官署，他也是来参加梦川亭燕集的。雪公大约在1679年中秋前后入住胡氏官署，胡亦堂有《己未中秋偕署中诸子看月饮

---

① 《梦川亭诗集》卷三。

梦川亭有赋得四首》，其中第二首自注云："时刘子仲佳、上人雪公并在座。"①此时雪公可能就住在此地。到腊月时，雪公也在官署。腊月二十六日夜，经过几个月的口不能言，雪公忽然在朋友聚会中说话了。是年除夕雪公在官署，胡亦堂有《除夕景屏燕集席上次雪公韵》。一直到1680年早春，雪公仍在此客居。胡亦堂有《和雪公咏瑞香花韵》五首、《者树轩雨座同雪公》《川亭雨望和雪公》等，反映出他们相与酬酢的情况。这年仲春，雪公可能就离开胡氏公署，卓锡于当地的寺院。

八大入住胡官署前在多宝庵。次年离开胡官署后，他又卓锡于多宝庵。工拙上人显然是他要好的法友。二人都有临川十咏诗，即是一证。

八大短暂卓锡的寺院可能还有东湖寺。东湖寺，又称东湖庵，是个不大的寺院。明太史汤宾尹曾寓居于此。胡亦堂有题额："精舍开东湖水色天光开法眼，美人归西土乌啼花落见禅心。"胡亦堂《过东湖寺同雪公》诗云："一片东湖空扣舷，碧波青草涨为田。浮沉世事沧桑里，尽在枯僧不语禅。"胡亦堂《闻雪公自多宝庵转而飞锡东湖，诗兴大发，入署尚未有期，俚言代柬，兼以相招》诗中提到"拄杖又东湖"，说明雪公可能在此流连。

除以上二寺外，雪公可能还曾在前坪寺卓锡。李伍渼《壑云篇全集》卷三《要结诗社小引》："欲邀徐枚翁，车上翁、水梁语公、前坪雪公、净土松公六人，联一吟社，藉半儒半僧之侣，赓亦风亦雅之章。"李氏为八大生平至友，是胡亦堂门人，在八大客临川之时，李氏也经常在胡亦堂身边。1680年，胡亦堂《临川县志》校对者中就有李伍渼。这里的雪公疑指八大。前坪寺在长宁乡，距多宝庵、水浒寺不远②。

第四，八大是诗人，生平诗作很多，由于无诗集刊刻，去世之后曾有人辑其诗为《八大山人绝句诗集》，但此集今未见。八大在临川时诗歌唱和尤多，其中与胡亦堂唱和之作就有数十首，但这些诗除了《临川县志》选录的十首七律外，其他多不存，失去不少了解八大此期状况的直接资料。但从《梦川亭诗集》中涉及雪公之

① 刘维则，字仲佳，也是八大之友，可能在胡亦堂任官新昌之时，八大就与之相识。胡修《临川县志》卷八载刘仲佳和诗一首："环亭皆客也，亦并楚僧同。其夜星俱没，从前月逐空。乘秋光自肃，傍晚气偏融。莫作高寒倚，方游玉亭中。"这里的"楚僧"当指八大。刘仲佳与胡亦堂、裴琏有密切交往。在1670年胡亦堂任新昌令之前，他便与胡亦堂相识。裴琏《横山初集》卷二《雪耕稿》之二收有《暮秋同刘子仲佳、胡外舅二斋过缓归亭》，此诗大致作于1667年。刘仲佳约于康熙己未（1679）年春来临川，胡亦堂《梦川亭诗集》中有《三月十一日喜刘子仲佳至》。
② 前坪寺在宋时已有，陆游有《小憩前平院戏书触目》："道边小寺名前平，残僧二三屋半倾。旁分千畦画楸局，正对一山横翠屏……"（《剑南诗稿》卷十二）此寺至明代作过一次大修，明杨应律有《前坪寺重修钟鼓楼记》。八大是否曾卓锡前坪寺，还需新的资料证明。

作中，还可间接了解雪公一些不为人知的生平事迹。如八大好下棋，其家族中也有人善此道①。胡亦堂《腊月二十六夜偶于棋局中得雪公开口》诗云："隐坐棋当局，藏锋印画沙。青莲谁呪得，阿堵在三车。"又："一子系输赢，归宗大发声。"他这次由很长时间的失声，到突然之间说话，是在一次棋局中实现的，因为面临一子输赢的关键时刻，使他大声说话。根据胡亦堂记载，雪公在临川期间多有画作。《除夕景屏燕集席上次雪公韵》："除夕无愁晦，屏灯送岁还。喧闹歌且舞，图画水兼山。乱后亲朋在，春交雨雪闲。当筵惟取醉，有酒且潺潺。"这里的图画水兼山，指的就是屏风上所画山水，而在座的著名画家雪公正是其作手。胡亦堂还记载了雪公画灯笼的场景。《六月二十六日三集梦川亭次丁循庵原韵》诗云："更有法师拟渡海，畜马放鹤正其人。"《题雪公所画鸡蟹纸灯》："羽水族各分，飞来殊情性。雪公传其神，仿佛各所命。翅鼓象司晨，行横靡直径。想当落笔时，造物皆听令。朱翁化不如，韩滉图莫虚。张灯玩愈佳，居然此道圣。"张灯结彩，有高手雪公在，其栩栩如生的描绘，更为节日高朋聚会和节日欢宴增添了色彩。可惜这些画作今无一得见。

丁弘诲《五日集梦川亭和韵》中有云："使君招我绍香庭，糟丘之客屡醉醒。今夕何夕当校士，论文重过梦川亭。亭上扬辉如白日，酒气拂拂指间出。破衲携来百尺云，点睛复有僧繇笔。大幅小幅烟雾浓，一时二妙争化工。画图近在轩窗外，山水全收砚席中。落成记自天中节，夏拂熏风秋听月。"②其中的"破衲携来百尺云，点睛复有僧繇笔"，画人当指雪个。这首诗透露出八大临川游历的一些消息。诸友聚会后，有人"酒气拂拂指间出"，当指作画。作画者谁？显指雪个。在梦川亭旁的绍香庭，雪个乘着酒兴，逸气遄飞，陶然作画。携来百尺之云，发为指间妙作。八大兴发之当顷，挥笔作画，所谓"大幅小幅烟雾浓""山水全收砚席中"。此时堂外山川如画，众人因而和诗。此中状况使人想到龙科宝的描写："山人跃起，调墨良久，且旋且画，画及半，阁毫审视，复画，画毕痛饮笑呼，自谓其能事已尽。熊君抵掌称其果神似，旁有客乘其余兴，以笺索之，立挥为都啄一双鸡，又渐狂矣，遂别去。"八大作画的狂态可能不是回南昌后才有，胡亦堂绍香庭中的这一幕也颇见狂狷。这也透露出他在佛门时就有山水之作，并不是到晚年才开始画山水。

---

① 八大的祖父就以多才而名闻天下，李维桢《弋阳王孙贞吉墓志铭》云："又善篆隶八分行草诸书法图画，山水花鸟传神写照、弹琴弄笛投壶占梦百家所长，一习而合。"（《大泌山房集》卷七七）
② 《丁景吕诗集》，康熙刻本，此书不分卷，此编在七言律部分。

四、《梦川亭诗集》透露出此顷八大思想情况

第一，急迫的"还山"之意。

《诗集》记载八大在临川期间，曾有急迫的"还山"之意。这是至今八大研究中未涉之思想线索，是极其珍贵的资料，有助于我们澄清八大研究中一些似是而非的看法。

1680年岁末，八大"走还会城"后，由僧还俗。关于他的出佛因缘，多年来海内外八大研究界莫不从其临川期间思想变化中寻找线索。一种比较流行的观点是，八大是在临川期间厌恶佛门，进而绝然离开。但《梦川亭诗集》所反映的八大相关思想情况，无法得出这样的结论。

1679年岁末，胡亦堂有《雪公赋玉茗梅花戏和兼以述怀》，诗题下小注云："时雪公有还山之意。"诗云："军持未可踢，见冻早如寒。赏茗花称王，题梅阁负官。空能飞锡杖，幻欲吐铜盘。安得书生遇，终无笑野干。"

八大的原诗不见，胡亦堂说八大原诗借玉茗梅花抒怀，表达欲离临川之意。胡诗前四句写景，军持为临川山名。胡劝八大，天气尚冷，何必有远行之念。后四句是抒怀。空能飞锡杖，幻欲吐铜盘，说的是佛家的云水生涯，胡劝八大何必念念不忘他的"山中"，难得在这里遇到这么多诗朋酒侣，只是不要笑话我们这些随意谈佛的野狐禅呵[①]。

八大欲返还"山中"，当然不是他发癫后所去的"会城"，而是他所从来的地方——奉新耕香院。胡亦堂诗中也暗示为寺院之想。康熙壬寅（1662）黄虞再修、闵钺纂《奉新县志》卷一四云："耕香院在新兴乡，顺治十三年耕庵敏禅师卜基始创，面水枕山，幽砌崇丽。"正合"还山"之旨。从胡亦堂所说的不要笑话我们这些野狐禅，所指之山中当然是佛门。

1679年除夕，胡亦堂有所谓"景屏燕集"，八大作有多首诗，诗中又露出欲返回山中的意思。胡亦堂《予家在滕阁，个山除夕诗中句也，为拈韵如教》云："曾传天宝事，长忆物华楼。汝是山中个，回思洞里幽。杉松几长大，椒柏此迟留。莫道章江隔，浮杯即渡舟。"从诗题中看，八大诗中有"予家在滕阁"——我家在南昌，而诗的开始是"曾传天宝事，长忆物华楼"，诗中借王勃文句（物华天宝），暗指八大想念故乡。同时，又巧妙地以"天宝"二字一语双关，表达了"白头宫女在，

---

① 野干，佛教中形容对佛理领会不深叫野干，禅宗叫野狐禅。胡亦堂这里是谦辞。

闲坐说玄宗"——思念天宝往事，想念他的故地，他的故国，那里曾有他的"天宝盛事"。雪公诗中表达对"会城"的向往。而"汝是山中个，回思洞里幽"，和上诗中的"还山"之意正吻合。胡亦堂诗中表达了慰留之意。这首诗与上诗的"还山"之愿并不冲突，从雪公反复地说要回山中去，亦可见他辞别之念的强烈。"莫道章江隔，浮杯即渡舟"，这两句说的是临川到南昌乃至奉新的距离很短，一江相隔，临川在东南，奉新在西北，由临川城下抚河，过赣江，即可到奉新。

胡亦堂有《和雪公咏瑞香花韵》五首，作于1680年初。第一首云："百洁花差似，幽香韵自殊。开帘堆锦绣，籍地作氍毹。那管莺啼早，相随蝶梦俱。庐山分种遍，不但艳洪都。"

此地有大好春光，所谓"庐山分种遍，不但艳洪都"——处处都有美景，处处都有值得流连的地方，何必一定要离开。这也带有规劝的意思。

《者树轩同雪公雨座》二首作于1680年春，第二首说："长者依依在，如逢太古时。多情花载酒，有意雨催诗。吾爱庐偕汝，汝吟松为谁？相看生趣足，不羡上林枝。"一花一世界，生生者自足，此地虽不是上林佳苑，亦有春光满园。也有挽留雪公之意。

八大要归奉新山中之意是如此强烈，而胡亦堂的热情挽留，不但使学界所说的"软禁"说无法立脚，也对八大出佛还俗问题提供了直接的证据。八大的还山，所还乃是奉新之山，归去的是佛门。八大没有要离开佛门的打算。

第二，清洁的性灵追求。

八大性情"孤冷"，独立高标，不落凡尘。如同他所画的那一只似落非落的孤独的鸟，寻找着归程，与尘世保持距离，彰显出他对人生的认识。他的这一思想在临川期间也得到充分展露。《梦川亭诗集》提供了一些新资料。

如诗集中涉及八大多首有关咏叹花卉的诗歌，如《和雪公咏瑞香花韵》五首、《玉兰诗和雪公韵二首》《观演昙花和雪公韵》《雪公赋玉茗梅花戏和兼以述怀》等，正像胡亦堂诗中所说的，八大真是"徘徊玉树旁"。当然，八大不是拈花弄草的风流客，他有别样的情怀，如胡亦堂诗中问八大："汝吟花为谁？"花花草草为哪般，频入这位僧人的锦心绣肠中？

八大借奇花异卉展现一个清洁的世界，那是他的性灵安顿之所。胡亦堂《玉兰诗和雪公韵二首》之一云："临汝春将暮，亭台玉作花。书空木笔似，素艳水仙遐。自得风前洁，无愁雨过斜。如逢修净社，此种亦名葩。"之二云："河阳疑咫尺，百开媚春光。不为无兹白，何曾独自黄。海棠争烂漫，芍药殿狂香。那禁幽兰思，徘徊玉树旁。"胡和八大都是诗中客,他们借山水花木交换着对宇宙人生的看法。流连风摇之中,"自得风前洁""那禁幽兰思",花花草草,成为濯炼心灵的"净社"。胡有诗云:"所难香在骨,别有晕为胎。"这正是他与雪公的追求。胡《咏瑞香》五首最后两句意味深长:"壶中即春色,还负雪儿歌"——在醉意酡然之间便有心灵的飞升,便有无边的春色,那无边的春色都付与眼前的飞雪漫舞,都付与挚友雪公的轻歌。

第三,隐约的故国情思。

胡亦堂和雪公交谊甚深,关于他的身世胡是清楚的,似乎雪公也不在乎在胡面前流露。在临川唱和诗中,雪公不尽依依的故国之叹,胡看得很清楚。《梦川亭诗集》透露出雪公的遗民心结。如雪公在诗中说"予家在滕阁",当然不光指其家在何处,其中的故国之叹是明显的,而胡以"曾传天宝事,长忆物华楼"和之,诗中当然涉及故国情怀。《者树轩同雪公雨座》之二云:"相看生趣足,不羡上林枝。"雪公之诗咏罗汉松,胡借此劝他,是是处处均可圆足,何必一定要羡慕宫苑之景?可能是对雪公故国情怀的劝解。(图21-2)

图21-2
山水花鸟册之五　花卉
纸本墨笔　1694年
37.8×31.5cm
上海博物馆藏

第二十二章
八大山人"临川唱和诗"相关问题研究

张瑶芝《临川文献》序言说:"庚申(1680)之秋,再逢月夕,余过二斋署中,谋续晏元献公南郡联诗之事,而适所定《临川文献》剞劂告终。""晏元献公南郡联诗之事",说的是北宋诗人晏殊与友人联诗之事①。张瑶芝说要续前代之风雅,和二斋商量联诗事宜。《临川文献》成于1680年秋,此书甫一杀青,他们就急不可待地商量回到诗国中。胡亦堂一生极爱诗,不废吟咏,在临川大约四年时间中,和朋友有数不清的诗歌酬酢之事。上一章讨论《梦川亭诗集》时,仅他与雪公唱和诗就有数十首,集中记载与友人唱和之作甚多,甚至包括与他的女婿王晃(字扶桑)、裴琏(字殷玉)、戴义晟及其子的唱和之作。虽然未见他以诗选婿的记载,但相信有这样的可能。裴殷玉《横山诗集》中记载大量与这位"外舅"的唱和之作。

今见与胡亦堂有关唱和之作中,一组有关临川风物的唱和诗特别引人注目。这组诗保留在胡氏编纂的《临川县志》中。其特别之处有数端:一、此组唱和涉及临川洗墨池、翻经台、文昌桥、拟岘台、玉茗堂等十余处古迹遗址和风景名胜;二、唱和者涉及临川县衙、抚州地方官员以及当地文人佳士,也包括像饶宇朴、雪公这样的来客。所涉人员之广,是胡氏其他唱和诗所无法比拟的。三、形式上也比较特殊。这组唱和诗都是七律,唱和者多,用的却是同韵,这说明此组唱和诗经过编写者的精心组织。这组唱和诗分散编进胡亦堂修《临川县志》,我怀疑当时可能有编纂而成的唱和诗集,胡亦堂据诗集而编成,但目前没有看到此诗集。四、这组唱和诗非一时所作,唱和诸人也不是一时聚集而为,其中有的唱和之作乃在数年甚至数十年之后,属同好跟进之作。为了表述方便,我将这组有特定主题、特定形式、经过精心编写的唱和诗,称为"临川唱和诗"。

---

① 叶梦得《石林诗话》卷上说:"晏元献公留守南郡,王君玉时已为馆阁校勘,公特请于朝,以为府签判,朝廷不得已,使带馆职从公。外官带馆职,自君玉始。宾主相得,日以赋诗饮酒为乐,佳诗胜日,未尝辄废也。尝遇中秋阴晦,斋厨夙为备,公适无命,既至夜,君玉密使人伺公,曰:'已寝矣。'君玉亟为诗以入,曰:'只在浮云最深处,试凭弦管一吹开。'公枕上得诗,大喜,即索衣起,径召客治具,大合乐。至夜分,果月出,遂乐饮达旦。前辈风流固不凡,然幕府有佳客,风月亦自如人意也。"(百川学海本)爱诗之意,几近于痴。

芝
八大山人研究

390

八大是临川唱和诗的参与者之一，他共有十首七律，是其存世不多诗作中一组比较集中的诗歌，是我们了解八大临川行踪的重要资料，其中折射出他此期的思想情况，临川唱和诗还反映出他的交友情况。以下便是对于相关问题的讨论。

一、临川唱和诸贤

胡亦堂撰《临川县志》不辞烦琐，收录了临川诗会之诗，这成为后人了解八大这段历史的珍贵材料。以下依景点列出唱和所涉诸人情况：

卷四城垣《拟岘台》诗，收有苏本眉、李来泰、戚藩、胡二斋、丁弘诲、饶宇朴、张瑶芝、董剑锷、徐元功、揭贞传、丁茂绳、释传綮、释深皋十三人诗。

同卷载《金柅园》诗，收有苏本眉、游恢、刘玉瓒、胡亦堂、丁弘诲、张瑶芝、董剑锷、饶宇朴、揭贞传、胡挺松、胡挺柏、传綮、刘命清十三人诗。

同卷《洗墨池》诗，收有胡亦堂、丁弘诲、张瑶芝、董剑锷、揭贞传、饶宇朴、胡挺松、胡挺柏、释传綮、释深皋十人诗。

同卷《玉茗堂》诗，收有胡亦堂、丁弘诲、张瑶芝、胡挺松、丁茂绳、胡挺柏、董剑锷、释传綮、揭贞传九人诗。

卷五山川《羊角山》诗，收有苏本眉、饶昌胤、李来泰、胡亦堂、丁弘诲、张瑶芝、饶宇朴、徐元功、揭贞传、董剑锷、丁茂绳、胡挺松、胡挺柏、释传綮、释深皋十五人诗。

卷十辟祀《王荆公故宅》诗，收有胡亦堂、张瑶芝、丁弘诲、胡挺松、徐元功、胡挺柏、饶宇朴、董剑锷、释传綮、揭贞传、释深皋十一人诗。

同卷《陆象山祠》诗，收有胡亦堂、张瑶芝、丁弘诲、胡挺松、徐元功、胡挺柏、饶宇朴、董剑锷、释传綮、揭贞传、释深皋十一人诗。

卷十三陂梁《文昌桥》诗，收有陈弘绪、李来泰、丘泰、胡亦堂、丁弘诲、张瑶芝、饶宇朴、董剑锷、徐元功、揭贞传、丁茂绳、胡挺松、胡挺柏、释传綮雪个、释深皋十五人诗。

同卷《千金陂》诗，收有李来泰、刘命清、游恢、胡亦堂、丁弘诲、饶宇朴、董剑锷、徐元功、揭贞传、胡挺松、胡挺柏、丁茂绳、释传綮雪个、释深皋十四人诗。

卷二十八寺附《翻经台》诗，收有苏本眉、李来泰、徐元功、揭贞传、丁茂绳、胡挺松、胡挺柏、释传綮雪个、饶燉、饶宇朴、董剑锷、张瑶芝、丁弘诲、胡亦堂十四人诗。

在这十组诗中，涉及苏本眉、李来泰、戚藩、胡二斋、丁弘诲、饶宇朴、张瑶芝、董剑锷、徐元功、揭贞传、丁茂绳、释传綮、释深皋、饶燉、丘泰、陈弘绪、胡挺松、胡挺柏、饶昌胤、刘玉瓒、游恢、刘命清，共二十二人。

临川唱和诗涉及诗人较多，有些诗人学界至今未能查明。这里略拨笔墨，加以考证，以广八大临川交游之史实。所涉诗人可分成三类：

第一类是临川县或抚州府的官员。

刘玉瓒，大兴（今属北京）人，由进士出为抚州知府。曾主修《抚州府志》，康熙《抚州府志》前有刘玉瓒于康熙乙巳（1665）年所作题词。同治《临川县志》卷三二云："刘玉瓒，大兴进士，康熙元年任，修府志。"刘玉瓒为临川资深官员，曾帮助胡亦堂整理《临川文献》，如临川元老傅占衡的《湘帆堂集》二十六卷，就由刘玉瓒整理，前有刘序，落款为"燕川刘玉瓒题于抚治横秋阁"。

苏本眉，字剑浦，济南人，顺治十七年（1660）任抚州府同知，也是胡亦堂好友。李来泰、李茹旻的临川十咏诗，都题为"和苏剑浦同知"诗。李来泰说："剑浦使君本邹鲁之文学，畅王谢之风流，兼综图经，旁征耆逸。"[1]剑浦工诗，其临川十咏，格调高朗，风格雄健。如《拟岘台》："登陴远望大江来，风景依稀古岘台。城下橹声新雨涨，沙头树色晓烟开。谁知晋代临川地，亦爱襄阳叔子才。落日苍茫空堕泪，南丰遗碣在蒿莱。"又如《金柅园》："门前数树疑山色，雪后层楼望月华。夜雨几寒金谷草，春风忽抱宝珠茶。芳园宛宛竹三径，荷荡深深水一涯。千载临川名胜地，尚存老干记梅花。"

丘泰，号静山，济宁人，进士，康熙元年起任临川知县。胡亦堂《临川县志》卷二四云："丘泰，山东兖州府济宁人，由戊戌进士康熙元年任，十五年升中书。"他的诗也颇有韵味。如《拟岘台》："裈带何人接武来，能教此地拟高台。一江夜雨迷离合，万堞朝晖的砾开。儒雅只今思识面，风流自昔定怜才。不须泪湿襄阳路，更有铜驼在草莱。"开合自如，颇见功力。

陈弘绪，即时任抚州知府的陈洪谏（1629—1697），字弘绪，号觉庵，是当时抚州城的最高长官，也是胡亦堂的朋友，梦川亭落成有陈弘绪题记。

第二类是临川地方文士，包括刘命清、揭贞传、丁弘诲、徐元功、李来泰、戚藩、游恢、饶燉、饶昌胤以及释深皋等人。

---

[1] 李来泰《和苏剑浦临川十咏》小注。见《莲龛集》卷三。

徐元功，临川庠士，胡亦堂《临川县志》校者中就有他。名号不详。他是一位很活跃的诗人，与丁弘海、胡亦堂相友善。同治《临川县志》卷一八寺观，载有其《过明水寺》诗，此行与丁弘海同道。如《羊角石》："神羊踟蹰起蒙茸，解角岩阿留异踪。人向灵山曾寄托，地从片石兀成峰。青城日月从今老，紫府烟霞自昔封。香草萋萋随意绿，似闻清院有鸣钟。"诗在顿挫中颇见豪气。

在临川佳会中，李来泰（1624—1682）官阶最高。他是临川人，字仲章，号石台，顺治壬辰（1652）进士，初授工部虞衡司主事，乙未（1655）出督江南上江学政，庚子（1660）督储苏松常镇，兼巡视漕运，戊午（1678）年托病归里。他在《梦川亭集序》中说："及余浪游归，使君已俨然莅临川矣。"① 该年被授博学鸿词，次年授翰林院侍读。李来泰《莲龛集》卷三有《和苏剑浦临川十咏》《重和十咏》等二十首诗，《临川县志》收录了他的《文昌桥》《翻经台》《千金陂》《羊角山》四首。

饶燉，是八大临川游历及"走还会城"之后的重要友人。李伍淏《却助续引》中所说"某与日午、仲衡、石友诸同志聚而谋曰：山人点染绘事"云云，其中的"日午"就是饶燉。其弟饶炳，字及申，二人为饶宇朴侄，都是八大朋友，对八大晚年生活多有照顾。今见饶宇朴《菊庄集》十一、十二两卷中，有不少与兄弟二人相关的诗作。

饶昌胤，临川人，崇祯十五年乡试及第者，康熙《抚州府志》的主纂人，刘玉瓒为主修者，是书刊刻于康熙四年（1665）。

刘命清为临川元老，与傅占衡（字平叔）并称为临川二叔。命清，字穆叔，号虎溪，又号但月仙，著有《渔叟集》《但月仙集》《虎溪渺闻填辞》《虎溪梦》诸书，今有《虎溪渔叟集》十八卷传世。李来泰督学江南时，曾将刘氏延至幕府。胡亦堂《临川县志》校正者中"庠士类"第一人即为刘命清，他是李伍淏和揭贞传的受业师②。胡亦堂任职临川之时，刘命清与胡交往频密，胡编《临川文献》，以其为不二之选，但虎溪却谦而婉拒。刘命清逝于1682年，胡亦堂为其撰墓志铭云："康熙十六年，予令抚之临川，临川于江右特称人文之地，人多笃行君子，绩学能文章，刘君穆叔其冠也。……再三年，予入官户部，随治西仓，不复时闻，忽有以书至

---

① 李来泰《莲龛集》卷六。
② 见《垩云篇全集》卷六。《刘虎溪先生行略》云："癸巳受业于先生之门，执经问难者若而年，追随杖履者若而年，挹酒临风感时吊古者若而年。"

者，则揭子贞传以李子洍之行状告也。言君易箦时，有遗命，必得予志铭。"① 其诗风慷慨悲凉，有沉郁之气。如《千金陂》："平原旧迹堕涯阴，贾让难将上策寻。乌石千帆愁载魄，玉华一路倦输金。春江花草吟幽胜，晓雨鱼龙拨浪深。几度疏钟斜日外，埭行耳耳悦鲸音。"气象高华，不类凡笔。

游恢，临川当地文人，他是临川元老游日生的"犹子"，胡亦堂还曾亲为游日生编诗文集，收在《临川文献》中。

戚藩，临川当地文人。生平不详。

释深皋，当为多宝庵工拙上人，深皋应是其法名，工拙是其法号②。

第三类是远方来的友人，除八大外，还有张瑶芝、董剑锷等。

张瑶芝，字次英，号蓉屿，鄞（今属宁波）人。《两浙辅轩录》卷三提到他："顺治辛卯副贡，官灵宝知县，著《野眺楼集》。"此书引袁钧说："张蓉屿为前朝尚书张邦奇之元孙，为令操履高洁，勤吏治，能以信惠化民。"③ 工诗，全祖望《耆旧集》卷八三："灵宝诗秀色可餐。"张瑶芝《拟岘台诗》云："我曾拂袖华山来，亦有桃林小岘台。"其下自注云："灵宝亦有岘台。"所说正是他任官灵宝之事。灵宝，在今河南。

在《临川县志》中，多有涉及张瑶芝者。如卷四城垣收有瑶芝《五日读二斋观竞渡诗》，1680年初，瑶芝有《庚申春杪访胡明府登梦川亭》诗四首。《梦川亭诗集》中有《奉酬张蓉屿先生春杪登梦川亭作得四首》。《临川县志》卷二八"多宝庵"条云："多宝庵，知县胡亦堂匾曰：'秘密真诠'。联曰：'一丝不挂看多宝，诸相能空到上方。'又四明张瑶芝有联云：'送一声孤磬落行舟消尽风波名利想，烹数碗清泉留过客看他车马去来忙。'"张蓉屿与胡亦堂早有深交。亦堂之婿裘琏《横山初集》卷四《览筠稿》中有《寄张蓉屿明府十二首》，当在瑶芝任官灵宝之时。诗云："东海张明府，高风天下无。一为山邑宰，旋念故园芜。"诗又言："三年吴楚隔，六十岁华徂。渐老传高会，群仙赠宝符。侧身千里外，诗思寄蓬壶。"由此可知，蓉屿年近六十，结束灵宝知县任职后，念故园之情，率然南归。

胡亦堂有《李西涯先生拟古乐府》诗集，作诗百余首，前题有"慈溪胡亦堂二斋著，鄞张瑶芝蓉屿评"。诗集借历史事迹，兴当世之叹，有《绵山怒》《国土行》《易水序》《淮阴叹》《颍水行》《美新叹》等，均具有明显的现实取向。张瑶芝为之

① 见刘命清《虎溪渔叟集》卷首。
② 参见本书第二十一章《〈梦川亭诗集〉所见八大相关问题再研究》。
③ 阮元等《两浙辅轩录》卷三，第一册，173页，浙江古籍出版社，2012年。

八大山人研究

疏解历史，征引故事，其中亦有为二斋订正史实之误者。刘命清《虎溪渔叟集》卷四有《同胡二斋明府、张蓉屿登梦川亭玩雪》，卷八有《阳关引》（贻张蓉屿归越）："春雨细如丝，谁唱渭城词。樽前一阕骊驹发，怅何之。趁吴山越水，芳草绿杨时。变皓首、迎风陌拂吟髭。"自注云："蓉屿博洽，与胡二斋师和西涯乐府传侍座焉，忆而记之。"

董剑锷（1622—1703），浙江宁波人，明代高官之后。字佩公，号晓山，有高节，为四明"湖上七子"之一。全祖望《鲒埼亭集补编》卷六《湖上社老晓山先生墓志铭》云："晓山先生，字佩公，一字孟威。鄞人，前翰林改官四川监司樾之曾孙，诸生光临之孙，高士非能先生士相之子。少而清俊，工为诗文词，非能先生自课之。甲申之变，非能先生尚茂齿，愤甚，谓先生曰：'儿曹无庸读万卷书，且挽五石弓耳。'先生抱父而泣，焚其衣巾，自是父子互相镞厉为遗民。"

除以上所提及三类人外，胡挺松、胡挺柏都是胡亦堂公子，他们也是临川唱和的参与者。裴琏《祭户部胡公文》云："康熙二十三年十有二月七日户部主政二斋胡公以疾卒于京邸……又明年冬，公之长子挺松始归自粤。"[1]胡挺松为胡亦堂长子，字徂来；挺柏为次子，字新甫。在临川唱和中，可见出二子颇有诗才，如挺柏《翻经台》和诗云："谢客不得归东林，犹翻释典垂来今。三车妙义谁复演，一树石楠空自阴。铁画漫灭碑字老，铜陵寂历山花深。来游耳际涧泉响，如听法鼓喧雷音。"颇有韵致。挺松与八大看来也有交谊。挺松《金柅园》和诗云："阁度横秋怅断霞，犹怜故苑丛芳华。几群翠鸟竟啼树，若烟青衣供点茶。风月主人兴不浅，王孙清赏情何涯。我思所存在池馆，拟拨老干寻梅花。"其中"王孙清赏情何涯"所指当为八大。（图22-1）

二、关于李茹旻的临川唱和诗

临川唱和诗人中有李茹旻，黄苗子《八大山人年表》等研究著作大都列李茹旻为临川唱和的成员，也以他为八大朋友。《八大山人年表》"1679年"条说："是年，八大在临川与胡亦堂、丁弘诲……李茹旻……等，吟咏临川古迹名胜。"[2]李茹旻（1669—1734），字覆如，号鹭洲，临川李渡人，世居白鹭洲前，擅诗赋，康熙五十三年进士，官至内阁中书，与李绂并显于京城，有"临川二李"之称，有《李

---

① 见裴琏《易皆轩二集》，文作于康熙乙丑（1685）。
② 《八大山人年表》（四），台北：《故宫文物月刊》，第九卷第三期，1991年。

图22-1　天光云影图册之十　纸本墨笔　年代不详　25.8×34.7cm　王方宇旧藏

鹭洲诗集》二十卷行世。李茹旻参与临川唱和，曾引起学界困惑。萧鸿鸣先生对此表示质疑："李茹旻与八大山人于康熙十八年（1679）同赴胡亦堂'梦川亭'诗会。按此推算，年仅十岁。康熙《临川县志》有载'梦川亭'诗会和诗人员，和诗中有李茹旻无疑。然十岁即赴诗会与名士交，多有疑虑，存考。"①

叶叶引同治《临川县志》中《玉茗堂诗》的和诗者，也以李茹旻为临川之会参与者②。黄苗子径列李茹旻为临川诗会成员，失之粗疏。萧先生的怀疑不无道理，但他的记载有误。考胡亦堂《临川县志》，在临川十咏中，并无李茹旻和诗。遍查康熙庚申（1680）胡修《临川县志》，并无李茹旻之名，李茹旻当时刚十岁出头，当然不可能有记载。

但在雍正年间由李茹旻主修《抚州府志》卷四五《艺文补》中，收有李茹旻《羊角石》《翻经台》《拟砚台》《荆公故宅》等四诗。乾隆《临川县志》收录李茹旻的和诗数首。同治《临川县志》卷六收有李茹旻《千金陂》诗、卷八收有李茹旻《洗墨

①萧鸿鸣《八大山人生平及作品系年》，116页，北京燕山出版社，1997年。
②叶叶《论"胡亦堂事变"及其对八大山人的影响》，见台北：《大陆杂志》第51卷第6期，1975年。

池》《羊角石》《翻经台》《金柅园》四诗，卷十收其《王荆公故宅》《玉茗堂诗》等。同治《临川县志》在收录李茹旻和诗时，一般都附在胡亦堂诸人和诗后，诗取同韵。如《拟岘台》诗，胡二斋诗云："裴公本自豫章来，忽忆襄阳筑此台。画栋绮疏相并作，江声月色一齐开。南瞻灵谷飞高兴，东望英山发俊才。开府风流今日在，凭将经济辟蒿莱。"八大诗云："名山恍见日飞来，此地宁输古啸台。东阁云峰遥拟岘，南楼月户几家开？裴轻带缓风流子，碣短川长老大才。记得城头工筑始，扇屃情愿出蒿莱。"而李茹旻诗云："大堤宛宛抱城来，仿佛襄阳拟岘台。马峡波光樯橹乱，风林山霭画图开。轻裘缓带羊公度，武举文场杜预才。独有清风门一路，见时冠盖安蒿莱。"李诗明显同韵和诗。可能正是同治《临川县志》等后出方志录"临川唱和诗"的方式，造成了今人的误解。

李茹旻《二水楼集》卷一三中有《临川十咏次明郡守苏公本眉韵》，此诗正是雍正《抚州府志》、乾隆《临川县志》、同治《临川县志》中所录临川唱和诗所本。此题为"次明郡守"苏本眉之韵，说明这是对前人之作的和诗，他根本没有参加临川唱和佳会。临川十咏在当时诗坛颇有名，和之者甚多，如林之枚也有《和丁循庵使君临川十咏韵》[1]。

由八大研究界有关李茹旻的误解，也可对临川唱和的形式有所览知。

诸贤同一诗题，同一韵脚，显然是和诗。若是和诗，这就有两个问题，一、是和谁的诗；二、是不是同一场景下的和诗，即同一组诗是否作于同一时间。

第一，是不是和胡亦堂的诗。学界比较流行的观点是：临川唱和，乃由胡亦堂首倡，众人和之。叶叶的观点很有代表性，他曾就同治《临川县志》传綮之《玉茗堂诗》说："在此，胡亦堂既居首位，复为地方父母官，非首倡而何？其余十子，除李茹旻外，包括传綮（八大山人）在内，显属追和胡亦堂原诗韵脚者。各诗于起承转合之际，趣旨相联，意气不殊，分明是诸人同时即景奉和之作。换言之，乃是十人于同日同地同为之，而后同收入《临川县志》的。"[2]这样的推论是难以成立的。他所说的李茹旻和诗，在《临川县志》中根本就没有，李茹旻主修《抚州府志》时才将自己的诗列入，其个人诗集明确说是和苏本眉之作。再如，《临川县志》所录李来泰临川唱和诗，也非和胡亦堂之作，李来泰《莲龛集》有《和苏剑浦临川十咏》、《再和苏剑浦临川十咏》共二十首，也是和苏本眉的。而林之枚《泷江集》卷四七言律所载《和丁循庵使君临川十咏韵》（不过这不是和其十首，而是读其十首

---

[1] 见林之枚《泷江集》卷四。
[2] 叶叶《论"胡亦堂事变"及其对八大山人的影响》，见台北：《大陆杂志》第51卷第6期，1975年。

诗作一首）则是和丁弘诲的。

就官职上看，诸贤中，丘泰是胡亦堂的前任，陈弘绪是当时的抚州知府，苏本眉乃是抚州府同知，官阶都不在胡亦堂之下。而《临川县志》共录胡自己的临川唱和诗八首，其中《千金陂》《陆象山祠》就没收他自己的诗，若是诸人和自己之作，为何不录自己原诗？发起"临川唱和"的人可能是胡亦堂，但说是胡自作临川之韵，别人和之，下这样的结论，尚缺少资料的支持。

其二，这组诗是不是"同时即景"之作，也需要谨慎对待。上引叶叶的观点就认为是"同时即景"之作。若是同一时间，同一场合，则是地方官员、当地文人以及外来诸贤大型燕集，其实并没有这样的可能。十景之地，颇有距离，前唱后应，一日难尽，定有数日之功。数日之中，官员、乡绅、来客如此酬酢，该是怎样的场面？这样的思路并不合当时实际情况。诸贤中，丘泰此时早已离临川而赴京城。胡亦堂《临川县志》说丘泰"由戊戌进士康熙元年任，十五年升中书"。临川唱和诗中还有胡亦堂的两位公子，如果父子三人同登场，与包括抚州、临川最高官员的众宾同唱和，实在不合情理。再者，如李来泰之和诗，就明确标明是和苏本眉的，并有二十首之作，当然不会作于同时。

我以为，《临川县志》所录"临川唱和诗"，包括两方面的内容：一是当时确有诸人游历活动，像八大这样的客人，如果不一一游览其景，如何写出诗作？像不少和诗就透露出即景写作的痕迹。如上曾举胡挺松《金柅园》："阁度横秋怅断霞，犹怜故苑丛芳华。几群翠鸟竟啼树，若烟青衣供点茶。风月主人兴不浅，王孙清赏情何涯。我思所存在池馆，拟拨老干寻梅花"，显然写即目所见。但人不会太多，也不是一次完成。游览者依原韵，各出机杼，发为新声，胡亦堂裒之而入于《县志》；二是编纂者约请友人和作，如约请苏本眉、丘泰、陈弘绪、刘玉瓒、李来泰等人唱和，并将其编入《县志》，可能就来自这样的途径。两方面合而成今之所见"临川唱和诗"之大观。

三、"临川唱和诗"中的故国叹息

因为对八大临川行踪资料的匮乏，学界曾据邵长蘅《八大山人传》中"临川令胡亦堂闻其名，延之官舍。年余，意忽忽不自得，遂发狂疾"推测，认为八大来临川是因反清思想而被软禁，八大密谋复国，而胡亦堂则是站在清廷的立场，设计网罗，消除这一势力。最终八大在软禁过程中被逼疯，胡亦堂看八大无法再组织反对力量，才将其放掉。还有一种说法是"胡亦堂由新昌调临川为知县，他听说八大很有名，便以'延请'为词，邀去作客，诱他为清廷效劳，这使他十分愤怒，遂佯为疯癫，独自走回南昌"①。这样的说法在八大研究界影响深远，至今并没有得到很好清理。实际情况正好相反。胡亦堂非但不是清室的鹰犬，而且与八大一样具有浓厚的故国情怀；胡亦堂将八大"延之官舍"，非但不是软禁他，反倒是以其为上宾；胡亦堂临川期间，身边聚集了一批故国之遗臣；临川唱和诗中的相当一部分内容，是对故国的咏叹。

胡亦堂本身就具有浓厚的故国情怀。他的女婿裘琏生平多交"读书负节之士"。如其所交二僧，一为八大，一为用无，都是明遗民。裘琏对他们身世的"不得已"深表同情与理解。如他与大瓠用无之间的交往，融入明显的眷恋故国之情感。《宛雅全编》引全祖望《续甬上耆旧诗传》说："宣城筇在大师，释名大瓠，字用无，沈景山先生犹子也。本名麟生，字丹绂，景山死节，大师弃诸生，结龙听庵于姚江黄竹浦。鹧鸪山人黄晦本最与相契。所著有《蛰茶经》。大师尝匿江右邹职方之遗孤，抚之庵中，时以为王成、魏泽之流。其后住鄞之南明，入九老社中。又住慈之宝峰，而卒返龙听。"这样的人成为裘琏的朋友，也可见他的思想倾向。而胡亦堂与用无也有交往。胡亦堂《二斋文集》卷三有《答用公上人书》，札中颇见二人深交之情，胡对这位节士予很高评价。

胡亦堂所交朋友中很多是有强烈遗民思想的文人。其中，董剑锷是"湖上七子"之一，"父子互相镞厉为遗民"，有强烈的故国情怀。张瑶芝是明尚书张邦奇之孙，他评胡亦堂的拟古乐府，其中暗含讽咏，潜藏故国情思。《续甬上耆旧诗传》卷八三云："南湖秋水之集，张蓉屿司其事，其中遗民四人。"秋水社是一个与"湖上七子"很相似的遗民组织。张瑶芝是秋水社的社主。胡亦堂与八大的共同密友丁弘诲、饶宇朴更是有一腔遗民思想。

围绕临川唱和诸友人，还有一个令人叹息的遗民故事。故事的主角是胡亦堂的好友揭贞传。

揭贞传为南明将领揭重熙之子。揭重熙，字祝万，一字万年，号蒿庵，临川人。崇祯十年（1637）以五经登进士，人称五经先生，授福宁知州。福王时，擢吏部考功主事，领兵抗清，浴血奋战。永明王拜重熙兵部尚书兼右副都御史，总督江西兵，并赐予上方宝剑，与清兵大战于江西。最后被俘，不降，临死从容微笑。在

① 李旦《八大山人丛考及牛石慧考》，《文物》，1960年第7期。

清初的江西，揭重熙的忠义英名很长时间在民间和士大夫阶层传诵。

据李伍涣《揭宪武行略》载，甲申之变时，宪武年方十三，父殉国后，他奉母于丰城之金溪躲藏，后辗转流连数十地，颠沛流离，居无所安，食无余物。在友人帮助下，复得返回旧处。后千里至闽，搜索父亲残留文集，以成揭蒿庵先生文集八卷、诗七卷、遗集二卷①。其生平至友蔡方炳所作《揭宪武墓志铭》云："忆四十五年前，偶尔出游，道过抚州，访宪武于江干旅次，惊鸿初集，环堵无依，道其数年流离奔窜，奉母无人逃死荒地，泣控无门，雨绽藏身，风鹤怖影，甫踏里门而追呼……走七闽访求先人遗文，忌讳宏多，隐约葸缩，匿而不出，散而难寻，洒数年之血泪，而后得遗稿数帙以归，……而宪武寄余蒿庵全集备，道谷王禹公、李公剩叟校订之……"②

这本遗作的整理从一个侧面折射出临川唱和的影子，丁弘诲序此书云："令子宪武瘅足茧，缮葺遗编，读其闱策，声光激射，觉坚栗之色，浮之于楮墨之上。"胡亦堂也亲为贞传整理的父亲文集作序，并有一段动情表白："《鹳玉堂集略》者，集临川五经先生之遗文也。孰集之？义士易紫生从狱中面出其稿，孝子宪武先生贞传复匍匐千里，泣血征辑其父之遗文以成书也。虽然，巢破井湮，盖百不得一矣。呜呼，公何以文哉？公之大节悬于天壤，炳于日星，方与文山越园鼎立千古，是惟无文焉则已耳，奇而有文，何悉其不传且久耶……"③贞传在《缉梨栗神文》中说："己未（1679）岁九月晦日，不孝孤子贞传恭刻先府君文集六卷、诗集十三卷。"他对禹不伐和胡亦堂的襄助之功、理解之情，涕零以感。贞传作此文正是在临川唱和前后。

临川唱和中的刘命清，为贞传父蒿庵的至友。史传其与揭蒿庵有程婴之交。蒿庵临死时托孤于他，贞传就是在其抚养照料下长大。同治《临川县志》卷一三云："重熙死，命清为保全孤。"此事在胡亦堂为刘命清所作之墓志铭中也得到证实。《虎溪先生集》就由其门人李伍涣和揭贞传所整理，揭贞传称自己是刘命清"世通家小侄"，其情谊非同寻常。李伍涣在《刘虎溪先生行略》中说甲申之后，先生"屏迹林泉，自号鱼叟"，流连于诗酒之间，所作诗文多有寄托，隐然含讽。

由此可以看出，胡亦堂不是站在遗民的敌对面，而是与遗民相与优游，在他的周围形成的诗歌唱和群体，其实是一个具有浓厚遗民色彩的群体，其中有胡亦

① 《揭蒿庵先生遗集》附录。
② 《揭蒿庵先生遗集》附录。
③ 《揭蒿庵先生遗集》前序。

堂、刘命清、张瑶芝、饶宇朴、丁弘诲、雪个、揭贞传、董剑锷、李伍渶等。

甲申之后，至胡亦堂等临川唱和时间已过了三十多年。此时人们已经从最初的四散奔离、绝望漂泊，归于稍稍宁定。惊魂初平，旧日的繁华早已逝去，往日的腥风也在时间洗礼中渐渐淡去，一切都不可挽回地逝去，留下的是怀念，是对伤口的抚摸。这组临川唱和诗，所彰显的不是自在风流，而是深长的叹惋。

临川唱和中，诗人"荒台俯仰怀陈迹"（胡挺柏《翻经台》诗），借怀古而抒发今时之叹。这里丝毫没有江山留胜迹、我辈复登临的豪迈，只有落花流水春去也的无尽怅惘。如以下一组金柅园诗。

金柅园，是唐代的建筑，到此时已是废园，连陈迹都难寻。同治《临川县志》云："在郡治西，久废。"此园名取《周易》姤卦初爻之义。此卦下巽上乾，初爻为卦主，一阴居五阳之下。爻辞云："系于金柅，贞吉。有攸往，见凶，羸豕孚蹢躅。"此爻一阴为五阳所压，处于极端逆境之中，惟有保持贞正之心，方获吉祥。如果躁动不安，就会蒙凶，如同一只瘦弱的猪踟蹰而无助。

临川唱和诸君不是歌一片废景，而是抒一腔衷肠。歌金柅，乃是歌逆境中的志节。刘命清《金柅园》诗云："西风城外青云路，牛斗光分盛物华。冠盖连骈齐作赋，建溪咫尺漫供茶。赏心自有园之曲，系迹何知天以涯。闻道初阳今已姤，莫教羸豕口残花。"他的残花意象很好。诗取《周易》之义，护持心灵中的残花。董剑锷《金柅园》诗云："廊后苍茫映晚霞，名夸金柅想繁华。台前谁复来调鹤，溪上人应自啜茶。车马喧游思旧地，山川落寞叹天涯。环绕菡萏亭亭长，拟买村醪独看茶。"独看花，孤独地流连，无可奈何的心情如春草滋长，物是人非，今古茫茫，山川落寞，人更凄凉，一切都是这样的无可奈何，像这晚霞一样。诗人这时只能想昔日之繁华，性灵抚摩中，有无限的怅惘。饶宇朴《金柅园》诗云："十年旧梦赤城霞，物色今来惜鬓华。玉铭争传麻谷种，铜陵莫贡点苍茶。曾将孤鹤消长夜，谁埋瑶琴客水涯。园圃废兴成往迹，棠阴时覆满蹊华。"格调是这样的幽咽。

除了《金柅园》之外，"临川唱和诗"中的其他诗篇也多有这种幽咽的格调。饶宇朴《王荆公故宅》充满了不尽依依的感叹："地是临川第几峰，香楠径仄草丛丛。五朝神器归新主，四海苍生付相公。青简是非从信史，朱门兴替指遗宫。可怜碑版曾祠庙，瓦砾萋迷细雨濛。"这里的"朱门兴替指遗宫"，隐约中对朱明王朝遥致怀念之情。

丁弘诲曾有《水龙吟》词，写登拟岘台之感受。下半阕云："喜得同声唱和。

漫敲推、他山攻错。渊源师友，郑毡如故，董帷犹昨。强半春光，卑贫引分，颇宜关栎。看秦楼楚树，繁华旧梦，黄粱一觉。"[1]临川唱和诗是"同声唱和""低徊陈迹"，忆繁华旧梦，斟一杯酒，道无尽的苍凉意。

四、王孙清赏情何涯

胡挺柏一句"王孙清赏情何涯"，道出了八大临川唱和诗的格调。八大客居临川期间，虽然胡亦堂、丁弘海并临川诸友对他礼为上宾，但他的心境很不平静。从他对胡亦堂多次表白自己"予家在滕阁""有还山之意"可以看出，他虽然人在临川，但心中还是充满了不安。他绝无乐不思蜀之情，倒有身世漂泊之叹。这组珍贵的唱和诗，使我们对八大的心灵状态有了直接了解。他在诗中凭吊古迹，俯仰人生，遥想家国，在落叶飘飞中，在夕阳西下时，有无尽的叹惋。

八大《金柅园》一诗写人生的低潮、心灵的寂寞，充满了沦落飘零之感。诗云："白云红叶醉青霞，皂盖朱幡两门华。官酿葡桃川载酒，亭开金柅玉为茶。瑶琴几弄麻山雨，诗卷还携梦水涯。惆怅秋风茂陵客，到来惟见野棠花。"他同司马相如一样，是一位"惆怅秋风茂陵客"，司马相如晚年辞官，居茂陵，因渴疾而终，后人有"千里酸风茂陵客"的说法，所谓"看取茂陵客，一去无归"。他"到来惟见野棠花"，一切的往事都如梦如幻，琴声幽咽，骚人情深，独对黄昏，虽是白云红叶醉青霞，皂盖朱幡两门华，虽目对高朋满座，来往酬酢，他的心灵还是被梦幻牵去，被酸风警醒。

而他的《洗墨池》一诗同样富有寓意："江左才名江右闻，乌衣子弟美将军。林泉独秀山阴道，秦汉全输晋代文。野外烟光萦雉堞，天边鸿爪戏鹅群。风风雨雨池亭上，都是王家破砚云。"洗墨池是传说中的王羲之洗墨之所，在临川城东。八大借咏叹王羲之，写自己的王朝梦幻，我们在"风风雨雨池亭上，都是王家破砚云"，也可读出他心中的呼唤。

文昌桥是临川一座大桥，跨汝水，康熙十八年胡亦堂重修。八大《文昌桥》诗云："桥上谁携酒一壶，桥边谁忆古洪都。绿杨花好前朝市，急管风吹雨后湖。银汉云章长叶彩，斗勺星聚岂能无。也知茂宰随天象，舡载嶙峋起壮图。"由一座桥，写怀古之情，类似于王勃《滕王阁序》所谓"闲云潭影日悠悠，物换星移度几秋。

①见丁弘海《砚北笔存》附，词有附题为："同秦景天、郑馘登拟岘台，用顾华峰中翰扇头原韵。"

阁中帝子今何在？槛外长江空自流"的感叹，那绿杨花好的"前朝市"早已不在，一场急风暴雨之后，荡漾的湖面慢慢复归平静，惟留下依依不尽的涟漪。

王荆公故宅，乃王安石故居旧迹，后世在此建祠，地在临川盐埠岭。八大与诸人来此游览，并作有和诗："归到钟山问半峰，浮云深锁百花丛。故园桑梓仍盐埠，野老欀粔话相公。槐冷堂空罗有雀，笛催梅落调成宫。只今犬吠驴鸣地，犹忆沙堤晓雾蒙。"数年后，八大也潦倒于南昌街头，愤而易名，自号为驴，就像王安石一样，以驴为伴。八大在犬吠驴鸣地，忆及荆公落魄事，如透过历史的帷幕，晓雾重重，迷离恍惚。"槐冷堂空罗有雀，笛催梅落调成宫"，此二句对仗精工，诗境高妙，含意深幽。槐冷堂空，如打开历史的大门，空空落落，无比幽深，一切的沦落和漂泊都抚平，哀伤的商声已转成平和的宫调，古今多少事，都付与一曲《梅花落》的笛声中。正是王孙清赏情无涯，不尽依依落日中。

这时的八大心情宁静，诗中也洋溢着一种从容的格调。如《羊角石》写道："细细松苗养鹿茸，稜稜羊角露奇踪。依然叱起初平石，可是飞来天竺峰。洞府石传鱼

图22-2　天光云影图册之一　纸本墨笔　年代不详　25.8×34.7cm　王方宇旧藏

腹子，仙家偏到赫蹄封。只今何处寻消息，古寺莲花听讲钟。"① 其《千金陂》写道："来时曾望大江阴，去日还出砥柱寻。历代羊城环二水，一时牛角罄千金。钱塘几得潮儿戏，丛竹犹祠汉帝深。遮莫楼钟唤颜李，鼟鼟社鼓正鼍音。"② 在旧迹抚摩中，他的心灵震颤。不久他癫疾复发，或许与此伤怀有关。(图22-2)

① 胡亦堂《临川县志》卷五。
② 胡亦堂《临川县志》卷一三。

第二十三章
八大山人的"病癫"问题

　　荷兰绘画大师梵高曾在法国阿尔地区停留,四十多度的高温烧烤着他狂野的心,他竟然割下自己的耳朵,献给所爱的人,他的画艺也由此进入一个新的境界。这每为研究界所道及。在中国也有一位天才艺术家,因癫狂,而使他的艺术蒙上更多的神秘色彩,这就是八大山人。今天,我们想到这位伟大艺术家,往往是和他的癫狂联系在一起的。或者可以这样说,没有"狂",就没有八大山人。康熙时一位诗人先著评论八大与石涛说:"雪个西江住上游,苦瓜连年客扬州。两人踪迹风颠甚,笔墨居然是胜流。"① 八大在题石涛兰图时说:"苦瓜子擎风掣颠,一至于此哉!"② 八大与石涛都以"狂"而著,然石涛无狂癫之疾,八大则有癫疾之身,二人又有不同矣。

　　"病癫"是涉及八大一生艺术和生活道路的大问题,汪世清曾在香港《大公报》上发表过一篇短文,对此作过论述,惜文章过短,很多问题没有展开③。高居翰有《八大山人绘画中的"狂癫"》一文④,侧重从精神病因的角度谈对艺术的影响。这里再就一些相关问题,谈一些个人的看法。

一、"狂"之三态

　　近年来,海外学界有一流行观点,认为八大的疯癫是一种"佯狂"——并不是真有疾病,而是利用狂疾来掩饰自己,以表达对清廷的愤怒。这一观点最初由著名八大研究专家王方宇提出,他在《八大山人病颠和佯狂》的论作中⑤ 详细阐述了自己的观点。美国耶鲁大学教授班宗华说:"八大山人并不是真的疯狂,可能是在

---

① 石涛《写兰册》十八开,今藏北京故宫博物院,其中有一开有先著题跋。先著(1651—?),四川泸州人,字谓求,又字迁甫,号罍斋,石涛的好友。
② 石涛《写兰册》十八开,今藏北京故宫博物院,其中一开有八大题跋。
③ 《八大山人的病癫问题》,香港《大公报》艺林副刊,1984年7月1日。
④ 八大山人纪念馆编《八大山人研究》,江西人民出版社,1988年。
⑤ 台北:《故宫文物月刊》,第九卷第六期,1991年。

他生命中的一些危难时期，假装疯狂，以此全身，这样的方式在中国传统中并不少见。"①波士顿大学艺术史教授白谦慎也持类似观点，他在一篇分析17世纪中国艺术家字号印款"病态"呈现的论文中，也将八大视为佯狂的艺术家②。

八大在很长时间里是一位僧人，癫僧的狂态常被当作一种得道的表现。八大曾仿禅宗前例，刻一枚"掣颠"的印章，晚年八大的很多作品是在癫狂状态中完成的。这样的背景，也在一定程度上支持八大"佯狂"的观点。

我以为，八大的癫狂问题，可分三个层次来看，一是作为一种病症的癫疾；二是性格上的狂狷之态，这往往被视为艺术家的气质；三是诸位学者所说的"佯狂"，假装狂狷，利用身体的反常来表达一些东西，掩饰一些东西。我觉得，这三者，八大兼而有之，历史上人们混而说之，致使如小说家言频出，添油加醋，惑乱了真实。

第一，八大确有狂疾，这是不可否认的事实。这种疾病是和他的"喑疾"相互关联的。八大曾患有"癫疾"，并多次复发，这给他的生活带来极大困扰。

曾亲见八大，并与其有过长谈的邵长蘅所作《八大山人传》，主要篇幅在说他的"癫狂"："临川令胡君亦堂闻其名，延之官舍。年余，意忽忽不自得，遂发狂疾。忽大笑，忽痛哭竟日。一夕，裂其浮屠服焚之，走还会城。独身猖佯市肆间。常戴布帽，曳长领袍，履穿踵决，拂袖翩跹行，市中儿随观哗笑，人莫识也。其侄某识之，留止其家。久之，疾良已。"这里描写的不少情况，显然是一种病态，是主观不能控制的身体行为。陈鼎传记也说："未几病颠，初则伏地呜咽，已而仰天大笑。笑已，忽然跳踘踊跃，叫号痛哭，或鼓腹高歌，或混舞于市。一日之间，颠态百出。市人恶其扰，醉之酒，则颠止。"这也是对八大病症的描绘，凄然可怜，无正常生活能力，他在命运中煎熬，何以谈得上以此来抗拒新朝，何以谈得上讽刺时世，更非利用狂态，来发挥艺术才性。

"颠"（同"癫"），八大罹患此疾，与他的家族病史有关，更与那个特殊的时代及其特殊的身份有关，也与他的个性有关。看他的《古梅图》和《瓮颂》，绝非陶潜式的幽淡，而是那样的愤懑，那样的撕裂，一种灵魂要迸出的绝灭感。那诗，那画，应该都是在哭泣中完成的。由此，才可理解通晓世事、波澜不惊的邵长蘅会

①Richard Barnhart, "Introduction", in Wang Fangyu and Richard Barnhart, *Master of the Lotus Garden*: *The Life and Art of Bada Shanren*（*1626-1705*）(New Haven: Yale University Art Gallery), p.13.

②Qianshen Bai: *Illness, Disability, and Deformity in Seventeenth-Century Chinese Art*, see Wu Hung and Katherine R.Tsiang: *Body and Facein Chinese Visual Culture*(Harvard University Asia Center, 2005), p.153.

那样激动地写出他与八大彻夜长谈的感受："予与山人宿寺中，夜漏下，雨势益怒，檐溜潺潺，疾风撼窗扉，四面竹树怒号，如空山虎豹声，凄绝几不成寐"，那漫天的风雨，是他们内心的呼号！

第二，八大是一位有狂狷气质的艺术家。家道中落，身世飘萍，"凡夫只知死之易，而未知生之难也"[①]，从他的诗中画里，常常能读出绝望的感觉，读出生无可恋的茫然。他踽踽独行，踟蹰人间，由佛屋，来到人屋，来到人间，但人间对于他来说，是"犬吠驴鸣地"[②]，是如此的冷寒，他的感受是：他被打上了"驴"的标记。耻辱的人生、冰冷的世相、高严的理想，就这样错落于他敏感的灵台中，使他性格中"解衣盘礴"式的格调愈加强烈，他的难以磨灭的意志愈加坚韧。他的狂狷，脱略束缚，纵意所如，穿破外在的壁垒，直达生命的灵源。他的祖父朱贞吉就是这样，放浪天下，磊落不羁。李维桢《弋阳王孙贞吉墓志铭》说："问俗吊古，有概于中，或歌或泣，人莫测其故，有识者自指之：此瀑泉王孙耳。"其才华卓荦，行为却反常，或而歌唱，或而哭泣。历览名山大川，独往独来，有会心之处，必有诗，有诗必书而勒之于石，其云："将令后世知有朱仲子也。"[③]他的父亲朱太冲，有不良于言的毛病，友人谢兆申说他"不用耳，以目听，不以舌，以目若手言"[④]。这位工于诗画的王孙，也是有极高才华的艺术家，"性颖慧"（朱谋垔语），品性高洁，笃信佛教，徐𤊹说他"王孙侠气自翩翩，宝玦珊瑚白玉鞭"[⑤]，因"暗疾"，与世自远，有击节高歌放、难酬白雪声的情怀。

八大身上有这样的"家学"渊源。一如他的哥哥朱仲韶，八大也可以说"本自僻奥，理性孤微"，他性格中的特点，反映在日常行为中，便多出乎平常之处。他是至性之人。邵长蘅《八大山人传》说他们初次相见，"予客南昌，雅慕山人，属北兰澹公期山人就寺相见，至日大风雨，予意山人必不出。顷之，澹公驰寸札，曰山人侵蚤已至，予惊喜，趣呼笋舆冒雨行，相见握手，熟视大笑"，是这样的质朴自然、慷慨任真。他性格直爽，从不讳莫如深，邵长蘅说他："喜为藏钩拇阵之戏，赌酒胜，则笑哑哑；数负，则拳，胜者背，笑愈哑哑不可止，醉则往往唏嘘泣下。"

正因此，人们常常将他的艺术活动与王墨、青藤等相比，都有一种纵性挥洒的特征。不善饮的八大，嗜酒的一面反而被突出出来。龙科宝亲眼见到八大的狂狷

① 八大致方鹿村书札语，今藏北京故宫博物院。
② 八大《王荆公故宅》诗语，见胡亦堂《临川县志》卷一〇。
③ 李维桢《弋阳王孙贞吉墓志铭》，见《大泌山房集》卷一三四，康熙刻本。
④ 《谢耳伯先生全集》卷七，明崇祯刻本。
⑤ 徐𤊹《鳌峰集》卷二七。

之态:"山人跃起,调墨良久,且旋且画,画及半,阁毫审视,复画,画毕痛饮笑呼,自谓其能事已尽。熊君抵掌称其果神似,旁有客乘其余兴,以笺索之,立挥为都啄一双鸡,又渐狂矣。"邵传所言:"饮酒不能尽二升,然喜饮。贫士或市人屠沽邀山人饮,辄往,往饮辄醉,醉后墨沈淋漓,亦不甚爱惜。数往来城外僧舍,雏僧争嬲之,索画至牵袂捉衿,山人不拒也。"都是由其真性勃发而言。

第三,八大的确有利用喑疾、狂疾的做法,即所谓"佯狂"——有时并非真狂,而是借此表达某种心理诉求。如友人请他作画,有酒或馈遗之赠,他也不推辞。邵传说:"然贵显人欲以数金易一石,不可得。或持绫绢至,直受之,曰:'吾以作袜材。'以故贵显人求山人书画,乃反从贫士、山僧、屠沽儿购之。"至于他"大书'哑'字署其门"等行为,则属于明显的"佯狂"。

八大也承认,他有时的确是假装狂狷。其《瓮颂》之《春瓮》云:"若曰瓮头春,瓮头春不见。有客豫章门,佯狂语飞燕。"这位豫章的落魄王孙,有时只能以佯狂之态,来将息生存之可能。

历史上多有人指出这一点。如黄山僧人中洲《寄八大山人》诗云:"烟霞半抹颠狂态,虞夏长歌自在身。"(据汪观《清诗大雅》)石庞《寄八大山人》诗云:"守节西山歌采薇,佯狂真与世相违。"石涛谢八大写《大涤草堂图》诗中有云:"有时对客发痴颠,佯狂索酒呼青天。"龙科宝《八大山人画记》中说:"往往愤世佯狂。有仙才,隐于书画。"罗安《吟次偶记》卷二云:"八大山人初为僧,既反初服,佯狂玩世,隐于书画。"《小腆纪传补遗》卷一说八大"佯狂走会城,被葛布袍,歌于市",等等。

这三种"狂态"交织在一起,使八大成为中国艺术史上最为著名的狂人之一,人们常常透过狂的帷幕去看这位天才艺术家,试图读出他的行为和图文所留下的思想和情感痕迹,这是自然的,只是不能过分罢了。

二、"掣颠"小印的出现与早年的病癫

据目前所知史料,有关于八大两次病癫的记载,第一次是裘琏文中谈及,另一次则是邵传中所说的"走还会城"前后。

关于第一次病癫,裘琏在1679年所作《释超则诗序》中云:"往岁壬子(1672)客江右,获交芦田释雪个,归而宣城释用无游吾慈,又获问交于太仆冯先生家。两人皆博猎好古,奇傥不羁。雪兴悲禾黍,用抱痛蓼莪。皆以不得已故隐于浮屠。用工诗赋,雪善书,天下读书负节之士莫不知其人。而予一年之间幸获问交。交且极

欢爱。不知两人所得于予何如也。迄五六年间，用无死于苏州，予哭之哀，又二三年，予再游临川，闻雪个病颠，归老奉新。予疑其有托云然。"①文中明确提出八大的病癫问题。

裘琏在1678到1679年初有两次临川之行，一次是在1678年春天来临川，夏天归浙江。第二次临川之行是在这年的年末，至次年清明前归去。关于八大病癫，他是第二次临川之行获知的。八大这次病癫，从裘琏的语气看，可能是初发。从1672年他获交八大，在新昌期间有密切接触，二人坐月观景、林中题诗等经历，使裘琏久久难忘，一直到1676年间，他们之间都有书札来往，保持着密切关系。其间裘琏诗中并无关于八大染疾的记载。而在《个山小像》中，饶宇朴跋称："丁巳秋，携小影重访菊庄，谓予曰：兄此后直以贯休、齐己目我矣。"时在1677年秋，此时八大身体仍是正常的，他能够远行进贤，说明身体没有大问题。

八大这次病癫，可能发生在1677年岁末到1678年秋天前。八大有作于1677年重九后二日的九开《梅花图册》（今藏北京故宫博物院），其上首次出现了"掣颠"之印，此印章的出现引起学界注意。（图23-1）在1678年仲秋《个山小像》题识中，也钤有"掣颠"印。此年之后，此印便不见使用。这枚印章的使用当与他的身体变化有关。八大此次发病时间可能不会太长，其症状可能没有在临川时重，他能最后选择回到奉新，就是一个说明。

图23-1 "掣颠"印

裘琏说："予再游临川，闻雪个病颠，归老奉新。予疑其有托云然。"此话中有话，当然裘琏只是"疑"，而不能确证。他疑其有寄托，当然指八大的故国之情。他知道八大故国之情的浓烈，并怀疑他是否真的是病癫。值得注意的是，裘琏疑八大托于癫，而归于深山，是因他生活的世界不合于他，而耕香深院、幽幽梵界更适合于他的心胸。裘琏感到八大是在躲避。八大到底要躲避什么呢？八大当时生活在一个什么样的世界呢？

研究界不少论者认为，八大两次病癫都在临川，就是说他是在临川遭遇某种压力，进而癫疾复发而藏入深山。根据《梦川亭诗集》所显示的情况，1677到1678年间，八大根本就没有临川之行。胡亦堂于1676年夏辞官离开新昌，至南昌养病。期间在南昌停留大约有半年时间，在1677年2月至临川赴任。八大大约在

---

① 《释超则诗序》，见裘琏《横山文集》之《易皆轩二集》。

1671以后数度行脚到新昌，并在此短暂挂锡。胡亦堂、裘琏都离开了新昌，八大没有继续在新昌的佛门生涯。1676年到1677年间，八大最有可能行脚到南昌。目前所知的资料大致可以支持这一判断。

1676年9月，八大曾与林木文相见，并为夏雯赠林木文的《看竹图》题跋，为引首隶书题"看竹图"三字，跋云："食无肉，居无竹，可乎？未审放鹤亭前有此万竿否也？疏影横斜、暗香浮动之句，在木文筼筜谷中更为剩语。丙辰秋杪题看竹图，弟传綮。"此图今藏上海博物馆。夏雯之题识云："乙卯初夏，予客游武原，喜晤木翁道兄于玉山草堂，唱酬对酒，风雨联床，殊多晨夕，素心之乐，临行分手作此看竹图为赠，以志把臂入林之好，端阳前二日西湖夏雯画于城南涉园。"并有一页胡亦堂的题跋，由嵇、阮谈起，写道："流风谅不远，遗世独斯人。"（图23-2）

林木文丙辰秋来到南昌，其《泷江集》中有《丙辰秋日滕王阁上作》七律一首，并在南昌拜见于此地养病的胡亦堂，其诗集中有《南昌九日胡二斋使君招同大文、次瀛宴集芙蓉庵》五律四首等。木文在南昌逗留时间不短，与胡亦堂多有过从。林木文《重泊南昌蓼洲感旧》云："癸亥六月朔，落帆抵南昌。仍向蓼洲泊，触绪增

图23-2
题夏雯《看竹图》
纸本墨笔 1676年
尺寸不详
上海博物馆藏

彷徨。忆昔辰巳岁，烽烟遍江乡。艨艟与舳舻，城外纷牙樯。嗟余苦栖托，举目生悲凉。是时有胡威（谓胡二斋先生），晨夕相徜徉。提铅而挟椠，茗战飞壶觞。危亭吊孺子，高阁眺滕王。转瞬七八载，云物杳苍茫。"① 诗写他1683年重来南昌的感受，回忆七八年前他来南昌的场景，在那兵荒马乱的岁月，特别提到胡亦堂和他朝夕相伴的往事。《梦川亭诗集》卷三五言律诗第一首为《人日喜林木文过》，是为1677年春节过后，这年二月，胡亦堂去临川履新，林木文有《送胡使君之官临川》五律二首。

八大与林木文相识，乃是胡亦堂居中绍介的。林木文颇看中夏雯为其所作之画，他曾为此画作《西泠夏子为予作画图长歌酬之》，写自己对此画的喜爱，他游历中遍请当时文坛名流题跋，如屈大均、毛奇龄、朱彝尊等。林木文与八大本不认识，竟然请他为其宝物题画之引首，足见他对八大的推重。如果没有人绍介是不可能的。并为此图题跋的胡亦堂是当然之人，胡亦堂与林木文朝夕相伴。八大可能当时就在南昌。

《泷江集》中记有林木文于南昌期间的相关行迹。如其中有《答洪都叶徂徕、朱子庄、曹旦岫》五言排律一首，其中所赠之人其时都居南昌。朱子庄是八大的侄子。

八大与蔡受交往，蔡受为八大《个山小像》题跋，八大为叶徂徕作画赠诗，时间在1675年到1676年夏之前，地点就在南昌，当时，蔡受客居南昌。据《鸥迹集》卷二《赠素石师〈万山修行图〉跋》："追丁巳之夏，入于桌幕……又及戊午，而出入于亲王之幄上。"他在1677年夏天就到了长沙，入于长沙粮宪署藩台李月桂（字含馨）的幕府，至1678年又入于安藩将军幕府。1677年夏，他有《赋赠杨兰佩先生归维扬兼祝八月冈陵》："约我明朝漾扁舟，泛蒲把酒共歌讴。"自注云："是日就桌台之幕。"由此可见，蔡受与八大之交往在1677年夏天之前，他的《个山小像》题跋也当作于这之前，而饶宇朴跋作于这年的秋天，时间在后。

张潮在1683年刊行的《虞初新志》初集中有关于八大之议论："予闻山人在江右，往往为武人所招入室中作画，或二三日不放归，山人辄遗矢堂中，雾人不能乃，纵之归。后某抚军驰束相邀，固辞不往。或问之，答曰：彼武人何足较，遗矢得归可矣。今某公固风雅者也，不就见而召我，我岂可往见哉?"所记载之事，可能就发生在八大1677年前后居南昌之时。

① 林之枚《泷江集》，卷二五言古。

411

可以想象，八大在佛门时定然有多次往返南昌之事实。他辗转于进贤灯社和奉新耕香院之间，经过南昌当是常事。如周体观《晴鹤堂诗钞》卷九载《雪公画梅于吴云子扇头旷如也殊有幽人之致为题短句》："一树梅花断续出，惊枝细蕊照寒芜。就中如许闲田地，或恐元来是两株。"从诗集编年排列看，此诗当作于康熙己酉（1669）①。其中善画梅的雪公，可能就是八大。此事也有可能发生于南昌。

八大因病癫而"归老奉新"——其时八大刚五十出头，欲回山中养老，享受他的清净，葆全他的本真。南昌乃伤心之地，他的癫疾，就有可能是触景生情所引发的。南昌更是红尘滚滚之地，他难以忍受这里的浮华和庸俗。

八大在罹患癫疾之后，刻一枚"掣颠"小印，一如他有口疾，刻了"口若扁担"之印一样，联系禅宗的思想，将身体的疾病，上升为一种生命的思考。前文提到八大《题画木瓜》诗："河阳座上口喃喃，何处游仙树不凡。三个木瓜是五个，教人难画木瓜岩。"其中第一句，通过义玄、木塔和普化的禅机，就触及"掣颠"的问题②。普化每日在街市"掣风掣颠"，以及禅宗所说"昨日哭，今日笑"，哭笑哭笑，这些疯狂之举，都是为了突出禅宗所谓"听那单手拍掌的声音"——截断葛藤缠绕，突破凡常秩序，在表相背后，把握世界的真实，在狂狷行为之中，吃"本分草料"，见"本来面目"。

三、关于"胡亦堂事变"

八大第二次癫疾复发是在临川期间，这改变了他一生的生活方向和艺术道路。这次癫疾较前一次相比，病况更重，持续时间更长，对他的打击也更大，几乎将其送入绝灭的边缘。

邵长蘅《八大山人传》说："临川令胡君亦堂闻其名，延之官舍。年余，意忽忽不自得，遂发狂疾。忽大笑，忽痛哭竟日。一夕，裂其浮屠服焚之，走还会城。独身狂伴市肆间。常戴布帽，曳长领袍，履穿踵决，拂袖翩跹行，市中儿随观哗笑，人莫识也。其侄某识之，留止其家。久之，疾良已。"这短短的文字写出了八大一生最黑暗的时光。

---

① 周体观与居于南昌东湖的陈伯玑、傅修为至友，尤其与傅修为莫逆之交，而这二人都是雪公的朋友，故我以为这里的画家雪公当是八大山人。这也是记载雪公早年行踪的重要资料，因为此期雪公的资料太少。
② 参见本书第四章《八大山人的"不语禅"》。

八大这次癫病是复发，自1679夏天开始，到这年的岁末，大约有半年时间都不能说话，当是此疾的征兆。从《梦川亭诗集》记载看，1680年初，他离开胡亦堂的官署，到春末夏初，仍挂锡于多宝庵等临川寺院，胡亦堂作《清明后一日怀雪公兼示工拙上人》赠之，并相约到郊外踏青。当时他的身体并没有问题。可惜这部诗集截止时间就到是年夏初，后来八大在临川发病的情况，由于没有见到具体资料，尚难以判断。从邵长蘅得知的情况看，八大到临川"年余"后发病，时间大约在1680年的夏末秋初。胡亦堂是于当年年末去京城赴任，八大发病时，胡亦堂仍在临川，他不可能不知道这位尊贵客人的病况。胡亦堂是否就是造成八大病癫的直接动因呢？

邵传中的"临川令胡君亦堂闻其名，延之官舍。年余，意忽忽不自得，遂发狂疾"，这引起了当今研究界的注意。似乎胡亦堂在八大癫疾问题上难脱干系。邵传起码证明了两点，一、八大是在胡亦堂官署癫疾发作的；二、八大在胡的官署心情不好，意忽忽不自得，胡可能有刺激他的行为或语言，致使其精神失控。故在研究界，胡的"阴谋论"甚为流行，甚至有日本学者认为，八大有反清复国的愿望，胡亦堂是将其"软禁"，进而将其逼疯[1]。对于这样的判断，也有学者提出异议[2]。但往往推论成分多，实际材料少，因而此问题至今并未真正解决。

围绕八大临川癫疾发作所形成的所谓"胡亦堂事变"，原是子虚乌有之说。《梦川亭诗集》以及相关资料的发现，使我们对八大在临川活动尤其与胡亦堂之关系有了清晰的认识。

第一，八大的癫疾并非是在胡的官署发作的。

邵传对八大在临川期间的活动交代太简单，一句"延之官舍，年余而狂疾发"，极易使人觉得"延之官舍"与狂疾复发之间有某种关联。但事实情况是，胡亦堂热情邀请他，胡有《闻雪公自多宝庵转而飞锡东湖，诗兴大发，入署尚未有期，俚言代柬，兼以相招》诗，诗中的"苦恋新诗健，如来来也无"，委婉的语气、优雅的情调溢于言表。八大大约在1679年夏末秋初至1680年春节之后入住胡的官署。《梦川亭诗集》、胡撰《临川县志》以及饶宇朴、丁弘海诗集等所呈现的是胡亦堂与八大相与优游的温情画面，在胡的家中，八大下棋、作画、画纸灯、画屏风，又赏月、听雨、观花，至于饮酒、作诗更是不计其数。胡亦堂还与八大一道出游，临川

---

① 中山八郎《八大山人的生平和别号》，见《人文研究》（大阪市立大学文学部）第21卷第7分册。
② 如叶叶在《论"胡亦堂事变"及其对八大山人的影响》一文中指出"软禁说"之非，见台北：《大陆杂志》第五十一卷第六期，1975年。

十景中留下他们共同游历的足迹，也荡漾着他们的诗情。他们还一道过东湖寺、多宝庵、水浒寺、宝应寺等，几乎走遍临川的寺院，并一道欣赏古迹，抚玩古钟。八大是他的"名僧嘉客"，而不是他的阶下之囚，这是明显的事实。

据《梦川亭诗集》记载，八大在1680年春节后就离开胡的官署，那年春末，胡作《清明后一日怀雪公兼示工拙上人》七绝三首，此时八大挂笠于当地寺院多宝庵。在入住胡官署前，八大已经飞锡于多宝庵、东湖寺等寺院，而离开胡家后又流连于当地寺院。八大来临川还有一重要原因，就是丁弘诲。丁是他早年辗转于西山、奉新、安义之间的朋友，也是他老师弘敏的朋友。他和同门法弟饶宇朴都是丁的密友。同治《临川县志》卷一八录有饶宇朴《景吕掌教邀步河东茗战因憩湖庵问昙上人不值》《景吕掌教招游水浒诸胜口占即事》等诗。后丁氏任获鹿县令时，饶宇朴去探访他，还回忆起当时临川相聚的场面。饶宇朴《菊庄集》卷一一有《访丁景吕获鹿赋赠兼寄浙中卓火传》，诗中有"联步春溪上，依稀茗战时（自注：指河东茶社）"；"平畴芳草路，竟日忆招游（自注：谓水浒、多宝诸处）"等描写①。此中胜游，或许有八大在焉。丁弘诲《和胡二斋古钟歌》中，就记载他与八大一道游历之事。1680年年初，丁弘诲出任获鹿县令，便去赴任②。这是对八大临川生涯影响较大的因素之一。

第二，八大"意忽忽不自得"而得狂病，并非在胡亦堂的刺激下产生的。

在《梦川亭诗集》的记载中，八大与胡亦堂是相契甚深的朋友，虽然胡为清朝官员，但并不代表他是拥护异族统治的。对于清初文人来说，时代提供给他们的道路要么走科举做新朝的官员，要么绝然仕进，选择隐遁，做一个前朝的遗民。像大多数文人一样，胡亦堂选择了前者，但这并意味着他就放弃了对旧朝的依恋，他的诗中明显有这样的意味。他的女婿裘琏对用无和八大等高节之士的同情则更为明显。胡亦堂能接受这样的女婿，也可看出他潜在的思想倾向。其实，八大在胡亦堂面前可以大胆表达自己的遗民情怀，胡以及他的两个儿子挺柏、挺松都曾在诗中表达过对八大的同情。在八大入住官署的岁月中，胡亦堂与之相与优游，可称莫逆。在1680年春节前后的多次唱和中，诗中传达的是那样融洽的氛围，如胡《除夕景屏燕集席上次雪公韵》诗云："除夕无愁晦，屏灯送岁还。喧闹歌且舞，图画水兼

---

① 饶宇朴是八大毕生好友，史书上说其《菊花庄集》一直未见，我偶在江西省图书馆发现《菊庄集》残本（即所谓《菊花庄集》）。
② 《梦川亭诗集》卷一五言古有《送同年丁循庵之官获鹿五首》，前有《庚申元旦示柏儿复示戴婿义晟》，后有《春雨》，诗注有"庚申上元后一日作"，故丁赴任当在1680年年初。

山。乱后亲朋在，春交雨雪闲。当筵唯取醉，有酒且潺潺。"八大被视为他的"乱后亲朋"，在胡亦堂和八大之间看不出有任何情感之虞隙。

《梦川亭诗集》截止时间为1680初夏，此时八大并未发狂疾，他的狂疾是在这之后的数月发生的，没有直接资料证明胡在此顷与八大交往的情况，那么是否有这样的可能：胡亦堂在1680年夏天后对八大感情急转直下，造成其狂疾复发。我认为这样的可能性其实是不存在的。

我们可以通过一些间接资料来看。康熙《临川县志》于1680年岁末付梓，时在八大发病后。《县志》前有胡亦堂作于1680年十二月的自序："迫于北上，骤尔登梓，敢云创兴，聊以无忘初志云尔。"陈弘绪序言说："今天下邑令之贤且能者，以补谏职，胡令奉征书治装有日矣，慨然念邑乘之阙而修辑之，阅月而卷帙成。"《临川县志》就完成于朝廷命其北上之顷。《临川县志》中保留了八大临川唱和的十首七律诗，并收录了胡本人与丁弘海等的多首与八大相关的诗，如丁弘海的《和胡二斋古钟歌》，胡亦堂的《过东湖寺同雪公》《者树轩同雪公雨座》《中秋同诸子看月亭上》（其中有"上人雪公在座"的自注）等。从这里无法看出他对八大感情有所变化。另外，胡亦堂去世二十多年后，八大将其珍藏的胡亦堂诗集推荐给朱观，朱观在选录胡诗后自识云："八大山人当披缁时，与为契合。"这也从侧面说明八大对胡的感情并没有变化。如果是胡造成他癫疾发作进而忍垢含辱，八大怎能会有这样的行动？

1680年，胡亦堂的另一个大工程是《临川文献》的付梓，此书分两辑，收录自宋代以来临川乡贤诗文集，包括明末清初的罗万藻、陈泰、揭重熙、游东升、傅占衡等，这些都是在当地有很高声望的文士，其中如揭重熙、游东升、傅占衡在明末乱世中，皆以气节见称。此书成书于1680年秋。张瑶芝在序言中说："庚申之秋，再逢月夕，余过二斋署中，谋续晏元献公南郡联诗之事，而适所定临川文献剞劂告终。"在这部书中，胡亦堂仍然是一贯的优雅，对守节之士予以褒扬，毫无声色俱厉之态。而此时，八大之疾患当已复发。再如，揭贞传之父、明末节士揭重熙的诗文集前有胡亦堂序："孝子宪武名贞传，复匍匐千里、泣血征辑其父之遗文以成书也。虽然，巢破井湮，盖百不得一矣。呜呼，公何以文哉！公之大节悬于天壤，炳于日星……"[1] 凡此，皆可见胡亦堂根本不可能因为八大的遗民身份而加害于他。

第三，胡亦堂是"挽留"八大而不是"软禁"。

---

[1] 揭重熙《揭蒿溪先生诗文集》序。

八大在入住胡署的时间里，曾多次向胡表达有"还山之意"，他是山中个，还思洞里幽。他要回到自己的耕香院去，那里有他的寺院，他的兄弟。胡亦堂在诗中多次表达挽留之意，感情之真挚是不容置疑的。

但八大为什么最终没有回奉新，而是来到了南昌？我以为，这当是其身体原因所导致的，而非他理性选择的结果。所谓"走还会城"，是处于疯狂状态下的行为。他回耕香院的愿望没有实现。胡亦堂在他回南昌过程中具体起到什么作用不得而知，但这并非意味着胡抛弃了他，使一位尊贵的客人变成落魄的疯子。

八大在临川期间狂疾复发，主要是由于身体的内在原因，半年多的失语就是征兆。八大在临川的一年多时光中，胡亦堂是他所倚重的挚友，而不是使他患病的作手，八大没有回到耕香院而是来到南昌，并不是他的理性选择。八大在临川期间可能有情感波动，如他急迫地要求还山就隐含着思想中的矛盾，丁弘诲的离开可能也对他的情绪有所影响。由于资料缺乏，一时难以作进一步判断。(图23-3)

八大山人研究

416

图23-3
山水花鸟册之六　山水
纸本墨笔　1694年
37.8×31.5cm
上海博物馆藏

第二十四章
八大山人婚姻问题再研究

近年来，八大山人研究界讨论的一个热点问题，即八大的"婚姻问题"。有的研究认为，八大早在佛门之时，就在为王室的嗣续问题而焦虑，甚至不顾自己佛子的身份去巴结一位县令，让他为自己娶一个媳妇；八大不愿做和尚，就是因为娶妻意浓，急于为明王室种下希望的种子；八大成家之后，经历了并不和谐的家庭生活，等等。

在这样的思路影响下，八大很多作品被赋予别样的解释。如现藏于北京故宫博物院的《古梅图》，被说成是体现做女婿快乐的作品，而且是一幅"夸婿之作"。八大画梅花，有"梅开二度"的意思，接近六十岁的八大是在庆祝自己娶了第二个夫人。八大很多诗画还被解释成和夫人闹别扭。八大研究最负盛名的学者、美籍华人收藏家王方宇先生曾肯定地说："壬戌（1682）小春画的《古梅图轴》上题的《易马吟》和癸亥甲子（1683—1684）间画的《海棠图》轴上的题诗，都是很清楚的他在1681年左右婚变的见证，和尚还俗、结婚，不久婚变，这种事迹，也都有难言之隐。"①

其实早在八大在世之时，就有关于他的婚姻的混乱记载。八大过世之后，又被人有意地与南昌青云谱道长朱道朗混为一人，并被尊为"八大仙人"，以此抚慰那些不忘皇明正统人的心灵。他的婚姻及后代问题也受到特别的关注。

其实，八大离开佛门前根本没有所谓"求偶"的经历；离开佛门之后的八大根本没有什么家庭婚姻生活；八大晚年也根本没有所谓的"婚变问题"。

在八大研究中，婚姻问题绝不是他个人生活的小问题，它直接影响到对其晚年思想、艺术发展道路的理解，是八大研究中的关键性问题之一。本章根据相关资料，尝试谈谈对这个问题的看法。

---

① 《八大山人的语言文字》，台北：《故宫文物月刊》，第八卷第十二期，1991年。王方宇先生并有《八大山人婚姻的问题》专门对此进行研究（《朵云》第15期，上海书画出版社，1987年）。

一、由一篇新发现的文章谈起

李伍溁《螯云篇文集》卷三《却助续引》，是一篇关于八大的重要文献，文字虽不长，但涉及八大晚年定居南昌期间很多重要问题，至今未为八大研究界所提及。其云：

> 昔南州徐孺子非其力不食，屡辟公府不起，寄谢林宗数语，使人读之愀然有余悲焉。今八大山人盖常有无声之悲矣，其中退然如不胜衣，其言呐呐然，如不出诸口，耕稼非其所任，独持数寸不聿以为生。风雨不蔽，短褐不完，收光敛采，以自放浪于颓垣委巷之中，虽有悬榻，亦无从得下也。身世之故，殊难为怀，山人澹然而忘焉。略无悲愤之意，所见于歌咏者，虽极奇崛，其词率皆和平其度也。兹者同人为之计及嗣续，将以助阮宣子者助之，山人闻之，亦且以为非其力之所自出而辞焉。某与日午、仲衡、石友诸同志聚而谋曰：山人点染绘事，易米而外，不及清酤，此其素也。今将为嗣续计，而可轻弃其笔墨乎？自今我辈有所请于山人者，当其为不助而助之想，庶不乖其力不食之志也。于是既与同人约，而且笔之以公诸凡与山人相际者。[1]

李伍溁（1636—1712），字圣水，号半谷，又号瑶湖剩叟，临川人，精书法，工诗文，为临川县令胡亦堂的门人。八大客临川时，与李伍溁有过从。晚年八大定居南昌时，仍与他有交往。他是八大生平至友之一，曾有《八大山人像赞》为人所知[2]。这是他另一篇涉及八大的重要文字。文中称"八大山人"，知此文作于1683年之后。八大晚年"走还会城"后，曾在其侄子家寄居。据罗牧《题八大山人》诗（作于1687年）："今日移居西埠门。"西埠门在南昌城西，说明八大至迟在1687年左右就不在其侄子家寄居，而是过起了独立的生活。李伍溁这段文字是对其独立生活的描绘，所以此文大致作于1687年前后。

这篇文章透露出晚年八大的若干重要消息：

1.由此文可见八大晚年过着孤独贫困的生活，衣不蔽体，食不果腹，住在一个

---

[1] 李伍溁《螯云篇文集》，又称《李半谷先生螯云篇文集》，由半谷临川密友、翰林学士李绂审定，懒云堂刻本，北京大学图书馆藏有一本，字迹略有漫漶。

[2] 《八大山人像赞》云："七尺者身，千秋者神。似与不似，孰测其真。在昔缔交，忘形尔汝。一旦窅然，模范惟此。胸中勃郁，块垒千寻。因应变化，畴是知音。欲求其似，缅惟子固。松雪尚浠，他曷充数！"（《螯云篇文集》卷一五）

風雨不蔽的破屋中。胸中有故国之悲，口又不能爽然言之，所谓"其言呐呐然，如不出诸口"。这与八大的另一友人吴之直的描绘正相合："往山人尝以他故，氾滥为浮屠，逃深山中，已而出山，数年对人不作一语，意其得于静悟者深欤！"李半谷所见当时的八大仅凭手中一支笔勉强为生，为人作书作画，换一些食物，连饮酒的嗜好也不能满足（"山人点染绘事，易米而外，不及清酤"）。这是今天所能见到的对晚年八大生活状况最直接的描绘。

半谷这篇文字由徐孺子写起别有深意。东汉豫章名士徐孺子为陈蕃所重，陈作豫章太守时，不接待宾客，但特设一榻接待徐孺子。据《后汉书》记载，徐孺子曾拒绝太尉黄琼等的多次提拔，认为"非其力而不食"。当时国家大乱，名士郭林宗欲与其商量国是，徐孺子托一位朋友转告郭："为我谢郭林宗，大树将颠，非一绳所维，何为栖栖不遑宁处？"①李伍涘借徐孺子之事来说八大的高风亮节，文中说其"虽有悬榻，亦无从得下也"。意思是他如徐一样，宁愿做一个贫穷的隐士，也不愿依附他人——非其力而不食。同时似又暗示此时的八大面对复国之愿，也只能如徐孺子一样，有一维不可系国之感叹。

2.此文涉及八大的"婚姻问题"。文中说："兹者同人为之计及嗣续，将以助阮宣子者助之，山人闻之，亦且以为非其力之所自出而辞焉。"嗣续，指传宗接代的子孙②。"将以助阮宣子者助之"，阮宣子，晋诗人，好饮酒，尝以钱挂杖头，依酒家而活③，前人有所谓"不及阮宣随处醉，兴来即解杖头钱"的话④。李伍涘所云"将以助阮宣子者助之"意为，八大以书画养生，连酒都喝不成，为其谋"嗣续"，可使他有酒常醉，放浪高标。

这里同人议及"嗣续"之事，有两种可能的解释：一是为其谋婚姻；二是过继一个孩子以助其家。就文意揣测，李氏和八大友人所谋，表面上是助其生活，其实还是为了传宗接代，所以过继说不能成立，当是谋划婚姻之事。而"山人闻之，亦且以为非其力之所自出而辞焉"，写八大从帮助的角度拒之，强调自食其力，但根本上还是对婚姻的拒绝。

3.在八大不同意娶妻谋子的帮助之后，李伍涘和朋友商量了另外的办法，乃是

① 《后汉书》卷五三《徐稚传》，1747页，中华书局，1965年。
② 柳宗元说："茕茕孤立，未有子息。荒隅中少士人女子，无与为婚，世亦不肯与罪大者亲昵，以是嗣续之重，不绝如缕。"（《柳宗元集》卷三〇《寄许京兆孟容书》，中华书局，1979年）明袁中道有诗云："嗣续偏愁少，文章只恨多。"（《袁中道集》卷八，山西古籍出版社，2008年）
③ 《世说新语·任诞篇》云："阮宣子常步行，以百钱挂杖头，至酒店便独酣。虽当世贵盛，不肯诣也。"
④ 诗见明谢榛《早发坡泉薄暮至太行山下》，清钱谦益《列朝诗集》丁集卷五。

他作这篇"引"文的最后落实，即公之于众，昭示所有求八大字画的人，都必须有"不助而助之想"，八大惟以字画为生，他的字画乃是"自其力之所自出"，要付适当的酬劳，使其生活得以维持。

李半谷这篇文章虽然写得很隐晦，但古道热肠隐然其中，其所提及的"日午、仲衡、石友"都是八大的好友。饶燉，字日午，进贤人，工诗，为八大法门兄弟饶宇朴之侄。仲衡，即管仲衡，临川人，与李伍浃交谊颇厚，八大客临川之时，与其有过从。林天柱，字石友，进贤人，康熙时江西著名诗人。

这篇简短的文章说明，八大在离开佛门之后的相当长一段时间仍然孑然一身，而且完全没有结婚成家的打算，更没有要为明王室种下一颗希望种子的理想。

这篇文章使我们对八大所谓"婚姻问题"有了一个更为切实的理解视角。

二、有关八大婚姻的四个问题

关于八大的婚姻问题有不少说法。归纳起来，集中在四个问题上：（一）是原先的婚姻；（二）是求蔡受作媒；（三）是临川求妻；（四）是身后子女。对于这四个问题，兹分别辨析如下：

（一）原先的婚姻

史料中关于八大的记载较为集中的有三，即我们通常所说的龙科宝《八大山人画记》、陈鼎和邵长蘅分别所作《八大山人传》。邵长蘅是八大密友，龙科宝与八大有间接交往，而陈鼎与八大并不相识。陈传作于1683年，当时八大刚离开佛门不久。曾亲见八大的龙、邵二人在文中无一字及于八大的婚姻之事，而陈传却云：

> 岁余，病间，更号曰个山。既而自摩其顶曰："吾为僧矣，何不可以驴乎？"遂更号曰"个山驴"。数年妻、子俱死，或谓之曰："斩先人祀，非所以为人后也，子无畏乎？"个山驴慨然蓄发谋妻子。①

按照陈鼎的描述，八大先前有妻儿，但数年之后妻儿皆亡。有人劝他：不孝有三，无后为大。所以他在妻儿去世之后，离开了佛门，着手解决婚姻之事。

---

① 陈鼎《留溪外传》卷五隐逸部上，康熙三十七年刻本。

这段记载难以自圆其说。按照他的描写，在1683年之前，八大至少有两次婚姻。八大在当和尚之时，有妻有子。后来因为妻儿亡故才离开佛门，解决婚姻之事。根据史料记载，八大在进贤灯社和耕香禅院之时是个僧人，出家人就意味着无家，何来妻子？依陈鼎的解释，八大有无后之畏，才离开佛门，如果佛门可以结婚生子，"个山驴"又何必"慨然蓄发谋妻子"？

就是这样一种矛盾百出、根本不可信的记载，却流传甚广。有人由八大的《古梅图》想到"梅开二度"，其实就受到陈鼎这一说法的影响。

对于陈鼎所说的"数年妻、子俱死"，有的研究也认为放到八大出家期间并不妥当，便将时间提到他1648年出家之前。八大于1645年左右逃进奉新山中，其时年近二十，完全有可能在出家之前已结婚生子。但目前没有任何这方面的史料证据。陈传说八大出家之后，经历了癫患，后自号为驴，此后"数年"，其妻、子俱死。陈传不能支持八大早年结婚生子的结论。

（二）求蔡受作媒

蔡受与八大同为西江高才，二人皆秉不羁之性，相引为好友。蔡受《题画杂体》言及与八大等交往之事：

> 雪师为徂徕叶子作扇画，巨月一轮，月心兰一朵。去月角作梅花，题诗云："西江秋正月轮孤，永夜焚香太极图。梦到雪深又无极，如何相伴有情夫。"复呼叶子嘱予为词，予答之云："三五年头欠一春，同心之伴语情亲。媒人悄悄冥冥立，记得今朝廿五辰。"有索解者，予曰："巨月一轮，三五也。同心之伴，月心兰也。用易如兰（《易经》：同心之言，其臭如兰），媒人者，梅花也。悄悄冥冥，在月角也。兰梅瓣各五，合之三五，则廿五也。是日即廿五日扇作。"[1]

八大的赠予之作作于蔡受往长沙入聘安亲王岳乐幕前，时当在1676秋。

黄苗子《八大山人年表》"1678年"条，举蔡受"媒人悄悄冥冥立，记得今朝廿五辰"说："说明要同八大做媒。"[2]王方宇在《八大山人的生平》一文中，根据陈鼎《八大山人传》中的记载，谈到八大所谓"婚变"之事，并认为"婚变"是导致

---

[1] 蔡受《鸥迹集》卷二一，光绪三年成山书屋刻本，北京大学图书馆藏。
[2] 见《八大山人年表》（三），台北：《故宫文物月刊》，第九卷第二期，1991年。

他还俗的重要原因。他将婚姻问题作为八大人生转折的关键性因素。谈到蔡受这段记载时他认为，"蔡受和诗，说明这次聚会有媒人在场，八大山人诗中有'如何相伴有情夫'之句，这说明此时他正在计划续婚"。他对八大的诗、画以及蔡受的诗作了这样的理解：

> 八大山人为叶祖徕画扇题诗，画上有月，有梅花，有兰花，题诗道："西江秋正月轮孤，永夜焚香太极图。梦到云深又无极，如何相伴有情夫。"……八大山人诗中"月轮孤"，表现他自己的孤独，"太极图"有阴阳调和之意，"梦到云深"则不无"云梦"之遐想，最后的"如何相伴有情夫"，则意义甚为明显，蔡受的诗中有"春""同心之伴""媒人"这些词句，说明这次相聚，可以为陈鼎写"或谓之曰：斩先人祀，非所以为后也，子无畏乎"作注脚。①

胡亦堂曾有诗赠八大："云水双鞋阔，沧桑一衲孤。"②八大是一出家人，一孤独的老衲，当时他已是一位"名僧"，并曾经有过主持寺院的经历。他和友人会题《个山小像》中，体现他对曹洞禅法乃至佛学的精深造诣。自弘敏圆寂（1672）到1678年，八大主要流连于奉新和新昌的寺院。一位名僧，找几位山林寂寞之士为自己操办婚姻之事，同时还有媒人在场，而且还作了急凤求凰式的直露无遗的诗画，表明自己娶妻的急迫心情，不仅出于传宗接代、为皇室取得希望种子的目的，还出于所谓"云梦"之想的欲望促动，如此等等。这样的解释几近于荒诞，与八大的性格和追求完全不类。

王方宇先生对八大作品收藏和研究有重要贡献，八大研究基础的奠定与王先生的努力密不可分。但他此方面的判断并不妥帖。如果依照这样的理解，八大简直就是一位"花僧"。表面上看，王先生的解释颇有逻辑，如"西江秋正月轮孤"说他的孤独；"永夜焚香太极图"说他想到阴阳相配；"梦到云深有无极"说他想到男女交媾承欢的快感；"如何相伴有情夫"说他快乐无已，直至发出"如此良人，怎样消受"的感叹。然而依照这样的逻辑去理解八大之诗，俨然一色情诗。与朋友相会，为朋友画梅花，如此高洁，想到的却是自己男女苟合的快乐，这是多么不合情理。

其实，蔡受已经对八大的诗画有所疏解："巨月一轮，三五也。同心之伴，月

---

① 《八大山人法书集》上，此据该书序言。文物出版社，1997年。
② 《梦川亭诗集》卷三《闻雪公自多宝庵飞锡东湖诗兴大发，入署尚未有期，俚言代柬兼以相招》。

八大山人研究

心兰也……媒人者，梅花也。悄悄冥冥，在月角也。"八大的诗与画是相配的，表现的是传统梅画所谓"太极心香个个含"的思想①。蔡受以谐谑的方式说"媒人"，说"情亲"，说"悄悄冥冥"，附和着八大梅兰月下相伴"有情夫"的意思。这里的"有情夫"，不是多情的男人，而是形容月下梅兰的缠绵，媒人不是为八大谋婚，而是梅花——这个"有情"世界的主角。八大由"有情夫"，引出了蔡受"媒人"等谐语，本是"香草美人"式的传统，楚辞就是借"求宓妃，凭鸩鸟，媒娥女"，表现诗人高洁的追求。屈原并不以天上天下的"求女"来满足自己的情欲，他的"哀高丘之无女"，难道是为没有找到漂亮的姑娘而悲伤吗？

（三）临川求妻

乾隆四十六年刊《广信府志》"寓贤"云：

> 八大山人本诸生，后为僧，善画山水竹石草木禽鱼之类，绝妙入神，作字遒纵，其用笔出人意表，士大夫绝爱玩之。忽一日，着红丝帽，衣窄裹衫，饮酒食肉，辫发，去僧为俗人。往见临川令，愿得一妻。已忽哑，对客以指掌画字，竟日不肯出一语。顾不能禁笑，声哑哑不止，曰驴、曰驴屋、曰八大山人，所为者不一，不知所终。

这段记载经八大研究界著名学者叶叶先生的介绍②，受到人们的重视。其实，这段记载并不可靠。志书上所记临川求妻之说，从时间上看，就有很大漏洞。近来的研究表明，八大1679年去临川，在临川期间他还是一位僧人，后发癫疾，于次年秋冬之际，走还会城，此后离开佛门。而这里却说是先出佛还俗，后去临川，显见为凿空之说。

八大1679年临川之行，涉及两个问题，一是他的癫疾，前此很多研究认为，胡亦堂是清廷的鹰犬，"软禁"了八大，使其精神受到大的刺激，进而至于癫。二是八大去临川，是为了托胡亦堂做媒，谋得一妻。这两个问题都是不实之推测。胡亦堂《梦川亭诗集》中的相关记载，为这些问题的解释提供了切实的依据。此诗集收胡亦堂从1678到1680年春夏之交在临川期间所作之诗，其中透露出八大此期活

---

① 明沈周自题《梅花图》云："老梅谁写小江南，太极心香个个含。淡月半笼清绝处，恍疑仙子谪尘凡梅花。"（引见卞永誉《式古堂书画汇考》卷三五画卷五）
② 叶叶《论"胡亦堂事变"及其对八大山人的影响》，台北：《大陆杂志》第五十一卷第六期，1975年。

动的很多珍贵资料。此书可为八大自1679年春到1680年秋冬之际临川之行中若干问题提供确实的证据，当今学界有关八大此次临川之行所涉的两个问题都不能成立。胡亦堂的"软禁"之说根本就是子虚乌有。八大是胡的上宾，而不是他的囚犯。至于托胡亦堂"求妻"之说，《梦川亭诗集》无一及之。八大的高僧身份，与求妻之说了不相类。《梦川亭诗集》还透露出八大的"还山"之愿①，也使"求妻"说法毫无立足之据。

（四）身后子女

涉及八大身后子女之事的，有三则材料：

一是朱观《国朝诗正》之记载。1705年，八大故去，其侄朱堪注有《拟乐府有所思·题叔父八大先生小影》，朱观在其跋语中作有一序，并录有自作《题八大山人遗照》诗，序云："形容曲尽，无一字可移。山人嗣孙曾以此卷索予题，拙作附录。"诗中有："文孙西江来，过我邗水旁。出图索题诗，展卷急相望。"②有的研究认为，这里的"嗣孙""文孙"再明确不过地表明，显示八大不仅有子女，在世时还有孙子。

嗣孙，有后世子孙的意思，子孙辈也可以说是嗣孙。文孙：本指周文王之孙。《尚书·立政》："继自今文子文孙，其勿误于庶狱庶慎，惟正是乂之。"孔传："文子文孙，文王之子孙。"后用以指帝王的子孙，而一般人的子孙，有时也称为"文孙"。朱观这里所用之"文孙"，就含有王孙的意思。朱观所说的"嗣孙""文孙"当指八大侄孙③。

八大刚去世时，不可能有可以向朱观"索题"诗作这样大的孙子。八大1681年才离开佛门，大致作于1687年前后的李伍渼《却助续引》，记载八大拒绝了朋友劝其成家的好意，说明他此时仍然是孤独一身。从此时到其逝世不过十多年时间，怎么可能有这么大的"嗣孙"？

如果八大在出家之前（约1648年）就结婚，并有子嗣，那么他在佛门时，儿子就已长大。但他出佛之后，却无一语提及。八大病癫之中由其一个侄子收留，并寄寓其家很长时间，如果他有子嗣，何以会出现如此情况？与他密切接触的邵长蘅在传记中也没有提到他的家庭。

---

① 胡亦堂有《雪公赋玉茗梅花戏和兼以述怀（时雪公有还山之意）》诗："军持未可踢，见冻早如寒，赏茗花称王，题梅阁负官。空能飞锡杖，幻欲吐铜盘。安得书生遇，终无笑野干。"诗作于1679年岁末。
② 朱观《国朝诗正》卷四。
③ 邵长蘅《青门簏稿》卷一〇结末处有"侄衷赤文孙编次"。这里的文孙，不是长蘅的孙子，而是他侄子的孩子。此见《邵子湘全集》，康熙青门草堂刻本，国家图书馆藏。

由此判定，朱观所说的"嗣孙"绝非八大的孙子，而是他的侄孙。

二是《盱眙朱氏八支宗谱》的记载。此谱云："八世统銮，谋鹳之子（多烆之孙），号彭祖，别号八大山人，封辅国中尉，明万历二十年壬辰十二月十五日寅时生，子一。""九世议冲，统銮之子，字何缘，徙居奉新，归宗一次，后遂未来，生殁葬未详。"

近来的研究表明，《盱眙朱氏八支宗谱》所记载的情况，虽保留了朱权一系若干重要史实，但错误较多，很多描述与事实相差太远。即如对八大的描写看，说他生于万历二十年壬辰，时在1592年，现在我们确知他生于1626年，这里将八大生年提前了三十多年，无论如何都不是一般的错误。至于说八大有子一名议冲，字何缘，其可信性很低，不足为据①。

三是《西山志》等的记载②。乾隆三十一年所刊欧阳桂之《西山志》卷七记载："本明宗室，诸生，名中桂，……无子，一女适南坪汪氏。"新建曹茂先（1742—1781）《绛堂杂识》云："老死无子，一女适南坪汪氏之人。"道光《新建县志》说，八大山人"老死无子，一女适南坪汪氏"。显然后者是转相抄录的。这样的记载与现在我们在八大作品以及相关确凿史料中所了解的情况不合，不能作为晚年八大有子女之证据。

石涛在给八大的诗中说："公皆与我同日病，刚出世时天地惊。八大无家还是家，清湘四海空霜鬓。"③诗作于1698年前后，此时八大和石涛都不是出家人。石涛说八大"无家"，即孤苦伶仃；"还是家"，还在南昌，还在自己的家乡。而我自己流落在他乡，在"四海"，而且老了，没有用了，只有在这里暂居了。八大好友梁份《与八大山人书》云："謦咳不相闻者，辛壬癸甲矣。长儿文起来述近褆，其悉硕果之足以见天心也。"④这里所描述的八大也是处在孤独的状况中。

"八大山人即朱道朗"的观点曾在学界产生不小的影响，如今虽然此说的错误已为学界所知，但尚有混淆的情况。如有的论作说，八大有一个儿子叫朱抱墟⑤。何以有此观点？原来民国刊《江西青云谱志》中"人物"（附功德）有"朱抱墟，

---

① 在八大研究中，《盱眙朱氏八支宗谱》常被提及，并被作为重要证据。这部宗谱初成于雍正年间，1929年重修。
② 《西山志》为新建欧阳桂（约1645—1728）所作，大约作于康熙末年到雍正年间。《西山志》有乾隆三十一年梅谷山房刻本，收在《四库禁毁丛书》史部第七十二册。
③ 这是石涛为八大赠其《大涤草堂图》后所写古体诗中的句子，传世几件作品均为伪作，但诗似为石涛所为。
④ 梁份《怀葛堂文集》卷一。
⑤ 如周士心《八大山人及其艺术》，120页，台北：艺术图书公司，1974年。

良月后裔"之记载，这本指鹿为马的书显然不能作为八大有子嗣的根据①。

通过以上两节相关资料的辨析，我倾向于这样的观点：八大自1648年进入佛门直至生命的最后时刻，如石涛所说，他一直是个"无家"之人，他没有成家，没有子嗣。至于他1648年入佛之前是否有一段婚姻，目前没有资料可以说明。

八大晚年作品中所体现的孤独感，与他长期的孤独生涯是有联系的。

三、"婚变说"讨论

八大1680年冬到1681年春因癫疾复发，走还会城，流落于南昌市井中，过着凄惨而屈辱的生活。幸赖一佺收留养病，过了不短的时间，其癫疾才有所缓解。1681年夏天的梅雨季节，他便有《绳金塔远眺图轴》问世，其上所题诗之"梅雨打绳金"就点出了时间。这年的年末到次年春，又有《古梅图轴》和书作《瓷颂》等作品，天津市文物公司所藏八大行草书诗册也大致作于此顷。这些作品的确有不同于以往的特点，展现出一个脱离佛门面对新生活的孤独者的内心情况，受到学界的注意。

在对八大出佛前后相关作品的研究中，几位中国书画研究的顶级专家（如王方宇、刘九庵、谢稚柳、肖燕翼、杨新等）几乎不约而同地认定，此期八大经历了一次婚姻的变化，八大的第二次婚姻既给他带来欣喜，也带来很多苦恼，他和新婚的妻子关系不好，直至最后破裂，此期八大作品充满情感的苦闷。

问题的讨论由《古梅图轴》引起。《古梅图轴》是八大生平重要作品，画老梅一株，树根尽露，枝干硬朗，有参差狂傲之气。其上有三跋。第一跋云："分付梅花吴道人，幽幽翟翟莫相亲。南山之南北山北，老得焚鱼扫房尘。驴屋驴书。"第二跋云："得本还时末也非，曾无地瘦与天肥。梅花画里思思肖，和尚如何如采薇。壬小春又题。"第三跋云："前二未称走笔之妙，再为《易马吟》：夫婿殊如昨，何为不笛床。如花语剑器，爱马作商量。苦泪交千点，青春事适王。曾云午桥外，更买墨花庄。夫婿殊驴。"（图24-1）

三跋晦涩难懂。有研究认为，此画中的"夫婿殊"，只能说明他那时已娶妻，并且说明自己是很特殊的夫婿。画中的古梅有"梅开二度"的意思。有的研究认为，八大回南昌后，在1681年就有娶妻的愿望，到1682年春遂成心愿，八大为自己成为"特殊的夫婿"（夫婿殊）而感到骄傲，《古梅图轴》便是一件"自夸夫婿"之作。

---

①此志将八大山人与朱道朗混为一人，有很多不实之描写。

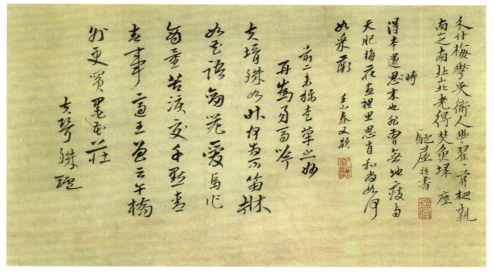

图24-1 古梅图轴跋 纸本墨笔 1682年 96×55.5cm 北京故宫博物院藏

刘九庵先生在一篇广有影响的《记八大山人书画中的几个问题》文章中说:"这个'夫婿殊'三个字,是八大用《陌上桑》诗中的罗敷夸耀他的丈夫如何好的意思。如诗中说:'东方千余骑,夫婿居上头⋯⋯坐中数千人,皆言夫婿殊。'殊犹今言特殊,与众不同,即出众之意。"①

王方宇先生在肯定《古梅图》作为八大庆祝新婚作品的同时,还通过历史典故进一步解释此画,认为此画反映了八大婚姻中的不和谐。王先生说:"故事取自曹操的儿子曹彰以爱妾换马事⋯⋯全诗大意是:我并没有改变,可是你为什么跟我不能协调呢? 在《古梅图》下面另有一张纸上,有后人罗汉朝题的《三字令》,指出'僧作婿''我之遘',说明八大山人此图梅花有林逋松妻鹤子之意,并且明确此说'僧作婿''我之遘'。"②

王方宇先生还提到天津市文物公司所藏《行草书诗册》,他认为:"诗中露出不少八大山人结婚及婚变的细节。如'流苏三重帐,欢来不知曙。谁遭乱乌啼,恨杀门前乌桕树。'又如'强言共寝食,十日九不惧。桐花夜夜落,梧子暗中疏',这是回忆过去的情况。"③ (图24-2)

---

① 《艺苑掇英》第十九期,上海人民美术出版社,1983年。
② 《八大山人法书集》序言。文物出版社,1997年。此文亦收入《八大山人全集》第五卷附录,1028—1029页。
③ 同上,1029页。

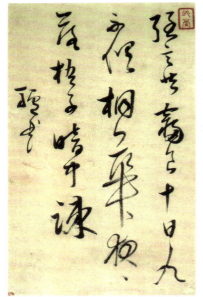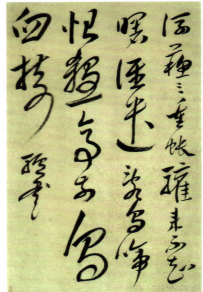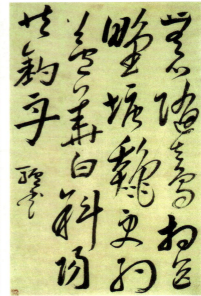

图24-2　行草书诗册对题三帧　纸本墨笔　年代不详　28×18cm　天津市文物公司藏

　　现为私人收藏的《海棠春秋图轴》有诗云："西浒海棠棠棣华，垂丝海棠唐若邪。若邪四海皆兄弟，琴瑟东施未有家。"款"个山自题"，一般认为此图也作于1682到1683年前间。下有"何负"白文方印。王方宇先生说："诗意比较明白，末句'琴瑟'说的是'夫妻'，'东施'说的是'不是良妻'。'未有家'说的是他自己'没有家。''何负'印，是表示婚姻破裂，心中不平，有'何负于汝'之意，此诗此印宜与《古梅图》上之《易马吟》同参。"①王先生根据此图，还撰有《个山款八大山人〈海棠图轴〉题诗和八大山人的婚姻问题》一文，对海棠诗作了这样的意译："这种花，和平常的花相反，也就是你和平常人习性相反，我不是不想念你，但是你的行为，使得我的家室，和我的距离，相隔得远了……我欲成家求琴瑟之好，不幸所遇是东施，不是西施，因此至今还没有家。"②

　　王方宇等还将八大1683年所书《爱梅述》和藏于美国普林斯顿大学美术馆的《个山人屋花卉册》九首题诗，也纳入婚变冲突中来讨论。如《个山人屋花卉册》题诗有"百花二月春风暮，谁共美人楼上头"；"东畔荷花高出楼，西家莲叶比轻舟。妾心如叶花如叶，直溯银河不肯流"。王方宇等认为，这里的"美人""妾心"等都是写婚姻的，反映八大"婚变"后的抑郁心情。

①王方宇：《八大山人的生平》，《八大山人法书集》序言。文物出版社，1997年。
②台北：《故宫文物月刊》，第八卷第六期，1990年。

　　所谓"婚变"的说法，不仅牵涉八大出佛还俗前后数十件作品，也关乎对他思想发展历程的把握，是八大研究中的重要问题之一。我认为，所谓"婚变说"并不存在。

　　之所以会有"婚变"的说法，就是假定八大在1681年之前有一段婚姻。陈鼎所说"慨然蓄发谋妻子"以及志书上所谓"往见临川令，愿得一妻"是"婚变"说的前提。诸位先生所讨论的八大结婚、产生矛盾直至关系破裂，都是在这个前提下讨论的。但这个前提并不存在——八大在临川期间根本就没有求妻之事；八大出佛还俗与结婚生子并无关系；根据李伍㴇等的记载，八大在离开佛门的数年之后还是孑然一身。（图24-3）

　　《古梅图轴》的第三段题跋成为"婚变"说的重要立论依据。《古梅图轴》作于1681年岁末。三段题跋分别作于1681年底到1682年初。这幅作品表达的不是"家庭"的矛盾，而是他在悲惨和屈辱之中对故国的思念。三段题跋，由愤怒到保持节

图24-3　杂画册之八　萱草白头翁　纸本墨笔　1683年
30.2×30.2cm　金冈西三旧藏

操的自勉，最终到抚平自己冲突的内心，展现了八大在故国情感方面少见的冲突。这绝不是夸婿式的自傲之作。

这幅作品与八大的其他同类作品不同，一般他画梅花多画一枝梅花侧出，而这幅画特别画出整株梅花，这是一株古梅，从根部、躯干到横出的梅枝、梅花，都细细画出，根部裸露，粗大的根系紧紧抓住地面，顽强地生存。躯干饱经风霜，作裂开状，残存的干如利剑待发。而梅枝恣肆横溢，似有无穷力量。如郑所南笔下的兰花一样，根裸露无土，似乎一枝一节都透出愤怒之情。

"夫婿殊如昨，何为不笛床。如花语剑器，爱马作商量"四句，由古代曹彰以爱妾换马的故事写起①，但换马的潇洒和爱妾的缠绵在这首诗里都没有，由"昨日的夫婿"和当下的"夫婿"对比，暗写自己国变前后的遭际，旧日的王孙成为无家可归的漂泊者，没有曹彰那样的风流，更没有王子猷那样的潇洒，可以自在听桓伊坐在胡床上吹笛子。以下笔锋一转，写自己痛苦而无法排遣的心境："苦泪交千点，青春事适王。曾云午桥外，更买墨花庄。"②清泪潸然，我的青春，我的希望都随着故国而远去，我只有在旧日宫殿旁的"午桥"之外，躲到"墨花庄"——书画艺术中，了此残生。我要像华光老人一样，躲进艺术之中，在墨梅花的世界中徜徉。写到这里，八大回到了梅花的主题，他画中凌厉的梅花似乎又低昂了许多，八大在出离愤怒和痛苦之中，获得了深心的短暂安宁；那颗激荡的心，也得到短暂的抚平③。

最后落款"夫婿殊驴"，表露自己痛苦、愤懑和失意的心态。八大的《古梅图轴》绝非"夸婿"之作，否则与愤怒的"露地梅花"如何相连？与前二跋中的"老得焚鱼扫虏尘"的遗民情绪如何相连？

《绳金塔远眺图轴》作于1681年五月的梅雨季节，是现在所见八大癫疾初愈后的第一幅有确定时间的作品。其上有题诗云："梅雨打绳金，梅子落珠林。珠林受辛酸，绳金歇征鞍。萋萋望耘耔，谁家瓜田里。大禅一粒粟，可吸四溟水。"款："辛酉五月，驴。"

珠林，指珠林庵，它与绳金塔寺（旧名千佛院，又称塔下寺）都是南昌著名丛

---

①唐李冗《独异志》卷中云："后魏曹彰，性偶傥，偶逢骏马，爱之，其主所惜也。彰曰：'余有美妾可换，唯君所选。'马主因指一妓，彰遂换之。"后世文人每重其爱马甚过爱美人的意趣。
②午桥，唐宋时洛阳皇宫之外一座桥名，从这里经过的多为显贵之人，它与六朝石崇的金谷，并为"午桥金谷"。八大这里借此暗喻旧都。墨花庄：北宋时有僧名华光老人，善画墨梅，有《华光梅谱》传世，后人称其为墨花主人。八大这里以墨花庄指书画艺术。
③详细分析请参本书第十三章《〈古梅图〉读解兼及山人的"驴"号》。

林。此诗由梅雨季节想到"梅子熟了"这个禅宗中著名的公案①。梅子熟了，即彻悟到家，由此联系到在寺院中的僧徒修炼，如同在细细地辨别梅子的味道。相传在绳金塔内有异僧掘地得金函，上有金绳捆缚，打开有宝剑三把和金瓶舍利等，绳金塔便由此得名。这里所说的"绳金歇征鞍"，就是由这个关于宝剑的传说，联想到眼前绳金塔寺在佛香的氛围中静卧。以下四句写禅悟。禅宗提倡平常心即道，打柴舂米、种瓜点豆，都是禅。这里的"萋萋望耘耔，谁家瓜田里"，就是修禅的意思，种下一粒灵悟的种子。末二句"大禅一粒粟，可吸四瀇（海）水"，化用马祖"一口吸尽西江水"的禅意。

这幅作品表达了八大脱离佛门之后对佛门的向往之情。远眺寺院，佛子们在修悟，疾病中的他，思念佛门友人以及宁静的寺院生涯。在这乱世中，在这伤心地，在这无家可归的处境下，八大怅惘至极。八大这里写的是灵悟的种子，而不是传宗接代的种子；更不是透过隐晦的诗句，反映自己"欲娶妻生子的心情"。

作于1682到1683年之间的《海棠春秋图轴》，有自题诗云："西浒海棠棠棣华，垂丝海棠唐若邪。若邪四海皆兄弟，琴瑟东施未有家。"诗以海棠起兴，海棠在我国又称蜀客——客居在外的游子，八大这里自比东施，写自己的孤独，写"无家"的痛苦。根本不是表现对妻子的埋怨，更不是写与妻子闹矛盾的苦闷。

由此我认为，八大在离开佛门之后孤独一人，没有婚姻生活，更谈不上"婚变"之事。

---

① 大梅法常禅师："这老汉惑乱人，未有了日。任他非心非佛，我只管即心即佛。"有僧回来告诉马祖，马祖说："梅子熟也。"（《五灯会元》卷三）

第二十五章
八大山人研究中的"青云谱问题"补说

清初以来，八大山人可以说是整个江西艺术的代表。南昌有个青云谱，是清初建起的道观，道观初建的时候，就带有反清复明的思想倾向，它所继承的是历史上道教"净明派"的思想。八大是一位明代王孙，一位遗民画家。八大去世后，江西实际上存在着一种将八大神化的倾向，八大山人甚至被称为"八大仙人"，他成了不少反清复明的文人的思想领袖。青云谱的开山道长朱道朗生平活动的种种被移植到八大身上。20世纪60年代以来，"八大山人即朱道朗"成为八大研究的热门话题，在这样一个错误结论的影响下，八大的作品被曲解，它所留下的很多问题至今并没有得到很好地清理。

将八大与朱道朗混为一人并非始于李旦先生[①]，这一说法在历史上早已存在，李先生只不过是因为对此信以为真而造成误判。历史上为什么会出现将八大当作青云谱祖师的说法，八大与这处著名的道院之间到底有无关系。再者，晚年八大思想是否受到道教的影响等，这些问题还需要进一步研究。

一、从两本青云谱志书看"八大即朱道朗"的误读

对照两本青云谱志，一本是刻于康熙二十年（1681）的《青云谱志略》，一本是刻于民国庚申（1920）的《江西青云谱志》，即可发现前者并无八大山人之名，后者在重修过程中，加进了八大山人。康熙本《青云谱志略》由沈兆奎订正，周伯衡、黎元宽、张爱则参订，舒成之、周占云、朱天函集次而成。而民国《江西青云谱志》由延寿居士订正（延寿居士，名黄翰翘，字旱攷），青云谱住持徐云岩重刊。

在康熙本中，有两篇周体观的记文，一篇是作为前序的《定山桥梅仙道院记》，一篇是收于艺文类的《青云谱记》。周体观（1618—1680），字伯衡，直隶遵化（今属河北）人。顺治六年（1649）进士，改庶吉士，历官江西参议道，先后在江西任

---

① 李旦先生曾发表多篇论文阐述"八大就是朱道朗"的观点，如《八大山人丛考及牛石慧考》（《文物》，1960年第7期）、《八大山人即朱道朗》（台北：《故宫文物月刊》，第八卷第十二期，1991年）等。

职多年。顺治十五年（1658）分巡岭北道，十八年（1661）至康熙五年（1666）分巡南瑞道。有《晴鹤堂诗钞》十六卷。

康熙本《青云谱志略》载周体观《定山桥梅仙道院记》云：

> 南昌府东南十五里，有定山桥，桥，旧溪也。病涉者杠之，遂不从溪，溪澳钓迹存焉。盖汉南昌尉梅福曾钓于此也，后人因之构祠溪上，曰梅仙祠。唐贞观中改为太乙观。久而墟，墟而复构者屡矣。辛丑秋，道人朱良月来游于溪，就祠之基而扩之，起方壶之宫，建绛节之朝，以事列仙。崇苑宇置丹灶，以待四方羽客。飘飘然，翼翼然，疏林迥屿，与钓溪云气相动，若安期、羡门之徒，仿佛可遇。向所为梅祠者，已成道院矣。度亦梅所乐也。观成虑失，所自其友章松樵请记于予，曰：道人隐君子，供奉梅尉，以其仙也。举于钓，所从仙迹也。意乎其人，意乎其地，两有之，道人所以感也。愿公叙其事。余曰：尉自可传，史称梅福弃家，而院又传，其后卖药会稽，人犹见云。不闻其仙去也。抑或尉小吏去之，不足为梅多故，尚贵于方外，致其慕也①。……余幸来南昌，且亲见其钓处，视昔废书而叹之日，何如哉！微松樵为良月请，余因乐为之记。赐进士第中宪大夫江西按察司副使前吏科左给事中内翰林国史院庶吉士古燕周体观②。

民国本首列"旧序四篇"，分别是周体观的《青云谱道院落成记》、黎元宽的《青云谱志略序》、朱道朗的《青云谱碑记》、舒性的《青云谱落成序》，其中后三篇文字的确为康熙本《青云谱志略》所收，并且文字也一仍其旧。但第一篇文字则殊为奇怪。在康熙本《青云谱志略》中，第一篇文字是黎元宽的《青云谱志略序》，而民国本将黎元宽序移到第二，第一篇则为周体观的《青云谱道院落成记》。托名周体观的这篇《青云谱道院落成记》，既不同于旧志所收周体观的《定山桥梅仙道

---

① 以下一段谈梅尉之事，与本章之旨无涉，故删。

② 康熙本《青云谱志略》艺文载周体观《青云谱记》，奇怪的是，其文字乃是删减《定山桥梅仙道院记》的内容，如其云："豫章郡东南十五里，有定山桥，桥，旧溪也。病涉者杠之，遂不从溪，溪澳之钓迹存焉。盖汉南昌尉梅福曾钓于此也，后人因之构祠溪上曰梅仙祠。唐贞观中改为太乙观。久而墟，墟而复构者屡矣。庚子秋，道人朱良月来游于溪，就祠之址而其坛，起方壶之宫，建绛节之朝，以祀列仙。崇苑宇置丹灶，以待四方羽客，飘飘然，翼翼然，疏林迥峄，与钓溪云气相动，若安期药□之徒，仿佛可遇……"应该没有太大的区别，只有个别地方有所不同，如《定山桥梅仙道院记》作"辛丑秋，道人朱良月来游于溪"，而《青云谱记》则说是"庚子秋"，说明此二文曾经经过纂合修改。是编纂者不审所致，还是有意为之，今不得而知。

院记》，又不同于该志艺文部分所收周体观《青云谱记》，虽然托名"旧序"，但完全是"新为"：

> 夫寺观庙堂，环球甚夥。苟无仙踪贤迹庙貌，纵壮观瞻愚，何充其庶几矣。究不免为傅奕傲即仙有踪贤留迹，尤非大有功于人命人心。亦不足耐学士寻味善人呵护。惟距豫章城南十五里许，有青云谱道院者，山派七星，以作冠涧，绕九曲以作带石，拍洪崖之肩……逮有明之末，宁藩宗室裔自称八大山人者，伤时变国亡，托迹佛子，放浪于形骸之外，佯狂于笔墨之间，后委黄冠，自号良月道人，又字破云樵者，访历代之仙踪，爱天籁之山水，……邀马道常诸道友以讲净明之学，则青云谱之名于斯树焉。而良月，隐君子也。余幸来南昌久矣耳，其名佩之良深，其友章松樵为青云谱道院落成请记于余，余因乐为之记。赐进士第中宪大夫江西按察司副使前吏科左给事中内翰林国史院庶吉士古燕周体观。

民国刊《江西青云谱志》所录周体观"旧序"，显然不是康熙本《青云谱志略》的文字，它对周体观"旧序"作彻底的篡改：一是改其名，原来的《定山桥梅仙道院记》，换成了《青云谱道院落成记》。二是以新作文字充当周的"旧序"，而新作之文字，行文粗糙，与周的文风不合。三是"旧序"并无"八大山人"之字眼，而这篇假托的文字，则将八大糅进了朱道朗的传记之中，合二人以为一。由此可见，民国刊《江西青云谱志》虽云录"旧序"文字，然托名周体观这篇文字则是明显篡改。

康熙本的周体观之序有一定的可靠性，周的确与青云谱有交往，他的一位朋友叫章松樵。周体观《晴鹤堂诗钞》卷一一中有《舟过南康松樵炼师出山相送贻我二律》，卷十有《送章炼师归庐山》，二诗大约作于康熙庚戌年（1670）春。康熙本周体观《定山桥梅仙道院记》云："所自其友章松樵请记于予……微松樵为良月请，余因乐为之记。"故可知，康熙本所录周体观之文字，当是可信之记录。目前只见周体观的诗集，尚未见其文集，虽然不能予以核实，周文即使作过一定程度的修改，但基本内容是可信的。

周体观与八大有交往，其《晴鹤堂诗钞》卷九载《雪公画梅于吴云子扇头，旷如也，殊有幽人之致，为题短句》："一树梅花断续出，惊枝细蕊照寒芜。就中如许闲田地，或恐元来是两株。"周之诗集编年排列，此诗当作于康熙己酉（1669）。同卷又有《柬吴云子文学》："寄语吴云子，随时可自宽。田桑输税□，婚嫁应自难。壮岁犹儒服，三年且素冠。暂收庐墓泪，曲奉北堂观。"此时吴云子是一位年轻有为的诗人。

这里所云之雪公，当指八大。一是八大的确是画梅的高手，他后来为叶祖徕画梅月之图，也颇有幽人之致。八大善画"一枝梅花断续出"，这样的构图在他的梅花画中很普遍，倒是像《古梅图轴》画完整的梅花比较罕见。周体观与居于南昌东湖的陈伯玑、傅修为至友，尤其与傅修为莫逆之交，而这二人都是八大的朋友。《晴鹤堂诗钞》卷八有《答傅卣生村居见寄次韵》《再答卣生》等诗，他有诗写对傅修的思念："不见傅生久，苍苔履迹荒。虚堂延落月，久客检行箱"①，情真意切。耕香院初建之时，傅修避居西山，其时就与八大有交往，他还参与了耕香院的创建。其后数年，傅修还归南昌。八大可能是通过傅修与周体观相识。(图25-1)

周体观虽与八大有交往，但不可能在为青云谱所写的文字中写入"八大山人"之号。因为八大在1683年前后才使用此号，而周体观在1680年已下世。

图25-1　芭蕉竹石图　纸本墨笔　50×131cm

---

① 《晴鹤堂诗钞》中还有多篇与卣生相关之诗，如卷一〇《除夕前一日怀卣生》，卷一〇《东湖泛月同孙鲁山先生王平甫傅卣生陈伯玑分得声字》，卷一一《别傅卣生》等。

二、"八大山人即朱道朗"误读的历史因缘

从《江西青云谱志》看，从清末到民国初年，将八大山人说成是青云谱住持，不仅是一篇托名周体观的《青云谱道院落成记》，而是当时与青云谱有密切关系的道俗的普遍看法。

夏敬庄（1862—?）所作《重修青云谱道院记》中说：

> 逮至明之末，有宁藩宗室遗裔八大山人者，遭世变革，社稷邱墟，义不肯降，始记僧服。佯狂玩世，继乃委黄冠以自晦，是为朱良月道人。道人故喜黄老，学既易装，益兢兢内炼……良月道人居此既久，于道有得，颇著书，又工丹青书法，亦超妙今二门，额题"众妙之门"四字，即遗墨也。道人老而仙去……甲寅年孟冬新建跛道人夏敬庄谨记。

他是将八大与朱道朗的传记合而为一，其中"始记僧服，佯狂玩世"诸语本陈鼎《八大山人传》，并突出朱道朗作为书画家的特点。夏敬庄，江西新建人，活动于清末到民国初年，此序作于1914年。从夏氏《道院记》可看出，八大"遗迹"并非这次重修时增列，可能在此之前已有。

夏敬庄在《道院记》的"人物"部分言及朱道朗时，这样描述："明末朱道朗，一字八大山人，一字良月，一字破云樵者。"而作于民国庚申（1920）的陈绍箕《重修青云谱记》说："豫章古之神仙之地也。青云谱，又豫章名胜之区也。如汉之梅子真，晋之许旌阳，唐之吕纯阳，明之八大山人……"民国刊《江西青云谱志》"艺术"部分所收当时人的文字，多将朱道朗与八大合为一人。如其中录南昌毛祥佐一首诗，诗名为《余自省垣返里道经青云谱憩院访仙真古迹，登八大山人所建香月凭信楼，信口占之》，以香月凭信楼为八大所建。又收熊泰民《素梅一岛吊八大山人》："种得素梅伴此身，破云毕竟是真人。自全大节非为隐，一岛了证未了因。"以素梅一岛为八大所建，将八大家国身世之悲糅进诗中。而《江西青云谱志》中"山川""素梅一岛"有按语："按朱良月明之裔派也，义不能降，发始削，既而黄冠，隐居洪崖，后建院于此。"也将八大国破后为僧的经历混入朱道朗生平中。

青云谱为八大所创，这一观点在清末民初的南昌当为人普遍接受。时任江西省道教会会长、青云谱住持徐云岩（法名忠庆）在《重修青云谱记》中说："庆生四岁，慈父见背，母常谓：'许真君之拔宅飞升，朱祖师之名列上仙，皆自忠孝修

来，子其勉旃。'"民间流传的这位朱祖师，即八大山人。在《江西青云谱志》叙述"善士"之功德时，言当时人称颂朱道朗之功绩，将其称为"八大仙人"，其云："逮明末宗室朱良月感旧官之禾黍，炼汞归真，燕子乔之瓣香虔心，顶礼于兹，式廓厥有今名。卒葬城南广度庵前。即世称'八大仙人'是也。夫梅子真挂冠隐遁，厉晚节于林泉，朱全真敝屣尊荣，寄殷忧于书画，是皆末流之砥柱，宜隆百世之馨香……该住持道衲徐忠庆与道大适静气，可亲守净明宗教真传，系八大山人之的派。"从这段文字可以看出，当时在青云谱，没有人怀疑八大就是朱道朗，而他们的住持就是八大的传人，江西青云谱就是传其祖师八大功德之所。中国历史上的天才艺术家八大山人就这样和一位道院的住持合二为一了。

其实，在民国刊《江西青云谱志》成书之前，青云谱就被赋予浓厚的"八大山人色彩"。青云谱有牌匾"时惕乾称"，为八大所书，至今还挂在该道院的显赫位置上。牌匾所作时间虽不能确指，但当在民国初年重建青云谱之前。今青云谱所见八大对联"采药逢三岛，寻真遇九仙"与"时惕乾称"题额一样，可能都不是八大专为青云谱所写，而是好事者集八大之书迹自为之。1914年，夏敬庄在《重修青云谱道院记》中说八大在青云谱有"额题'众妙之门'四字"。其同时代人胡雪抱（号穆庐，南昌人）《昭琴馆诗存》载其1913年所作一诗，下有注云："观有八大山人题榜，为'众妙之门'四字。"与夏敬庄所记相同。这也说明在民国青云谱大修之前，已经有八大题额在。

八大山人本不是朱道朗，在八大下世的很长时间里，并没有这个问题。民国初年，南州胡廷校在《重修青云谱记》中指出："考其源流，赖有二戴碑记。""二戴碑记"，指的是康熙年间戴有祺、嘉庆年间戴均元的两篇碑记。这两篇碑记记载的是青云谱两次大修的情况。为青云谱所藏，至今仍在。前一碑记作于康熙四十一年（1702），时八大还在世。在这次大修中，詹惟圣（字南屏，此人可能与八大有交，他与饶宇朴、心壁等都有密切关系）、黄正甫出力最多。碑记中言朱道朗之功绩，并未言及八大。后一篇碑记作于嘉庆二十年（1815），记录了1814年青云谱大修的情况，但碑记中也没有关于八大的记录。到了第三次大修的民国初年，八大才一跃成为这座道院的创始人。

八大与朱道朗合为一人，主要是在19世纪形成的。其中主要原因来自青云谱内部。今存于青云谱的《净明忠孝宗谱》，可以说是这一篡改的总结。《净明忠孝宗谱》具体成书时间不详，当不会晚于19世纪，在此宗谱中，有这样的记载：

涵虚玄裔朱道朗，字良月，号破云樵者，亦号八大山人。明万历甲子年十月廿三日丑时生，清顺治庚子秋来定山桥创建青云谱，康熙己酉年十月十五日辰时羽化，葬广度庵东南隅莫家山。

民国刊《江西青云谱志》中的"卒葬城南广度庵前"，就来自于这部《宗谱》。其"净明启教源流"中载："第一世，涵虚玄裔朱道朗，字良月，号破云樵者，亦号八大山人，明宗室。"在青云谱中，又有青云谱祖宗牌位，在这个牌位中，创建者朱道朗居中，并有"正开山祖道朗号良月又号八大山人朱真人之位"之介绍文字。

也就是说，在徐云岩住持青云谱之前，将朱道朗与八大合一早已是既成事实，《江西青云谱志》不是有意篡改，而是将这一"作伪的历史"写进去。正因此，我以为，民国刊《江西青云谱志》不是一部作伪的志书，它只不过是陈述一个已经被认定的"事实"，真正的作伪者当是在嘉庆以来青云谱的漫长演化过程中。《净明忠孝宗谱》在其中扮演了一个关键的角色。我甚至怀疑《江西青云谱志》第一篇录"旧序"的周体观《青云谱道院落成记》，作伪者也不是《江西青云谱志》的编纂者，而更在此之前。

其实，康熙本《青云谱志略》记载非常清晰，黎元宽序言和款"破云樵者朱道朗"的《青云谱碑记》已然说明朱道朗本自洪崖隐居者，并非僧人，更不是举世闻名的书画家，青云谱的传人只要读一下朱道朗创建青云谱之初的一些文字，这些问题便一目了然。人们之所以愿意相信这样的误说，出自一种重要的观念，这也就是青云谱创立所尊崇的思想："净明忠孝。"

八大作为遗民画家，他的节义如高悬之日月，在西江有广泛影响。正像康熙时收藏家王澍所说："八大山人挟忠义激发之气，形于翰墨，故其作画不求形似，但取其意于苍茫寂历之间。"①他的"哭之笑之"的落款在学者中影响不大，多认为是张庚的误解，但在普通民众中却有广泛影响。净明忠孝道本是南宋末年南方出现的一个道教流派，它的出现与当时的国乱因素有关，至元成为有影响的南昌道教派别。净明道的核心是"忠孝"二字，这给处于异族统治下的遗民以莫大精神安慰。净明道最初是在江西许真君信仰基础之上发展起来的，所以，黎元宽在《青云谱志略序》中说："而更取'净明忠孝'四言以为持循，厥旨益深远矣。"青云谱的创建，就是要继承净明道的传统，为亡国的子民们找到某种精神的力量。富有传奇色彩的

①王澍题八大山人《鱼石图》，此图见载于江西美术出版社之《八大山人全集》中。

八大最符合此宗派的立宗之旨。环绕"八大山人即朱道朗"这一"有意的误读"中，其实包含着人们反清复明、恢复正统的思想。

三、八大山人与青云谱之关系

八大虽然不是青云谱的开山祖师，但他晚年却与青云谱有密切联系。青云谱经朱道朗创建之后，很快就成为当地重要道观，也因其处于青山秀水之间，遂为南昌文士休憩游览之地。饶宇朴曾这样描写青云谱："桥通芳草江城路，帘卷微月杏柳天。掩映前村烟树里，出墙笑语送秋千。"① 三百年后的今天，那里仍然有清幽的风致，古树参天，群鸟翔集，远处有高速公路，更衬托此处的雅净深邃之美。八大曾多次到这个道院，那里有不少朋友。

八大有《道院四韵》写道院之事，其中有二首曾见录于王方宇藏《天光云影图册》，四诗并款如次：

> 云子日中饭，琼花道士楼。临川宜馋肉，大雪满磁瓯。
> 鹤冷巢空坐，鱼生世上浮。仓公老书记，更此一绸缪。
> 玉川两度烹茶馆，玉宇重思王府官。亦可春秋无计数，如何图画搏艰难。
> 名高富贵草一束（先生集中索牡丹诗），神说雷霆花杂端（是岁立冬日雷）。个山且置若邓尉，分付三山明日安。
> 画负成之舒先生卅年已，兹乃茶会至，再属画，四韵附正大方，八大山人。

原画今不见，诗大约作于1690年前后。诗画乃是赠"成之舒先生"的。这位舒姓朋友，乃南昌著名诗人舒性。舒性，字成之②，工于诗，后归青云谱，成为道院的道士，在该院草创之初，他是一位关键人物。康熙本《青云谱志略》多赖其力而得成。《青云谱志略》载其作于康熙丁未（1667）的《青云谱落成序》，详述此院草建之经过。

舒性父亲舒碣石先生，乃南昌文坛元老，是万时华、黎元宽的老师。舒碣石，名曰敬，字元直，万历二十年进士，曾主持紫阳山白鹿洞、滕王阁杏花楼讲席，当时名公巨卿多出其门。黎元宽《舒成之诗序》中说：

---

① 饶宇朴《菊庄集》卷一一。
② 取《周易·系辞》"成性存存，道义之门"义。

余成童即以举业受知碣石舒先生，先生于先司空通籍犹在前矣，顾不以稚子畜我。然余方狂易，不乐见大人长者。一日，谒从姑盛所怀而归道，过先生门，先生适送客，遽揽入曰："奚久不过我哉？"揖下，所袖橘栗倾溅满堂，侍童即失笑。先生惧其惭也，取酒饮我，尽所拾登筵而益以脯鲜。久坐谈，纵先生则喜，盖自是肯亟见长者。而与成之称社矣。万茂先时时为我言，吾师诸嗣，成之其杰出者，非独工时文也。后十余年，先生选豫章诗，使茂先来索，当时曾应之，而久久忘录去，先生意恨甚，比其刻也，注先君下曰："有子能诗，弗余示也。"余语茂先，先正爱才，一至此哉！以爱故恨，吾何以堪之！又明年，先生与茂先相次即世典型，既齐同辈亦殆尽。顷吾引镜自照，见须鬓黄秃，辄思囊盛时自舞象放浪见容尊者之前，暨中岁贤豪倾倒四方，想闻意气，殆可凌万仞，今萧然邈若山河，可悲也。谷中读成之近诗，匆匆疑茂先在他方寄我新著者。茂先诗精醇逸丽，当代所推。余心折，亦惟茂先。不意十五年，广陵散复奏人间，如云中坠，如梦中闻，使人荡荡默默，幽焉而忘吾畴昔之盛者，成之斯集也，与豫章诗于是有接响矣。①

黎元宽对成之之诗给予极高评价，认为他是江西诗坛接响者。黎元宽和万时华这两位江西文坛领袖均出于舒碣石先生之门。万时华，从学于舒性父亲碣石先生二十八年②，与舒性为莫逆交。其《溉园诗集》中多有二人交往之记载，如卷二《送舒成之还里》，其中有"妻女东湖上，天寒户当墐"的殷勤叮咛之语。

明末清初国乱时，弘敏遁迹西山，游于定慧寺、香城寺诸禅院之间，八大也因国变而剃度出家，依弘敏，其中往来于西山、奉新之间，与同时之万时华、彭文亮、涂凤虞等相友善，弘敏与黎元宽交善，八大亦当与之有交往。八大就是于此顷认识舒成之的，成之曾请八大为之作画。三十多年后，老友相见，八大方践当年作画之请。款识中所说"画负成之舒先生卅年已"，正是由此而言。

从八大题识看，他与舒性颇有深交，向年求画之事，自是一段友情，所谓"亦可春秋无计数，如何图画搏艰难"，在自责中，抒发对老友的感念之情。从前二诗看，八大与成之一起在道院中流连，在道院的小楼上饮酒作乐。所谓"大雪满磁瓯"，酒也。而"仓公老书记，更此一绸缪"，拈弄文字，流连作诗之谓也。仓公者，仓颉也。诗写得晦涩，但又不失活泼。从第三首的"玉川两度烹茶馆"看，八

① 徐巨源《榆墩集》，康熙刻本，北京大学图书馆有藏本。《西山志》对此文作了节录。
② 万时华《祭舒碣石先生》："华自始冠为诸生，即执事夫子，今廿有八年。"（《溉园二集》卷三）

大曾经两度在这里与舒性品茗。他的画与诗也是在一次茶会之后所作。而"玉宇重思王府宫",则写在道院的流连中,想念当年在舒家府院中的岁月,不尽岁月沧桑之叹。由此,也可证当年八大曾出入于舒性之家。

舒性的诗风与八大也颇相似。同治《南昌县志》卷一四人物文苑:"舒性,字成之,曰敬子,南昌人,年八十作诗,拗涩多为人所窃,如达官谋集中'风风雨雨销翠黛,车车马马易黄昏'及华岳诗'山如阵马千行整,人似风鸢一线牵',皆健句也,性尝以语新建裴君宏,君宏曰:公又著贼,性大笑。所著诗集,万茂先尝序之。"

八大诗中"个山且置若邓尉,分付三山明日安",颇令人费解,其中个山当然指八大在佛门时之自号,而邓尉当指苏州的邓尉山,正所谓在"吴趋"。此句与八大的另一位朋友沈友圣有关。沈麟(1622—1692),字友圣,华亭人,其地离苏州邓尉山不远,友圣诗中多次谈到邓尉山,那幽深的林间,有俞无殊等隐士在焉。八大到青云谱去见舒性,客居此地的沈麟当也是他要探访之人。

现知八大作品中涉及沈麟的有两件,一是作于1688年的《看花不值同沈友圣先生道牡丹少陵集中所无,咄咄怪事,用沈韵,就正文翁先生大方和之》七律一首,诗云:"行军司马亦看花,何事看花不在家。率府竟停南史笔,金闺还唱牡丹芽。寅宾织锦红鹦鹉,露冷鸾凤翠若耶。闻说吴趋会瑶宴,太平时节总无差。"款云:"戊辰春暮,八大山人具稿。"这位"文翁先生",当是杨大文,在饶宇朴的《菊庄集》中,在该年与沈友圣交往中,曾提及杨大文。

诗中"率府竟停南史笔",说的是沈麟家世之事。顾景星《白茅堂集》卷一二甲辰诗《沈友圣随西蠣北上灯舟顷索赠走笔兼柬西蠣并上龚公》云:"意中印友沈亚之,扁舟顾我来何迟。华阳巾子百苎衣,龙驹十五手自携。史学三世世所稀(君先子坤仙著百岁编年),君家隐侯良不奇。"[1]其中谈到了友圣家世以史学著称之事。

诗中所说的看牡丹花,当与青云谱有关。青云谱自建院之后,即以牡丹闻名。舒性有《醉春风(戊辰筹青云谱牡丹大放)》词,详细描写院中牡丹之景色。在上引八大赠舒性诗中,就引"名高富贵草一束"之诗句,注云:"先生集中索牡丹诗。"八大曾读过舒性之诗集,诗集中有索牡丹之和诗。青云谱的牡丹远近闻名,数百年后,仍然散发出不凡风姿。民国年间李定夷《民国趣史》说:"南昌进贤门外,距城十五里许,有青云谱者,江城之名胜也。该谱位处山麓,田亩环围,石桥水池,

---

[1] 顾景星并作有沈氏小传:"沈麟,字友圣,布衣家贫,修行有古人风,公卿争下之。汉阳顾西蠣侍御巡按江南,为布衣交,每过草堂清谈移日,侍御卒,友圣裹粮二千里哭之。尝徒跣扶友人丧数千里。藏稿古诗追黄初,近体在沈宋间。"(《白茅堂集》卷十四,康熙刻本)

开门即见。谱内植有奇花异树，每届春季百花开放之时，艳景宜人，清香扑鼻，信可乐也。该谱住持道人徐云岩，常请长官前往游览。兹值该谱各种牡丹开放之时，较常年更觉奇特。中有一朵，花开似锦，大如车轮。以是哄动远近士女，前往赏玩者更多。住持等以此牡丹为民国之祥瑞，乃格外凑趣，结红绿彩球数十，点缀其间，并备具素酌，邀请名人韵士题咏，以纪其盛。"

1688年暮春季节，八大前去青云谱，时沈友圣客居于此，然来到此地，未见其人，此时"闻说吴趋会瑶宴"——他去会他那些苏州老乡了。沈友圣曾有诗赠八大，言及此事，此为八大用沈韵之和诗。

八大作品另一处涉及沈友圣的，是一幅名为《岁寒三友》的图（图25-2），作于1689年隆冬季节。上有题识云："己巳十一月至日，友翁沈先生自豫将归，约八大山人浮白于洛阳，再浮白于汉阳王家。曰：'麟今年六十有八也，望七可预为寿矣。'三友，岁寒梅竹松也，黄竹八大山人至日相见，辛金从革，大官之厨□□西流，而为之画，律题其端，以为之贺，曰豫贺：由来吴楚星同异，豫日扬州可放梅。尊自文昌随北斗（文昌星六，北斗星七，比之梅放六花），屏要驸马列三台（梅竹松）。论功彩画麒麟跃（三友比之苏□一人），百两黄金鼎萧开（一再浮白，比之鼎阳七气）。真个驴乡仙鹤在，成仙跨鹤尽徘徊。"这一段联想，真可谓燕舞飞花。图本为泰山残石楼所藏。此图乃祝寿之作，从跋中，也可看出他们当时放旷高举、饮酒狂欢之状。"浮白于洛阳，再浮白于汉阳"，他们一路狂饮，在南昌的街头，纵横飘洒，无所滞碍[①]。

关于这次祝寿，饶宇朴有《沈友圣七十次韵》："少年曾入九军雄，几度悬弧笑楚弓。把臂剧怜春雪霁，挥毫每托暮云同。名高洛社群英后，兴寄香山一水东。君正风流予亦老，相期来往各称翁。"[②] 由此联系到前引八大和沈诗中的"行军司马亦看花"，都说的是友圣年轻时曾经有从军的经历。饶诗中还透露出他与友圣关系密切，"把臂剧怜春雪霁，挥毫每托暮云同"，说明他们有多次相会的机会。这首诗与八大祝寿诗应为同时，都是望七之祝。在八大浮白于洛阳、再浮白于汉阳王家的疯狂中，当也有饶宇朴。

沈友圣1685年曾来南昌，客居青云谱，后入粤，1688年，由粤归来，又客居青云谱。康熙本《青云谱志略》中载有沈友圣《听琴》诗："山中听坐独鸣琴，相

①今多有论者说，八大此顷曾到洛阳和汉阳两地，何以带着送别的人转悠了大半个中国？八大是诗家之言。谢稚柳先生还考证其去洛阳与武汉的时间，实是误会。
②《菊庄集》卷一二。

对翩然长道心。指上弹来
如细语，耳边听去似微
吟。我知古乐非凡调，谁
识希声是大音。只有神仙
轻将相，刘侯辟谷胜淮
阴。"另有《戊辰六月八
日再过青云谱听彭宿波炼
师为我鼓客窗夜话一操，
偶留一绝》一首、《五宿
青云谱兼以留别》三首
诗，《五宿》其中一首云：
"到来一度一吟时，初至
黄梅正熟时。今日西江将
话别，小山桂树蕊生枝。"
他在青云谱所居时间当
不短。

八大法兄弟饶宇朴
与青云谱关系密切，曾造
访多次，留下很多优美的
诗歌。在《菊庄集》中，
有《止青云谱赠宿波》七
绝二首，其中第一首云：
"半篙新水送轻舟，深柳
堤边续旧游。万仞青云梯
不得，华胥空向画图求。"
诗是赠给彭宿波的，饶宇
朴与周易庵（周占有，法
名德锋，号易庵，南州人）、

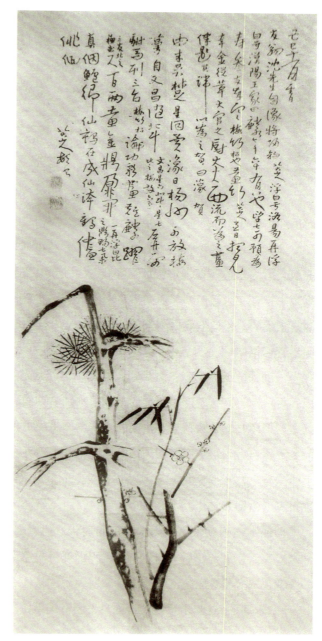

图25-2　岁寒三友图轴　纸本墨笔　1689年
162×76cm　泰山残石楼旧藏

彭宿波相善，他有《青云谱赠易庵、宿波》云："五载
曾游初，沧洲兴不穷。轻船初夏雨，深柳一溪风。浩劫犹琼宇，真人自玉隆。钓矶
遗迹在，尽日倚青桐。"诗中描写他多次前来造访青云谱，在"浩劫"之后犹有"琼
宇"在，这座道观也成为沦落文士安顿之所。饶宇朴《青云谱晓起》诗二首，描写

在青云谱留宿之后的感受，第一首云："月丛风叶晓阴阴，庭院清和景色深。最是黄鹂解人意，枝头百啭和微吟。"①那是一种透彻心扉的清净。

康熙本《青云谱志略》"集次"者中有朱天函，此人名统镕，法名德沁，南昌人。属统字辈，其名中又有金字旁，当是宁献王之后，与八大为同辈。

叶叶先生在《读朱道朗跋臞仙〈籡吉肘后经〉后》一文中，谈到朱权《籡吉肘后经》以及朱杰（英伯）的修订、朱道朗的跋语。朱道朗在跋中说："今康熙壬戌之秋，家英伯复梓是书，朗诵跃敬为之跋。"而朱杰在首页自识云："后嗣杰英伯重订。"也就是说，朱杰乃是宁献王的"后嗣"，与八大同为王孙。朱道朗跋《籡吉肘后经》作于1682年，而《青云谱志略》刻成于1681年，1681年所刻《志略》最后附《青云谱所藏经版》，其中就有朱权的《籡吉肘后经》，称《臞仙肘后经》。此书版当时为朱道朗青云谱所藏。叶叶先生并没有见到康熙本《青云谱志略》，他根据朱杰重订《肘后经》朱道朗为之题跋之事，推测此书可能为朱道朗所藏，他的推测是正确的。但他据此推测朱道朗可能也是朱权的后代，并没有具体的资料可以证明。青云谱藏《净明忠孝宗谱》倒是说朱道朗为"涵虚玄裔"，朱权有"涵虚子"之号，以朱道朗为宁献王之后代，并明确说其就是"明宗室"。由于此宗谱的很多内容可信性不高，所以，这样的记载很难判断真伪。倒是青云谱藏黄璧所画朱道朗画像上王泽弘的题跋，具有相当的可信度。王跋中指道朗"或以为歧路之王孙"②，而朱容重与青云谱也有密切关系，康熙本《青云谱志略》收有朱容重的《青云谱诗》七律一首，其云："师因爱我到楼居，携手翩然玄兴舒。"并收其所作《木兰花》词，也是青云谱即兴之作。

即使不能确定朱道朗为宁献王的后代，但青云谱与江西朱权后代的密切关系确是事实，作为朱权后人的朱杰、朱天函都是此道观中人，而朱容重也受到朱道朗的厚爱。八大与这座道院又增添了一层关系。易代之后，这座宁静的道院几乎成了"王孙俱乐部"，这与朱道朗的特殊身份颇有关系。

四、八大山人研究中的道教问题

八大没有做过青云谱的道士，但其晚年是否涉足道教之门，成为其他道院的

---

① 上引数首饶宇朴诗，均见《菊庄集》卷一一。

② 同治《南昌县志》卷四二"方伎"："黄璧，以书画擅名，非其人，虽厚馈不作也。尝住丰城之大正法寺院。重寺僧如初，戒律精严，为画三大士于壁，并偈自书之，县令高岑以为三绝。"

道士呢？八大去世之后，远在扬州的朱观在悼念诗中写道："有时为缁侣，有时束道装。"这两句诗曾被当作八大做过道士的铁证，李旦先生也以其为"朱道朗即八大山人说"的重要立论基础。

八大于1680年底"走还会城"之后，基本上脱离了佛门。在从1681年到1705年的二十五年时间里，八大除了曾在寺院中短暂停留之外，还没有发现他成为道士的记录。青云谱虽是他曾流连的场所，但从现有的资料看，他只是这所道观的客人，而不是院中的道士。根据相关资料，八大晚年的踪迹大体可知，从开始时寓居于其侄子之家，到移居于西埠门，寄居于太子庵等寺院，"风雨不蔽，短褐不完""放浪于颓垣委巷之中"，过着凄惨的生活，形同流浪之人。1703年，朱观所见到的八大根本就不在所谓道观，而是"访君瘰歌堂"——在他萧萧满目尘土的陋室之中。朱观所说的"有时束道装"，并不表明他进入道教之门。

八大晚年思想中的三教融合的情况愈益明显。八大早年攻儒，国变后进入佛门，晚年出佛之后，可以说出入于三教中，三者皆有所取。于佛，八大晚年虽身离佛门，然思想旨归则不脱于佛，他本质上仍是一位佛家思想的信奉者。于儒，他广交儒家学者，如与梁质人、熊颐等儒生相交甚密，甚至他晚年的至友方鹿村也是一位倾向于理学的诗人，与易堂诸子多有交往，八大也广泛吸收理学之精华，于心学、理学都有。于道，除了对道家思想极为重视之外，对道教也并不排斥。

晚年八大的作品中，反映出他对道教的浓厚兴趣，如取自于颜真卿故事的"山人陶八八"之说，就与道教有关。1697年所作的《河上花歌》，反映出他对道教问题的关注，并对李白的道教思想之旅作了深入思考。其题画诗跋中，还反映出他曾研读过大量的道教著作，如《老子河上公注》《神仙传》等。除此之外，从八大的存世作品中还看出，他晚年与不少道教中人有接触，除了以上所说的青云谱道士之外，他还有不少道教朋友。

如荣宝斋所藏八大《行书千字帖册》，作于1692年，其款云："……壬申五月既望，晓透黄竹园，飞光一线为书，顷之，寿春祠偕好生堂道士至，为作篆书数行，后半缀文乃尔错落也。八大山人记。"这是一位道士的造访，八大为其作书。

八大晚年与庐山木瓜岩道人有密切的交往，他有多件存世作品与这位道士有关①。八大晚年三教圆融、以佛为主的思想浓厚，他与木瓜道人的交往，也可看出这方面的兼容之心。木瓜道人就是一位不分儒道佛畛域的高人。他去世之后，冀霖

---

① 参见本书第三十三章《八大山人晚年与讲学家之交往》。

《庐山石嵩隐道人塔铭》云："儒耶道耶，其心则一，遐迩行行，德音秩秩。木瓜之崖，幽人之室。终始在兹，既安且吉。逃名而名，南阳隐逸。"[①] 八大所谓"河阳座上"云云以禅宗的公案来和他交流出世的思想，倒也无所判隔。其实，八大正是这样的人，亦儒亦佛亦道，又非儒非佛非道，隐于乱世，神龙变化，不知首尾。"有时束道装"乃八大隐于世的一种方式，并不表示他是一位道士。（图25-3）

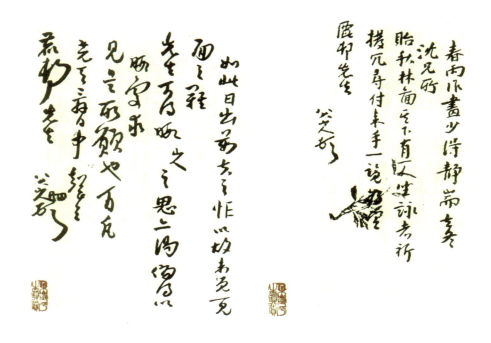

图25-3　手札十通之七、之八　纸本墨笔　年代不详　19.8×13.6cm　大都会艺术博物馆藏

八大山人研究

① 《西江志》卷一九八。

第四编　交游丛考

　　八大山人一生几乎足不出江西，虽然身患暗疾，但乐于交游，一生近六十年的习佛、为艺生涯结交了大量的朋友，这些交游活动深刻影响了他的思想和艺术。本编的十篇文章涉及他与佛门、讲学家、商人、诗人、书画家乃至官员的广泛交往，从不同的侧面展示八大的生平活动轨迹，希冀为鉴赏领会八大艺术提供一些帮助。

第二十六章
八大山人与澹雪交往史实补说

八大山人晚年居南昌，与佛门颇多交往。其中澹雪和尚便是他的密友，曾经有相当一段时间，澹雪的北兰寺是八大栖居之所。但有关澹雪的情况，现代研究涉及不多，多是转述方志之数语，所谓"澹雪，临济派僧也，康熙十六年自浙西来"云云，寥寥数句，几乎是关于这位神秘诗僧的全部[①]。我在八大研究过程中阅读相关历史资料，其中偶有涉及澹雪的内容，今草撰此文，聊补史料之不足者，并就教于学界。

一、澹雪其人

邵长蘅《八大山人传》说："澹公杭人，为灵岩继公高足，亦工书能诗，喜与文士交。"长蘅由澹雪引荐而见八大，他在澹雪处见到八大与澹雪书札多通并八大之诗集，对八大有更深的了解。长蘅的交代当是可靠的。雍正《南昌府志》卷一四载："北兰寺，在德胜门外，南岳让禅师道场，后废，国朝康熙十六（1677）年，有临川派下僧澹雪，由浙西来重建。"澹雪是临济宗灵岩继起法嗣。灵岩继起（1605—1672），通州（今属江苏）人。俗姓李，入僧后，法名继起，号退翁，又号弘储（或作宏储），二十五岁依汉月法藏剃度出家，历住天台山国清寺、灵岩山崇报寺、虎丘山云岩寺、秀州金粟广慧寺等。《宗教律诸宗演派》记载："临济下三十二世灵岩山继起宏储禅师演派十六字：法宏修智，道行超宗，代持真实，永绪

[①] 李叶霜先生在《八大山人的僧友澹雪》的论文中，指出："邵传中说澹公喜与文士交，连带想到《石涛上人年谱》（志按：为傅抱石所作）中，康熙九年庚戌条下，曾记云：'上人（指石涛）与喝涛止金露庵，梅瞿山同孙静庵及澹公访之……。'此一在宣城曾访石涛的澹公，想必亦为后来建北兰寺的澹雪。"（《东方杂志》复刊第四卷第七期，1971年）这里的"想必"在李先生的《石涛上人之研究》中，语气则更肯定："石涛这种云游生活（不如说是学习生活），直到康熙九年（1670）才暂时告一段落。他与师兄喝涛同至安徽的宣城，住于金露庵，给他影响很深的梅瞿山同孙静庵、蔡玉及、澹公和尚（此人后来与八大山人交深）来拜访。"（《石涛上人之研究》，《中山学术文化集刊》第十二期）其实，石涛在宣城的朋友澹公和北兰寺澹雪，别为二人，台北故宫博物院的李叶霜先生和日本的新藤武弘先生将二人视为一人。参拙著《石涛研究》213—216页（北京大学出版社，2005年）。

瑶琼。"澹雪是继起的弟子，为临济之三十三世，但澹雪法名不详，存考。彭廷训《中秋舟泊章门吴镜秋、赤苑招饮楝花坪呈八大山人、澹雪长老》诗中有"汤师供蒸菽，新香一瓷瓯。"而宋至在《雨后坐列岫亭与澹公茶话》有"为访汤师到北兰，空亭晚坐倚栏干"①，其中的"汤师"当指澹雪。

澹雪为杭州人，曾为江西按察史的刘廷玑（1701—1705 年在任）是他的好友，他在《偶述兼柬澹雪上人》诗中说："东浙西江十几春，而今如铁鬓如银。"②也说澹雪由浙江而来。对于澹雪身世的交代，澹雪的一位友人胡庆豫所作《赠澹雪上人》长诗中表述最是清晰：

> 雪师家本武林人，遇世嵼峨逃埃尘。西江聊寄云水身，探奇不惜穷崖滨。曾诣庐山止深谷，傍岩倚涧葺茅屋。山径荦确行人稀，爱此幽栖友麇鹿。秋高白日射虎游，山雨夜静魑魅笑。寻幽觅胜经五年，寂寂几忘岁月迁。箧里新诗千百篇，有时绝粒亦洒然。徐飞锡杖卓章水，结庐去城不三里。近市何由洗尘嚣，心远地偏乃能尔。万竿修竹缭逶迤，一掬寒泉清澈底。楝花香足春风阑，列岫亭空秋月起。道高心自畏人知，门前车马来何为？碧幢远峰□泉色，玉勒金羁野径驰。送迎朝夕殊未已，顾影徘徊悲自语。叹息劳劳屈吾真，常忆山中清如许。我从星洲望庐山，庐山飘渺寒云间。雪师有意归庐山，应使山灵改旧颜。悬瀑千寻幸无恙，五老突兀秀可餐。雪师雪师何不归庐山？③

胡庆豫，字雕来，号东坪，平湖人（今浙江嘉兴），岁贡生④。所作《东坪诗集》八卷，卷一为《南浦吟》，载其客江右时所作诗，时在 1688 年。自序谓："戊辰客江右，南昌彭元叔工诗，每作强余属和，未知余之不能也。"其诗为当时客居南昌的邵长蘅所称许。南昌期间，胡庆豫与彭氏兄弟（元叔、夏赓）交谊颇厚，又与澹雪结下了深厚情谊。他的《游北兰寺》六首，写得清新雅净。《赠澹雪上人》透露了澹雪不少罕为人知的史料。1690 年后，他至扬州，还在《梦游北兰寺》中写道："自去西江岁月驰，北兰佳胜几寻思。岂知风雨昭阳夜，犹是徜徉列岫时。井涌寒泉余暑尽，径还修竹落霞迟。山僧闲说匡庐景，醉泼葡萄酒一卮。"⑤可见，他和澹雪有

---

① 宋至《纬萧草堂诗》卷三，康熙五十二年（1713）刊本。宋至为宋荦之子。
② 刘廷玑《葛庄编年诗》癸未年（1703）。
③ 胡庆豫《东坪诗集》卷一，《南浦吟》。
④ 见光绪《平湖县志》卷一七。
⑤ 胡庆豫《东坪诗集》卷二，《昭阳小稿》。

着不一般的情谊。

在这首长诗中，他指出澹雪为杭州（武林）人，和八大一样，也是在明末战乱中逃往寺院，聊以寄托。诗中叙述他从浙江来江西，卓锡北兰寺前，曾经有五年时间在庐山居住，所谓"曾诣庐山止深谷""寻幽觅胜经五年"，在庐山时就显示出作为一位诗僧的特点，他在幽栖中作诗多至千篇。后来他"徐飞锡杖卓章水，结庐去城不三里"，所指当是结茅北兰，这里曾经是唐代禅宗大师怀让的道场，年久失修，澹雪来到这里，方开始修葺。他卓锡此寺，一直到生命的结束。澹雪由浙江前来，先在庐山住有数年，由此推算，他来江西不会迟于1672年。

胡庆豫这首长诗作于1688年，其中还透露出澹雪来北兰寺后一段不平静的岁月，所谓"顾影徘徊悲自语"，他心情悲伤，无法排解。南昌喧嚣的生活不适合他，北兰寺由破败场所变成南昌风景之冠①，失去了往日的宁静，好客的澹雪日日送往迎来，以往是"门前车马"无，如今是"玉勒金羁野径驰"，简直成了温柔富贵乡。从相关资料看，北兰寺在澹雪之后，就变成一处胜游之地，四方文人墨客、官宦商贾至章江者，莫不欲亲临此地一游为快。正像澹雪的诗友韦渡所说："道人点缀浑闲事，惹得人人识澹公。"②

而澹雪是一位情性高洁之人。宋荦评其云："扁舟一道人，超然古尊宿。斜阳泊断岸，灵籁响乔木。"③邵长蘅《澹雪上人小照作澂江古木独坐孤蓬》云："道人澹尘襟，偶然孤舟宿。湛水摇青天，秋云疏古木。世界足风波，此间净寒渌。自渡渡人不，江空僧亦独。"④澹雪悲从中来，有重返庐山之想。从胡诗中还可看出，澹雪回庐山的意愿是强烈的。"雪师有意归庐山"，胡庆豫也在呼吁，"雪师雪师何不归庐山"，甚至胡庆豫在梦中还在听澹雪说庐山之景，从一个侧面说明澹雪欲归庐山的意愿是多么强烈。澹雪后来终究还是没有归庐山，其原由不得而知。而在这门庭若市的寺院居住，酬酢于官宦文人之间，难免会有不测之事，十几年后，他受牢狱之灾，并被"毙诸狱"，似与其处境有关。后来查慎行《端阳前二日游北兰寺四首……》之一中就表达了这一观点："若将世法苦相绳，何地能容世外僧。来往风流今已矣，居人犹说宋中丞。"诗有自注："伤老僧澹雪也。"⑤

---

① 据乾隆《新建县志》卷八〇《仙释》记载："澹雪，临济派也，康熙丁巳自浙西来，见北兰让禅师道场鞠为茂草，乃结茅于此，经营数载，殿宇斋堂方丈禅室及秋屏阁、列岫亭皆次第重建，遂为江西名胜之冠。"
② 北京故宫博物院藏《八大澹雪朱容重等书画合册》中，韦渡有《北兰寺访澹雪和尚即事四首》诗。
③ 宋荦《绵津山人诗集》卷二五，康熙刻本。
④ 邵长蘅《青门剩稿》卷一《井梧集》。
⑤ 查慎行《敬业堂诗集》卷四四，四部丛刊本。

史料中对澹雪来北兰之后如何董理旧寺有详细记载。刻于1720年的《西江志》卷一一一《寺观》有关于此寺的记载：

> 北兰寺在省城德胜门内，南岳让禅师道场，后废。本朝康熙丁巳（1677）临济派下澹雪由浙西来重建，前后殿宇叠石为山，种竹栽松，通止戈泉为井，引蟹子泉为溪。戊辰（1688）巡抚宋荦建绵津诗屋及秋屏阁、列岫亭、烟江叠嶂堂。布政卢崇兴建三元殿、观澜亭。己卯（1699）学士查昇题"豫章胜概"额并《烟江叠嶂堂记》。

据吴凤白《北兰寺考》，北兰寺古名"北阑"，取"阑护江之北岸"之义，后易"阑"为"兰"。北兰寺有仿舫居、到汝堂、列岫亭、种瓜圃、楝花坪、澹雪泉、秋屏阁、烟江叠嶂堂等景点。诸景修葺时间不一，最先得到整理的，是经澹雪叠山理水而成景的澹雪泉、仿舫居、种瓜圃、楝花坪等。秋屏阁本来就有其名①，仿舫居当成于1686年前。澹雪有"舫居生"之号。八大在作于1686年的《题芝兰清供图》中，有"丙寅雪在上元，同羽昭先生、舫居方丈澹和上，道径山竹子，为画兼正。"这里的舫居方丈，就是澹雪。北京故宫博物院所藏《八大澹雪朱容重等书画合册》中，之六为姚乾清《芦荻渔舟》画，并有澹雪对题："山水殷勤久待人，得抽身处便抽身。兼葭十里湖千顷，凫鸭低飞似可亲。己巳夏为孝翁先生题求正。舫居生。"钤有"澹""雪"二白文印。作于1689年。宋荦记载道："三十年辛未（1691），余年五十八岁。五月于北郭北兰寺修复列岫亭、秋屏阁，建烟江叠嶂堂。余放衙后，常偕名流如邵子湘长蘅、朱悔人、载震及儿至辈，访老僧澹雪，茶话清吟或至竟日，其地遂为豫章名胜。"②说明到1691年夏，这座清幽的寺院基本完成修建。

天津博物馆藏有宋荦好友、金陵著名画家柳堉（字公韩，号愚谷）山水册，其中山水八页，并题跋共十二页（图26-1），本为杨翰所藏，前有"愚谷清标"四字，第十一页有宋荦之题诗，其中有："愚谷秋容写北兰，茆亭疏树讶高寒。衙斋不合常留此，送与山僧壁上看。题愚谷画寄北兰澹公。"柳堉的画，使我们对当时北兰寺盛景有一些直观了解。

邵长蘅在《北兰寺记游六首呈澹公》中写出北兰寺六景各自的妙处，并且在

---

① 余小星（正垣）有《秋屏阁偶成》诗，收在顺治年间成书的《诗慰初集》中。
② 宋荦《西陂类稿》卷四七《漫堂年谱》二。

八大山人研究

图26-1　柳堉　北兰寺图册十二开之一　纸本墨笔　年代不详　尺寸不详　天津博物馆藏

《澹雪泉》下自注云："泉绝佳，而旧名颇俗，予更名以澹雪，仿参寥泉之例。"诗云："北兰澹雪泉，西湖参寥子，泉以二老名，风流亦相似。山月辘轳声，幽鸟忽惊起。"又于《楝花坪》下自注云："在到汝堂左，高下种楝树，予爱其景，因名。"六景中此二景是长蘅为之名。六景在宋荦知府江西时已然形成。

烟江叠嶂堂是北兰寺中的重要厅堂，设置豪华。建成于1691年，此时长蘅已经离开南昌。宋至有《辛未夏过北兰寺时烟江叠嶂堂初成步大人韵》，这组诗其三云："楝影萧疏竹影团，山泉一酌讶清寒。毗陵题后人争品，未许参寥两样看。（注：澹雪泉为武进邵青门子湘所名）"之四云："眼底江山真是画，堂中水石有新图（罗饭牛画壁）。分题争羡髯翁句，风调居然似大苏（注：谓悔人）。"[①]至此，北兰寺已从单纯的寺院变为江西知府的行宫，但是澹雪对这样的煊赫似并未感到惬意。

烟江叠嶂堂落成之后，罗饭牛为之画壁，八大为之题联，有一则资料可以证明。吴蔼《北兰寺》诗云：

---

①宋至《纬萧草堂诗》卷二。

洪都郭外寺崇隆，颜以北兰曲径通。画壁萧疏罗逸士，题联苍老八山翁。
鸟啼花落情何极，峰断云连景不穷。独坐问亭谁是伴，钟音清起启愚蒙。①

"画壁萧疏罗逸士，题联苍老八山翁"，所指即是八大为烟江叠嶂堂题联。龙科宝《八大山人画记》云八大"于北兰寺壁间见其松枝奇劲、莲叶生动"，此画当不作于烟江叠嶂堂，应为其他建筑壁画。1689年，韦渡在《北兰寺访澹雪和尚即事四首》中就说："尽道其中属画图，知非俗笔所能污。"不知是否是指八大为北兰寺所作之画。

二、关于澹雪被杀

据相关史料记载，澹雪直到晚年一直在北兰寺，并没有再去庐山。憩云庵的高僧心壁和澹雪都是宋荦的好友，宋荦为官江西时，举心壁为庐山开先寺住持，成为名重一时的高僧，而梦中都在呼唤回庐山的澹雪却始终没有离开南昌。他和八大一样有高洁的品性，虽结交四方文人，但不巴结权贵。厌恶官场的态度，最终使他无法自立于世。当他垂垂暮年之时，居然遭遇杀身之祸。

乾隆《新建县志》卷二十四"名宦"条云：

> 方岐，字玉洲，令新建，时有北兰寺僧澹雪素饰文雅，取悦当道，遂自狂大无状，岐廉得其不法事，毙诸狱。时知府谋为之解脱，勿顾也。岐当官严明，不无过情处，自有此所，邑人服其英果。至今士大夫鲜有崇释氏教者。

有关澹雪被杀的时间，李旦在《八大山人事迹及有关问题考证》中指出："后来，澹雪因触怒了当时新建县令方岐，竟认为是狂大无状，事其不法事而毙诸狱（见《江西通志》等）。澹雪死后，北兰寺便完全掌握在当时官绅之手，并且宋荦还在这里经营了一番，而山人则很少去了。"②宋荦1692年离开南昌，也就是说，澹雪死于1692年前。这一判断颠倒了时序。事情的发展并非如此。

刘廷玑《葛庄编年诗》载有《偶述兼柬澹雪上人》："东浙西江十几春，而今如铁鬓如银。案头对簿多新思，阙下新书少故人。山爱奇岚无定相，水重逆浪莫如

---

① 吴蔼《阶木诗文稿》。
② 见《八大山人研究》第一辑，江西人民出版社，1986年。

津。何时狮座拈花笑，解取空王宿世因。"也就是说，1703年澹雪仍在北兰寺。乾隆《新建县志》卷二三列新建县令中，有陆毅，康熙三十四（1695）年任。其后该志云："方峚，字玉洲，宛平人，康熙年任。许恒，江南人。吴荃，字苏右，丹阳人。张应征，江夏人，康熙四十七（1708）年任。"方峚何时任新建县令，此未明说，从其后到1708年有数任县令继任看，澹雪被杀可能就在1703年或稍后，大抵不会迟于1705年。也就是说，八大好友澹雪被杀时，他还在世，但已是生命的最后时光了。

澹雪何以被杀？从志书提供的情况看，方峚之所以要杀澹雪，是厌其好结交文人，弄文雅，狂妄轻人，所谓"素饰文雅，取悦当道，遂自狂大无状"。志书上说："峚廉得其不法事，毙诸狱"。廉，查。也就是说，方峚先有杀澹雪之心，而寻找一个借口置其于死地。关于这方面的原由，后人有很多推测。

志书上说，澹雪被杀之后，"邑人服其英果，至今士大夫鲜有崇释氏教者"，由此形成对佛教的房杀之势，使士大夫不敢接近佛门，可见这不啻一场灭佛运动。澹雪死后，士大夫虽然迫于方峚淫威而噤若寒蝉，但究竟意难平。

在南昌经商的一位徽州诗人程之骏，字羽宸，号采山，他是吴镜秋的密友，镜秋称之为"采山三兄"[1]。当也与八大、澹雪有交。澹雪被杀之后，北兰寺日渐荒芜。一日他重游此地，写下《游北兰寺》一诗：

> 几忆北兰游，今日方乘兴。沙明屈曲盘，一步一返瞪。旧游多昧经，土人指我径。却过犹未知，回顾差能认。……左堂敞以深，壁写烟江暝（罗饭牛画《烟江叠嶂图》于壁）。朗诵宋公诗，步吟惭饱饤。亭古耸其旁，看岫期若订（寺右为列岫亭）。细数群峰攒，翠跨秋屏莹（秋屏，古阁名）。须臾觉日斜，将促归车乘。小阮为余言，尚欲穷揽胜。右过纵观亭，人语竹间应。楝花坪自幽，方池塺少滢。未寻澹雪泉，澹公塔如迎。仰止再拜公，旧诬谁与证（澹上人为事诬毙，因吊及之）。纵步更徘徊，共言乐无剩。入世又情牵，难频此间凭，愿得续重来，梵等鱼山听。[2]

由此诗可见，澹雪死后，此寺少有人问津，往日送来迎往之所，成了一冷落地。乾

---

[1] 今见其《白岳纪游诗》，刊于雍正甲寅（1734），前有1733年吴镜秋的序言，吴称其为"采山三兄"，又有《练江诗钞》，乾隆癸酉刻本。
[2] 程之骏《练江诗钞》卷一，乾隆癸酉刻本。

隆《新建县志》卷七二收有商盘《北兰寺》诗，诗云："昔闻北兰寺，今见楝花坪。二十四番过，南风朝暮生。壁无罗叟画，地以宋公名。陈迹何须远，苍茫几变更。"诗中写到此地的冷落之状。傅涵有《集饮北兰寺列岫亭分赋》五古一首，其注云："寺多颓废，诸名胜亦且殆尽。"① 他踏上旧游之地，几乎寻不着路。又知澹雪死后，即葬于寺中，采山诗中所谓"未寻澹雪泉，澹公塔如迎"。还知道澹雪虽被"毙诸狱"，但他那些南昌的朋友仍然相信他的清白。程之骏诗中写道："仰止再拜公，旧诬谁与证。"高山仰止，景行行止，澹雪如澹雪泉一样的清澈。此下小注云："澹上人为事诬毙，因吊及之。"治澹雪之罪，是所谓"诬"，是欲加之罪。一个县令要开杀戒，连知府为之求情都不行，这就更证明中间隐藏的私情。

乾隆五十四年修《南昌府志》卷二三寺观"北兰寺"条，在抄录康熙《西江志》相关内容后，还补充道："北兰寺……三十八年学士查昇题'豫章胜概'额，并书《烟江叠嶂堂记》。后亭阁摧毁，西泠胡绍鼎招楚僧古峰住持，复修殿宇。乾隆十一年僧广闻建观音殿，有巡抚鄂昌山林禅林匾额。"北兰寺在短暂的"亭阁摧毁"之后，到1730年前后，又恢复了生机。

三、澹雪与八大的"故国情"

澹雪和八大，作为终生密友，细数之，可谓有三合：一是不忘故国的情感相合，二是向佛之心相合，三是以诗而合。邵长蘅说："澹公语予，山人有诗数卷藏箧中，秘不令人见。予见山人题画及他题跋皆古雅，间杂以幽涩语，不尽可解。见与澹公数札，极有致，如晋人语也。"短短数语，即可见二人之间不同寻常的关系。在八大晚年交往中，只有方鹿村可与澹雪相比。

澹雪为弘储继起的高足，而继起是一位遗民思想浓厚的僧人。清人统治南方后，虽然他躲进佛门，但不忘故国，并亲自参加光复故国的活动，曾被捕入狱，因人相救，方得免。每年值国难日，必素服挥泪礼拜，二十八年如一日。《淮海英灵集》续集辛集卷三有载："（弘储）上人开法灵岩，志士诗人多从之游。"他将寺院当作传达复国思想的处所。《江苏诗征》载其四首诗，其中有一首这样写道："黄金无角，穿我层岳。腥雨无牙，啮我岩华。君子憔悴，屡以易箦。坎坎鼓缶，大吕将坠。"所表心志非常显明。他的弟子很多，既传其佛法，又秉承其不忘故国之思想。

---

① 傅涵《向北堂集》（乾隆二十三年刊）卷三。

其弟子如熊开元，就是一位至死不忘故国的僧人。邵长蘅在《八大山人传》中，突出了八大如疾风暴雨的故国之情，点出澹雪为继起高足之事，即强调他们三人在这方面的共通之情，其隐含之意是明显的。八大与澹雪莫逆之交，其主要原因正在于此。在北京故宫博物院所藏《八大澹雪朱容重等书画合册》中，其中之九为韦渡书法，书其《北兰寺访澹雪和尚即事四首》，其中第一首云："洪都名胜旧荒芜，兵燹余灰半野荼。开出北兰新面目，江山还是旧时无？"可见，友人心目中的澹雪就是一位不忘旧山河的遗民。胡庆豫诗中所说"雪师家本武林人，遇世嶮峨逃埃尘"，也对此有所强调。

心壁与澹雪都是南昌著名禅僧，又都与庐山有密切关系，但从现在所见资料看，宋荦、邵长蘅、罗牧、吴镜秋、八大等，都与心壁有密切交往，但心壁与澹雪之间交往之事全无记载。在心壁主修的《庐山秀峰寺志》中，几乎遍列江西著名文人，却不见红遍四方的北兰寺风雅高僧澹雪之名，这颇令人生疑。这或许与政治观点的差异有关。心壁是天岳本昼的法嗣，本昼是山翁道忞的弟子，山翁是顺治到康熙初年炙手可热的僧人，甚为朝廷所重。山翁的老师是天童密云。正是因这一脉关系，朝廷才推重心壁。虽然心壁与灵岩继起也有关系，曾有师事继公"犹子"的经历，宋荦《题心壁师万里一归人卷》："心师继公之犹子，家本电池住庐阜。"[1] 但心壁后来多少有些挟权贵而自重之嫌，这正是继起所痛恨之行径。也许是这个原因，使故国之情强烈又性情孤冷的澹雪选择避与之交。

喻成龙在1687到1688年为江西临江府知府，其间与八大、澹雪三人结为金兰之好。喻氏《西江草》以及方志中有多诗描写他们之间的友情。《西江草》七言绝中录有《予赴东鲁已挂席章门，八大、澹雪和尚复买小艇送至樵舍，因留宿舟中，握手论心不忍言去，顷之酒酣，兴狂援笔，率成八绝句，用志别绪》，诗中既写出他们"情真气合意缠绵"的深厚情谊，又触及他们共同的故国之情，八首绝句的最后一首云："挥毫拂绢老诗枉，方驾黄刘独擅场。话到沧桑犹堕泪，与君俱是在他乡。"慷慨悲凉，尽是他乡飘零客。他们都失去了家园，彼此之间相契之深，原有这份故国之情。

乾隆《新建县志》卷七〇载喻成龙《与八大山人登滕王阁》诗云："章江江水日夜流，鸿雁欲来天地秋。江边画阁凌烟雾，空翠欲滴西山暮。游人不辨帝子名，啧啧频夸子安赋。阁中罢舞歌声歇，客心不乐忧思绝。斟君酒，向君说，与君共看

---

[1] 宋荦《西陂类稿》卷一四。

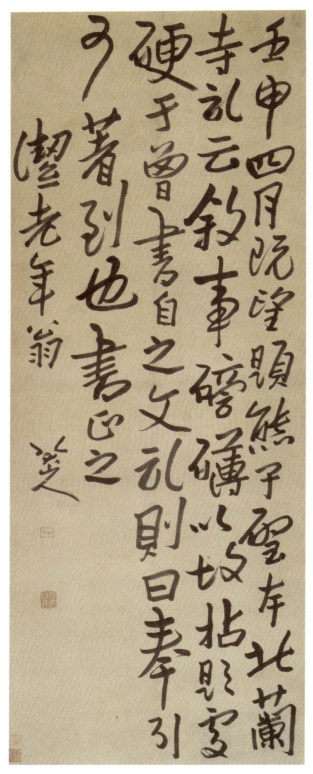

图26-2　行楷书轴　纸本墨笔　1692年
151.5×57.5cm　北京故宫博物院藏

旧时月。"诗写得回肠荡气，其故国之情如江水呜咽。澹雪、八大和喻成龙都不能忘怀这"旧时月"。

四、八大山人与澹雪交往事实举隅

八大与澹雪交往二十余年，从史料记载的若干片段，可探知二人的情谊。澹雪1677年来南昌，八大则于1680年末回到故地，二人之交往当在八大回南昌后不久。现可确知时间的两人交往史料有：

1）1686年，八大《题芝兰清供图》（北京故宫博物院藏），款曰："丙寅雪在上元，同羽昭先生、舫居方丈澹和上，道径山竹子，为画兼正。"

2）1687年到1688年间，八大与喻成龙、澹雪之间有密切交往。

3）1688年到1690年间，邵长蘅《八大山人传》中谈与八大、澹雪的密切交往。

4）1688到1692年间，八大有致鹿村之札："五日在北兰涉事一日也。"北兰寺犹如八大的画室。

5）1689年，《八大山人朱容重澹雪等书画册》（北京故宫博物院藏）。

6）1692年，北京故宫博物院藏八大行书轴（图26-2），其云："壬申四月既望，题熊子璧本《北兰寺记》云：'叙事磅礴'，以故拈题处硬于曾书自之文，记则曰'奉引'可著到也。书正之。洁老年翁，八大山人。"此行书轴所赠之"洁老年翁"，可能是八大画中提到过的"洁士年翁"，其中也涉及北兰寺。

尚有一些无法确定时间的：

1）《江西诗征》卷七〇载彭廷训《中秋舟泊章门吴镜秋、赤苑招饮楝花坪呈八大山人、澹雪长老》；

2）上海博物馆藏八大手札册，有一通云："一月之晦，问安澹长老，不豫知先生抵家，且祝。山人候教，以连雨阻之也。兴致若何，晤在来日。二月三日，八大山人顿首。"此札中"澹长老"，是澹雪无疑，信是写给方鹿村的。

3）方鹿村《上巳新晴邀同八大山人、吴子介臣游北兰寺坐秋屏阁口占拗体》："泛舟之时修禊节，到汝堂前天渐雯。微风吹开东海日，久雨洗尽西山云。上人推窗纳蕉影，客子登阁认江渚。今日尽酣得闲适，明朝依旧倾同君。""上人推窗纳蕉影"当指澹雪。这是一次澹雪、八大等诸同好的诗会。

北兰寺吸引文人雅士前往，一定程度上是诗吸引了他们。其地是一片能荡漾人诗情的处所，主人是一位好诗之人，人们到了这里，往往笼罩在一片诗情之中。诗人叶丹有《同友人游北兰寺》诗云："野径沙岗转，禅关绿荫深。到来寻白社，江上揖青峰。鸟尽秋林树，堂深日暮钟。幽人绝尘想，篱落隔重重。"[①]"到来寻白社"，提到了友人在此结诗社之事。喻成龙绝句八首中也透露出这一点，如"年鬓相受已二毛，兴酣吟咏尚牢骚。一从结社同君好，今日风流讶盛陶"。

邵长蘅说："澹公语予，山人有诗数卷藏箧中，秘不令人见。"八大与澹雪之间的诗歌唱和之作今多不可见，但从所存留的些许资料中仍可窥出他们沉迷于诗的纯粹生活。

北京故宫博物院藏八大致方鹿村手札十三通，其中第四通云：

> 迕地放宽乃尔，拜上，澹公"黄鸟一声酒一杯"，佳句也。要人续。玉郎在座可会得？山人出没此南屏里，画未有艾也。附谢鹿村先生，四月廿八日，八大山人顿首。（图26-3）

此中说到了澹雪诗中的佳句，并嘱咐鹿村"要人续"。鹿村之《过北兰寺登云半阁赠澹雪和尚》诗中写道："小阁出林外，风来四面清。树梢困槛绿，梧影映窗明。

① 见朱观《国朝诗正》卷五。

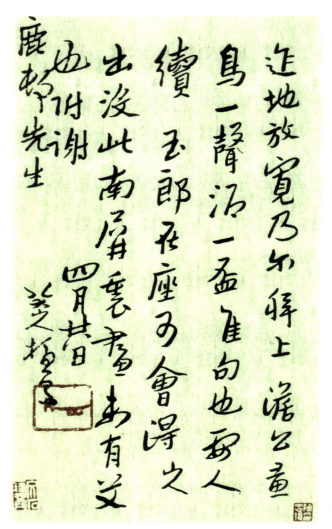

图 26-3
八大山人致鹿村手札册之四
纸本墨笔　年代不详
21.2×17.5cm
北京故宫博物院藏

云过人孤坐，诗成鸟一声。远公饶逸兴，留客发幽情。"[1]其中的"诗成鸟一声"，说的正是八大所言之佳句。《鹿村诗集》卷三《上巳新晴邀同八大山人、吴子介臣、游北兰寺坐秋屏阁口占拗体》，说的也是他们之间诗歌唱和的乐事。

　　澹雪与方鹿村交谊甚厚，《鹿村诗集》中有多首写到他与澹雪之间的情谊[2]。在故宫博物院所藏八大另两封致鹿村书札，涉及一位论诗的方丈：

---

① 《鹿村诗集》卷二五言律。
② 《鹿村诗集》卷二有《过北兰寺登云半间小阁赠澹雪和尚》《除夕游北兰寺访澹雪上人》，卷三有《上巳新晴邀同八大山人吴子介臣游北兰寺坐秋屏阁口占拗体》《冬日访澹雪老人和方伯卢公韵》（此方伯卢公指时为官江西的卢崇仁）、《春初雪霁同友泛舟北兰寺值澹公卧病榻前坐话》《澹雪老人以筼斋赏韵见示步韵答之》等。

瓶钵分张，未敢期也。先意是承，拜登为愧。适为友人涂抹得一副，乃花王也，大是懵懂，题曰："婆子春秋节，台湾道路赊。闻鸡三五夜，失晓对菱花。"方丈定当之，四月廿一，八大山人顿首。（图26-4）

二俱国珍见遗，惟宝贝之，将何以为报？既望既雨，躧谢既处也。方丈一绝领到。西老年翁，八大山人顿首，七月八日。（图26-5）

这位诗僧，虽未明言，当是澹雪。八大在1686年所作其《题芝兰清供图》中，就称澹雪为"舫居方丈澹和上"。八大以上致鹿村之札，反映的是八大、鹿村与澹雪诗歌唱和之风雅生活。

在很长时间里，北兰寺就是八大的容留之所。八大与澹雪交往的密切程度，在喻成龙的诗中多有表现。其《西江草》五言律中有《月夜渡江访八大山人澹雪和尚于北兰寺分韵》："行歌乘月出，碧汉泛槎回。虚白浑疑水，香清迥若梅。寒林闻

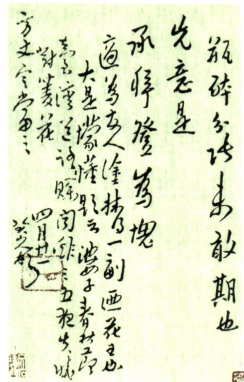

图26-4　八大山人致鹿村手札册之五
纸本墨笔　年代不详
21.2×17.5cm　北京故宫博物院藏

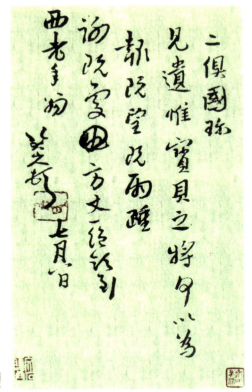

图26-5　八大山人致鹿村手札册之六
纸本墨笔　年代不详
21.2×17.5cm　北京故宫博物院藏

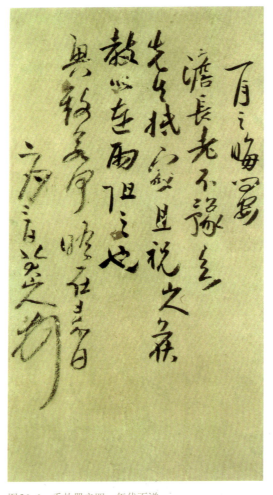

图26-6　手札册之四　年代不详
20.4×10.4cm　上海图书馆藏

犬吠，曲径绕亭开。爱客容坚坐，呼徒发旧醅。"又有《和八大山人澹雪和尚原韵留别二首》："交态今如此，何天可负暄。人情徒枳棘，吾道自渊源。莫厌蓬门局，终教翰墨存。别君从此去，相对竟无言。"其二："苦道逢师晚，词华得暮年。幽寻时把臂，吟弄每同船。东鲁还容膝，西江许并肩。风尘回首处，精舍忆神仙。"从喻成龙月夜渡江访二人，主人"爱客容坚坐，呼徒发旧醅"，说明其时八大就寄居于此寺院中。八大"走还会城"后，过着寄人篱下的生活，一段时间是他的侄子收留他。李伍涣说八大"风雨不蔽，短褐不完，收光敛采，以自放浪于颓垣委巷之中"。由这样的生活处境看，北兰寺真可以说是天然良港。这从其他史料中也可探知，如彭廷训《中秋舟泊章门吴镜秋、赤苑招饮楝花坪呈八大山人、澹雪长老》，在这些朋友眼中，八大与澹雪形同一人。（图26-6）

五、八大山人与澹雪谈禅论道

八大和澹雪一起谈禅论道，评画吟诗。澹雪的禅学修养每为友人所赞。北京故宫博物院藏八大、澹雪等书画合册，作于1689年，其时澹雪卓锡北兰已有十余年，这组册页虽是赠给一位"孝翁"先生，但是由澹雪为之求取的。所以，画和对题中每记有与澹雪交往之事。如顾大士所作《急流丛竹图》，有傅修对题曰："江头结筏已年年，偈演真乘复几篇。入定漫劳金磬出，翻经不藉本师传。藤萝带月穿方

图 26-7　澹雪题跋　八大山人澹雪朱容重等书画合册之五　北京故宫博物院藏

丈，竹翠欺晴起暝烟。还有神通如一行，锡端飞刺止戈泉。赠北兰澹公旧作，录呈孝老年道翁郢正。弟傅修。"（图26-7）

八大常以诗和画与澹公"打禅语"。以下谈两例。

李叶霜在谈到澹雪时，曾提及八大《题芝兰清供图》，八大跋云："春酒提携雨雪时，瓶瓶钵钵尽施为。还思竹里还丫髻，画插兰金两道眉。丙寅雪在上元，同羽昭先生、舫居方丈澹和上，道径山竹子，为画兼正。八大山人。"①

这首题诗说的是"禅宗尽大地皆为蒲团"的思想。首二句写大雪之中，天地为之笼统，雪中携酒说禅，酒瓮禅盂都笼上了雪意，都为山河大地的施作。施为，即禅家布施之事。

还思竹里还丫髻：八大说想到以前一件往事，当与澹雪在一起谈禅之事。语出曹洞宗一个著名故事。《续指月录》卷一八载明末曹洞宗僧如进禅师事，此人道行颇高，但多年不出山，人亦不知，后为人说法，口若悬河，四方人争与之交。有一次，他到一处三教堂，"主僧进曰：'此中向有憨布袋像，供西壁，后为羽士居此，于顶上安双髻，改呼为钟离仙，迁供东壁。每每缁衣黄冠，争衡代位，至今荤酒淫祀，妖孽一方，殊为怪事。求和尚除之。'进以拄杖指其像曰：'者块泥团，变怪多

---

① 李叶霜《八大山人与北兰澹雪》，香港：《东方杂志》复刊第四卷第七期，1971年。

端。不守本分，恼乱人间。髡头佛祖，丫髻神仙。出乖见丑，魔魅闾阎。彼此搬弄，东那西迁。妄生喜怒，暮四朝三。不遇老僧行正令，多年冷地受牵缠。四大各复，返本还源。从此一方齐物论，即刻送汝上长安。咄咄.'连棒粉碎，而邪孽从兹肃清"①。做个髡头就是佛祖，改为丫髻，则为道教之神仙，其实都是一个泥团。打碎这个泥团，这正是南禅强调的核心思想，所谓"金佛不度炉，木佛不度火，泥佛不度水，真佛内里坐"，心中有了才是真有。此处棒碎佛像，"还丫髻"于泥土，一如博山元来所谓以一根棒子搅乱世界。"还思竹里还丫髻"，意思是在北兰竹林里谈禅说道，说心中的妙悟。

画插兰金两道眉：是说图中画兰竹清供，如两道眉毛。八大说眉毛，可不是形象的比喻，也是暗喻禅宗妙义。禅宗有"娘生两道眉""堂堂两道眉"的说法，说的是天上天下，唯我独尊的自性，禅宗中将不能从自性出发的人称为"几多负义忘恩者，徒有双双两道眉"。明僧憨山德清说："向上三玄动步疑，言前一句许谁知。若非撒手悬崖去，辜负娘生两道眉。"②《五灯全书》卷七七润州肃堂禅师说："古者道，西天一段事，总被今时人埋没，却觅个出头处不得。众兄弟，个个睁一双眼，横两道眉，巍巍堂堂，遭古人与么屈辱。"③

八大这首诗得自于他与澹雪、羽昭在雪天一起"道径山竹子"所得。道径山竹子，乃圆悟克勤（1063—1135）之事，北宋临济宗杨岐派僧人克勤说法，以竹篦子来验证弟子悟与不悟。径山在浙江余杭境，在天目山之东北峰，因有小径通天目而得名。中有著名寺院径山寺，克勤曾住此寺。《五灯会元》卷一九克勤法嗣宗皋传说："室中握竹篦以验学者，丛林浩然归重，名振京师。"④竹篦子话出自五代僧人首山省念，首山和尚拈竹篦示众说："汝等诸人若唤作竹篦则触，不唤作竹篦则背，汝诸人且道，唤作甚么？"⑤由于克勤对首山此说的重视，并在接引学人中广泛使用，后人又称此为"径山竹篦子"⑥。竹篦子话的核心，就是妙悟。"唤作"，是言说，就是名相活动，禅是不可说的，只在心悟。八大这里"道径山竹子"以及诗中所谓"竹里还丫髻"等，都指禅家妙悟。

《个山小像》饶宇朴备称："予且喜圆悟老汉脚根点地矣。"此圆悟就是克勤，

① 《续指月录》卷一八，《卍续藏经》第八四册。
② 《憨山老人梦游集》卷三七。
③ 见《卍续藏经》第八二册。
④ 《五灯会元》卷一九，下册，1984年，1273页，中华书局。
⑤ 慧开《无门关》，《大正藏》第四八册。
⑥ 如正受编《嘉泰普灯录》卷十九，载福州清凉坦禅事："有僧举途山竹篦请益。师示以偈曰：'径山有个竹篦，直下别无道理。佛殿厨库三门，穿过衲僧眼耳。'其僧言下有省。"

这也从一个侧面说明八大对克勤禅法的重视。

由此幅作品可见，澄雪和八大还是道友，八大虽离禅门，仍未改其佛门信仰。二人道径山竹篦子话，道禅门"即心即佛、唯我独尊"的道理，都是行家之论[①]。几乎触语即为禅机。作于1689年的《十六应真颂》，也是集中体现八大禅学修养的重要文献。这都说明，八大出佛而未离佛，身在俗世中，心存梵国里。正因此，他与澄雪这位僧人关系如此密切，亦可以理解了。

上引北京故宫博物院藏八大致鹿村书札云："瓶钵分张，未敢期也。先意我承，拜登为愧。适为友人涂抹得一副，乃花王也，大是懞懂，题曰：'婆子春秋节，台湾道路赊，闻鸡三五夜，失晓对菱花。'方丈定当之。"其中涉及这首诗，八大在《牡丹》图中也曾题过。这也与禅宗有关。

禅宗强调，西方即在目前，当下即可解会。目前是空间，当下是时间，禅宗是截断时空。所谓"无边刹境自他不隔于毫端，十世古今始终不离于当念"，八大此诗与此有关。第一句说禅悟突破时间，不在时间中展现。"婆子"指"老婆禅"或"新妇禅"[②]，就是靠言说的禅，婆婆妈妈，絮絮叨叨，说个不停。春秋，意即时间[③]。第二句说突破空间。赊，此用为远[④]。八大在此为何提到台湾，并非如有的研究指出的是关心台湾被收复的事实[⑤]，所用还是禅家语。清张大镛《自怡悦斋书画录》卷一五录《八大山人书画册》，其中第八幅有题识云："台南台北□重关，寒拾

[①] 此诗及跋语，学界论者甚多。李叶霜释云："在旧历年上元节的雨雪中，与两三知己携酒郊行，行经少时经过的山竹子地方，山人回想到少时作画的情景，'画插金兰两道眉'描出了少时涂鸦的况味。"（《八大山人与北兰澄雪》，《东方杂志》复刊第四卷第七期，1971年）刘九庵先生认为李先生的说法不妥，他考证径山不是途经之山，而是天目山东北峰，以山径通天目故名，他说："道出了吴中径山的风光和万亩碧竹的自然景色，颇令人向往。而澄公所'道径山竹子'，抑或指此景耶。"（《记〈八大山人澄雪朱容重等书画合册〉》，《文物》，1995年第1期）这些说法都没有注意到八大山人诗跋中的禅宗内涵。

[②] 《临济录》云："师（临济）到大愚。大愚问，什么处来。师云，黄檗处来。大愚云，黄檗有何言句。师云，某甲三度问佛法的的大意，三度被打。不知某甲有过无过。大愚云，黄檗与麽老婆，为汝得彻困。更来这里，问有过无过。师於言下大悟云，元来黄檗佛法无多子。"《古尊宿语录》卷四又云："若似新妇子禅师，便即怕趁出院，不与饭吃，不安乐。自古先辈，到处人不信，被递出，始知是贵。若到处人尽肯，堪作什么。所以师子一吼，野干脑裂。"后禅门以老婆心切、新妇禅来批评用言说法的做法。

[③] 《五灯会元》卷三："'和尚住此山多少时邪？'师曰：'春秋不涉。'"

[④] 对于"台湾"二字，研究者悬思颇多，或以为此"台湾"表达的郑成功收复台湾之事，隐喻自己的复明之心。有的论者觉得这样的解说太迂曲，说"台湾"当为"台山"，"湾"乃"山"之误，说的是天台山很远。我以为，这里的"台湾"二字不误，八大自己在致鹿村书札中已有明确交代。

[⑤] 李旦先生还写有《八大山人与台湾》一文，他引此诗说："八大山人故意说作这幅画是'大是懞懂'，其实他是在借题发挥，对当时的台湾军民抱有很大希望。"（《台声》，1986年第5期，此文又收在其论文集《八大山人研究及其他》，第152页，内部印行）

诸方去莫还。故此丰干为饶舌，大千还信尔立山。八大山人画并题。"①台南台北，谓其道路远也，而禅是不可以道里计也，禅是超越空间的。八大《十六应真颂》中就有"南秤北斗各人大，近得没道里也。五里牌，在郭门外"的论述。

第三四句，用洞山良价《五位君臣颂》："正中偏，三更初夜月明前，莫怪相逢不相识，隐隐犹怀旧日嫌。偏中正，失晓老婆逢古镜。分明觌面别无真，休更迷头犹认影。"②偏正回互是曹洞宗的重要学说，正位指的是真如，偏位指的是万法。偏正二位回互往复，以表示学者修证之程度。所谓正中偏，是君位，此强调真如就在万法中，今日三更月明，天下处处皆圆，一月普现万月。所谓"莫怪相逢不相识，隐隐犹怀旧日嫌"，事事处处都可逢，道不在求，立处皆真，就在当下。若不悟此，时时见而不识，处处求而不得。偏中正，是臣位。意思是事事物物即真如，万法中都有平等佛性，就像一位失眠的婆子对古镜，渠就是咱，咱不是渠。古镜里的人只是真人的影子。这里的菱花对镜，本出临济义玄法门，北宋马防《镇州临济慧照禅师语录序》就说："无位真人，面门出入。两堂齐喝，宾主历然。照用同时，本无前后。菱花对像，虚谷传声。妙应无方，不留朕迹。"③所谓水中月，镜中像，梦中影，一切表显的世界如梦幻空花，菱花对镜，一切皆空。影子是咱，咱不是影子，影子和真人回互往复，唐雪峰义存《二十四景诗》，其中的《放生池》诗云："秋气清凉春气和，放生池上放生多。恣飞恣跃无拘系，随去随来脱网罗。荷叶盖中擎化雨，菱花镜里漾仁波。俯临清浅观天影，万像熙熙共荡摩。"④也说的是这样的道理。

①汪子豆辑《八大山人诗钞》选录此诗。
②《五灯会元》卷一三，783—784页，中华书局，1984年。
③《续古尊宿语要》第一集，天卷。
④《雪峰真觉禅师语录》下，见《卍续藏经》第六九册。

第二十七章
八大山人与心壁交往若干事实辨析

　　心壁是八大山人晚年居南昌时的友人，这位临济宗僧人很长时间里挂笠于南昌东湖边的憩云庵，那里是八大和很多友人经常见面的地方，是东湖诗社的活动地点，八大和心壁都是这个诗社的成员。心壁后又去做庐山开先寺的住持，但南昌这个小小的憩云庵作为开先寺的下院，仍是他经常居留之所。八大一直到生命的最后一年仍然与心壁保持密切关系。与心壁之交往，透露出晚年八大一些重要的活动踪迹。

一、八大山人《洗钵图》

　　杨翰《归石轩画谈》卷一〇载八大数件作品，其中记载一册页：

　　　　画小册二叶，一页作危岩上一老僧趺坐，下古松一株，只数笔，岩下一僧雏蹲水边，持钵之回首望老僧。其境甚远，天际峰峦微露，有苍茫万里之势。以下用淡墨一笔钩之，似作大水状。第二页微用墨水染作水痕云气，以意为之，几于满幅，白纸上有小鱼二头，下有小鱼五头，皆藐芒莫辨。直是水天俱化，画之空阔，从未见有此种。细思之，首幅无款，始知乃合二页作一景。首页空处是水，以下直到二页则大水中只见鱼数头也。画境之超，用意之奇，至此而止矣。款书："《洗钵图》，为开先方丈，八大山人。"用山人朱文小横印。第三页自题云："为心公和尚作《洗钵图》七八载已，乙酉二月既望，属题其端："云影天光图画里，石泉流水有无声。钵盂几个重添柄，笑倒庐山禅弟兄。八大山人寤歌草堂。"下有"十得"朱文印。只书册页四分之一小字，纯乎魏晋，山人画最精之品也。①

---

① 《中国书画全书》第十二册，164页，上海书画出版社，1998年。

杨翰以此册页为八大生平之杰作，遗憾的是，此册今不存。从《画谈》描绘的情况看，第一页为山水人物，画二僧在松水间，这样的画法在八大作品中并不多见，他很少画人物。第二页倒是八大画的当家面目，在水天俱化中，画小鱼数头，这正是八大"三万六千顷，毕竟有鱼行"式的构图。

此画画成，初未题，心壁属题时已是七八年后，八大题有一诗，款署乙酉二月作，时在1705年，这也是八大生命最后一年的作品。图大致作于1698年前后，八大生平赠心壁之作，定有多本，这是其中未题识的一册。八大所作诗云："云影天光图画里，石泉流水有无声。钵盂几个重添柄，笑倒庐山禅弟兄。"天光云影，是八大晚年喜欢表现的境界，王方宇旧藏《天光云影图册》，也用此意。天光云影，上下澄明，空灵廓落，无所滞碍，这是八大理想中的世界。

《归石轩画谈》还简略记载了此册后题跋诸人，第四页为大涤子（石涛）题跋，其云："蔚蓝深处养山腴，粥罢寻常洗钵盂。八大从旁窥半鼻，一潭云雾写成图。酉冬小雪，为心壁大和尚博效。零丁老人极拜草。"

八大于1705年去世，此年他有很多存世作品，他到底故于何时，目前并无确证。石涛这则题跋则提供了一个旁证。石涛题"酉冬小雪"，此跋作于1705年小雪日，从石涛所谓"八大从旁窥半鼻，一潭云雾写成图"的语气看，这时八大并没有去世。如果石涛知道八大刚刚去世，面对此作品，他不会如此平和，而此跋还略带调侃。而李麟的《挽八大山人》收在《虹峰文集》卷九，此诗后有《大雪口号》。联系石涛这则题跋，似可下这样的判断：八大于这年冬天小雪到大雪之间去世，而不是通常所说的"秋冬之际"。

石涛在佛门时，为临济三十六世，与心壁为同门兄弟。石涛是旅庵本月的法嗣，心壁是天岳本昼的法嗣。二人都是天童道忞的法孙。心壁曾亲至扬州，与石涛交往有日，《庐山秀峰寺志》卷六艺文（下）收有石涛《题壁公归庐岳之图》，这是一首至今不为人知的长诗，诗中透露出石涛早年在庐山的相关情况，是石涛研究中值得重视的文献：

> 庐山之高半天壁，我昔曾登庐山脊。大孤小孤两点青，汉王双剑一抹碧。黄岩阁上打铺眠，瀑布声中看云迹。仅拟住老此山中，芒鞋又苦催行役。至今梦寐苦相思，何日重登拟杖策。开元大寺来江东，把晤霜风话畴昔。对君如对旧庐山，须眉笑语烟霞癖。昨日别我还山中，命题是写还山册。携归试问五老峰，是笔是墨还是石？

杨翰在录毕僧人东堂心畴的诗跋后，下语道："以下题者甚多，惟汪武曹份《洗钵图赞》最元妙。赞曰：东坡先生作《十八阿罗汉颂》，其第七尊者临水侧坐，有龙出焉，吐珠于其手中，蛮奴捧钵而立，先生颂中有'尽取玉函，以畀思邈'之句，余戏采其意以赞壁公《洗钵图》而加幻诡焉。其词曰：师命侍者，洗钵于渊。言拨其钵，有鱼出焉。是实非鱼，侍者勿讶。为五为二，一身所化。为守玉函，私以畀人。如或不避，诛及其身。暂服鱼服，潜入钵中。孰能庇我，曰惟壁公。师既庇之，何幸不脱。会钵欲洗，遂出自钵。恐惊大众，敛鬣与角。决此洗钵之水，以复其邦族。岂无明珠，留吐钵内。知非所欲，不敢以献。欲献不敢，悠然竟去。不知侍者，钵洗完未？常洲汪份。"汪份，常洲人，官武曹，为心壁友人。

下有多人题跋尽皆省略，这些题跋对了解八大和心壁的关系当有裨益。然此画今已不传，甚憾。我在阅读康熙六十一年（1721）十笏堂所刻《庐山秀峰寺志》时，发现了一些踪迹。该书卷六艺文（下）有《题洗钵图》诸人题跋，先后列有查昇、八大山人、徐宾、林天柱、殷誉庆、卓尔堪、钱煌、汪份、彭廷训、彭廷典、陶蔚、韩奕等题诗。其中八大题诗即为《归石轩画谈》所录，而汪份题跋也如《归石轩画谈》所录。

当然不能说这些《洗钵图》题跋都是为八大之画而作，因为心壁曾请多位画家为其画《洗钵图》。据中国科学院图书馆所藏钞本心壁《心壁和尚诗》（此本略残），其中有多篇有关《洗钵图》之作。如心壁有《高使君署中喜樊式和为余作洗钵图赋赠》，诗中云："兴来还泼墨，瓦钵足珍传。"另外，《庐山秀峰寺志》卷六艺文（下）又收有当时著名画家高简（澹游）为其所作《洗钵图》，高简有《雨窗晓起写洗钵图赠壁公禅师还庐山并题》诗："延陵先生真好事，开先主人意不孤。余亦凌晨发清闲，一天春雨写成图。"八大之《洗钵图》，也当是应心壁之请而作。

《庐山秀峰寺志》卷六艺文（下）收录之《洗钵图》诸题跋，以下当是被《归石轩画谈》略过的题八大画作之诗，如：

> 曾闻青玉自乾陀，此日开先孰与多。绘出一泓清溉好，莲花香泼遍支那。
>
> （林天柱）
>
> 云飞山净碧溪开，洗钵崖前水溯洄。伊蒲滋味游鳞集，似有神龙鱼服来。
>
> （卓尔堪）
>
> 香饭经行后，春风杖履边，丹砂濯青玉，照耀空林泉。
>
> 扣罢诗随响，携来月满川。知公心不系，静对总悠然。（彭廷训）

一筇复一粒，身驻白云深。偶尔持丹钵，临流豁素襟。

林端空积翠，石罅细鸣琴。看取图中意，应知不染心。（彭廷典）

此中诸人，都是八大的朋友，林天柱，字石友，江西进贤人，诗人，八大晚年生活多得其帮助。李伍潢在《却助续引》中说"某与日午、仲衡、石友诸同志聚而谋"，商量帮助八大，其中的"石友"，就是林天柱。卓尔堪，则是石涛的密友，客居扬州，其所著《遗民诗》，收有八大之作。现未知卓尔堪与八大是否有交往，但八大和他的法兄弟饶宇朴与卓尔堪的伯父卓火传有交往，饶宇朴《菊庄集》中载多首与卓火传相关的诗。彭廷训和彭廷典，与其兄弟廷谟、廷诰等被称为江西"四彭"，与八大均有交。

二、关于憩云庵

心壁在南昌期间是憩云庵的僧人，憩云庵虽是小寺院，但由于它就在东湖边，便成为南昌士大夫聚集之场所，东湖诗社也以它为中心而形成。憩云庵南临东湖，在苏圃的旁侧，云卿寺也在此地。宋荦《赋赠憩云庵心壁上人》："东湖之东苏浦南，荒冈古柳垂毵毵。把茅盖头来衲子，晨夕瓮牖得胜探。西山对面作屏障，江城不隔浮空岚。澹台墓近梵度垅，百花洲迥钟摇潭。……"① 郎廷极《东湖憩云庵重建碑记》云："憩云庵在城内之东，偏去地广邈而幽靓，龙沙亘其北，东湖漾其南，名园幽树，丛祠古墓，棋布而星缀者，相望也。"八大晚年很多时间是在这里度过的。

中国科学院图书馆所藏康熙钞本《心壁和尚诗》，收录了这位僧人生平重要诗作，其中有关于心壁的介绍：

超渊，字心壁，滇之昆明人也。幼多病，好黄老之学，寻薙染于金陵宝华山，遍参两浙名宿，俱有机契，既受平阳老人记莂，岁辛酉策杖入庐山，不欲返，住大林寺，凡数载。偶过南州，士大夫创憩云庵，留师居之，大中丞宋公相见，有力咏，高其品也。以匡南开先寺圮甚，宋公请师主其席，鸠工募材，悉其废，龙象交参，竟成僧海。中丞赠诗曰："绕篱且种几行菜，庇

① 宋荦《西陂类稿》卷一〇，《漫堂草》，文渊阁四库全书本。

车那羡千章楠。我官煊赫居以冷，邂逅法侣知无惭。"其高致概可相见云。丙子秋，归滇省亲，慕陈蒲鞋之孝养未遂，故自号蒲道人。禅悦之余，颇耽吟咏，有《漱玉亭诗》行世。

心壁和尚于1681年来庐山，住山多年，后居南昌东湖边。乾隆《南昌县志》卷四六《仙释》云："僧心壁，云南人，能诗工书法，游江西结茅庵，住东湖，与熊一潇、彭廷谟、饶宇朴、帅我、万承苍结社曰东湖社。宋中丞荦抚江西，闻其名造庐访之，为更筑憩云庵于湖畔。尝归省母，荦题《万里一归人图》赠之。后主庐山秀峰方丈。所著有《漱玉亭诗》三卷。"

关于憩云庵，《心壁和尚诗》所载传记以"士大夫创"，而乾隆《南昌府志》记载是宋荦为其"筑憩云庵于湖畔"。《心壁和尚诗》的记载是正确的，有一则资料可以证明。万任（静园）《为心公结茅湖上小引》云："傅卣生为予言，心公上人精禅律，博学能诗，雅与贤士士大夫相应，予未及见也。后于及申座上得公同蔚公语，见其静气填心，屹于缁流中，昂若九霄之鹤。不拘为卑栖俯啄者。公先住匡山精舍，继欲扫塔武林，杖锡过龙沙，及申饶君谋挽行焉。而为来获所止，偕公偶过湖上，见废地，公示之，地旧为内翰熊青柯别业，慨然喜施曰：支道林不烦买山也。独空拳结茅无藉耳，盖倡众而呼助焉。……属予为之导，予恒筑圃引流于湖上终老焉。"[1]憩云庵之建，得到及申、万任的帮助，南昌士大夫为之出力修起。其中及申之功最著。及申，即饶炳，与其兄饶燉（日午），均饶宇朴之侄，乃八大好友，对其晚年生活的帮助尤大。万任也是八大的朋友，东湖诗社的成员。

客居南昌的徽州诗人汪静山有《憩云庵晤心壁和尚》诗，叙及心壁初至南昌时情况："孤云本太虚，行止原靡定。春言怀旧庐，归来访蓬径。我闻心公至，如醉忽初醒。行行扣禅关，长揖动问讯。言自江东来，名山足清胜。破衲裹烟云，挂锡任乘兴。日月跳双丸，一别数年迅。共坐话无生，落花非满灯。浮生苦鹿鹿，梦幻谁与证。何时脱尘网，同参最上乘。"[2]

憩云庵建成于1688年[3]。1692年，心壁便归庐山，在宋荦推荐下，任庐山开先寺的住持。据《庐山秀峰寺志》卷四载："康熙壬申中秋，师在洪州憩云庵受江西巡抚宋公、南康太守星公、星子邑侯赵公合郡绅衿诸山知识耆宿请，至十月二十二

---

①万任《静园仅稿》卷五。
②吴蔼《名家诗选》卷一。
③道光《南昌县志》卷三六："憩云庵在苏圃旁，康熙二十七年滇南僧超渊结茅于此。"

日入院，开堂宣疏。"开先寺先后有雪峤圆信、曹源金禅师、石涛铠禅师、山鸣璐禅师主于此，心壁禅师继席山鸣，主于此寺。康熙丁亥秋（1707）康熙题秀峰寺额，此后开先寺便称秀峰寺。心壁禅师工诗，善画，喜交天下文士，康熙六十年所刊《庐山秀峰寺志》（心壁主修）列词翰姓氏，所列当朝名士就有161人，这些人大都与心壁禅师有诗歌酬唱。

心壁主持开先寺期间，并多次下南昌，憩云庵仍然是他常住之所。刘廷玑《葛庄编年诗》壬午（1702）年有《憩云庵访心公》诗："不畏西风夏日红，结茅庵坐茂林中。能留自在僧人住，便与开先寺略同（庵为开先下院）。曲径蕉心舒骤雨，平湖水面皱轻风。偷闲来憩云深处，可许其间暂了公。"憩云庵并没有因为心壁离开而冷落，这里仍然是士大夫聚集之所，它作为庐山开先寺的下院，为开先寺所领，心壁禅师又屡至于此。从《葛庄编年诗》看，1702到1704年间，心壁多在南昌活动。

八大与心壁交谊颇深。除《洗钵图》外，八大生平当还有作品与心壁有关，惜多不可见，今在《庐山秀峰寺志》卷六艺文（下）见八大《赠心壁和尚》诗，诗云：

> 云携匡山岫，顾我山人堂。清谈畏分手，徘徊明月光。
> 踌躇未忍别，此去游何方。为道江左右，无多陈米仓。

诗中表达了彼此间依依难舍的情怀。汪子豆编《八大山人诗钞》以及《八大山人全集》均未收此诗，此诗至今不为人知。从诗中可见出，心壁和尚亲至八大的寤歌草堂，与他相与优游，流连往复，不忍作别。

八大有一幅书法作品，《行书李梦阳诗扇页》（图27-1），为孙陟甫旧藏，诗曰："读书台倚鹤鸣峰，回合千山翠万重。白昼悬泉喧霹历，清秋双剑削芙蓉。撑持古寺还云阁，寂寞前朝自暮钟。瑶草石坛应不死，兴来真欲跨飞龙。"款署："崆峒先生开先寺诗，心老道兄正字，八大山人。"有"八还"朱文印。乃赠开先方丈心公之作①。其书明李梦阳的《开先寺》诗，意思最是相合。

而心壁也有诗写与八大的友情。《心壁和尚诗》中收有《雁荡山中怀友》四首，其中之三云："揖别湖边柳絮飞，秋风又见菊花肥。山中处处悬君画，恨杀难得一幅归。"自注："谓罗饭牛。"之四云："山人家在古洪都，怪石巉岩信手涂。不是此

---

① 《八大山人全集》等多释此为"公老道兄"，误。"公"当为"心"。

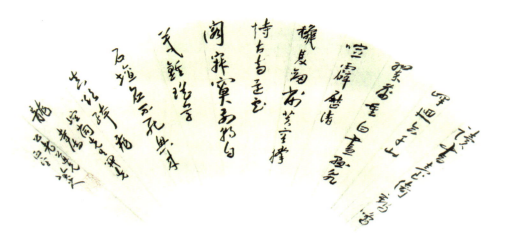

图27-1　行书李梦阳诗扇页　私人收藏

回来雁荡，也随人说世间无。"自注："谓八大山人。"可见，八大、罗饭牛是与心
壁朝夕相伴的朋友。

三、心壁的法系

心壁本为临济宗僧人，八大是曹洞传人，八大"穿过临济曹洞有"，斟酌二家
之法，由他与心壁、澹雪这些临济僧人的交流中，也可看出八大于禅取法甚广。
《五灯全书》卷九四补遗《庐山开先心壁禅师》：

> 示众：举殃崛摩罗产难因缘，师颂曰：学得穿杨艺最高，应弦一箭落双
> 雕。游春公子归家晚，回首春山雪尽消。雪中示众：但得雪消尽，自然春到
> 来。只如雪未消时，春在甚么处？众默然。师拈拄杖，旋风打散。示众：招隐
> 桥头，有一片石，汝诸人，逐日搬砖运瓦，挑土拽木，因甚么踏不着？众无
> 对。师卓拄杖曰：险。解夏上堂：秋风凉秋夜长，未归人思故乡，试问诸人，
> 故乡在甚么处？一僧出礼拜归众。师曰：癫马系枯桩（天岳昼嗣）。

其师天岳本昼，与石涛之师辈旅庵本月、师叔山晓本晳等，都是木陈山翁道
忞（1596—1674）的弟子，道忞属临济宗第三十四世，心壁为临济宗第三十六世。
《庐山秀峰寺志》有序称："上稔知超渊为天童法嗣，宝慧具足。"正是因为山翁道
忞这一层关系，他屡受朝廷之重。康熙癸未（1703），康熙亲写《般若心经》，官

员送至开先寺供奉。康熙丁亥（1707），康熙又为庐山开先寺赐写秀峰寺匾额。毛德琦《庐山志》卷五载："康熙丁亥，寺僧超渊往淮迎驾御书秀峰寺赐匾额，改今名。"

心壁老师天岳本昼得山翁道忞之法，与其师有极深的情谊。山翁圆寂之后，他每想起便潸然泪下，如他有《师弘觉和尚灵塔时塔工未竣抚今恸往滴泪而作》[1]。《五灯全书》卷七一："舒州龙门天岳本昼禅师，湖广黄州萧氏子。久侍山翁忞。投机得法，始住舒州龙门海会，次迁武林龙泉清流，两住越州平阳。"

《心壁和尚诗》所附传记说心壁"幼多病，好黄老之学，寻薙染于金陵宝华山，遍参两浙名宿，俱有机契，既受平阳老人记莂，岁辛酉策杖入庐山。"这在《直木

图27-2　山水册之十一　纸本墨笔　年代不详
尺寸不详　大都会艺术博物馆藏

①释本昼《直木堂诗集》。

堂诗集》中也得到证实。《直木堂诗集》卷五有《送心壁同受业师匡庐结茅二首》，此诗当作于康熙辛酉（1681），这也是心壁初由浙江来江西之时。本昼在诗中说："师入名山弟子随，隋堤春老客同时。一墙有间梦阴湿，半榻才分夜雨迟。已得他乡论夙昔，可堪吾道问支持。风帘瑟瑟借深坐，奈向灯前听子规。"这是本昼送心壁和他的剃度师离浙去庐山之诗。本昼与江西文人有交，如《直木堂诗集》卷三有《过周观察静香南冈》，他到过周体观的别墅。他又有《戏题罗饭牛画卷》："罗公风貌古遗民，此债难还莫错嗔。画即是诗诗即画，世间三绝久无人。"自注云："公自题有'美责重重何日还'之山。"他与罗饭牛有诗歌唱和。八大的朋友李梅墅也是他的朋友。（图27-2）

第二十八章
八大山人与宋荦关系再探讨

八大山人与宋荦（1634—1713）的关系，是八大研究的热点问题之一。八大与宋荦交恶的看法几乎成为定论。这种观点认为，宋荦任江西巡抚期间，二人关系紧张。一位是当地最高官员，喜好附庸风雅；一位是前朝落魄王孙，崇尚孤迥特立；前者对后者的笼络使后者反感，并作画作诗予以讽刺。刘海粟收藏的一幅八大作于1690年的《孔雀竹石图》，上八大自题诗云："孔雀名花雨竹屏，竹梢强半墨生成。如何了得论三耳，恰是逢春坐二更。"被认为是对宋荦进行辛辣的讽刺。甚至有人认为，这是中国绘画史上第一幅讽刺画。另外，八大给友人方鹿村书札中，谈到他拒绝了一位"贵人"的邀请，这"贵人"被认为就是宋荦。

虽然论者对此坚信不疑，但我还是不敢遽然相信，毕竟历史记载中二人关系并非如此。乾隆三十一年（1766）刊《西山志》卷七说：

> 八大山人……甲申国变，遂薙发为僧，名耷，又名雪个，有仙才，善书画，不事浓墨，画之最佳者松、莲、石三种，能悬腕作米家小楷，行书深得董思白意，世皆以为狂。巡抚宋荦甚礼重之。

乾隆《新建县志》卷四〇说：

> 耷本明宗室子，崇祯甲申国变薙发为僧，持《八大人圆觉经》，遂自号曰八大，既复不为僧。康熙间巡抚宋荦甚礼重之。

这样的说法很流行。自八大去世之后，有关八大受宋荦知遇的记载不绝于史。20世纪70年代之前，没有两人交恶的说法。认为两人交恶的观点究竟在多大程度上符合历史事实，尚难确定。我的观点是，八大与宋荦曾有密切的交往，虽然不排除彼此间有个性或其他问题产生的矛盾，但他们之间不存在不共戴天的仇恨关系。八大拒绝的"贵人"并非宋荦，《孔雀竹石图》也非针对宋荦而作。本章略陈管见，以就教于学界。

一、八大与宋家交往说略

八大是一位不善张扬的隐士，有关他生平的文字留下太少。他的艺术深有感染力，个人遭遇悲惨，个性又是如此鲜明，即使一些有关他的零星记载，也多侧重传奇性，真实的八大往往隐而难现。历史上，宋荦及其家人与八大定然有密切的交往，但这方面的直接描述难得一见，我们通过残存一鳞半爪的记载，尚能感受到当时他们之间密切的关系。

宋荦1688年夏来南昌，1692年夏离任，在这四年中，他的名字与南昌一座正在修复的寺院北兰寺联系到一起。北兰寺的诗僧澹雪与他结下很深的交谊。北兰寺有仿舫居、到汝堂、列岫亭、种瓜圃、棟花坪和澹雪泉等六景，又有秋屏阁、烟江叠嶂堂等重要景点。宋荦来之前，寺院的景观部分已得到恢复。宋荦到来后，修葺旧制，增列新景。此顷，邵长蘅又来南昌，为其中的多处景点命名。于是，至1691年，一个较为完整的北兰寺便呈现在人们面前，成为南昌胜景。八大与邵长蘅相会，就在这座寺院。北兰寺在宋荦四年南昌生涯中占有重要位置，他不仅参与修建此寺，而且公务之暇常来此休憩，与文人唱和不绝。澹雪成了他终生好友。而对于八大来说，北兰寺是他晚年生活的重要依托。八大晚年的很多时间，是在这座寺院度过的，甚至有人误认为他是北兰寺的僧人。一座寺院，将宋荦和八大二人连接到一起。这是历史事实。

在《漫堂年谱》中，宋荦记载说："三十年辛未（1691），余年五十八岁……五月于北郭北兰寺修复列岫亭、秋屏阁，建烟江叠嶂堂。余放衙后常偕名流如邵子湘长蘅、朱悔人载震及儿至辈，访老僧澹雪，茶话清吟或至竟日，其地遂为豫章名胜。"①

烟江叠嶂堂是北兰寺的重要厅堂，建成于1691年，宋荦有《辛未夏五月过北兰寺烟江叠嶂堂初成，漫赋三首》，厅堂墙壁上有罗饭牛的巨幅画作。宋至有诗云："眼底江山真是画，堂中水石有新图（注：罗饭牛画壁）。"②而吴蔼《北兰寺》诗云，"画壁萧疏罗逸士，题联苍老八山翁"③，道及八大为这座厅堂题联之事。烟江

①宋荦自编《漫堂年谱》，清宋氏温堂钞本。
②《纬萧草堂诗》卷二，《辛未夏过北兰寺时烟江叠嶂堂初成步大人韵》之四。
③吴蔼《阶木诗文稿》，康熙四十九年学古堂刻本。

叠嶂堂为宋荦所建，堂仿北宋驸马画家王晋卿同名画作而建，堂名也是宋荦所命。烟江叠嶂堂有八大的题联，这是二人直接交往的资料之一。

八大有存世作品与宋家有关。北京瀚海2000年冬季拍卖会有一幅八大《山水轴》，纵93厘米，横55厘米，上有"宋荦之印""牧仲"二收藏印，边款有溥儒、黄宾虹、齐白石、张大千、于非闇等人题签。这可以说是宋荦收藏八大作品的直接见证。

美国纳尔逊-艾金斯美术馆所藏八大《叭叭鸟图轴》二幅，无款，有驴形小印、涉事等印，其中第一幅有"太子少师"（白文）、"臣荦"（朱文）两鉴藏印，第二幅有"宋荦之印（白文）"、"牧仲"（朱文）二收藏印。

宋荦一生酷爱书画，他本人也是书画家，其小笔山水花鸟亦清新可爱。据清嘉道时期江西晏棣《国朝书画名家考略》卷五载：宋荦"工兰竹……牧仲先生祠堂碑文尝属邵青门秀才作，文成，青门请署名，先生笑曰：即用君名，吾岂论爵位有无耶。昏昏长夜得此朗月为之豁然"。

在鉴赏方面，宋荦也是当时闻名的大家。他的《漫堂书画跋》至今仍是研究中国画学的重要资料。宋荦一生接触的画家很多，金陵画家柳堉（字公韩，号愚谷）就曾于1689到1690年间赴南昌，客居宋荦幕府，宋荦将其所画《北兰寺图》[①]赠送澹雪。对书画的识见以及共同的爱好，是八大和宋荦相处的重要基础。

清代宫廷中收藏了八大不少画作。台北故宫博物院藏八大早年十五页《传綮写生册》，作于1659年，其上有"乾隆御览之宝""石渠宝笈""养心殿鉴藏宝""嘉庆御览之宝"等印。每页都有"宋致审定"朱文小印。宋致乃宋荦的次子，字稚佳。当时随父在南昌，与八大当有接触。宋致好书画，邵长蘅《书画说赠宋致佳》说："君虽处贵介，而被服儒素，嗜读书，又喜交文章士，然则君将兼是三者，笃好之而不厌。"[②]《石渠宝笈》卷二八："八大山人白俱行书尺牍，后有副贡帅我跋。"又，卷四十："朱耷独鹤图一轴，素笺本，墨写，款八大山人写，右方中有高其佩跋。"宫廷中有关八大之收藏或许与宋荦有关。

宋荦有数子：宋至，字山言，号方庵；宋致，字稚佳；宋筠，字兰挥；宋基（其字不详），以及侄儿宋起、孙子韦金等都曾随其在南昌。高简在1701年曾画有《沧浪亭送别图》，是送宋荦侄子宋超的，其中分别有宋荦、宋至、宋致、宋筠和孙子韦金的题跋。由此图也可看出宋氏一门通文理，好书画。

---

① 共十二开，作于康熙丁巳年正月，藏天津博物馆，《中国古代书画图目》编号为津7-0807。
② 邵长蘅《青门剩稿》卷八。

为研究界熟悉的八大致鹿村书札中有一通提到的"山言",当是宋荦长子宋至。该书札现藏纽约大都会艺术博物馆(本为王方宇所藏),其云:"连日贱恙,既八还而九转之,啖瓜得苏,亦是奇事,此间百凡易为,但须调摄一二日为佳耳,山言先生所属斗方,案上见否?"

王方宇认为这通书札作于1698年,其中的"思翁",指的是董其昌;"山言"即宋至。宋至随父居南昌时在1688到1692年间,1698年前后是否来过南昌,其《纬萧草堂诗》中未有明载。此札当作于宋荦巡抚江西之时。根据此札,知此时八大身体欠佳,而他应宋至之托作斗方,乃在北兰寺所作[①]。这里也明确说"五日在北兰涉事一日","涉事",就是作书作画。这是一条将北兰寺、八大与宋家联系起来的珍贵记载。

二、宋荦对遗民的态度

有的学者根据邵长蘅《八大山人传》"临川令胡亦堂闻其名,延之官舍。年余,意忽忽不自得,遂发狂疾"一段话,构造出一个有关清代官员胡亦堂软禁八大并将其逼疯的故事,在八大与宋荦之间也有类似的故事。即:作为清代官员宋荦和作为前朝王孙的八大之间存在着压迫和斗争的关系,宋荦对八大是笼络、诱骗进而迫害,八大则是拒绝、抵抗,乃至拿起艺术的武器予以讽刺。这种对立的思维,往往将八大研究引入困境。

宋荦与胡亦堂一样,作为官员,自然要效忠朝廷,消除危及清廷稳定的因素,胡、宋二人都曾处理过企图恢复旧朝的事件。如晏棣《国朝书画名家考略》卷五载宋荦:"抚江右,惠政广被,尤得民心者在平逆寇一事,湖广夏包子之乱,南昌叛民聚众数万以应,官民上变,先生佯为不惩,而阴饬将弁夜缚渠魁,数人斩之,余党悉散。"他在镇压反清方面的确颇有手段。其《西陂类稿》中也有记述。

但这并不代表他们都成了朝廷的鹰犬,四处罗织罪行,四面出击,打击任何对前朝有好感的人,也并不意味着宋荦等与八大这类遗民就必然会有矛盾。何况他们思想中的汉族正统主义思想并没有真正解决。同时,他们作为具有很高文化修养的文人,在某些方面仍保持着文人的气质。宋荦在四年江西巡抚期间,与江西文人交往甚密,其中包括大量的节士,如他视之为终身密友并将儿子托付以教的澹雪上

---

① 八大后期大量书画完成于鹿村居所及北兰寺,因为他的家实在太小,不能作大幅画。

人，像他曾倡"二牧"（"子以牧为名，我以牧为字"）之说并与之有莫逆之交的罗饭牛，其实都是骨子里不忘前朝的节士。如果从这个角度看宋荦，我们就无法理解他与前朝王孙朱容重之间的密切关系，而朱容重还是八大的侄子。所以，对待宋荦与八大之间的关系，如从民族情感方面着眼，必须谨慎。

宋荦的文人气质在西江文人中广受赞颂。如他初见心壁之事，就是一段文坛佳话：乾隆《南昌府志》卷七六外传引《豫章诗话补》云："楚僧心壁结茅东湖上，即今憩云庵也，一日，宋中丞宴百花洲，酒酣，易服棹小舟而游。岸上疏林掩映，露一小庵，积雪覆户，一灯莹然，宋伪称游客，促膝谈诗，杯茗酬酢，遂已至曙，州县官不知丞所在，灯火往来，亦竟夕湖上不去。"

关于他对待遗民的态度，我们可从一些相关之事，看出宋荦的态度。

卓尔堪（1656—?），字子任，号鹿墟，一号宝香山人，江都（今江苏扬州）人，自幼好剑术，人目之为奇士。他有强烈的遗民心结，在扬州、金陵、黄山一带遗民和文人中，有极高声望。他花几十年时间辑成《遗民诗》，在文人中产生很大影响。此书编成，卓尔堪竟然请宋荦作序，序云：

> 宝香主人卓子任氏，集胜国遗民之诗，自姜公如农以下若干人梓为十二卷，来请叙于予，予读其诗，类皆孤清凛冽，幽忧激楚，如对空山积雪，寒气中人，可谓穷愁之音易工矣。然皆敦厚而不流于焦杀，史迁所云小雅怨诽而不乱，兹为近之。夫濮水之清商，天津桥之杜鹃，虽非盛世所宜闻，然譬诸霜雁叫天，秋蛩吟野，亦气候所感使然，非谓天壤间必不可有此凄清之响也。……既版行，遂不辞而序之。

《遗民诗》后成为禁书。宋荦作序是要冒很大风险的，但他却"不辞而序之"，可见出他的勇气和态度。他认为读遗民之诗，"如对空山积雪寒气中人"，对他们的人格表示由衷的钦慕。

我们可以联系另一件事情来看。邵长蘅来南昌投奔其族兄邵静山，静山时任江西提学。在江西期间，邵长蘅便出入宋府，成为宋荦及其家人的朋友，后来成为宋荦的门人。但《八大山人传》描写二人长谈中，长蘅印象最深刻的，是八大对故国的思念。如果八大知道宋荦是朝廷的鹰犬，他为何敢在长蘅面前痛陈自己的家国之痛！故从反面看，八大敢在宋荦之至友面前痛诉，也反映出他对宋荦并无提防之心。

宋荦在江西四年间，访前朝之遗逸，交市井之高人，西江文坛领袖节士魏禧是其密友。魏禧说他："最怜出语关民瘼，手把醇醪未忍尝。"[1]宋牧在《邵长蘅全集》序言中说："韦布之士，以能文章名海内而余获交者，得三人焉。一为侯朝宗，一为宁都魏叔子，其一则毗陵邵子湘。……叔子抗志穷山，晚乃客游吴越间，尝一被征，托疾坚卧不应。"魏禧坚决不与新朝合作，1678年，拒绝博学鸿词之选，一时震动朝野。宋荦对徐巨源的态度在西江文人中有很大影响。巨源为前朝高官之后，入清后隐遁西山香城寺，与八大老师弘敏相与优游，生活困顿，最后悲惨离世。王士祯曾说他与陈士业二人为"南州面目"，二人人品世所景仰。宋荦来到江西，巨源早已去世，但他多次访其后人，并赈济其家，帮助巨源遗文之付梓。

宋荦在徐巨源《榆溪诗钞》序中说："巨源不得其死，且子孙式微，遗稿散失堪为痛惜，余来南州三载，始访得其孙于别邑，为之娶，恤其家。从诸生朱子容重、饶子炳搜其遗集之仅存者……此集出……巨源亦可含笑于地下矣。"时在1691年。《榆溪逸稿》又载宋荦评《友评》之语道："余到南州三载，求徐巨源文翰甚渴，自陈伯玑所刻《榆溪集》外，即片纸不可得，今岁春闻罗饭牛诵巨源赠诗云：'青山已是无常主，更写青山卖与谁。'又云：'记得扁舟初过访，草堂门外水齐天。'令人讽咏不已。兹又从朱子庄得巨源《友评》一卷，手书六百八十九字。文既散朗冷峻，字复本色，其引喻玲珑超脱，直是晋人风味。……"[2]时也在1691年。"青山已是无常主，更写青山卖与谁"，诗中明显含有讽咏时世之意，宋荦竟然称道这样的诗，其心理倾向昭然显露。

八大的朋友中，除罗饭牛、心壁、澹雪之外，一些多年声气相投的至友，都与宋荦有交往，如八大一生至友丁弘诲，同门法兄弟饶宇朴，与弘诲关系密切并与八大有终身交谊的傅修，以及帅我、万任等。

1688年夏末，宋荦来南昌不久，丁弘诲和傅修就与其结下友情。《西陂类稿》卷九有《丁景吕傅卣生见过席上有作用景吕韵三首》，诗中有"绝代佳人联袂至，周行示我正相须"之句。道光《南昌县志》卷四四书目丁弘诲《删后集》下有注云："按《渔洋集》有《岁暮怀人》六十绝，一首注：丁景吕宏诲。宏诲能文工诗，意气轩举，海内名家多与之游，官获鹿令，罢归，年七十余，贫甚，适商邱宋公来抚西江，宏诲乃为绝句，大书其墙云：'阮亭为我初延誉，海内名公尽唱酬。二十年来尘扑面，谁知词客老南州。'宋公见之，即造庐，厚贻以金，谈论竟日，亦艺林

---

①魏禧《魏叔子诗集》卷七《柬宋牧仲员外》。
②宋荦《西陂类稿》卷二八《题跋》。

之佳话也。"落魄的丁弘海，晚年多得宋荦帮助。

"天下皆称之为傅先生"的傅修，是江西遗老，也是江西诗坛领袖之一。他与八大的交往可以追溯到八大在耕香庵时。傅修晚年也多得宋荦的帮助，并受其推重。傅修去世后，"庚午冬卒，大中丞宋公屡礼致幕论诗，订古文集，悼其丧也"[①]。乾隆《南昌府志》卷六二文苑载："傅修，字卣生，南昌人，读书东湖，与名士往还，家贫，殁不能葬，巡抚宋荦赙之。"傅修于1690年去世，宋荦礼葬之事被文人交相传诵。

晚年的饶宇朴与宋荦有密切交往，在《菊庄集》后两卷中，有大量与宋荦相关的吟咏之作，所呈露的感情，既有一位落魄文人对文坛泰斗的仰慕，又有发自心衷的相与融洽的气氛。他成为环绕在宋荦周围的南昌著名文士之一。该书卷一一有《奉和中丞宋公北兰寺》四首、《澹雪禅师又和中丞公元倡手书见贻倚韵赋》四首、《用韵呈宋公兼柬心老》《心壁禅师寄示次韵宋大中丞题画四首奉酬过湖庵诗集缀素之赠即晚遥和兼呈中丞》等，卷一二有《中岳行呈中丞宋公》等。作为八大的法门兄弟和一生同好，饶宇朴对宋荦的态度，八大不可能不知道。

八大好友帅我也深为宋荦所赏识。乾隆《奉新县志》卷一七儒林载："帅我，字备皆，承发子……是时豫章前辈风流云散，惟南昌黎元宽、进贤饶宇栻皆负重望，见我所为诗文，或击节叹赏，以为不可及……商丘宋荦冢宰来抚江右，合十三郡士试诗古文辞，拔第一，延之幕府，甚礼异之。"他后来成为宋荦的门人。

喻成龙也是宋荦好友，其《西江草》五言律中有《奉和大中丞宋公游北兰寺四首》。而八大的另一位朋友熊颐也与宋荦深有交谊，其《麦有堂初集》《二集》中有多篇和宋荦之作，其中宋荦的《咏北兰寺》和《重游北兰寺》诗，熊颐都有和作。而此二人之节操如日月，为八大所推崇。

从宋荦与八大友人、前朝遗逸交往之史实，我们很难得出八大与宋荦在遗民情感方面有必然冲突的结论。

三、关于《孔雀竹石图》

在以上所述背景下，我们来看两件据认为是有关八大与宋荦交恶的作品。

刘海粟所藏《孔雀竹石图》（图28-1），作于1690年春，有题识云："孔雀名花

---

① 据万任《傅先生小传》，《静园仅稿》卷四。

图28-1
孔雀竹石图
纸本墨笔　1690年
169×72cm
刘海粟美术馆藏

雨竹屏，竹梢强半墨生成。如何了得论三耳，恰是逢春坐二更。庚午春，八大山人画并题。"钤"八大山人"印。

认为此画为讽刺宋荦之作，由台湾学者李叶霜率先提出。他在《八大山人〈孔雀图〉的秘辛》一文中[1]，对此作了专门研究。后有大陆学者、画家谢稚柳先生在其《朱耷》一书中，对此也作了详细的叙述[2]。他们的观点在八大研究界被普遍接受。但细致研析后，发现其中的疑点颇多。

1.关于作品之时间。李叶霜认为，这首诗是讽刺宋荦的。在这篇文章中，他引录了《西陂类稿》中的四首诗，其一是《孔雀雏》："炎方珍鸟得佳雏，饮啄风前本自孤。栖桀何妨从旧迹，吮毫肯为写新图。微闻格磔守都护，已讶斑斓类鹧鸪。待到屏开倍驯扰，青莲闲客顿教输。"其二是《孔雀联句》，这是和其子宋至的联句。其三是《同儿至联句后戏成一绝》："解道能文是虎儿，天涯岁暮共深厄。三年宦况惟今乐，雪夜联吟孔雀诗。"其四是《送刘山蔚归里》，其中有"只余双孔雀，联句未同君"的诗句。由此作者认为："上面所引的这些诗，其写作年代是康熙二十八年己巳的冬天和次年庚午的春天，这时宋荦在江西巡抚的任上，抚署在江西南昌，其时其地都与八大山人作孔雀图的时、地相合。"[3]

由此作者总结出四点：一、宋荦的确养有孔雀；二、宋所养为孔雀雏；三、孔雀雏是两只；四、宋曾有为两只孔雀雏作画之意。而《孔雀竹石图》正作于康熙二十九年（1690）的春天，所画孔雀也是两只，并且也是小尾的孔雀雏，等等。时间、地点都相合。故他认为，这是一幅讽刺宋荦的画。

但从《西陂类稿》、宋至《纬萧草堂诗》以及《漫堂年谱》等文献中所知事实与上述情况完全不合。

《西陂类稿》诗歌部分乃是编年诗，孔雀联句之事，收在《西陂类稿》卷十《漫堂草》中。《漫堂草》共三卷（卷九、卷十、卷十一），收录其江西四年巡抚任上之诗歌。卷九有《御变诗》，其序称于康熙二十七年（1688）六月奉命抚江西。其下有《过北兰寺四首》《秋日杂兴》等诗，后有《除夕次刘山蔚韵》，此作于1688年的除夕。后有《元旦叠前韵》，此为1689年春节之诗。卷十有《题愚谷画四首寄北兰澹公》，此为1689年春天之作，其后数诗后有《岁暮放歌》，此为1689年岁暮之

① 此文初刊于台北《中央日报》1975年1月7、8日，《八大山人全集》第五卷附录收此文。
② 谢稚柳《朱耷》，第8页，上海人民美术出版社，1979年。
③ 李叶霜《八大山人〈孔雀图〉的秘辛》一文，其中"康熙二十八年己巳"当是误写，应为康熙二十九年。

作，后接以《早春燕射六首》，这是1690年初春之诗。后接《秋日重游北兰寺四首》，在此诗中北兰寺六景已全，景点中有邵长蘅所命名者。其下又有《萧雪集岁暮对雪……》，这是1690年岁暮之诗，此诗后有《破砚》《竹屏》二诗，再接下乃是他和宋至的《孔雀联句》诗，以及《同儿至联句后戏成一绝》，并附宋至的和诗。显然，孔雀联句是1690年岁末之事，他在《同儿至联句后戏成一绝》中所说的"三年宦况惟今乐，雪夜联吟孔雀诗"，即从1688年到1690年的三年间。而《孔雀雏》诗收在《西陂类稿》卷十一，下一首是《辛未夏五月过北兰寺时烟江叠嶂堂初成漫赋》，故知《孔雀雏》诗大约作于1691年夏。

《孔雀竹石图》作于"庚午春"（1690年春），而孔雀联句之事则是这年的岁末，至于宋荦的《孔雀雏》诗更后，作于1691的夏天。时间完全不合，所以无法断定八大所画的两只孔雀，就是宋荦所养的两只小孔雀。至于由图画中看出所谓"孔雀雏"之像——两只小尾的小孔雀，更是不符合画中情况，八大画的就是孔雀，而不是孔雀雏。

2.对题诗的解读。

其一，孔雀名花雨竹屏，关于竹屏，李叶霜引宋荦《西陂类稿》之《竹屏》诗："竹屏朴以华，鞈匝画堂遮……"，认为宋荦衙斋中有竹屏的设置，而八大题诗中就有"竹屏"，故他一定到过宋荦的衙斋，对那里的陈设是了解的，故作画以讽刺。其实，八大写的不是室内的陈设，而是描绘外在的风景。孔雀所在的地方，有名贵的花卉，又有"雨竹屏"——细雨打在密密如屏的竹林上。八大以淡墨勾出一缕山影，略施墨色，染出花意，再以重墨画伸出的几片竹叶，就是他所谓"竹梢强半墨生成"。这里根本就没有画室内的竹屏风之事。其画颇似八大的《牡丹大石图》和《芭蕉竹石图》。

其二，如何了得论三耳，李先生认为来自《孔丛子》"臧三耳"的典故，他解释道：臧，即臧获，指奴才，"说奴才只有两只耳朵是正常的说法，为什么说奴才有三只耳朵呢？因为奴才特别需要听得更多些，侍侯主子更恭顺些，所以说奴才有三只耳朵"。"如何了得"，更加重了讽刺的口气。

《孔丛子》卷四原文是："公孙龙又与子高泛论于平原君所，辨理至于臧三耳。公孙龙言臧之三耳甚辨析，子高弗应，俄而辞出。明日复见，平原君曰：'畴昔公孙之言信辨也，先生实以为何如？'答曰：'然，几能臧三耳矣。虽然，实难。仆愿得又问于君：'今为臧三耳，甚难而实非也，谓臧两耳，甚易而实是也，不知君将从易而是者乎，亦其从难而非者乎？'平原君弗能应。明日，谓公孙龙曰：'公无复

485

与孔子高辨事也。其人理胜于辞，公辞胜于理。辞胜于理，终必受诎。'"这个典故在古代被广泛使用，意思是强调辩论的繁杂。八大这里所说"论三耳"，用的是此典原意，指那种喋喋不休的辩论，如禅宗所说的"葛藤下话"。他根本就没有所谓"臧"——奴隶的联想。而"如何了得"是八大常用语，1689年，八大作有《竹荷鱼诗画册》，今为加拿大私人收藏。第二页为河豚，其上有题识云："细雨濛濛黄竹村，轻舟白白水云屯。如何了得黄牙饭（上声），五月河豚亦倒吞。"

其三，恰是逢春坐二更，李叶霜认为：二更相当于现在的清晨四点。此句从画面上说是指一公一母的孔雀正逢春发情，深夜等候，暗讽宋荦在二更时就坐在宫门口等候上朝。这样的联想完全不合诗意①。二更显然不是深夜四点，而是入夜九点到十一点（三更为十二点左右）。八大是形容辩论者口若悬河，直至入夜时分，还兴味甚浓。

这幅画及题诗是写高朋满座、吟咏辩论的场面。八大"喜议论，娓娓不倦，尝倾倒四座"（陈鼎《八大山人传》），其作品多留下这方面的痕迹。

3.相关证据辨析。为了证明此画和诗是讽刺宋荦的，李叶霜在文章中谈及宋荦剿杀反明运动之事。1688年夏，宋荦镇压了李美玉等的政变。李叶霜认为："八大山人从明亡以后，他所活动的范围不出南昌和临近地带，但从传世的一幅《三友图》题跋中，却证明他在江西之变后的康熙二十八年己巳，曾漫游到洛阳和汉阳，这一次远离南昌，是否为了逃避赣变的风潮呢。……八大山人《三友图》作于康熙二十八年己巳的十一月冬至日，时间距离他所作的《孔雀图》的康熙二十九年庚午春甚近，那么，《孔雀图》必是他远游归来的作品。"这显然存在误诠。原画题识云："己巳十一月至日，友翁沈先生自豫将归，约八大山人浮白于洛阳，再浮白于汉阳王家。"这是将诗家之语按图索骥了。八大的《三友图》是送别之作，沈友圣将归，八大为其送别，狂饮，"浮白于洛阳，再浮白于汉阳王家"，是八大"渐狂"之后语，就是喝了多家酒店，换了不少地方。如果理解为他去了洛阳和汉阳，那又如何理解送别呢？难道要带着将别去的友圣，在那年的冬至日，先到洛阳，再转往汉阳，万里征程何能一日行之！八大研究中类似的结论很多，由此也可看出研究的随意性到了何种程度。

李叶霜文还引述陈鼎《八大山人传》后所附山来跋语，"予闻山人在江右，往往为武人所招入室中作画，或二三日不放归，山人辄遗矢堂中，雾人不能乃，纵之

① 李叶霜《八大山人〈孔雀图〉的秘辛》，台北：《中央日报》1975年1月7、8日。

归。后某抚军驰束相邀，固辞不往"，认为此跋语中所说的"某抚军，很可能就是宋荦"。这是对张潮跋语的时间未审所造成的误解。陈鼎《八大山人传》以及张潮跋收录在《虞初新志》卷十一上，张潮《虞初新志》刻于康熙癸亥年（1683），其序云："有虞初后志之辑需之岁月始可成书，先以《虞初新志》授梓问世。"而《孔雀竹石图》作于1690年春，二者相差数年。

4.关于图的联想。此图中二孔雀，迎面的这只画尾巴，有花翎三根，李叶霜说："清朝的显贵们，帽子后面常拖着孔雀尾巴做成的花翎……孔雀图中的孔雀尾巴，正是三根翎毛，在诗中又用了三耳典故，那么坐二更就很可能是指清朝大臣们天还没亮就等着去朝拜皇帝老子了。"八大画两孔雀立怪石之上，这也是他画鸟惯常的陈设，但是李先生却说："而那块孔雀所蹲的不稳的顽石，当是影射清王朝的摇摇欲坠"，这显然有曲意引申之嫌。画中两只孔雀的眼睛颇怪异，睁着冷眼，头部的形状偏大，也很怪异，没有注意到孔雀的美态。有的研究认为，这是八大有意在讽刺宋荦及其清朝官员。如果按照这样的思路，八大的大量花鸟画都可以称之为讽刺画，因为，他画中的家禽、鹧鸪、海鸟、寒鸦、老鹰等等，大多有怪异的神情，尤其是那冷眼向人的形状，更是典型的八大绘画造型特征。所以，《孔雀图》中的造型（怪石、冷眼、怪头等等），如果放到八大的艺术世界看，那是一般特征，并不是此图才有的别样讽刺风格。

综上所述，可以看出，《孔雀竹石图》作于1690年春，而宋荦孔雀联句等则写于这年的岁末，八大画的不是孔雀雏，大石也并非象征摇摇欲坠的清代统治。画中题诗可能与一次深夜友人燕集有关，并不能得出此图是讽刺宋荦摇尾乞怜的官场生涯的结论。凡此皆说明，将这幅《孔雀竹石图》定为讽刺宋荦之作，是没有根据的。

八大所表达的思想与禅宗有关，从"如何了得论三耳，恰是逢春坐二更"二句就可大体测知他的根本意旨即在"不语禅"。就像题写"鸡谈虎亦谈，德大乃食牛。芥羽唤僮仆，归放南山头"诗的那幅《鸡雏图》，就像他的"婆子春秋节，台湾道路赊。闻鸡三五夜，失晓对菱花"诗中对"老婆禅"的批评，《孔雀竹石图》也是如此。我们通过图中两只孔雀夸张的腮，即可窥知其大致意思，摇唇鼓舌，口若悬河，辩论不已，由字句上探究，终究是死门径。禅宗有诗写道："要会东山水上行，溪边石女夜吹笙。木人把板云中拍，一曲凉州恰二更。"[1] 八大要表达的意思正在这里。"逢春"——在时间变化的表相中把握世界，一条路走到底，无意义的话语辩

---

[1]《禅宗颂古联珠通集》卷三三。

到天黑，也不会有任何斩获。灵云悟桃花，在"几度落叶几抽枝"上省思，怎么能有真正的领悟！

正因此，我以为，学界常常说这幅画是讽刺画，也是恰当的，不过并不是针对宋荦的。

四、关于拒绝"贵人"之请的书札

北京故宫博物院藏八大致鹿村书札，其中一通云：

> 牛未没耳，驴若向北。鹿村主人嚼得梅花，何以谢我霈也。昨有贵人招饮饭牛山人与八大山人，山人已辞著屐，老人宁无画几席耶？山人尊酒片肉之岁卒于此耶？遇老人，为道恨他不少，且莫为贵人道。奉别来将一月，右手不倦，赏臣者倦矣。但可为知己道。十二月十三日八大山人顿首。（图28-2）

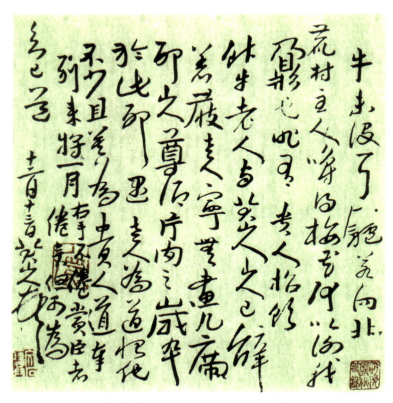

图28-2　八大山人致鹿村手札册之二　纸本墨笔　年代不详
21.2×17.5cm　北京故宫博物院藏

八大山人研究

不少研究认为，八大这里拒绝的"贵人"，就是宋荦。其证据就是宋荦与罗饭牛的密切关系。宋荦有"子以牧为名，我以牧为字，二牧生平偶不同，各于诗画有深寄"一诗①，进而在南昌流行"二牧"之说。以这样的证据来断定八大拒绝的"贵人"就是宋荦，我以为是不够的。这里有很多疑点。

这通书札中，两次提到"贵人"，八大说："遇老人，为道恨他不少，且莫为贵人道。"他向鹿村发牢骚，让他不要"为贵人道"，这就是说，鹿村与"贵人"是相识的，也有很多见面的机会，故八大才叮嘱不要在与"贵人"的交谈中提起他的事。如果"贵人"就是宋荦，鹿村也应与宋荦有密切的交往，那么《鹿村诗集》中当有与宋荦交往的记载，毕竟宋荦是江西最高官员，而且文名极高。但《鹿村诗集》中，竟无一言及于宋荦。这与饶宇朴《菊庄集》完全不同，饶氏诗集后二卷中，有大量与宋荦交往的记录。这透露出，鹿村可能与宋荦并没有很深的交往。另外，从八大与鹿村谈论口气看，对这位"贵人"，他们一定多次谈过，而且二人对他印象都不佳，所以，八大有这般议论方属正常。

其次，就饭牛来说，如果"贵人"就是宋荦，那么饭牛与之交往当极密切。《西陂类稿》记载，宋荦刚到西江不久，就与饭牛有接触，且交谊日深。他们之间密切的交往，不光是来往酬酢之情，更有精神上的契合。如宋荦所说："今岁春闻罗饭牛诵巨源赠诗云：'青山已是无常主，更写青山卖与谁。'又云：'记得扁舟初过访，草堂门外水齐天。'令人讽咏不已。"1692年，宋荦移节江苏，饭牛还送宋荦到庐山，可见交谊之深。1691年，八大还与饭牛同为宋荦新落成的烟江叠嶂堂画壁题联。如果这"贵人"就是宋荦，八大似乎没有必要动肝火，因为他们之间本就有密切的交往。

我怀疑八大这里所说的"贵人"不是宋荦，而另有其人。我们可以联系另一个问题来看，南昌诗人万静园也是八大、丁弘诲、饶宇朴等的朋友，乾隆五十四年（1789）刊《南昌府志》载："万任，字亦尹，新建人，康熙进士，任宁晋知县，耽情笔墨，尤精八分书，巡抚宋荦敬礼之。"《静园仅稿》卷四有一篇《记客问》，写得意味深长。其中提到一次去当时的郡守家，其人在家，报上姓名，但就是不予接见。万任是位进士，曾为官天下，而且是南昌有名的诗人。被如此对待，使他非常恼火，由此联系到宋荦：

---

① 《送罗饭牛入庐山》，《西陂类稿》卷一一《漫堂草》。

同时，大中丞宋公厥考非相国与，位开府之尊，风雅为海内宗，地望较郡守相悬也，而敦世好勤，晋接葛衣于寒月，访遗嗣于草间，又何称焉？或曰：中丞贤者也，或曰中丞之道广，太守之道峻，各行其志也。

万任此段记载，当作于宋荦巡抚江西之时。由此也可见，在南昌的文人图中，宋荦的人品还是受到推崇的。（图28-3）

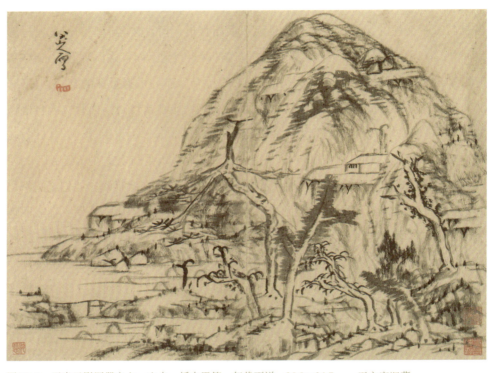

图28-3　天光云影图册之七　山水　纸本墨笔　年代不详　25.8×34.7cm　王方宇旧藏

第二十九章
徽商与八大山人艺术之传播

八大在世时，其作品除在江西大量传播外，另一个热点地区，就是徽州和扬州，今天存世作品中有相当大的部分与这条东传路线有关。1683年，八大大病初愈，定居南昌，始用"八大山人"之号，当时就有陈鼎《八大山人传》出现，客居扬州的徽人张潮将其刻入《虞初新志》中，这是第一篇有关八大的传记。1705年，八大去世，现在我们关于这方面情况的了解，不是得自南昌，而多来自八大扬州友人的文献。如朱观有《题八大山人遗照诗》①，客居扬州的八大侄儿朱堪注有悼念叔父之长诗②，而当时居扬州的诗人李虬峰则有《挽八大山人》之作③。可见八大在这块他一生并未踏足的地方的影响力。难怪后来生活在扬州的画家郑板桥感到八大作品名满天下，而石涛的影响力有所不及。

这一独特现象的出现，与八大和徽商群体的交往有关。南昌与徽州相距较远，扬州更远。扬州是当时南方的文化中心，有数以千计的诗人、画家、书法家、学者聚居于此。清初扬州在经历一个毁灭性的低潮之后，迅速复苏，商品经济日渐发达。在发达的商业社会中，徽商占有重要位置，他们实际上控制着当时扬州的经济命脉。而徽商又是一个重文化、重艺术的群体，这在客观上形成了对艺术的需求。

从另一方面说，1680年之前，八大在艺术方面的声誉并不突出，他的影响力主要在定居南昌后。从现在流传的作品也可看出，1680年前作品较少，大多数优秀作品都作于八大晚年。晚年他在南昌，与客居西江的徽商朋友结下很深情谊，他的生活也多得到吴镜秋、方鹿村等徽商朋友的帮助，他的周围积聚了一个徽商文人群体，并通过他们与徽州、扬州的徽商建立密切关系。

---

① 朱观《题八大山人遗照诗》："别君越三载，闻讣心悲伤。文孙西江来，过我邗水旁。出题索题诗，展卷急相望……呼君君不应，感叹泪千行。"（《国朝诗正》卷四）
② 朱堪注《拟乐府有所思·题叔父八大先生小影》："作客江南北，至今一别遂三载，闻讣既洒招魂泪，忽披此卷更凄然。端居默默杖卓立，恍同侍侧问苍天。噫，形可得似，而心不得言，神不可传。"（《国朝诗正》卷四）
③ 李虬峰《挽八大山人》，作于1705年的秋冬之季。见《虬峰文集》卷九。

对八大与徽商关系的研究，可以帮助了解八大晚年生活的相关情况，了解一些作品问世的因缘（如《河上花图》《安晚册》，都是赠徽商之作），更有助于了解八大在世时作品流传的线索。今天我们所见八大很多作品其实是有赖于徽商而得以流传的。八大晚年的艺术发展道路与徽商密不可分，如他晚年的画弟子蕙喦、佩兰就是徽商后代。八大与客居扬州的石涛结下深厚友情，在艺术上相互影响，但二人生平未有一见，往来于西江和扬州的徽商就充当了他们之间联系的桥梁。

八大曾有一首诗这样写道："雨蓄舟无处，行云阁在芙。此时南尽望，已是皖山图。"[①]这是他写给一位徽商朋友的送别诗。似乎八大的艺术也如驾着一叶小舟，驶出西江，穿过皖山徽水，穿过金陵维扬，而传向天下。（图29-1）

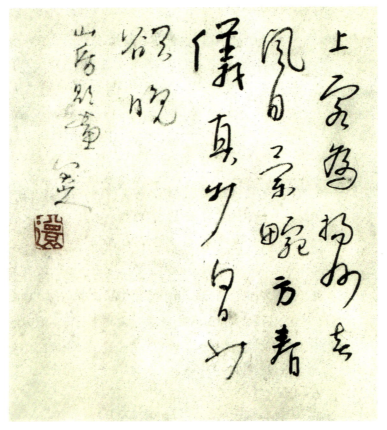

图29-1
书画册之十二 对题
纸本墨笔 1694年
26.5×23cm
西泠印社藏

─────────────────

① 阁在芙：八大晚年斋名"在芙山房"，此即所指。八大存世作品有两件书有此诗，一是藏于中国国家博物馆的《行书题画诗轴》，一是王方宇旧藏九开书画册。

一、两位徽商赞助人方鹿村和吴镜秋

八大定居南昌之后的生活十分窘迫，曾在一位侄儿家短暂栖居，后一人孤独地在破庙败庵中居留①。方鹿村和吴镜秋两位徽商是他逆境中的挚友，也是他艺术活动的重要赞助人。

"云光此图画，何处笔与纸。来日方山人，著书鹿村里。"这是八大一首题画诗，写在天光云影之间，一位清清君子在耕耘着。诗中所写的"方山人""鹿村"，就是八大晚年的至友方鹿村。现存八大三十多通书札，其中大半是致鹿村的，也说明二人关系的不凡。（图29-2）（图29-3）（图29-4）（图29-5）

方士琯（1650—约1711），字西城，号鹿村，江南徽州府歙县路口人。他是一位在南昌盐市中奔波的徽商，也是清初南昌有名气的诗人，他的家庭同时在扬州置业。方鹿村自年轻时来南昌，兄弟数人皆在南昌经商。他性情和善，乐于助人，尤工于诗。朱观说他："予友鹿村天性孝友，持身接物，靡不以诚而慷慨任侠，尤为人所不为。"②八大与其交往时

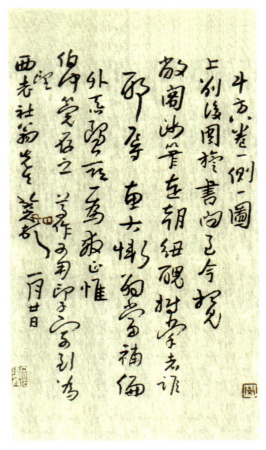

图29-2 八大山人致鹿村手札册之七
纸本墨笔 年代不详
21.2×17.5cm 北京故宫博物院藏

间颇久。八大在一封致鹿村书札中说："卅年来恰少盐醋，承惠深谢。"这封信当作

---

① 万廷荫有《过太子庵》诗，自注云："八大山人晚年流寓于此。"诗云："湖光十里长芙蕖，一片清风似雨余。绿竹可怜高士宅，青山难得好僧居。阮公歌哭来歧路，张俭飘零到草庐。风景何堪人去后，灞桥容我再骑驴。"见其《是陶轩诗稿》。
② 朱观《国朝诗正》卷四。

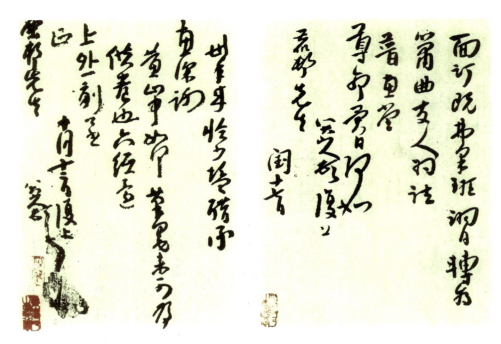

图29-3　手札十通之五之六　纸本墨笔　年代不详　19.8×13.6cm　大都会艺术博物馆藏

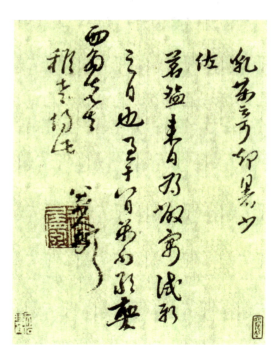

图29-4　八大山人致鹿村手札册之十一
纸本墨笔　年代不详
21.2×17.5cm　北京故宫博物院藏

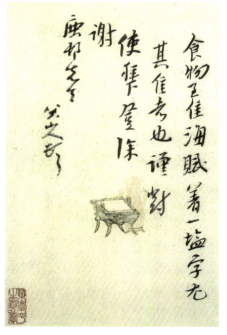

图29-5　行书手札册之四
纸本墨笔　年代不详
20.2×14cm　沈阳故宫博物院藏

于八大生命最后的岁月。八大定居南昌前后不到三十年，这里说他三十年来多得鹿村之帮助，三十应是约数。1680到1681年初，八大癫病复发，被迫离开佛门，潦倒南昌，寄人篱下，此时就遇到了方鹿村。《鹿村诗集》七言律卷中有一首《春初集饮水明楼，同个山赋得人日题诗寄草堂》诗。可能在1681年左右，鹿村便与八大有交。而到八大生命的最后时刻，鹿村仍是他的挚友，为他治病，助其生活。鹿村引八大为知己，他有《羽白将返维扬同访八大山人集九韶楼话别之作》诗云："故人三月下扬州，一片离情逐水流。梗影未能随去棹，萍踪且得共登楼。高歌待月迟归兴，软饱临风散别愁。幸有典型今在望（谓八大山人），不教寰宇似深秋。"① 八大艺术在当时就有很高声望，也与他的人品有关。诗中所说的"幸有典型今在望"，是极高的评价。

潘正炜《听帆楼续刻书画记》卷下载八大《墨笔花鸟册》十二幅之十二《墨梅》款署："风流东阁题诗客，潇洒西湖处士家。雪冷江深无梦到，自锄明月种梅花。八大山人书于水明楼中，辛巳冬日。"时在1701年。画作于水明楼，水明楼是鹿村的斋号。八大与水明楼有很深的关系，他的很多书画作于此地。八大与理学家熊颐有交，熊颐（1641—?），字养及，入清后，守节不仕，到翠微峰从魏禧为学，中年后客游四方，终生为布衣。他有数年时间客居于鹿村的水明楼。熊颐《和八大山人画菊韵》并序云："重阳后五日访，不识隐庐，怅然而返。次日山人持墨菊及新诗至西城，张之素壁，余把玩旬日，漫和原韵识怀思：白帝违秋令，无从问菊花。言寻三径客，不辨野人家。疏影占东壁，新诗映晓霞。和成渐贺老，潦倒拨琵琶。"② 这里的"西城"就是指鹿村的水明楼。

八大不仅与鹿村有深厚交谊，而且与其家人也有密切交往。如八大致鹿村的一通书札说："士翁亦在此迫促也。此纸暂留，图面不一，苍翁扇二附上，视入为佳。"这里提到的"苍翁"就是鹿村的弟弟方苍模。熊颐《麦有堂诗集》二集卷四载，1690年，鹿村离西江，回乡送长子完婚，其间到扬州，逗留时间较长，熊颐有《别方西城两月余矣，接令弟苍模信，知返新安……》《再接苍模信，知西城尚淹仪扬，云岁暮乃可还西省，空山雪深数尺，点水成冰，益增远人之感》等诗，谈及鹿村的弟弟。汪子豆《八大山人诗钞》录诗曰："是雀几多年，展书三四卷。无人送黄雀，去我不得远。"跋云："此予水明楼上工欲辍未辍时画，岁月既忘，一日苍老年翁出笥中，索题数首，亦是兴既阑未阑时笔。语云：百巧不如一拙，此其是耶。"水明

① 《鹿村诗集》七言律。
② 熊颐《麦有堂诗集》编年诗卷二。

楼中，拿出以前八大所作画请题之人，正是方苍模。

鹿村的家族中在南昌经商学文之人不少，八大多与他们有交。北京故宫博物院藏八大致鹿村手札中有一通云："画二，奉令宗兄，过高，有可易者否？外字一副，祈转致之。但未知行期何日耳。承赐乙合酱，深谢。"这里的"令宗兄"，当是鹿村的堂兄弟。鹿村的堂兄弟中有多人曾客居南昌。如方兆衮，字乘六，早年即客居西江，师事青原药地大师。药地俗名方以智，乃徽人①。方以智《浮山此藏轩别集》卷二《题枯笔山楼》云："乘六寄我白门小笔，挥洒既久，听其所至，遂成此种古秀萧散之致。"

八大与鹿村的子侄们也有交往。如纽约大都会艺术博物馆藏八大致鹿村书札十通，其中一通云："客有从建宁来者，分惠豆乳二小瓶，子视兰脯为佳，龙南并进，尤堪一箸，此必非将虾钓鲤之为也，祈莞存之。廿七日，上西翁先生，令郎均此，八大山人顿首。"鹿村长子1690年成家，这里的"令郎"当指这位长子。《艺苑掇英》十九期载八大致鹿村信："令侄履仁年翁云，有条画十幅，扇十笏属之。山人来日正可放笔为也。祈转致意。付之来人。"这是方鹿村的侄子向八大求画。

吴雯炯（生卒年不详）②，字镜秋，江南徽州府歙县丰南人，号葛巾老人，居南昌之蓼洲，有笙山草堂③。当八大定居南昌与镜秋初交时，镜秋不过三十余岁。其人品颇为人称道，理学家王源去南昌，友人程偕柳（此人为梅庚女婿）让他去找吴镜秋寻求帮助，他见了镜秋之后，在给程的回信中说："吴镜秋，佳士也。其诗清远绝尘，人亦冲雅，以源之落拓，不为其所弃，真吾子之徒也。益叹子赏识不爽耳。"④程偕柳甚至说："吾友吴镜秋，今之长吉也。"⑤诗人蒋士铨诗云："新安大布衣，笙山遗一叟。袖中芟草词，诗人情性厚。忘年及余交，遗篇传万口。"⑥

今所见八大赠镜秋作品不多，仅见无锡博物院所藏一帧诗书册页（图29-6），共十六开，作于1688年，所书为古诗十九首的全文，书册前有"黄竹园"引首，第十二页有款曰："戊辰花辰，为镜秋社兄书此，驳杂极矣，八大山人。"款下钤

① 方宝臣云："大兄望子之弟乘六，从游药地本师于青原有年。"（见《岁华纪胜》）
② 歙人程之䂮也是八大的朋友，与镜秋同客南昌，其所作《白岳纪游诗》有"雍正昭阳赤奋若之嘉平月葛巾老人吴雯炯"之跋语，即雍正癸丑，时在1733年。八大去世近三十年后，镜秋尚在世。其生年大致在1650年左右。
③ 彭廷谟提及吴雯炯时说："却寻蓼洲寄一椽，往还不离蓼水边。"（《笙山草堂图为吴镜秋题时将去粤东》，见《江西诗征》卷七〇）据乾隆《南昌府志》卷六九寓贤载："吴雯炯，字镜秋，歙人，居南昌蓼洲，年八十一卒，无子。雯炯有诗名，少与庐山诗僧心壁、画者罗饭牛善。"
④ 《与程偕柳书》，王源《居业堂文集》卷八。
⑤ 王源《听雨轩诗序》引程偕柳语，《居业堂文集》卷一五。
⑥ 蒋士铨《怀人诗四十八首·吴镜秋布衣》，《忠雅堂文集》卷二五，清嘉庆刻本。

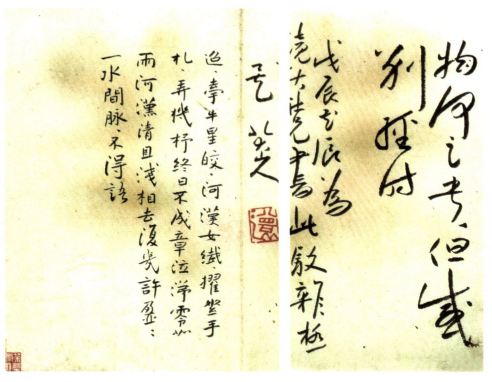

图29-6　为镜秋诗书册　纸本墨笔　1688年　24.7×29.6cm　无锡博物院藏

"八还"朱文印。后又接书未完之诗，字体变小，至第十五页又钤有"八大山人"小印，末页易为草书。款"八大山人"，并钤"八还"印。八大所谓"驳杂极矣"，其实为谦辞，此为八大生平不可多得之杰作，书风豪放，无所羁绊，睹此书作，似可想当时八大意气飞扬之态。此作有如此之长的文字，却酣畅淋漓，笔无滞态，似为临场之作。此作记载着他与这位"社兄"的深长交谊。

　　镜秋工书，尤擅于诗，是东湖诗社活跃的成员，住东湖谷鹿洲①，心壁、罗饭牛、八大、彭廷谟和镜秋等都是这个诗社的核心成员②。八大于1687年左右移居西埠门，就在谷鹿洲与镜秋比邻而居。镜秋又与李仍、熊秉哲、闵应铨、八大等人相与优游，组成东湖书画会。在这两个松散的艺术群体中，吴镜秋发挥着重要作用。他性格温和，有亲和力。彭廷谟《笙山草堂图为吴镜秋题，时将去粤东》诗云："吴

①乾隆《新建县志》卷四四："吴雯炯者，侨籍谷鹿洲。"谷鹿洲，即蓼洲。这里也是八大所居之地。
②吴镜秋精于词创作，尝从吴绮学填词之法，著有《香草词》，论者有很高评价。吴绮《家镜秋侄香草词序》云："将逾梅岭而南，偶憩蓼洲之上。听翁老叟初访徐穉以登台，族侄镜秋常就扬云而问字，迨乎旋车隋苑，初扫芜城，复惠寄以数行以征言，以一帙启而卒读，尽为兰畹之篇，展以长吟，可入花庵之选……"（《林蕙堂全集》卷五）

子结交四十年，行年六十予比肩。不仕不隐但闲放，自言家住笙山上。却寻蓼洲寄一榻，往还不离蓼水边。"① 对其推崇至此。彭廷训有《中秋舟泊章门，吴镜秋、赤苑招饮楝花坪呈八大山人澹雪长老》一诗②，也是关于镜秋与八大直接交往的记载之一。八大晚年参加东湖书画社、诗社的活动，对他的艺术有着极为重要的影响。吴镜秋是这些活动的主要组织者。

吴镜秋一家客居南昌，以经商为业，兄弟八人，他排行老三。镜秋在扬州的朋友很多。李骥《送吴镜秋还南昌》云："晴秋过访草堂阴，倒屣阶前喜不禁。两地知名才握手，一舟催发又分襟。月明鹤岭闻清泪，木落松门见远岑。应有江鱼下扬子，新诗肯寄重南金。"③ 他与张潮也有密切的关系。张潮《尺牍友声》三集卷四载"同里吴雯炯镜秋"之札："自扬抵豫，昕夕于孤蓬下读之。"石涛曾为吴蓼汀作《双清阁图》，其上有其友人姜学在、杜乘、费锡璜、徐葆光等题跋，并有吴镜秋的题跋，其云："我性亦耽丘壑美，春草池塘、有梦香生齿。阿弟近来心迹喜，浣花人自无尘滓。小阁忽从天外起，镇日书声，都在松涛里，只恐苍茫难独倚，展图为署双清字。调寄凤栖梧，笙山雯炯。"有"雯炯"和"我欲赠天涯之佳人"二印。在八大与扬州的李虬峰、石涛之间，镜秋当是一位通声气的人。

二、八大与客居西江其他徽商之交往

徽人叶丹是八大的诗友，为当时南昌著名诗人，也是歙县人，以通名法学游江西，后来定居南昌，字秋林，号梅花村农，名其室为留爪书屋④，有《梅花村农诗》十卷。他有《过八大山人》诗："一室痡歌处，萧萧满席尘。蓬蒿遮户暗，诗画入禅真。异世逃名老，残山剩水身。青门旧业在，零落种瓜人。"⑤ 此诗从一个侧面反映了八大晚年的生活状况，受到研究界的重视。叶丹诗风豪迈，但生活与八大相似，颇为落魄。

八大有一位名叫吴介臣的徽商朋友。方鹿村《鹿村诗集》七言律中有《上巳新晴邀同八大山人、吴子介臣游北兰寺坐秋屏阁，口占拗体》诗，诗云："泛舟之时

---

① 《江西诗征》卷七〇。
② 《江西诗征》卷七〇。
③ 《虬峰文集》卷九，诗大约作于1702年。
④ 取其雪泥鸿爪之意，今人多误为留瓜书屋。叶丹《月夜书怀》诗云："行踪只似鸿留爪，世态浑如蚁逐膻。"（《国朝诗正》卷四）
⑤ 《江西诗征》卷七〇。康熙初年南昌知府名叶舟，今有研究常将二人混之。

修禊节，到汝堂前天渐雯。微风吹开东海日，久雨洗尽西山云。上人推窗纳蕉影，客子登阁认江渚。今日尽酣得闲适，明朝依旧倾同君。"所记乃是鹿村、八大、澹雪与介臣在北兰寺相与优游之场面。

八大致方鹿村的两封书札中涉及这位介臣，北京故宫博物院藏八大杂画册，其中有一通致鹿村之手札（图29-7）云："介老字画，小春候准，拟连类而进，至今山水一副未得点染，风气既寒，转难呵冻也。"[1]同样藏于北京故宫博物院的八大另一通致鹿村书札云："专使促驾，如此之重重叠叠上瑶台也，可胜荣幸，翌晨趋承，转致意介老、玉郎为望。"[2]这两封书札中的"介老"，指的就是吴介臣。

吴介臣为歙县丰南人，名延祺，与吴镜秋同里[3]，是丰溪之畔走出的又一位商人兼诗人。朱观《岁华纪胜》二集卷下载吴介臣《九日》诗："惆怅重阳节序新，频年俱作倦游人。却看异地仍孤馆，绕砌黄花不买贫。"写客居之感怀。所谓"频年俱作倦游人"，长期客居在外，即言客居西江事。方鹿村《初春雪中送吴介臣返里》：

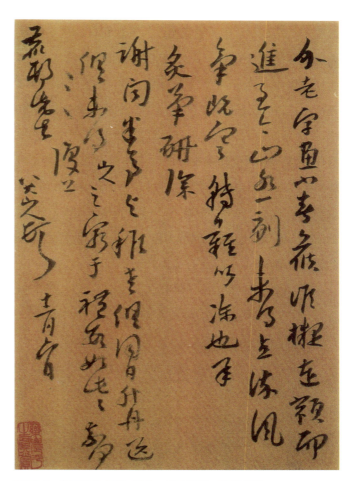

图29-7　杂画册之十四　手札　纸本墨笔　年代不详
22.6×24.1cm　北京故宫博物院藏

---

① 北京故宫博物院藏八大十四开书画册，未系年，其中一开书法是此札。
② 北京故宫博物院藏八大致方鹿村手札册十三通，其中一通书此。
③ 康熙时歙县丰南有吴筠，字介臣，浙榜解元，己丑进士，曾做过潞城知县。民国《歙县志》卷四选举志有载。八大这位叫介臣的朋友当是延祺。

"游子归装急，春帆带雪开。行逢新涨水，还看故山美。聚首情三载，分携酒一杯。最难双白发，相笑送人回。"[1] 写游子归家之匆匆行色。

八大有一位叫彬若的友人，《十百斋书画录》亥集著录八大书法一件，书诗一首："图画当年爱凤凰，竹林斗巷水云傍。发仙总作阳春曲，唤出平湖邵四郎。人道难驯鹿易降，百花开落酒盈觞。如何月里丹青手，定是凡间白玉堂。"款："夏日，似彬若年翁正，八大山人。"所赠之彬若，至今不为人知，汪子豆《八大山人书画集》虽著录此画，但其年谱并未点出所赠之人。此即为客居西江之徽人吴瑊。

据朱观《国朝诗正》卷二载，吴瑊，字彬若，号即山，歙县人，有《懿戒堂诗稿》。其父吴宇升，字紫朝，为朱观朋友，也是活跃于徽州和邗上之有名诗人。彬若曾客居西江有年。《国朝诗正》卷五有彬若《避乱侨寓蓼洲》诗，点出他客居西江之缘由。诗云："虽傍尘嚣是水乡，烟波无限逐人忙。蹉跎世事三更梦，仿佛人情六月霜。南浦晚风归钓艇，西山晴障拥残阳。惭余寄迹身难定，回首家园路渺茫。"而卷二所收彬若《次韵夏日村居》亦当作于西江，"一从嘉遁已忘年，散澹全真任自然。兴到曳筇穿邃壑，酣来曲枕对花眠。浮云乍敛峰峰翠，骤雨初收树树烟。乡信久淹归路杳，客中岁月别为天"。而卷五所载其《别起凡兄》诗云："忆昔章江别，于今已四年。风光应不异，人事孰如前。愧我才情浅，知君道谊坚。从兹更分手，遥望白云边。"此诗当作于彬若离开西江之后，清新可读，朱观说其诗"闻世久，寄情深"[2]，信而有征也。

《艺苑掇英》第二十三辑载八大《杂画册》，为北京画家周怀民所藏，十二页，册后有吴之直题跋一开，题跋作于康熙壬午（1702）：

> 严沧浪论诗以禅悟为宗，诗与画同一家法，迹象未忘，终归下乘。余乡八大山人作画颇得斯旨。余与山人交几二十年，见其画甚夥，山人画凡数变，独其用墨之妙则始终一致，落笔洒然，鱼鸟空明，脱去水墨之积习。往山人尝以他故，泛滥为浮屠，逃深山中，已而出山，数年对人不作一语，意其得于静悟者深欤！东坡云："作诗必此诗，定知非诗人。"山人作画，以画家法绳之，失山人矣。顷山左任君出此册索题，因举其概，书而归之。壬午春仲，南昌吴之直。

---

① 《鹿村诗集》卷二五言律。
② 朱观《国朝诗正》卷五。

吴之直，至今学界对他一无所知，或有研究将其误为"吴埴"。这段话中的描绘，是了解八大生平的重要资料。吴之直是活跃于南昌的一位徽商，《庐山秀峰寺志》卷六收有吴之直的诗，言其"字赤苑，新安人"。八大山人的密友梁份《怀葛堂文集》卷一中，有《仲昭吴翁八十序》一文："翁先世自歙侨居维扬……迁南昌城，自翁行年四十始……其子孙世为郡人也。……翁之伯兄行素、季弟行玉皆同居友恭……辛卯（1711）九月下澣为翁八十辰，长君上舍之直与份为兄弟，交属为文以侑觞。"吴之直与梁份以兄弟相称，二人有很深的交谊。梁份《怀葛堂文集》注评者中就有吴赤苑。其父生于1632年，大约在1672年前后由徽州迁来南昌。八大1680年"走还会城"，到1702，已有二十余年。也就是说，八大到南昌不久，就与吴之直家建立了联系。从吴之直题跋看，他与八大并非泛泛之交，而有很深的契会。前引彭廷训《中秋舟泊章门，吴镜秋、赤苑招饮楝花坪呈八大山人澹雪长老》诗，其中提到的赤苑，就是吴之直。

三、徽人西江访八大

八大晚年与客居江西的徽商结下密切关系，徽商将八大的诗书画带到扬州、徽州等地，八大的艺术也开始走出江西，向金陵、扬州等地传播。很多人慕名前来，八大也在与他们的诗艺交往中，结交了一批新的徽商朋友，其中有程浚（葛人）、程京萼、黄又（砚旅）、朱观、吴蔼、汪允让、戴扶昇等。

客居扬州的徽商程葛人是石涛晚年的重要赞助人，石涛与程家几代有交谊。程葛人是石涛的生平至友，数子皆成大器，其中第五子程鸣，字友声，是清代康雍时期的著名画家，乃石涛的入门弟子。《尺牍偶存》卷七载张潮致八大书札："耳八大山人名已久，奈天各一方，不获一睹紫芝。惟时有装潢家鉴赏妙画，徒切兼葭白露之思而已。近晤程葛人舍亲，知与高贤曾通缟纻，不揣唐突，附到便面一柄、素纸十二幅，敢祈先生拂冗慨为泼墨，以作家珍。"这封书札透露出八大与程葛人曾有交往。

程浚（1638—1704），字葛人，号肃庵，歙县岑山渡人，是一位德高望重的徽商，也是一位艺术收藏家。曾编有《两淮盐法志》，在扬州经商，歙县岑山有其松风堂，石涛曾在此客居一年有余，并有多幅重要作品作于此。葛人是扬州徽商中较早与八大建立联系的人。张潮书札中说葛人曾与八大有通信联系。八大在一书札中，也谈到了他亲自接待葛人之事："夏中葛人先生面见，便上庐陵，友声老笔墨丈室，与蕙喦之得尊者笔墨，是一是二，山人远拜下风已。"①这通书札是1699年前后写给石涛的②。此年夏天葛人在南昌面见八大，后又去了庐陵——他早年曾逗留数年的地方。札中"友声老笔墨"，乃葛人之子程鸣（1667—?）。从信中的语气推测，八大可能见过程鸣。葛人1674到1679年间曾在庐陵经商，后归扬州之后，晚岁再至庐陵。大约在1699年前后，程鸣曾去江西探视父亲。

吴蔼《送程友声庐陵省文》诗中云："远道驰驱十月程，兰桡初上早湖平。东吴雁迹侵霜冷，南国梅花照水明。云影苍茫皆画意，江流浩淼亦诗情。庐陵克尽晨昏节，得慰高堂乐自生。"这是写友声去庐陵探访其父的送行诗。吴蔼又在《题程友声诗集后》中说："惨淡经营属良工，落落自成非墨守。孤身今作庐陵游，白鹭青原相执手。"③程鸣有可能在去探访父亲的过程中拜访过八大。他与佩兰、蕙喦、程京蕚等人在沟通八大、石涛两位大师上起到了重要作用。

吴蔼，字吉人，号阶木，歙人，康熙间诸生④。扬州诗人，程浚内弟，也是徽商的后代。李麟《吴吉人诗序》："朱子古愚旋自豫章，予访之兴严僧舍，将别，而吴子吉人至。邂逅如素交，知其与子皇望唱酬有年，因偕之过皇望，谈次，又知其从大涤子游。久而心窃异其人焉。越明日，大涤子过我潜虬室，询之大涤子，言吉人欲得予序其诗。……宜乎大涤子与古愚、皇望称异之不置口也。"⑤其中所载这位诗人就是吴蔼，他是石涛的诗弟子。

吴蔼曾亲访八大，其《阶木诗文稿》中留下了有关八大的不少珍贵资料。他说："予尝五过洪都，览西山之崒嵂，睹章水之潆洄。"⑥他曾五下江西，南昌吴镜秋等是他的同乡诗友。他有《送镜秋之南昌》诗云："别来十载各西东，荏苒时光递不穷。孺子祠前花事异，滕王阁外水声同。雷塘问径殊今古，隋苑成吟见雅风。此去豫章何所赠，聊将尺幅写离衷。"

吴蔼《北兰寺》一诗记载了他探访北兰寺所见之景况。八大晚年有很长时间客居北兰寺。此诗云："洪都郭外寺崇隆，颜以北兰曲径通。画壁萧疏罗逸士，题联

①此札本为台北何创时基金会所藏，影印见基金会所编《明末清初书法展》第一册，1998年。今不知藏于何处。汪世清先生引此札时，说作于康熙己卯（1699），未知何据。关于此札的研究，见本书第三十章《石涛与八大山人的相关作品辨析》。
②这封书札，《八大山人全集》归入所致之人不明一类，汪世清先生以"赠扬州某僧侣"，不明其人（台北《大陆杂志》第五十一卷第六期，1976年）。其实此书札就是致石涛的。
③这两首诗均见吴蔼《阶木诗文稿》卷一，康熙四十九年学古堂刻本，安徽省图书馆藏。
④吴蔼有《阶木诗文稿》三卷，其中诗稿一卷，文稿一卷，《西江唱和》一卷，由康熙四十九年（1710）学古堂所刻。又编有《大家诗选》《名家诗选》，此二书是了解清初诗坛状况的重要资料。
⑤《虬峰文集》卷十五。其中所言之皇望，乃是虬峰的弟弟。
⑥吴蔼《阶木诗文稿》卷前《喻澹怡明府澹淇斋诗稿序》。

苍老八山翁。鸟啼花落情何极，峰断云连景不穷。独坐问亭谁是伴，钟音清越启愚蒙。"诗中记载了北兰寺中有罗饭牛的画，还有八大的"题联"——这是目前所见八大于北兰题联的唯一记载。

吴蔚作有《题八大山人飞鸣宿食芦雁图》四首：

> 深秋霜渐降，北雁爱南阳。影落潇湘冷，形过关塞长。
> 联翩多羽翼，独翥见昂藏。笔具飞扬意，名流雅自量。
> 芦汀当气暖，嘹呖念同群。不惜声啼苦，但期同类闻。
> 寒江留野色，古石带斜曛。入目饶生趣，孤情为尔欣。
> 暂敛凌云翼，平沙度寸阴。无情事飞翥，有口善藏音。
> 与世忘机械，于人无害侵。幽窗相晤对，可以息劳心。
> 气候南天爽，优游好自筹。稻粱求陇上，领啄赴河洲。
> 性与鸥凫合，情殊鸡鹜流。芦花浓淡处，点燃异林丘。[①]

八大此幅作品今尚存世，本为王方宇所藏，现归美国弗利尔美术馆。款署"乙酉秋中写，八大山人"[②]，是八大生平最后岁月的作品。吴蔚的四诗借芦雁飞鸣宿食，写八大的生平经历，表达对其深切同情之意，所谓"无情事飞翥，有口善藏音。与世忘机械，于人无害侵""性与鸥凫合，情殊鸡鹜流"，是八大"口如扁担"的另一注释，非熟悉八大者不能办。八大正是一位暂敛凌云翼的性灵飞翔者。

吴蔚曾将这幅作品带回扬州，在他的朋友圈中产生不小的影响。他所编《名家诗选》卷一载张兆铉《飞鸣宿食芦雁诗》四首诗。张兆铉，字贯玉，号迂庵，歙县人，为张潮之侄。这四诗是吴蔚诗的和作。

吴蔚所得八大画作不止这一册，《阶木诗文稿》中有《题八大山人梅花双鹊图赠程嘉仲》，诗云："最爱芳春花事浓，梅花先发百花丛。一珠直上涵香影，两鹊同栖肃羽容。高士深情工绘事，词人妙鉴定清供。夭浓那得叨心许，结伴惟堪竹与松。"一珠直上涵香影，两鹊同栖肃羽容，是八大画作的典型形象。吴蔚将自己所得珍贵画作赠给程嘉仲，嘉仲乃程浚的侄子程用昌，号克庵。

八大还有名为"半亭""扶昇"的朋友，也都是徽商。八大在致方鹿村书札中说："闻半亭与稚老俱同日升舟，送俱未得，山人之穷于礼数，如此如此，奈何奈

---

① 吴蔚《阶木诗文稿》卷一。
② 见《荷园主人：八大山人的生活与艺术》附录C第177号第279页。

何。"①

　　这里所说的半亭，乃徽州诗人汪允让，字礼常，号半亭，歙县人，工诗，善鉴赏，有《半舫斋稿》，也是家在扬州的徽商。他是石涛的朋友，石涛曾在一则画跋中说："穆倩郑君拟狮子林图，而汪子半亭翁藏识已久，请余补记之。其览斯图也，而喜汪识斯卷之墨妙，快聆斯图之风韵，诚胜事也……时己卯夏日，清湘陈人苦瓜老秃济大涤堂下。"②汪允让曾客居南昌，二人颇有交谊。他有《南昌怀古》诗，诗中有"滕王无处问，潭影为谁悲"③之句。他与客居南昌的方鹿村为至友，并与吴镜秋等也有交往，镜秋《雪中送汪半亭归西山》云："对酒不成醉，江城雪正飞。可堪时序晚，又送故人归。世路多荆棘，文章老布衣。西山栖隐处，重茸旧松扉。"此诗当作于南昌，为隆冬之际送行诗。八大曾有一首题画诗云："上客为扬州，春风自兰畹。方春仪真步，白日少欲晚。"我疑此诗就是赠予居扬州的徽商汪允让的。

　　北京故宫博物院藏八大致方鹿村手札中，有一通谈到一位名为"扶昇"的朋友，此札云："百凡庋之高阁，可得耶，翌晨石亭寺于两处答拜，然后可联袂也。扶昇兄至不？未至，必往。"从此札的口气看，八大与这位"扶昇兄"交往甚密，此人至今也不为研究界所知。这位扶昇也是徽商朋友。戴世敞，字扶昇，休宁人。《国朝诗乘》卷九录有其诗，邓汉仪《诗观》三集收其五题七首诗。戴扶昇颇有诗名，与鹿村为世交。（图29-8）

　　八大的朋友黄又，字燕思，号砚旅，江都籍，歙县潭渡人，也是一位徽商，长期客居扬州，二人同有诗好。黄又对八大艺术非常神迷。据黄宾虹《歙潭渡黄氏先德录》载，砚旅先世多有"业盐于淮南"之人④。至砚旅，家资富赡，他一生旅行，足迹几遍天下。石涛生平为其作画今存有数十幅。17世纪90年代后半期，八大在徽、扬二地的地位如日中天，"八大山人艺无敌"，几乎成为很多扬州徽商的共识。当黄砚旅得到一幅八大的作品后，欣喜若狂：

　　　　八大墨妙，古今绝伦，余求之久矣，而无其介。丁丑春，得被斋书，倾
　　　囊中金为润，以官纸卷子一册十二，邮千里而丐焉。越一岁，戊寅之夏，始
　　　收得之。展玩之际，心怡目眩。不识天壤间更有何乐能胜此也。因念被斋为

①北京故宫博物院藏八大十四开书画册，其中一开为此札。
②郑旻《师子林图》跋，见《十百斋书画录》子卷，《中国书画全书》第七册，620页，上海书画出版社，
　1998年。
③刘然编选《国朝诗乘》初集卷四。
④《歙潭渡黄氏先德录》，见《黄宾虹文集·杂著编》，420—453页。上海书画出版社，1999年。

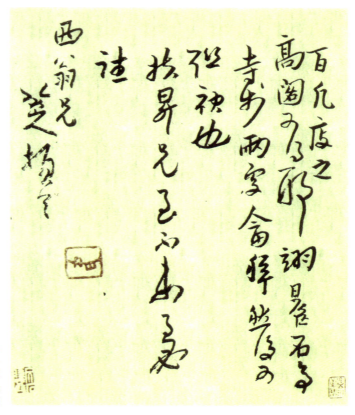

图 29-8
八大山人致鹿村手札册之一
纸本墨笔　年代不详
21.2×17.5cm
北京故宫博物院藏

人，书既诚恳，八公固不以草草之作付我，如应西江盐贾矣。有真赏者共为我宝之。戊寅首夏砚旅记于双清馆之梅花树北，时小雨未霁。①

在这则跋语中，黄砚旅以"不识天壤间更有何乐能胜此也"来形容自己得到八大作品的心情。1697年，黄砚旅请京蓴为他向八大求画，八大为他作十二幅山水图，这十二幅作品现为香港一位私人藏者收藏。砚旅求画在1697年，得画在1698年。1701年阴历五月十六日，黄砚旅见到久已仰慕的八大，八大为其作《砚旅先生度岭图》题跋："乘云几日崆峒子，群鸟飞鸢望云纪。云中闽粤南衡山，翅蝶罗浮东海关。何处尊垒对人说，却为今朝大浮白。辛巳五月既望，喜晤燕翁先生南州。出示此图，敬请正之。八大山人。"② 黄砚旅当有诗记其感受，惜今不见。（图29-9）

① 神州国光社曾著录此作，现为香港私人收藏。
② 此图不著姓名，分上下两册，上册为图，图的上部有郭元釪、陈鹏年、王式丹、殷誉庆四人之跋，后有石涛、杨士吉、八大等十八家题诗，下册有闵麟嗣、王熹儒、先著、李国宋、姜鹤涧等题诗。

图29-9　黄砚旅度岭图　纸本设色　年代不详　31.2×169cm　私人收藏

四、徽人远求八大作品

　　八大晚年的艺术达到炉火纯青的程度，影响也扩至大江南北。尤其在扬州，甚至出现了"八大山人热"。八大艺术之所以能够征服这个艺术之都，很大程度上缘于徽商的传播。当时，扬州等地有很多人辗转向八大求画，因此很多珍品通过徽商源源不断地传到扬州。在商品经济发达的扬州，收藏八大作品几乎成为一种时尚。乾隆时书法家单为濂题八大石涛合册说："年来所见八大山人画不下数十种，当以此页为第一，石涛作亦非凡品，虽多零残，要亦径寸珊瑚，宝之宝之。"[1]

　　张潮在程浚的影响下，向八大山人求画。他对八大作品心仪已久，但二人终生未见面，现见张潮向八大的求画信，另有八大回札一通。八大为张潮所作之画，今不见。

　　八大1698年作有《临河集序扇面》，款署："戊寅春日临，为南高先生正之，

①端方《壬寅消夏录》著录，上海有正书局曾影印此册，名《八大山人石涛上人画合册》，日本兴文社所编《南画大成》载《朱耷道济画合册》，在续卷五上录题跋三段，此册今为私人所藏。

八大山人。"有驴形小印。这幅作品见录于汪子豆的《石涛书画集》。所赠之人乃是居扬州的徽商吴与桥，字南高，歙县丰南人。其祖父吴尔世，字延支，号卷石山人，以业盐为生，活动于宣城、扬州和徽州之间，为当时著名诗人，与石涛为至交。石涛住锡宣城敬亭双塔寺期间，与吴尔世结下深厚友谊。石涛晚年定居扬州，此时尔世已故去，石涛又与其子承励有交谊。南高就是承励之子。南高少负诗才，与石涛相优游，1691年吴承励去世后，南高与石涛接触密切，石涛扮演了精神导师的角色，石涛生平有大量作品赠予南高。著名的《诗书画三绝图》（今藏香港），就是赠予南高的。

客居扬州的徽商求书画者还有破水先生。沈阳故宫博物院藏有八大致鹿村手札册四通（图29-10），其中第三通曰：

> 拙作二呈上，转致破水先生。不敢书台号者，未识主人之去取何如也。尊函于知己中少述近况为望，鹿村先生。八大山人顿首。

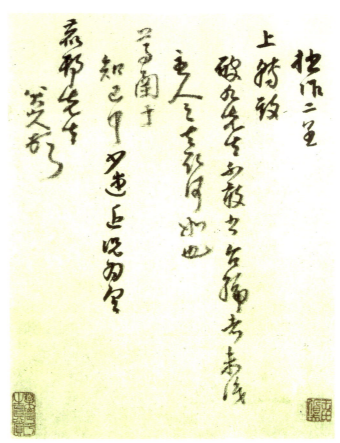

图29-10
行书手札册之三
纸本墨笔　年代不详
20.2×14cm
沈阳故宫博物院藏

破水先生请方鹿村代向八大求书画，八大为其作后，未书破水之台号，不是他不知道求画者为何人，而是他不知道破水先生求此书画作何用（是自己收藏，还是他用）。破水与八大当未谋面。

这位破水先生也是一位徽商，姓郑，名晋德，字破水，歙县岩镇人，邑诸生，客居扬州，为当时著名诗人[1]。为诗长于七言古体，当时甚至有人说，近体破水不如王阮亭，若论古体，则阮亭不及破水。有《韵阁诗》十卷，今不见。破水在扬州有梅花书屋，很是著名。他曾请石涛为作《梅花书屋图》，题跋者如林，今此作不见，倒是题跋之诗在有关诗集和作家别集中见到，其中如旅居汉阳的歙县诗人汪颖、汪峤林以及李虬峰等[2]。八大的侄子朱堪注也有《题郑破水先生梅花书屋》一诗，其云："见梅恍若见古人，纷纷俗艳无精神。破水先生负奇尚，愿与太清结为邻。家在丰溪构韵阁，霜根铁干吐冰葶。"[3]

王方宇旧藏、今属美国弗利尔美术馆的八大书画册页，共九开，前四开为山水，后五开为书法作品，其中第七、第九为书赠吴宝崖的两幅作品，第八为一书札（图29-11），其云：

王西斋所画荣封一面，乃《蓬来倒影图》，以为实蒉先生六旬寿，明年十月上浣，令上淑兄过我，为书工部《送李八秘书》一面，志之书画扇。八大山人。

这封书札未题所送何人，当以鹿村的可能性较大。书札中所说荣封，即祝寿之意。八大受友人之托，为一位叫实蒉的人祝六十大寿。是画为《蓬来倒影图》，此类图画，八大曾有作，如其为退翁先生所写《蓬莱水清浅》。

所托之友人王西斋，当是活跃于扬州的诗人王仲儒。仲儒，字景州，号西斋。与其弟熹儒并有诗名。熹儒，字歙州，号勿斋。雍正《扬州府志》卷三一《人物志》文苑有王氏兄弟传，其云："王仲儒，字景州，兴化人，幼时颖悟，工举子业淹贯经史，为诸生领袖。中年绝意场屋，专肆力于诗，沉雄浑噩，独步少陵，不屑道轻靡脆弱一字。弟熹儒，字歙州，以诸生贡入成均，亦擅诗文，工书法，与兄齐名。"李驎和李国宋（大村）称熹儒和仲儒为表叔。西斋与石涛相善，当时在扬州，石涛与西斋兄弟、程退夫、李国宋、洪嘉植、黄仲宾、先著、朱观、程京萼等形成一个

---

[1] 民国《歙县志》卷一〇人物志《诗林》。
[2] 朱观说："梅花书屋诗人，作者如林。"（《国朝诗正》卷四）
[3] 《国朝诗正》卷四。

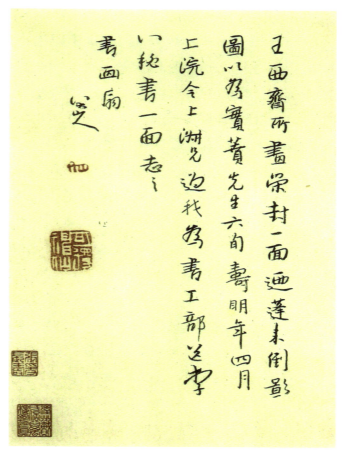

图29-11
书画册之八
纸本墨笔　1696年
25.4×17.1cm
王方宇旧藏

文人集团，西斋为黄砚旅、仲宾兄弟的老师，在这个文人集团中有很高的声誉。今藏南京博物院的《狂壑晴岚图》，就是石涛赠西斋之作。

　　程霖生《石涛题画录》载有《补八大山人山水》一图，其跋云："己卯浴佛日雪个为岱老年翁写古树苔石，属余补水滩红叶，并赋小诗请正。清湘陈人苦瓜。"[①]八大之画作于1699年。岱老年翁，为扬州赫赫有名的徽商江世栋。世栋，字右李，号岱瞻，江南徽州府歙县江村人氏，工诗善书，并精于收藏，是清初有名的收藏家，他与程哲是石涛晚年生活上的主要接济人。无锡博物院藏八大《瓶梅图》，款"八大山人写"，下钤"荷园"印，上有多人题款，其中有松泉昱居士题："个个痕圆墨淡攒，不随□裹笛声残。寸心只抱冰霜气，春满南枝亦自寒。"这位松泉，就是江世栋之子，名昱，字宾谷，号松泉，江都诸生，善书画收藏，潜心学问，有

---

①《石涛题画录》卷四，歙县程氏遂吾庐，1925年。

《松泉诗集》和《尚书私学》。

八大晚年的重要作品《安晚册》，今藏日本京都泉屋博古馆，是赠给一位名为"退翁"的先生。此册第二十页有跋语，其云："甲戌夏五月六日以至既望，为退翁先生抹此十六副筒中……"此册中二十二页又有署云："蓬莱水清浅，为退翁先生写。壬午一阳之日涉事""为退翁先生写。壬午一阳之日涉事。"这位退翁先生就是扬州的徽商程道光。程道光（1653—1706），字载锡，号退夫，歙县岩镇人，居扬州，早年家境贫寒，后业盐，家境渐丰，在扬州有自强堂、其恕轩、慎独室、敬久亭、自顺楼等。他也是一位诗人、收藏家，为石涛晚年挚友之一。（图29-12）

徽人汪天与，字苍孚，号畏斋，松明山人，工诗，善书，也是客居扬州的徽商。他曾为自己所编的一本歌颂其母亲的诗文集《萱圃录》[①]向八大求诗，八大诗云：

男儿一念初与转，初为人生转何忝。翁姑在堂夫驱车，割肉还翁尝何如。

吁嗟人生不丈夫，丈夫不特还肌肤。望夫之山冰玉壶，如今富贵天下先。

联系八大早年为裴璜母亲所作文字可以看出，冷寂的八大其实具有赤子心肠。

客居浙江桐乡的汪文桂、汪森、汪文柏兄弟，为徽州休宁人，三人均为驰名天下的文士，也是著名收藏家。汪文桂，字周士，一字鸥亭。岁贡生，官内阁中书。有《鸥亭漫稿》等。汪森，字晋贤，号碧巢，官户部江西司郎中，有《小方壶存稿》。汪文柏，字季青，号柯亭（又作柯庭），诗文之外，善画墨兰。汪氏兄弟当与八大有间接交往。北京故宫博物院所藏《八大濣雪朱容重书画合册》，其中有一开为汪文柏的《菊花图》，有朱容重的对题。这套书画册页中有八大《古木双禽图》，款"八大山人"。下钤"季青清玩"朱文方印。1692年，八大作有《鸟石图》，其上八大款"壬申之花朝涉事"，此画为汪文柏收藏，其上有"汪季青珍藏书画之印"朱文印。

---

① 《萱圃录》，康熙五十年（1711）刻，由王士禛作序。汪天与之父汪嵩如颇有诗名，甲寅之岁，寇蹂躏徽州，此时嵩如客居他乡，生病，逃窜到山谷中，无从得医，天与母夜割左臂肉做汤以进，吴嘉纪为之作《割肉诗为新安汪孝妇作》。后多有人作诗歌此事，均是一时名流，因而成册。其中江西之题诗中就有八大、罗牧、李绂等人。刻书之时，八大已下世。

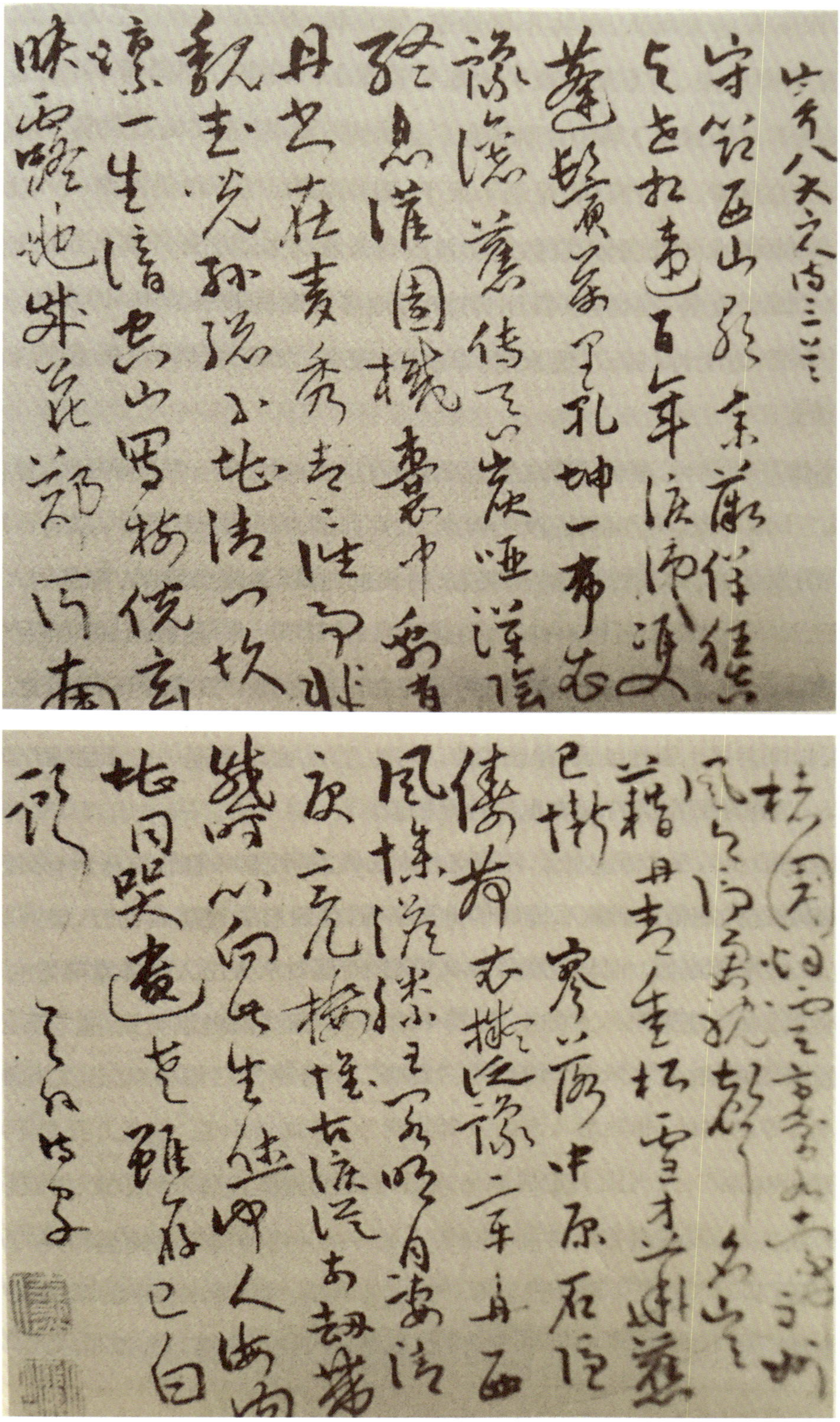

图29-12　石庞题八大山人图册　上海博物馆藏

五、八大山人对徽、扬一带艺术的影响

八大山人下世之后，其画风对徽、扬一带有很大影响，如郑板桥就曾师事八大山人的弟子万个。其实，八大在世时，其艺术在这里就产生了很大影响。石涛一门艺术均受到八大的影响。晚年石涛简洁的构图多少可以看出八大的影子。石涛曾经和旅居南昌的诗人黄律论画，其中谈到八大："此道从门入者，不是家珍而以名振一时得不识哉，高古之如白秃、青溪、道山诸君辈，清逸之如梅壑、浙江二老，干瘦之如垢道人，淋漓奇古之如南昌八大山人，豪放之如梅瞿山、雪坪子。皆一代之解人也。"① 而张潮论当时画坛，也提到八大："今之人诗文行草，皆囿于古人糟粕中，不能自辟一境，独至于画，往往出人意表。如吾乡之吴塞翁、豫章之八大山人、辽东之指头生，粤西之瞎尊者，龙眼之方芋僧、吴江之顾而立，皆能别出心裁，不屑寄人篱下。"② 当时为江苏兴化知县的喻宗樨（南昌人，字永年，号澹怡，八大友人）就在《题八大山人松石图》中说："得心应手妙入神，八大山人画无敌。"③ 对八大艺术予以极高的评价。在徽商的影响下，一批艺术家以摹习八大风格为尚。有人千里迢迢，由扬州来投奔八大之门，被石涛称为"蕙喦走入八大境"的蕙喦就是八大山人的画弟子④。

在徽、扬一带，出现了一种摹仿八大风格的风尚。石庞便是八大艺术的崇尚者。杨翰《归石轩画谈》卷一〇谈到石庞一幅作品时说："册图各景十二叶，高简淡古，深似八大山人，每幅题诗，别深寄托，册首寄八大诗三章音节高壮，血性淋漓，即以诗论亦冠绝一时矣。"⑤ 其所录石庞《寄八大山人诗三首》云：

> 守节西山歌采薇，佯狂真与世相违。百年泪涕双蓬鬓，万里乾坤一布衣。
> 豫让旧传吞炭哑，汉阴终息灌园机。囊中幸有丹青在，麦秀青青往事非。
> 魏武儿孙总不堪，青门坎壈一生谙。空山写树倪云镇，露地成花郑所南。
> 楮国烟云豪客索，神州风月隐君耽。声名岂藉丹青重，松雪才华旧已惭。

---

① 美国洛杉矶郡立美术馆藏有石涛八开《山水册》，其中总跋中评当时绘画，有此一段论述。
② 张潮为孔衍栻《石村画诀》的题跋。
③ 据吴蔼《名家诗选》卷四（康熙刻本）《题八大山人松石图》诗："拙哉松，怪哉时，笔端□化真奇辟，曲铁参天矫游龙，古干千年盘翠壁。孤高得气木正真，森森梁栋凭谁识。尤工远势匹泰巅，想象根株惊泼墨。何时化鹤上青霄，岂并文鸾栖枳棘。斋中共此岁寒盟，高挂虚窗每拂拭。得心应手妙入神，八大山人画无敌。"
④ 见吴湖帆藏《清石涛清湘怀旧图卷》，这幅画的题识中，石涛带有回顾性地列出自己一生所交之友人。
⑤ 见《中国书画全书》第十二册，166页，上海书画出版社，1998年。

寥落中原石隐侪，荷衣拟泛豫章舟。西方惨淡滕王阁，明月凄清庾亮楼。

怀古类从前劫带，感时心向此生休。何人海内堪同哭，遗老虽存已白头。

这幅十二页的山水今天仍存世，藏于上海博物馆。石庞的山水构图的确与八大神似，如第一页画独树斜出，画风简淡，笔致萧散。其上题有自作诗多首，如第一页有诗云："朝辞黄海去，又泊□□□。山落悲元祐，苍松想太还。禅灯浮树杪，清梵出人间。吾道从凋丧，丘园好是闲。"款"天外时史"，并钤有"天外山人""石庞"两白文印。

石庞是一位才高命薄的诗人，三十出头便下世。字晦村，一字天外，江南安庆府太湖人，一生不取仕途，好交游，善书画篆刻，工诗赋，并在戏曲方面有重要成果，有《天外谈》《晦村初集》《晦村二集》等，并有戏曲作品《壶中天》《因缘梦》等十余种传世。余大堃（象乾）在《晦村初集》序言中说："然少醉心佛学，至廿有六，足迹半天下，艰险数历，与一时贤达游……独于举子业外，又能通诗词赋，天人理数之学及丹青篆籀之长，亦大奇矣。"石庞短短一生，在金陵、扬州、苏州等地停留时间较长，与一时英杰如狄亿、张潮、梅清、查士标、黄云、倪永清、卓尔堪、宋曹、余怀、姜宸英、朱书、尤侗、李国宋等有交。

石庞聪明绝世，豪荡不羁，人皆以为狂生，性格与八大颇相似。他在自赞中说："不僧不道，不凡不仙。汝心何冷，汝性何偏。呼马则诺，呼牛亦然。不饮酒而醉，不削发而禅，对人说鬼，对鬼谈玄。遇侠士则舞，遇俗士则眠，有想则入幻，有梦则登天……忽焉而笑则声彻天，忽焉而哭则泪彻泉。"[1]我甚至感到此赞移以言八大，也是可以的。石庞善画，传世画作少，但颇为人喜爱，何绍基和杨翰就曾为石庞之作传之甚少、知者更少而叹息。平心而论，其画功力不厚，但却有意味。他在《画引》中说："画山画性，画水画情。用笔之神，非可言尽。绘物绘灵，绘画绘影。写生之法，必以意通……予尝谓作画如作草书。"[2]他在绘画上所持观点也与八大相似。

这帧册页几乎全仿八大。名谓寄八大山人，是否意味着他与八大有交往？似乎不能做这样的结论。从石庞传世文字看，他没有去过江西，而八大生平未出江西，二人未曾谋面。但从这幅作品可看出，他对八大又是非常熟悉的，不仅熟悉他的画风，还熟悉他的生平。诗中对所谓"何人海内堪同哭，遗老虽存已白头"的深

①石庞《天外谈初集》卷二。此为康熙刻本，北京大学图书馆藏有一本。
②石庞《晦村初集》卷三。此为康熙刻本，清华大学图书馆藏有一本。

切同情，对八大的"佯狂""吞哑""守节""灌园"（八大有"灌园长老"之号）等的描绘，非熟悉八大者莫能办。如"青门"，八大早年诗作中就有"写此青门贻，绵绵咏长发"的话，其中含有"尔今青门种瓜人，原是旧日东陵侯"的意思。石庞诗中描写的都是八大真实的遭际。石庞诗中还显示他曾接触过不少八大作品，如"空山写树""露地成花"，这是八大作品的风格，八大所作《古梅图》，就是"露地成花"。石庞可能还读过八大的诗作，如其中"寥落中原石隐俦，荷衣拟泛豫章舟"，八大《瓮颂》中就有"烂醉及中原，中原在何许"之语。

石庞当是通过间接途径了解八大的，并且曾与朋友谈论过八大。他的一些说法，与当时文人中流行的看法颇相似，如"声名岂藉丹青重，松雪才华旧已惭"。他以为赵松雪虽书画精湛，但节操不保，所以远逊八大。我们在李国宋、李虬峰那里也看到类似的评价。如虬峰《噫嘻》（悼八大之作）云："彼赵孟頫，游魂若在，邂逅九京，岂不愧悔！"[1] 李国宋也说："八公、石公皆故宗室，而高出赵承旨远甚。"[2] 石庞与张潮为至友，张潮《幽梦影》即请石庞为之作序，序称："以风流为道学，寓教化于诙谐。为色为空，知'犹有这个在'；如梦如影，且'应作如是观'。"可见他对张潮的推崇。张潮为八大之友，并得到过八大的作品，此也是了解八大的一个途径。另外，石庞与家在南昌的吴镜秋等有交谊，也可能是从此途径了解八大。

《十百斋书画录》亥集载："柯亭功《秋林曳杖》，乙酉春二月。柯亭功并拟关全法请正。"此图作于1705年，《十百斋》录此图，前后均为八大山人书法。查画史，并无"柯亭功"其人，当是十百斋主之误。柯亭功就是徽州山水画家程功，山水仿八大。张庚《国朝画征录》云："程功，字又鸿，号柯亭，休宁人，举孝廉，屡困南宫，遂不仕。善山水，有奇气，非近日之新安派比也。尝作《白岳图卷》，峰峦林壑，寺观村坞、径术纡回、桥渡往来，井井有致，而笔墨复能脱去时习，故足贵耳。能诗，有《千竿草堂集》。"又，李果《在亭丛稿》卷八《感旧诗》十二首，其中有一首就是写程功的。小传云："程举字幼鸿，名功，一字柯亭，休宁人，康熙乙卯科武举人，长于诗画，常坐黄山莲花峰，写山水，又客陕西、甘肃累年，有《唐古诗则》六卷行于世。"

《雪桥诗话》三集卷一载程柯坪题八大《菌笋图》云："谁能画菌如画芝，铜钉苗土仙瀣滋。谁能画笋如画获，冻雷怒蛰锦棚坼。山人泚笔绝艺兼，圆堆坏笠犀擢

① 李骥《虬峰文集》卷三。
② 上海有正书局1922年影印《八大山人和石涛上人画册》中，其中一开李国宋的题跋。

尖。伊蒲馔净谷神醒，撷蔬不受肥膻粘。石城回首烽烟动，朱邸繁华成昔梦。寄生已分笑灵椿，结实何心饲饥凤。一龛枯坐雪灯昏，薇蕨西山忍共论。君不见，国香零落鸥波涴，芳草王孙断客魂。"此诗由八大的一幅《菌笋图》，发而为故国之论，颇见新颖。

由于八大作品在扬州的迅速传播，康熙后期，扬州艺术家中流行着将八大和石涛比肩而论的观点，尤其是在与徽商有接触的艺术家中，这样的观点几乎成为定论。

四川诗人先著，先客居金陵，后来扬州，他是石涛的好友。石涛《写兰册》十二开，神州国光本《大涤子题画诗跋》卷二著录，此册今不见，画是赠学生洪正治的。第三开《露兰风竹》图，先著有题跋云："雪个西江住上游，苦瓜连年客扬州。两人踪迹风颠甚，笔墨居然是胜流。是竹是兰无会处，非竹非兰转不堪。我有藤条三十下，寄打文同郑所南。庚辰九月五日染庵居士戏谈此偈。"此跋作于1700年，这里就将在扬州有很高声望的石涛与八大相比而论。

日本兴文社所编《南画大成》载《朱耷道济画合册》[1]，在续卷五上录题跋三段，其中黄石彤、李国宋、黄吉遄三人都是石涛的友人。黄石彤，居扬州，工诗（生平不详）。李国宋，李驎的从弟，字锡山，又字汤孙，号大村，工诗，有《螺隐集》。与其叔李沂（号艾山）、李驎并称为"淮南三李"。与石涛为至交，对八大之画颇为神迷。黄吉遄，黄又（砚旅）三弟，人称黄三。他是王仲儒的入室弟子[2]，与石涛、李虬峰、程道光等相善，尤其与程道光亲如兄弟，人称"黄三程四"。他和朋友旅途中还要带上石涛八大的作品，以此来"破寂"——伴着旅途而慢慢欣赏。此册将石涛与八大合而装裱，评者合而论二人，二人皆是前朝王孙，都是僧人，艺道都极精，故受到文人圈的重视。

扬州、徽州的朋友纷至沓来，带着朝拜的心情去面见八大，托在西江的朋友或去西江探访的友人向八大求画，八大的作品大量流传至此。我们可以看到，八大在世时，在扬州、徽州两地，很多人曾亲见八大作品。朱观《国朝诗正》卷八载徽州诗人方暄（字献君）《题八大山人墨菊一枝》诗："摘向篱边未许真，疏疏几笔转精神。山人不用胭脂点，仿佛渊明化外身。"所叹赏的是八大高洁的品性。汪观《清诗大雅》载黄山僧人中洲《寄八大山人》诗，诗云："阅残鲸海起黄尘，石烂松枯不计春。绛县尚能存甲子，首山端可验精神。烟霞半抹颠狂态，虞夏长歌自在

---

[1] 所录此作，即上海有正书局1921年影印《八大山人石涛上人画合册》。
[2] 王仲儒《西斋集》癸亥年诗，有"受业黄仲宾吉遄校"语。

身。五老峰头每相见，拍肩欸欸话情深。"[1]从诗中也可以看出，中洲对八大有很深的了解。

六、徽商促进八大出售字画

八大自1681年定居南昌之后，虽然癫疾渐好，但从龙科宝的描绘看，他的身体并没有恢复到正常状态，时好时坏。他在一个侄子家寄居一段时间后，又独自居住，过着极其窘迫的生活。史料记载，八大曾有出卖书画的经历。

前引李伍溁《壑云篇文集》卷三《却助续引》，谈到八大窘迫的生活："今八大山人盖常有无声之悲矣，其中退然如不胜衣，其言呐呐然，如不出诸口，耕稼非其所任，独持数寸不聿以为生。风雨不蔽，短褐不完，收光敛采，以自放浪于颓垣委巷之中。"

李伍溁是八大生平至友之一，曾作有《八大山人像赞》，是一篇了解八大思想和生活的重要文献。《却助续引》中谈到，八大晚年的生活，就靠手中的一支笔，所谓"山人点染绘事，易米而外，不及清酤"。所以，他写这篇文字，就是与同党相约，"自今我辈有所请于山人者，当其为不助而助之想，庶不乖其力不食之志也。于是既与同人约，而且笔之以公诸凡与山人相际者"，凡得到八大书画的人，必须付一定报酬，以使八大免受饥饿。

八大在给鹿村的书札中也谈及此事：

> 奉别来将一月，右手不倦，赏臣者倦矣。但可为知己道。
>
> （北京故宫博物院藏）
>
> 顷为沈年翁屏作画，当破格写此五副也，叔痤右手不倦，赏臣者多已。
>
> （纽约大都会艺术博物馆藏）（图29-13）

八大常说"河水一担值三文""何其廉也"，他根本不是将出售书画当生意来做，我们也不能简单地将其理解为商业性行为。在以上二札中，八大谈到"赏臣者多""赏臣者倦"，将别人给钱让他画画，说成是赏赐，确实可以看出他并不是一个买卖人。他出售书画，是为了生活。但他其实仍然过着窘迫的生活，瓮中酒常缺，

---

[1]汪观，字松萝，江南徽州府休宁人，辑《清诗大雅》，有雍正静远堂刻本。

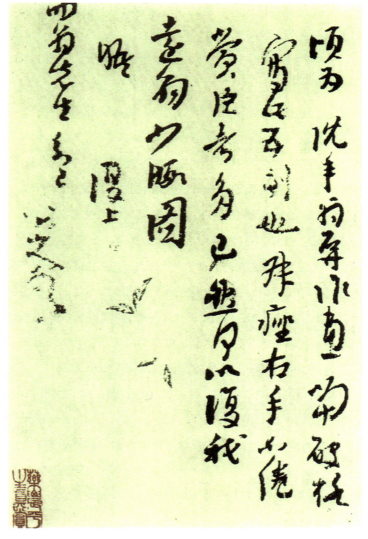

图29-13　手札十通之三　纸本墨笔　年代不详
19.8×13.6cm　大都会艺术博物馆藏

缸中粟常无。

　　显然，八大出售字画，并非如海外一些研究者所说的是进入艺术市场，他与那些主动卖书画甚至让别人代笔的卖书画者是完全不同的。他只是通过徽商的帮助，为别人作书画，得到一些银两权当生活之资而已。八大本来也不愿如此。

　　程京萼（著名学者程廷祚之父），字韦华，号蔽斋、韠老，又号抱犊，江南徽州府歙县槐堂人，居金陵，又往来于扬州，精书法，曾以卖字为生。其书法作品颇有世名。他是石涛朋友圈中的一位重要人物，石涛初识八大，便是通过程京萼介绍的。石涛在《大涤草堂图》跋中说："程子抱犊向予道，雪个当年即是伊。"[①] 后石涛多次托程京萼在他与八大之间传递声息。八大与程京萼交谊颇厚。上海博物馆所藏《八大书画合装卷》有八大题识云："此卷为黄子久小笔山水图，细碎深远处佳，云林既得其佳处。过此数百祀。一窥仿之，以遗蕙喦广陵。闻苦瓜长老近为广陵设大石绿，与抱犊子疏渲致工，果尔？八大山人画乃鹦手者已。八大山人题子久卷后。"从语气中就可感受到他与程京萼的交谊。八大的生活，便是得到程的帮助。

程廷祚在《先府君行状》中说："八大山人，洪都隐君子也。或云明之前王孙，不求人知，时遣兴泼墨为画，任人携取，人亦不知贵。山人老矣。常忧冻馁，府君客江右访之，一见如旧相识，因为之谋，明日投笺索画于山人，且贻以金，令悬壁间。笺云：'士有代耕之道而后可以安其身，公画超群轶伦，真不朽之物也，是可以代耕矣。'江右之人，见而大哗，由是争以重赀购其画，造庐者踵相接，山人顿为饶裕，其德府君，山人名满海内，自得交府君始。"[②] 虽然程廷祚记录其父行为有些言过其实，如"山人名满海内，自得交府君始"，又说八大在其父的帮助下卖书画，过上了富裕的生活。这都是想当然的描述。八大晚年的生活仍然非常窘迫。但程京萼可能确实帮助过八大卖字画，他是帮助八大获得经济来源的众多朋友之一。

在徽商朋友的帮助下，徽、扬两地的朋友向八大求画，大都奉上银两并纸绢。黄砚旅就是在京萼的介绍下，"倾囊中金为润，以宫纸卷子一册十二，邮千里而丐焉"。张潮信中所说："近晤程葛人舍亲，知与高贤曾通缟纻，不揣唐突，附到便面一柄、素纸十二幅，敢祁先生拂冗慨为泼墨，以作家珍。"虽不是给银子，但也以物而求画。而程道光向八大求画，也当奉有润格。

---

① 此作本张大千旧藏，非石涛所书，书法似张大千，所书内容虽有个别修改，从整体上看，当是从石涛传世作品中录出。
② 民国《歙县志》卷七。

第三十章
石涛与八大山人相关作品辨析

　　在石涛和八大山人的研究中，二人的交往是人们讨论的热点问题之一。在现存文献中，石涛最早谈及八大，是在1694年。加州大学伯克利分校博物馆藏有石涛《为鸣六（黄律）作山水册》，论及当世绘画，以"淋漓奇古"来评价八大①，此时二人并未结识。以至到1697年初，他以为八大已经"淋漓仙去"②。石涛与八大的密切交往约在1698到1701年间。其间二人互题作品增多，石涛之友向八大求画，二人共同培养弟子，石涛大涤草堂成，八大为之作中堂。1700年之后，一直到八大1705年离世，二人虽有晤面之愿，但终未成行。八大赖与石涛交往，其艺术在金陵、扬州一带广具影响；八大离世，在石涛身边的八大之侄朱堪注一字一泣地作悼诗，与石涛比邻而居的李虬峰也赋诗怀念（石涛或有怀念之作，惜未见）。

　　涉及二人交往有很多传世作品，这些作品可分为五类。一是书札，二是题跋，三是忆念，四是惠赠，五是两人的合作。

一、书札

　　八大与石涛虽素未谋面，但互通信札时间前后有七八载。其中最为人熟知的一件，是石涛致八大求画《大涤草堂图》之书札。本为张大千旧藏，今藏美国普林斯顿大学美术馆。还有一件张大千伪造品，今藏日本。围绕这件书札，还有不少摹本。

　　流传二人书札中，还有一些代为致意性质的书札。如扬州文人张潮在程浚影响下，向八大山人求画，并修书一通③。八大回信云："久耳先生之名，兼得先生立言功德，以为天下后世子孙传远之书，自此天下后世子孙何幸而享此耶？属册页

---

① 石涛《为鸣六作山水册》题跋云："此道从门入者，不是家珍，而以名振一时，得不难哉！高古之如白秃、青溪、道山诸君辈，清逸之如梅壑、渐江二老，干瘦之如垢道人，淋漓奇古之如南昌八大山人，毫（豪）放之如梅瞿山、雪坪子。皆一代之解人也。"
② 石涛题八大水仙图卷，为张大千旧藏。
③ 张潮辑《尺牍偶存》卷七。

一十二幅，画扇二开，呈正。便中望示石涛尊者大手笔为望。"① 八大请张潮代向石涛致意。

以下讨论围绕八大这通书札所产生的相关问题。

此札为台湾何创时基金会所藏，2014年春夏之交曾在上海展出。此札大致作于1699年，其云：

> 承慈照画室，教兼深荷，都未得上答，一者恃爱，二者惊遽，三者画到竟忘转致，以是迁延疏略日甚。尊者游戏三昧，皆今人步趋莫逮。图画是一，丈室蕙嵒是一。夏中质人先生面见，便上庐陵，友声老笔墨丈室，与蕙嵒之得尊者笔墨，是一是二，山人远拜下风已。屡承法护，推之至爱。曷胜顶礼。八大山人顿首谨书。②

书札无上款，汪世清先生以"赠扬州某僧侣"，不明其人③。至今并无其他研究涉及此书札所反映之问题。（图30-1）

在我看来，此札非致石涛莫属，理由有三：

（一）虽无上款，屡言"尊者"，此即八大对石涛特别的称呼。八大题石涛写兰册云："南北宗开无法说，画图一向泼云烟，如何七十光年纪，梦得兰花淮水边。禅与画皆分南北，而石尊者画兰则自成家也。"八大覆张潮札："便中望示石涛尊者大手笔为望。"上海博物馆藏八大《书画合装册》中有一开书法云："河水一担直三文者，汉东方生以为何廉也之说，禅家方语未载，切勿与石尊者见之。"④ 八大致石涛画弟子汉老年翁（李仍，字汉孙，号苏斋）书翰："汉老年翁于石尊者画法所得不已多乎，索题一首呈正。禅分南北宗，画者东西影。说禅我弗解，学画那得省。至哉石尊者，笔力一以骋。密室宗少文，玄都卢十景。传闻大小李，破壁走燕郢。愿得诗无声，颇觉山为静。尊者既括目，嘉陵出俄顷。"在八大存世文献中，除石涛外，还没有见他以"尊者"之语称呼他人。信中说："尊者游戏三昧，皆今人步趋莫逮"，也符合八大对石涛这位"大手笔"的描述。

① 见张潮《尺牍友声新集》卷一。
② 此札本为台湾何创时基金会所藏，见基金会所编影印《明末清初书法展》第一册，1998年。今不知藏于何处。汪世清先生引此札时，说作于康熙己卯（1699），未知何据。
③ 见汪世清《八大山人的交游》，原载台湾《大陆杂志》第五十一卷第六期，1976年。《八大山人全集》卷五收录此文，江西美术出版社，2000年。
④ 八大为友人聚升（省斋）作画并跋，省斋为八大与石涛的共同友人。

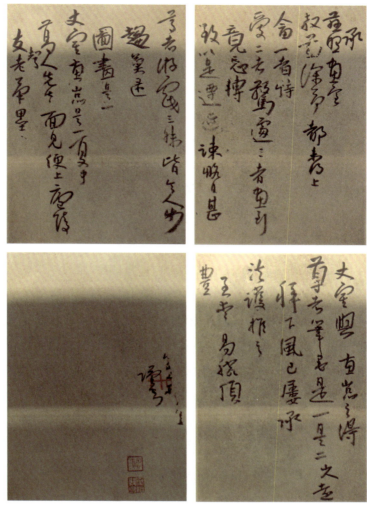

图30-1
八大致石涛书札
台湾何创时基金会藏

（二）其中所涉之事之人，与石涛相关。如程浚、程鸣、蕙喦等。程浚是石涛晚年至友，程浚之子程鸣以及蕙喦都是石涛画弟子。书札中两次用"丈室"一语。丈室本指佛家方丈所居之室[①]，佛门以"丈室"——空其所有之室，来形容佛居。后用为门下之尊称。八大此札中"图画是一，丈室蕙喦是一"，是说这次程浚来，带来两件宝贝，一是石涛之画，一是石涛之卓越门生。札中说："友声老笔墨丈室，与蕙喦之得尊者笔墨，是一是二，山人远拜下风已。"意为程浚之子程鸣，随石涛学画——浸染石涛门下有年。八大谦称，程鸣与蕙喦一样，都得到你的真传，真令

[①]《维摩诘经·文殊师利问疾品第五》："尔时，长者维摩诘心念：'今文殊师利与大众俱来。'即以神力空其室内，除去所有及诸侍者，唯置一床，以疾而卧。文殊师利既入其舍，见其室空无诸所有，独寝一床。"

我佩服至极。

（三）此书札中反映的内容，与史实相合。札中"承慈照画室"，慈照，意为慈爱照应，敬语，本为佛教术语。此虚指石涛垂恩于我，可能指石涛有赠八大之书札或其他，因为以下有"都未得上答"语。画室，意指八大居所，大约在1699夏，程浚在南昌面见八大，后去庐陵（今江西吉安）——程浚1674到1679年间曾在庐陵经商，后归扬州，1698年再至庐陵。1699年，程鸣去江西探视父亲。石涛诗弟子吴蔼《送程友声庐陵省父》诗云："远道驰驱十月程，兰桡初上早湖平。东吴雁迹侵霜冷，南国梅花照水平。云影苍茫皆画意，江流浩淼亦诗情。庐陵克尽晨昏节，得慰高堂乐自生。"吴蔼又在《题程友声诗集后》中说："惨淡经营属良工，落落自成非墨守。孤身今作庐陵游，白鹭青原相执手。"[1]也言及程鸣去江西省父之事。程鸣或在这次西江之行中，随同父亲于南昌面见八大。

澳大利亚墨尔本维多利亚国立博物馆藏有一山水立轴（图30-2），纸本，墨笔，笔致清秀疏朗，一派萧疏面目。上有题云："戊寅春三月葛翁先生之庐陵，写此请正。清湘陈人济大涤堂下。"有"清湘老人"和"赞之十世孙阿长"二印，时在1698年。这正是程浚欲去江西时。石涛此作为送别之作，时间正与其相合。

综此三者，可以确定，此书札乃八大致石涛所作。此为二人交往史中一件极珍贵的文献。

以下讨论一件与此通书札有关的作品。嘉德2011年秋拍有《名僧书画扇面十三帧》，预展时就引起人们的注意。其中有"合肥龚伯新铭心极品"鉴藏印，龚氏为20世纪初收藏家，吴昌硕曾为其刻"合肥龚伯新铭心极品"（此扇面中鉴藏印或即为吴氏所刻）。这十三帧扇面中的两帧石涛款作品，一书一画，于2012年嘉德秋拍中再次出现，以《书画合璧》之名参拍。（图30-3）

这十三帧扇面，有石涛款五帧，八大款两帧，八大与石涛的共同画弟子蕙嵒款一帧，康雍间僧人画家上睿[2]两帧，乾嘉时僧人画家可韵[3]两帧，还有一件镜庵（不明其人）的扇面。

五帧石涛款扇面分别为：其一，赠葛人先生，书有二诗。一为辛未（1691）所作之《冬日雪中张汝作先生见招，才人杰士拥坐一时。公来日有都门之行，赋谢兼赠》诗，此诗在石涛多件作品中出现，是石涛北上天津时参加张霑、张霖兄弟雅

---

① 吴蔼《阶木诗文稿》卷一，康熙四十九年学古堂刻本，安徽省图书馆藏。
② 上睿，清初僧人画家，号目存，苏州东禅寺僧，善书画，有作品传世。
③ 铁舟，即僧可韵，号木石山人，武昌人，嘉庆道光间书画家。

图30-2
石涛　山水轴
纸本墨笔　1698年
137×58cm
墨尔本维多利亚博物馆藏

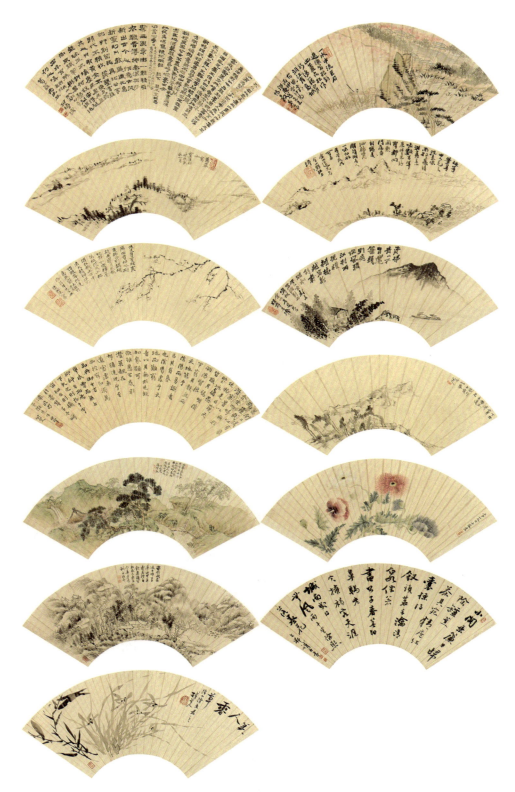

图30-3　名僧书画扇面十三帧　嘉德2011年秋拍

八大山人研究

集后所作。另外一首为《与吴山人论印章有赠》，款"书为葛翁先生正，石涛济"。钤"原济""石涛"二印①。

其二，石涛款山水扇面，题云："一水中流巨石遮，渔翁把钓出芦花。松风水涌藤穿洞，江岸高城宿晚霞。丙申春仲为治庵道先生博教。弟济。"钤"阿长""清湘老人""痴绝"三印。丙申，或为1656年，或为1716年，与石涛生平时间不合，此为伪托。书画均与石涛风格不合。

其三，石涛款山水扇面，山水空阔，不似石涛绘画结构。题云："此等笔墨世人见之没意味，而却是清湘真意味。数百年来，此道绝响，都向闹热门庭寻讨，总是油盐酱醋。清湘老人一味白水煮苦瓜，只可与余山道兄先生一路江上澹。"钤"清湘石涛"白文印。

其四，石涛款山水扇面，村舍中两人泛舟湖上，远山在望。题云："卖得青山不肯还，笔头到处恼风癫。江村雨洗模糊树，越客新诗载满船。时乙亥新夏，客窗对雨，写似余山老道兄正。瞎尊者济。"钤"苦瓜和尚济画法"。康熙乙亥为1695年。

石涛的确有一位叫余山的朋友，姓郑，与程浚一样是徽商，来往于广陵南昌之间，石涛与八大都有作品赠之。纽约涤砚草堂藏有两帧扇面，一为八大，一为石涛，其中石涛书翰扇面书有自作《奉答贻冠》诗，谈及其晚年额上生瘤，有碍观瞻，几位朋友送给他帽子，石涛以亦庄亦谐之笔写下此诗，扇面书云：

> 仰天一片力，爰首不成牟。谁许氤氲归，任世尽披裘。席石胡为来，补天孰为酬。瞿昙问（此落一字）发，老聃笑我头。搏得葫芦冠，裘葛喜自由（原注：杨人万）。自喜人兴怪，怪予坠天瘤，儿童好议论，何常计转眸，客有竹冠者（原注：叶南冈），愿为胡卢俦。一节结我首，吞声数自尤。予非衣冠人，道路飞传邮。忽逢玛瑙冠（原注：郑余山），其状半玉球。既而服此冠，瞻仰多缚绸。造物俱不禁，何用笑沉浮。若非知己心，所见那得求。六合几玉冠，惠我体先周（原注：吴赐玙）。生平最其四，慷慨纽前修。琼瑶如世报，性乐等悠悠。

款"奉答贻冠四君，把盏缘情，放浪珍品之作书谢余山道兄博笑，清湘大涤子阿

---

① 石涛《与吴山人论印书翰》，见上海博物馆藏石涛《书画合璧册》九开。

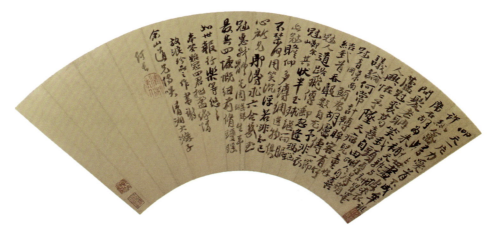

图30-4　石涛赠余山扇面　纽约涤砚草堂藏

图30-5　八大山人赠余山扇面　纽约涤砚草堂藏

长。"此为赠郑余山之作，涉及石涛四位朋友，除余山外，还有杨人万、叶南冈和吴赐珛，石涛称"生平最其四"，可见其感情之深。（图30-4）（图30-5）

　　《名僧书画扇面十三帧》中石涛款此二帧赠郑余山扇面，非石涛所作。无论是绘画、书法、印章等都与石涛风格有差异。但应是一位对石涛、八大与郑余山交往情况熟悉的作伪者所为。

　　其五，石涛款花卉扇面，画梅花几枝，题诗一首："老夫旧有烟霞癖，坐雪枯吟耐岁终。白到销魂疑是梦，月来敧枕静如空。挥毫落纸从天上，把酒狂歌出世中。老大精神非不惜，眼前作达意无穷。"款："大涤草堂为修翁年先生正。清湘陈人济。"下钤"前有龙眠济""头白依然不识字"二白文印。

此扇面也系伪作。款"大涤草堂为修翁年先生正",大涤草堂为斋号,如此表达方法在石涛未之见。所录诗乃石涛《广陵探梅诗》之一首。此作与普林斯顿所藏梅花诗册(伪托石涛)其中一开"老夫旧有烟霞癖"书法大体相同,有摹仿痕迹。而石涛原诗作"老夫旧有寒香癖",特指梅花之癖好,而"烟霞癖"一般指山水,传统思想中有"泉石膏肓,烟霞痼疾"语。普大梅画册为伪,此亦非真。

十三帧扇面中,有一帧竟然为蕙嵒款的作品。若是真迹,那将是现今我们可知的唯一一件存世蕙嵒作品。

蕙嵒,可能是石涛与八大交往中最为重要的人物之一,一位年轻画家,先从石涛为画,后去南昌拜八大为师,旋又返回扬州。吴湖帆藏《清石涛清湘怀旧图卷》石涛自识中,有"蕙嵒走入八大室"语[1]。石涛作此长卷时,蕙嵒可能正学画于八大。

本书前面讨论的八大毕生杰作《河上花图》,就是为蕙嵒而作。蕙嵒后来离开八大返回广陵,八大仍忆念他。上海博物馆所藏八大书画合装卷中,有一则八大跋语:"此卷为黄子久小笔山水图,细碎深远处佳,云林既得其佳处。过此数百祀。一窥仿之,以遗蕙嵒广陵。闻苦瓜长老近为广陵设大石绿,与抱犊子疏渲致工,果尔?八大山人画乃孊手者已。八大山人题子久卷后。"八大仿黄公望画以赠这位远方的画弟子,足见二人情谊。石涛有一册兰花图,经友人带到南昌,八大题此画(今藏北京故宫博物院)云:"余思佩兰、蕙嵒两人,苦瓜子掣风掣颠,一至于此哉!何故荒斋人,解佩复转石。闻香到王者,乃信大手笔。家住扬州城,来往青齐道,齐云与庐岳,相见老不老。"这大约在1701年左右,八大对蕙嵒还存满心的怀念。

但除了这几则资料之外,研究界对蕙嵒可以说一无所知。这位出身于徽商之家、往来于广陵和南昌、受到二位大师特别对待的年轻人,究竟画风如何,无法得知。八大对蕙嵒颇多推崇,认为他是石涛门中之龙凤。

此帧蕙嵒款扇面,笔墨颇似八大,画遥山远水。题云:"蕙嵒写似余老道侄,时戊寅秋七月。"题识前钤"惠嵒"白文长印。书法水平与二位老师差距较大。康熙戊寅为1698年。而八大初见蕙嵒可能在1699年。综合其他情况判断,此帧扇面当非蕙嵒真迹。

前面提到涤砚草堂藏八大《赠余山山水》扇面,是八大真迹。款题:"己卯霜

---

[1] 吴湖帆藏《清石涛清湘怀旧图卷》石涛题语,见《吴湖帆文稿》508页,中国美术学院出版社,2004年。此卷非真迹,但诗当为石涛所作,石涛当有此类作品,吴氏所藏是仿作。

降后为余山先生写。八大山人。"郑余山可能年龄与石涛相仿，或稍长。蕙嵒款赠"余老道侄"扇面之"余老"，或与此余山有关。蕙嵒本就年龄不大，若以"道侄"称余山，显见不当。

所钤"惠嵒"白文小印水平不高，不作"蕙"，而作"惠"。古人云"蕙嵒芝山"。蕙嵒，意有空谷幽兰之意。不当作惠^①。而此作中款为"蕙巖"，印则为"惠嵒"，二者明显不统一。揆之石涛、八大诸作，作蕙嵒，不作"蕙巖""惠嵒"，印和款皆误。

两帧八大款的扇面，其中一帧为书法，所书为李世民《大唐三藏圣教序》开篇一段："盖闻二仪有象，显覆载而含生；四时无形，潜寒暑以化物……"上款为"子征先生正字"，款"八大山人"，钤"拾得"小印。另一帧为山水，题识为："丁丑二月，寄苦瓜年道兄。客邗上写此求正。八大山人。"钤驴形小印。书画均有八大的风味，此帧山水为1697年春所作，不论书画水平，仅从题跋情况看，即可判为伪品。

从书写的情况看，在"年道兄"后，虽然此行只有一字"兄"，仍另起云"客邗上写此求正"，使人感觉到是八大客邗上时写赠石涛的。而如果此处意思是说石涛"客邗上"，书写上不连贯，只能作八大"客邗上"之解释，八大并不存在扬州之行。另外，此处上款说"苦瓜年道兄"，石涛此时已有"大涤子"之号，在现存石涛与八大交往文献中，八大从未以"苦瓜年道兄"这样的方式来称石涛。王方宇所藏八大之《水仙图》上石涛二题，其中第一题说"淋漓仙去"，以为八大已经谢世，第二题"时丁丑二月复观济又"，时间正与此扇面相同，当时石涛与八大并无交往，石涛只是通过朋友的介绍了解八大的情况，所以，此时八大无赠石涛之作。

二、题跋

八大与石涛一生未见面，他们互赠画不多，合作不多，但互相题画则不少。石涛在未见八大之前，对其生平情况不甚了了，在"丁丑二月"就有题八大《水仙图》之作，这件张大千旧藏几乎被视为八大石涛交往的一个标志。（图4-1）

神州国光本《大涤子题画诗跋》卷二著录石涛写兰册，十二开，主要是写兰，也兼及水仙等其他花卉。为赠友人洪正治之作，每开都有石涛友人之题跋，包括证

---

① 如明廖道南《楚纪》卷五十六《严州用康乐韵》："晨发茶园渚，午泊桐江郭。蕙嵒烟雾香，芝山云日薄。"（明嘉靖二十五年何城李桂刻本）

山周斯盛、莱阳姜实节、染庵先著、黄虞外史方望子、三教散人吴翔凤、大村李国宋、汇村洪嘉植（正治之叔）、勿斋王熹儒、仙裳黄云、药亭梁佩兰，再就是八大。而石涛也使出画花卉的十八般武艺，或双钩，或空写，或白描，或墨戏。从对题反映的情况看，应该为石涛的作品。

册中第三开石涛画露兰风竹，无款题。先著对题云："雪个西江住上游，苦瓜连年客扬州。两人踪迹风颠甚，笔墨居然是胜流。是竹是兰无会处，非竹非兰转不堪。我有藤条三十下，寄打文同郑所南。庚辰九月五日染庵居士戏谈此偈。"这则作于1700年的题诗，成为人们常相征引的有关八大、石涛评论的文字。

册中第十一开石涛画疏竹幽兰，八大题跋："南北宗开无法说，画图一向泼云烟。如何七十光年纪，梦得兰花淮水边。禅与画皆分南北，而石尊者画兰则自成家也。八大山人。"这则题跋也广为人知，是洪正治托友人带至南昌，请其题跋。可见八大与扬州这个文人集团之间的密切关系。

这里集中讨论另外一件题跋，即石涛题八大《大涤草堂图》之诗跋。

石涛有一件约作于1699或1700年的书札，涉及石涛八大两位大师交往中的很多内容，包括大涤堂、出佛入道、个人身体等情况：

闻先生花甲七十四五，登山如飞，真神仙中人。济将六十，诸事不堪。十年已来，见往来者新得书画，皆非济辈可能赞颂。得之宝物也。济几次接先生手教，皆未得奉答，总因病苦，拙于酬应，不独于先生一人前，四方皆知济是此等病，真是笑话人。今日李松庵兄还南州，空函寄上。济欲求先生三尺高、一尺阔小幅，平坡上老屋数椽，古木散樗数株，阁中一老叟，空诸所有，即大涤子大涤堂也。此事少不得者。余纸求法书数行，列于上，真济宝物也。向承所寄太大，屋小放不下。款求书大涤子大涤草堂，莫书和尚。济有冠有发之人，向上一齐涤。只不能还身至西江，一睹先生颜色为恨。老病在身，如何不宣！

上雪翁先生。济顿首。（图30-6）

这件书札真迹今藏美国普林斯顿大学美术馆，是张大千旧藏（张大千还曾仿作一本，现藏日本）。围绕这件作品，出现了不少伪迹。这里讨论几件相关作品。

1.与《大涤草堂图》石涛跋相关的几件伪品

石涛致八大求画《大涤草堂图》信札，无年款，从其中"闻先生花甲七十四五，

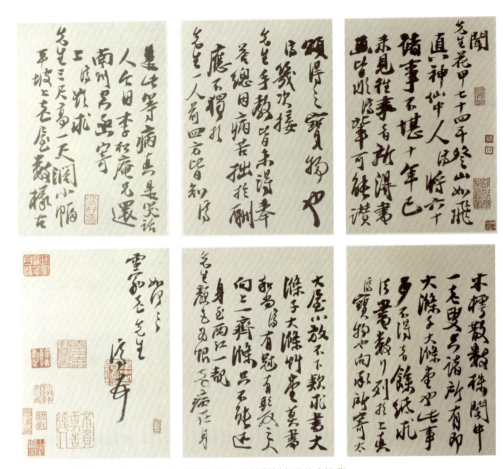

图30-6　石涛致八大山人求画《大涤草堂图》　普林斯顿大学美术馆藏

登山如飞，真神仙中人，济将六十，诸事不堪"一句看，该札写于1699年到1700年间。这通书札中，石涛说："向承所寄，太大"，也就是说，在这封信之前，八大曾为石涛画过《大涤草堂图》。于是，就存在着先后两幅大涤草堂立轴的问题。一件较大，作于1698年，一件可能作于1699到1700年。如今此两件都不传于世。但却有不少伪迹流传。

在20世纪上半叶，主要有两件伪迹，一件是日本永原织治所藏[①]，其中有八大之图和石涛之款。八大题云："大涤草堂图为极老尊翁写，求正，八大山人。"有屐形小印和"八大山人"白文印，二印一视即可知非八大原印。石涛长跋在左，前有"痴绝"小印引首，款下钤"清湘老人"（朱）、"赞之十世孙阿长"（朱）、"大涤

①见日本圭文馆出版《石涛八大山人》，图6，1961年。

子"（朱）和"靖江后人"（白）四印。五枚印章均与石涛原印不同。一件为张大千所藏，只有石涛题跋文字，并无图。

（图30-7）（图30-8）（图30-9）

大风堂所藏这件书翰，最早见于傅申等《沙可乐藏画研究》一书，主要是根据王方宇先生的照片影印。王方宇《八大山人与石涛的共同友人》一文曾经影印此题跋[①]，不但题跋四行被从中截断，而且还印反了。傅申与王方宇都没有看过此作真迹。此作也未见于1978年台北历史博物馆举行的明末四僧书画特展。张大千《大风堂名迹》中也未影印此书作。

大风堂所藏石涛款这件题跋文字为：

> 西江山人称八大，往往游戏笔墨外。心奇迹奇放浪观，笔歌墨舞真三昧。有时对客发痴颠，佯狂索酒呼青天。须臾大醉草千纸，书法画法前人前。眼高百代古无比，傍人赞美公不喜。胡然图（按：此落一字）特丫叉，抹之大笑曰小伎。四方知交皆问予，廿年踪迹那得知。程子抱犊向予道，雪个当年即是伊。公皆与我同日病，刚出世时天地

图30-7　伪托　大涤草堂图　永原织治旧藏

① 傅申《八大石涛的相关作品》，7页。《八大石涛书画集》，台湾历史博物馆，1984年。

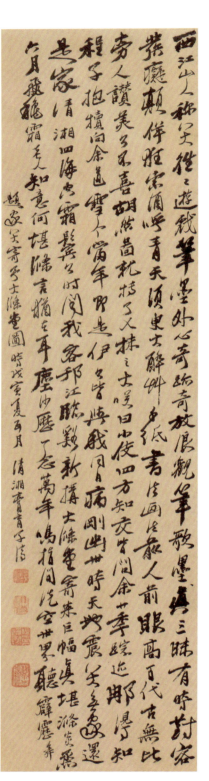

图30-8　伪托
石涛题《大涤草堂图》
张大千旧藏

图30-9　伪托
石涛题八大山人画《大涤草堂图》诗
匡时2012年春拍

震。八大无家还是家，清湘四海空霜鬓。公时闻我客邗江，临溪新构大涤堂。寄来巨幅真堪涤，炎蒸六月飞秋霜。老人知意何堪涤，言犹在耳尘沙历。一念万年鸣指间，洗空世界听霹雳。

　　戊寅夏日题，清湘遗人若极。

款侧一排钤"老涛"（朱文椭圆）、"阿长"（白文方）、"梦董生"（白文长）、"瞎尊者"（朱文长）、"大涤子"（朱文椭圆）、"四百峰中箬笠翁图书"（白文方）六印。

　　对比永原织治所藏石涛《大涤草堂图》题跋，两处诗文大体相同，有一处差别。大风堂"胡然图口特丫叉"句，此处作"胡然图就特丫叉"。末款有较大不同：

　　大风堂："戊寅夏日题，清湘遗人若极。"

　　永原本："家八大寄《大涤堂图》，欢喜骇叹，漫题其上。使山人他日见之，不将笑予狂态否？时丙寅夏五月，清湘陈人大涤子济山僧草。"

　　永原本时款"时丙寅夏五月"，与诗中"炎蒸六月飞秋霜"相矛盾。而"清湘陈人大涤子济山僧草"，加上了"济山僧"，显然有矛盾，因为此时石涛已经离开佛门，不是僧人。永原本八大画及题跋以及石涛的跋文都系伪作，作伪者为张大千，因为符合其笔墨特点。傅申、杨仁恺等已经指出这一点。

　　但学界对大风堂所藏的这件书翰未存疑，认为是石涛的书迹。其实，这也是伪迹。作伪者也是张大千。理由如下：

　　第一，关于此题跋的存在样态，傅申在《八大石涛的相关作品》一文中说："张大千先生曾藏有石涛的墨迹，书作钟繇体的小楷四行，字形宽扁，左方一连串盖了六个印章。据说当时就已经与八大的画分开，可见当年石涛并未将此歌直接写于八大的画幅之内，可能是题于边棱上，否则不可能被分割而单独存在。现在此一原迹也不知下落，幸有墨迹照片流传于世（曾首次影印于拙著《沙可乐藏画研究》221页），而一般人所见，则是大风堂主的伪本。"[1]从目前所见的影印本看，此题跋并非写于失传的《大涤草堂图》上，似也非附于边棱上，而是仿原图的题跋文字另书一本，以成一书翰。张大千颇善此道。如其从藏于四川博物院的《江天山色图轴》上的题识文章摘出，另出一书翰（上海博物馆藏）[2]。

① 《八大石涛书画集》，台湾历史博物馆，1984年。

② 上海博物馆藏石涛款行书轴一帧，《中国古代书画目录》第五册著录，编号为沪1-3118，收入郑为《石涛》24页，亦见2004年澳门举办的"至人无法——故宫、上博珍藏八大山人、石涛书画精品展"之画集，此书翰乃是摘取四川博物院所藏《江天山色图轴》上的题文所成，作伪者张大千。

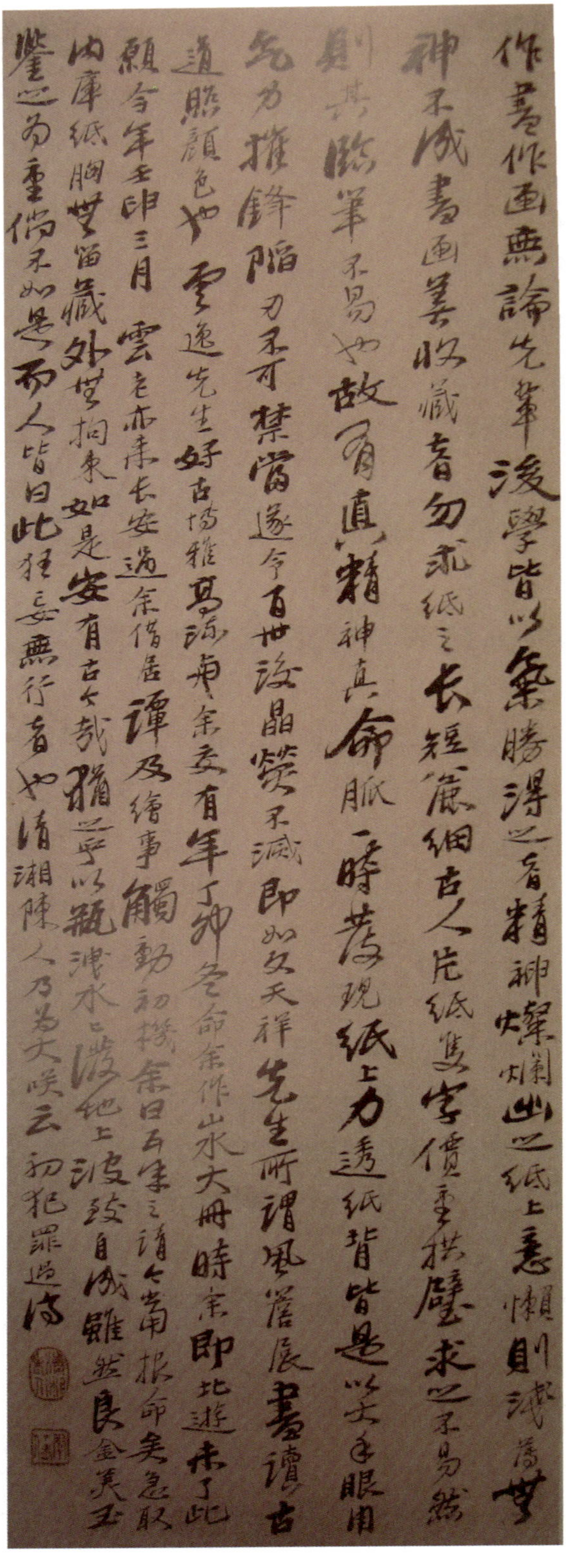

图30-10　伪托　行书轴　上海博物馆藏

但若是由画中录出的诗文，落款处却有"戊寅夏日题"，这就显得不合常理了。因为这样还是在表现一幅画的题跋，而不是独立的书作。这也就是造成傅申先生误判的根本原因。

第二，这件书翰中的名款作"清湘遗人若极"，石涛使用"清湘遗人"和"若极"名号是其生命的最后几年，不会早于1702年。1698年的作品中不可能出现这样的落款。这也是张大千对石涛生平不甚了了常有之误判。

第三，这件作品的书法，也非石涛手笔。与上海博物馆藏张大千仿《江天山色图轴》题跋"作书作画无论先辈后学，皆以气胜，得之者，精神灿烂出之纸上"作比较，其风格非常接近。在书写特点上，与永原本石涛题跋非常相似，当是张大千的手笔。（图30-10）

综上可见，这件书作不可能是石涛真迹，当是张大千伪托。但所题之诗或可能为石涛所作，因为诗风与石涛相似，内容也与史实相合。

匡时2012年春拍有一件石涛题八大《大涤草堂图》诗书法作品，此件作品也非石涛所作。款"题家八大寄予大涤堂图。时戊寅夏五月，清湘膏育子济"。此作摹仿的态度也不认真。如所录诗中错误甚多。如"眼高百代古无比，旁人赞美公不喜"，将"旁"写成个四不像的字，上面作"大"，下部作"力"，似"旁"又似"劳"。"胡然图就特丫叉"，将"丫叉"写成"了又"。"炎蒸六月飞秋霜",将"蒸"写成"烝"。

2.与李松庵相关作品

石涛致八大请作《大涤草堂图》札中,曾提到一位叫李松庵的朋友（"今李松庵还南州"）,他是石涛与八大的共同朋友。

陆心源《穰梨馆过眼录》卷三十著录《八大山人画册》十二页,每页有对题诗,未系年,对题者有朱容重子庄、罗牧饭牛、李彭年松庵、彭廷典、刘元兼、吴起湘、谢樵、李惟敬、黄曰同、李邦宪、曹轼、朱添载等十二人,多活跃于江西文坛。李彭年题云:"涂来数页分枯淡,随意毫端墨润新。生趣未须迎雨露,绿窗人对倍精神。丁丑夏日江上叟偶题。"题于1697年。下有"李彭年印""松庵"二印。由此知,李彭年号松庵,又号江上叟,可能是居于南昌并往来于扬州南昌之间的文人。

石涛在1700年前后与李松庵交往密切。在为石涛与八大通声气的诸人之间,他可能是最了解八大的人,所以石涛多托之传递信件和物品。

1700年前后,石涛也有不少作品赠李松庵。上海博物馆藏有一石涛款《竹石图》（图30-11）,纸本,墨笔,纵94.2厘米,横65.8厘米。《中国古代书画图目》编号为沪1-3136,七专家鉴定后皆认为是石涛真迹。作于1701年,是石涛晚年画风,

图30-11　竹石图　1701年　94.2×95.8cm　上海博物馆藏

画竹石及杂木。题识以浓淡相参的行书写就："写竹不足而继之以写笋，蝉附蛇蜕犹未足以尽其奇变也。第未知堪供筼筜之枵腹否？辛巳二月写为松庵年兄博赞。清湘大涤子济并识。"此画即为李松庵所作。石涛称松庵为"年兄""年道兄"，说明松庵年龄比石涛小。

重庆博物馆所藏石涛《松庵读书图》（图30-12），作于1702年，也是一件寄李松庵之作。纸本，墨笔，纵119厘米，横37厘米。《中国古代书画图目》编号为渝1-223。图画老木高风，草屋数椽。风味萧瑟苦寂。有题识谓："遥想松庵读书处，放笔直探鹤高骞。予时呼起图中人，二载相思同日语。"款"壬午二月春分前五日寄松庵年道兄博教，清湘大涤子写邗上青莲草阁。"款后钤"清湘老人""膏肓子济"二印，右下有押角印"靖江后人"白文方印。时李松庵已经不在扬州，诗中说"二载相思"——已有两年不见。此作中满蕴思念。

三、忆念

雪个西江住上游，苦瓜连年客扬州。同为天涯沦落人，二人交往情深，每有相关忆念之作。

程心柏旧藏十二开《江行舟

图30-12　松庵读书图　纸本水墨　1702年
119×37cm　重庆博物馆藏

八大山人研究

中作》山水册，是石涛真迹①。大致作于1698年左右，为石涛"真州后期"的回味之作。其中第二开画精致的渔村之景。上题写："人家疏处晒新罾，渔父蛟人结比朋。我坐小舟惟自对，那能不忆箇山僧。清湘老人济。"有"瞎尊者"朱文印。(图30-13)

这件作品反映出石涛与八大最初交往的一些细节。张大千旧藏八大山人《水仙图》石涛第一跋云："八大山人即当年之雪箇也，淋漓仙去"，第二题有年款："时丁丑二月复观济又。"康熙丁丑为1697年。也就是说，在此之前，的确存在着石涛对八大情况不甚了解的情况。张大千所仿石涛1698年夏题《大涤草堂图》诗，可能确有石涛母本，只是今日不传。诗中所说的"程子抱犊向予道，雪箇当年即是伊"，与《水仙图》题跋内容吻合。这件忆念"箇山僧"的作品，说明至1698年前后，石涛与八大通过友人介绍多有书札来往，已经建立起很深的情谊。此作品表露出石涛欲驾小舟前去会八大的强烈愿望②。

世传另外两件与此非常相像的册页，都是伪品。台湾历史博物馆1978年出版《渐江石谿石涛八大山人书画集》137页影印一件石涛款《忆箇山僧图轴》，纸本，设色，纵63.6厘米，横37.8厘米。画中渔者泊岸，渔网高张，远处空阔的江面，着一小舟，一前一后两人划船，舱中有一人端坐远望。上以行书题七绝一首："人家疏处晒新罾，渔父蛟人结比朋。我坐小舟惟自对，那能不忆箇山僧。"款"清湘老人济"。题识前钤"赞之十世孙阿长"朱文长印，款后钤"膏肓子济"(白)、"瞎尊者"(朱)二印。此画本为王雪艇(1891—1981)旧藏。上有鉴藏印四方。(图30-14)

日本山口良夫所藏石涛山水图册，铃木敬《中国绘画总合图录》第四卷394—395页影印，编号为JP34-074，八开，纸本，墨笔淡设色，拖尾有内藤虎次郎1927年所作跋文称："此石涛早年画，学白石翁，蹊径未化"，是一件水平不高的伪品。(图30-15)

其中第七开，画平旷渔村之景。湖面上渔舟忙碌，岸边人家一片恬静。题云："人家疏处晒新罾，渔父蛟人结比朋。我坐小舟惟自对，那能不忆箇山僧。清湘老人。"款下钤有"清湘老人"朱文印。款与印完全一样，在石涛存世真迹中，此情

①道光时收藏家程心柏所藏十二开《江行舟中作》山水册，今仍存世，为私人收藏，此为石涛生平杰作。此册曾在清末民国年间为收藏界所知，故伪品也颇多。
②但当时石涛对八大情况也不是十分了解，他将"个山僧"误写成"箇山僧"就是显例。八大有"雪个"之号，喻雪中之孤竹，"个"不作"箇"。

图30-13　石涛　十二开山水册之二　纸本设色　约1698年　程心柏旧藏

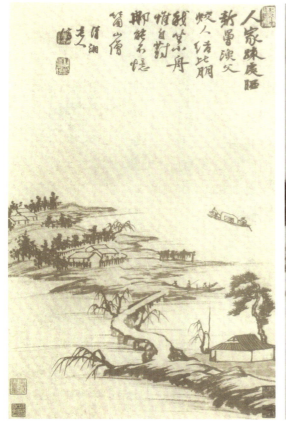

图30-14 伪托 忆简山僧图轴 王雪艇旧藏　　　　　图30-15 伪托 石涛八开山水图册之一 山口良夫旧藏

况未见。"清湘老人"题跋书法与"清湘老人"印,与石涛真迹差距较大。

　　对照王雪艇旧藏与此开,发现二者几乎一模一样。初视以为二者为一,细视发现印章不同,此幅款下惟钤"清湘老人"朱文椭圆印,而王藏本则有"膏肓子济"(白)、"瞎尊者"(朱)二印。从笔墨上看,山口本的画面没有王藏本空灵,而书法因为摹仿之故,颇显忸怩,山口本或是对王藏本的摹仿,而王摹本则是对程心柏旧藏的摹仿。

四、惠赠

　　二人都是当世大画家,彼此惺惺相惜,互相馈赠当为自然之理。台湾何创时基金会所藏八大致石涛书札中所说的"承慈照画室,教兼深荷""画到竟忘转致",谈及石涛赠八大友人之作,可能也包括石涛赠八大之作。至于大涤堂建成,八大欣然为之作《大涤草堂图》，也是赠作。这里重点讨论一件有争议的赠作。

石涛款《春江钓艇图》立轴，在研究石涛与八大交往中占有重要位置，这是一件广为人知的作品，记载着两人最早交往的情况。（图30-16）

此图最早由清末收藏家裴景福（1854—1924）《壮陶阁书画录》卷十六著录，题名为《清释石涛墨笔山水立轴》[①]，其云：

> 秦歧臣示予石涛纸本墨笔山水一轴[②]，写赠八大山人，题云：天空云尽绝波澜，坐稳春潮一笑看。不钓白鱼钓新绿，乾坤钓在太虚端。清湘瞎尊者弟寄上，八大长兄先生印可。丙子秋九月，广陵。

此轴后为唐云大石斋所藏，《艺苑掇英》第二十四期《唐云珍藏书画专辑》（上海人民美术出版社，1984年）影印。此作被视为石涛八大交往中的第一件资料。周士心著《八大山人及其艺术》云："康熙丙子（1996）石涛作《春江垂钓图》，自扬州投赠八大山人，款题'八大长兄先生'。"[③]王方宇《八大山人与石涛的共同友人》，举"十种常为人引用的材料"，其中第六种就是石涛作《春江钓艇图》，以"原画未见，真伪不知"为论[④]。而汪世清《石涛东下后的艺术活动年表》中云："石涛与八大山人相往还的痕迹始见于此。"[⑤]

此图纸本，墨笔，纵91.5厘米，横39厘米。此画画轴签条："石涛和尚春江垂钓图"，钤"唐云审定"印。布套上又有唐云题签条："石涛和尚春江垂钓图。老药。"钤"药翁"印[⑥]。画中部大石当立，芦苇依依，近岸着老树，高崖上有一老者垂钓。老者有发有冠。题识在上部："天空云尽绝波澜，坐稳春潮一笑看。不钓白鱼钓新绿，乾坤钓在太虚端。清湘瞎尊者弟寄上，八大长兄先生印可。丙子秋九月，广陵。"款下钤三印，分别为："泉石膏肓"白文方印[⑦]、"半个汉"白文长印和"老涛"朱文长印。

---

① 《壮陶阁书画录》下册，第533页。学苑出版社，2006年影印本。此书由裴伯谦于民国甲子年（1924）编定，民国丁丑年（1937）印行。
② 秦歧臣，无锡人，民国初年收藏家，商人。
③ 周士心《八大山人及其艺术》，128页，台北：艺术图书公司，1974年。
④ 王方宇《八大山人与石涛的共同友人》，台湾历史博物馆《八大石涛书画集》，1984年。
⑤ 汪世清编著《石涛诗录》，221页，河北教育出版社，2006年。
⑥ 唐云（1910—1993），杭州人，字侠尘，号药尘、药翁、老药、大石翁等，著名画家、收藏家。毕生喜欢石涛作品，收藏石涛作品甚多，真伪参半。
⑦ 此印裴景福释为"膏肓子济"，不确。

天空雲盡絕波
瀾坐穩春潮一
笑看不釣得魚
釣新綠乱堆
釣本太虛端
清湘實濟苦弟
等上
八文長兄先生印可
丙子秋九月廣陵

石濤和尚春江垂釣圖

石濤和尚春江垂釣圖
老釣

图 30-16
春江钓艇图
纸本水墨　1696年
91.5×39cm
唐云旧藏

此画是水平较高的仿家所作，绝非石涛所为。

第一，此作书画与石涛1696年前后风格不合。书法过于刚硬外露，如第一行六字书写败笔太多，非石涛手笔。

第二，印章与石涛生平所用不合。此画三印中"老涛"朱文长印、"半个汉"白文长印，都为石涛常用，然此画中此二印，与石涛原印有差异。

而"泉石膏肓"白文方印，石涛传世真迹中从无此印。石涛有"膏肓子济"白文印，但绝非此印。上海工美2011年春拍此图的说明中，将此印释为"膏肓子济"，误。这是伪作者对石涛之印不甚了了所致。这在张大千等仿者也不会出现的。

第三，称八大"长兄"，自称"清湘瞎尊者弟"，必非石涛口气。汪世清认为，1696年，"时于八大朱门世系还一无所知，竟以兄弟相称"[1]。但这样的推测并非实际。上举张大千所藏八大水仙图，石涛第一跋云："金枝玉叶老遗民。"此句明二身份，一是石涛知道八大是"遗民"；二是石涛知道他是"金枝玉叶"——明皇室后裔。

石涛是靖江王之后，李虬峰《大涤子传》云："大涤子者，原济其名，字石涛。出自靖江王守谦之后。守谦，高皇帝之从孙也。"[2]高皇帝指明太祖朱元璋。石涛的一枚印章"赞之十世孙阿长"也在说明身份。朱守谦于洪武三年（1370）年受封，守谦去世，其子赞仪继位，是为石涛十世祖。八大是宁献王朱权的后代。《个山小像》彭文亮跋诗云："瀫泉流远故侯家，九叶风高耐岁华。"[3]"瀫泉流远"有所指，朱贞吉，号瀫泉，为八大祖父。九叶风高，指自宁献王朱权到八大，时历九代。朱权（1378—1448），号臞仙，为朱元璋第十七子。由此看来，八大是朱元璋的第十代孙，石涛则是朱元璋兄守谦的第十四世孙。八大是石涛的高祖辈。石涛明知八大为明皇室之后，怎么可能不知道他的辈分，又怎么可能率然以"长兄"称之？

第四，1696年到1697年初时，石涛与八大并无交往，他还误以为八大已经故去。而此作在1696年的9月，此时何以有寄"八大长兄"之作？

第五，太虚，为道教术语。汉严遵《道德指归论》卷一："至德托神于太虚，隐根于玄冥。"《老子鬳斋口义》卷下："大方者太虚也。太虚之间，虽有东西南北，孰见其方隅哉？"太虚，乃太初冲虚之气。太虚非佛学术语。1696年的石涛尚在僧列，而八大晚年虽不在曹洞禅院，仍以佛家思想为旨归。二人后来交往的史实也说明这一点，像八大以"禅有南北宗，画者东西影"来评石涛画，立论基点多在佛。

[1]汪世清编著《石涛诗录》，221页，河北教育出版社，2006年。
[2]朱守谦（1336—1392）祖父兴隆，朱元璋长兄；其父文正。赞仪（1382—1408）乃守谦长子。
[3]《个山小像》，今藏八大山人纪念馆。

而这首诗却说"天空云尽绝波澜，坐稳春潮一笑看。不钓白鱼钓新绿，乾坤钩在太虚端"，立意明显在道教中，从钓者的装束也能看出这一点。此与二人当时的思想状态明显不合。

综上可言，石涛款《春江钓艇图》是一伪品，可能作于清末之时。

五、合作

石涛八大因相距太远，终身未见，合作较少。世传有两件，疑非真品。

1.兰竹双绝图轴

民国年间遂吾庐主程霖生《石涛题画录》卷二著录此作，名《兰竹双绝图轴》，后收于神州国光本《大涤子题画诗跋》卷四。纵120厘米，横57.4厘米。纸本墨笔，今藏广州艺术博物院。(图30-17)

此画画兰竹石，右上有"拾得"之题识，下钤印两枚："八大山人"白文、"何园"朱文，左侧有石涛题跋："八大山人写兰，清湘涤子补竹。两家笔墨源流，向自独行整肃。大涤子补墨并识。"款下钤"何可一日无此君"白文方印。

此作流传有绪，是一件为人所熟知的作品，被视为石涛八大合作真迹。此图道光年间为爱吾庐所藏。图上有"仲廉审定"白文方印，此为李恩庆收藏印。李氏字季云(一作寄云)，直隶遵化(今河北遵化)人，隶汉军正白旗，道光十三年(1833)进士，精鉴藏，有《爱吾庐书画记》传世。此图清末又为泰山残山楼藏物，图上有鉴藏印"仁和高邕"。近为吴铁声所藏(上有"剡溪吴铁声藏"朱文长印)。后归广州艺术博物院。图上尚有"艺圃鉴赏图画"白文方印、"愿子子孙孙世守勿失"朱文方印、"紫佩珍藏"朱文方印鉴藏印。另有一印不辨。

此作八大的两枚印章("何园"和"八大山人")和石涛的"何可一日无此君"印，与原印没有区别。虽画面构图简单，但笔墨似二家所作。八大"拾得"款似八大手笔。而题诗和石涛之款的书法也似石涛所为。若此为二家所作，也非二家精心之作，可能为应酬而作。

2.八大山水中堂双绝

程霖生《石涛题画录》卷一著录石涛补八大山水中堂双绝，神州国光本《大涤子题画诗跋》卷四也有著录。此中有石涛题诗云："秋涧石头泉韵细，晓峰烟树乍

图30-17　兰竹双绝图轴　120×57.4cm　广州艺术博物院藏

生寒。残红落叶诗中画，得意任从冷眼看。"款"己卯浴佛日，雪个为岱老年翁写古树苔石，属余补水滩红叶，并赋小诗请正。清湘陈人苦瓜。"此画今不见。

若此作为石涛所作，所赠之"岱老"，当为江世栋。世栋，字右李，号岱瞻。江南徽州府歙县江村人氏，居扬州，生于1658年，比石涛小十多岁。世栋为当时扬州著名收藏家。石涛晚年定居扬州期间与他过从甚密，北京故宫博物院藏有石涛致江世栋四通书札。石涛存世文献中也有不少与世栋相关者。此作有"己卯"之年款，时在1699年，此时石涛与八大交往密切，而世栋也与石涛相与优游。

从题款中看，画中所题七绝诗特为此画而写。所谓"雪个为岱老年翁写古树苔石，属余补水滩红叶，并赋小诗请正"，然而此诗却多次出现在石涛款作品中。如美国纳尔逊－艾金斯美术馆《苦瓜和尚妙谛册》中第十二开题"秋涧石头泉韵细"，正是此诗[①]。说明此诗并非特为与八大合作而题。此作作伪的可能性较大。

六、合裱

由于八大与石涛的特殊关系，历史上出现了大量的二人书画合裱作品。兹举数例。

1.李东阳、石涛、八大合装卷

上海博物馆藏有一合裱长卷，分为四段，第一段为李东阳大字书法，篆书"鞠庄"二字，款"西涯"。钤"宾之""怀麓书楼"二印。（图30-18）

图30-18　八大石涛书画合卷　上海博物馆藏

---

① 陆心源《穰梨馆过眼录》卷三十六著录《石涛赠石谿山水册》也题有此诗，此作当为伪托。

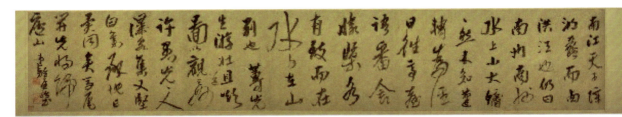

图30-19　石涛八大书画合卷　湖北省文物商店藏

第二段为石涛之画。画一人睡于牛背上，一人相扶。牛大眼圆睁。笔致老辣圆浑。大字隶书题"大涤子自写睡牛图"，后题："牛睡我不睡，我睡牛不睡。今日请吾身，如何睡牛背？牛不知我睡，我不知牛累。彼此却无心，不睡不梦寐。村老荷蒉之家以罍瓮酌我，愧我以少见山林树木之人，不屑与交，命牛睡我以归，余不知耻，故作睡牛图，以见大涤子生前之面目，没世之踪迹也。耕心草堂自匿。"共钤"大涤子极""半个汉""赞之十世孙阿长""零丁老人""瞎尊者"五印。未署年款，但从书画风格和款印情况看，是石涛晚年之作，当作于1705年之后。

第三段则是八大所画松菊石，款"八大山人写"。钤"可得神仙"印。

第四段，八大书法，书《临河叙》，款署："甲戌之处暑，偶过卿云庵临此，悟得八法与拨灯法，为渔翁词年兄正之。八大山人。"有屐形小印和"可得神仙"二印。此作作于1694年，是八大创作欲望最旺盛时期的作品。《临河叙》是八大毕生喜欢的法帖，传世有多本。此作自然潇洒，又别是一家风味。卿云庵，或为心壁禅师所居之憩云庵，八大有多件作品作于此。那里是文人聚会之所。

庞元济（1864—1949）《虚斋名画录》卷六著录此作，名《石涛八大山人书合璧卷》，未录李东阳之书法。然上海博物院藏此卷上，李东阳（1447—1516）书法段也有庞元济的鉴藏印。说明到他之手时，三家之作已经装裱在一起。

此作从画、书、印等方面看，当为二人真迹，无一可疑者。

2.石涛八大书画合卷（图30-19）

湖北省文物商店藏有《石涛八大书画合卷》，《中国古代书画图目》编号鄂3-110，鉴定七专家均以为是真迹。这是一件极为重要的作品，是八大石涛研究中不可多得的文献。此作具有很高的艺术水平，至今罕为研究界提及。

前段为石涛画黄山之景。画起首以正书题两行："游黄山，初上文殊院，观前海诸峰。作为棣生居士吟坛正。清湘石涛济山僧一枝室中。"有"无法"朱文印。

稍向后，山体之上空白处再题："未似黄山真面目，只宜折合对香精。请君一笑张图看，莫我当年浪得名。棣老寄我以墨索写黄山，戏为之诗，书去一笑，石涛济道人。"有"原济""石涛"连珠印。此画作于金陵，似为石涛初至金陵时的作品，大致是1680到1682年间。可能为一位黄山的朋友所画。石涛早年居黄山，画有大量的黄山图。他初至宣城，见梅清，以黄山诸图见示，直令梅清叹为仙人。由此其写黄山声名远播。此画画黄山前海之景，石涛画此处景色的存世作品有多件。此画笔法超绝，颇尽黄山奇崛之态。

后段为八大行书："南江天子障，湖蠡而西，洪江也，仍曰南州。南州水上小大鲡鲡然，未知蓬转为谁。日往亭台，语番含，胜概各有致，而在水与在山列也。尊先生游，壮且欲图，以观道之妙，许愚先。先人《瀑泉集》，又《坚白集》，承慨亡异同矣。马尾、开先，将归庐山。弟驴屋驴书。"[1]有"夫闲""驴"二印。此书作于1684年左右，属于八大"驴期"的作品，此时期作品存世非常之少，此作弥足珍贵。尤其此作中涉及其家世的重要信息[2]。

3.石涛八大合册

陆心源（1834—1894）《穰梨馆过眼录》卷三十六著录《石涛八大合册》，共十二开。石涛八页，八大四页，后附题跋一页。

第一页，石涛画《水墨竹》。题云："疏疏离离君如此，写以持赠当颜开。明月

---

[1] 此段文字前部分写庐山之内容。北宋陈舜俞（1026—1076）《庐山记》卷一："案太史公曰，余南登庐山，观禹九江。前汉郊祀志云：乾封中，武帝浮江，自寻阳出，枞杨过彭蠡，礼其名山大川。桑钦水经云：庐江出三天子都，北过彭蠡县。释慧远《庐山略记》曰：山在江州寻阳，南滨宫亭，北对九江。九江之南。江为小江，山去小江三十余里，左挟彭蠡，右傍通川。引三江之流，而据其会。山海经云：庐江出三天子都，一曰天子障故旧语，以所滨为彭蠡。有匡俗先生者，出自殷周之际，遁世隐时潜居其下。或云俗受道仙人，共游此山，遂托空崖，即岩成馆，故时人谓其所止为神仙之庐。因以名山焉……"（文渊阁四库全书本）

[2] 参见本书第十九章《有关八大山人家世相关问题再讨论》对此合册的分析。

举酒复对影，问尔诗成第几杯。小乘客济。"第二页，石涛画《水墨笋》，题云："东风吹笋忽生凉，起看檐前绿荫长。赠尔一樽权小坐，还予三韵报清湘。石涛。"第三页，石涛画《设色桃子》，题云："并李初从海上生，比梅略较有余情。当盘想到春开日，妒杀桃源万树晴。大涤子济戏为之也。"第四页，石涛画《水墨莲房》，题云："此根未露谁先栽，此子已成花未开。根老子香两奇绝，世人岂复知从来。水不清，泥不浊，献花何必求盈掬，为君长夏论以腹。清湘大涤子济。"第五页，石涛画《设色芋》，这也是石涛在佛门时常画之物。题云："熟到山田八月秋，水声初放出溪流。皮肤脱尽休妆点，只重平生朴实头。此余当年居宣州广教时普请诸禅出坡洗芋，以此语示之。今因写芋忽记书之三十年前事。"第六页，石涛画《水墨草虫》，题云："芦叶萧疏偏易长，写来不为问渔郎。枝间闻道清蚨好，窃去街头换酒尝。石道人。"第七页，石涛画《水墨石榴》，题云："此中簇簇万千点，白粉朱砂画不成。似他终有顽皮里，生出前论那得名。苦瓜老人济。"第八页，石涛画《水墨梅花》，题云："参差好伴梨花开，不是幽人不许栽。他年长就铁龙干，片雪前溪应复来。济。"第九页，八大画《水墨兰花水仙》，题云："人家剪彩玉儿钗，故上虚风虎豹鞋。一陪扫翁大承顺，朝虞翁发更差排。八大山人。"第十页，八大画《水墨荷花》，款"八大山人画"。第十一页，八大画《水墨玉兰》，款"八大山人画"。第十二页，八大画《水墨水仙》，款"八大山人画"。

后题跋页为何绍基之长跋："画师何处堪著我，万物是薪心是火。有薪无薪火性存，隐显少多无不可。苦瓜雪個两和尚，目视天下其犹裸。偶然动笔钩物情，肖生各与还胎卵。心狂不问古河山，指喻时拈小花果。今年冬暖雪不至，畦陇枯松荒莱荄。东卿丈人趣最腴，相呼走看化机伙。我忽推去不欲观，遗老悲襟托细琐。勃勃生理等兴废，童童浮世老瘄跛。君不见乌芋平生朴实头，石榴终有顽皮里。其中朴实外顽皮，贮入笋筐任颠簸。混元同证清净根，莲子一窠花两朵。壬寅冬日过东乡，丈人平安馆见示八大山人清湘子花果合册，奉题小诗，即希教正。年家弟何绍基草。"①

此册今不见，无从判断其真伪。何绍基之题跋见《东洲草堂诗钞》卷八，名《戏题八大山人清湘子花果合册》。何氏于石涛八大作品鉴赏极精，此作可能为二人之真迹。

①陆心源《穰梨馆过眼录》卷三十六。

4.八大山人清湘老人合册

据端方《壬寅消夏录》著录，上海有正书局曾影印此册，名《八大山人石涛上人画合册》，日本兴文社所编《南画大成》载《朱耷道济画合册》，在续卷五上录题跋三段，此册今尚存世，为私人藏家所藏。

据端方记载，第一开为八大之画。第二开，着色画山高入云，长松荫屋。题："庄生和之以天倪，八大山人。"第三开为浅色画。因树为屋，枕山成村。题云："超然正未见关全手笔。八大山人。"第四开为水墨画，两崖之间有村落。款"八大山人"。第五开，题三行行书："佳日章台街，点点僵云影。人传古台上，聊得风行净。题所仿云林画。八大山人。"第六开为水墨画，茅屋，水少山多。款"八大山人"。第七开，水墨作三朵花。题云："还将细笔作生涯，觌面于今也不差。阳狂恃酒甘风子，一去房州三朵花。八大山人题。"对开有题跋"雪个异人也，好酒，善画笔不犹人。此诗此画，足见狂态。叶三朵，花可怪也哉。丁酉九月廿七日将赴皖江灯下书。"又有跋云："房州有异人，常戴三朵花，莫知其姓名。因以三朵花名之。见东坡诗叙。懒云居士记。"（图30-20）

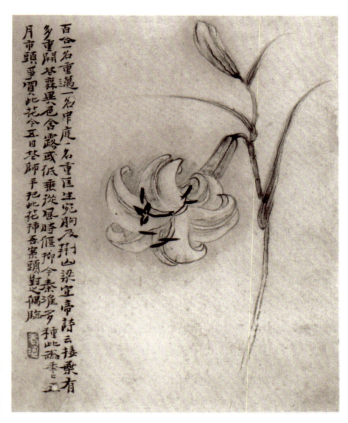

图30-20
石涛八大六开合册之一
21.1×17.2cm
私人收藏

第八开为石涛着色画，画山回谷转，小舟如叶。题"清湘老人济广陵"。第九开为石涛水墨画，画百合花一枝。题云："百合一名重迈，一名中庭，一名重匡，生宛朐及荆山。梁宣帝诗云：接叶有多重，开花无异色。含露或低垂，从风时偃抑。今秦淮多种此本。年年五月市头争买此花，今五月，花师手把此花插吾案头，对之偶临。"第十开，着色画岳阳楼。俯临洞庭君山，一螺宛浮水面。题云："万里洞庭水，苍茫失晓昏。片帆遥日脚，堆浪洗山根。白羽纵横去，苍梧涕泪存。军声正摇荡，极目欲销魂。此诗是吾少时离家国之感，过洞庭，阻岳阳之作，今日随笔写此，从旧书中得之，无端添得一重愁也。"

后有数跋。跋一云："此二公之杰作也，收藏家不可多得，千金宝之，戊申中秋从四日于湘山黄石彤虞源同观。"跋二云："八公石公，皆故宗室，而高出赵承旨远甚，其书画超绝，笔墨外有遗世独立之意，展对之际，不觉神与俱化。大村李国宋。"跋三云："年来所见八大山人画不下数十种，当以此册为第一。石涛作亦非凡品，虽多零残，要亦经寸珊瑚，宝之宝之。单为濂。"跋四云："壬午春王正月，潭渡黄吉暹之淮阴，浪携此册同行破寂。山人画笔极纵肆，又多写鹤鹿乌鹊之类，虽极得生意，而余不甚喜也。及见此册，六法精熟，出入倪黄两家，草草而成，逸趣横生。令人玩味不忍释手。而其题识仍在可解不可解间，其狂态不能尽去。敏亭老友乃于笺剩之余，补缀装藏之，得所依归矣。敏亭近亦学为山水笔墨，甚清爽，故并及之。又石涛画三幅亦似师井卣翁者，乃以圆笔出之，可知前贤同一师法，而运用有不同耳。并堪宝藏。丙申小春王功厚。"其中李国宋、黄吉暹均为石涛晚年朋友。跋中所述情况，与当时扬州流行八大石涛之作的风气相合。此作为石涛真迹的可能性大。

5.八大石涛款《山水花鸟图册》

佳士得2005年秋拍（后九歌2011年春拍时再出）有一册八大石涛款的《山水花鸟图册》，六开。纸本，每开纵23厘米，横19厘米。

第一开，画竹，题"高呼与可，小乘客济。"有"清湘老人"朱文椭圆印。第二开，八大画瞑鸟，款"八大山人画"，有"八大山人"白文方印。第三开菊花，有"个相如吃"花押，有屐形小印。第四开，画两棵芭蕉，一大一小。有"个相如吃"花押。押"八大山人"白文方印。第五开，画竹石水仙，款"清湘大涤子一枝下"，有"清湘石涛"白文长印。第六开画危石，题"涉事，八大山人"。有"陆廷燦印"等鉴藏印。陆廷燦，字扶照，为《续茶经》的作者，活动于雍乾时期。

这套册页与八大、石涛的笔墨特征相差较大，如"涉事"二字，对比八大书法即可知，此摹仿而至于僵硬。另外石涛款"清湘大涤子一枝下"，"一枝下"为作画地点，若为石涛真迹，当作于石涛金陵时期（1678—1686），但此期他并无"大涤子"之号。而"高呼与可"一画，也是对石涛同样题识的一件竹画的摹仿，无其神情也。此作定为伪托。

第三十一章
八大山人晚年诗友丛考

　　八大山人是一位画家、书法家，还是一位颇有名气的诗人。他与弘敏、饶宇朴和寂谷师徒四人进贤白狐岭唱和诗，是我们所知八大最早的诗歌作品。1679到1680年间，他曾至临川，今见有临川唱和诗十首，记载着他在临川期间的游历和思想历程。晚年他定居南昌，诗兴更健。八大故世之后，曾有人整理过他的诗，如同治《南昌府志》卷六二"新建书目"有《八大山人绝句诗集》，此诗集今遍寻而不见。今人汪子豆辑有《八大山人诗钞》，洋洋大观，达数百首。

　　晚年八大在南昌，住东湖之畔，这里曾成立过东湖诗社，不少资料曾提及此事，如乾隆《南昌县志》卷四六心壁传载："僧心壁，云南人，能诗、工书法，游江西，结茅庵，住东湖，与熊一潇、彭廷谟、饶宇朴、帅我、万承苍结社曰东湖社。"其实，这样的诗社，只是一个松散的集团，并没有严密的组织。当时，心壁禅师的憩云庵就在东湖之畔的苏圃一侧，这里是文人聚集的场所。罗饭牛、傅修、丁弘诲、吴镜秋等都先后在东湖边居住，八大的居所虽有变动，但不离东湖之畔，这给他们的聚会带来了方便。罗牧《赠心壁和尚》诗云："清晨来自社，看汝坐观空。"[1]谈的即是与诗社相关的事。除此以外，南昌北部的北兰寺，也是诗人们聚集的处所。叶丹《同友人游北兰寺》云："到来寻白社，江上揖青峰"[2]，也谈及诗社。八大的好友喻成龙也曾加入这个诗社，他有《予赴东鲁，已挂席章门，八大山人、澹雪和尚复买小艇送至樵舍，因留舟中握手论心，不忍离去。顷之酒酣兴狂，援笔率成八绝句，用志别绪》诗，第四绝云："年鬓相侵已二毛，兴酣吟咏尚牢骚。一从结社同君好，今日风流讶胜陶。"其中"一从结社同君好"，也谈到诗社之事。

　　八大一生的朋友中，诗友占了大半。他与诸师友的交谊，关涉到其生平中不少重要事迹。这里略拨篇幅，对其与一些重要诗友交谊情况作一些考证[3]。

---

[1] 彭廷梅《国朝诗选》卷一。全诗如下："清晨来自社，看汝坐观空。云影高吟外，松声入定中。壁为通窗妙，心已出鸿濛。何日披荒草，同来住梵宫。"
[2] 朱观《国朝诗正》卷六。
[3] 八大的诗友很多，本书其他章节也有涉及，这里不再重列。

一

丁弘诲是八大在奉新耕香禅院的朋友，后来丁在临川为官，八大曾前去拜访。晚年丁辞官归里，寄居东湖之畔，与八大往来频繁。二人属于八大交谊最厚的朋友之列。饶宇朴是八大山人的法门兄弟，也是他的诗友，有近五十年的交往，晚年情感弥笃。

丁弘诲　日本东京聚乐社1940年出版的《八大山人画谱》收有八大《鹭梅花图》，款云："为琴川七十一老人画，八大山人写。"款下有"涉事"白文、"八大山人"（朱文）、"何园"（朱文）等印，梅间又有"八还""不买山"印，右下钤有"驴"印。落款未纪年，当是八大晚年之作品。鹭鸟在佛学中别有寓意，传佛祖曾在灵鹫山住过。鹭与梅花相合，喻品性高洁，不落凡尘。

这位琴川老人是谁，两人有何交往，至今未有研究涉及。我以为当是八大终生之友丁弘诲。中国科学院图书馆藏《丁景吕诗集》①，此为康熙刻本，不分卷，依五言古诗、七言古诗、五言律诗、七言律诗、五言排律、七言排律之顺序编排。前有丁景吕序言，称"辛丑（1661）孟冬朔南州棘人丁弘诲自识于琴川假馆"。故此我以为八大所赠之琴川老人，可能就是丁弘诲。

丁弘诲（1627—？）②，又作宏海，字景吕，号循庵，南昌县丁坊人，顺治辛卯举人（1651），与饶宇朴同年举于乡。康熙七年到十九年间，官临川教谕，1680年初，任获鹿（在今河北鹿泉）县令。胡亦堂《梦川亭诗集》有《送同年丁循庵之官获鹿》五首，其中有"彼美将远行，万里自兹始"的诗句。此诗编在1680年春节之后。知丁弘诲于是年初远赴获鹿。大约在1688到1689年间归南昌，晚年流落于东湖之畔，过着贫穷的日子。

景吕出生在一个诗人之家，一家三代皆为诗人。其祖父永祚（号见白）为明季高官，工诗。父亲仁安，字伯勉，号素庵，工诗古文辞，明末江西著名诗人。熊文举《丁景吕诗集》序云："景吕尊甫素庵先生为艺林宗匠，道铎高悬，著述甚富，……景吕家学具有渊源，而又早登贤书，游览天下名山大川。"仁安曾与万时华等结悬黎诗社。景吕幼秉家学，早岁成名。其叔父丁仁宜说他："从子景吕，赋

①汪世清先生在《八大山人的交游》一文中，以为其诗集不传。见《八大山人全集》第五册附编，江西美术出版社，2000年。
②《南昌文征》卷九收丁弘诲为熊飞渭诗集作序云："予与万子亦尹生天启丁卯称齐……"，黎元宽为《丁景吕诗集》作序时也说丁"生于丁卯"。

质英敏，弱冠称诗逾十年。"① 景吕早年曾编有"十年诗"，黎元宽《丁景吕十年诗序》说"海内能言之士莫不知有景吕者"。又说："景吕自己丑（1649）才逾冠即交于余，又颇有瓜葛，每阅陌相过，浃旬流连，矗矗之处，如循环刺蕈，余时辍槁梧之吟，为灶觚之听……"② 今存《丁景吕诗集》，可能就是黎元宽所说的"十年集"。从内容看，该诗集成于1661年，有顺治十八年辛丑孟冬所作自序，景吕1651年举于乡，至此正好是十年。

这部诗集反映出景吕年轻时交往的史实，其中多为当时著名文人，如熊文举、倪闇公、黎元宽、施愚山、梅清、吴锦雯、钱谦益、程周量等，其中尤与黎元宽交谊最厚。景吕与早夭的天才诗人黎耆尔有很深的交谊。黎祖功（耆尔）为黎元宽之子，他曾说景吕"得句似玄晖，惊人气欲飞"③，予其很高评价。

《诗集》中反映出景吕早年在南昌、新建、奉新一带活动的情况。战乱期间，他躲到西山，其间与八大老师弘敏交往密切，虽尚未见到他与八大直接交往的记载，但二人之间的交往是可能的。《诗集》中反映出他与参与筹建耕香院的一批文人的交往。如《诗集》有《刘广生邀同读书昙慧寺寄王价子、傅卣生》《别帅周长、王价子、许圣孚三年兄》《同张扶长、王价子、傅卣生登滕王阁》等。王价子，即助建耕香院的奉新县令王维藩，号句庵。傅卣生，即八大好友傅修。帅周长，即弘敏的友人帅承发，耕香院主要倡建者闵钺的至友，闵氏《冶庵集》的评者。许圣孚，即奉新举人许一元。张扶长，即诗人张泰来，二人都是耕香院的助建者。《丁景吕诗集》还记载他与饶型万、朱遂初等的交往，有《答饶型万年兄》《赋别朱遂初先生》，饶型万是进贤进士饶宇栻，朱遂初是进贤著名文人朱徽。二人与弘敏交谊甚厚。康熙《进贤县志》卷十七说："弘敏，字颖学……与学宪黎公元宽、都尉朱公徽、饶公宇栻相友善，咸敬礼焉。"由此也可得知景吕与弘敏之间的密切关系。

景吕有文集《砚北笔存》④，此书有经畲书塾刻本，成于同治己巳（1869），是由弘海之裔孙根据先祖遗文整理而成，不分卷，不依时间顺序。所收之文几乎跨越景吕一生，其中多有早年行踪之记载。景吕早年曾在奉新读书。《刘味生雨若惕草诗序》说："辛卯予读书新吴，与味生刘子交。"顺治辛卯为1651年。文集中又有《头陀寺募集塔院疏》："某大师司静头陀，久历年所，头陀为新吴幽栖之地，予向

① 《丁景吕诗集》有丁仁宜序。仁宜，仁安弟，字时之，明末清初诗人。
② 黎元宽《进贤堂稿》卷二。
③ 《丁景吕枉过有作次和》，见其《不已集》，引自陈允衡所编《诗慰》，顺治刻本。
④ 我曾在南京大学图书馆读到此书，此书另有藏本在山西大学图书馆等处。

年鼓箧其地，欲陟巅而一聆提唱。"头陀寺是他早年流连之所，故为募修塔院而出力。头陀寺为新吴寺院。这座寺院与弘敏有密切的关系，弘敏受薰染于宗妙禅师，宗妙为头陀寺的方丈。1656年弘敏始建耕香院，1658年宗妙圆寂之后，弘敏又曾被迎为头陀寺的住持。头陀寺修塔院之事，正在弘敏入主寺院之时，正因修塔院之事，弘敏的友人闵钺曾受到非难①。故知景吕所说的"某大师"就是弘敏，他是为弘敏募集资金。作为弘敏的得意弟子，八大深为弘敏所重，此顷当与景吕有交往。

丁景吕曾作过上虞县令，但具体时间，不得而知。他在康熙七年至十九年间任临川教谕时，颇有政声。李来泰《寿广文丁景吕》："顷岁则有同年丁公景吕主学事，弦诵之声一变，立规矩，明典制，使得大用其法，泰山、吴兴之法，不足道也。"②此文写于康熙壬子年（1672），他在临川的为官经历颇受时重。

1679年初，八大来临川，此时景吕在临川任上。八大与景吕在临川唱和优游，俨然一对不离不弃的密友。景吕与胡亦堂有密切关系。胡亦堂《梦川亭诗集》前有三序（李来泰、丁景吕和自序）。《梦川亭诗集》收胡1677到1680年之间的诗，其中包括大量与景吕唱和之诗③。胡形容自己与景吕的关系是"亲君爱君每忘频，一追义山与庭筠"。

八大来临川，除了胡亦堂之外，很大可能是来投景吕和饶宇朴的。饶是八大佛门法兄弟，饶与景吕之情谊也称密切。饶宇朴有《景吕掌教邀步河东茗战寅憩湖庵问昙上人不值》，诗中云："联步河东郭，薰风度石梁。论文茶社洁，得句佛炉香。"二人之怡然心态跃然诗中。饶宇朴又有《景吕掌教游水浒诸胜口占即事诗》④等，记其临川与景吕相与优游之事。

丁景吕《和胡二斋古钟歌》云："大唐敕建宝应寺，募铸洪钟称重器。摩挲古色仍迷离，节度押衙留姓氏。寺废多年改学宫，悬钟离位高穹隆。但遇宾兴响清越，以占科名甲湖东。此钟久远推神物，今为圣贤昔为佛。谁知木铎即蒲牢，大叩小叩教多术。甲寅兵燹层楼颓，钟声已死角声哀。个山一见夸灵异，倡酬顿使生面开。危公往矣钟无恙，再作钟楼费工匠。振兴文教有贤侯，楼成为我铸诗上。"⑤胡

① 见闵钺《冶庵别集》相关记载。
② 李来泰《莲龛集》卷八。
③ 如《梦川亭诗集》载有《己未三月三日同丁循庵游红泉时，从游为徐公序、范小仲、晁非才共九人，燕集明水寺有赋》《梦川亭落成招同年丁循庵既徐、晁、范、曾诸子小集，席上循庵赋有古风一首，次韵奉训，时五月十九日》《六月二十四日再集梦川亭次同年丁循庵韵》《六月二十六日三集梦川亭和丁循庵韵》《四集梦川亭次韵》等。
④ 上举饶宇朴二诗见同治《临川县志》卷一八寺观。
⑤ 《西江志》卷一二七，又见《江西通志》卷一五一。

亦堂、丁景吕和八大等人来到宝应寺，一尊古钟引发了共鸣，三人以诗为古人"开生面"，其实是为自己拓心胸。个山的诗作不见。

胡亦堂的梦川亭落成于康熙十八年（1679）四月八日①，其后，胡与友人多次宴集，《梦川亭诗集》所记载的就有六次以上。其中，是年端午日有一次大型聚会。丁弘诲《五日集梦川亭和韵》写到了八大一次作画的经历，有"酒气拂拂指间出""破衲携来百尺云"之语，与后来龙科宝描写的八大作画的现场，颇有相似之处②。

胡亦堂《六月二十六日三集梦川亭和丁循庵韵》诗云："太常沉醉希醒日，世无弟子谁入室。酒樽偶设杯中并，却引新诗高累帙。柏竹芬香入宾筵，桃李惊花从觞政，（时欧阳二门人在座）。亲君爱君每忘频，一追义山与庭筠。更有法师拟渡海，畜马放鹤正其人（适雪公并至）。君才八斗诚难得，名僧嘉客如旧识。秋光冉冉已相遥，再过青天当有色。"此诗也是和景吕之作。照例又是在大醉之后的诗会，这次聚会中的欧阳二门人当是景吕的门人，因在"桃李惊花"诗句后注，当然不可能指自己的门人。诗中言及八大所谓"渡海"，是一种诗歌游戏，畜马放鹤，即在灯笼上画出图案，灯笼随水而流，从而作诗。

八大在临川期间与丁弘诲相与优游，但1680年初，景吕远赴获鹿就任，这对八大是不小的打击。他在临川缺少了一个朝夕过从的朋友，他多次告诉胡亦堂有"还山"之愿，后来竟至大病，导致了人生的大转折。丁弘诲在获鹿近十年时间。《砚北笔存》编者序说："丁公宏海由科第宰获鹿，循吏也，亦名儒也。其宰获鹿时，仁声善政，旁洽黔黎。"并修《获鹿县志》。

道光六年刊《南昌县志》卷四四书目列丁弘诲《删后集》，今不见。晚年他归东湖，诗锋很健，而生活愈贫。这位"词客老南州"过着十分窘迫的生活③。这期间，他与八大交往密切。是时，八大早年的好友饶宇朴、傅修等都在东湖之畔过着穷困的生活。饶宇朴《菊庄集》卷十一有《和静园访憩云有赠同循庵》，卷十二载有《和静园雨中见招原韵同丁循庵韵》《宿报恩堂小饮同循庵》《送丁循庵楚游》《青原山有怀循庵抱病》诗，这些诗多作于1689到1692年间，因为其中又间有赠宋荦

① 胡亦堂《梦川亭落成记》："余于十六年视临川，临川为抚州同城，……余治县至十八年，始于署之后地作亭。"署作于康熙十八年四月八日撰。胡二斋之古钟歌不见，据同治《临川县志》卷五二，李来泰也有《和胡二斋古钟歌》。

② 参见本书第二十一章《〈梦川亭诗集〉所见八大相关问题再研究》中关于丁弘诲此诗的分析。

③ 裴君弘《西江诗话》卷一〇说："丁弘诲，今司寇新城王公旧有岁暮怀人六十绝，一云：'谢郎玉树应非旧，唐观琼花半已凋。今日相逢如梦寐，禅床歌板雨潇潇。'注：'丁景吕弘诲往赠予诗云：风神欺玉树，逸兴问琼花。今相见扬州如梦中事。'"

之作（宋荦于1688到1692年巡抚江西）。由这些诗对丁弘诲晚年贫病交加的情况也可有所览知。

饶宇朴 同治《进贤县志》卷一九："饶宇朴，字蔚宗，少聪颖绝人，读书目数行下，长于诗古文词，卓然成一家言。工书法，一时名士争欲与之游。著有《菊花庄集》《蔚宗集》《凤游集》。"今见其《菊庄集》[①]。饶宇朴是八大佛门兄弟，与八大情同手足。八大自1648年出家，1652年从法于弘敏，一直到17世纪末，与饶宇朴保持着近五十年的关系。八大早年所在进贤介冈灯社，就在饶宇朴的菊庄附近。饶宇朴之兄饶宇栻（型万）、饶植（林上）等都是弘敏的朋友，当对八大的艺术和生活有所影响。八大随老师到奉新耕香院，饶宇朴也在其身边。主修耕香院的闵钺记《冶庵别集》评论者中就有饶宇朴，说明饶也曾在耕香禅院中逗留。晚年的八大多得这位法兄弟的帮助。八大到南昌最初的岁月中，饶的侄子饶燉（字日午）、饶炳（字及申）对他的生活都有关心。后来饶宇朴也定居于南昌，对贫病交加的八大有多方面的帮助。饶宇朴与八大年龄相仿。从《菊庄集》反映的情况看，1690年之后的诗不见，他大约在此期间下世。

同治《进贤县志》刊弘敏师徒白狐岭唱和诗，其中弘敏有八首，饶宇朴六首，传紫二首，寂谷一首。其中饶六首诗如下：

> 无声声彻碧云开，唤醒烟霞未是雷。即使振衣高座上，空青万道欲飞来。
>
> （《呼青阁》）
>
> 木犀公案一番新，有机还须善听人。会得拈花微笑旨，或改久已绝风尘。
>
> （《问香楼》）
>
> 铠甲嶙峋著地浓，只应雾锁与云封。请看子夜黄梅意，输与卢公一手缝。
>
> （《袈裟岩》）
>
> 抛却袈裟独出群，如来金臂欲摩君。峨峨若向中流见，迸碎虚空几片云。
>
> （《摩云顶》）
>
> 古干浮空挂澹烟，寒崖雅称石同眠。卧龙未骨虚鳞甲，时作风涛列树边。
>
> （《吼烟石》）

[①] 即《县志》所误之《菊花庄集》十一、十二两卷，藏江西省图书馆，是目前所能见到的饶宇朴的唯一存世诗集，但惟存最后两卷，其他十卷不见。

桥水拈来故是疑，有无犹被辘轳知。何如彻底无些子，占得高峰一座危。

（《截流井》）①

由诗中可见，宇朴于禅浸染颇深，其中多为禅家语，在《进县县志》中，又收饶宇朴的《介冈八景》诗，分别为樗山晓烟、蓝津午月、青洲长涨、西岭春月、石罅回澜、柏林红叶、鹤林晚钟和菊庄夕照。由菊庄夕照可知，介冈灯社就在饶氏故里菊庄。同治《南昌府志》卷二记载："介冈，在县西五十里，山水明秀，会毓伟硕，在临川县抵界，饶氏世居于此。"八大所在的介冈，就在饶氏故园。

弘敏1656年在奉新耕香禅院，1658年到奉新头陀寺，在这期间，饶宇朴也追随前去。他和八大都曾在耕香禅院，并游走于进贤和奉新之间。1677年秋，云游中的八大带着《个山小像》到菊庄，他将《个山小像》的最关键位置，留给饶宇朴题跋。饶的长跋道出八大生平中很多重要信息，是八大研究中一篇极为重要的文献。前有"鹿同"引首印，后有"宇朴蔚宗"印。知饶宇朴还有"鹿同"之号。跋中说"丁巳秋携小影重访菊庄"，说明饶宇朴也不在耕香禅院和介冈灯社，他和八大一样，在弘敏之后，也有可能渐渐离开了佛门。

1679年，八大行脚到临川，饶宇朴也在临川。二人和丁弘诲朝夕过从。1680年春，丁到河北获鹿履新，任职期间饶宇朴曾去看望过他。《菊庄集》卷一一有《访丁景吕获鹿赋赠兼寄浙中卓火传》五首，第一首云："十载樊川别，深情寄朗吟（君有别蔚宗三律）。空悬天末意，独有岁寒心。拓落齐门瑟，崎岖单父琴。相看同一笑，何处问知音。"诗中说他与丁弘诲相别十年，可知此诗大约作于1689年左右。第三首回忆他与丁弘诲在临川时的情况："平畴芳草路，竟日忆招游。"在此二句后，饶宇朴有自注云："谓水浒、多宝诸处。"这是回忆他们在临川的水浒寺和多宝庵等地交游的情况，当时的从游者当有八大。

晚年饶宇朴客居南昌，与八大仍然保持着密切的关系。《菊庄集》卷一二有《题八大山人画》："依稀枯木与寒岩，三十年前露一斑。石骨松心君见否，郎当笑倒厌原山。"又有《题八大山人画荷》诗，诗题下自注云："仲韶晚号云心头陀。"诗云："冲天荷柱忆头陀，三笔参差十指拖。令弟晚年殊泼墨，荷花荷叶法如何？"这两首

①同治十年李文同纂、江璧修《进贤县志》，卷二五《艺文》录弘敏师徒白狐岭唱和诗。

诗大约作于1689年①，是我们了解八大晚年生活的珍贵资料。前一首诗其实是回忆三十年前往事，当时他们正在佛门，辗转于进贤和奉新之间。"郎当笑倒厌原山"，厌原山，乃洪崖的别名，又称散原山、伏龙山。八大1659年所作《传綮写生册》中就有"洪崖老夫"之谓，饶诗是回忆他们师徒在西山香城寺等处的生活。后一首诗是关于八大家世的重要史料。饶宇朴与澹雪、丁弘海、傅修、万任、罗饭牛、心壁以及八大等优游唱和，《菊庄集》十一、十二两卷对此有不少记载。

二

八大晚年在所谓东湖诗社中，与万任、万承苍、傅修、熊一潇、彭廷谟等相唱和。其中傅修和熊一潇是江西诗坛的巨宿，也与八大建立了密切的交谊。

傅修　八大与傅修是毕生的好友。北京故宫博物院藏《八大山人澹雪朱容重等书画合册》（图31-1），共八开，其中一开有顾大士赠澹雪之《急流丛竹图》，有傅修对题曰："江头结筏已年年，偈演真乘复几篇。入定漫劳金磬出，翻经不藉本师传。藤萝带月穿方丈，竹翠欺晴起暝烟。还有神通如一行，锡端飞刺止戈泉。赠北兰澹公旧作，录呈孝老年道翁郢正。弟傅修。"此册页中又有八大《枯木双禽图》。册页是应澹雪之请为一位叫孝翁的朋友而作，收录的都是澹雪朋友的作品。而傅修、八大都是东湖诗社的诗友。

方鹿村的水明楼是八大流连之所，而鹿村与傅修有密切的关系。李果编《鹿村诗集》以傅修之序冠于首，款曰："南州弟傅修书于瑶湖之悔堂，康熙己未"，作于1679年。朱观《国朝诗正》卷四鹿村诗下注云："予友鹿村天性孝友，持身接物，靡不以诚，而慷慨任侠，尤能为人所不为……傅卣生跋曰：'脱手便高，从玩益妙，清矣而味自腴，逸矣而声自响。'"说明傅修与鹿村之间相知颇深。

傅修是南昌遗老，有高节。万任这样评价他："南州自孺子后千载，仰之若麟凤，以为高士希世一见也，今得先生一徒步韦布耳。"万任《傅先生小传》说："傅先生名修，字卣生，晚号悔斋。南昌人，少颖异，师于处士杨益介绍，精古学。方诸生为制艺结社东湖，同时郭景槎、张扶长、刘石潭、喻伯珍、刘子山、汪次嘉、丁景吕，皆雄杰，并以旗鼓让卣生。戊子（1648）兵乱，家碎，几不脱于难，窜新

---

① 从《菊庄集》卷十一、十二情况看，采用的是编年诗的形式，《题八大山人画》后有《沈友圣七十次韵》，接后则为《题八大山人画荷》，沈友圣七十寿时，八大曾有诗画赠之，时在康熙己巳（1689）。故推测饶宇朴题八大画之二诗作于1689年。

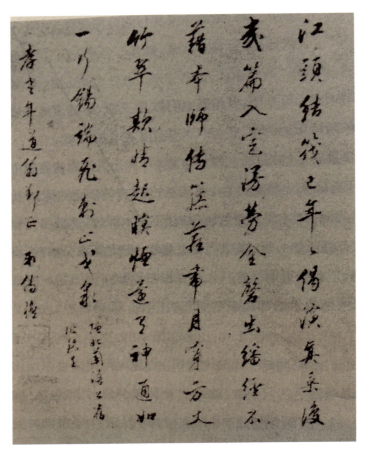

图31-1 傅修跋 八大山人澹雪朱容重等书画合册之六
北京故宫博物院藏

吴，新吴闵晋公、王价子、帅周长、邓小崇辈凤负才名，咸宗焉。诸凡宗让卤生者。后相继飞鸣殆尽，而卤生独雌伏，累不得意，乃市隐章门。学愈博，操愈厉，志弥高，心弥下也。间与陈石庄、徐榆溪、李亦园往还吟咏，以见志。……先生年七十应接不倦，若俗事鄙人欲一见先生而不可得。庚午冬初卒，大中丞宋公屡礼，致幕论诗，订古文集，悼其丧也。"[1] 傅修生于1620年之前，卒于1690年。当时西江文坛名流，如陈士业、黎博庵、徐巨源、周体观、黎媿曾、饶型万等都对他至为推崇。

傅修一生以诗和名节名世，自1648年始，傅修在国乱后避于奉新山中，所交往之闵钺、王维藩、张泰来、丁弘诲、帅承发等都是八大早年的师友。傅修还曾在

① 见万任《静园仅稿》（康熙三十年刻本）卷四。

头陀寺逗留，与头陀寺住持弘敏有交。八大可能在1650年前后就与傅修订交，并参加了由傅修等所组成的诗社。关于奉新诗社，帅我《与傅卣生先生书》："伏惟老伯与先君子为同社密友，乃数十年来未尝得一日侍教左右，稍尽子弟之谊，作日始得一释堂下……使小生薄伎得见称于诸名贤间，皆大君子之赐也。"①帅我为承发子，承发是弘敏之密友，帅我以弟子礼师事傅修。札中谈到傅修与承发组诗社之事。诗社的参加者中当有耕香院始建的重要赞助者闵钺，闵氏在1680年前后致傅修书札中说："昨年到章门，幸彼此无事，寓邸又相去不远，四十余年之交游，三十余年之离索，虽向永日中消其强半，而挥手升沉，我与兄竟似华表仙禽矣。"②

傅修在经历山间数年隐居之后，回到南昌，住东湖之畔。又在他的倡议和主持之下，组成了东湖诗社。同治《永新县志》卷三八文苑："与郭景槎、丁景吕、张扶长辈结东湖社，修之。"东湖诗社既有他在奉新山人隐居时的友人，又有漂泊东湖之畔的逸士。东湖诗社活动的时间大约在17世纪50年代到60年代。1680年之后，随着澹雪、心壁等先后来到南昌，熊一潇托病返故里，丁弘诲辞官归来，饶宇朴也从进贤迁移到东湖之滨，东湖之畔又出现了新的诗社，傅修又是这个诗社的成员。八大与傅修定有很多唱和之作，惜今未能见。

熊一潇　杨钟羲《雪桥诗话》三集卷一云："熊蔚怀司空《赠八大山人》诗：'高士南州邈，东湖烟雨寒。伊人千载后，秋水一编看。把卷吟诗好，闻名见面难。相期拾瑶草，长啸碧云端。林峦供放眼，城市即山中。予亦岩栖者，将无玩世同。绝祛名士态，定许酒人通。笑彼云烟客，崎岖走雪风。'"而在《西江志》卷一二七收熊一潇《次韵八大山人》诗，所录诗即为《雪桥诗话》所引之第一首。熊一潇的诗，是一组和诗，八大原诗不见。

熊一潇（1638—1706），字汉若，号蔚怀，南昌县东坛人。康熙三年进士，历官浙江道御史，迁太仆寺少卿、大理侍卿、工部尚书等职。晚年因病辞归。有《浦云堂集》，今藏山西大学图书馆。在东湖之畔，这位本朝前重官与八大结成了密切的关系。

万承苍　乾隆《南昌县志》说心壁"与熊一潇、彭廷谟、饶宇朴、帅我、万承苍结社曰东湖社"，这里所说的万承苍，也是东湖诗社的重要成员。同治《南昌县志》卷三四载："万承苍，字宇光，一字孺庐，廷言五世孙。康熙五十二年进士，

① 帅我《墨澜亭文集》，见《帅氏清芬集》。
② 闵钺《冶庵文集》卷三。

授编修，充日讲……居词馆三十年不调，人称之曰：'老编修'。以御试列上等，擢翰林院侍读学士。"南昌人，被称为"醇儒"，今有《孺庐集》十四卷存世。万承苍参加东湖诗社，当在他中进士之前。目前没有见到八大与宇光交往的具体记载，《孺庐集》中也没有这方面的记载。但宇光作为东湖诗社的核心成员，八大又是这个诗社的积极参与者，二人当有接触。

三

八大生平与彭氏兄弟和帅氏一门有密切的关系，这对他的艺术和人生都有影响。

彭氏兄弟　八大晚年南昌定居之后，与江西"彭氏兄弟"颇有交谊。廷典、廷谟、廷训、廷诰四兄弟①，一门高才，皆成大器，四人皆工于诗，与八大有诗歌往还。又有同宗兄弟廷献，也有文名，与八大也有交往。

陆心源《穰梨馆过眼录》卷三十录八大画册十二页，其中第四页为八大所画《水墨荷叶》，有彭廷典的对题，所题为陆放翁诗，款"丁丑夏日，南州彭廷典书"。这组册页作于康熙丁丑（1697）②。彭廷典，字汉年，为长兄，官孝廉。八大为心壁作《洗钵图》，有彭廷典题跋："一筇复一笠，身驻白云深。偶尔持丹钵，临流豁素襟。林端空积翠，石罅细鸣琴。看取图中意，应知不染心。"③

邵长蘅《青门簏稿》卷一一尺牍有《与彭子》信，谈及《八大山人传》的写作："……《八大山人传》描写近真，直未知视古人谁如故，亟欲令足下见耳。《八大山人传》恐贵乡诸君未免有所雌黄，所谓亲见扬子云禄位容貌不能动人也。要可为知者道耳。"④此书札应是写给彭廷献的。长蘅与廷献、廷谟为好友。《青门旅稿》卷二有《南康阻雨和彭觐宸廷献、夏赓廷谟》，其中有"篷窗竟日蒙头卧，弟倡兄酬觉汝贤"。同卷又有《舟中为彭觐宸题四时渔乐图》，其中有"篷窗十指如悬槌，彭子持画索我题。展页四时渔乐图，平湖好手今倪迂"。《旅稿》卷三有《青翰草序》，是为廷献的诗集所作序言，言："南昌彭子觐宸以副榜例当贡太学，意郁郁若不自得者"⑤，他劝其开阔心胸。子湘曾在文章中说："彭子以能文章受知于家静山提学。"

---

① 彭廷诰，字尺纶，康熙五十二年副贡。其与八大交往史料未见。
② 此册页第三开有李松庵对题，款署"丁丑夏日江上叟偶题"。
③《庐山秀峰寺志》卷六艺文（下）。
④ 参见本书第三十五章《读八大山人相关传记札记》。
⑤ 然乾隆十六年刊《南昌县志》卷三七以彭廷献为刘廷献，字观宸，有《青翰草》，"与邵长蘅友善"，应为同一人。《县志》记载有误。

廷献为邵延龄（静山）所赏识。廷献与四彭当为堂兄弟。

由邵长蘅的语气可以看出，廷献、廷谟当对八大很熟悉，而且有很深的交往。从现有资料看，八大与五彭中廷谟交往最为密切。廷谟是东湖诗社的核心成员之一。乾隆《南昌府志》所说的"涂菊、蔡鹅、闵蟹、彭诗"，彭廷谟也是东湖书画会的核心成员，和当时流寓东湖的画家群体有密切交往，成为东湖社集的活跃分子。彭廷谟，字夏赓，号并老。八大在世之时，廷谟未成功名，至康熙四十七年（1708）始为举人，其时八大已下世。工诗和古文辞。有《桐村诗集》等①。但今一无见者。

八大与并老之交往，尚有资料可证。北京故宫博物院的一组八大、李仍等十页书画册，其中有一开为并老书法。前有"川咏"引首，录其《过汉孙道兄城南别业漫赋》诗："缁法方滚滚，别构爱临流。槛去风飘出，沙边浴鹭浮。新声翻水口，名画仿营丘。即景增高况，栖寻欲共谋。过汉孙道兄城南别业漫赋，彭廷谟。"有"谟"朱文小印。这组书画册页是李仍、熊秉哲、彭廷谟、八大等相会时之作。王方宇《八大山人作品的分期问题》一文，曾列日本私人收藏之八大为廷翁写唐诗"人道难驯鹿易降"。其中的廷翁，疑为彭廷谟。

"四彭"中的老三彭廷训也与八大有交往。彭廷训，字尹作，号补堂，南昌人，康熙四十五年进士，官赞善，以书法受知，供奉于内廷，有《静斋罗屋吟》《耦耕吟》，诸作今皆不见。廷训有《中秋舟泊章门吴镜秋、赤苑招饮楝花坪呈八大山人、澹雪长老》诗②，诗中记载与吴镜秋、吴之直、八大、澹雪五人相交之快乐情景。廷训与镜秋交谊最厚，与镜秋诸兄弟都有交往。八大为心壁所作《洗钵图》，有彭廷训的题诗："香饭经行后，春风杖履边。丹砂濯青玉，照耀空林泉。扣罢诗随响，携来月满川。知公心不系，静对总悠然。"③（图31-2）

帅氏一门 江西青云谱八大山人纪念馆藏有八大《孤松图轴》，这一作品受到吴昌硕的高度评价，吴有跋云："八大山人画，世多赝本，不堪入目，此帧高古超

---

① 乾隆《南昌县志》："彭廷谟，字夏赓，号并老。南昌东坛人。少负才名，性豪放达，督学以国士待之。与兄廷典、弟廷训、廷诰，号江西四彭。康熙四十七年中举人。诗词古文皆有名。与临川李绂友善。江督廷入幕府与议论，不合策其必以贿败，即谢去。未几，果败。居四川布政使孔毓珣署时，西藏兵银米数百万，吏不能理其数，廷谟为会计以对，总督年羹尧览状大奇之。极询曰：积年繁冗何以一目了然，为此状者何人耶？ 珣以对请使见，谢不住。曰此公才过于位，终必及于祸。其居蜀时变姓为陈大鹏，曰：吾正虑此公扬色耳。后归里不出，埋头著述。著有《诗文集》十卷和《桐村诗集》若干卷。"
② 《江西诗征》卷七〇，嘉庆九年赏雨茅屋刻本。
③ 《庐山秀峰寺志》卷六艺文（下）。

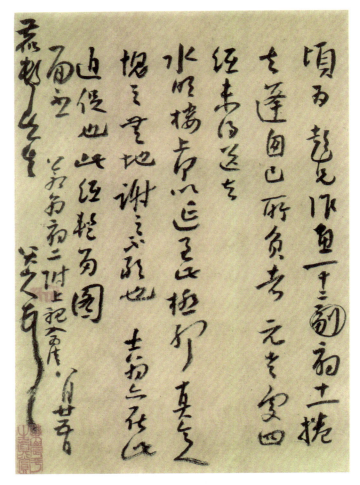

图31-2
行书手札册之二
纸本墨笔　年代不详
20.2×14cm
沈阳故宫博物院藏

逸，无溢笔，无剩笔，方是庐山真面，尝从迟鸿轩借读，因题其后，乙未仲秋佳日吴俊卿。"这幅高古超逸的作品，是赠给一位叫"兰皋"的友人，八大有款云："写为兰皋先生。八大山人。"有"可得神仙""八大山人"二印。（图31-3）

这位兰皋先生研究界向未指出为何人，我以为就是康乾时期江西著名指头画家帅念祖。张庚《国朝画征续录》说："帅念祖，字宗德，奉新人，以礼科给事署陕西布政司使。以指头墨作花草，间写山水。"人称"帅兰皋先生"。雍正癸卯（1723）进士，督学浙江，官奉政大夫。帅念祖与康熙后期到乾隆初期的很多文人有交往，袁枚《随园诗话》说自己十九岁开始受学于江西帅念祖先生。

帅念祖的家族为江西望族，其父帅我（1648—1725），是八大的友人，东湖诗社的核心成员之一。与心壁、饶宇朴、万任、彭氏兄弟等皆为诗友。乾隆《南昌县志》并载："帅我，字备皆，号简斋……是时豫章前辈风流云散，惟南昌黎元

宽、进贤饶宇栻皆负重
望，见我所为诗文，咸
击节叹赏，以为不可
及……商丘宋冢宰来抚
江右，合十三郡试诗古
文辞，拔第一，延之幕
中。甚礼异之。乙酉贡
明经，辛卯中顺天乡试，
出赵司农中乔门，……
年七十八卒于家。我工
书法、绘事，尤明医理，
所著有《墨澜亭文集》
《帅子古诗选》《古文选》
《简斋全集》刊刻于世。
子念祖官礼部掌印，赠
奉政大夫。"今其诗文集
多有存世。帅我的诗曾
受到江西文坛领袖黎元
宽的赞扬，黎说："江西
诗派实本双井，则备皆
以为比邻也。"[1]帅我有子
多人：长子仍祖，字宗
道，号介亭山人；次子
念祖，字宗德，号兰皋；
三子光祖，字宗文，乾

图31-3　孤松图轴
纸本墨笔　年代不详
113×58cm　八大山人纪念馆藏

隆进士，号药房。其中念祖、光祖皆为进士，仍祖也以工诗名世，一门并有高名。

帅我在江西有墨澜堂，在世时刻有《墨澜亭文集》，前有1689年饶宇朴序言，饶款"进贤社弟饶宇朴"，又有万任之序，皆称为社友。他有《寄怀饶蔚宗先生》诗云："菊庄秋静留晚香，把酒高吟卧花房。先生寸心有千古，科名宁可定文章。

---

① 黎元宽《进贤堂稿》卷一《帅备皆诗草序》。

当今词坛推执耳，硕果不食固如此……每思先生不得见，肠胃顿觉填尘埃。"①诗中记载他与饶宇朴之间的深厚友情。

八大与帅我之间唱和诗作不见。清廷内宫中藏有八大作品，《石渠宝笈》卷二十八云："八大山人白俱行书尺牍，后有副贡帅我跋。"此作当载有八大与帅我之间交往的史实，惜今未见。

帅我《有傅卣生先生书》，称"伏惟老伯，与先君子为同社密友"②。这位"先君子"指的是帅我的父亲帅承发。承发，字周长，号石柱，为明末清初奉新著名诗人。承发是弘敏、王维藩、闵钺等的好友，闵钺《冶庵集》的评选人，就有帅承发。其子帅我是闵钺门人。承发与丁弘诲相优游。如丁氏有《别帅周长、王价子、许圣孚三年兄》③。

八大在奉新耕香院之时，就与帅家结下了交谊。帅家与耕香院有很深的关系。承发也是耕香院创院之初的赞助人之一。帅念祖有《耕香庵夜宿》："秋风入村落，鸡犬亦含霜。清梵花宫寂，游仙玉漏长。照入萝薜月，幽梦顺云乡。拂拭观心镜，踟跌拥醉香。六根归定慧，片偈谒空王。"④此诗作于1720年之后，从诗中看，至此时，这一处院落仍然是一片清寂的佛世界。

四

八大山人是一位狷介者，一个落拓人，具有真性情，他的诗友中也较多这样的狂士，八大这样的诗友有龚木、蔡秉公、辜世珏等。

龚木　战国时刺秦英雄荆轲在燕国有两个好友，一个是杀狗的屠夫，一个是善于击筑的高渐离，荆轲好喝酒，他们三人常常在大街上喝酒，喝到高兴处，高渐离击筑，荆轲相和而歌，疯狂于闹市，旁若无人。八大的狂劲不亚于这些人。他有位善于击鼓的朋友，名龚木。同治《永新县志》卷三八载："龚木，字东野，西城人，有诗名，与八大山人、辜世珏、蔡秉公皆友善。按察使孙兰亦敬礼之。尝授徒九江太守署，一夕月明，失木所在，旬日归，惊询之曰：'吾乘月游庐山。'取出袖中诗数十幅，皆奇肆可喜。又善击鼓，每乘醉至人家，坐中堂，索鼓击之，音节悲

---

① 帅我《帅子古诗选》，见《帅氏清芬集》。
② 帅我《墨澜亭文集》，见《帅氏清芬集》。
③ 见《丁景吕诗集》，此诗集不分卷。
④ 帅念祖《树人堂诗》卷二。

凉，尽意乃止。然诸贵人欲闻其声，不可得也。著有《读书堂集》，年六十而卒。"《江西诗征》卷六八说龚木："南昌人，康熙初诸生，与八大山人友善，性好游，奇诡。"龚木的行为举止与八大颇相似。可以想象，好酒的八大与龚木在醉意陶陶中一人击鼓、一人作画的场面，一定令时人印象深刻。

八大有行书札页，今藏国家博物馆。其云："承转委县老爷：画四幅之中，止得三幅呈上，语云：'江西真个俗，挂画挂四幅，若非春夏秋冬，便是渔樵耕读。'山人以此画三幅，特为江西老出口气，想东老亦心同之，望速捎去为感，八大山人顿首。八月五日，屏画一日工程，止得一幅，迟报命。"这里的"东老"，可能就是龚东野。其中幽默的语气、调侃的意味，非志趣相投者不能道。

辜世珏 前面龚木传记中提到的辜世珏，也是八大的朋友。乾隆《南昌府志》卷六二文苑传记载他怪异的行为："辜世珏，字方白，南昌人，贫而工诗，按察使孙兰开门迎客，不设门卒，能诗文者径登其堂，与世珏尤洽。尝月夜卧后，闻梧桐子落，得句叩孙寝门大呼，署中尽惊，孙笑而饮之酒，且达旦。孙不能饮，世珏数强之，每醉辄引满手持杯注其口，酒淋漓被衣，侍者怒，而孙殊意得，世珏索酒声益狂。数年贫日甚，蔡秉公于广陵偕入酒肆，诵其近作琅琅，问：我诗何如往？蔡秉公笑颔之。秉公与同邑龚木皆世珏诗友也。世珏老，孙兰解官去，浪游无所遇，遂发病死。诗文多散佚不传。"

这里写了三个细节：一是月夜得句而敲按察使孙兰之门，直闹到天亮；一是往不能饮酒的孙兰口中灌酒；一是在蔡秉公面前得意地谈到自己的诗。活脱脱地写出了世珏狷介、痴迷的性格，也彰显其诚挚率真的品性，这正是八大所喜欢的①。

蔡秉公 蔡秉公，字去私②，号雨田，南昌人，康熙二十七年（1688）进士，官遂平知县。戊子（1708）充贵州考官，后入京，再授台州知府，年七十一卒。蔡秉公有《寓普贤寺邀八大山人小饮》："薄暮招携听鸟声，楼头钟鼓未须惊。水云坐我浑如梦，鬓发催人太不情。写兴久输诗伯健，低头殊愧野翁清。十年踪迹衣尘满，此际相看眼倍明。"③普贤寺为南昌名刹，蔡秉公此诗透露出他与八大之间的交谊。八大、龚木、辜世珏以及蔡秉公四人均为好友。

---

① 这里涉及八大的友人孙兰，《西江志》卷五十六职官三："孙兰，辽东人，荫生，康熙二十三年任，按察使。"
② 又有方志以其字为去非，不知何是。从字、号之间的关系看，当以"去私"为是。
③ 《江西诗征》卷六九。

图31-4 春山微云图轴 纸本墨笔 1696年
75×39cm 私人收藏

五

八大的诗友中，还包括大量远方来的客人，他们慕八大之艺名，与八大诗酒往来，讽咏不绝。这样的友人很多，这里略举其要。

吴宝崖 汪子豆《八大山人年谱简编》录八大为"宝崖先生"题《拥书饮酒图》：

宝崖卑自牧，而乃妙文法。奚翅万药言，饮者王撝伯。尽此一尊酒，宾退若为薄。八月南屏山，旋为西屏出。冀州愿奔走，兼之老高密。图画居且广，顾盼今与昔。如今弱（搦）翰笔，点定伊谁力。相思万里道，重此端阳节。甲戌夏为宝崖先生题《拥书饮酒图》兼正。

八大在"重此端阳节"后注云："山人与先生一遇再遇于端阳之会也。"时在1694年。

除此之外，今所见八大赠宝崖作品有数件：

一是《春山微云图轴》（图31-4），这是八大晚年山水画的杰作。此画出现于北京中贸圣佳2002年秋季拍卖会上。其有款识云："斋阁值三更，写得春山影。微云点缀之，天月偶然净。丙子人日写，宝崖先生正之，八大山人。"钤有驴形小印。作于1696年。

二是日本东京聚乐社1940年出版之《八大山人画谱》著录奈良林平造藏八大《书画合璧册》，共五页，之一、之二为山水，有八大山人朱文无框驴形小印，上有"润州戴植鉴赏"之印，此为道光时著名收藏家戴植鉴藏印。之三为书法，录有八大自作诗三首，"一见莲子心，莲花有根柢。若耶擘莲蓬，画里郎君子。""黄竹复黄竹，来往通州上。通州百十钱，一茎车两辆。""养儿开元观，看看齐白首。翻身打鹞子，何不树杨柳。"八大曾多次写此三诗。之四也有诗三首："西塞一帆顷，东风何处边。鳙鲥此时便，已下珊瑚川。""文窗九方便，凉风过时数。千金延上人（自注：羲皇上人也），百万图老虎。""薄暮一鸿飞，四三晓钟考，故人在河口，说似湖口道。"之五有诗二首，其云："郎吹凤凰山，妾吹纯金叶。知音公子谁，领是大州日。""雨蓄舟无处，行云阁在芙，此时南尽望，已是皖山图。"并有款识云："黄竹园题画绝句，力及书为宝崖先生正之，八大山人。"此八首绝句多见于其他处，是八大生平得意的作品。

三是王方宇所藏八大山人九开书画册（图31-5）。前四开为小幅山水，无款识，皆有朱文无框的驴形小印。其他五幅为书法作品。此册与林平造所藏之书画册有关，其中有林平造之五幅装裱进此册页中，另赠有两幅山水和两幅书法作品。这两幅书法作品一幅为："王西斋所画荣封一面，乃蓬莱到影图，以为实费先生六旬寿，明年十月上浣，令上淑兄过我，为书工部《送李八秘书》一面，志之书画扇，八大山人。"有朱文驴形小印和"可得神仙"白文二印。一幅是八大赠宝崖之诗，为四绝句："块石此由拳，株松任洪上。闻得山人来，正与白云往。""名家数文献，高歌引人处。为复斜阶头，正阶昔感遇。""解佩一以远，留佩曷可得。别驾城东门，趋车上盘石。""细形适闲影，白云书欲断（上声）。何哉一宿园，此晓西南苑。"识云："丙子四月七日，题画之作录寄宝崖先生正之，八大山人。"作于1696年。此九开书画册后附有七页的题跋，内藤虎题签一页，肃亲王善耆题有"故国兴悲"一页，吴昌硕题跋两页，日本中国美术史家内藤虎题跋三页，全册共十六页。此册曾经道光时鉴赏家戴植收藏，上有戴植的收藏印，又经张大千收藏，后归王方宇。

四是"南塘渔舍图卷"，长256厘米，宽26厘米，广东嘉德拍卖行2002年1月拍卖，前有王福厂篆文"南塘渔舍之图"引首，后八大题有"南塘渔舍图。宝崖先生属。八大山人。"有"八还"之印。

从以上几件作品看，八大晚年与这位宝崖先生有不平常的关系。从1694年八大为宝崖题《拥书饮酒图》中的注语"山人与先生一遇再遇于端阳之会也"看，他们在1693年之前就有交往。1696年，八大又赠予宝崖多幅作品。

这位宝崖先生是谁，在王方宇所藏八大书画册后的跋页中，有内藤虎关于宝崖事迹的考订，他称其为吴陈炎，字宝崖，一字芋町，钱塘监生，官往平知县，著

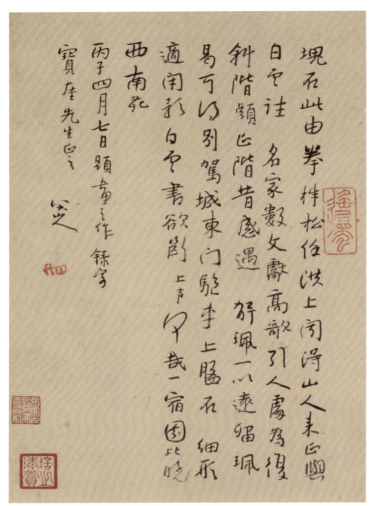

图31-5
书画册之五
纸本墨笔 1696年
25.4×17.1cm
王方宇旧藏

《桂荫堂文集》等，王方宇以为此人为江苏的陈炎。其实，这是误解，内藤虎所说的是吴陈炎，而不是吴地的陈炎。就内藤虎的考证看，因为书画后之题跋语，文字简略，与八大交往之史实均未曾涉及，还将陈琰误为陈炎。

阮元《两浙輶轩录》卷一一："吴陈炎，字宝崖，一字芋町，钱塘监生，官荏平知县，著《桂荫堂文集》《北征》《江右》《江东》《聊复》等集。《杭州府志·文苑传》：陈炎少负诗名，为毛奇龄、朱彝尊所知。中年往来南北，与王士禛、宋荦交善，而荦尤有国士之目。声名藉甚，卒不得一第，仅以修书议叙，出宰荏平。未久挂吏议归。后复以荐，仍入书局。遗集甚富。生平与同里苏轮往来倡和，称莫逆友。"称吴陈琰为吴陈炎，当自阮元之误始。内藤虎所据主要是这则资料。

汪惟宪（1682—1742），字子宜，又字积山，号水莲，年轻时与吴陈琰同居杭

州,《积山先生遗集》卷七有《记沈冯吴三君语》,其中涉及吴陈琰,是了解吴生平情况的重要资料:

> 吴丈宝崖讳陈琰,又字芹町,钱塘诸生。文名冠一时,四方贤士大夫咸忘分与之交。吴丈睥睨一切,兀傲自若。世风日鄙,所处富贵贫贱相较有毫发尺寸之殊,则称谓顿改。俗例自翰林科道官以上,即其向时故旧,致柬必书晚生,署名惟谨。宝崖投刺,则概书同学吴某。京师诸前辈笑之,谓为"吴同学",以其高才,亦不甚督过也。康熙癸未年召入南书房纂修,后出为茌平令。宝崖嗜酒懒漫,吏事或非所长,大长吏以闻于朝,复命入南书房。而宝崖悬悬遂死。……宝崖于当时负盛名,不得一第,王渔洋赠之句云:"竟说仙人萼绿华,紫金跳脱降羊家。苎萝溪上春无主,一代红颜独浣沙。紫陌纷纷看牡丹,车如流水从金鞍。那知冰雪西溪路,犹有梅花耐岁寒。"其推重爱惜如此。宝崖因属禹尚基(之鼎)写《西溪梅雪图》。当时啖名者往往依附宝崖以求誉,及宝崖没而入于余耳者,或诋其不学……

《国朝杭郡诗辑》卷八吴宝崖传记,主要根据这段文字而写成。从这则传记可知,吴陈琰少负才名,性放浪,嗜酒,功名之路不顺,诗名甚大。生平著述甚丰,今藏于北京大学图书馆的《凤池集》,乃是他与同里沈玉亮合编的应制诗[①]。吴陈琰还作有《旷园杂志》二卷,入编康熙时《说铃》本,是书如钮琇《觚剩》、程哲《蓉槎蠡说》,杂记见闻,多涉异怪[②]。宝崖又有《通玄观志》二卷,通玄观乃是浙江著名道观,《通玄观志》本由明姜南所修,宝崖为之增补,前有康熙三十二年(1693)所作之序。其中收有宝崖《通玄十咏》等诗作,又有苏轮、汪瞻等和诗,志书上所谓"与同里苏轮往来倡和,称莫逆友"于此可证[③]。

宝崖生平与居于扬州的徽人张潮相善,张潮是著名刻书家,宝崖很多作品是

---

① 沈玉亮,字瑶岑,又字亦林,钱塘诸生,汪惟宪《记沈冯吴三君语》所记"沈"者,即为沈瑶岑。《凤池集》前有吴陈琰康熙四十四年(1705)七月中元所作之序,作于吴陈琰官南书房纂修任上。是书十卷,分体编辑,其中收有吴陈琰应制诗赋十三篇。其中所之诗赋作者多为陈琰朋友。

② 《旷园杂志》有宝崖家兄吴震方康熙四十二年(1703)所作之序文。吴震方,字又超,一字青坛。其序称:"家弟宝崖天姿超绝,八岁能诗文,学瞻而才大,更淹贯经术,今之良史材也。频年不得志,寄迹四方,应贤士大夫之聘,凡游迹所至,人地山川人物鬼神,与夫忠孝节烈奇异之事,或得之传闻,或目击感触,自明末以讫昭代,辄多纪载,必征必信,用昭劝惩,以补正史之所未备……"

③ 苏轮,字月查,钱塘人,有《月查诗钞》二卷。《两浙辑轩录》卷十一录有其《同盛鹤田许莘野吴宝崖石屋探梅》诗。

通过张潮的刊刻而传世的。张潮《尺牍友声初集》《二集》《三集》《尺牍偶存》中记载了不少与宝崖来往书札。《尺牍友声二集》之癸集收有"钱塘吴陈琰宝崖"致张潮之书札，言其曾于荆治荆处得知张潮诗名、刻书之功绩。此札为其《春秋三传异同考》《五经今文古文考》等刻录之事，求助于张潮，二书后来分别收入张潮所刻《昭代丛书》之乙集和丙集。在《尺牍友声三集》中又收有宝崖多札，如云："弟生平杂著甚夥，苦无缮书者，是以草本多藏箧中。承谕拙著《三传》《揽胜图》附载乙集，知尚未成书，尚有《登科录记》《放生会约》杂说二则，亦祈采入，最感雅怀，其他种种，容即录出续寄，恳入丙丁集中。"（卷一）《放生会约》后收入《昭代丛书》的别集中，而《登科录记》未能收入，《尺牍偶存》中载有张潮致宝崖一札，言其内容与"拙编不类"，故不收。宝崖生平杂著甚多，多赖张潮为之刻出。张潮还推荐自己的友人黄元治（自先）为之校录。郡志上说宝崖著有《桂荫堂文集》《北征》《江右》《江东》《聊复》等集，但此诸种诗文集，至今尚未读得。

钱肇修，字石臣，康熙时著名诗人，钱塘人，与吴宝崖为生平至交，康熙三十年（1691）进士，曾官检查御史。有《石臣诗钞》五卷传世，卷一载《题吴宝崖饮酒读书图》长诗，其中有云："爱酒不能饮，一勺亦自适。爱书不能读，片语得新益。物性天制之，用拙固有术。当其得意时，少觉天地窄。饮酒有真趣，不从杯中得。读书有至味，亦匪在糟粕。持此语世人，匿首笑哑哑。谓吾终日醒，强作解事客。不知狂夫言，或具千里一。吴子真酒人，沉酣在六籍。醒则摘其华，醉则融其液。落纸满云烟，超然离尘域。冰雪净聪明，形摹藐姑射。油窗拂绢素，恍然见颜色。高座拥百城，雅量容一石。英气不敢当，拂拂光四射……"此诗亦收入《两浙辖轩录》卷十一。

由此联系八大于康熙甲戌（1694）夏为宝崖先生题《拥书饮酒图》之长诗，石臣和八大所题之图为一图，所赠之人，即是这位嗜酒的钱塘才子吴宝崖。于是，八大这首诗便可解了。

开篇"宝崖卑自牧，而乃妙文法"，《易传》谦卦初九小象辞云"谦谦君子，卑以自牧也"，意为在处于低位之时，能自我警醒、自持，谦谦为人。宝崖生于1660年左右，虽少负才名，但功名之路不顺。而乃妙文法，是说宝崖之文名。"奚翅万药言，饮者王撝伯"，奚翅，同"奚啻"，奚翅万药言，意为何止万句良言，宝崖在醉意中，超越一切，纵横驰骋，指点江山。"王撝伯"用谦卦六四爻辞意，其云："无不利，撝谦。"小象辞云："无不利，撝谦；不违则也。""八月南屏山，旋为西屏出"。南屏山，在杭州，西湖十景中的南屏晚钟即此地，此说宝崖家住杭州，《国朝杭郡诗辑》卷八说宝崖"尝假馆于竹竿巷之白泽庙",就在南屏附近。西屏山在河北获鹿。这二句是泛写宝崖浪迹天涯之事。"冀州愿奔走,兼之老高密",也是说宝崖奔波于南北各地。至与八大交往之时,三十多岁的宝崖已经周游各地。宝崖居杭州时,曾与唐梦赉相交。唐梦赉(1627—1698),字济武,号豹岩,山东淄川人,顺治己丑(1649)进士,有《志壑堂诗集》十二卷等。《志壑堂后集》有《辛酉同游倡和集》,时在1681年,收二人是年唱和诗词数百首。唐梦赉自序云:"遂相订为汗漫之游,三竺两峰,无日不游……已而南至严陵,北过姑苏,又北至泰岱,半载以来,水际山巅,无日不以此事相往复。"《倡和集》所收唐梦赉《摸鱼儿·寿海木》有"怜余捧檄当君岁,三十余年惊驶"句,意即唐氏比宝崖年长三十余岁,故此知宝崖约生于1660年。

宝崖与八大之交往大约在1690年到1700年间,他曾多次至江西,与江西文坛有密切的接触。他有《江右集江东集北征集聊复集》,载其江西之游历。他在给张潮的信中说:"因连客江右,无近刻,谨以旧存古作一册未成者先奉正鹄。"[1] 西江名宿、八大朋友黎士弘(1618—1697)有《吴宝崖桂荫堂序》,其中有"吾读宝崖《桂荫堂稿》,想见其奋笔疾书立就之状"语[2],与宝崖有交往。《两浙轺轩录》卷十一录宝崖诗数首,其中《四十自寿》诗,有"六度庐山窥面目,一番沧海荡心胸"之句,同卷有《将入庐山过甘棠湖》《长至日过慧善寺访心壁和尚因晤别庵和尚茶话……》,可见他与庐山开先寺住持心壁有交。朱观《岁华纪胜二集》收有吴镜秋《九日柬家宝崖》诗[3],诗云:"祖德同歌采药风,何分裝眷属西东。君家明月斜桥外,我在沧波系舫中。九日正愁羁客路,百年强半负花丛。相期好着登高屐,醉眼吴山看落枫。"由诗中可见二人有深厚的情谊。

《江西诗征》卷六九收八大密友彭廷训《丙子春仲喜晤宝崖即次其见怀元韵以赠》长诗,诗云:"……君今坛坫雄,赤标建十丈。针砭愧时流,梳栉关痛痒。良晤接清谈,叩法皈龙象。独恨相见迟,心中犹怏怏。"就在这年的端午节,八大为宝崖题《拥书饮酒图》。吴宝崖是一位天才诗人,他与唐梦赉游历之时,有一日作几十首诗的记录。想来他与八大等西江同好唱和之作必多。

吴宝崖何以屡至江西,可能有比游山玩水更重要的原因。因无由得见其诗文之集,尚不能确知。志书上说宝崖"与王士祯、宋荦交善,而荦尤有国士之目",

① 张潮《尺牍友声三集》卷一。
② 黎士弘《托素斋诗集》卷五。
③ 朱观《岁华纪胜二集》前有尤侗壬午(1702)题签,由此知吴镜秋此诗作于是年之前。

宝崖屡至江西，可能与宋荦有关。宝崖与宋荦之交非同一般，他在给张潮之札中谈到与宋荦之关系，《尺牍友声三集》卷二宝崖一札云："本欲参谒，面领大刻，缘宋中丞见招，即送舟行。"卷五载其一札中有"夏间赴中丞之馆"之句。1703年，宝崖召入南书房纂修，在京城，宝崖几乎成了宋荦的家臣，《西陂类稿》中多载有二人唱和之作。如《西陂类稿》卷十九之《藤荫酬倡集》，参与者有陈鹏年、顾嗣立、王式丹、缪源、刘青藜、汪泰来等，吴宝崖是其中的主角。吴宝崖还是宋荦之子宋至的朋友。

李梅墅　杭州西泠印社藏有八大《书画册》，其中第一开为山水（图31-6），第二开为八大对题，其云："传闻江上李梅墅，一见人来江右时。由拳半百开元钞，索写南昌故郡词。寄呈梅墅先生之作，八大山人。"《书画册》作于1694年，《八大山人全集》等均有著录。南京博物院所藏八大《山水花果册》的对题中也题有此诗。（图31-7）但诸本均将"李梅墅"释为"李梅野"。这位诗人的情况至今我们一无所知。

诗中所言由拳，古地名，秦置由拳县，属会稽郡，此地有由拳山，在浙江桐乡境。又代指海盐，清属嘉兴府。光绪《海盐县志》卷一四名宦录："李键，字梅墅，汉军正黄旗人，监生，康熙二十九年任知县，吏才明敏，案无留牍，搏击顽梗，不遗余力，升绥德州知州。"又据该志卷二职官，李键于康熙二十九年（1690）到三十三年（1694）为知县。八大与李梅墅相见在1694年，此时李梅墅正在海盐

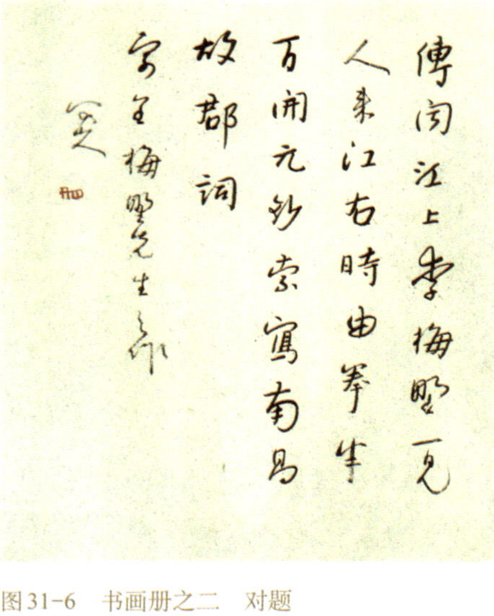

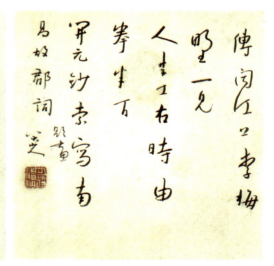

图31-6　书画册之二　对题
纸本墨笔　1694年
26.5×23cm　西泠印社藏

图31-7　山水花果册之二　对题
纸本墨笔　年代不详
25.5×24.8cm　南京博物院藏

知县任上。

心壁佛门老师天岳本昼《直木堂诗集》今仍存世[①]，该书卷六有《李明府梅墅自天台调任海盐赋赠》："相逢尤喜接蓬蒿，听说名山兴亦豪（坐中历谈庐岳天台之胜）。黄绶新同江柳嫩，双凫遥并海云高。刻鸡利器弘歌是，易地甘棠抚字劳。三月河阳如锦绣，看花应不厌霜毛。"本昼，字天觉，号寒泉子，居绍兴平阳寺。曾活动于扬州、苏州、杭州间，《直木堂诗集》中多记与西江文人之来往。如卷七有《戏题罗饭牛画卷》等，并载有多首与心壁相关的诗作。本昼这首诗写李梅墅初任海盐知县之事，时当在1690年。从诗中即可见出，李梅墅与江西关系密切，他对庐山有极深的印象。

又，康熙时诗人查嗣瑮《查浦诗钞》卷四有《海盐明府李梅墅招同言杨希文任庵及曹二社俞汉乘张嵪亭三舍人重集署斋再叠前韵》诗："堂阶如水昼潭潭，卧听排衙鼓报三。升斗偶分彭泽米，茧丝不作晋阳蚕……"其二云："独抱孤桐奏雅南，文峰海外吐晴岚。七香笺自尊前出，五色花从笔底含（席间出手摹十七帖及叠韵诗见示）。"从查嗣瑮所记载的"席间出手摹十七帖及叠韵诗见示"看，李梅墅对书法有特别的爱好，这也是他与八大有密切交往的重要原因。

八大这首绝句写得爽快朗畅，短短的几句诗，充满了对李梅墅浓厚的思念之情。在八大的心目中，李梅墅也是一位畅快人，诗中还荡漾着一种幽默情绪。这是八大在非常阳光的心境中作出的。诗的前两句写李梅墅如一阵风，飘到西江，风流倜傥。后两句写李梅墅性格豪爽，留下了优美的诗篇。开元钞，唐代开元年间，宫廷里春天一到，妃嫔们掷钱为戏。这一句写李梅墅的潇洒。故郡词，用王勃《滕王阁序》"南昌故郡，洪都新府"典，写李梅墅才华盖世。

冯恺草　八大山人晚年有一位叫洁士年翁的诗友。《自怡悦斋书画录》卷一五著录八大书画册，其中第十四开为一书法作品，其云："石鼓俄传山寺堂，石门曾见蓼湖傍。涛垂千丈惊人定，钟戴莲花出马当。老地各天彭泽宰，能南秀北广文郎。直须性习兼禅道，亦可鸿名凫莫翔。辛秋陶广文湖口兼致洁士年翁四韵，八大山人写。"此作当作于1691年。诗中多涉九江、湖口之地名，石钟、莲花、马当等都是湖口周围的山名。八大所赠这位陶广文当在湖口任官。同治十三年刻《九江府志》卷二五职官，列康熙间有陶尚凤任湖口训导，陶为新建人，岁贡。训导也称广文。八大这位友人当指陶尚凤。

---

① 释本昼《直木堂诗集》（共七卷），上海图书馆藏康熙睡香庵本。

这里所说的"洁士年翁"是八大的诗友。北京故宫博物院藏八大一幅行楷书轴，云："壬申四月既望，题熊子璧本北兰寺记。云叙事磅礴，以故拈题处硬于曾书自之文，记则曰奉引可著到也。书正之。洁老年翁。八大山人。"作于1692年。这里的"洁老年翁"，当就是洁士。

这位洁士，可能是浙江慈溪冯恺草。《诗观》初集卷七载："冯恺草，洁士，浙江慈溪人，有《宁澹斋草》。"恺草和恺愈都是慈溪著名诗人，二人都是胡亦堂和裘琏的友人。《两浙辅轩录》卷四："冯恺愈，字道济，一字榕堂，慈溪人，著《涉江录》《西江咏》。袁钧曰：冯恺愈为元飚子，前明诸生。以荫授锦衣卫，正千户。遭乱未仕。"据雍正八年刊《慈溪县志》卷八："冯元飚，字亦殳，与兄文飚并有文誉……天启壬戌进士……子恺愈，字道济，由廪生荫锦衣，工诗古文，缠绵婉丽，善于言情，有钱虞山之风。"恺草也以诗名世。东皋石沨（字月川，著名诗人）有《谢峨白先生招同慈湖冯洁士、黄仙裳、许元锡、张珠子诸子即席限韵》诗[1]、《冯洁士先生招同钱川、钱五长……饮寓斋用坡仙韵》[2]。洁士是一位很活跃的诗人。

胡亦堂《二斋文集》卷八有《冯道济》，胡与这位遗民诗人有很深的感情。而裘琏与道济则为至交。《横山诗文集》中收有多篇有关道济之诗作，如《横山初集》卷三《缓歌寄用公上人兼呈白民、道济、西铭诸子》一诗，这里所说的用公（即宣城之大瓠用无）、白民（王白民）以及道济都是遗民。

邵吴远　邵远平，又名吴远，字吕璜，号戒庵，又号戒三。浙江仁和人（今杭州），康熙三年（1664）进士。官光禄少卿，试鸿博，授侍读，累擢詹事府少詹事，曾任江西提学道佥事。在南昌曾有邵公讲堂。《西江志》卷二一"书院"："邵公讲堂，在南昌府学内，国朝康熙十五年提学邵远平建。"邵远平工诗，寻致仕归，息影湖庄，杜门谢客，以琴史自娱，不问世务。圣祖南巡，御书"蓬观"二字以赐，因自号蓬观子。他又是著名的史学家，著《元史类编》，是书初刻于1699年，至今仍是元代研究的重要文献。

邵远平，为邵雍后代，与邵长蘅有交往。长蘅《青门旅稿》卷四《夜游孤山记》云："余至湖上，寓辋川四可楼已半月。辋川者，家学士兄戒庵别业也。……余游兴跃然，偕学士，呼小艇，渡孤山麓。"此描写客远平辋川别业，并与其夜游孤山之事。"学士"，即指远平，远平曾官侍读学士，故称。

邵远平在江西提学任有年，其间与饶宇朴、帅我等有交，是东湖诗社的参与

---

[1] 石沨《石月川遗集》卷二。
[2] 石沨《石月川遗集》卷三。

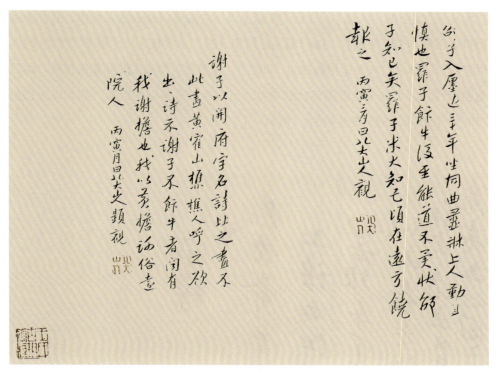

图31-8　书法页　沈阳故宫博物院藏

者。帅我《帅子古诗选》有邵远平之序，款"浙西邵吴远康熙辛酉（1681）题于南昌讲堂"。同治《南昌府志》卷四十五："齐之千，进贤人，年十四入县庠，长于古学，乡先辈以昌黎后身目之，一时推重。尤为学使邵吴远所许。"

八大存世作品中，有一位"邵子知己"，二人恐有不一般的情谊。

沈阳故宫博物院藏八大等书画册，共十二开，其中第一幅为八大书法，书有："邵子入廛近三十年，坐同曲（似"彝"字）床上人，勤且慎也。罗子饭牛后至，能道不异状。邵子知己矣，罗子米大知己，顷在远方，饶报之。丙寅三月日八大山人观。"有"八大山人"印。（图31-8）

沈阳故宫博物院还藏有另外一件涉及"邵子"的作品，也是八大与诸书画家所作书画册，共十开。其中第一幅为八大书法，其中有这样一段话："李子，余未谋面之故人也，以图记知讳永年，以画知放松年。松年，余故人也。以晤郝子翼云知字，晤邵子，无非知数。邵子，余故人也，属题此画，于朋友轻任，并之道与！八大山人。"也涉及"邵子"。

两幅作品都作于1686年，其中的"邵子"，当不指邵静山，因静山于1688年才提学江西。比较大的可能是指邵吴远。其中八大所说的这位"故人"，"入廛近三十年"，其中的"入廛"，乃是"入廛近市"之缩语，意为进入城市，后意为在俗世中闯荡，引申为做官。这与邵吴远是相合的。八大与这位"邵子"关系密切，以"知己"称之，八大曾称鹿村为"知己"，说明此人与八大有频繁的接触，而且意趣相投。邵吴远又是东湖诗社的成员，当与八大有密切的接触。故我以为这位"知己"以邵吴远的可能性较大。(图31-9)

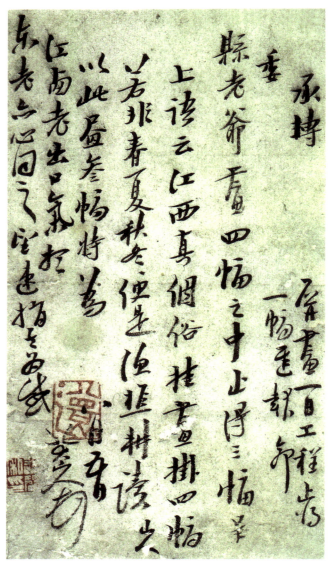

图31-9　行书信札页　纸本墨笔
21.4×11.9cm　中国国家博物馆藏

第三十二章
八大山人晚年与书画家交往之补说

八大的艺术成就并不是一无依傍，它有三个来源：一是他的家学；二是从传统中汲取滋养，八大并没有脱离宋元以来绘画的主脉；三是当时江西的艺术环境，这是八大艺术的鲜活源泉。

八大一生所交友人以书画家为最多。这有多方面原因，一、他出生在一个书画之家，祖父是著名的画家，父亲和数位叔父辈都是有影响的画家，他的兄长仲韶也以书画名世，其侄子朱容重绘画上的名气当时不在八大之下。二、八大晚年定居南昌期间，在东湖之畔，一些落寞的书画家曾组织过松散的书画社，其中有很多人与八大一起切磋艺术，对八大后期艺术活动影响较大。三、八大一生嗜书画如命，虽然他一生几乎足不出江西，但书画的影响很大，很多艺术家踏足西江，拜访八大，有不少人成为八大交往密切的朋友。还有一些虽未谋面的书画家，因为他人之传递，得以和八大建立交谊，这以石涛最为突出。四、史料中并没有有关八大课徒的记载，但他确有一些书画弟子，如蕙嵒、佩兰、万个等，不少人也是八大的朋友。五、八大性格独特，亦狂亦痴，他结交了不少具有同样性格的艺术家，他与这些"素心人"的交往，足堪慰藉晚年孤独的心。

本章主要讨论八大晚年与书画家友人交往的史实，以往研究已有涉及的，这里将不再涉略。八大与佛子、道士、理学家、诗人之交往，其中很多人是书画家，也可以说是八大书画之友，如过峰和尚。这些友人在他章多涉及，这里不再重列。

一

八大晚年定居南昌之后，交往最为密切的画家要属闵应铨、李仍、罗饭牛等人。

李仍（生卒年不详），字汉孙，号苏斋，南昌人，工诗画，志书上说他卒年五十三①，他1721时仍在世②，由此上推，知他生于1670年左右，是八大的忘年之交。李仍终身不娶，他在南昌的居所，成为八大等人聚集的地方之一，也是东湖书画会的主要活动地，李仍本人也是东湖书画会的成员。他去世后，吴雯炯为其居题额"青莲庵"，并礼祀之。李仍性格孤僻，不与贵显交往，生平有洁癖，好酒，喜酒后作画，性格与八大颇相似。

李仍画学八大和石涛，可惜现在不见其画迹。如他曾为庐山心壁作画，李仍《题还山图送壁公归秀峰》诗云："云山万古色常新，何日从师问去津。合作画图秋气爽，秀峰秀色属诗人。"自注："同周燕客孝廉合作。"③这是一幅合作作品。史料上载其画作很多。他的画在当时评价不低。如他曾为南昌学使王思训作画，受到很高评价。他为古淳禅师所作《游五台山图》，彭廷训评之曰："李郎好手传神笔，染就云山不劝归。"④前句下有注云："南昌李仍图。仍，予旧友。"

北京故宫博物院所藏一组书画册页（图32-1），是诸家为李仍所作书画题赠之作，共十幅，《中国古代书画图目》选录其中的四幅⑤，第一幅为王翚所作山水，题曰："仿巨然小景请正，汉孙同学兄。"款"王翚"。第二页为熊秉哲所作山水（见本章后文论述）。第三页为八大山人之书法，共二诗，第一首诗并序云："汉老年翁于石尊者画法所得不已多乎，索题一首呈正。禅分南北宗，画者东西影。说禅我弗解，学画那得省。至哉石尊者，笔力一以骋。密室宗少文，玄都卢十景。传闻大小李，破壁走燕郢，愿得诗无声，颇觉山为静。尊者既括目，嘉陵出俄顷。"其后转行又录有《题画奉答樵谷黄太守之一附正》（文长不录）。款："壬午一月既望，八大山人。"时在1702年，有"真赏"印。第四页为彭廷谟书法，前有"川咏"引首，后书有一诗："缁法方滚滚，别构爱临流。槛去风飘出，沙边浴鹭浮。新声翻水□，名画仿营丘。即景增高况，栖寻欲共谋。"款："过汉孙道兄城南别业漫赋，彭廷谟。"有一"谟"朱文小印。

由这珍贵的册页，知八大与李仍交往之事实，也知李仍曾学画于石涛。不过

---

① 乾隆五十四年《南昌府志》卷六八方伎："李仍，字汉孙，南昌人。幼孤好学，能诗，工画，法宋元人而恒自出新意，有洁癖，终身不娶。母死，遂茹斋，自呼曰绣佛。人欲乞仍画者，先投以诗，后置酒与之，酌既酣，索笔墨，据大几，淋漓挥洒，快意而去。与同邑彭廷谟、歙人吴雯炯皆友善。年五十三卒。仍性不喜近贵人，惟学使王思训交最笃。王后奉使粤中，经南昌，知仍死，为文哭之。"
② 释行珠《浮云草》中载有李仍于康熙辛丑（1721）所作《古淳小传》。
③ 据康熙刊《庐山秀峰寺志》卷六艺文下。
④ 《题五台山图》，见释行珠《浮云草》附录。
⑤ 《中国古代书画图目》，编号为京1-4502，文物出版社，1986年。

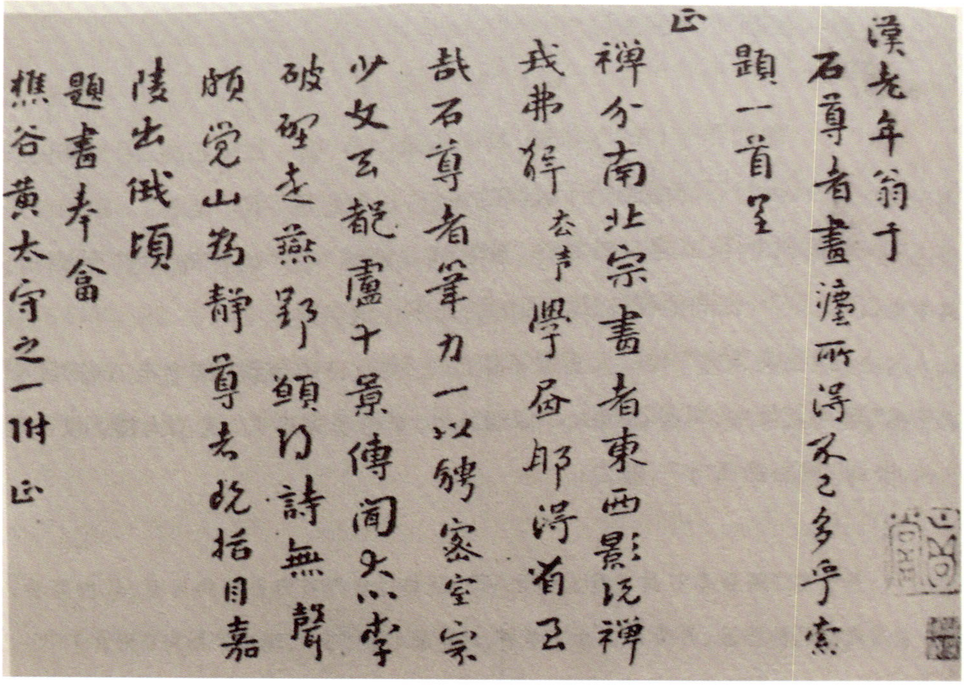

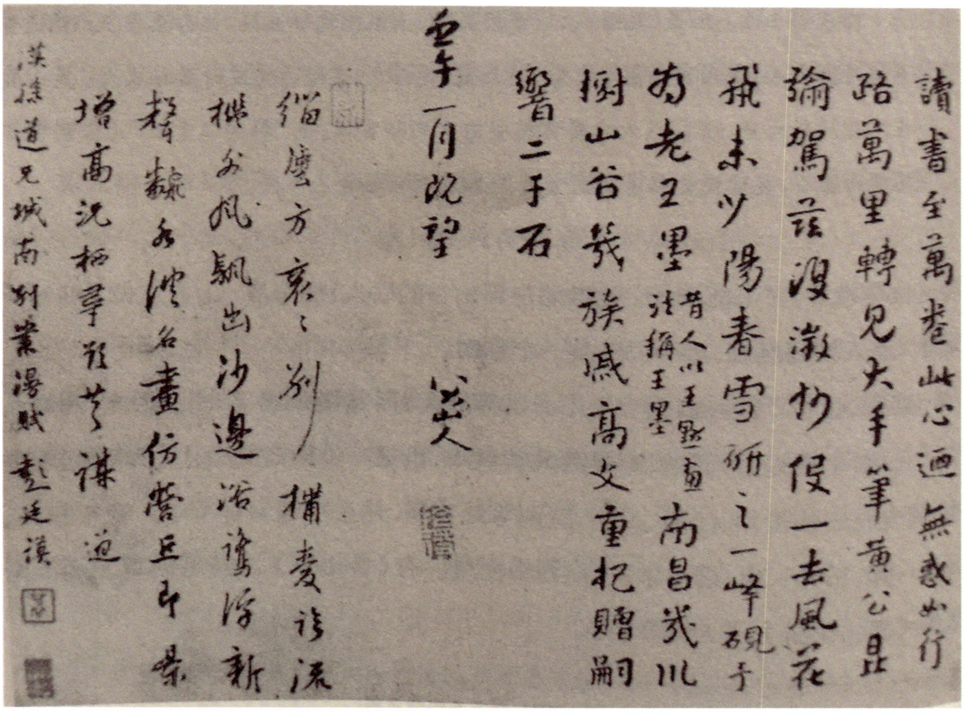

图32-1　八大题李仍藏书画册　北京故宫博物院藏

他是去扬州从学于石涛，还是临摹石涛的作品，不得而知。八大书两首自作诗赠李仍，颇有深意，前一首诗由石涛谈对绘画的看法，重要的是悟性，画不在临摹，而在妙悟，并提出"画者东西影"的重要观点。第二首诗乃赠书法家黄樵谷的和作，谈书法要有丰富的阅历和经验。显然这里不是简单的题赠，而是与李仍切磋艺术。

八大晚年有《行书扇页》，有云："闾庐连云起，岩廊拂玉开。玉珂龙影度，珠履雁行来。长乐宵缠尽，明光晓奏催。一经传善德，五字擢英才。俨若神仙处，纷从霄汉回。千春奉休历，分娈喜趋陪。云卿诗为汉老年道翁书正，八大山人。"有驴形小印，当是八大所作。此扇面曾见《十百斋书画录》亥集著录，不过所录文字略有出入，其款为："云卿寺朝汉老年道翁书正"，十百斋主所识有误，应为"云卿诗为汉老年道翁书正"。

此中所谓"云卿诗"，为八大所作。南昌东湖有景点叫苏圃，以纪念苏云卿而得名。同治《南昌府志》卷七地理说："苏翁圃，在百花洲，俗名三洲。苏翁，蜀之广汉人，逸其名字曰云卿，与张丞相浚友善。遁迹豫章，以种蔬织屦为业，后属郡人。宋自属赵章泉，题曰灌园庵。今为憩云庵。"这里曾是很多名人居住之所①。而心壁所居的憩云庵就在这里。

八大所赠之"汉老年翁"，即李汉孙。汉孙所居即在苏圃附近，其号"苏斋"，便与此有关。从彭廷谟诗中对汉孙别业的描绘，在水边，有缁法道流常来做客，当就在东湖边的苏圃旁。

庞元济《虚斋名画续录》卷四载八大仿董巨山水轴，其有题识云："董巨墨法迂道人犹嫌其污，其他何以自处耶？要知古人雅处，今人便以为不至。汉老同学以为何如。癸未褉日。八大山人临。"画作于1703年，此中的汉老同学，当是李仍。

闵应铨（生卒年不详），字六长，南昌人，终年在东湖活动，自号"湖上散人"。他是一位有成就的诗人和画家，以画鹅而著称于世，世称"闵鹅"。又是当时江西负有盛名的书法家，书法曾得到康熙的赞扬。乾隆《南昌府志》卷六八说："尤工书法，尝留题金山寺。圣祖南巡见应铨字，嘉与焉。时广宁郎廷极在侧，识其名。未几，廷极巡抚江西，下车即访之，延入署，相与唱和不辍。一时碑文墨刻多出其手。士林重之。"郎廷极1709年为江西巡抚，他知道应铨晚于八大过世。

晚年八大居东湖边，与应铨切磋诗书画，二人意气颇为相得。康熙之时，论

---

① 清初诗人陈允衡晚年就居于此。光绪《南昌县志》卷四十三寓贤："陈允衡，字伯玑，御史本子，居东湖上，乱后流寓鸠鹚，徙旧京，晚归东湖，葺云卿苏圃故址居之。"徽人吴启元《东湖吊卖菜翁苏云卿先生》云："四顾寂寥沧海客，一生踪迹雪芦鸿。"（《秀濯堂诗》三集）

西江之书法，应铨与八大并有高名，杨宾《大瓢偶笔》卷六说："江西能书者，以危载、余衡为最，八大山人次之，闵六长应铨又次之。危，见其草书，本之张伯英、王大令。八大山人虽指不甚实，而锋中肘悬，有钟、王气。闵学《圣教》《兴福碑》，惜乎指动。"大瓢以应铨与八大书法皆臻高致，并置八大于应铨之上，允为行家之论。

沈阳故宫博物院所藏《八大山人、闵应铨、李永年书画合册》，共十开，《中国古代书画图目》著录①。这幅作品尚未为八大研究界所言及（图32-2）。十页中有八大书画三页，闵应铨书法四页，李永年山水三页。其中李永年生平不详。闵应铨的书法水平很高，这里的几幅作品，使我们对他的成就有了直观了解。

之一为八大书法，写道："李子，余未谋面之故人也，以图记知讳永年。以画知放松年，松年余故人也。以晤郝子翼云知字，晤邵子，无非知数。邵子，余故人也，属题此画，于朋友轻任，并之道与！八大山人。"有"八大山人""不买山""可得神仙"三印。之二为八大书法，题："李泛舟虚罗浮山，近倪道人，往往便宜此等。八大山人观。"有"驴"印。之三为八大书法，书读《礼记》的感想："余读《礼》

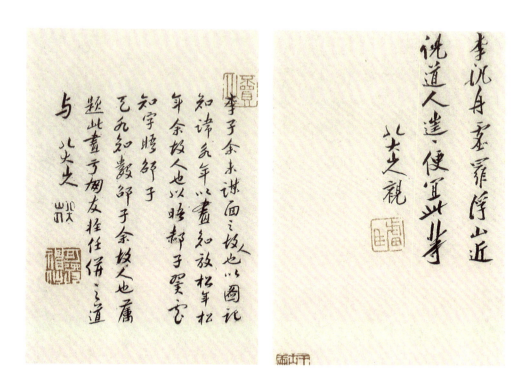

---

① 《中国古代书画图目》，编号为辽2-144，文物出版社，1986年。

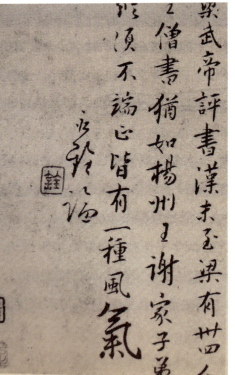

图32-2 八大山人、闵应铨、李永年书画合册 沈阳故宫博物院藏

至石骀仲卒，无适，有庶子六人，卜所以为后者，曰：沐浴佩玉则兆。五人者皆沐浴佩玉。石祁子曰：孰有沐浴佩玉，执亲之丧者乎？不沐浴佩玉，石祁子兆。拈赠此画。八大山人。"并书杜诗一联："困学违从众，明公各勉旃。"有"八大山人""可得神仙"印。由八大的"驴"印等情况看，这组册页大致作于1685年左右。

之四为闵应铨书法，书一段艺术题跋："坡老曾题郭祥正壁……应铨。"有"六长""铨"二朱文印。之五为闵应铨书法，临淳化帖，款"应铨"，有"六长"印。之六为闵应铨书法，其上书："梁武帝评书汉末至梁有卅四人……应铨临。"有"六长"印。之七为闵应铨书法，临《兰亭》一段，款"应铨书"，有"六长"印。

此四件书法作品，基本见出闵应铨书法特点。杨宾说其由圣教一路而出，其说甚是，看来应铨以草书为优。从八大与应铨二人书迹，也可见出二人相互影响之痕迹。

这组册页的其他三幅是李永年山水，分别有"李永年""天中"等印，笔简意淡，八大说："李子余未谋面之故人也，以图记知讳永年。"八大题永年之画，乃是应朋友之约，从画中的落款和印信才知道他的名字。

闵应铨是花鸟画家，八大也以花鸟见长。二人在作画上共同语言也颇多。八大一段著名的有关"涉事"的论画语，就是在和应铨等论画中提出的。其中有言："予与闵子，斗劣于人者也"，道出了他和应铨艺术主张契合的特征。

八大生平为应铨题画之作可能不少，王方宇先生藏有八大一幅书作，其云："为六翁题画：阔别久，闻近作转胜，何事此？存之以致一时倒见，辛重光之月在协洽，六翁社兄出此更题。"[1]款"八大山人"，有驴形印、"八大山人"白文印。此作作于1701年。

熊秉哲 八大书画之友，约生于1620年，比八大年长。乾隆十六年刊《南昌县志》卷三九善士云："秉哲，字明生，工董华亭书。"曾在戚继光家族的《戚氏族谱》中见康熙时熊秉哲《太学戚君传》，当即此人。上举诸书画家为李仍所作作品第二页为罗牧所作山水，熊秉哲跋云："非余犹下询，知君进业在虚里。同学弟八十四老熊秉哲。"有"秉哲""明生"二印。"明生"印章与《南昌县志》的记载相合。上海博物馆所藏八大《鱼鸟图卷》八大之跋中涉及一位熊子："予与闵子，斗劣于人者也。一日出所画，以示幔亭熊子，熊子道：'幔亭之山，画若无逾天，尤接笋，笋者接笋，天若上之。必三重阶二铁绲，绲处俯瞰万丈，人且劣也；必频登而后可

---

① *Master of the Lotus Garden:The Life and Art of Bada Shanren*（*1626-1705*），by Wang Fangyu & Richard M Barnhart，p260.（New Haven:Yale University Press，1990）

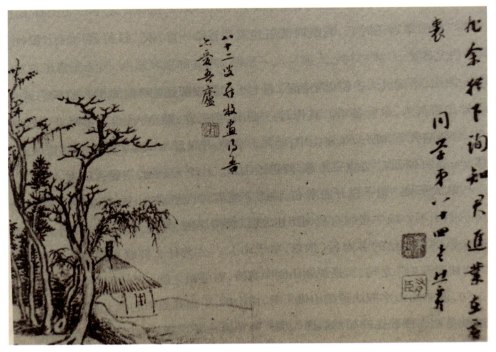

图32-3　罗牧山水　熊秉哲题跋　北京故宫博物院藏

以无惧，是斗胜也。'"此处之幔亭熊子疑为熊秉哲。（图32-3）

罗牧（1622—约1708），字饭牛，号云庵、牧行者、竹溪，他是八大一生在艺术上最密切的朋友。关于他与八大的关系已有相当多的研究，这里补充一些罕为研究界提及的资料。

前文已经论及，沈阳故宫博物院藏八大等人一组十二开的册页，作于1686年①，有八大两幅书法作品、谢山六幅山水、罗饭牛三幅山水和一幅书法作品。之一为八大书法，其中涉及罗饭牛："邵子入廛达三十年，坐同曲（似"彝"字）床上人，勤且慎也。罗子饭牛后至，能道不异状。邵子知己矣，罗子米大知己，顷在远方，饶报之。丙寅三月日八大山人观。"

之二也是八大书法，其云："谢子以开府字名诗，比之画否？此画黄鹤山樵，樵人呼之欲出，出诗示谢子否？饭牛者闻有我谢担也。我以黄担谢俗远院人。丙寅月日八大山人题观。"

之三、四、五、六、七、八共六幅作品，都是谢山所作山水，甚有章法，笔墨清丽，笔法细润，画有隐逸之趣，有"谢"（白文）、"山"（朱文）二小印，无

① 《中国古代书画图目》，编号为辽2-143，文物出版社，1986年。

款识。

之九、十、十一为罗牧山水，有"饭牛"白文印，无款识。之十二为罗牧书法，书有"春山翠岩荡时云，岩洞时成五色文"七律一首，款"牧行者"，有"罗牧之印"白文印。

谢山，其人不详。《江西诗征》卷七二载康熙至乾隆时期的一位同名诗人，不知是否其人，录此备考。其传云："谢山，字远宜，瑞金人，少不事举业，放怀山水，游屐遍天下，晚归，筑室山中，年九十余卒。有《灌木园集》。"并收《自城市移居……》一诗云："去家三十载，终得返山居。行李无余物，空囊有破书。"

八大跋语"谢子以开府字名诗，比之画否？此画黄鹤山樵，樵人呼之欲出，出诗示谢子不？饭牛者闻有我谢担也，我以黄担谢俗，远院人"，大意为，谢山以南朝庾信的字为名（庾信，字子山），八大为什么要联系到庾信？杜甫有"清新庾开府"之句，当是说谢山画中有诗，有清新之韵。"此画黄鹤山樵"以下三句，说谢山山水取法黄鹤山樵王蒙，由山樵引出其画中的樵人呼之欲出，这难道就是谢山要表达的超然远逸的境界吗？第三层"饭牛者闻，有我谢担也"三句，意即饭牛以为我就是谢山山水中的那个挑担樵夫，我不是，我是黄鹤山樵的打柴人，我就像慧能那样打柴担水无非是道，远离俗世，也远离煞有介事的寺院丛林生活。陆心源《穰梨馆过眼录》卷三十录八大画册十二页，第七页《水墨萝菔》有谢樵之跋："人皆爱其叶，我独爱其根。根好有余味，叶好何足论。谢樵。"我疑这谢樵就是八大的朋友谢山。八大特别提出"樵"之一字，我疑谢山有樵之号。

八大所说的"罗子米大知己"，或许与饭牛买驴之事有关。杨钟羲《雪桥诗话》三集卷三载："饭牛山人罗牧居竹溪，善制茶，有《募驴图》。以老疾，募买一驴，魏叔子为作疏。吴梅村、朱竹垞、韩慕庐分赠米、钱、茧绸。先是罗文止以书一部准钱，他赠米、钱者复十一人，其知名者如杨以任、陆仁庵、释子童硕、忍衣。其米多者不过一石，钱则不过一千，少则五十。此图题诗者为梁北潭、汪钝翁、陈香泉，跋者为符幼鲁与释子大汕……当时山人之狷介，诸贤之清贫，其风趣非近人之所有也。"饭牛或许有"米大"之外号。

北京市文物商店藏有八大、罗牧、张超城、曹登云、黄白周等书画长卷[1]，第一段山、葡萄、怪石，款"八十四叟罗牧"，有罗牧数印。

罗牧生于1622年，题款中称"八十四叟罗牧"，故此画作于1705年，也就是

---

[1]《中国古代书画图目》，编号为京12-194，文物出版社，1986年。

八大在世的最后一年。八大与罗牧交往甚早，这则资料说明，一直到八大生命的最后时光，他们仍然保持着良好的关系。并不像有些研究所说的，八大鄙视罗牧的世故，竟然应宋荦之邀去赴宴。

二

据史料载，康熙时在南昌曾出现所谓"东湖书画会"，但是否存在这个书画会，至今学界并没有找到任何直接的资料证明。我在乾隆十六年《南昌县志》（顾锡鬯修、蔡正笏等纂）中，发现了"东湖书画会"的直接资料，由此可确证在康熙时南昌东湖之畔存在一个由多人参加、并有不同风格的书画会。

该志卷三九善士云："徐煌，字蒂斯。博学工书法。早孤，好施予，每岁施棺至百余，且内钱棺中，以为赙。久之，黠者多佯哭其门，既得钱，辄弃棺于濠去，煌不吝也。又尝置二舟于乐社塘，以利济。夏秋间，设茶邮亭，饮途人。而拯病者以药。岁暮复出谷，周其邻里，乡人德之。煌与同邑熊秉哲、八大山人、彭廷谟及宁都罗牧结东湖书画会。手临《黄庭》《道德》二帖，刻石行世。秉哲，字明生，工董华亭书。"这里明确写道，徐煌与熊秉哲、八大、罗牧、彭廷谟等人组成了东湖书画会，而且，将八大与这个书画群体联系了起来。

该志卷四〇方伎载："涂岫，字平山，南昌人。工绘事，其画人物能使神彩刻露，须发可数，生气拂拂出纸上，间设色作花卉。时蔡秉质工写翎毛，尤善画鹅。而临江黎坤亦工山水，尝与闵应铨、彭廷谟、李仍辈十二人结东湖诗画会，廷谟独善题咏，故时有涂菊、蔡鹅、闵蟹、彭诗之称。又有按察司经历某画千叶桃花独绝，人呼千叶桃经历。秉质，字彬士；坤，字载臣。"

这里所说的"东湖诗画会"，和上所引徐煌传说的"东湖书画会"当是同一个组织，这里明确说参加人员有十二人，除了八大、罗牧、熊秉哲、徐煌、彭廷谟之外，现在可知的还有蔡秉质、黎坤、涂岫、李仍、齐鉴等。黎坤、蔡秉质情况不详，他人上已有涉及。齐鉴也是其中重要成员。乾隆五十四年《南昌府志》卷六八方伎："齐鉴，字鉴己，南昌人，工画，尝游松江。精墨法，及游京师，画益有声。鉴不轻为人画。性喜酒，每酣辄展缣泼墨，至数十幅不厌。归南昌，居一小楼，士大夫率携酒求画，鉴益喜自负。殁后购其者，比之罗饭牛、牛石慧焉。"八大与齐鉴交往情况不详。

八大除了和东湖书画会成员交往之外，还与很多流寓于南昌的书画家有交往，其中有一些人和他具有相同的个性，嗜酒，狂狷，如以下几位：

龚一足 龚一足为八大晚年的书友，也是一位性情孤僻之人。道光六年刊《南昌县志》卷三七轶事引蒋士铨《龚一足传》云：

> 龚燮，字一足，别字四指，中洲人。事母至孝，岁授徒以给养，及母死，不蚤鬟者三年。与八大山人游，亦善草书，书必键户，然不多作。人争购之，生平不苟取，交好或有厚遗，亦不谢。性孤洁，厌近俗。人或在酒座，辄闭目连举数觥，喉中隐隐作声去，终身不娶妻，曰："死以兄子继，足矣。"年六十余，客某家，夜忽起聚诗文，为薪煮苦茗，啜之跃坐木榻上，泣诵《蓼莪》诗，凡数遍，遂殁。

其中"交好或有厚遗，亦不谢。性孤洁，厌近俗。人或在酒座，辄闭目连举数觥，喉中隐隐作声去"云云，几乎像在描绘八大。

刘敩 道光四年《宁都直隶州志》卷三六方伎类载瑞金画家刘敩："字诞芳，国学生，少读书，能诗，尤精绘事，同时以画家名家者，江右则魏石床、罗饭牛、八大山人，江左则王安节、吴远度、龚半千，敩皆与交。故其术日进。人亦风流蕴藉，超然物外，吴越秦楚间所至名公巨卿争礼之，晚年筑室竹冈，啸歌吟咏以终。"这也属性情狂逸之人。

三

八大在世时，其书画艺术就广有影响，从其学艺者，多有其人。今所知，有弟子万个，郑板桥《竹石图轴跋》："西江万先生，名个，能作一笔石，而石之凹凸、浅深、曲折、肥瘦无不毕具。八大山人之高弟子也。"[①] 万个，字薲庵，号顽仙，合溪渔者，南昌人，《清稗类钞·艺术类》载其事："八大山人弟子万个，能画一笔石，而石之凹凸浅深，曲折肥瘦，无不毕具。郑板桥尝学之，一晨得十二幅。盖运笔之妙，在平时打点，闲中试弄，非率意为也。石中亦须作数笔皴，或在石头，或在石腰，或在石足。"这一笔石显然与画石圣手八大有关。

江西博物馆藏有万个《松鹤图轴》，款"合溪渔者万个写"，有"万个"（朱文）、

---

① 《板桥集》，清清晖书屋刻本。

"薹庵"（白文）二印。画山坡上一鹤，作悠闲之态。多走秃笔。

石涛说："蕙嵒走入八大室。"蕙嵒是石涛与八大共同的学生，与八大关系密切。皖人石庞虽未做过八大的学生，但从流传画迹可以看出，他学八大的痕迹也是比较明显的。

在八大研究中，有一位名叫牛石慧的神秘人物，曾引起人们广泛注意，由于此人生平存留的文字太少，所以关于他的争议也很多。黄宾虹认为，这位牛石慧画风太像八大，可能是一位八大绘画的作伪者。杨新认为，"牛石慧又从哪里蹦出来的呢？第一种可能是某些好事之徒伪造出的。"[1] 有些研究将其和八大视为一人（如台北故宫博物院的李叶霜先生），有人将其当作八大的道弟，《净明忠孝宗谱》载第一世有三人，第一人是八大朱道朗，第二人为朱道明："朱道明，字秋月，道号望云子，明宗室。"李旦据此认为，这位朱道明就是牛石慧，此说不确。李旦认为，《画史会要》中的"族侄统鎐，字仲韶"，认为"鎐"的右边正是"牛石"二字，这是没有根据的。八大兄长朱仲韶在1660年前后就下世，而牛石慧在18世纪初还在世。

牛石慧确有其人，是康熙中后期江西有影响的画家。《西山志》卷一二艺文收有"释牛石慧"《漱芳草堂赠胡禹锡》诗，诗云："山斋雨过杏花香，昼静窗幽竹树凉。睡起日长无个事，卷帘一任燕飞忙。"其前有朱容重《漱芳草堂赠庚兄胡禹锡》。说明他与朱容重有联系。这里透露出至少两个值得注意的信息，第一，牛石慧是位僧人；第二，牛石慧与江西宁王后裔有交往。乾隆十六年刊《南昌县志》卷四〇："齐鉴，字鉴己，南昌人，工画……殁后购其画者，比之罗饭牛、牛石慧焉。"此方志距牛石慧下世时不远，其中将牛石慧与罗饭牛相提并论，并说齐鉴的画影响堪比二人，这说明牛石慧的画在江西有很大影响。同治《奉新县志》卷四："牛石庵在奉化乡，一名柏馥寺，相传牛石慧修道处。"

今牛石慧存世作品很多，北京故宫博物院藏有牛石慧《荷鸭图》，画风近八大，尤其是鸭子的画法，是典型的八大风格。其上款云："七四牛石慧写"，有"牛石慧""行庵"二白文印。这是牛石慧七十四岁的作品。安徽徽州文化博物馆也藏有牛石慧《凫荷图》，款"牛石慧写"。有"牛石慧"（白文）、"三学"（朱文）二印。

首都博物馆藏有牛石慧《冬瓜芋头图》，其中有题识云："菩萨曾有言，无刹不现身。东瓜芋头处，岂非观世音。七五老人牛石慧写。"这是牛石慧七十五岁时的

---

① 《八大山人三题》，《文物》，1998年第1期。

作品。作品也透露出他的佛学修养，和八大《木瓜图》所要表达的"大是懵懂"的思想相近。

上海博物馆藏牛石慧《松鹿图》，画山石间有松树旁出，正面画一鹿，神情怡然。款"丁亥之春牛石慧写"。松和鹿的写法，颇有八大之风。康熙丁亥是1707年。如果这是牛石慧的真迹，则知他下世时间在八大之后。

江西省博物馆藏有牛石慧册页一帧，共四开，第一页画雄鸡一只，有"牛石慧"（白文）、"三学"（朱文）二印。第二页画圆石上立有一鸟，鸟单脚，颇似八大之风。有"牛石慧"（白文）、"三学"（朱文）二印。第三页画荷塘白鹭，也有"牛石慧"（白文）、"三学"（朱文）二印。第四页写寒梅小鸟。

江西省博物馆并藏有牛石慧书法作品一件，也如八大秃笔中锋，苍莽有致。

广州市文物总店藏有牛石慧书作一件，书《滕王阁序》全文，款"甲申之春，临董先生法帖。牛石慧。"有"释法慧"（白文）和"三学"二印。这是1704年的作品。

根据以上存世作品，可以对牛石慧的情况有一些基本的把握。牛石慧大约生于1630—1710年之间，"释法慧"的印章透露出重要消息，联系《奉新县志》等记载，可知他是一位僧人，僧名法慧，之所以称牛石慧，因其是牛石庵的僧人，即"牛石庵之僧人法慧"的意思。号三学，又号行庵。画风近八大山人，可以看出学八大的痕迹。他与朱子庄、八大当有交往，可能是八大学生中的一位。

四

八大定居南昌之后，晚年生活虽然非常窘迫，但他专心于书画艺术创作之心不改，其艺术影响日增。当时全国各地的书画艺术家至南昌，多以拜见八大为乐事。期间，他结交了不少书画家朋友。这里选择几位略加介绍。

黄元治 本章开头所引北京故宫博物院藏有八大、熊秉哲、李仍等书画册页，其中有一页为八大书法，此页录有八大自作两首诗，其一序言并诗云：

> 汉老年翁于石尊者画法所得不已多乎，索题一首呈正。禅有南北宗，画者东西影。说禅我弗解，学画那得省。至哉石尊者，笔力一以骋。密室宗少文，玄都卢十景。传闻大小李，破壁走燕郢。愿得诗无声，颇觉山为静。尊者既括目，嘉陵出俄顷。

其后转行又录有一诗，并款云：

> 题画奉答樵谷黄太守之一附正。读书至万卷，此心乃无惑。如行万里路，
> 转见大手笔。黄公昆弥驾，兹复澄州役。一去风花飞，未少阳春雪。研之一
> 峰砚，予为老王墨（昔者以王墨画法称王墨）。南昌几川树，山谷几族戚。高
> 文重杞赠，嗣响二千石。
> 壬午一月既望，八大山人。①

有"拾得"印。题跋作于1702年年初，其中所录二诗，第一首写石涛，因为李仍
研习石涛画法，八大对石涛绘画给予极高的评价，认为他是一位"至者"。第二首
是录自己一首题画之作，本是一首和作。画和诗是赠给一位叫"樵谷黄太守"的官
员。其中所云"之一"，说明他赠这位友人的诗作不止一首。

这位"樵谷黄太守"与八大看来不似泛泛之交，诗中谈到"读书至万卷，此心
乃无惑"等为艺体会，可见这位太守似通艺术。黄苗子先生《八大山人年表》载有
此二诗，谈到"樵谷黄太守"，他说：

> 另一首"题画奉答樵谷黄太守之一"，是接写在题石涛画诗的后面，从内
> 容看，似是题自己的作品，开头是说读万卷书，过新疆（昆弥驾），现当了知
> 府（州官）。"一去风花飞，未少阳春雪"，当指樵谷出仕，一路得意，知音不
> 少，把墨研好，我来给他画了一幅泼墨山水。黄樵谷可能是南昌人，是宋黄
> 山谷（庭坚）的后裔，能诗文，曾经为文或诗赠与八大。黄山谷在宋时历任太
> 守，所以八大戏赞黄樵谷的文采和官职，是"嗣响二千石"（汉制郡守俸饷两
> 千石，故后世称知府为两千石），和族祖山谷老人一样。②

对这位黄樵谷，并未能确指。他推测是黄山谷的后人，住南昌。"樵谷黄太守"到
底是谁，至今仍然是一桩悬案。

其实，这位"樵谷黄太守"并不是南昌人，而是徽州著名书法家、诗人黄元
治。元治，字自先，号涵斋，黟县西武黄村人，也是徽商的后代。顺治间副贡生，
曾先后出任贵州、江西、云南、陕西等地官员，并在京城为官有年。晚年归乡，房

---

① 《中国古代书画图目》，编号为京1-4502，文物出版社，1986年。
② 《八大山人年表》（十四），台北：《故宫文物月刊》，第十一卷第六期，1993年。

无一幢，田无一块，借住宗祠，以困穷而终。有《黄山草》《燕晋游草》《滇南草》《西山纪游》《入黔草》等。

黄元治，又号樵谷，人称黄樵谷。樵谷之名，取自他的家乡黟县。黟县是徽州文化中的独特之地，今旅游胜地西递、宏村等都在黟县。这里山水绮丽，如世外桃源。所以，长期以来，黟县又有"桃花源里人家"之称。何以称"樵贵谷"？它来源于一个传说。嘉庆《黟县志》卷一五艺文载胡士育《书樵贵谷诗遗后》，谈到"樵贵谷之名"时说："昔有人入黟山，行七日，至一斜谷中，土平衍，周三十里，井亩依然，人烟环聚，谓是避秦乱而入，绝不知朝代更革事。"故黟县又被称为樵贵谷，甚至以之代称黟。如由康熙时程拙存所编黟县诗选，名为《樵贵谷诗遗》，乾隆年间孙淮龙所编诗名为《樵贵谷诗选》。

八大此诗所显示出的情况与黄元治生平完全相合。诗开篇"读书至万卷，此心乃无惑。如行万里路，转见大手笔"，说的是黄元治丰富的经历，为官天下，游历南北。家在黄山，出入金陵、扬州等地，北上为官，以书法为康熙所重，又去万里之遥的贵州平远为通判，再任江西建昌府通判，又去云南，在大理等地为官多年。其后北上京城，在刑部、户部等任官，其间去西安、山东等地为官。在陕西时为官清廉，政绩显赫，被称为"青菜太守"。在与八大南昌相会之前，黄元治又领命赴云南澂江①。八大所赞扬的读万卷书、行万里路，正是黄元治一生的重要特征。

"黄公昆弥驾，兹复澂州役"，"昆弥"为地名，"驾"即别驾，官名。昆弥川，即今云南大理市之洱海，唐杜佑《通典》："西洱河，一名昆弥川。"汉武帝象其形，凿地以习水战，非滇池也。古有昆弥国，亦以此名。黄元治于康熙癸酉（1693）任云南大理通判。并在此间修《大理府志》②。通判又称别驾，故八大称黄元治为"昆弥驾"。周亮工之子在建有《牛首次黄自先别驾壁上韵》③，就称黄元治为"别驾"。"兹复澂州役"，意为现在又到云南澂州去做官。黄元治于1702年出任云南澂江知府。此二句概述黄元治为官经历。"一去风花飞，未少阳春雪"，点出黄元治所去地方的地理特点，又暗含此去澂州之时间，当在1702年春。"一去"，形容远离④。

八大作诗善联想，他由黄元治姓黄，想到元代画家黄公望、江西诗派之祖黄

---

① 嘉庆《黟县志》卷六黄元治传："顺治间由廪生两中副榜，考选书法缮写实录成议，叙以通判用，初任贵州平远府，即以修复文庙为急，改补云南大理府，上官委修府志，数月告成，署景东府事蠲俸倡修文庙，摄浪穹县事，……又署北胜州。……迁宗人府经历、户部陕西司员外郎……升刑部山东司郎中，多所平反，出知云南澂江府。"

② 黄元治于康熙三十三年所作《大理府志》序言云："大理通判新安黄元治谨题云苍雪斋。"

③ 徐世昌《晚晴簃诗汇》卷四〇，选自周在建《进思堂诗》。

④ 江淹《恨赋》："一去绝国，讵相见期。"李白《千里思》："一去隔绝国，思归但长嗟。"

庭坚。他说:"研之一峰砚,予为老王墨。南昌几川树,山谷几族戚。"一峰,黄公望之号,此说黄元治书法之水平。黄公望为元四家之首,其绘画成就世所景仰。而八大认为黄元治书法有极高水平,是不是得一峰笔墨的滋养?八大在"予为老王墨"下自注云:"昔者以王墨画法称王墨。"唐王洽创泼墨之法,人称"王泼墨"。八大这里是自谦,我老了,哪里像黄元治那样善笔墨之工夫,只能在癫狂中胡乱涂抹而已。"南昌几川树,山谷几族戚",是设问,先生来南昌,您对南昌的风物感觉如何?您在南昌接触那么多的文人雅士,是否感觉到山谷的流风余韵?

末两句"高文重杞赠,嗣响二千石",是感谢黄元治的赠诗,我所作诗画乃是"嗣响"——聊志相赠之情。"两千石",如黄苗子先生所言,以太守俸禄指代黄樵谷。嘉庆《黟县志》卷一六收有吴铭道《黄自先太守罢郡后贫甚何阳霍令时为馈米作食》:"黄公老罢郡,萧然无余资。焉知两千石,贫于诸生时?"也以"两千石"为其太守之官饷。

八大题画友李仍之作,书写自己赠答黄元治之诗,时在1702年1月。而他作此诗时间当在这之前,八大诗画显然作于黄到澂州赴任、途径南昌之时。安徽博物院藏有黄元治妹夫程功(字次立,号拙存)所编《樵贵谷诗遗》八卷,乃康熙时刻本,又有成书于乾隆时期的《樵贵谷诗选》①,该书根据《樵贵谷诗遗》编纂而成,卷四有黄元治《九日饮滕王阁诗》,诗云:"日日登临兴亦长,难逢今日恰重阳。合将琥珀杯常满,不用茱萸酒自香。过雨层峦云半白,出烟高树叶初黄。荡胸秋水天边落,南浦归帆带雁行。"不知此诗是否是这次途径南昌时所作,从诗中所说的"日日登临"看,他在南昌时间较长。八大与黄元治相会,互赠书画,并诗歌赠答,可能在1701年秋冬或1702年年初。

王源说:"新安有奇士二,曰:黄自先、洪去芜。自先偶傥负大志,常欲立功万里……"②黄元治为当时诗坛领袖王士禛的弟子。《池北偶谈》卷二十四《谈异》云:"箐鸡,产水西,长尾白羽,羽之周遭,黑文缘之,如澹墨所画。或畜之,见人辄避去,终不驯扰。门人黄自先(元治)官平远府通判云然。"其诗在当时极有高评。《广阳杂记》卷四载,一人曾收藏黄自先扇面,其上书有自先诗五首,诗甚佳,如:"怜君廿载历风尘,落落何求独此身。元亮归来宁傲世,梁鸿热处不因人。豹斑自信应能变,龙性难云尚未驯。别去试观东海上,狂波不动日华新。"又如:"日暮鸦群集禁园,天南孤雁独高骞。归从熟路经淮海,游待来春过太原。韩信祠

荒秋短草，武侯庙拱塞长垣。临歧驻马登台望，动地西风别绪繁。"信手拈来，即为妙品。

黄元治的书法成就为康熙所重，书法家陈奕禧（香泉）有《黄自先与余户部同曹，善书博雅，有名京辇，曾同奉诏作书，送南书房，上幸口外未经御览，出守澂江郡，以老请告，遇于冷帆洲，别去感成此作》长诗①，叙述他俩在宫中奉诏作书之情况。黄山汪士鋐辑《新都风雅》三种，其中《信今集》选录黄元治之诗，汪士鋐说他："顺治丁酉庚子两中副车，善书，工钟王笔法，征写实录。"嘉庆《黟县志》卷六人物宦业又说他"考选书法缮写实录成议，叙以通判用"。

其书作今多有存本。北京传是拍卖公司2004年冬季拍卖会有黄樵谷书联一件，书有："瑶台迢递星辰满，玉树茏后雨露深。"款识："锦文道兄，黄元治。"钤有"黄元治印"（白文）、"别号樵谷"（朱文）、"人在轩辕峰"（朱文）三印。北京故宫博物院藏有清初江注著名的《黄山图册》，其中引首有隶书"烟峦如亲"，风味沉稳飘逸，款"樵谷黄元治书"。

八大与黄元治的交往，现在没有多少资料可以佐证，黄元治赠八大的作品也未见，二人交往有一点几乎可以肯定，就是因为书法。从八大这首诗可以看出，他对黄的书法有极高的评价。

康熙时期书法家杨宾在《大瓢偶笔》中对二人书法都有很高评价，卷七云："余书与时流相较，气概不如宋射陵父子，间架不如冯补之，纵横不如褚研霉，姿态不如陈子文，缠绵不如黄自先，儒雅不如姜西溟，跳脱不如金赤莲，秀润不如汪文升，灵活不如查声山，严整不如何屺瞻，古奥不如八大山人，厚重不如汪文漪，而瘦劲淳古，则余亦不敢让。不知当世以为何如也。"他将八大和黄元治作为两种风格的代表人物。卷六评黄元治书法云："黄自先执笔虽未尽善，而用意绵密，小楷大草俱佳。"

李仍、熊秉哲、彭廷谟等都是东湖书画会的成员，八大在友人的作品中题上赠黄元治的和诗，似乎有些突兀。但联系上首所题石涛之诗看，二诗一赞画界的"尊者"，一赞书道的"大手笔"。从二诗中也可看出山人为倡导某种艺术观念的用心。他认为石涛妙在妙悟，得无声之诗的妙韵，能不为形式所拘。而黄元治妙在学养和阅历，所以他的书法气定神闲、优柔温雅。八大是通过为友人画作题跋，交流自己艺术上的见解。八大虽然生平足迹未踏出江西，但他能以宽阔的胸襟气象，涵

---

① 陈奕禧《春霭堂集》之《乐回集》卷七。

泳艺道，汲取一切有用的滋养，来浇灌他的艺术。

黄元治乃徽商的后代，在徽州、扬州等地有很高的声望，也是石涛的朋友。这是八大由石涛而联想到黄元治的重要原因。八大晚年与客居江西的徽州友人交往密切，与方鹿村、吴镜秋等可称为刎颈之交。并通过他们与很多徽州、扬州两地朋友建立密切的关系。八大与石涛的关系主要赖于徽商而建立。黄元治在扬州有很多朋友，南来北往，多经扬州，他的同乡客居扬州者甚众，他与张潮可称密友，张潮《尺牍偶存》载有请黄元治刻书校对之事。他与洪嘉植、程葛人、江世栋等扬州徽商也深有交谊。

黄元治于云南澂江府归来，大致在1706年。这次从云南归来，在路上遇到友人陈奕禧（香泉），其时他离京赴贵州石阡府知府任。二人相遇，自是一番感慨。香泉在《黄自先与余户部同曹，善书，博雅有名京辇，曾同奉诏作书，送南书房上幸口外，未经御览，出守澂江郡，以老请告，遇于冷帆洲，别去感成此作》长诗中写道："人生复几年，会少离别多。几年忽相见，颜色奈老何？忆君出牧时，远惜澂江过。倏经四寒暑，耳尚闻骊歌。君今出滇池，我却临样柯。去来何莫定，握手叹蹉跎。我侪骨相屯，偃蹇理则那。浮名天所靳，富贵因折磨。与君并画省，意气相峨峨。诗贵洛阳纸，墨笼县壤鹅。纵横玉堂客，侍诏金銮坡……愁握湘兰香，险逾洞庭波。一来复一去，委命狃蛟鼍。君今七十余，倦鸟还旧寠。我虽未六十，犹握鲁阳戈。会罢各南北，回想怜掷梭。皂盖随风扬，鬂发飘婆娑。"[1]诗中说黄自先此次云南任时历四年，赞扬了他在宫廷之中，诗书均为人所重。由此诗知黄自先此时年已过七十。

他回到樵谷中，在家乡过着十分窘迫的生活，《黟县志》说他"房无一幢，田无一块，借住宗祠"，不数年而终。大约于1710年前后谢世。休宁诗人吴启元（青霞）《秀濯堂诗》二集，有壬辰（1712）自序，所收诗自1696到此年之前，在七言古中有《哭黄樵谷先生》："万里澂江路，三春寂寞归。不离樵贵谷，还表萝薜衣。剑气千里在，琴声一日非。蒋山牛渚月，相约竟相违。"

童昌龄 重庆博物馆藏有八大《蕉石图轴》（图32-4），上有题识云："鹿游人自琼花观，花落花开无雨天。设早只今垂史笔，流风莫定殷雷传。题鹿游道人《史印》一编，兼画意呈正。八大山人。"有驴形小印。跋中所说"题鹿游道人《史印》一编，兼画意呈正"，说明八大这首诗乃题鹿游《史印》而作，并作画赠之。现不

①陈奕禧《春霭堂集》之《乐回集》卷七。

图32-4
蕉石图轴
纸本墨笔　年代不详
35×29cm
重庆博物馆藏

知是鹿游道人亲赴西江，并向八大求画，还是他托友人向八大求画。但八大对鹿游熟悉则是肯定的。八大对其艺术上成就给予很高的评价。诗中说"鹿游人自琼花观，花落花开无雨天"，说鹿游的篆刻如天上雨花，绚烂迷离。

这位鹿游道人，就是扬州印人童昌龄。昌龄（约1650—？），字鹿游，康熙年间篆刻家，原籍浙江义乌，后居扬州如皋。兼工书画，画善花鸟，画迹今不传。《图绘宝鉴续纂》说："童昌龄，江苏如皋人，字鹿游。画古木竹石，风味澹远。"尤善治印。其印风师程邃、邵潜，得益于程邃最多，古朴典雅，参错错落。黄学屺说他"大篆为斋馆，直拟黄山垢道人也。"（《东皋印人传》）童昌龄是"东皋印派"的代表人物。又勤于著述，有多种印学著作传世，如《韵言篆略》《史印》等。

吕学　上海图书馆藏有八大手札十二通，其中有数通是写给一位"海翁"先生的：

之一

为寿廿二日也，万望先生呼贱名，寿域未敢升阶。此后野人得恃宠奉谒□□□题，诚老属联二副，附上，字画嗣到。病摄欠佳，勿罪，九月既望，复上海老年社翁先生，诚老致意，八大山人顿首。

之五

舟发南昌，便尔顺风相送姑山也。得接手示，深以为慰。昨别盛友李禹老，其尊翁先生正此勤劳王家，而禹翁复具大人之量，无惮驰驱，以奉养二人之志，揆之世间，未可多得。斗方二、扇乙，还上，外大画一副，附正，惟莞存之，海老年翁先生。六有廿四日。八大山人顿首复。

之六

横批谨书《临河集序》，置之左右，亦可助道，画二，一并呈正，行期何日，便寄示为望。海翁，八大山人顿首，四月上浣。

之八

先生无忘鄙人若是，何以当之，敢辞。午刻驾临敝寓为望，四月八日，复上海年台先生。八大山人顿首。

之十一

夏日承顾，有慢尊驾，所属卷子词妙绝，不可言也。以年翁为千古第一风流人物，乐为书之，未识合得尊意否耳，求正。七月二日复上，海老年道翁知己。八大山人顿首。

之十二

属扇已就正，扁书并联二，还上，斗方小字，力疾未可书也。海山先生行台，八大山人顿首。（图32-5）

这位"海翁"到底是谁，至今不为人知。手札提供了这样几条线索：

第一，海翁先生号海山，在第十二通手札中明谓"海山先生行台"，此人与以上所云之"海翁"当为一人；

第二，此人是一位有很高学养的艺术家，对书画有精湛识见，八大以"所属卷子词妙绝不可言也。以年翁为千古第一风流人物"评价之。

第三，海山先生并不住在南昌，他客居南昌，曾亲至八大寓所拜望，八大问其"行期何日"，又言"舟发南昌"云云，都说明此人非居南昌。从八大书札中有"舟发南昌，便尔顺风相送姑山也"语，"姑山"，即鄱阳湖靠近庐山一侧之山，有大姑山、小姑山，俗称为"二姑"，这是自南昌北去的路径，到徽州、金陵、扬州需经此径，而当时去浙江之人也多取此径。故知此人不在江西。

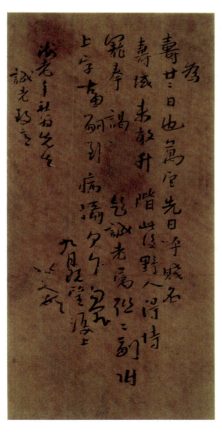
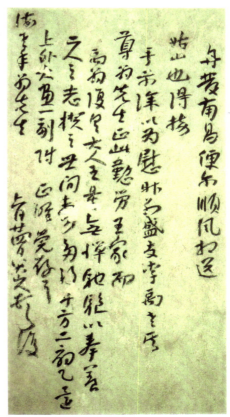

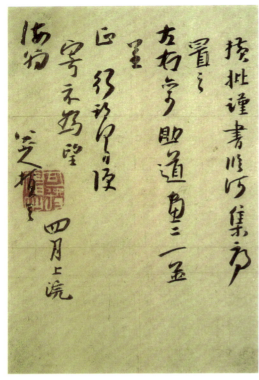
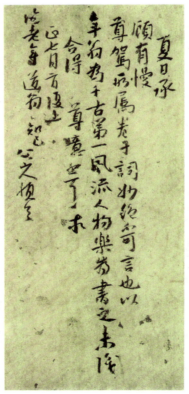
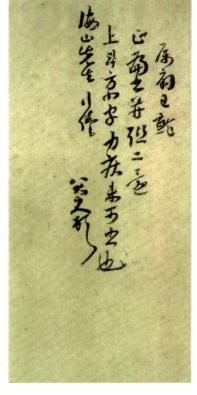

图32-5　手札册七帧　年代不详　20.4×10.4cm　上海图书馆藏

由此，我推测，此人可能是康熙时浙江湖州的一位著名人物画家吕学。

张庚《国朝画征录》卷中说："吕学，字时敏，号海岳。乌程人。工人物、佛像、天尊及驼马，名甚盛，学者宗之。李之芳平台湾，为作《奏凯图》，千军万骑，陈师案屯，骈部曲列校队，铠甲光明，旗仗清肃，洋洋大观也。又尝于吴江平望镇之城隍庙画《天尊像》四轴，神威萧爽，赫赫逼人。至其画《校猎图》之馨控纵送，鹰击犬从，曲尽神致矣。第用笔急于见法，未免赤筋露骨，正如米芾书法，强弩射三十里也。性豪华，所得润笔多置艳姬娈童。饮馔丰洁，器具精妍，侈矣。"

张庚说吕学字海岳，是误记。《乌程志》云："吕学，字海山。"这在其存世作品中也能得到证明。如今藏于浙江省博物馆的《桃花源图》，款"海山吕学"。今藏于苏州博物馆的《商山四皓图》，款"乙酉仲秋写于双桂轩，海山吕学"。时在1705年。天津博物馆藏有吕学多幅作品，其中《松阁论文图》，款"海山吕学"。《蟾中折桂图》，题有"海山吕学敬写"之字。其《松鹿老人图》，款"癸亥夏日海山吕学写"，有"吕学""海山"二白文印。现藏于青岛市博物馆的《郎廷极行乐图》，作于1697年，是吕学生平杰作，卷首隶书"茗情琴意图"五字，也有"海山吕学"之款。吕学存世作品还有不少。

吕学活动年代与八大相仿，是当时著名画家，其风流倜傥，也与八大所谓"为千古第一风流人物"相合。故我以为这位海翁友人，以吕学的可能性较大。记此以待高明。

吞珠 上海图书馆藏有八大十二通手札册，其中有一通云："邮筒奇木，已若冬实之李梅，相见于野，同人，自夏徂秋，时亲笔研，书画班门报，徒增愧耳。谨遵台命，附寄菉园，东望寻思，南游翘企。复上菉园主人，重翁先生均此。八大山人顿首。九月六日。"（图32-6）

这通书札中所涉及的菉园主人，可能是一位远方的求画者，从八大的语气看，此人书画修养很高，他为这位求画者作画，画作好，寄上作品，附上书札，信中自称"书画班门报，徒增愧耳"，即班门弄斧，想来求画者也是一位画家。

与八大同时，确有一位画家，号菉园主人，但他却是一位清廷皇室成员，当朝的礼部尚书。据《读画辑略》，吞珠（？—1718），一作屯珠，宗室，袭封镇国公，号拙斋，又号髯翁，晚号菉园主人，任礼部尚书，谥恪敏，工书善画，笔墨秀逸，有书卷气，有《花屿读书堂小稿》。《皇朝文献通考》卷二四七："镇国公吞珠，太祖四世孙，固山贝子彰泰子，康熙十一年正月封，二十七年二月降镇国将军，二十九年六月袭封，五十七年润八月卒。"

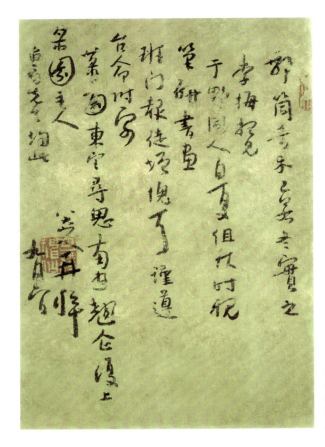

图32-6
手札册之九
年代不详
20.4×10.4cm
上海图书馆藏

　　八大为吞珠作画，可能与梅庚、石涛等有关。吞珠与梅庚为好友，他有《集海棠院送梅耦长南归分得春字》诗[1]，道及二人之交谊。其后，北京东便门外二闸河边有水南庄，就是吞珠的庄园，南来北往的很多文人曾在这里落脚。清查为仁《莲坡诗话》云："'水南庄上有髯公，与我同年话始终。留写楞严了了义，雁王共礼白云中。'指宗室拙斋公（吞珠）也。"

　　八大与清廷的交往在他垂暮之年，这并不表示他巴结宫廷。清廷皇室成员向他求画者，当不止吞珠一人。据清震钧《天咫偶闻》卷六载："八大山人画册，系为问亭将军（博尔都）作者，有问亭跋。"今此作不见。博尔都（1649—1708），字问亭，号东皋渔父，封辅国将军。为清太祖曾孙，辅国公拔布海之子。他与吞珠为同辈。博尔都是石涛的至友，他向八大求画，可能与石涛有关。而吞珠向八大求画，也有可能与这层关系有关。

八大山人研究

---

①徐世昌《晚晴簃诗汇》卷二〇四。

第三十三章
八大山人晚年与讲学家之交往

　　八大山人是一位禅僧，晚年虽然离开了寺院，但仍然保持着对佛的向往。其作品中仍然有浓厚的禅家气象。但八大晚年定居南昌期间，思想也发生了一些变化，道家和儒家学说也开始在他的思想中占有明显的位置。

　　清初的江西是理学之重镇，其中有"易堂九子"（魏禧、魏祥、魏礼、彭士望、林时益、彭任、曾灿、邱邦士、李腾蛟）、程山诸子（谢文洊、甘京、封濬、黄熙、危龙光、曾曰都、汤其仁、邵睿明）、髻山诸子（查小苏、夏伟、周祥发、吴一圣、余晫、星子宋、查世球）等，在易代之际，理学思想也成为慰藉人们思想的重要内容。八大定居南昌前后，与"讲学家"有密切的接触，他的思想也受到一定影响。晚年八大作品中，有不少与理学相关的内容。这与当时的学术风尚有关。

　　八大晚年重视儒家的养性学说，临川吟咏中有《陆象山祠》诗写道："南宋诸儒负大名，青田耆宿焕丹楹。奕园晓尽先天秘，教绎弘开不夜城。释□上丁宜共祭，衣冠俎豆俨先程。漫嗟祠壁空苔藓，鹿洞传经有后生。"[1]他有数件作品谈到王阳明的心性学说。广东省博物馆藏有八大行书轴，所书内容有："王文成公与人寡言笑，语虽简而能以理屈人，默然终日，莫能窥其际。及奏事上前，群臣异同，公徐一言以定。"此言王阳明默然有定之德行。《自怡悦斋书画录》卷一五载八大书画册，其中第二幅上题有八大诗一首，其云："闻之雅量文成老，似此炎天日日长。昨夜荷风更交扇，读书城在尽生凉。"款："黄竹园题画，八大山人。"这里的"雅量文成老"，谈的就是王阳明默然有雅量之事。"炎天"形容熙熙而来攘攘而去的荒乱人世，而他要创造心灵的清凉世界，通过读书养性，使得平和心灵"日日长"。广东省博物馆又藏八大所书王阳明语录："文成公与人书：后生美质，须令晦养深厚，天道不翕聚，不能发散，花之千叶之无实，为其英华太露耳。余尝与门人言，人家酿得好酒，须泥封，封莫令丝毫泄露，藏之数年，则其味转佳，才泄露，便不中用，亦此事也。"[2]（图33-1）这里说的是养晦的道理。这三件作品说明，八大颇

---

① 胡亦堂《临川县志》卷一〇。
② 《中国古代书画图目》，编号为粤1-498，文物出版社，1986年。

603

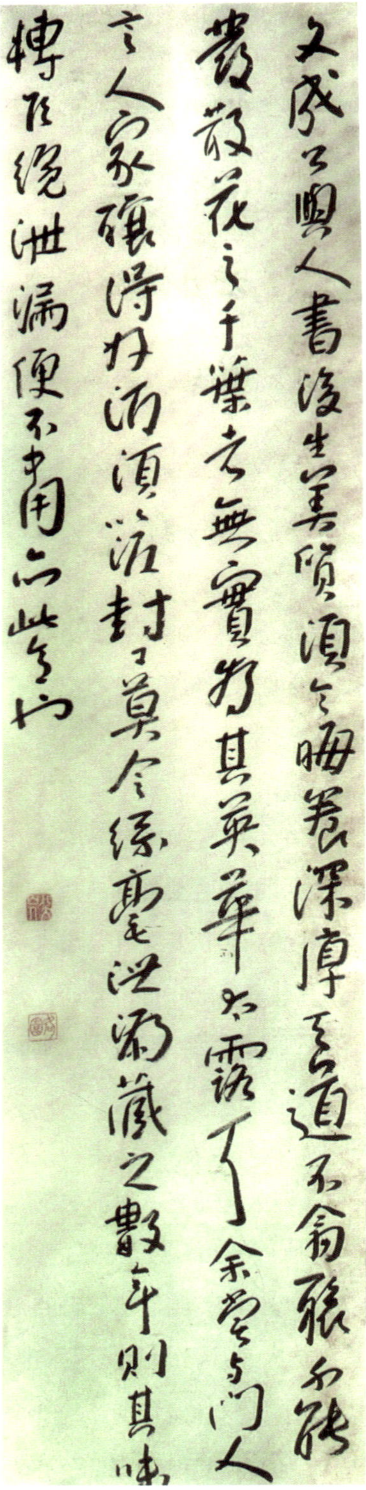

图33-1　行书王文成公语录轴
纸本墨笔　年代不详
185×44.3cm　广东省博物馆藏

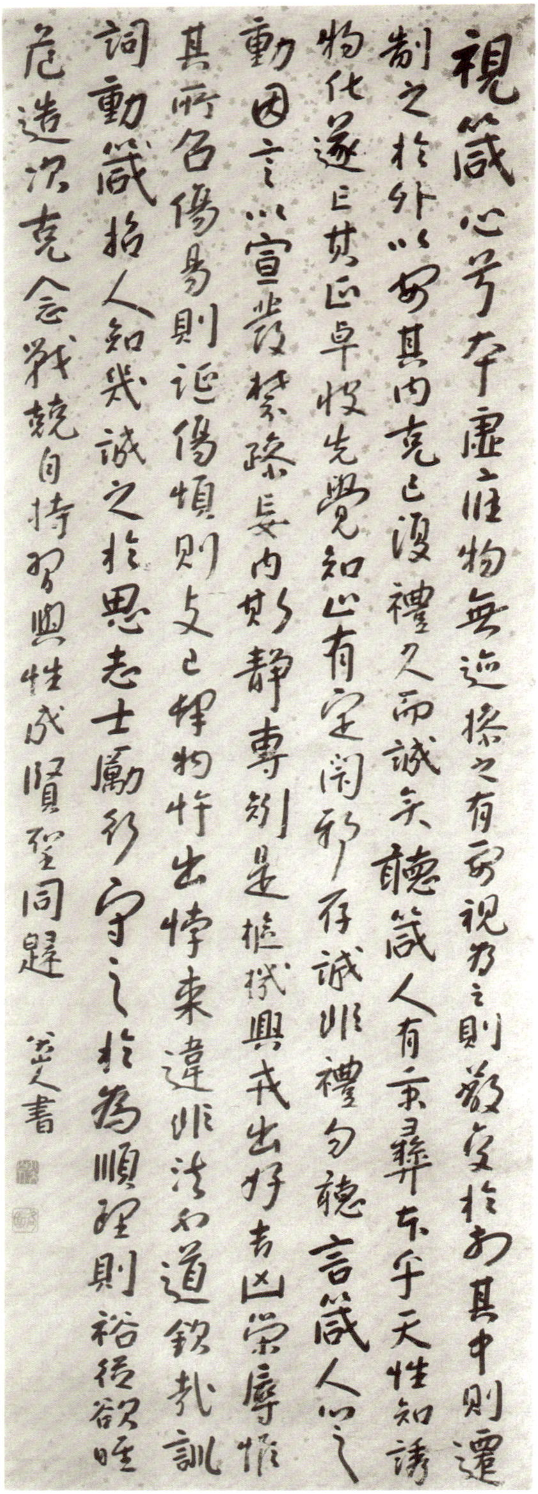

图33-2　行书程子四箴轴
纸本墨笔　年代不详
209×73.2cm　天津博物馆藏

重视王阳明的养性学说。（图33-2）

八大还对二程学说有所吸收。唐云旧藏有八大行书《程子四箴轴》（图33-3），所书为程颐之《四箴》[①]，款云："右四箴，乙酉闰四月既望，寤歌草堂书。八大山人。"作于1705年。

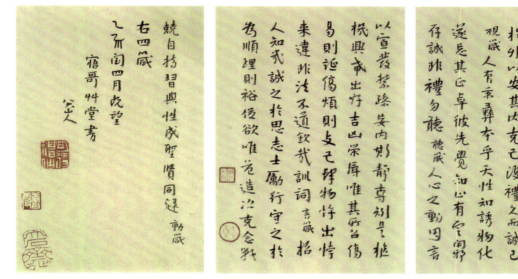

图33-3　行书册　纸本墨笔　1705年　16×14cm　唐云旧藏

国家博物馆藏八大书法条幅一件，行书申时行百字铭，其云："欲寡精神爽，思多血气衰。少杯不乱性，息气免伤财。贵是勤中得，富从俭里来。温柔终益己，强暴必招灾。……申时行先生百字铭。"申时行（1553—1614），字汝默，号瑶泉，长洲人。明万历年间著名政治家、书法家。以文字受知张居正。万历中，累官吏部尚书。申时行铭文中所表现的乃是儒家修养心性的思想。

八大晚年书写了大量心性涵养的条幅、对联、格言等。翁万戈藏有八大行草书格言临古诗帖册，作于1702年，所书为："气象高旷，而不入疏狂。心思缜密，而不流琐屑。趣味冲淡，而不近偏枯。操守严明，而不伤激烈。右格言，壬午一阳

---

① 八大所书内容为："程子四箴：心分本虚，应物无迹；操之有要，视为之则。蔽交于前，其中则迁；制之于外，以安其内。克己复礼，久而诚矣。人有秉彝，本乎天性；知诱物化，遂亡其正。卓彼先觉，知止有定；闲邪存诚，非礼勿听。人心之动，因言以宣；发禁躁妄，内斯静专。矧是枢机，兴戎出好；吉凶荣辱，惟其所召。伤易则诞，伤烦则支；已肆物忤，出悖来违。非法不道，钦哉训辞！哲人知几，诚之于思；志士厉行，守之于为。顺理则裕，从欲惟危；造次克念，战兢自持；习与性成，圣贤同归。"

605

之日，书于窑歌草堂，八大山人。"浙江省博物馆藏有八大行书四言箴轴，所书为："俯仰屈伸，以利形山。进退步趋，以实关元。八大山人书。"这方面的作品很多。这里有索求者自己的趣尚，但也不能排除与八大思想的相关方面。

八大还将理学的思想化为自己的画境。如他晚年作有《天光云影图册》，王方宇旧藏，十开，另有自题一页，显示出八大在山水方面的极高成就，由五代北宋传统转来，直达大痴、云林和董其昌。

其中表达的境界，即从理学中转来。朱熹的"天光云影共徘徊"的活泼泼精神甚为其所爱。八大在题心壁之画时也说："云影天光图画里，石泉流水有无声。钵盂几个重添柄，笑倒庐山禅弟兄。"在八大的朋友圈中，天光云影成为交相推崇的境界。如熊颐有《暮春同崔不凋游珍珠泉步杜子苍天光云影原韵四首》诗[1]，即写此一境界。（图33-4）

作为佛子的八大，一生旨趣不离"八大山"中，禅宗思想始终是他思想中的主流。但八大早年曾对儒学有深入的研究，在佛门中也与不少儒家学者有接触，晚年他接触的友人中，有不少是儒学的服膺者，他的思想在这种交往中出现了一些变化。

八大晚年与讲学家多有来往，还与他的至友罗饭牛、方鹿村等有关。罗饭牛的老师魏书，字石床，明末诸生，他既是位书画家，又是儒家学者，与宁都三魏关系密切，常至翠微山与易堂诸子论学作诗。饭牛曾在冠石就林时益（1618—1678）学制茶之法，也学习理学。饭牛与易堂诸子有极密切的关系。八大与饭牛交往，饭牛山人的思想倾向对他当有影响。鹿村也是八大与儒家学者（讲学家）交往的重要中介人。鹿村客居南昌，在经商之余，肆力于诗，又对理学有浓厚兴趣。《鹿村先生诗集》李果序说，鹿村"侨居江西之南昌，爱西山南浦之胜，诗遂多。又交魏叔子、和公、傅卤生、罗饭牛、熊养及诸君子"。熊颐还记载鹿村返乡途中带着魏禧诗集阅读的事[2]。魏禧《魏冰叔文集》卷一〇有《赠别方西城》，其序说，一次他与西城宴集，席间，西城读魏伯子诗，时伯子已故，他与魏礼闻之泪下，感叹道："伯子已卒，人竟可读其诗。"由此对西城另眼相观。八大结识熊颐、梁质人、黄光

---

① 熊颐《麦有堂诗集》一集卷三。
② 熊颐《麦有堂诗集》二集卷三《庚午八月初吉，方西城有邗江之游，留诗为别，同人倚而和之……》，此诗有注云："此行舟中载勺庭师集。"

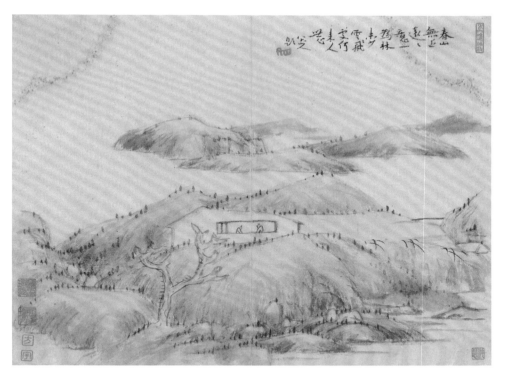

图33-4　天光云影图册四帧　纸本墨笔　年代不详　25.8×34.7cm　王方宇旧藏

会、许士重等，都与方西城有关①。

本章对八大晚年与讲学家交往的相关情况作一些考辨。

一

八大在佛门时，就与服膺理学的学者有过从。如蔡受文集中记载的八大与叶祖徕、蔡受三人的交往，其实是儒者与佛子的对话。

蔡受 字白采，江西赣州府宁都县人，有《鸥迹集》二十一卷。据该书卷一三《戊午腊月军府中偶检袁中郎诗集，有新买得画舫将以为庵之题，慨然兴怀，云山烟水之致甚勃峯也，于是尽用其韵以次之》组诗之一云："似萍如梗那安居，过半百年意不如。"戊午为1678年，到此已年过半百，知其大约生于1630年之前，与八大生年相仿。蔡受1678年之后患病，一直未痊愈，而其《鸥迹集》止于康熙庚申，知蔡受大约于1681年左右下世。道光《宁都直隶州志》卷二二蔡受传说其"诗文具别调，图篆字画无师授，笔墨所不至者神通其妙"。蔡受是位诗人，又是一位很有个性的画家，好古文奇字，《鸥迹集》中多载其为友人作画事。

八大《个山小像》上有自题四段，八大手书刘恸城所作赞语一段，又有八大书"个山小像"等共七部分，这七部分为八大手书。其中另有三人手迹，一是书于画像上方的饶宇朴跋，署作于丁巳（1677）秋，一是右侧彭文亮的题跋，再就是左侧蔡受所书的题跋。蔡受题曰："✦☉，咦！个有个，而立于一二三四五之间也；个无个，而超于五四三二一之外也。个山，个山，形上形下，圆中一点。减余居士蔡受以供，个师已而为世人说法如是。"②此段跋文，前有"硕果"白文印引首，款下有"减余园者""成山受之□□"一白一朱两印。蔡受号减余园者，他于康熙壬子（1672）秋在家乡宁都父母的宅基地建有"减余园"，此名意为"殆谓减屋以余园也"，地方不大，减少房屋的面积，留下地方建一小园③。他还敷陈出减园之十六意，如"一曰减读以余意"④。后一印漫漶不清，前四字意倒是很明显。蔡受家住宁都之成山，其减余园即在成山之下。《鸥迹集》卷七《杨北海墓志铭》："乙卯予以

---

① 《鹿村诗集》中记载不少方鹿村与讲学家交往之史实。如五言律中有《仲冬寄祝魏和公先生翠微峰》，七言律诗中有《送魏冰叔先生却聘还山》，时当在1678年；《送魏和公先生同兄勺庭返翠微峰》《彭躬庵先生至自章门即归易堂同诸子作诗赠别得江字》《题彭警庵负米图》等。

② 此处断句，汪世清先生以为："减余居士蔡受以供个师已，而为世人说法如是。"笔者以为未核。

③ 蔡受《鸥迹集》卷三《减余园记》，光绪刻本。

④ 蔡受《鸥迹集》卷三《萧史记》，光绪刻本。

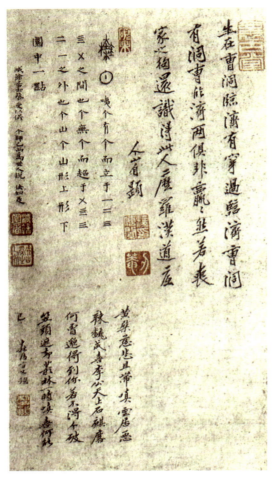

图33-5 "个山小像"蔡受跋

旧疾卧床掩成山之关一百二十七日。"所以他说自己是"成山之受"。(图33-5)

八大与蔡受、叶祖徕相会，以及蔡受为《个山小像》题跋，一般认为在1677到1678年间，王方宇更指出，蔡受之跋作于康熙戊午（1678）①，其根据主要是《宁都直隶州志》的说法。该志卷二二云："戊午应亲王大安藩将军聘至长沙幕中。"但这一说法较笼统。据《鸥迹集》卷二《赠素石师〈万山修行图〉跋》："迨丁巳之夏，入于枭幕……又及戊午，而出入于亲王之幄上。"他在1677年夏天就到了长沙，入于长沙粮宪署藩台李月桂（字含馨）的幕府，至1678年又入于安藩将军幕府。1677年夏，他有《赋赠杨兰佩先生归维扬兼祝八月冈陵》："泛蒲把酒共歌讴，岂谓茫茫入官署。"此句后自注云："是日就枭台之幕。"② 由此可见，蔡受与八大之交往在1677年夏之前，他的《个山小像》题跋也当作于此之前，而饶宇朴跋作于此年秋，时间在后。

1676年到1677年间，八大曾在南昌逗留。八大见蔡受之地就在南昌。蔡受举家客南昌时间颇长，所谓"十年困极成山巅，及到蓼洲愁愈然"③。早年在家乡读书，后到南昌，贫穷依然，饥饿连连。1677年他到长沙赴任时，曾将二子托付给友人王半臾。《鸥迹集》卷一四有《寄半臾》，写于他官于长沙之时，其中自注云："予既应大将军聘去，有二幼子在南昌举寄半臾，以叔礼事。"

① 王方宇《个山小像题跋》，台北：《故宫文物月刊》，第六卷第十期，1689年。
② 蔡受《鸥迹集》卷一一。
③ 《还丹行》，蔡受《鸥迹集》卷一一。

从《鸥迹集》中两段关于八大的记载以及《个山小像》的跋文看，八大与蔡受相处时间不短，相契颇深。蔡受才华出众，诗书画兼具，儒道释皆通，为人性格怪异，自恃极高，对很多禅徒甚为不屑，他说："只学禅和作几句突鹘混场话，到底只哄骗而已，永堕落地矣。"[1]但对八大却有极高的评价。他的《赠雪师》诗云："人言我怪怪不足，我眼底见惟一秃。师奇奇若入水矶，才磨缸角尘不顽。辟易而奔结作山，嵯峨突兀缸心间。清天浊地维南北，尔我茫茫元不识。忽然谁泛白莲花，结跏趺坐到我家。"[2]蔡受以怪而名世，而他认为，八大之怪更是超过了他。这怪就是脱略凡尘，卒然高蹈。在他看来，八大就像清水之矶，一磨缸角水便清。诗中"忽然谁泛白莲花，结跏趺坐到我家"之语，可能是指八大亲至蔡受在南昌的居所访问。由此诗中，也可看出他对八大有很深的理解。

蔡受兼融儒释道，但还是以儒家为宗，以理学为思想旨归。他曾经注释道教名著《阴符经》，但正如《阴符经注》秦四采按语所说："蔡先生注此经之旨，迥别诸家，乃得之异人。而符咒之密，仍留口传。学者各有打叠心性，积累功行，倘时至缘凑，岂让子房独遇圯上公也耶？阴符大易，实相表里，易大衍之数五十，其用四十有九，置一著以象太极，体立而用不穷，能立体于无声无臭，以致用者，其惟圣人乎？知此可与共学《阴符经》。"[3]他用易学的思想融会《阴符经》。其友人中大半为理学家，如叶桐初、杨兰佩等，又与儒学名家甘楗斋、魏伯子等有交往。如他从长沙返回南昌养病期间，甘曾去探视[4]。1680年，他又有《画金精忆魏伯子》，对这位逝去的理学家表示深深的思念[5]。八大为叶桐初所作之画，以"无极而太极"立论，用画与之交流。而蔡受在《个山小像》的题跋中，也以易学思想来说八大之法。

八大和蔡受都是画家，蔡受画迹今不见，无从比较二人绘画之特点，但二人在画学思想上倒是接近。如果说八大后期绘画思想受到蔡受影响，似也不为过。二人作画都追求寂寥幽深之意。八大为叶桐初所作梅月图，所谓"巨月一轮，月心兰一朵，其月角作梅花"。其结构受到了蔡受的影响。蔡受曾和他的好友罗珂雪讨论作画之事[6]，罗说："画头宜月，画月宜清，远山秋水，不树不人。"而蔡说："未也。远山之穷，秋水之边，而得恰好置月一圈。"[7]八大的画与蔡受的分析，颇有相近之

---

[1]《书声行字说后》，蔡受《鸥迹集》卷六。
[2]蔡受《鸥迹集》卷一一。
[3]蔡受《鸥迹集》卷一。
[4]《蓼水病中南丰甘楗斋先生见过于其言归作诗别之》，蔡受《鸥迹集》卷一二。
[5]蔡受《鸥迹集》卷一四。
[6]罗擎，字珂雪，广昌贡生，曾寓居南丰有年，与诸理学家交往密切。
[7]《庚申闰八月朔夜月有食之记》，蔡受《鸥迹集》卷三。

图33-6　花卉册之十　藤月图　纸本墨笔　年代不详　21.4×32cm　上海博物馆藏

处。如蔡受很重视圆相，他说："字画诗文，妙止一圆，转曲折偃仰向背潦倒横斜，自放自起，不可把捉，不可穷尽者，圆之妙也。"[①]他为八大题《个山小像》，也以圆来立论。后来八大在临川画《藤月图》，1689年画"昭光饼子一个"，等等，都可以看出蔡受的痕迹，看出无极而太极的思想。（图33-6）

叶祖徕　蔡受《鸥迹集》卷二一载一幅八大赠给叶祖徕的画作："雪师为祖徕叶子作扇画：巨月一轮，月心兰一朵，其月角作梅花。题诗云：'西江秋正月轮孤，永夜焚香太极图。梦到云深又无极，如何相伴有情夫。'复呼叶子嘱予为词。予答之云：'三五年头欠一春，同心之伴语情亲。媒人悄悄冥冥立，记得今朝廿五辰。'有索解者，予曰：'巨月一轮，三五也。同心之伴，月心兰也。用易如兰（易经："同心之言，其臭如兰。"）媒人者，梅花也。悄悄冥冥，在月角也。兰梅瓣各五，合之三五，则廿五也。是日即廿五日扇作。'"时间大约在1676秋。

八大赠叶祖徕有画又有诗，蔡受又有解画之诗，并有对诗的解释。这记载了一次痛快的相会，是我们了解八大佛门后期生活的珍贵资料。但至今我们对这位叶祖徕生平不甚了了。

[①]《书友人茅斋橘柚册子后》，见蔡受《鸥迹集》卷六。

　　叶徂徕在南昌时，是一位颇活跃的诗人。林之枚《泷江集》中记载他1676年到1677年间的活动，其中有《答洪都叶徂徕、朱子庄、曹旦岫》五言排律一首，诗中有"八臂逢高会，同舟洵美游"，林木文诗中写这次难忘的胜游，透露出叶徂徕与朱容重也有交往。

　　在魏禧的文集、诗集中，对这位很有活力的诗人情况有进一些了解。冰叔有《题叶桐初白云图》，依冰叔的记载，叶桐初持别人所画请他题词，《白云图》意为"梁公登太行望云，叶子云下无亲舍矣"，写自己思念父亲的情怀。冰叔写道："余往遇叶子桐初于吴门，年少，才英多而绝意仕进，丁巳，南昌再遇之……叶子四岁，先君死国义，节母饮冰二十余年而即世。叶子于亲，无之在无之不在，故其图云气弥漫，散布山谷林木，不可指其方。"[1] 叶桐初父亲因节义而死，冰叔对这位热血青年格外喜欢。此文后有杨兰佩之跋。

　　冰叔又有《拙哉行为叶子作》，序云："叶子之父，死义者也，叶子悦，蜀人。余生生与游五岭，勉以义。既见吾季子，遂举所学制举文立焚之。壬寅六月，余相见南州，因道前事以砺其卒。叶子白：吾何以见吾朋友？作此徵之。"诗中嘱咐叶子交友之道。"拙哉古人，车乘翘翘招以弓……噫嘻！古之朋友一言相为死。"[2] 这里所说的叶子，当指桐初，即上题《白云图》所说的那位节士的后人。桐初向魏叔子请教交友之道，叔子以朋友之交必以义而嘱咐之。

　　《魏叔子文集》《学说赠叶徂徕》说："叶子徂徕，年少而质美，能自浣濯于浴，以志于学。虽然必谨乎其所习，慎其交，毋玩其岁月，以实致于令名。君子者，有益于人者也。人之交贵君子，以其益我也。君子而无益于人交，君子而不自取益，则与世俗人无几异。徂徕好君子交，其所以自益，有可言者乎！"[3] 后有杨兰佩的跋语。这篇文字是解释叶子为何以"徂徕"为其号的。

　　《魏叔子文集》中所涉及的叶桐初和叶徂徕，其实是一人。文集中说桐初"年少才英多"，而在论徂徕之名时，说其"年少而质美"，此其一也。《拙哉行为叶子作》诗及序中，为桐初谈交友之道，而《学说赠叶徂徕》中又特论"徂徕好君子交"。此其二也。《拙哉行为叶子作》中说桐初从自己的弟弟魏季子为学，而《魏季子文集》卷一有《叶徂徕小影》："斯人也，独立而何所思，戴毡被毡，而哀博有仪，衷武灵之服而佩刀垂，红日当头而照汝颏思页，吾不能测其机，噫，吾识其为叶徂

---

[1] 魏禧《魏叔子文集》外篇卷一二题跋，清《宁都三魏全集》本。
[2] 魏禧《魏叔子文集》诗集卷五。
[3] 魏禧《魏叔子文集》外篇卷一五。

徕。"正说的是这位年轻有朝气的学人。此其三也。

叶桐初，字徂徕，娄东人。在蔡受《鸥迹集》中，又有《送别叶桐初东归》（卷一〇），杨兰佩为叶徂徕的好友，《鸥迹集》卷一一《赋怀赠别杨兰佩先生归维扬兼祝八月冈陵》诗，蔡受与杨兰佩也有交往。《鸥迹集》卷六《跋万松读书图卷》："然吾叶子读书万松之墅，则观屋老之松，而可以悟程子之免也。居象玩变几矣夫。"此叶子当为桐初。据王仲儒《西斋集》庚午诗《与叶桐初》，其有自注云："茶村婿。"知徂徕为杜濬（1611—1687）之女婿。杜濬、杜岕兄弟是金陵著名诗人，濬字于皇，号茶村。明遗民，国变后绝意仕进，游览名山水，才声雄概，惊艳江淮。其弟杜岕，字苍略，号些山。与兄同避乱金陵。号"二杜"。杜濬《变雅堂遗集》卷三有《题白云图》《再题白云图》《又题白云图》三篇文字，都是为叶桐初而题，《再题白云图》说："壬子仲冬桐初自娄江来，示余此图，叹服二王合作及诸君子题识之古。"知此作为王原祁（号麓台）和王翚（字石谷）所作，出名家之手。叶徂徕富有才华，但命运多舛。杜濬对这位女婿极为欣赏，他在《送叶桐初北行序》云："叶子四十年前，四岁孤婴耳，严君不幸，母夫人秉节抱痛，辛勤鞠子，以至于总角授书、成童能文章、魁然丈夫尺寸，皆母恩，则尺寸皆父泪也。"①叶徂徕工于诗。他去世之后，叶丹《哭徂徕》诗云："莫问生前事，生前总辛苦。一穷竟到死，五字不由人（注：君诗五言最胜）。白骨荒山冢，青灯雨夜磷。萧然洲畔宅，凄绝泪沾巾。"②言其以五言诗见长。蔡受《送叶桐初东归》二首之一说："君诗清以约，我如击筑离。"③也谈到其诗歌的成就。

叶徂徕很长时间游学于南昌和宁都翠微峰，他是魏季子的弟子，也受到魏叔子的赏识。他与魏叔子弟子熊颐、梁份有很深的同学情谊。梁份《怀葛堂文集》有叶徂徕的多处评语。熊颐《麦有堂诗集》卷二有《清明后一日抵会城，时积雨初晴值叶徂徕、王鸥卜诸公邀同素石僧、野谷道人、家弟自侯偈小舟游青云谱》诗，均言及与桐初的交往。

八大当时是一位僧人，所赠徂徕诗画，其实是针对他的理学背景而言的。所谓"永夜焚香太极图""梦到云深又无极"云云，即从"无极而太极"的理学话头着眼。而月心兰，幽冷而高洁，也与徂徕作为节士之后，不慕仕进，独守坚贞的个性有关。在了解这样的背景之后，我们理解八大的诗画就容易多了。

---

① 杜濬《变雅堂遗集》文集卷五，光绪二十年黄冈沈氏刻本。
② 吴蔺《名家诗选》卷一。
③ 蔡受《鸥迹集》卷一〇。

二

晚年八大定居南昌之后，有两位颇亲密的理学家朋友，一位是熊颐，一位是梁份。

熊颐（1641—?）字养吉，又字养及，晚号讷夫，间隙抚州府东乡土塘村人。其祖父曾是明吏部侍郎，父亲作过邵武知县，并升任兵部职方司主事。入清后，养及守节不仕，到翠微峰从魏禧为学，中年后客游四方，终生为布衣。有《麦有堂诗集》。汪世清先生说："熊颐著有《麦有堂诗集》八卷，未见传本。"[1] 故今人对熊颐与八大事迹之了解，主要根据《清江诗萃》中所收录的养及诗作。我搜寻此书有日，偶在国家图书馆发现此书。《麦有堂诗集》，光绪甲午据康熙刻本重刊，共九卷，分上下两集，上集四卷以体分，下集四卷以时间分。下集四卷之外又有第五卷，此卷主要收其铭文、诗余等，不编年。

熊颐《和八大山人画菊韵》并序云：

> 重阳后五日访，不识隐庐，怅然而返。次日山人持墨菊及新诗至西城，张之素壁，余把玩旬日，漫和原韵识怀思：
>
> 白帝违秋令，无从问菊花。言寻三径客，不辨野人家。疏影占东壁，新诗映晓霞。和成惭贺老，潦倒拨琵琶。

收在《麦有堂诗集》编年诗卷二[2]，后隔二首有《戊辰试笔》，知此和八大诗是丁卯（1687）所作[3]。这是一则联系八大、鹿村和养及的珍贵资料。这则资料常被认为是八大与养及初见时写下，从此诗及序言的情况看，他们早有交谊，序言中说"漫和原韵识怀思"，二人并非浅浅之交。而养及不识隐庐——八大隐居之所，乃因此年山人移居之事，罗饭牛《赠八大山人》诗云："近日移居西埠门。"时在1687年，正因此而不识。

此诗序言说"次日山人持墨菊及新诗至西城，张之素壁"，此"西城"就是方西城的水明楼，此时养及正客居于此。方鹿村与养及为生死之交。养及与鹿村之交在1680年前。《鹿村诗集》卷首有魏禧序言说："庚申三月余就医桑林，中道病作，

---

①汪世清《八大山人的交游》一文，《八大山人全集》，第五册，1119页。江西美术出版社，2000年。
②《清江诗萃》卷一所录。
③汪世清先生认为此诗作于1690年，是误推。

力疾下章门，使门人清江熊颐主医药，故人方子西城舆致其寓室，日用毕具，旬有五日而起，夜寝，常朗朗闻西城读书声，因念西城处鱼盐市，翛然自修洁，有山林之气。"时在1680年。养及在南昌期间，曾有很长时间客居鹿村的水明楼。八大回访养及，就在鹿村的水明楼上。养及1687年前后客居水明楼数年。《麦有堂诗集》编年诗卷二有《水明楼秋兴八首》，此诗编于《和八大山人画菊韵》之前，该组诗写于1687年重阳之后，而《秋兴八首》作于"秋日"，在重阳之前。其一云："山川无恙此登楼，廓落晴空放远眸。客子虚舟徒泛泛，严城羌管日悠悠。何堪故里同王粲，未必雄文似马周。相视与君称莫逆，高阁凭空在上头。"养及与鹿村以"莫逆"相称。《麦有堂诗集》编年诗卷三有《水明楼送别方乘六归省新安……》《午日小集水明楼观竞渡，时江水大涨》，此二诗都作于1690年春，也在水明楼。此年八月，鹿村因送长子完婚回新安，养及仍居于水明楼，该卷有《水明楼读勺庭师项节母传有感》，1691年，他又陪鹿村去祁门，并访溪南。养及在水明楼客居至少到1691年，前后有五年之久。

谈及他与鹿村的情意，熊颐甚至以管鲍之交来相比。他有诗云："方子余石交，挂席章水湄。独身事行役，襥被勉自支。……管鲍死生情，千载令倾倒。"[1]1690年8月到年末，鹿村归乡，并滞留扬州，其间水明楼上的养及思念之情不能已已。是年10月他有《别方西城两月余矣，接令弟苍模信，知返新安……》诗，其后又有《再接苍模信，知西城尚淹仪扬，云岁暮乃可还西省，空山雪深数尺，点水成冰，益增远人之感》诗，这年冬天，南昌大雪，大木半数冻死，他心中惦记西城，想到他"寒衣尚未带也"，本来西城准备九月归来。除夕之前，西城终于回来，他激动心情难以言表，有《除夕方西城有虾蟹扇覆之赠，知其归自维扬，喜不自禁，开缄后竟无一字见及，复为怅然》[2]，诗记当时相见之事，熊颐为人的真醇于此可见。

八大定居南昌之后，与鹿村交往频密，水明楼是八大常去之所，此地也成为赠友人之画的主要中转地。如八大致鹿村信中说："顷为彭兄作画一十二、扇十一，卷去篷窗已所负者，元老处四纸，未得送去水明楼上，何以延至此极耶？"[3]他在水明楼中完成大量的作品。潘正炜《听帆楼续刻书画记》卷下著录八大《墨笔花鸟册》十二幅之十二《墨梅》款署："八大山人书于水明楼中，辛巳（1701）冬日。"八大一些传世作品当与朋友之间的来往酬酢有关。如1690年8月，鹿村送儿回乡完婚，

① 熊颐《麦有堂诗集》二集卷四，《方西城买舟同余赴祁门之约，便道过新安舟中写怀并寄徐渐远》。
② 同上。
③ 沈阳故宫博物院所藏八大致鹿村书札册中之一通语。

有一次规模不小的友人聚会，养及有《庚午八月初吉，方西城有邗江之游留诗与别，同人倚而和之，余不可以无言，漫成五律，肝膈之言，工拙非所计也》诗[①]，八大应是参加者之一，而且定会有诗，或者有画相送。八大有题画诗云："雨蓄舟无处，行云阁在芙。此时南尽望，已是皖山图。"此诗有可能就是送别鹿村的。

八大赠熊颐的作品当不止这幅菊花图，二人的唱和之作也不在少数。另外，《麦有堂诗集》二集卷五有二铭文：

> 八大山人貌古象鼻炉画为之铭：禹鼎虽沉，兹物无恙。命彼管城，索之罔象。
>
> 题画：八大山人作三小鸡伏而不鸣：是鷇音也，而望之若木，欲雄飞，且雌伏。

此二铭，是新发现的与八大相关的史料。八大所赠之画不见，从熊颐之铭文中尚可见出二人相契之深，二人的背景很相似，一位是前朝王孙，一位是前朝大臣之子，进入新朝之后，均选择了避世而居，守节不变。养及的"欲雄飞且雌伏"正说出二人的选择。呆若木鸡，处道不惊。一如他在和八大菊花诗中所说的："和成惭贺老，潦倒拨琵琶。"

梁份（1641—1729）字质人，比熊颐小十岁，是熊颐和方鹿村的至友，也是八大的朋友。梁份为江西建昌府南丰县人，受学于彭士望，并与熊颐同师事于魏禧[②]。质人重气节，为彭士望和魏禧所重，彭士望曾说："余门下生之患难坎廪艰危谁有如梁生之甚，而生之志则益坚气益锐持大义，虽九折百死，曾不挫其毫末。"[③]

有一事可看出质人、鹿村、熊颐三人之间的深厚情谊。1688年，梁份为鹿村之祖母作《节母汪太君墓表》，为鹿村之妻作《方母徐孺人墓表》[④]，而熊颐为汪太君作墓志铭。此年秋，熊颐还陪鹿村回新安安葬，熊颐有《山行伤足偃卧不能步履，念西城昆季荒郊营葬事中夜不寐》诗，诗云："卧病心偏切，与君为一身。艰

---

① 熊颐《麦有堂诗集》二集卷三。
② 《清史稿》卷四百八十四云："梁份，字质人，南丰人。少从彭士望、魏禧游，讲经世之学。工古文辞。尝只身游万里，西尽武威、张掖，南极黔、滇，遍历燕、赵、秦、晋、齐、魏之墟，览山川形势，访古今成败得失，遐荒轶事，一发之于文。方苞、王源皆重之。……为人朴挚强毅，守穷约至老不少挫。卒年八十九。著有《怀葛堂文集》十五卷、《西陲今略》八卷。"
③ 彭士望《耻躬堂文钞》卷七《门人梁份四十序》。
④ 梁份《怀葛堂文集》卷七。

难遗伯仲，偃息独何人。空攘支离臂，徒伤季路贫。残更倚枕听，愁绝雨声频。"①
诗中记载了他夜雨想到朋友安葬亲人的心情，愀然令人心动，他们之间的情谊真正
能以"与君为一身"来形容。

八大因与鹿村、养及之关系，也与质人有交。1704年，梁份《与八大山人书》云：

> 謦咳不相闻者，辛壬癸甲矣。长儿文起来述近褆，甚悉硕果之足以见天
> 心也。份年来坎壈无为先生道者，惟徂岁同黄宗夏走昌平州，谒一祖十二宗
> 之陵寝宫，留数日，绘图列向开方记跬，图各有说，为古今所未有之书，尤
> 昭代所必不可为之书。行授之梓，于五国中各流布十册，天潢之贤者与忠孝
> 之后，义士仁人并藏弃之。俾圣祖仁宗之弓剑永永垂于天壤，不致如历代帝
> 王栖神之域或湮没于剩水残山者，庶此举与种冬青可校长量短，而份且藉为
> 祖父数百年茹毛践土之恩矣。想先生闻此必为开数十年未开之笑口，而展图
> 一览，有必凄然于此日矣。春冰呵冻不宣。②

梁份具有强烈的遗民心结，与八大情相契合。翻检《怀葛堂文集》，其中荡漾着亡
国之痛，故国之情。他精于地理之学，地理考证中也裹挟着这样的心情。质人与黄
宗夏一道徒步去昌平，其间淹留五日，以成十三陵图。质人对八大说："为古今所
未有之书，尤昭代所必不可无之书。"古今未有之书，为质人之所独成，这是事实。
然此图虽曾梓行，但后来竟然不传，今无踪迹，或早因触犯天条而被毁弃。"必不
可无之书"，即以此书当存于世，昭告那些对前朝思念难绝的人，尤其是告诉他的
好友八大，使其"开数十年未开之笑口"。可见，质人深知八大胸中的郁积块垒，
两人默契之深于此可见一斑。

梁质人草绘十三陵图，不仅是为八大，也为他自己。他在给友人朱书（字字
绿）的信中说："四游神京，未及一谒陵寝，每出广宁门，面发赤痛，自诃诋无及
矣。舆地不身历，徒听人言，往往自误。份问昌平诸陵，率答以路甚远、费甚多、
展谒甚少、启闭甚艰、而虎甚猛，众说纷纭。闻之色沮……"③他率六人进山，后
达至陵寝的只有两人，即他与黄宗夏。

他在给八大信中说，"謦咳不相闻者，辛壬癸甲矣"。即自1701年之后，他与八

---

① 熊颐《麦有堂诗集》二集卷三。
② 梁份《怀葛堂文集》卷一。
③ 梁份《怀葛堂文集》卷一，《与朱字绿书》。

大一直未见面。八大与梁质人之间的交往，在八大与鹿村的信札中亦可测知一二。

沈阳故宫博物院藏有八大致鹿村手札四通，其中有一通云（图33-7）：

> 梁寓何处，承顾，未得面也。来日之佛生日也，恐彼土未必得一，已约
> 定去耶？（南徐亮不可辞）示之，四月七日薄暮。上鹿村先生。八大山人顿首。

后钤有"可得神仙"小印。此札中所说的佛生日之约定，具体事情已不可知。这里
的"梁寓何处，承顾，未得面也"，指梁质人探访八大而未晤之事。因未见，八大
拟去回访，但不识"梁寓"之所在，故询问鹿村。

纽约大都会艺术博物馆藏八大致鹿村手札十通，其中有一通云（图33-8）：

> 连日贱恙，既八还而九转之，啖瓜得苏，亦是奇事，此间百凡易为，但
> 须调摄一二日为佳耳。山言先生所属斗方，案上见否？□老亦未见过。五日
> 在北兰涉事一日也。质老致意。思翁画驰去是幸，七月九日复上
> 鹿村先生。八大山人顿首。

"质老致意"，质老，当指梁质人，因质人与鹿村为至交，质人为鹿村亲人所作二
墓表，在1688年。而此札当作于这其后的数年。此处提到宋荦的长子宋至（山
言），宋荦巡抚西江之时（1688—1692）。据汤中《梁质人年谱》，1689年到1691
年间，质人曾客衡阳同知茹紫庭处，并较长时间客长沙[1]，期间曾在南昌，所以八
大与质人相见的时间当在此顷。

质人曾侍奉过"易堂九子"之一的林时益，林也是一位王孙。林时益（1617—
1678），字确斋。质人于1673年侍奉林确斋，1678年，确斋去世，质人《哭确斋先
生文》："份前后至冠石不半载，惟癸丑（1673）卒岁侍先生，其教份之语已备载书
册。"[2] 林确斋《送梁质人归南丰》云："终年颇觉伤哀乐，得汝如逢丝竹音。"[3] 可见
二人之情谊。乾隆《南昌府志》卷六四"隐逸"："林时益，字确斋，南昌人，本明
宗室，名议霶，鼎革初变姓名，携家居宁都。……比迁宁都今破其产，卜紧冠石，
佣田而耕。冠石益茶，时益以意制之。香拟阳羡所谓林岕者也。工书实为诗，晚又

---

[1] 汤中《梁质人年谱》第37-41页，台北商务印书馆，1980年。
[2] 梁份《怀葛堂文集》卷八。
[3] 《朱中尉诗集》卷四。

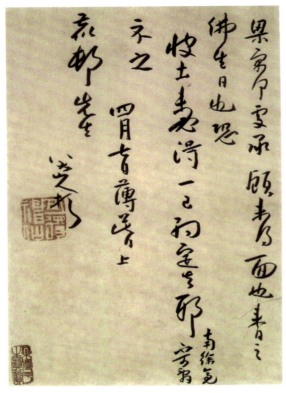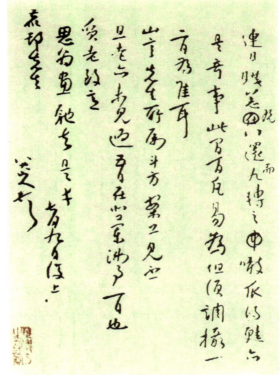

图33-7　行书手札册之一　纸本墨笔　年代不详
20.2×14cm　沈阳故宫博物院藏

图33-8　手札册十通之四　纸本墨笔　年代不详
19.8×13.6cm　大都会艺术博物馆藏

好禅。以疾故未尝一他适。颓然耆庞，见者目为老农老僧，如是者三十年卒。"林时益，与朱子庄（议㵗）同辈，是八大的侄辈。现在还没有资料显示林时益与八大有交往，或有这种可能。

三

　　与梁份、熊颐、方鹿村之间的密切关系，使八大有机会与名满天下的理学导师有交往，现在可知的是，他与易堂诸子有来往。

　　曾灿　北京故宫博物院藏有八大十四页《杂画册》，其中第一开画玉兰花，有"夫闲"印。第二开为对题，其云："方驾玉兰乙花辰，报开九瓣，盛趁便极矣，赋正止庵先生：玉兰八十余花朵，玉殿平分一本根。道士朝天冠九极，省郎归晚禁重门。留香雪白高歌宴，惜语寅清两鬓繁。无数梅开又梅落，牡丹生长为同论。八大山人。"钤有"八大山人""鰕鮰篇轩""白画"三印。从这帧册页的情况看，应为使用"八大山人"号不久的作品，大约作于1685年前后。

这幅作品中的"止庵先生"，比较大的可能是指曾灿。曾灿（1625—1690），字青藜，号止山、止庵，又号六松老人，江西宁都人。与魏禧兄弟相善，是"易堂九子"之一，当时江西著名理学家。《清史稿》卷四百八十四说他为"给事中应遴仲子。岁乙酉，杨廷麟竭力保南赣。应遴以闽峤山泽间有众十万，命灿往抚之。既行，而应遴病卒，赣亦破，乃解散。寻祝发为僧，游闽、浙、两广间。大母及母念灿成疾，乃归宁都。以大母命受室，筑六松草堂，躬耕不出者数年。后侨居吴下二十余年，客游燕市以卒。著有《六松草堂文集》《西崦草堂诗集》"。今传有《六松堂集》，合其诗文为一编，但其中并无与八大交往的记录。曾灿一度为僧人，后离开佛门，他是前朝遗逸，以节操著称于世。从八大的赠诗看，似也有所指。诗意极隐晦，但主要抒发的是同根之情。如首联说"玉兰八十余花朵，玉殿平分一本根"，本为一根，花开万朵，一朵多瓣，重重无极。似有隐喻二人之命运同根之意。尾联"无数梅开又梅落，牡丹生长为同论"，由玉兰想到梅花，由梅花又想到牡丹，花开花落，此花彼花，都是"生长为同论"，虽是沦落人，都有盛开意，似暗写二人的心意。八大为曾灿所作诗画可能缘于一次相会，所谓"方驾"，即写客人来访，所访地点当不在八大的蜗居。诗中"留香雪白高歌宴，惜语寅清两鬓繁"，写席间的感慨，相与甚欢，感时光流逝。

汪子豆《八大山人书画集》收《行书扇页》云："静几明窗，焚香掩卷，每当会心处，欣然独笑，客来相与，脱去形迹，烹苦茗。赏文章，久之霞光零乱，月在高梧，而客在前溪，呼童闭户，收蒲团，坐片时，更觉悠然神远。昭阳大渊献之十月，书似曾老社兄正，八大山人。"有驴形小印。作于1683年。这里的"曾老社兄"，可能也是曾灿。

四

除此之外，八大晚年的朋友中还有不少属于理学中人，如许士重、蔡静子、王源等。

许士重　沈阳故宫博物院藏八大致鹿村手札，其中有一云："士翁亦在此迫促也。此纸暂留，图面不一，苍翁扇二附上，视入为佳。"这里的"苍翁"，即西城之弟方苍模。熊颐《麦有堂诗集》二集中有多首诗谈到方苍模。而所谓"士翁"，我以为，当指方西城和熊颐的密友许士重。

许士重为江南徽州府歙县人，客居南昌，是当时南昌颇有名的诗人，好儒家之学，与易堂诸子及梁质人、熊养及有交往，尤与熊养及情同手足。养及《既闻许士重亦有维扬之游，归时当共泛李郭舟也，诗以讯之》："西江仍作客，而妙可同归。病减知储乐（士重病初愈），天寒未授衣（西城以初秋往，相约九月必归，想寒衣尚未带也）。雪上山径断，岁晚故人违。远忆天涯信，跫然数君扉。"①1690年前后，熊养及客居西城之水明楼，这年八月，方西城和许士重同去扬州，相约九月即归，但接近年终还没有归来，熊颐焦急万分。这年冬天南昌下了大雪，熊颐又担心二人天寒受冻，故有此诗。诗很朴实，但情真意切。

魏禧《许士重诗叙》云："山静而草木生，人静而思虑出。诗之为物，触于境，感于事，而勃然发诸言，是动物也。然非有静气以为之根，则嚣然杂出，不能自成其文理。……歙许子士重，静者也。身处阛阓，而有深山之容，与之接，言讷然不出诸口，退然如不胜其衣。吾意许子其当为诗人与！他日故人罗饭牛持一编过予，曰：'此士重诗也，士重盖可与言诗者，而又以子为能言，子其言之。'予力疾为点定而告饭牛曰：'子善画，吾请与子言画。吾卧翠微山中，常黎旦起望，天宇初开，万物东作，殷殷隆隆，山色郁然，而虚静无一物，每恨不得如子者追而画之，夫尺幅之画，山水草木树石楼台人物之形，风云之变，纷然杂出其上，素之所余，几不足以容指，而善画者之画，则若未尝有一笔一墨之著于其间，此何以哉？静故也……子其为我复许子，许子益务知乎静之为无所不有，则岂独于诗日工矣哉！"②士重为罗饭牛所重，工于诗，其朴直为人，更是腾播人口。士重好静，而其"言讷然不出诸口"，与八大极为相似。

蔡静子 同治《南昌府志》卷四五云："蔡景定，字静子，新建人，居东湖，与南昌八大山人、蔡秉公诸名流友善，以诗相唱和，至南丰师事谢约斋，时大兴王源以文学名于世，抵洪都访江右人文，谓大不及曩时，自易堂子及汤惕庵、谢秋水诸先生殁，独蔡静子、梁质人古文可称后劲。又称静子文益高而境益潦倒，其推服景定至矣。然景定究穷傲以终。"其中所引王源语见《居业堂文集》卷六《与梅耦长书》。王源在给静子的信中说："与吾兄别十四五年，人事益变出意外，顷晤洪都，见吾兄已老，文益高，而境愈潦倒，恻然自念。"③

蔡静子为南昌著名诗人，是彭士望的门人。彭士望有《髻山送门人蔡静子归吴

---

① 熊颐《麦有堂诗》二集卷四。
② 魏禧《魏叔子文集》外篇卷九。
③ 王源《复蔡静子书》，《居业堂文集》卷六。

塘》：“历岁频就予，步担五千里。子趣无乃乖，崎岖向穷士。去年予五十，子复行踽踽。登堂扬一卮，再拜出二纸。伟哉宋杨言，知予素所喜……感我易堂人，曰蔡古君子。子还予亦来，见予查宋氏……”①此作于顺治庚子（1660）。静子并师事谢文洊。

蔡静子又从学于易堂其他诸子，曾数至翠微峰求学。彭任《草堂诗文集》五言律有《蔡静子过别口占送之》，对这位弟子给予很高评价。魏礼《魏季子文集》卷五有七律《送蔡静子》诗，也表达了对这位学者的推重之情。蔡静子与叶丹相善，叶丹有《雨过憩百花洲同乔东湖、蔡静子》②。

静子有子名叔谦，有文才。同治《南昌府志》卷四五人物文苑：“蔡叔谦，名学圃，以字行，新建人，景定子。十一岁随父出游，磊磊负奇气，不应试。好为大言，喜谈兵，所至贤豪长者莫不折节交之。”

王源（1648—1710）字崑绳，号或庵。直隶大兴（今属北京）人。王源为梁份《怀葛堂文集》作序称自己受业于彭躬庵、魏叔子，并与梁质人、熊养及、黄叔昭三人有同学之谊。晚年师事颜元，为颜李学派的重要人物。他在给梅庚的女婿程偕柳的信中说：“沉潜之学，唯一‘实’可以自许。”王源是清代实学的代表人物之一。他与梁质人等人一样，遗民思想浓厚。《居业堂集》卷一九有《十三陵记》上下，对十三陵的情况作了细致的描绘，其中渗透着浓厚的思念之情。同卷《景泰陵记》说：“癸未夏四月，黄宗夏自西山归，为予言景皇帝陵，二十五日偕往谒，去西直门二十里。”时在1704年，此顷梁质人、黄宗夏在京城，相约一道去十三陵，梁作十三陵图，并有书札致八大。

王源与方鹿村也有交往。《居业堂集》卷二〇《大坞阡志跋》叙及他与西城以及养及、质人、叔昭之间的情谊：“新安方子西城葬大母汪于大坞阡，元配徐祔其侧，清江熊养及为之志铭，并记营葬始末。而盱江黄叔昭又为之记述。……予来豫章，过南丰梁质人，为予言西城好学，能文章，勺庭先生故友也。既介予与交，又示予所为汪母及徐孺人墓表。质人与养及、叔昭俱出勺庭先生门……叔昭以贫仕为令尹，而质人、养及俱布衣。”

八大与王源始交在康熙三十七年（1698），是年梅庚托王源到南昌寻访八大③，王源访见八大，并给予高评。

---

①彭士望《耻躬堂文钞》卷六。

②《江西诗征》卷七〇。

③梅庚（1640—约1722），字耦长，号雪坪、听山翁，安徽宣城人。梅庚为宣城画派重要画家，与石涛为好友。康熙举人，又工诗，有《天逸阁集》等。

第三十四章
八大山人晚年禅道友人散考

八大山人自1680年岁末离开佛门，在其后的二十多年时间中，他与佛门保持密切的联系，仍然有对佛的信心。八大晚年的思想是儒佛道三家兼融，但以佛教思想为中心。晚年他的朋友中有很多是佛子，像憩云庵的心壁禅师、北兰寺的澹雪上人，都是他晚年最要好的朋友。另外，八大还有许多佛门友人，或因佛缘，或因艺术，他们结下了深厚的友情。

八大晚年虽然没有进入道教之门[①]，但并不说明他对道教没有亲近感。八大晚年画作取道教境界，诗中也表现对道教的企望，所谓"山人陶八八遇之已"，显示出他对道教超越境界的向往。甚至在很长时间里，李白成了他仰慕的诗人，这与李白的道教倾向有关。他也交有不少道教的朋友。

我根据相关资料，对八大晚年与佛道友人交往的情况作一些考辨[②]。

兰谷

乾隆十六年刊刻《象外轩集》，今藏国家图书馆，为残本，该书署康熙年间僧人"龙淙颠道人溥畹兰谷子"作，其中有《寄八大山人》一诗，诗云：

> 八大山人迥出尘，不为岩岸逐风尘。马牛有字从他唤，鸥鹭无心率我真。
>
> 万古沧桑悲国士，一身天地托游民。别来已是三年外，几度相思独怆神。

从诗中看，作者对八大颇了解，短短几句，说出了八大的性格和困境。可以说是知心人。马牛有字从他唤，八大晚年无家无名，甚至以"驴"为号，兰谷诗即指此。广东省博物馆藏八大《鹿图》，其上长诗首联云："呼马呼牛都不应，或群或友或无踪。"鸥鹭无心率我真，八大有"天心鸥兹"之花押，此句疑指此。别来已

---

① 八大晚年有亲近道教的倾向，但并不表明他进入了道教之门。
② 八大与心壁、澹雪之间的交往，由于事涉不少复杂问题，列专章讨论。见本书第二十六、二十七章。

是三年外，说明他曾在南昌见过八大，此诗遥寄思念之情。

兰谷子，法名溥畹，又号龙淙颠道人，为临济三十七世，乃心壁和尚的法侄。清袁文揆《滇南诗略》云："溥畹，字兰谷，昆明人，康熙初奉旨开创昆明法界报国寺，善书。"乾隆十四年刊彭廷梅所选《国朝诗选》卷三载："兰谷，江南如皋人。"①溥畹是一位有成就的书法家，他与八大交往当与此一层因缘有关。

据《象外轩集》载，溥畹很有艺术眼光。如其《倪云林山水歌》云："三株五株江南树，隐隐一峰出晴雾。此境幽绝无人知，懒瓒挥笔有真趣。世人只重李将军，金碧楼台连翠坞……时于此地得卧游，寒鸦枯木正秋暮。"其艺术观念与八大正相合契。《象外轩集》自序云："余是集以'象外轩'为名者，藉事显理，假物喻道，非离象而别有象也。"其中表达的思想与八大"画者东西影"有某种契合之处。

八大与溥畹的交往史实，至今我们一无所知。我在《心壁和尚诗》和溥畹的《象外轩集》发现了一些线索。

溥畹曾卓锡于东湖苏圃旁的憩云庵，八大是通过心壁与其相识。《象外轩集》中有《赠庐山心壁和上》，诗中有"曾从诗里识开先，又借东湖一榻眠。""借东湖一榻"，指的就是卓锡于憩云庵之事。其诗集中有多首赠心壁之诗。而《心壁和尚诗》中有《同兰谷法师游温泉题壁》，诗云："不愁山路滑，住雨促行装。漫问曹溪月（曹溪夜月乃螳川之名胜也），也作碧玉汤。漫能际风疾，清可润枯肠。更喜居人说，佳时正土王（俗传土王也，十八日内浴者除病尤效）。"溥畹与心壁都是昆明人。

节庵、恬庵

八大有《兰亭诗画册》，十八开，本为王方宇所藏（图34-1）。其中第四开为山水，其对题云：

无著天亲弟与兄，南屏生长北屏生。题诗晚渡一峰尽，画里过桥二老声。洪谷雨来江右左，盐官风远笔纵横（赵子固湖上以为此洪谷子、董北苑得意笔也。苏大据案书画，顷得二十余扇）。弥高况少真儒术，何得人家墨并争。奉答节庵、恬庵二上人诗画附正。八大山人。

①另有资料说溥畹为广西人，见释含澈《方外诗选》。

康熙时，杭州有僧名得信，字恬庵，俗姓徐，钱塘人，居鸟石精舍，著有《莲槎诗钞》。

《两浙𬨎轩录》卷一二载陈清鉴（字也堂，号疑山，钱塘人，著《疑山诗集》）《悼恬庵》诗："偶因访道入深山，去去东溪竟不还。尚有天花飞讲席，独留诗卷与人间。水田衣在云犹护，香积厨虚钵自闲。一别那知成永诀，此生无复叩禅关。"另附《斐南和韵》："十年词赋主湖山，尽日名流共往还。竹阁朝开鸟石顶，棕鞋夜踏碧松间。袈裟云散龙犹护，经梵香消鹤亦闲。图史满囊谁拾取，纷纷遗落在禅关。"所悼之恬庵，就是鸟石精舍的僧人得信。斐南诗中所谓"竹阁朝开鸟石顶"，即点出寺院之名。而节庵情况不详，当是恬庵的法兄弟。

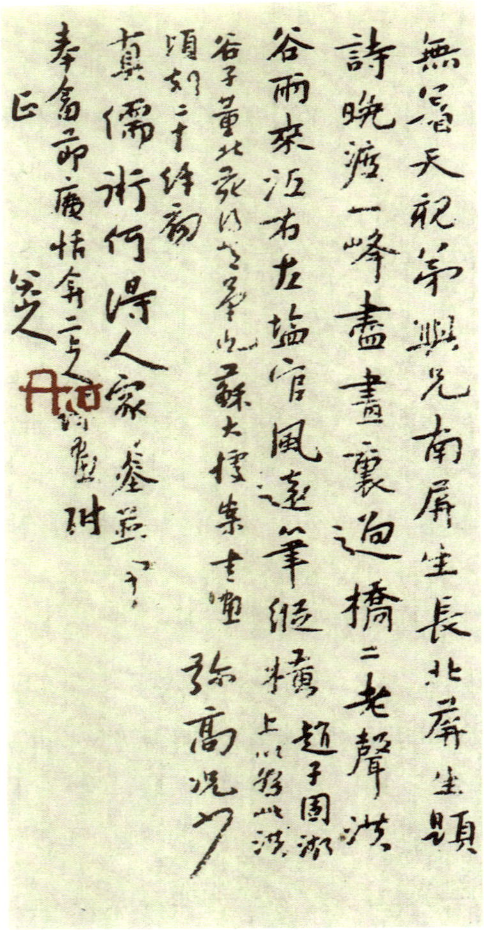

恬庵是一位在浙江很活跃的诗人，与当时文坛名流洪昇、查慎行等

图34-1　兰亭诗画册之四
纸本墨笔　年代不详
22.5×12.5cm　王方宇旧藏

有交往。查氏《敬业堂诗集》卷三六有《题恬庵上人匡庐访道图二首》，这位僧人曾上过庐山。

节庵、恬庵来南昌，与八大有交。八大赠之以画，并有奉和之诗，相交甚欢。八大此诗第一句，以佛门的无著天亲兄弟来比节庵、恬庵，赞扬二人佛法之造诣。南屏生长，则指二人来自杭州，南屏山为杭州著名风景区，"南屏晚钟"曾被列为西湖十景。

题诗晚渡一峰尽，画里过桥二老声，八大多次在诗中写到"一峰"，如"一峰还写宋山河""比之黄一峰，家住富阳上"等。这两句诗，前句言黄公望之诗画颇尽山水之妙；后句言二老之诗才，在山水中得到滋育。过桥，点出得西湖山水之灵光。

洪谷雨来江右左，洪谷，即荆浩，五代时著名画家，八大注云："赵子固湖上以为此洪谷子、董北苑得意笔也。"西湖之风光，可以夺山水名家如荆浩、董源之笔。雨来江右左，即将西湖的灵气带到西江。

而"盐官风远笔纵横"一句意较隐晦，八大自注云："苏大据案书画，顷得二十余扇。"从此注中的扇子可见出一些端倪。苏大，当指苏轼，苏轼贬官黄州期间，一日大醉，为友人画很多扇子[1]。扇子涉及禅宗中的一桩公案。禅宗史上流传关于盐官索扇的公案，在《碧岩录》《从容录》中都有引录。唐代杭州盐官县镇国海昌院齐安禅师是马祖道一的弟子，一日，盐官唤侍者："给我拿把犀牛扇子来！"那侍者说："扇子破了。"盐官说："扇子既然破了，就将犀牛拿来！"侍者无以对。有僧名资福，他画了一个圆相，并在圆相中写了一"牛"字。这则公案说明，犀牛扇子指的是实相世界，而不是实物扇子。八大以齐安的颖悟，来赞扬二僧得禅门之真传，二人皆工诗，在诗中能脱略皮相，直入本真。最后两句联系当世的浮华，因流连皮相，而失落本真。

值得注意的是，诗中提到赵子固、黄一峰，二人皆以节气著称，所谓"一峰还写宋山河"，赵王孙以清清世界抵御新朝，八大常引以为同道。

中洲

刊于雍正己酉的汪观《清诗大雅》载黄山僧人中洲《寄八大山人》诗，诗云：

> 阅残鲸海起黄尘，石烂松枯不计春。绛县尚能存甲子，首山端可验精神。
> 烟霞半抹颠狂态，虞夏长歌自在身。五老峰头每相见，拍肩款款话情深。

中洲和尚，法名海岳，号中洲，字菌人，晚年住黄山慈光寺，是著名的黄山诗僧。客居南昌之徽人程之躯《赠中洲上人》诗云："交游耳最热中公，今日相逢云气中。语笑总无尘衲气，诗篇别有古人风。"[2]其诗其人备受时人推崇。

中洲和尚为临济宗第三十七代，曾在杭州出家，是愚山藏的法嗣。《五灯全书》

---

[1]《苏轼文集》卷五十五，《与蔡景繁十四首之十》前附有与蔡氏之札："向须画扇，比已绝笔。昨日忽饮数酌，醉甚，正如公传舍中见饮时状也。不觉书画十扇皆遍，笔迹粗略，大不佳，真坏却也。适会人便寄去，为一笑耳。"
[2]程之躯《练江诗钞》卷四。

卷一〇六《盐官中洲海岳禅师》云："住绿萝。示众：终日忙辘辘地，都是没要紧事。且道那一件是要紧底？良久曰：几乎忘却。上堂：略说广说，喻说直说，赞说毁说，安立说显了说，以至尘说刹说，炽然说无间歇，总不出这一句，且道是那一句？喝一喝曰：蚊子上铁牛，无你下嘴处。"所崇奉的是南禅不立文字的思想。《正源略集》卷一一载《黄山慈光中洲海岳禅师》传，其中有一段中洲之法语云："上堂：诸方今日安居，吉祥事无一向。他人行处不行，他人尚处不尚。日午惯打三更，个是渠侬伎俩。谩夸夺食驱耕，剖腹剜心保障。直饶问若兴云，须知不肯轻放。从前宝惜填膺，就请一时洗荡。若恋兔径游行，辜负三登九上。者里不比寻常，佳器须资敏匠。何必口似辘轳，只要一言谛当。此事真实相为，敢有一毫欺诳。"由此可知，他有很深的禅学修养。

八大与中洲何时交往，二人是南昌相会，还是终生未能谋面，均不得而知。不过这首诗却反映出二人有很深的情感契会。诗的前四句其实是安慰之情。意思是，天长地久，沧海桑田，时光在变，但精神则是永恒的。古往今来，像伯夷、叔齐遁迹首阳山中，不食周粟，这样的精神如日月行天，江湖行地，永恒不绝。而八大其实就有这样的精神。五六两句写八大的画以及他自在优游的精神气象。"颠狂态"是对八大艺术的概括，"虞夏长歌"即是八大所推崇的羲皇上人境界。五老峰在庐山，最后两句并非实写庐山相会，意思是，见到庐山的五老峰，如同见到八大，并拍拍他的肩膀，和他款款而语。这是思念语，奇幻语。

从诗中可以看出，中洲和尚对八大有很深的了解，对他的遗民情结、癫狂状态，以及他的艺术、诗和生存状态都很熟悉，并引为知己。晚年的八大生活极其困窘，也非常孤独，但有不少相识的或不相识的友人，常常给他以鼓舞。

中洲和尚与心壁引为好友。汪观《清诗大雅》收有心壁《留别中洲禅师》诗："浪掷年华五十三，鬓毛徒使雪鬖鬖。似君精进能忘倦，顾我疏慵独不堪。好友晤时愁易别，名山胜处惜粗谙。还期他日重来此，更尽从前所未探。"心壁曾去黄山探访中洲，这是留别之诗。

机质

机质，法名季彬，晚年曾住扬州、南昌两地寺院，在南昌期间与八大有交。朱观《国朝诗正》载有两首机质寄赠八大之诗：

梵音撒在千峰外，拍手拊掌会捏怪。识破乾坤暗里闇，光明永镇通三界。

（《赠八大山人偈语》）

昔年萍聚话林丘，几度同登凝翠楼。闻道比来醒蝶梦，遥天引领忆天休。

（《怀八大山人》）

朱观在诗后自注云："山人予好友，读此益深葭苍白露之思。"朱观编写《国朝诗正》之时，八大已经去世，在南昌期间，八大与他朝夕绸缪，结下深厚友情，八大的离去，给他带来极大的悲痛，他曾在诗中流露哀痛之情。此处短短数语，也可见出他的感情。朱观在谈到机质时说："予寓西江，每晤励公于法云堂，相与谈古今，论列缁流之作，励公时称道季公，不置及访。季公于广陵，须眉皎皎，绝无俗韵，所著诗透逸万伦……季公时复过予，出《三山草》，见质流连捧颂，急为选拔。"

前一首诗用偈语的形式，与八大谈对佛法的领会。梵音撒在千峰外：是说领略佛法，不落言象，如羚羊挂角，无迹可求。拍手拊掌会捏怪：可能是由八大不良于言，每和友人相会，常伴有手势，或笑声连连，所谓癫狂之行，以达于道。后两句写八大识破乾坤秘密，刊破落落尘世，直透真如法界。后一首诗当写于扬州期间，乃是与八大分别之后，借诗寄托思念之情。诗中写曾与八大多次于林丘聚首、山林翱翔之快乐。最后两句，机质似乎在说：听说你最近如梦初醒，如庄子蝶梦，洞悟到了什么呢？

机质为临济第三十六世，佛学造诣颇深，为人高风绝尘，深为世重。《五灯全书》卷一〇二补遗有《扬州九莲季彬质禅师》传，说他是妙云雄的法嗣，开始进入佛门之时，曾首参硕揆元志，元志看他未能领悟，便踢了他一脚，于是豁然大悟。便呈偈曰："一脚踏翻生铁瓮，重关直破气春容。虚空扑地须弥舞，无数笙歌乐禁中。"元志说："你说在虚空扑地，那你在什么地方安身立命？"他回答说："我在这里，有口道不出。"志曰："为什么道不出？"他回答说："舌头无肉。"元志说："好，给你三十棒。"在临济的棒喝机锋中，他有深深的契会。从此后，遍访天下名宿，于是道力渐深。

觉和上

庞元济《虚斋名画录》卷一〇载八大山水轴一件，其上八大有题识云："山从图上见，溪即镜中回。为觉和上，八大山人。"

这位觉和尚与饶宇朴也有密切的关系。饶氏《菊庄集》卷一一有《用韵赠觉上人六十》诗云："精舍敞松关，清净而浩落。疏篱隔市喧，新畴胜负郭。禅从作务参，句可经行索。芍药园中花，香光入帷箔。冥冥天际鸿，皎皎松间鹤。宁知离垢心，空然美辽阔。谈经忝许询，作赋惭孙焯。我慕柴桑翁，陶然有真乐。觉公迦叶孙，微笑视花萼。却披宝掌图，欣此千年酢。"诗大致作于1688到1690年间。

八大与饶宇朴二法兄弟所言之觉和尚，当即是一人。饶宇朴所赠乃祝寿之诗，八大的山水画可能也是祝寿之作。从饶氏诗中看，这位觉上人所在精舍是一清新浩落之所，题语中所说"山从图上见，溪即镜中回"也是此意。这位信奉禅家第一义之悟的僧人，是一位颇有造诣的诗人，并于经义有精深理解。饶诗中"谈经忝许询，作赋惭孙焯"即就此言。

倪永清《诗最》二集卷一〇收录一位觉上人之诗，其传云："释上慧，字天觉，号觉庵。俗姓吴，江西建昌南城县人。……先设座于云间蒲溪之七宝，囊废悉举，一寺焕然。……所集语录，俱未刊行。"这位江西诗僧，可能就是八大法兄弟所交之觉上人。从《诗最》选录的诗看，觉上人与豁庵、王景州、王西斋兄弟有交，与倪永清最相善。倪永清曰："觉和尚居常操作，宛然一苦行头陀，读其诗，安和高老，有浣花溪上之风。"这与饶宇朴的描绘也颇相合，饶诗云："芍药园中花，香光入帷箔。冥冥天际鸿，皎皎松间鹤"，正是安和高老之态。故此，我以为，倪永清所言这位诗僧，与八大的友人觉和尚当为一人。

过峰

王方宇藏有八大一扇面，上书："到此偏怜憔悴人，缘何花下两三旬。定昆明在鱼儿放，木芍药开金马春。甲戌题画，明年冬日过峰和上枉顾为正。"

关于此诗，王方宇所藏《鱼鸟图》，作于1694年，题识云："到此偏怜憔悴人，缘何花下两三旬。定昆明在鱼儿放，木芍药开金马春。甲戌之八月廿六日画并题。八大山人。"八大赠过峰之作上所说"甲戌题画"，可能就指这幅作品。后来他在多幅作品中题有此诗，如《安晚册》第十三开，此开也当作于1695年，另外他在作于1695年的《杂画册》中也题有此诗。

1695年冬天，过峰和尚来南昌与八大见面。八大题写此诗以相赠。这里所说的过峰和尚，李叶霜在《八大山人与云南过峰》一文中已有涉及[①]，这里再做一些

---

①台北：《艺坛》第三十八期，1971年5月。

补充。

僧白丁，字过峰，一字行民，又称民道人，云南人。他本是明楚藩后裔，与石涛、八大一样都是明皇室后代。明亡后，剃度为僧，住昆明香海庵等寺院。工画，亦善诗。画多写兰石。今大陆尚有其作品存世。

云南省文物商店藏有白丁《蕙石图》，石壁间有兰蕙数丛，笔力清润，有题识云："但说秋风好，清香一味奇。过峰七十一叟民写。""民写"，即"民道人"也。此图后有"行民印"朱文印。

天津博物馆藏有白丁《兰花图》①，画兰花数丛。有题识云："己卯秋日写，为友老仁翁庭□清□，过峰七十四岁华。"己卯为1699年，时年七十四，故知白丁生于1626年，与八大同年。

杭州市文物考古研究所藏白丁《兰石图》，画的也是兰花，笔势较弱，但兰花颇有韵味，清新绝尘。题识："过峰七十一叟写于渊深处。"②知此作作于1696年。

据说，白丁作兰，但求其神，每作画，不令人见，画毕微干，用水喷噗，其细如雾。笔墨之痕，因此而化去。郑板桥对白丁之画予以很高评价。有的人说板桥之画学白丁，板桥说，他是"学学半"，他说："石涛和尚客吾扬州数十年，见其兰幅，极多亦极妙，学一半，撇一半，未尝全学。非不欲全，实不能全，亦不必全也。诗曰：十分学七要抛三，各有灵苗各自探。当面石涛还不学，何能万里学云南？"③

八大为白丁题写这样一首诗，也颇有用心。八大向白丁吐露心声，诗中表现了强烈的遗民思想④。"定昆明在鱼儿放"，白丁是昆明僧人，在这里一语双关。

郑板桥《题屈翁山诗札，石涛、石谿、八大山人山水小幅并白丁墨兰共一卷》曰："国破家亡鬓总皤，一囊诗画作头陀。横涂竖抹千千幅，墨点无多泪点多。"

倪永清

在民国《南昌县志》卷五三艺文中，刊有八大《寻倪永清不值》诗，诗云："昨日寻君长寿庵，闻君策足南山南。高眠定借道人榻，独往每宿开士龛。天地此时亦

---

① 《中国古代书画图目》第九册，编号为津7-0689，文物出版社，1986年。
② 《中国古代书画图目》第十三册，编号为浙5-060，文物出版社，1986年。
③ 见《板桥题画》，清清晖书屋刻本。
④ 详见本书第一章《八大山人绘画的荒诞问题》。

逼侧，官槎文章人不识。洪崖虽好非安宅，不如归到九峰颠，置个茶铛煮涧泉。"此诗本为罗安（新建人）《吟次偶记》卷二所引："八大山人书画冠绝当代，独其传诗者甚少，余于《诗最》三集，极爱其《寻倪永清不值》，诗云（下略）。诗颇兀傲，可想见其白眼看人之慨，其他篇皆一往孤峭，足供幽赏，高隐之诗也。"

倪永清《诗最》四集，我曾在国家图书馆、中国科学院图书馆读到其中的第一集，共十卷。在上海图书馆读到第二集，但是个残本。查国内各大图书馆，并未有第三、第四集收藏，所以对倪永清第三集中所引八大诗歌情况并不知道，我怀疑，倪永清《诗最》后三集中，可能还有一些我们未知的八大之诗。

关于倪永清的生平事迹以及他与石涛之关系，我在《石涛研究》中已有涉及，但由于当时掌握的材料不够，对倪永清与八大交往情况不甚了了，便根据有关传记，将八大与倪氏交往之时定在1685年，并且对其客游南昌之事也无史料证明，只是推测而已。近在搜寻心壁与八大的交往时，发现倪氏与八大交往的一些线索，从而证明八大与倪氏交往在1702年，就在南昌八大不是去新建洪崖寻倪永清。

据同治《南昌县志》卷五八《古迹》载："长寿庵在惠民门内状元府墙后。"惠民门，本称西埠门，后易名为惠民门。此处又有普贤寺，八大曾至此地，如蔡秉公有《寓普贤寺邀八大山人小饮》诗，即言他与八大于此寺会饮之事。而罗饭牛《题八大山人诗》云："近日移居西埠门，长挥玉麈同黄昏。"知八大于1687年前后移居到惠民门居住，此处正是长寿庵坐落之处。八大与客居长寿庵的倪永清比邻而居，故有交往之便。

倪永清1702年首顾南昌，可以得到史料的证明。

《心壁和尚诗》中载《章门喜晤倪永清》诗云："宿昔走江坐，倪子有令名。二十有余载，其名愈铮铮。近得见《诗最》，三集今遂成。精选称名手，取舍无私情。所以区宇内，珍重如琼英。终岁常闭户，不浪恣远行。偶发匡庐足，先到南昌城。西江有廉使，诗与官同清。欣然出余帙，把臂心相倾。谈笑卧云轩，彼此快生平。索我新旧作，逡巡未易呈。黄钟大吕间，瓦缶难为鸣。不欲负君意，聊定千秋盟。"[①]《心壁和尚诗》在《过永清寓斋多刘观察雪中馈酒碳诗用孔字》后有倪永清注曰："二十年前即见心和尚诗，终不能一把臂为恨。壬午秋钞陡于刘总宪署中遇之，潇洒自如，恬淡寡欲，佛家所谓丝毫不著者，即此公也。其诗悉本王、岑，而超脱之处，恐非古人所及，宋中丞极口称道，知人哉。"此诗与注说明，二人本有

① 《心壁和尚诗》为稿本，藏中国科学院图书馆（今中国科学院文献中心）。

神交，初交于康熙壬午（1702），倪永清此次西江之行，一是为他的"诗选"征集诗作，二是有庐山之游。他在南昌只是客居。心壁诗中"西江有廉使，诗与官同清"以及倪氏注中所提及的"刘总宪"，就是当时江西按察使刘廷玑。

刘廷玑，字玉衡，号在园，辽海人。1702到1704年间任官江西，心壁诗中所说"谈笑卧云轩"，卧云轩正是他在南昌的官署。他有《卧云轩同心壁上人看雨兼话庐山之胜》诗，刘廷玑与心壁交谊甚厚，从心壁《过永清寓斋读刘观察雪中馈酒炭诗用孔字》诗中，可看出他对在园之诗颇为器重。开先大殿建设，多赖刘观察之力，心壁又有《刘观察倡修开先大殿仲冬告竣赋此志谢》诗。

刘廷玑《在园杂志》卷二云："倪永清（匡世）选《诗最》四卷，可为富矣。……永清闲情逸韵，有林下风。多髯，善饮，人以倪髯称之。倪亦自呼曰髯。与予交有年矣。戊子来浦上，相留盘桓者匝月，时表甥宛陵郡丞郭见斋遣人来迎，予送以诗……未一年，忽闻之作古人矣，不禁为之黯然。"倪永清与刘氏交谊甚厚，康熙戊子（1708）他曾推荐永清去宣城他外甥处任职，他有《送倪永清之宛陵应郭见斋郡丞之招》诗："华发苍髯古逸民，生平足迹半红尘。搜罗海内千秋业，寄托杯中百岁身（自注：倪善饮）。帆挂大江风力劲，袂分小浦月痕新。敬亭山有吾甥在，好去相逢淡以轻。"1709年倪卒于宣城。

由《心壁和尚诗》和刘廷玑《葛庄编年诗》可知，倪永清这次西江之行一年有余，在《葛庄编年诗》癸未（1703）中有《题倪永清归耕图》，诗云："髯倪一见识分明，牛角拴书读且耕。自有君家麟阁在，学成《诗最》是功名。"这说明，1703年倪永清还在江西。

八大《寻倪永清不值》诗作于1702至1703年之间，《倪永清归耕图》极有可能就是八大为其所作的一幅绘画作品。

木瓜岩道人

庐山木瓜岩道人是位道士，八大生平有不少作品与这位隐逸之士有关。

现藏于上海博物馆《八大书画合璧册》之五对题云："西南画史丹还转，二子庐山一片心。毕竟阿瓜称法护，黄冠莫定老元琳。木瓜岩道人携王荆璧先生所画木瓜见遗老夫。八大山人。"（图34-2）八大得画，作画回赠给来访的庐山木瓜岩道人，诗中反映了其兴奋的心情。

普林斯顿大学美术馆藏有八大《木瓜图轴》，上有八大题识云："河阳座上口啁

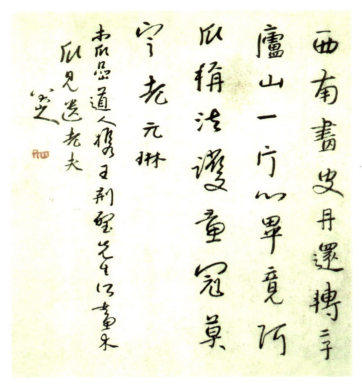

图34-2
书画合璧册之五 对题
纸本墨笔 年代不详
24.5×22.5cm
上海博物馆藏

喃，何处游仙树不凡。三个木瓜是五个，教人难画木瓜岩。八大山人画并题。"这首诗也当是为木瓜岩道人所作。

汪子豆辑《八大山人诗钞》载《题画鹿》诗："木石庐山雨鹿洞，玉川门外正晴分。如今洞口晴多少，料得人间印版文。"此画藏地不详，但从内容看，也当是写赠木瓜岩道人之诗。

庐山有木瓜岩，木瓜岩有一洞，叫木瓜洞，在康熙初年，木瓜洞中住着一位道士，就是有很高道教修养的石嵩隐，又称石道人。由于木瓜岩名气太大，人们几乎忘记了他的真名，将其称为木瓜岩道人。康熙时有一位诗人曾这样赞扬他："一卷黄庭一粒丹，闲云舒卷地天宽。木瓜洞里春长在，群鸥翩翩绕旧坛。"[1]

《西江志》卷一九四载黄家遴《题木瓜岩石嵩隐传赞碑铭序》："中州石嵩隐先生，明季隐君子也。生于南阳，隐于嵩高，足迹遍维扬燕市黔楚，而终老于匡庐之木瓜崖。乃隐其名位，居里不传，得毋有不得已者耶。世人见其与名公巨卿论知止艮背几希之旨，则谓其儒；见其黄冠野服，注《黄庭》《阴符》诸书，则谓其道；

① 《西江志》卷一百四十，李凤翥《木瓜洞》。

见其怡然坐化，群鹤绕空，怒蛟飘石，遗茔无恙，则又疑其神仙。而先生若随地而安，随感辄应者，未尝有所标榜，以立异于世也。易曰：'知几其神乎。'先生知明季之多故，弃家而入嵩，知甲寅之纷纭，谢诸士大夫，而屏迹于匡庐，蝉蜕声利之场，超然险阻祸患之外，置田百亩，种树百树，茗碗炉香，吟风啸月之余，泊然无营于世，而诸名公往返叩问，亦不过因几引导，勿拒勿迎，岂非识在几先，神游象外，而世俗龌龊拘琐之见，乌足测先生之万一哉！"

刘荫枢《题木瓜洞石道人嵩隐行略》载："辛巳夏四月托迹于匡庐秀峰寺凡三越月，诸凡名胜无不游览，一日抵木瓜洞，与嵩隐道人遇，询其年，曰八十，瞻其貌，若童颜，肢体丰硕，步趋轻健，问其所由来，则曰洞自唐真人刘混成种瓜得道，以此得名，后久荒废。甲寅岁（1674）自改迁居于此，凡殿宇亭阁皆创构也。"[1]康熙辛巳（1701）石道人年八十，知其生于1622年，比八大年长。当其访问八大之时，应届耄耋之年。八大赠诗中充满了谐谑，也表达了对这位木瓜岩道人超然物外生涯的向往。

八大晚年三教圆融、以佛为主，他与木瓜道人的交往，也可看出这方面的兼容之心。木瓜道人就是一位不分儒道佛畛域的高人。他去世之后，冀霖《庐山石嵩隐道人塔铭》云："儒耶道耶，其心则一。遐迩行行，德音秩秩。木瓜之崖，幽人之室。终始在兹，既安且吉。逃名而名，南阳隐逸。"[2]八大所谓"河阳座上"云云，以禅宗的公案来和他交流出世的思想，倒也无所判隔。

---

① 《西江志》卷一九七。
② 《西江志》卷一九八。

第三十五章
读八大山人相关传记札记

今天我们了解八大山人，除了他的存世作品之外，有关方志、家谱、笔记和作家别集等也包含不少与八大相关的资料，如陈鼎的《八大山人传》、邵长蘅的《八大山人传》、龙科宝的《八大山人画记》等。但对于这些文献，我们还是要采取谨慎的态度，因为有些记载并不符合历史事实，有的内容来自道听途说，有的文献为了突出八大的传奇色彩，编造了不少"小说家言"。所以，轻易采纳往往带来研究的混乱。本章就我所见资料，作一些初步的梳理。

一、早期相关传记之记载

康熙《进贤县志》卷一七："弘敏，字颖学，师天资高朗，机锋迅彻。而随分接引，多所挺拔。嗣博山雪关和尚，法天界浪杖人祖席……法嗣传綮，号刃庵，能绍师法，尤为禅林拔萃之器。"

康熙《进贤县志》刊于康熙癸丑年（1673），编纂者聂当世，字二瞻，为当时进贤县令。这是目前方志中所见最早关于传綮的记载。刊行之时，弘敏刚下世。所记虽简单，但涉及八大在佛门中的嗣法情况、法名、法号以及禅学之修养。其法名法号与八大早期作品中的款识相合。其禅学修养，在其传世作品中也得到印证。这是一件了解八大早期活动情况的珍贵资料。

1677年，饶宇朴在《个山小像》作长篇跋文，其实是关于八大的最早一篇传记：

个山綮公，豫章王孙贞吉先生四（"四"字划去）世孙也，少为进士业，试，辄冠其侪偶。里中耆硕，莫不噪然称之。戊子现比丘身，癸巳遂得正法于吾师耕庵老人，诸方藉藉，又以为博山有后矣。间以其余绪，为书、（若）画若诗，奇情逸韵，拔立尘表。予尝谓个山子每事取法古人，而事事不为古人所缚，海内诸鉴家，亦既异喙同声。丁巳秋携小影重访菊庄，语予曰："兄此后直以贯休、齐己目我矣。"噫！栽田博饭，火种刀耕，有先德镬头边事，在瓮里，何曾失却□，予且喜圆悟老汉脚根点地矣。鹿同法弟饶宇朴并书。

由于作者是八大的法门兄弟，这则资料的可靠性不容置疑。其中透露出八大家世方面的珍贵信息，如他的王孙身份，他在出家前的情况等，还透露出八大要做艺僧的打算[①]。八大在诗书画三方面都有很高成就，但他和饶宇朴说要做一位艺僧，说明当时八大并不是耕香院的住持。弘敏圆寂之后，八大云游四方，他与耕香院保持着若即若离的关系。饶宇朴跋从一个侧面证明八大当时在佛门的情况。

这篇文字透露出饶宇朴对八大禅学修养的很高评价。所谓"诸方藉藉，又以为博山有后"，博山无异元来是明代曹洞中兴的关键人物，说八大继承元来之事业，等于肯定八大在曹洞禅学方面的不凡修养。这与康熙《进贤县志》记载的八大为"禅林拔萃之器"是一致的。跋中又说："予且喜圆悟老汉脚根点地矣。"圆悟克勤是北宋临济宗杨岐派僧人，他强调"人人脚根下本有此段大光明，虚彻灵通，谓之本地风光"，饶宇朴此语即引克勤本地风光之论，说明八大是"本分人"，吃"本分草料"，得禅家正法。

八大研究界常提到一位叫宋文骅的人，他曾著有《宋屏山书画记》，据说其中记载了八大早期书画活动的资料，对了解八大佛门生涯颇有助益，然此书今不见。国内诸图书馆不见有此书收藏。乾隆《新建县志》卷三六笃行云："宋文骅，字程六，明宇子，贡生。喜读诸史论古今家国得失事，本末表里，洞识肯綮。性孝友，内外无间言，待人有恩礼，久不倦，乡有纷繁，必争相告，和颜理直，咸敬服之。文骅没后，乡人士思念不置，其诸弟犹子置祀田，设祭报焉。常举'孝弟忠信礼义廉耻'八字于人曰：'此八字为人之本，实八铤金印章'，付侄潮州同知桂，转付子霖为遗训。尤嗜书画，辨别真赝。新建八大山人书画名家，得古尺幅必互相鉴定。初，八大山人逃禅时名雪个，时下无有知者，文骅所录《书画记》详焉。其搜采遗事类如此。子霖官御史，署曲靖军瓦府同知。（《宋氏家传》《绎堂杂识》）"[②]

这段记载纂合《宋氏家传》和《绎堂杂识》而成。《宋氏家传》今未见。按《绎堂杂识》六卷，为曹茂先所著。茂先（1742—1781），号绎堂，一号遁翁，新建人，

[①] 饶之"四世"为误记，由八大改过。
[②] 乾隆五十四年刊《南昌府志》卷六七："宋文骅，字程六，新建人，性孝友，待人有恩礼，久而不倦，读书不求仕进，每多传记，必撼实无挂漏，尤爱书画，得古家尺幅珍鉴之。初，八大山人逃禅时，名雪个，时下无有知者，文骅所录书画记详焉。其探采遗事类如此。子霖，官御史。"按出自《县志》，当为《新建县志》。

历官山西交城县知县。《绎堂杂识》今也不见。又据《新建县志》卷四〇高士八大山人传后加有按语云："按《绎堂杂识》：'耷为僧名雪个。见《宋屏山书画记》中，耷，且合切。'"曹茂先曾见宋程六《宋屏山书画记》。另外，民国《江西青云谱志》人物也提到这位诗人，其云："宋程六，新建吴城镇人，皈依良月者也。于康熙三十年置马之西挂旁丘与吴塈之业，二十三年买民田三亩以捐助。"他后来做了青云谱的道士。

《宋屏山书画记》所载八大为僧时名"雪个"，这在八大的作品中可得到证实。然又说八大名耷，说八大有"朱耷"之名，这是最早的记载。康熙五十九年刊行之《西江志》（1720）说"八大山人名耷"，当受到《宋屏山书画记》的影响，而张庚在乾隆四年（1739）刊行的《国朝画征录》也说八大名朱耷，则来自《西江志》。这一名字，在现今所见的八大存世文字中，无一语提及。似非其名，存疑。或有论者以耷与八大后来的"驴"号联系起来，并由"白耷山人"阎尔梅与八大的关系，论及八大的复明思想，似有迂曲之嫌。

现今不少有关八大的出版物，常以"朱耷"称之，此名既非八大在家之俗名（朱统𨨗），又非佛门之谱名（传綮），也非八大晚岁之定名（八大山人），乃一无根传说之别号，我以为，这样的称呼，有未安之处。

二、陈鼎《八大山人传》及张潮按语

陈鼎《八大山人传》是八大研究中的一篇重要文献，其云：

八大山人，明宁藩宗室，号人屋。人屋者，广厦万间之意也。性孤介，颖异绝伦，八岁即能诗，善书法，工篆刻，尤精绘事。尝写菡萏一枝，半开池中，败叶高披，横斜水面，生意勃然。张堂中，如清风徐来，香气常满室。又画龙丈幅间，蜿蜒升降，欲飞欲动，若使叶公见之，亦必大叫惊走也。善诙谐，喜议论，娓娓不倦，尝倾倒四座。父某，亦工书画，名噪江右，然喑哑不能言。甲申国亡，父随卒。人屋承父志，亦喑哑，左右承事者，皆语以目，合则颔之，否则摇头，对宾客寒暄以手。听人言古今事，心会处，则哑然笑。如是十余年。遂弃家为僧，自号曰雪个。未几病颠，初则伏地呜咽，已而仰天大笑。笑已，忽蹴踘踊跃，叫号痛哭，或鼓腹高歌，或混舞于市。一日之间，颠态百出。市人恶其扰，醉之酒，则颠止。岁余，病间，更号曰个山。既而自摩其顶曰："吾为僧矣，何不可以驴名？"遂更号曰个山驴。数年妻、子俱死，或谓之曰："斩先人祀，非所以为人后也，子无畏乎？"个山驴遂慨然蓄发谋妻、子。号八大山人。其言曰："八大者，四方四隅，皆我为大。而无大于我也。"山人既嗜酒，无他好，人爱其笔墨，多置酒招之，预设墨汁数升、纸若干幅于座右，醉后见之，则欣然泼墨广幅间。或洒以敝帚，涂以败冠，盈纸肮脏，不可以目，然后捉笔渲染，或成山林，或成丘壑，花鸟竹石，无不入妙。如爱书，则攘臂搦管，狂叫大呼，洋洋洒洒，数十幅立就。醒时，欲求其片纸只字不可得，虽陈黄金百镒于前，勿顾也。其颠如此。

外史氏曰：山人果颠也乎哉，何其笔墨雄豪也！余尝阅山人诗画，大有唐宋人气魄，至于书法，则胎骨于晋魏矣。问其乡人，皆曰得之醉后。呜呼，其醉可及也，其颠不可及也。①

陈鼎，字定九，江阴人。清康熙时著名历史学家，著有《留溪外传》十八卷。陈鼎友人朱襄（赞皇）云："陈定九先生少颖异，于学无所不博，年十五游于黔，黔归，游于闽。既而往来粤楚齐鲁燕赵间，其见闻所及，无论为释为道为奴隶为乞丐，凡助于纲常伦纪之目者，一一笔之于书。"②

张潮（1650—1707年之后），诗人，刻书家，字山来，号心斋，别号三在道人，江南徽州府歙县柔岭人，曾任翰林院孔目。有《幽梦影》《心斋诗钞》等传世，刻有《昭代丛书》《檀几丛书》等。张潮为石涛和八大的友人，与八大有书信往来。

张潮《虞初新志》卷一一中，录有陈鼎《八大山人传》，并系有按语谓：

予闻山人在江右，往往为武人招入室中作画，或二三日不放归，山人辄遗矢堂中，武人不能忍，纵之归。后某抚军驰柬相邀，固辞不往。或问之，答曰："彼武人何足较，遗矢得归，可矣。今某公固风雅者也，不就见而召我，岂可往见哉？"又闻其于便面上，大书一"哑"字，或其人不可与语，则举"哑"字示之。其画上所钤印，状如屐。予最爱其画，恨相去远，不能得也。

此书刻于康熙癸亥（1683年），张潮有是年自序云："有《虞初后志》之辑需之岁月始可成书，先以《虞初新志》授梓问世，其事多近代也，其文多时贤也。"在

① 陈鼎《留溪外传》卷五隐逸部上，清康熙三十七年自刻本。
② 《留溪外传》跋，此跋作于康熙壬申（1692）。

通常所说的有关八大三种传记（陈传、邵传和龙记）中，陈鼎这篇传记时间最早，对我们了解八大定居南昌开始时的情况有重要参考价值。文中也可发现一些时间线索。如开篇说："八大山人，明宁藩宗室，号人屋，人屋者，广厦万间之意也。"正反映八大其时"人屋""八大山人"之号并用的情况，至1684年之后，并用情况便罕见。故陈传定然作于1684年之前。从现存八大作品看，1682年所作之《瓮颂》中有"止八大山"之印，这是"八大山人"名号形成的前声。1683年在其传世作品中见到"八大山人"之印章。如藏于上海博物馆的《临刘伶酒德颂》，有"八大山人""驴屋人屋"等印章。1684年始见"八大山人"之款识。由此可见，陈传当作于1683年前后。

陈鼎《八大山人传》反映了八大定居南昌后，人们对他的基本看法，其中关于八大名号的更替，八大家族有暗疾，八大以"哑"而示人，八大作品多得之于醉后，以及关于八大艺术风格的描写等，都具有相当的参考价值，但其中也有一些混乱的记载。

没有任何资料证明，陈鼎曾见过八大。文中叙述的语气，也说明他并未与八大谋面。如在"外史氏"之按语中说："余尝阅山人诗画""问其乡人"，透露出他对八大的了解来自间接的途径。文中所述与事实不合处较多，如说："父某，亦工书画，名噪江右。然暗哑不能言。甲申国亡，父随卒。人屋承父志，亦暗哑，左右承事者，皆语以目。"父亲不能言，子继承父志，也不能言，这就有些逻辑不清。传记说："甲申国亡，父随卒……如是十余年。遂弃家为僧。"说八大在甲申后十多年后出家，与事实情况出入较大。文中对八大为僧后的情况不置一词，传綮、刃庵均未有涉及。说明作者对八大为僧时的情况不了解。文中对八大娶妻生子以及妻、子俱死的描绘，长期以来一直作为"八大妻、子"说的重要根据，其实只要认真思考，即可见其中破绽。如在描写八大因病癫回南昌后，"遂更号曰个山驴，数年妻、子俱死，或谓之曰：'斩先人祀，非所以为人后也，子无畏乎？'个山驴慨然蓄发谋妻、子，号八大山人"。回南昌之后妻、子俱死，说明他在佛门之时是有妻、子的。这样的记载难称允当。至于被很多论者重视的因嗣后问题"蓄发谋妻、子"，更是匪夷所思。文中有不少结论有想当然之痕迹，如"号人屋，人屋者，广厦万间之意也"，以杜甫《茅屋为秋风所破歌》来理解人屋的内涵，这样的解说与八大的思想毫无关联，有望文生义之嫌。

张潮这一简短的按语颇有参考价值。从语气看，当时他与八大无联系，但听过不少关于八大的传闻。说明在徽州和扬州，八大定居南昌不久，他的癫狂的性格和不凡的艺术就为人所注意，他的影响就已经开始超越西江。张潮按语还提供一条重要的消息，他说："其画上所钤印，状如屐。"说明"屐形小印"在1683年之前就出现了。

三、龙科宝《八大山人画记》

龙科宝《八大山人画记》云：

> 山人初为高僧，尝持《八大人圆觉经》，遂自号曰八大，既而蓄辫发。往往愤世佯狂。有仙才，隐于书画，皆生纸淡墨，题跋多奇慧，不甚可解。人有贶以鲥鱼者，即画一鲥鱼答之，其他类是。又尝戏涂断枝、落英、瓜豆、莱菔、水仙、花兜之类，人多不识，竟以魔视之，山人愈快。逢知己，十日五日尽其能，又绝无狂态。最佳者松、莲、石三种。有时满大幅止画一石，曾过友人书屋见之。又于北兰寺壁间见其松枝奇劲，莲叶生动，稍觉水中月影过大，且少莲而多石，石固佳也。熊国定先生为我置酒招之，至东湖闲轩，笑谓之曰："湖中新莲与西山宅边古松，皆吾静观而得其神者，愿公神似之。"山人跃起，调墨良久，且旋且画，画及半，阁毫审视，复画，画毕痛饮笑呼，自谓其能事已尽。熊君抵掌称其果神似，旁有客乘其余兴，以笺索之，立挥为斗啄一双鸡，又渐狂矣。遂别去。熊君步雨持赠，观其松顶，屈蟠而秃，萧疏数枝，翻垂如拗铁，下有巨石，不嵌空而奇怪，与北兰寺所见较胜，莲犹胜，胜不在花在叶，叶叶生动，有特出侧见如擎盖者，有委折如蕉者，有含风一叶而正见侧出各半者，有反正各全露者，在其用笔深浅皆活处辨之。又有崖畔秀削如天成者，以之掩映西山东湖间，熊君称其果神似也。山人书法犹精，少时能悬腕作米家小楷，其行草深得董华亭意，今不复然，亦熊君云。

此画记见录于康熙五十九年（1720）所刊之《西江志》卷一七二中。作者龙科宝，《西江志》卷十二科目载其传："龙科宝，字子重，号囷庵，永新人。有《龙溪草堂初集》《二集》。"同治《永新县志》卷十六人物载："龙科宝，字子重，号囷庵。康熙乡举，母贺氏，才女也，幼承母教，下笔空灵淡宕，每为名流所折服。工书法，概仿欧阳率更，草写铁马限点花逼肖，不肯示人，以拙性庄静，寡言笑，不衣冠不见客，客非衣冠亦不之见。尤慷慨好义，邑中大利害，捐赀兴，除家故饶，坐是中落，弗少悔。晚为上虞令，多善政。越二年以老病乞归。杜门著书，家徒四壁，怡然也。卒年八十七，著有《杜诗顾注辑要》《龙溪草堂初刻》《二刻》行世，陈鹏年为之序。"

龙科宝有《杜诗顾注辑要》，藏北京大学，康熙六十年王若鳌绿猗堂所刻。前有康熙辛丑（1721）王若鳌序。龙氏自序称："乙酉（1705）余奉郡谒选得吉所漕艘，孟春至季秋方抵京师。……陛见授上虞令，……次年入闱分试取七士，稍惬素新。越二载，七十有三，以老告致案牍，无挂误，钱漕无亏空，临行袖君，清风舟载明月归去，萧然家徒四壁，以贫病就医于楚，而南岳有一高僧，系于故人，欲从之以终老。"款识："康熙六十年（1721）辛丑孟冬月穀旦永新吏隐龙科宝团庵氏谨识，时年八十有五。"知其生于1637年，卒于1723年。他为上虞令在1705年岁末，时八大已经过世。龙科宝既工书，又工诗。如《西江志》卷一三一收龙《梅溪洞》诗云："奇峰拔地起，动步变青苍。十里空人境，三门敞石堂。深游明昼火，暑卧冷秋霜。道骨予何有，残棋引兴长。"颇有韵味。

龙科宝的画记，得自于一次八大为其作画的经历。画记的主要内容也是对作画过程的描绘，并未涉及过多生平。除了这次作画之外，他还见过八大不少作品，如在友人家见到八大唯有一石的画作，在北兰寺墙壁上见到八大的莲花之作（这是目前所知八大为北兰寺作画的唯一记载）。画记中不少内容来自熊国定的介绍，如对八大书法早年学米和董的记载。熊国定与八大颇有交谊，然生平不详。吴懋谦（六益）《豫章游稿》七言律中有《至后二日刘润山司理熊国定进士同游西山》，此作作于康熙乙巳年（1665）前后，知熊国定为进士。

龙科宝的《画记》虽然只是一次八大作画的记录，但影响不小。刊于1720年（时龙氏尚在世）的《西江志》卷一〇六方伎八大山人传注云，来自"龙科宝记"。而张庚《国朝画征录》主要内容也来自"隆科宝"（是其误记）。所以龙记广为人所知。龙科宝"山人初为高僧，尝持《八大人圆觉经》，遂自号曰八大"的说法流传广远。其实，这个说法并不准确。其一，说八大初为僧，因一本书，所以号八大，其实八大离开佛门之后方有"八大山人"之号；其二，佛经中有《八大人觉经》《圆觉经》，并无《八大人圆觉经》，这是不谙佛经之错误，但却为不少人所引用；其三，八大以"八大山人"为号，并非来自这本经典。

龙科宝《画记》谈到八大狂态的内容颇多，如"逢知己，十日五日尽其能，又绝无狂态"，言下之意，若所遇非知己，时有反常之态。故我怀疑，《画记》可能作于1685年前后。其时，八大癫疾稍愈，但时有狂态。（图35-1）（图35-2）

图35-1
山水册之八
纸本墨笔　年代不详
大都会艺术博物馆藏

图35-2
山水册之九
纸本墨笔　年代不详
大都会艺术博物馆藏

四、邵长蘅《八大山人传》和邵静山评

邵长蘅（又作衡）（1637—1704），字子湘，号青门山人，毗陵（今属江苏武进）人。清初著名散文家、诗人，终生未仕。宋荦认为，他是"以韦布之士以能文章名海内"。由于他与八大交往密切，契会很深，故其《八大山人传》与其他有关传记相比，内容丰富，叙述可靠，是一篇最具参考价值的文献。今由八大传世作品和所见其他关于八大记载来检核，此作几乎到了字字可参的地步。《八大山人传》云：

> 八大山人者，故前明宗室，为诸生，世居南昌。弱冠遭变弃家，遁奉新山中。薙发为僧。不数年，竖拂称宗师。住山二十年，从学者常百余人。临川令胡君亦堂闻其名，延之官舍。年余，意忽忽不自得，遂发狂疾。忽大笑，忽痛哭竟日。一夕，裂其浮屠服焚之，走还会城。独身猖佯市肆间。常戴布帽，曳长领袍，履穿踵决，拂袖翩跹行，市中儿随观哗笑，人莫识也。其侄某识之，留止其家。久之，疾良已。山人工书法，行楷学大令、鲁公，能自成家，狂草颇怪伟，亦喜画水墨芭蕉、怪石、花、竹及芦雁、汀凫，倏然无画家町畦，人得之，争藏弆以为重。饮酒不能尽二升，然喜饮。贫士或市人屠沽邀山人饮，辄往，往饮辄醉，醉后墨沈淋漓，亦不甚爱惜。数往来城外僧舍，雏僧争嬲之，索画至牵袂捉衿，山人不拒也。士友或馈遗之，亦不辞。然贵显人欲以数金易一石，不可得。或持绫绢至，直受之，曰："吾以作袜材。"以故贵显人求山人书画，乃反从贫士、山僧、屠沽儿购之。一日，忽大书"哑"字署其门，自是对人不交一言。然善笑，而喜饮益甚。或缩项抚掌，笑声哑哑然。又喜为藏钩拇阵之戏，赌酒胜，则笑哑哑；数负，则拳，胜者背，笑愈哑哑不可止，醉则往往唏嘘泣下。
>
> 予客南昌，雅慕山人，属北兰澹公期山人就寺相见，至日大风雨，予意山人必不出。顷之，澹公驰寸札，曰山人侵蚤已至，予惊喜，趣呼笋舆冒雨行，相见握手，熟视大笑。夜宿寺中，剪烛谈。山人痒不自禁，辄作手语势，已乃索笔书几上相酬答，烛见跋不倦。澹公语予，山人有诗数卷藏箧中，秘不令人见。予见山人题画及他题跋皆古雅，间杂以幽涩语，不尽可解。见与澹公数札，极有致，如晋人语也。山人面微赪，丰下而少髭。初为僧，号雪个，后更号曰人屋，曰驴屋驴，曰书年，曰驴汉，最后号八大山人云。澹公杭人，为灵岩继公高足，亦工书能诗，喜与文士交。

赞曰：世多知山人，然竟无知山人者。山人胸次汨淳郁结，别有不能自解之故，如巨石窒泉，如湿絮之遏火，无可如何，乃忽狂忽瘖，隐约玩世。而或者目之曰狂士，曰高人，浅之乎知山人也。哀哉，予与山人宿寺中，夜漏下，雨势益怒，檐溜潺潺，疾风撼窗扉，四面竹树怒号，如空山虎豹声，凄绝几不成寐，假令山人遇方凤、谢翱、吴思齐辈，又当相扶携恸哭至失声，愧予非其人也。

这篇文字收于《青门旅稿》卷五。《旅稿》自序称："逆数己未，忽忽十有一年。此十余年中，无岁不旅，间一再归草堂，不久辄去之，则草堂亦旅也。又二年，始得排次己未（1678）迄辛未（1691）所存诗文凡六卷，题曰青门旅稿。"《旅稿》收其1679到1691约十二年间的诗文。

邵长蘅1685年之前，曾有数年周游于山右、北京等地，1685年南归，便在家乡无锡停留，其间曾客居杭州。后大约在1688年去广东，"滞端溪，客羊城，欲访罗浮不果"，当年，听说其兄邵延龄（静山）提学江西，高兴不已，便起返回西江与静山会合之意。他在《触热度岭闻家静山兄使节已抵豫章率尔奉简》诗中写道："东湖荷花烂云锦，轻帆连夜下章江。"[①] 是年稍后，他回到南昌，"遂留年余，然后归盖己巳六月也"，回无锡是在1689年夏天[②]。但不久他又回到南昌，这一次一直到1690年岁末。1691年夏静山归浙江平湖（今嘉兴）省亲，故于里。子湘在《哀辞》中说："庚午中冬余自豫章东归，兄握手语余絮絮不忍别，曰：'明年使事竣，还里当访子青门草堂。'余曰'诺。'"知子湘于1690年冬与静山在南昌相别。

邵长蘅生平多次到过江西，与江西之魏禧为至交。1679年之前，他曾数度登庐山，下章江，他的《庐山游记》六篇就写于这之前。他的同乡，也是表侄杨大鹍（字陶云）为进士，曾做过新建的县丞，并与青云谱有非常密切的关系，曾作《青云道院游记》[③]。1688年秋到1689年夏，以及1689年秋冬之际到1690年冬，因邵静山之故，子湘两次客西江。《八大山人传》当作于1688夏秋之后到1690年冬之间，

---

① 邵长蘅《青门旅稿》卷二。
② 邵长蘅《青门旅稿》序自称："予自己未春入都涉秋，东之海上，登蓬莱阁求三神山，不可见已，乃转客淄青，客历下，又往来都门住数年。乙丑（1685）南归，客武林颇久，前年逾大庾岭，滞端溪，客羊城，欲访罗浮，不果，还抵章江，会族兄静山先生视学江右，遂留年余。然后归盖己巳（1689）六月也。逆数己未，忽忽十有一年。此十余年中，无岁不旅，间一再归草堂，不久辄去之，则草堂亦旅也。又二年，始得排次己未（1678）迄辛未（1691）所存诗文凡六卷，题曰青门旅稿。"
③ 大鹤（号芝田）、大鹍兄弟都是子湘的密友，他称二人之父静山先生为表兄，子湘诗文集中有大量与三杨相关的文献。大鹍《青云道院游记》收在康熙本《青云谱志略》艺文中。

其中以1688到1689年这次客居西江之时最有可能。子湘两客西江之时，正值宋荦开府西江，此顷与宋荦及其数子有密切的交往。

关于这篇《八大山人传》，邵长蘅在与朋友的书札中，曾经谈到过。《青门簏稿》卷一一尺牍有《与彭子》一札：

> 古文辞一道，曩学秦汉，流而为伪秦汉，近日学八家，又流而为伪八家。变症虽殊，病源则一，总是文无根柢，从古人面目上寻讨耳。究之秦汉八家，何所不可？某近作《李忠文传》颇有关系。《八大山人传》描写近真，直未知视古人谁如故，亟欲令足下见耳。《八大山人传》恐贵乡诸君未免有所雌黄，所谓亲见扬子云禄位容貌不能动人也，要可为知者道耳。①

这是一篇八大研究中的重要文献，至今没有为研究界所提及。它涉及子湘写《八大山人传》的一些问题。信当是写给好友彭廷献的。彭廷献是西江著名彭氏家族成员，与"四彭"（廷典、廷谟、廷训、廷诰）为兄弟行，此数人均与八大有交②。邵长蘅与廷献、廷谟兄弟为好友。《旅稿》卷二《南康阻雨和彭观宸廷献、夏赓廷谟》，其中有"篷窗竟日蒙头卧，弟倡兄酬觉汝贤"之句；同卷又有《舟中为彭观宸题四时渔乐图》，其中有"篷窗十指如悬槌，彭子持画索我题。展页四时渔乐图，平湖好手今倪迂"之句。《旅稿》卷三有《青翰草序》，这篇文字是为廷献诗集所作之序，序中言："南昌彭子观宸以副榜例当贡太学，意郁郁若不自得者"，他撰此文以劝他。子湘曾在文章中说："彭子以能文章受知家静山提学。"知廷献为邵

① 此作收在《青门簏稿》中，而《青门簏稿》主要收录1679年之前的诗文。编纂者、子湘之侄邵璨于1693年所作的识语中有说明："先生自戊申后始下笔为古文辞，诗则童而习之，然少作无一存者，璨、衷赤重加排纂，戊午以前得古今诗六卷，序记碑传杂文十卷，为青门簏稿。自己未迄辛未得古今诗二卷，文四卷，为青门旅稿。"《八大山人传》不可能写于1679年之前，当时八大还没有"八大山人"之号。此当为编纂者错置所致。因为《簏稿》和《旅稿》误植不止此篇。如《簏稿》卷一一在子湘《与彭子》书札之后，就有《与潪雪道人二首》，此中言"成北兰记游诗六首"。而《旅稿》卷二《北兰寺记游六首呈潪公》，当是其所言之诗。前后归属不同，明显有时间错置的问题。这与此稿刊刻过程有关。子湘在《青门簏稿》自序中说："青门簏稿初刻于康熙戊午，文五卷，诗附以旧刻三卷。今重刻于癸酉（1693），凡古近体诗四百四十余首，次为六卷，序记碑杂文一百六十余首。次为十卷，合之凡十六卷，仍其旧称，盖戊午以前作也。己未后则别之为旅稿。"《青门簏稿》所收《与彭子》当编在《旅稿》中，此误当在重刻时所造成的。其《青门簏稿》自序云："青门簏稿初刻于康熙戊午，文五卷，诗附以旧刻三卷。今重刻于癸酉（1693），凡古近体诗四百四十余首，次为六卷，序记碑杂文一百六十余首。次为十卷，合之凡十六卷，仍其旧称，盖戊午以前作也。己未后则别之为旅稿。"重刻是由子湘之侄邵璨整理的。邵璨在1693年所作识语中说："先生自戊申后始下笔为古文辞，诗则童而习之，然少作无一存者，（璨衷赤）重加排纂，戊午以前得古今诗六卷，序记碑传杂文十卷，为青门簏稿，己未未迄辛未得古今诗二卷，文四卷，为青门旅稿。"

② 参本书第三十一章《八大山人晚年诗友丛考》。

八大山人研究

静山所赏识。

子湘由《八大山人传》，论古文之写作，批评当时文坛所出现的文必秦汉、必八家风气，是拾古人之牙慧，是伪秦汉，伪八家。关于这一点，宋荦在《邵子湘全集》序言中也有言及："子湘之文，立言必依于道，醇而肆，简洁而雄深，不袭前此之伪秦汉，亦不为近日之伪八家。"子湘强调，模仿古人并不能带来智慧，而要从根柢上做起。子湘采用"描写近真"的白描方法来写八大，选取数件反映八大性格特征的事例，写来极具感染力。所谓"亟欲令足下见耳"，见一个活的八大山人。

这封书札透出一重要信息，即当时对八大的评价问题。"《八大山人传》恐贵乡诸君未免有所雌黄，所谓亲见扬子云禄位容貌不能动人也，要可为知者道耳"，这段话意味深长。桓谭曾说："凡人贱近而贵远，亲见扬子云禄位容貌不能动人，故轻其书。"①子湘所说"贵乡诸君未免有所雌黄"，指的正是"贱近而贵远"之事。"雌黄"有批评之意。八大本为名僧，因身体原因脱离佛门，在南昌过着困顿的生活。1681 至 1690 年间，八大书画方面的地位无法与罗牧相比，甚至也不如其侄朱子庄。所以，子湘于此文中推举八大，由其人谈及其画，谈及其不幸的遭遇，并与故国之叹联系起来，认为八大怪异的行为，其中有深理存焉。他在这篇传记中说："世多知山人，然竟无知山人者"，正可与他在《与彭子》书札中的话并参，在他看来，八大是一位被误解了的天才。子湘真可谓八大的旷世知己。

子湘这篇直接来自八大叙述的传记，参考价值极高。八大去世之后，邵传多为诸方志采录，但有些记载又作了修改，如乾隆十六年刊《南昌县志》卷三四"隐逸"："八大山人者，前明宗室也。遭变弃家，遁进贤山中。"乾隆五十四年刊《南昌府志》卷六四"隐逸"："八大山人，明诸生。遭变弃家，遁进贤山中。"上引二传文字大半来自邵传。但在个别地方作了改动，如邵传是"遁奉新山中"，这里则变成了"遁进贤山中"。这当是受到当时有关资料的影响所作的调整。八大出家后，曾在进贤介冈之灯社，1656 年才到奉新耕香院。但方志中这样的调整并不符合实际情况。子湘所说"遁奉新山中"，当是可信的记录，这直接来自八大。另外，八大国乱后，曾在新建、安义、奉新等地，也可证明子湘的记载。

《八大山人传》后有静山评语，其云："种种设色点缀，如唐画寸马豆人，髭发毕见，能不犯一俗笔，故是高手赞语，风神横溢，妙在言外。"静山之评，不是与八大无关之人的赘语，他也是八大的友人。

---

① 《资治通鉴》卷三十八引桓谭语。

邵延龄（1635—1691），字静山，别号耐轩。平湖（今浙江嘉兴）人，1660年举于乡学，1661年及进士第，官内阁中书，历户、刑二部郎中，后又任官山东等地，1688年以按察司佥事提学江西，1691故世，工诗。静山与子湘本来并不相识，子湘《族兄静山提学哀辞》谈及二人相识之因缘："己未（1679）余客京师，始识兄，相见询谱系世次，同祖康节公，又同派姚江，为兄弟行。则大喜，兄时官曹郎，独季子侍京邸，呼之出拜余，亦入拜邱嫂于房。自是别，未几辄相见。乙丑（1685）南归，别最久。戊辰（1688）余自岭表还，会兄履江右任，遂留署中，前后阅两期，故余知兄尤深也。"①

上海博物馆藏有八大一幅书法作品，其书云：

> 雪山明日是青峦，儿女丹砂语夜寒。文曲可知习性命，兴嗣一字整书看。如何石少玄黄此（此下八大山人自注：时属书古千字文，拜禄米坊酒之画也），莫更门高户牗难。缘想扁舟载吴会，会吟藏弄晋云端。庚十二月廿一日夜奉答会吟诸子，兼呈静山、明冬。书正仙洲先生年翁。八大山人。

此作作于康熙庚午年（1690），是赠给仙洲先生的②。八大所书之诗，是一次诸子"会吟"中的和诗，并为静山、明冬等朋友而作。静山当即邵延龄。从八大存留作品看，他在南昌时所交朋友中，还有一位徽商朋友汪维宁（字靖侯，号静山）。但我认为，此诗不是赠给汪维宁的。因为诗中的内容有所特指。据熊颐《麦有堂诗》二集编年诗，康熙庚午年除夕之前，大雪，"豫章大木强半冻死"。八大诗中所写"雪山明日是青峦，儿女丹砂语夜寒"，正是描写南昌雪后初霁之景色，雪后的日光照在清山之上，格外清丽。天气寒冷，夜晚尤其，诸友（儿女）于寒夜中围炉饮酒（此丹砂当指酒），作诗唱和，热闹非凡。"文曲可知习性命"，指会吟诸子个个是文曲星下凡，有潘江陆海之才，胸中藏有五车之富（可知习性命：懂得性相近、习相远的道理，代指学问大）。"兴嗣一字整书看"：形容作诗引经据典，为了

---

① 邵长蘅《青门旅稿》卷四。
② 日本《南画大成》第六卷载有八大花鸟二图，其中第一幅画一芭蕉，一鸟于石上抬头啼叫。款"庚午二月二十一日呈仙洲先生年翁正，八大山人"，有驴形小印。上海国拍2002年夏季拍卖会，有八大《蕉石立禽图》，题："庚午二月二十一日呈仙洲先生年翁正，八大山人。"钤有"八大山人"和"可得神仙"二印。两幅作品均作于同一日。据《岭南画征录》载，"黄倬瀛，字仙洲，广东澄海贡生。工山水，宗法三王。诗亦隽逸。有《玉筍楼笔记》。"不知这位工诗善画的艺术家是否就是八大的朋友。另据《金陵诗征》卷五载："方履咸，字仙洲，一字祖襄，又字草庵，康熙甲辰武进士。"此人为安徽桐城人，也工画。录此备考。

一字之来历，不惜找书来看。下面两句写自己在会吟中的角色，在"如何石少玄黄此"下八大自注："时属书古千字文，拜禄米坊酒之画也"，意思是朋友们让他当场书写古千字文，他趁着酒兴，淋漓挥洒。"莫更门高户牖难"，这是自谦语，谓门堂太高，我是在小窗户向你窥视，意思为：我是书法的门外汉。"缘想扁舟载吴会，会吟藏弄晋云端"：二句为预想语，当朋友扁舟一叶摇向归程时，也许头还枕着这次会吟留下的诗篇，那真是逸气飞扬，直上云端。这里暗指他的朋友乃是"吴会"——吴越一带的人。故此静山指邵延龄的可能较大。

《十百斋书画录》亥集著录八大书法一件，书诗二首："图画当年爱凤凰，竹林斗巷水云傍。发仙总作阳春曲，唤出平湖邵四郎。""人道难驯鹿易降，百花开落酒盈觞。如何月里丹青手，定是凡间白玉堂。"款："夏日，似彬若年翁正，八大山人。"此二诗是八大写赠一位徽商朋友吴彬若（即山）的，但都是录自己的成诗，而不是为彬若专作。从诗中的"唤出平湖邵四郎"语气看，他与这位邵子关系密切，我以为就是平湖邵静山。

五、张庚《国朝画征录》之八大传记

张庚《国朝画征录》将《八大山人传》列为卷上的第一篇，后附有朱重容（当为朱容重）传，并有按语。其云：

> 八大山人，有仙才，隐于书画，题跋多奇致，不甚解。书法有晋唐风格，画擅山水、花鸟、竹木，笔情纵恣，不泥成法，而苍劲圆晔，时有逸气，所谓拙规矩于方圆，鄙精研于彩绘者也。襟怀浩落，慷慨啸歌，世目以狂。及逢知己，十日五日尽其能，又何专也。山人江西人，或曰姓朱氏，名耷，字雪個，故石城府王孙也。甲申后号八大山人。或曰山人固高僧，尝持《八大人觉经》，因以为号。余每见山人书画，款题"八大"二字，必联缀其画，"山人"二字亦然，类"哭之""笑之"，字意盖有在也。又宁献王九世孙重容，字子庄，乱后隐居南昌之蓼洲，能诗工书，善兰竹小品。
>
> 白苧村桑者曰：《隆科宝记》云：山人书得董华亭笔意。非是。又云：画之最佳者，松、莲、石三品。然亦不止是也。余游南昌，裘孝廉曰菊谓余曰：山人画笔故以简略胜，不知其精密者尤妙绝时人，第不能多得耳。至若贾人所持赝本之最恶者，不必眼明人始能辨之。

张庚（1685—1760），原名焘，字溥三，又字浦山，号瓜田逸史，一号弥伽居士、白苎村桑者等，浙江秀水人。工书善画，又长于著述，著有《国朝画征录》三卷、《国朝画征续录》二卷。又有《浦山论画》《通鉴纲目释地纠缪》等传世。1735年（或云1736）举博学鸿词。乾隆四年（1739）《国朝画征录》刊行。《国朝画征录》自序云："是录创始于康熙后壬寅，脱稿于雍正乙卯。十余年间，凡三上京师，一游豫章，一游山左，再泛江汉，三至中州，江南则经者数矣。"他在雍正元年曾游江西，作有《豫章行》诗，自注云："癸卯客江西作。"① 就是说，《国朝画征录》作于1722到1735年之间。

张庚的《八大山人传》，主要得之于龙科宝的《画记》，如其中的"八大山人，有仙才，隐于书画，题跋多奇致，不甚解……襟怀浩落，慷慨啸歌，世目以狂。及逢知己，十日五日尽其能"等，都直接取自《画记》。龙科宝卒于1723年，张庚来南昌时，龙氏已下世。张庚读到《画记》当是从刊于1720年的《西江志》中得到。《国朝画征录》卷中罗牧传云："罗牧，字饭牛，宁都人，侨居南昌。工山水，笔意在董、黄之间。《西江志》云：得笔法于魏石床……"说明他曾读到这部两百余卷的巨作。

张庚对八大的了解还得之于他的一位朋友裘曰菊。裘曰菊是江西裘氏家族的重要成员。同治《临川县志》卷三二职官知县云："裘曰菊，南昌人，贡生，康熙年任。"他曾作过临川知县。此未注明时间，当在康熙五十年前后。后又出任广东永安知县。裘曰菊，字谷年，号静庵。其父君弼为进士，字宸臣，官刑部掌印给事中。其叔父裘君弘，字任远，是流传广远的《西江诗话》的编纂者。君弘《妙贯堂余谭》便署有"新建裘君弘任远甫著，从子曰菊谷年录"。裘君弼、君弘兄弟可能都与八大有交往。

张庚将《八大山人传》列为卷上第一，并非是出于时间的安排，而是暗含对八大艺术的推崇，一如古人以逸神妙能四品品艺，八大高居上篇之上，乃处于逸格之位也。张庚传记中"姓朱氏，名耷"，并非是他的发明，当是来自当时赣人的著作。至于说到由"八大山人"款号书写方式，看出"哭之笑之"之字样，在其之前则未之见也。此说一出，即产生影响。乾隆十六年刊《南昌县志》颇不以为然。另外，张庚的《八大山人传》短短的文字中有很多重要错误（如朱容重被误作朱重容，八大是弋阳王之后，被说成是石城王之后），使其价值大受影响。

---

① 见张庚《强恕斋文钞》卷一。

八大山人研究

六、《西山志》等关于八大之记载

西山为南昌之面目，其中寺院林立，人文荟萃，入清以来多有人为其作志，先是有喻指作《西山志》十四卷①，此书未刊行，只有写本流传，然后之作《西山志》者，多依此书而踵事增华。欧阳桂（约1645—1728）在喻志基础上，作《西山志》十二卷，今有梅谷山房乾隆三十一年（1766）刻本，中国科学院图书馆藏有此本②。欧阳桂，字卫玉，号郁庭，新建人。县学生，以教学著述自娱。《西山志》自序云："吾乡能文之士著作如林，而西山之志独阙，而旧志多荒谬不稽，亦阙略未备，乌足信今传后……予遂不揣固陋，因旧志，改其荒谬，补其阙略，俟《喻志》出再加修订，以备一邑之大观。"欧阳志吸收了喻志的成果，并在旧志基础上编纂而成。欧阳志大约作于康熙末年到雍正年间。

欧阳桂《西山志》卷七云："八大山人墓，在县西北三十里，地名中庄。本明宗室，诸生，名中桂，甲申国变，遂薙发为僧，名耷，又名雪个，有仙才，善书画，不事浓墨，画之最佳者，松、莲、石三种，能悬腕作米家小楷，行书深得董思白意，世皆以为狂……巡按宋荦甚礼重之，无子。一女适南坪汪氏，时释时儒，犹有微箕之仁也夫。"

欧阳桂在卷七"附诸名墓"有注云"以旧志未载者补载之"，故有关八大的记载可能非出于旧志的零星记载，而出于欧阳本人的补记（也有可能部分采纳了喻志的说法）。欧阳桂之《西山志》，主要内容取自当时流行的龙科宝《八大山人画记》。关于八大有朱耷之名，因一本《宋屏山书画记》的刊布，成为康熙末年以来流行的说法。但这篇传记加进了新的内容。主要有：（一）八大为诸生时的名字中桂，八大故世后的墓地（在新建中庄）；（二）八大受到宋荦的礼重；（三）八大有一女嫁南坪汪氏。关于八大诸生时名中桂之说，仅见于此说，他无可证者（喻志未见），依宁王朱权之传承谱系，八大当为统字辈，中桂说可信性极低。至于八大无子而有女，并对其女所嫁之人都予以指出，不知何来。其实，这一说法也是没有根据的，八大晚年并未成家，也无子嗣，孤独一人在破旧的太子庵中③。而其为宋荦所礼重的记载当有可能。八大墓地情况待考。

---

① 喻指（1643—1724），字非指，南昌人，贡生，著述颇多。
② 欧阳桂《西山志》，今多以为失传，如王咨臣所作《〈西山志略〉校注》云："因列为禁书，今已流传绝少，仅新风楼藏有残本三卷。"（见《〈西山志略〉校注》第六页）
③ 详见本书第二十四章《八大山人婚姻问题再研究》。

邸兰标等纂修的乾隆《新建县志》卷四〇所刊八大传记，是由龙科宝《八大山人画记》和《西山志》有关八大的记载纂合而成。其云："八大山人名耷，有仙才，善书画，不著浓墨，题跋多奇慧，不甚可解。画之最佳者，松、莲、石三种，书法能悬腕作米家小楷行书，深得董思白意，世皆以为狂。及逢知己十日五日尽其能，绝无狂态。耷本明宗室子，崇祯甲申国变薙发为僧，持《八大人圆觉经》，遂自号曰八大，既复不为僧。康熙间巡抚宋荦甚礼重之，老死无子，一女适南坪汪氏。之人也，之命也，逃而之释，归而之儒，犹有微、箕之仁也夫（龙科宝记、省志）。按《绎堂杂识》：'耷为僧名雪个，见宋屏山书画记中，耷，旦合切。'"该志卷五二又云："八大山人墓在县西北三十里，地名中庄。"这主要来自欧阳桂的记载。而其说"持《八大人圆觉经》，遂自号曰八大"，仍龙氏旧误。（图35-3）

七、本自《强识录》的相关方志记载

在阅读江西方志时，发现不少有关八大的记载，出自一本名为《强识录》的著作。

民国《南丰县志》卷三五"寓贤"："八大山人者，宁府宗室也。后隐姓名，自署曰驴，已更署八大山人，盱江、南丰等邑游历殆遍，诸名家争礼之。工书，喜作画，皆着淡墨，书劲如铁，而神骨秀出，不染烟火气。每画则二门人抬巨砚置中庭，磨墨沈数升，山人则醉饮，徜徉山水间竟日，或闭门熟睡，鼾声轰轰然，忽跃入，随所遇巾帨敝帚辄取以蘸墨，矗纸上，已，稍稍钩勒之，遇物象形，神致如生，挂壁上，熟视大笑，辄弃去不复顾。二姑琴石，皆其酝画之所也。《强学录》。"

同治九年《新城县志》卷一〇人物"寓贤"："八大山人者，宁府宗室也。后隐姓名，自署曰驴，已更署八大山人，盱江数邑游历殆遍，诸名家争礼之。工书，喜作画，皆著淡墨，书劲如铁，而神骨秀出，不染烟火气。《强识录》。"

道光《宁都直隶州志》卷二三"寓贤"："八大山人者，前明之宗室也。隐姓名，号雪简。山人后持《八大人觉经》，又号八大山人。工书画、皆劲健古秀，不染烟火气。尝游盱江，至邑寓累月，邑人争礼之。所遗笔墨真迹，至今宝贵。"这虽没有注明来自《强识录》，然其语言表述与《南丰县志》等所引《强识录》语相似。

同治《永丰县志》卷三九"流寓"："八大山人者，明季宗室也。后隐姓名，自署八大山人，寓永丰睦冈下程秀才劝馆，'山清水秀'四字，遒劲如铁。性好山水，游历不倦。喜作画，饮酣泼墨，随意挥洒，神致如生，熟视大笑，辄弃去不复顾。"

图35-3
枯槎鱼鸟图轴
纸本墨笔　1703年
149.5×70cm
北京故宫博物院藏

这里明显有取自《强识录》的痕迹。关于"寓永丰睦冈下程秀才初馆",不知何据。

夏锡畴（1732—1798），曾任江西学政、江西布政使，著有《强学录》，辑有《强识录》。

《强识录》多为道听途说之言。如其中说，八大每作画，由两个门人抬着一个巨大的砚台放到院子中，磨出很多墨，而他则喝得大醉，有时还要到山水间优游，或者是闭门大睡，鼾声如雷，忽然醒来，遇到什么，如扫帚、衣服什么的，就以之作画，画好头也不回，大笑离去。这样的描绘在有关八大的记载中是从来没有过的。这和龙科宝《八大山人画记》一样，都是为了渲染醉后作画之事，但这里的描绘故神其说，有点过了头。此段描绘似乎是化用陈鼎的传记。

《强识录》中所说"二姑琴石，皆其酝画之所也"，二姑，指大孤、小孤二山，在庐山。又作大姑、小姑。《国朝诗正》卷四载朱堪注《鄱湖谣》："大姑小姑，何云为孤。大姑既无邻，小姑亦无婿，云何不孤?"《强识录》的意思是，八大曾至庐山，他的画作灵感得自于庐山。但至今没有见到八大有关庐山的作品。

这里涉及八大在南昌东南游历的相关问题。八大曾是进贤介冈灯社的僧人，介冈在进贤之西，毗邻临川，故八大一生曾多次到临川，有很多临川朋友。二地均在南昌东南。以上方志中所云盱江、南丰诸地，也在南昌东南。盱江是南昌东边的一条河流，流经临川、南丰等地。而宁都、永丰也在南昌的南边，距临川不远。这里有可能是八大曾到过的地方。

八、与八大癫疾有关的方志记载

乾隆四十六年刊《广信府志》"寓贤"引旧志云："八大山人本诸生，后为僧，善画山水竹石草木禽鱼之类，绝妙入神，作字遒纵，其用笔出人意表，士大夫绝爱玩之。忽一日，着红丝帽，衣窄裒衫，饮酒食肉，辫发，去僧为俗人。往见临川令，愿得一妻。已忽哑，对客以指掌画字，竟日不肯出一语。顾不能禁笑，声哑哑不止，曰驴、曰驴屋、曰八大山人，所为者不一，不知所终。"

同治《广信府志》卷一〇"寓贤"全录乾隆《广信府志》关于八大记载之后，加了一段按语："按山人游踪无定，居贵溪独数年，郑静庵礼以上客，故得其书画为多。"并注明本自"旧志"。同治《贵溪县志》卷八"寓贤"全录乾隆《广信府志》之语，也加按语云："山人游踪无定，居贵溪独数年，郑静庵礼以上客，故得其书画为多。"

《广信府志》和《贵溪县志》等说八大为郑日奎所重，可信度较低。郑日奎（约1631—1673），字次公，号静庵、梅墩居士，贵溪（今属江西）人。顺治十六年（1659）进士。授庶吉士，历工部员外郎，升礼部主客司郎中。康熙十一年（1672），曾与王士禛同典四川乡试。喜为诗文。著有《静庵集》十二卷等。查《静庵集》，无一语提及八大。郑日奎1673年下世[①]，而此时八大正是耕香院的僧人。据裘琏记载，此期八大曾有新昌之游。他在佛门时绝无居于贵溪数年之可能。

乾隆《广信府志》关于八大已忽哑等记载，受到了邵传的影响，邵传云："一日，忽大书'哑'字署其门，自是对人不交一言。然善笑，而喜饮益甚。或缩项抚掌，笑声哑哑然……"但关于"往见临川令，愿得一妻"的描写，则是前所未有的。至于对八大出佛为俗的描写："忽一日，着红丝帽，衣窄袤衫，饮酒食肉，辫发，

图 35-4
山水花鸟册之一　荷花
纸本墨笔　1694年
37.8×31.5cm
上海博物馆藏

---

① 郑日奎《郑静庵先生诗集》后附有"康熙戊午孟春钟陵饶宇栻"所撰后记，谓"壬子余归田章水，次公北上江省……越一年而次公卒于京邸。"卒年为1673年。

去僧为俗人"，也未见前录。这似乎与邵传中的"常戴布帽，曳长领袍，履穿踵决，拂袖翩跹行"有关，或许是添油加醋地描绘罢了。又如《小腆纪传补遗》卷一说八大"佯狂走会城，被葛布袍，歌于市"，也是一种发挥。

　　经叶叶先生剔发、为当代八大研究界广为引用的这则资料，其实是凿空之言。它将邵传的临川胡亦堂"延之官舍"和陈传"慨然蓄发谋妻、子"合为一体，以成此荒唐结论。乾隆《广信府志》关于八大寻妻的描写可信度很低。现有足够的证据证明八大见临川令胡亦堂时，还是一个高僧。但此处却变成了出佛之后，去见临川令，时间错置。另外，八大在临川期间并无娶妻之事，胡亦堂《梦川亭诗集》中已有清晰显现，他当时仍是一位佛门中人。(图35-4)

主要参考文献

林之枚　泷江集　康熙揽秀堂刻本

黎士弘　托素斋诗集　雍正二年黎致远刻本

吴　蔼　阶木诗文稿三卷（诗稿一卷、文稿一卷、西江唱和一卷），康熙四十九年
　　　学古堂刻本　安徽省图书馆藏

蔡　受　鸥迹集二十一卷　光绪三年成山书屋刻本　北京大学图书馆藏

丁弘诲　丁景吕诗集（不分卷）　康熙刻本　中国科学院图书馆藏

丁弘诲　砚北笔存　同治己巳刻本　南京大学图书馆藏

超　渊　心壁和尚诗　稿本　残（开卷缺半页）　中国科学院图书馆藏（该馆著录
　　　为"见心和尚诗"，误，《清人诗文集总目提要》也沿此误）

汪天与　萱圃录　康熙五十年刻本

程之骏　练江诗钞　乾隆癸酉刻本

程之骏　白岳纪游诗　雍正刻本

李国宋　赢隐初集、二集　张谦宜选评　钞本

熊　颐　麦有堂诗集　光绪甲午刻本

裴汝钦编　清江诗萃　光绪己未刻本

周体观　周伯衡诗钞十卷　康熙晴鹤山房刻本

周体观　晴鹤堂诗钞十六卷　康熙十八年周曾刻本

白恩佑　进修堂诗集　光绪癸巳刻本

梅文鼎　绩学堂诗文钞　康熙刻本

梅　庚　漫与集　康熙刻本

彭元瑞　恩余堂经进初稿　乾隆刻本

郑日奎　郑静庵先生诗集九卷、文集五卷　蓉渚别集一卷　郑之梅刻本

邵长蘅　邵子湘全集三十卷　康熙青门草堂刻本　国家图书馆藏

裘　琏　横山初集十六卷　易皆轩二集六卷　横山文钞一卷　康熙刻本

梁　份　怀葛堂文集十四卷　诗一卷　康熙刻本

叶　丹　梅花村农诗十卷　康熙刻本　中山大学图书馆藏

熊一潇　浦云堂诗集　康熙刻本　山西大学图书馆藏

魏　礼　魏季子文集十六卷　康熙刻本

朱多炡　友雅三卷　隆庆三年依隐亭刻本

彭士望　耻躬堂文钞十卷　诗钞六卷　咸丰二年刻本

邱邦士　邱邦士文集十七卷　道光十七年刻本

卢见曾　雅雨堂诗集文集　道光二十年卢枢清雅堂刻本

曾　畹　曾庭闻诗六卷　康熙刻本

方士琯　鹿村诗集　乾隆刻本

溥　畹　象外轩诗集（残）　康熙五十六年刻本　国家图书馆藏

沈玉亮等　凤池集　康熙四十四年刻本

李振裕　白石山房文集　康熙刻本

汪洪度　余事集　钞本　北京大学图书馆藏

吴陈琰　旷园杂志二卷　康熙刻说铃本

吴陈琰　通玄观志增补二卷　康熙刻本

喻成龙　涤斋诗存稿选　南京图书馆藏

喻成龙　塞上草　康熙刻本

喻成龙　西江草一卷　康熙刻本

程用昌　亦爱堂集十二卷　康熙刻本　复旦大学图书馆藏

释中洲　绿萝庵诗集　康熙刻本　南京图书馆藏

李茹旻　李鹭洲诗集二十卷　文集十卷　乾隆十三年刻本　江西省图书馆藏

李茹旻　二水楼诗集　光绪刻本

唐梦赉　志壑堂诗集十二卷　康熙刻本

王　源　居业堂文集　道光读雪山房刻本

周斯盛　证山堂集　康熙刻本

汪文柏　柯亭余习　康熙古香楼刻本

李来泰　莲龛集十六卷　雍正刻本

刘廷玑　葛庄编年诗三十六卷　补遗一卷　康熙刻本

鲁　瑗　砚贻堂诗钞二卷　康熙刻本

钱肇修　石臣诗钞　康熙刻本

张永铨　闲存堂文集十四卷　诗集九卷　康熙刻本

吴仕朝选　汉阳五家诗选　嘉庆刻本

帅氏清芬集　光绪十三年奉新帅氏绿窗刻本（其中包括帅我《帅子古诗选》、《墨澜亭
　　文集》、帅仍祖《嗜退山房稿》、帅念祖《宗德诗钞》、帅光祖《老树轩诗集》等）

刘　榛　虚直堂文集二十四卷　康熙刻本

胡庆豫　东坪诗集六卷　康熙刻本

傅占衡　傅平叔先生集　康熙刻本

陈上善　适余堂诗　康熙刻本

吴　绮　林蕙堂全集　四库全书本

李　麟　虹峰文集　康熙刻本

汪惟宪　积山先生遗集　康熙刻本

汪梧凤　松溪文集四卷　乾隆刻本

陈士业　石庄集　钞本　北京大学图书馆藏

陈士业　陈士业全集　康熙刻本

李伍渼　鋆云篇文集（略残）　康熙五十六年刻本　北京大学图书馆藏

闵　钺　冶庵文集六卷别集二卷　康熙庚申刻本　北京大学图书馆藏（四库禁毁集
　　部166影印此书，但不全，少数页）

黄石麟　半芜园集十五卷　附澂湖集遗文一卷　康熙六十一年刻本

吴启元　秀濯堂诗　康熙刻本

张瑶芝　野眺楼近草九卷　辽阳市图书馆藏

万承苍　孺庐集十四卷　道光刻本

游东升　游日生先生集　康熙十九年梦川亭刻

张　潮　心斋聊复集　康熙刻本　复旦大学图书馆藏

万时华　溉园初集二卷　二集三卷　顺治刻本

傅占衡　湘帆堂集二十六集　康熙六十一年刻本　北京大学图书馆藏

揭重熙　揭蒿庵先生文集八卷　诗七卷　遗集二卷　附录一卷　乾隆刻本

刘命清　虎溪渔叟集　康熙刻本

张贞生　玉山遗响　康熙讲学山房版

彭　任　草亭文集　抄本　中国科学院图书馆藏

曾　灿　六松堂诗集　康熙刻本

龙科宝　杜诗顾注辑要　康熙六十年王若鳌刻本

卓尔堪　遗民诗　康熙刻本

徐世溥　榆溪诗钞　康熙三十年宋荦刻本

黎元宽　进贤堂稿　康熙刻本

石　庞　天外谈初集三卷　康熙刻本

石　庞　晦村初集四卷　康熙刻本

方以智　浮山文集　浮山此藏轩别集　康熙此藏轩刻本

吕　熊　女仙外史一百卷　康熙刻本

乔　莱　直庐集　康熙刻本

程拙存选　樵贵谷诗选　乾隆三十一年刻本　安徽省博物馆藏

黄元治　黄山草　康熙二十八年刻本

黄元治　燕晋游草　写本　安徽省博物馆藏

释达受　小绿天庵遗诗二卷　民国九年铅印本

陈奕禧　春霭堂集　续集二卷　康熙四十七年刻本

释本昼　直木堂诗集七卷　康熙睡香庵刻本

顾景星　白茅堂集　康熙刻本

陈鹏年　道荣堂文集　康熙刻本

黎祖功　不已集　康熙刻本　南京图书馆藏

李　果　在亭丛稿十二卷　咏归亭诗钞八卷　雍正刻本

王泽弘　鹤岭山人诗集十六卷　康熙刻本

王猷定　四照堂文集六卷　诗集二卷　康熙二十二年刻本

查嗣瑮　查浦诗钞十二卷　康熙刻本

查慎行　敬业堂诗集文集　康熙刻本

查　昇　澹远堂诗集　康熙刻本　北京市文物局藏

查　昇　宫詹公存稿　上海图书馆藏

李　绂　穆堂初稿　别集　道光刻本

饶宇朴　菊庄集十二集　康熙刻本　江西省图书馆藏，仅存十一、十二两卷

罗　安　水耘诗稿　诗十二卷　词一卷　嘉庆壬戌刻本

罗　安　吟次偶记　嘉庆二十年刻本

吴盛藻　天门诗集　抄本　江西省图书馆藏

傅　涵　向北堂集　乾隆二十三年刻本

万　任　静园仅稿五卷　康熙刻本

杨　宾　力耕堂诗稿三卷　康熙刻本　国家图书馆藏

释行珠　浮云草　康熙五十九年王思训刻本

吴懋谦　豫章游稿四卷　康熙梅花书屋刻本

释正嵒　豁堂老人同凡草九卷　康熙刻本

胡亦堂　梦川亭诗集（略残）　康熙刻本　上海图书馆藏

胡亦堂　二斋文集　康熙刻本　南京图书馆藏

胡亦堂　胡二斋拟乐府（张瑶芝评）　光绪刻本

董剑锷等著　龙津唱和诗（略残）　康熙刻本　上海图书馆藏

熊一潇等编　寄园七夕集　康熙刻本

蒋　易　石闽集　宣统二年刻本

宋　荦　绵津山人诗集二十九卷　枫香词一卷　康熙刻本

宋　荦　西陂类稿　四库全书本

宋　至　纬萧草堂诗　六卷　康熙五十二年刻本

唐孙华　东江诗钞　乾隆刻本

释天然罡　瞎堂诗集二十卷　康熙刻本

徐世溥　徐巨源集（分榆墩集、榆溪诗钞、榆溪逸诗、榆溪逸稿）　康熙刻本　北
　　京大学图书馆藏

李维桢　大泌山房集　康熙刻本

沈玉亮　蕉浪轩稿　康熙刻本　南京图书馆藏

汪　森　小方壶存稿十八卷　乾隆刻本

林时益辑　宁都三魏全集　道光二十五年刻本

杜　濬　变雅堂遗集　光绪二十年黄冈沈氏刻本

叶　舟　陈弘绪纂修　南昌郡乘　康熙二年刊

杨周宪纂修　康熙新建县志　康熙十九年刻本

阳正筍修　冯鸿模纂　雍正慈溪县志　雍正八年刊

彭润章修　叶廉锷纂　光绪平湖县志　光绪十二年刊

王彬修　徐周仪纂　光绪海盐县志　光绪二年刊

黄永伦修　梁启鸾等纂　道光宁都直隶州志　道光四年刊

王建中等纂修　同治永丰县志

杨长杰修　黄联珏等纂　同治贵溪县志

包发鸾修　赵惟仁纂　民国南丰县志

魏瀛修　鲁祺光纂　同治赣州府志

朱宸修　林有席等纂　乾隆赣州府志　乾隆四十七年刊

杨柘年修　黄鹤雯纂　乾隆石城县志

游法珠修　杨廷为等纂　乾隆信丰县志

黄永伦修　杨锡龄纂　道光宁都直隶州志

孙家铎修　熊松之纂　同治高安县志

达春布修　黄凤楼等纂　同治九江府志

方懋禄等修　夏之翰纂　乾隆新城县志

何士锦修　陆履敬等纂　康熙丰城县志　康熙三年刊

李培绪修　毛辉凤纂　道光丰城县志　道光五年刊

张文旦修　陈九畴纂　康熙高安县志　康熙十年刊

程兆丰等纂修　乾隆广信府志　乾隆癸亥刊

魏元旷纂修　民国南昌县志　民国二十四年刻

陈兰森等纂修　乾隆南昌府志　乾隆五十四年刊

童范俨编　陈庆龄等纂　同治临川县志　同治九年刊

连柱修　程兆丰等纂　乾隆广信府志　乾隆四十八年刊

吕懋先修　帅方蔚纂　同治奉新县志　同治十年刊

颜寿芝等修　何戴仁等纂　同治雩都县志

吴甸华编　程汝翼等纂　嘉庆黟县志

何应松修　方崇鼎纂　道光休宁县志

张文旦修　陈九畴纂　康熙高安县志　康熙十年刊

程兆丰等纂修　乾隆广信府志　乾隆癸亥刊

冯可镛修　杨泰亨纂　光绪慈溪县志　光绪二十五年刊

锡德修　石景芬纂　同治饶州府志　同治十一年刊

萧玉春修　李炜纂　同治永新县志　同治十三年刊

朱庆尊等纂修　同治新昌县志　同治十一年刊

卢振先修　管奏锳纂　康熙雩都县志　康熙四十七年刊

余潮修　甘志道纂　乾隆奉新县志　乾隆十五年刊

吉必兆修　罗良鹏纂　康熙新昌县志　康熙六十年刊

谢旻修　陶成纂　雍正江西通志　雍正十年刊

胡亦堂纂修　康熙临川县志　康熙十九年刊

聂当世修　章兆瑞纂　康熙进贤县志　康熙十二年刻本　国家图书馆善本部存七卷

　　普通古籍部存后世所刻全本

周鏳元修　马道畔纂　罗克昌续纂　雍正广信府志　雍正八年续修本

刘作梁、吕曾枬编　康熙新昌县志　国家图书馆存十七卷　钞本

杜林修　彭斗山纂　同治安义县志　同治十年刊

承霈修　杜友裳等纂　同治新建县志　同治十年刊

邸兰标修　曹秀先纂　乾隆新建县志

刘昌岳修　邓家祺纂　同治新城县志　同治九年刊

杨文峰等修　万廷兰等纂　乾隆新昌县志　乾隆五十七年刊

许应铄等修　曾作舟等纂　同治南昌府志　同治十二年刊

顾锡鬯等纂修　乾隆南昌县志　乾隆十六年刊

汪浩等纂修　民国南昌县志　民国八年刊

彭廷梅选　国朝诗选十四卷　乾隆十四年刻本

张潮辑　虞初新志　康熙刻本

毛德琦撰　庐山志　乾隆五十八年刻本

释超渊撰　庐山秀峰寺志八卷　康熙六十一年十笏堂刻本

梅鼎祚辑　宛雅初编八卷、二编八卷、三编二十四卷　乾隆十四年西陂草堂刻本

杨钟羲撰集　雪桥诗话初集十二卷　续集八卷　三集十二卷　余集八卷　民国刊本

朱谋垔　画史会要　文渊阁四库全书本

魏元旷辑　南昌诗征　民国二十四年印

魏元旷辑　南昌文征　民国二十四年印

胡亦堂选辑　临川文献八卷　康熙十九年梦川亭刻本

徐午编　南昌文考二十卷　乾隆六十年刻

周在浚等辑　赖古堂名贤尺牍新钞十二卷二选藏　集十六卷三选结邻集十六卷　康

　　熙赖古堂刻本

汪观辑　清诗大雅　雍正己酉静远堂刻

张潮辑　尺牍友声初集二集三集　乾隆庚子刻

张潮辑　尺牍偶存　康熙刻本

袁君弘撰　西江诗话十二卷　康熙四十二年妙贯堂刻本

阮元辑　淮海英灵集　嘉庆三年小琅嬛仙馆刊刻

阮亨、王豫辑　淮海英灵集续集　道光刻本

陶煊、张璨辑　国朝诗的　康熙六十一年刊

阮元　两浙輶轩录　嘉庆刻本

汪士鋐辑　新都风雅三种三卷　康熙刻本

白潢等修　查慎行等纂　西江志两百卷　康熙刻本　中国科学院图书馆藏

释含澈编　方外诗选八卷　光绪丁丑龙藏寺绿天兰若刻

郑溱撰　慈溪文征　光绪壬辰刻本

易顺鼎撰　庐山诗录　光绪三十四年石印本

王豫编　江苏诗征　嘉庆焦山诗征阁刻本

陈以刚等选　国朝诗品　雍正十二年刻本

倪永清辑　诗最初集十卷　中国科学院图书馆藏康熙刻本

倪永清辑　诗最二集十卷　上海图书馆藏　残（诗最三集、四集未见）

陈允衡编　诗慰初集二十六集　二集十一卷　续集一卷　顺治刻本

朱观评选　国朝诗正八卷　康熙淮阴新安朱氏刻本　铁砚斋藏版

朱观编　岁华纪胜　康熙丁丑铁砚斋藏版　国家图书馆藏

朱观辑　岁华纪胜二集　康熙壬午铁砚斋藏版

邓汉仪辑评　诗观十二卷、二集十四卷、三集三卷　康熙慎墨堂刻本

吴蔼辑　名家诗选（诗选四卷、闺秀一卷）　康熙刻本

曾燠编　江西诗征九十四卷附刻一卷补遗一卷　嘉庆九年赏雨茅屋刻本

金德瑛选　沈澜编　西江风雅十卷　乾隆癸酉刻本

朱绪曾编　国朝金陵诗征　光绪刻本

沈兆奎等纂　青云谱志略　康熙刻本

黄翰翘编　延寿居士订正　江西青云谱志　民国庚申徐云岩重刊

欧阳桂撰　西山志　乾隆三十一年梅谷山房刻本

南画大成十二卷　东京：兴文社　1935年

水墨美术大系11（八大山人、扬州八怪）　东京：讲谈社　1975年

八大山人石涛上人画合册　中国名画集外册第四十三　上海有正书局　1921年

八大山人书画扇集　上海商务印书馆　1935年

八大山人山水册　上海商务印书馆　1934年

八大山人书画集　上海生生美术　1929年

八大山人画谱　东京聚乐社　1937年

八大山人画撰　东京聚乐社　1940年

八大山人书画真迹　杭州：西泠印社　1923年

王方宇编　八大山人法书集　北京：文物出版社　1997年

文人画粹编6（八大山人专集）　东京：中央公论社　1977年

艺苑掇英第7、17、18、19、25等辑　上海人民美术出版社

中国古代书画图目　北京：文物出版社，1986-2001年

铃木敬编　中国绘画总合图录　东京大学出版会　1982-1983年

户田祯佑、小川裕充编　中国绘画总合图录续编　东京大学出版会　1997-2001年

汪子豆辑　八大山人诗钞　南昌：江西人民出版社　1986年

汪子豆编　八大山人书画集第一第二集　北京：人民美术出版社　1983年

王方宇编　八大山人论集　台北：编译馆中华丛书编审委员会印行　1984年

支那名画宝鉴　东京：大冢巧艺社　1936年

八大石涛书画集　台湾历史博物馆　1984年

泰山残石楼藏画第二集　八大山人书画专集　杭州：西泠印社　1929年

大风堂名迹　日本京都便利堂　1955-1956年

渐江石谿石涛八大山人书画集　台北：历史博物馆　1978年

泰山残石楼藏画集锦　杭州：美术制版社　1926-1929年

石涛八大山人　东京：圭文馆　1961年

王朝闻主编　八大山人全集　南昌：江西美术出版社　2000年

饶宗颐主编　八大山人研究大系12卷18册　南昌：江西美术出版社　2016年

人名索引

苏轮　570,571

X

Y

后　记

　　拙著《八大山人研究》初版面世至今有十多年时间了。在此期间，八大山人研究不断向前推进，新的材料不断被发现，我对此领域研究的一些问题也有新的考虑，在中华书局诸位领导和朋友的帮助下，我对此书的初版作了修订。

　　这次修订历时数年，对原书的内容作了比较大的增删，增加了一些章节，改写了部分内容，充实了一些论证材料，尤其对八大山人艺术哲学观念、思想发展过程和家学渊源等方面的讨论，融入了较多的新内容，并修正了原书中的一些错误。现在呈现出来，供读者批评指正。我深知，增订版也定然还会有不少疏漏和错误，恳请读者有以教我。

　　感谢读者朋友长期对我的支持帮助，感谢中华书局能够慨然允诺出版我这部冗长繁琐的作品。责任编辑马燕老师给了我极大的帮助，做了很多本来应该由我来做的工作，真的无法用语言来表达我内心的感动，唯有以自己更加认真的态度、做出更好的研究成果来作为报答。

作者记于2023年岁初